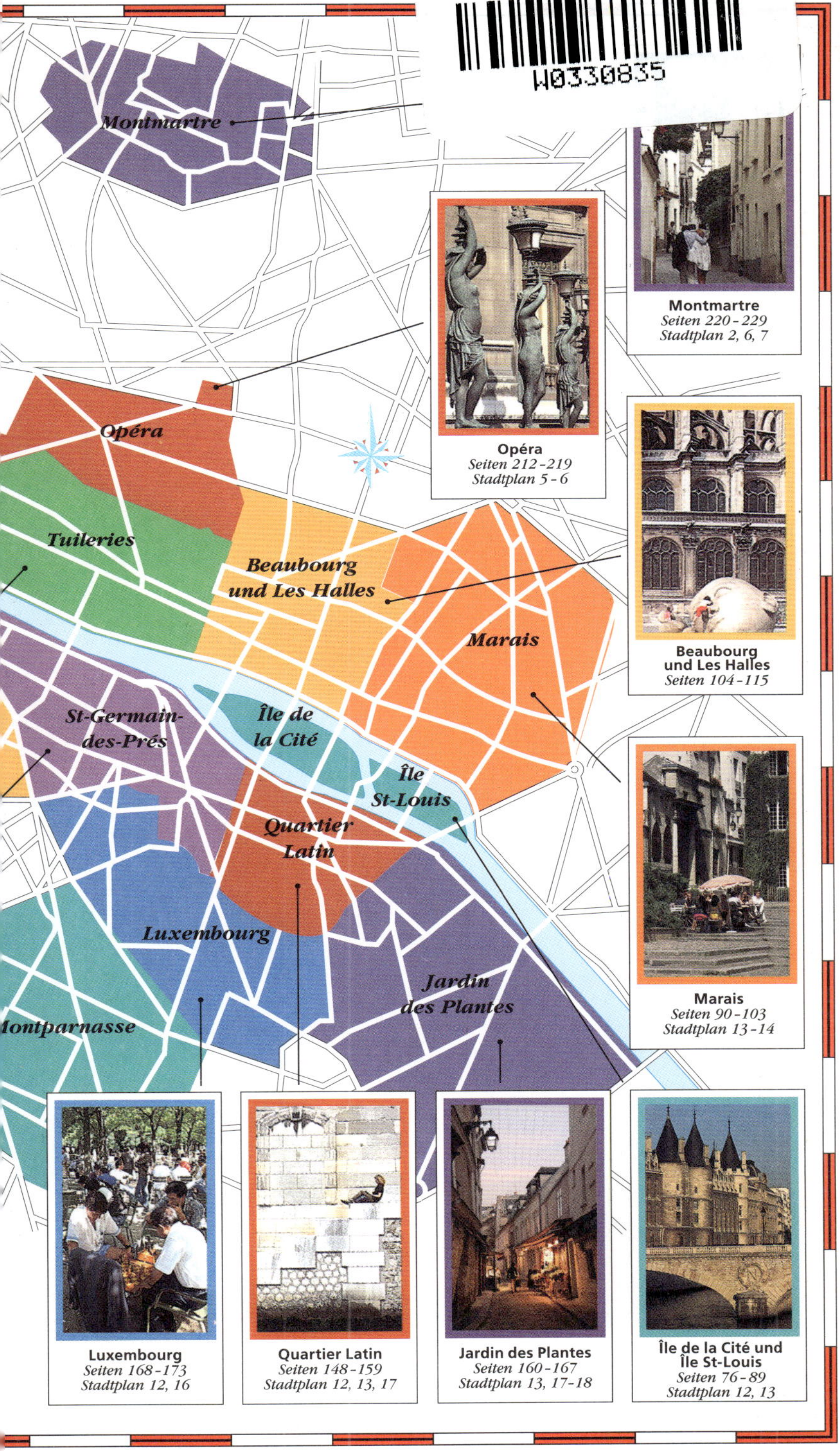
Montmartre
Opéra
Tuileries
Beaubourg und Les Halles
Marais
St-Germain-des-Prés
Île de la Cité
Île St-Louis
Quartier Latin
Luxembourg
Jardin des Plantes
Montparnasse
Montmartre
Seiten 220–229
Stadtplan 2, 6, 7
Opéra
Seiten 212–219
Stadtplan 5–6
Beaubourg und Les Halles
Seiten 104–115
Marais
Seiten 90–103
Stadtplan 13–14
Luxembourg
Seiten 168–173
Stadtplan 12, 16
Quartier Latin
Seiten 148–159
Stadtplan 12, 13, 17
Jardin des Plantes
Seiten 160–167
Stadtplan 13, 17–18
Île de la Cité und Île St-Louis
Seiten 76–89
Stadtplan 12, 13

Vis-à-Vis

PARIS

Vis-à-Vis

PARIS

Hauptautor: Alan Tillier

DORLING KINDERSLEY
LONDON • NEW YORK • MÜNCHEN
MELBOURNE • DELHI
www.dk.com

Ein Dorling Kindersley Buch

www.traveldk.com

Produktion Websters International Publishers, London
Dorling Kindersley, London

Texte Allan Tillier, Chris Boicos, Michael Gibson, Douglas Johnson

Fotografien Max Alexander, Neil Lukas, Robert O'Dea

Illustrationen Stephen Conlin, Stephen Gyapay, Maltings Partnership

Kartografie
Andrew Heritage, James Mills-Hicks, Suresh Kumar, Alok Pathak, John Plumer, Chez Picthall (Dorling Kindersley Cartography)

Redaktion und Gestaltung
Websters International Publishers, London: Sandy Carr, Siobhan Bremner, Valeria Fabbri, Gemma Hancock, Sara Harper, Annie Hubert, Celia Woolfrey
Dorling Kindersley Ltd., London: Heather Jones, Janis Utton, Alex Gray, Vanessa Hamilton, Clare Sullivan; Douglas Amrine, Geoff Manders, Georgina Matthews, Peter Luff, David Lamb, Anne-Marie Bulat

•

Titel der englischen Originalausgabe:
Eyewitness Travel Guide *Paris*
Zuerst erschienen 1993 in Großbritannien
bei Dorling Kindersley Ltd., London
A Penguin Company

•

Für die deutsche Ausgabe:

Aktualisierte Neuauflage 2011/2012

•

Programmleitung Dr. Jörg Theilacker, Dorling Kindersley Verlag
Projektleitung Stefanie Franz, Dorling Kindersley Verlag
Übersetzung Verlagsbüro Simon & Magiera und Siegfried Birle
Redaktion Brigitte Maier, München; Matthias Liesendahl, Berlin
Schlussredaktion Philip Anton, Köln
Satz und Produktion Dorling Kindersley Verlag
Lithografie Colourscan, Singapur
Druck South China Printing Co. Ltd., China

ISBN 978-3-8310-1810-9
17 18 19 20 14 13 12 11

Dieser Reiseführer wird regelmäßig aktualisiert. Angaben wie Telefonnummern, Öffnungszeiten, Adressen, Preise und Fahrpläne können sich jedoch ändern. Der Verlag kann für fehlerhafte oder veraltete Angaben nicht haftbar gemacht werden. Für Hinweise, Verbesserungsvorschläge und Korrekturen ist der Verlag dankbar. Bitte richten Sie Ihr Schreiben an:

Dorling Kindersley Verlag GmbH
Redaktion Reiseführer
Arnulfstraße 124 • 80636 München
travel@dk-germany.de

Inhalt

Henri II (reg. 1547–59)

Paris stellt sich vor

Pont Alexandre III *(siehe S. 208)*

◁ Blick auf den Butte Montmartre mit Sacré-Cœur *(siehe S. 226f)*
◁◁ Umschlag: Bronzestatue vor dem Palais de Chaillot *(siehe S. 200)*, im Hintergrund der Eiffelturm

Die Stadtteile von Paris

Opéra National de Paris Bastille
(siehe S. 98 und S. 345)

***Der Kuss* von Rodin (1886)**

Sacré-Cœur auf dem Montmartre
(siehe S. 226f)

Zu Gast in Paris

Bois de Boulogne
(siehe S. 254f)

Grundinformationen

Lammnüsschen französisch

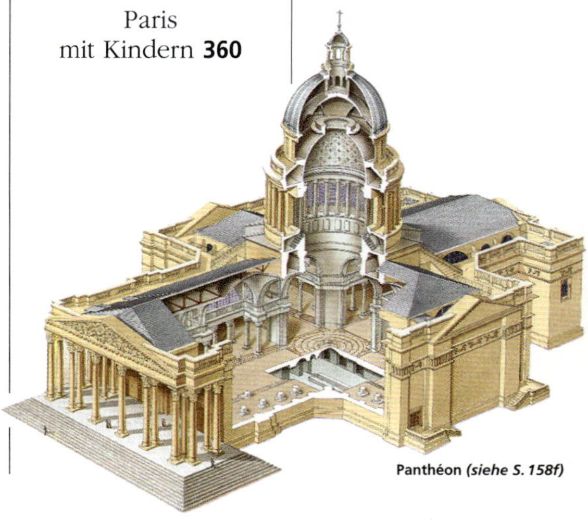

Panthéon *(siehe S. 158f)*

Benutzerhinweise

Dieser Reiseführer soll Ihren Paris-Besuch zu einem Erlebnis machen, bei dem Sie die schönsten Seiten der Stadt kennenlernen. Das Kapitel *Paris stellt sich vor* zeigt die geografische Lage, stellt das moderne Paris in einen historischen Zusammenhang und beschreibt die Höhepunkte des Veranstaltungsjahrs. *Paris im Überblick* schildert die interessantesten Charakteristika der Stadt. Der Hauptteil *Die Stadtteile von Paris* begleitet Sie mit vielen Informationen zu den einzelnen Sehenswürdigkeiten. Jede wird anhand von Karten, Fotografien und Illustrationen erläutert. Die Abschnitte *Abstecher* und *Acht Spaziergänge* führen Sie durch verstecktere Gegenden von Paris. Das Kapitel *Zu Gast in Paris* enthält alles zu den Themen Übernachten, Essen, Shopping und Ausgehen. Die *Grundinformationen* helfen bei der Planung und beim Zurechtfinden vor Ort.

Die Stadtteile von Paris

Paris ist in diesem Buch in 14 Stadtteile im Zentrum und in die Abstecher gegliedert. Jedes Kapitel beginnt mit einem Kurzporträt, das den Charakter und die Geschichte eines Viertels anreißt und alles Sehenswerte auflistet. Die Sehenswürdigkeiten sind mit Nummern versehen, die mit denen auf der Stadtteil- und Detailkarte sowie in den folgenden ausführlichen Beschreibungen identisch sind.

1 Stadtteilkarte
Sie zeigt im Überblick den Stadtteil, der im jeweiligen Kapitel besprochen wird. Die Sehenswürdigkeiten sind nummeriert, Métro-, RER-Stationen und Parkplätze eingetragen.

2 Detailkarte
Hier ist der farblich hervorgehobene Kern der Stadtteilkarte aus der Vogelperspektive zu sehen. Die Sehenswürdigkeiten werden kurz vorgestellt.

Die farbigen Griffmarken jeder Seite erleichtern das Auffinden von Stadtteilen. Die Zuordnung der Farben finden Sie auf den vorderen Umschlaginnenseiten.

Eine Orientierungskarte zeigt, wo Sie sich befinden. Der Ausschnitt der *Detailkarte* ist rot gehalten.

Fotografien der Fassaden und prägnanter Details helfen bei der Orientierung.

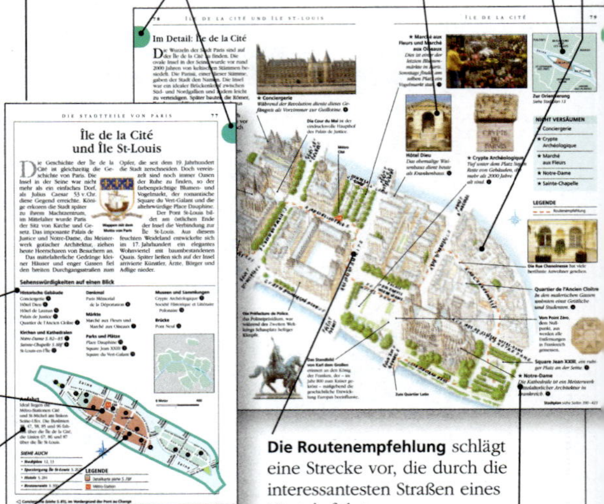

Sehenswürdigkeiten auf einen Blick führt das Wichtigste auf: historisch oder architektonisch bedeutende Straßen und Bauten, Kirchen, Museen und Sammlungen, Monumente, Parks und Gärten.

Das Gebiet, das die *Detailkarte* abdeckt, ist rot markiert.

Die Routenempfehlung schlägt eine Strecke vor, die durch die interessantesten Straßen eines Viertels führt.

Anfahrttipps erläutern, wie Sie sich mit öffentlichen Verkehrsmitteln bewegen.

Die Nummern im schwarzen Kreis sind im ganzen Kapitel identisch. So hat Notre-Dame beispielsweise immer die Nummer ❶.

Sterne markieren Sehenswürdigkeiten, die Sie nicht auslassen sollten.

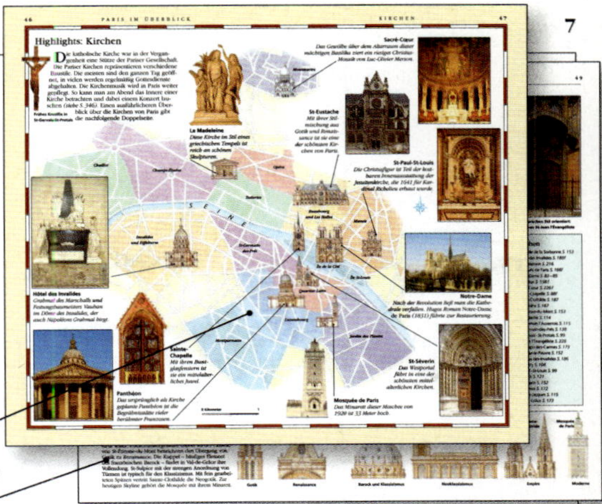

Themen im Überblick

Highlight-Seiten behandeln ein besonderes Thema: *Berühmte Persönlichkeiten, Museen und Sammlungen, Kirchen* oder *Gärten, Parks und Plätze.* Auf der folgenden Doppelseite finden Sie dann die Seitenverweise auf das Kapitel *Die Stadtteile von Paris.*

Jeder Stadtteil ist mit einem Farbcode versehen.

Das Thema wird auf den folgenden Seiten ausführlicher beschrieben.

3 Detaillierte Informationen

Die Reihenfolge der Sehenswürdigkeiten entspricht der Nummerierung der Stadtteil- und Detailkarte. Praktische Informationen ergänzen die Beschreibungen.

Infoblock

Die Infoblöcke helfen bei der Planung. Alle Zeichen werden auf der hinteren Umschlagklappe erklärt.

Nächste Métro-Station · Telefonnummer · Nummer · Öffnungszeiten

Conciergerie ❽

2, bd du Palais, 75001. **Stadtplan** 13 A3. **Karte** L7. 01 53 40 60 97. Cité. *tägl. 9.30–18 Uhr (Nov–Feb: 9–17 Uhr). 1. Jan, 1. Mai, 1. und 11. Nov, 25. Dez. Kombiticket mit Ste-Chapelle. telefonisch erfragen.* www.monum.fr

Kartenverweis · Service und Ausstattung · Adresse · Stadtplanverweis

4 Hauptsehenswürdigkeiten

Den Highlights von Paris werden zwei oder mehr Seiten in den jeweiligen Stadtteilkapiteln gewidmet. Historische Bauten sind als Schnittzeichnung dargestellt; ein farbiger Grundriss erleichtert das Auffinden von Kunstwerken in Museen.

Stadtplan *siehe Seiten 390–423.*
Karte *Extrakarte zum Herausnehmen.*

Ein Foto der Fassade jeder Hauptsehenswürdigkeit hilft bei der schnellen Orientierung.

Die Infobox enthält alle praktischen Informationen für einen Besuch.

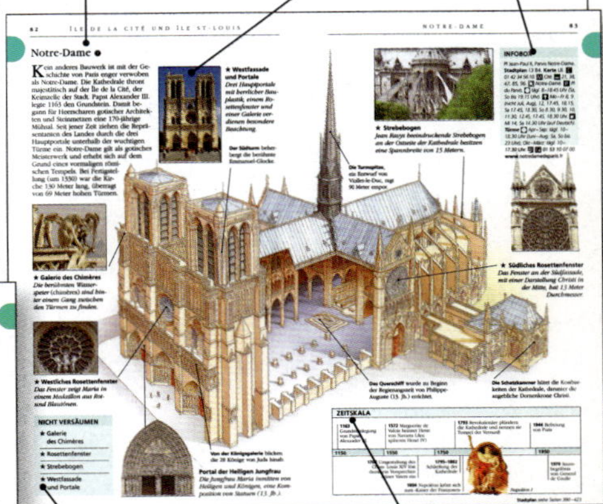

Sterne kennzeichnen die interessantesten architektonischen Details eines Gebäudes bzw. die wichtigsten Kunstwerke oder Ausstellungsstücke.

Die Zeitskala veranschaulicht den geschichtlichen Rahmen und die wichtigen Daten einer Hauptsehenswürdigkeit.

Paris stellt sich vor

Vier Tage in Paris

Paris bietet wunderbare Attraktionen und Möglichkeiten. Auch wenn die Versuchung groß ist, nur im Café zu sitzen und die Atmosphäre zu genießen – wer möchte sich schon die Schätze der Stadt entgehen lassen? Hier stellen wir Ihnen vor, was Sie in Paris nicht verpassen sollten. Sightseeing-Profis schaffen alle Stopps, Sie können sich aber von den Vorschlägen auch nur inspirieren lassen. Alle Adressen erreichen Sie bequem mit öffentlichen Verkehrsmitteln. Die Preisangaben gelten für Fahrt und Eintritt – ohne Essen.

Rodins *Denker*

Pyramide du Louvre *(siehe S. 122–129)*

Kunstschätze

- **Kunst im Louvre**
- **Mittagessen im Café Marly**
- **Besuch des Rodin-Skulpturengartens oder des Centre Pompidou**
- **Abendessen bei Tokyo Eat**

Zwei Erwachsene etwa 60 €

Vormittags

Beginnen Sie mit dem **Musée du Louvre** *(siehe S. 122–129)*, einem der beeindruckendsten Museen der Welt. Sie können die lange Warteschlange umgehen, indem Sie den kaum bekannten Eingang am Carrousel du Louvre (99, rue de Rivoli) benutzen. Holen Sie sich einen Museumsplan, und planen Sie Ihre Route vorher.

Mittags

In der Nähe gibt es mehrere erschwingliche Lokale. Elegant speist man im **Café Marly** *(siehe S. 304)*. Innen herrschen roter Samt und Gold vor. Wenn es warm ist, sitzen Sie am besten auf der Galerie im Freien.

Nachmittags

Treffen Sie nun Ihre Wahl aus den Museen. Wenn Sie müde sind, bummeln Sie durch den Skulpturengarten des **Musée Rodin** *(siehe S. 187)* und verweilen einen versonnenen Moment beim *Denker*. Moderne Kunst von 1905 bis in die Gegenwart bietet das **Centre Pompidou** *(siehe S. 110–113)*, das sowohl mit seiner Architektur als auch mit seinen Ausstellungen Zeichen setzt. Noch moderner ist die Kunst in den Galerien in der **Rue Louise Weiss** *(Stadtplan 18 E4)* im 13. Arrondissement, die als »Louise 13« bekannt sind. Die vier Kunstgalerien zeigen allesamt aufregende zeitgenössische Kunst, am bekanntesten ist die Galerie Air de Paris.

Abends

Das **Palais de Tokyo** *(siehe S. 203)* mit seinen Multimedia-Shows ist einer der angesagtesten Ausstellungsräume der Stadt und bis Mitternacht geöffnet. Nach der Besichtigung essen Sie im Restaurant Tokyo Eat.

Shopping-Genuss

- **Delikatessen-Bummel in Le Bon Marché**
- **Mittagessen in einem Kaufhausrestaurant**
- **Drinks und Dinner im Kong**

Zwei Erwachsene etwa 40 €

Vormittags

Läden, bei denen Feinschmecker in Verzückung geraten, findet man in **Le Bon Marché** *(siehe S. 321)* unter einem Dach: Fauchon, Hédiard und La Grande Épicerie. Bei Poilâne kauft man Brot, bei Richart Schokolade und Pralinés, bei Legrand Wein und bei Pierre Hermé Kuchen. Eine der besten Marktstraßen ist die Rue Mouffetard.

Mittags

Eingefleischte Shopper können gut in einem der großen Kaufhäuser zu Mittag essen. So ist beispielsweise die von Paul Smith entworfene **World Bar** in **Au Printemps** *(siehe S. 321)* ein ultracooles Restaurant.

Das Interieur und die Aussicht beeindrucken im Kong *(siehe S. 317)*

◁ **Markt mit Fontaine des Innocents *(siehe S. 108)* von John James Chalon (1778–1854)**

Nachmittags
Die Designershops, aber auch die Kaufhäuser laden zum ausgedehnten Shopping geradezu ein. Zu den verführerischsten Boutiquen zählen **Claudie Pierlot**, **Agnès B**, **Isabel Marant** und **Vanessa Bruno** *(siehe S. 324–327)*. Alternativ können Sie das **Musée des Arts Décoratifs** *(siehe S. 130)* beim Louvre besuchen und sich im Museumsshop mit hübschen Kleinigkeiten eindecken.

Abends
Stilvoll erholt man sich bei Drinks und einem Abendessen im **Kong** im Obergeschoss des Modehauses Kenzo *(siehe S. 317)*.

La Géode *(siehe S. 238)*, die riesige Halbkugel im Parc de la Villette

Spaß für Kinder

- **Parc de la Villette**
- **Tiere im Zoo des Jardin des Plantes**
- **Mittagessen im Café**
- **Eiffelturm**

Familie (4 Pers.) etwa 130 €

Vormittags
Erkunden Sie mit den Kleinen den **Parc de la Villette**, der ein umfangreiches Kinderprogramm hat. **La Cité des Sciences et de l'Industrie** ist voller interessanter interaktiver Exponate für kleine Einsteins *(siehe S. 236–239)*. Spaß für die ganze Familie bietet die **Ménagerie** *(siehe S. 164)* beim Jardin des Plantes; der Zoo hier ist sehr beliebt. Noch aufregender als die lebenden Tiere sind für manche die ausgestopften Exemplare im **Muséum National d'Histoire Naturelle** *(siehe S. 167)*.

Mittags
In der Gegend des Jardin des Plantes gibt es zahlreiche Cafés. Stilvoller und teurer speist man bei **Mavrommatis** *(siehe S. 307)* zu Mittag.

Nachmittags
Kinder werden vom **Eiffelturm** magisch angezogen. Am Nachmittag hat man von oben eine herrliche Sicht über die Stadt. Oder warten Sie bis zum Abend, wenn zu jeder vollen Stunde Tausende von Lichtern blinken *(siehe S. 194f)*. Wenn Sie Zeit haben, besichtigen Sie die Wachsfiguren im Museum **Grévin** *(siehe S. 218)*. Die meisten stellen zwar französische Berühmtheiten dar, aber auch internationale Größen aus Kunst und Sport sind vertreten.

Aktivitäten im Freien

- **Bootsfahrt auf der Seine**
- **Mittagessen in der Rue de Rivoli**
- **Jardin de Luxembourg**
- **Blick über Paris**

Zwei Erwachsene etwa 65 €

Vormittags
Heute nehmen Sie statt der Métro den Batobus, ein Schiff, das auf der Seine verkehrt. Der erste Halt ist beim **Eiffelturm**, wo sich ein kurzer Blick auf den **Champ-de-Mars** unterhalb Gustave Eiffels Turm empfiehlt *(siehe S. 191)*. Weiter geht es zur Anlegestelle Louvre – von dort können Sie durch den **Jardin des Tuileries** *(siehe S. 130)* schlendern.

Wasser und Glashaus im Parc André Citroën *(siehe S. 247)*

Mittags
Der Teesalon **Angélina** *(siehe S. 318)* ist einen Tick besser als die anderen Cafés in der Rue de Rivoli. Probieren Sie den Mont-Blanc-Kuchen.

Nachmittags
Fahren Sie mit dem Boot zu **Notre-Dame** *(siehe S. 82–85)*, schlendern Sie den Boulevard St Michel hinunter zum **Jardin du Luxembourg** *(siehe S. 172)*. Hier gibt es viel zu sehen: Schachtische, Bienenkörbe, Esel – und das **Musée du Luxembourg** *(siehe S. 173)* mit Ausstellungen. Danach könnten Sie zum **Parc André Citroën** fahren und aus der Gondel eines Fesselballons den Blick über Paris genießen *(siehe S. 247)*.

Blumenwiese im Jardin des Plantes *(siehe S. 167)*

Paris auf der Karte

Paris, die Hauptstadt Frankreichs, liegt an der Seine, mitten in der Region Île-de-France, und nimmt eine Fläche von 105 Quadratkilometern ein. Die Metropole hat über zwei Millionen Einwohner in der eigentlichen Stadt und fast zwölf Millionen im 14 500 Quadratkilometer großen Ballungsgebiet (inkl. Banlieue) – knapp ein Fünftel der französischen Bevölkerung. Paris ist ein Wirtschafts- und Kulturzentrum nicht nur für Frankreich, sondern für Europa.

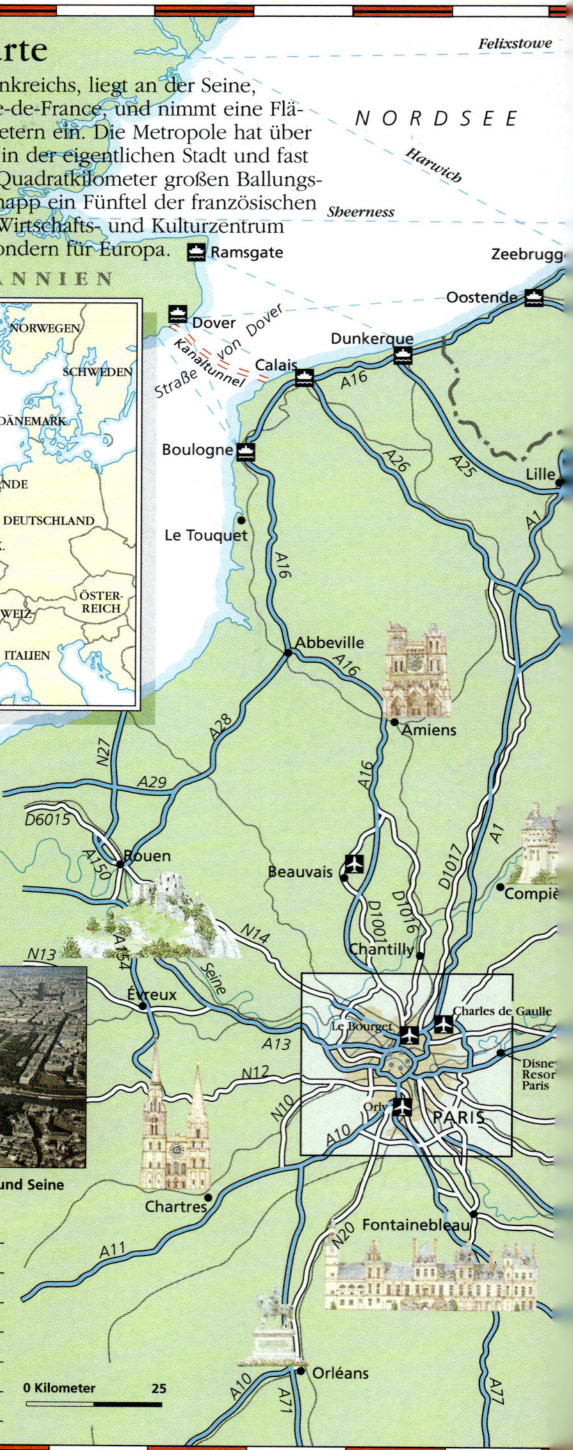

Westeuropa

Paris liegt im Herzen der nordfranzösischen Industrieregion und ist über Straßen sowie Bahn- und Fluglinien mit vielen europäischen Städten verbunden. Die meisten liegen weniger als eine Flugstunde entfernt.

Blick nach Südosten über Eiffelturm und Seine

LEGENDE

- Großraum Paris
- Fährhafen
- Internationaler Flughafen
- Autobahn
- Nationalstraße
- Eisenbahn

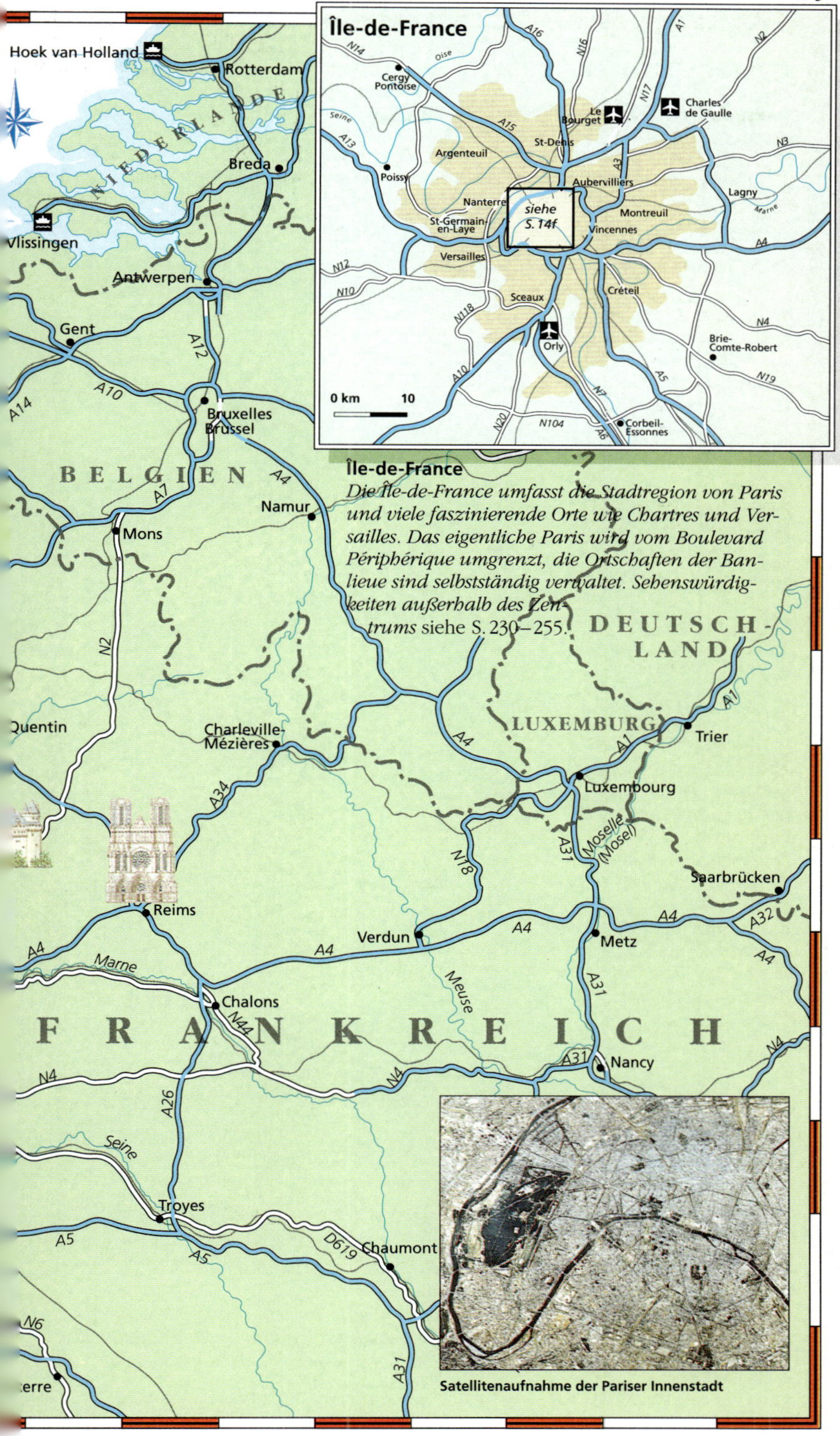

Île-de-France

Die Île-de-France umfasst die Stadtregion von Paris und viele faszinierende Orte wie Chartres und Versailles. Das eigentliche Paris wird vom Boulevard Périphérique umgrenzt, die Ortschaften der Banlieue sind selbstständig verwaltet. Sehenswürdigkeiten außerhalb des Zentrums siehe S. 230–255.

Satellitenaufnahme der Pariser Innenstadt

Pariser Innenstadt

Napoléons Arc de Triomphe

Dieser Reiseführer unterteilt Paris in 14 Stadtviertel, die sowohl die Pariser Innenstadt als auch den nahen Montmartre umfassen. Die meisten beschriebenen Sehenswürdigkeiten liegen in diesen Vierteln. Jedes besitzt seine eigene Geschichte, seine Eigenart und einen besonderen Charakter. Zu Montmartre gehören beispielsweise sein dörflicher Charme und seine schillernde Geschichte als Künstlerkolonie. Im Gegensatz dazu ist das Viertel um die Champs-Élysées für ihre Avenuen, exklusiven Modehäuser und prächtigen Wohnhäuser berühmt. Die meisten Sehenswürdigkeiten sind zentrumsnah gelegen und leicht mit der Métro zu erreichen.

Dôme des Invalides
Die Kuppel der Kirche (siehe S. 188f) *leuchtet im Herzen von Invalides.*

Eiffelturm
Der nach dem Ingenieur, der ihn entwarf und 1889 baute, benannte Turm ist das bekannteste Wahrzeichen der Stadt (siehe S. 194f). *Er ragt 320 Meter hoch über dem Champ-de-Mars auf.*

LEGENDE

- Hauptsehenswürdigkeit
- Métro-Station
- SNCF-Station
- RER-Station
- Bootsanlegestelle
- Information

Musée du Louvre
Im Herzen von Paris, an Seine und Tuileries grenzend, befindet sich das eindrucksvollste Museum der Stadt mit einer konkurrenzlosen Sammlung von Kunst aus aller Welt (siehe S. 122–129).

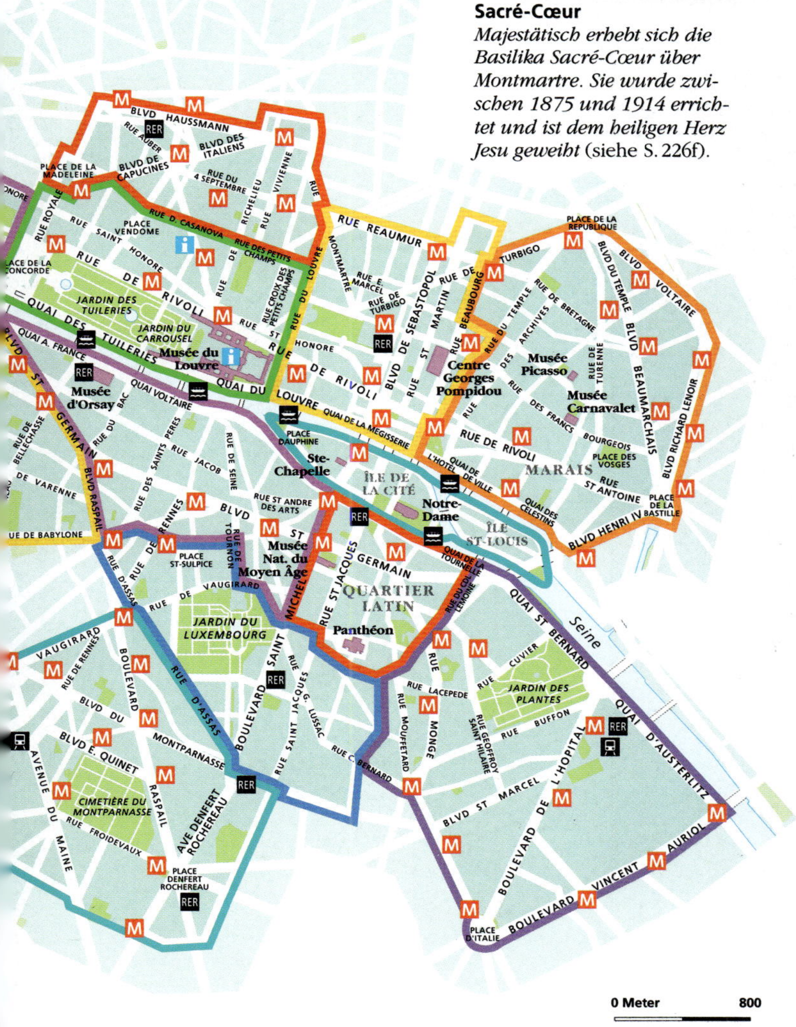

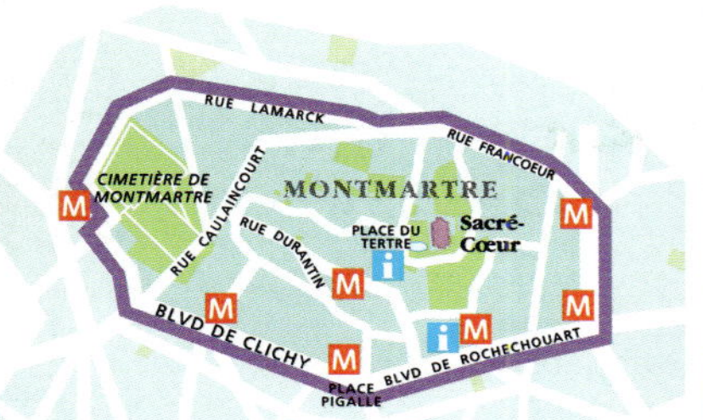

Sacré-Cœur
Majestätisch erhebt sich die Basilika Sacré-Cœur über Montmartre. Sie wurde zwischen 1875 und 1914 errichtet und ist dem heiligen Herz Jesu geweiht (siehe S. 226f).

REPUBLIQUE FRANCAISE
LIBERTE EGALITE · FRATERNITE

Die Geschichte von Paris

Die Siedlung, die die Römer im Jahr 55 v.Chr. eroberten, war ein kleines, von Überschwemmungen heimgesuchtes Fischerdorf auf der Île de la Cité, bewohnt vom Stamm der Parisii. Bald erblühte die römische Siedlung Lutetia, die sich auch auf das linke Seine-Ufer erstreckte. Auf die Römer folgten die Merowinger, die das Städtchen Paris nannten und es zur Hauptstadt des Fränkischen Reichs machten.

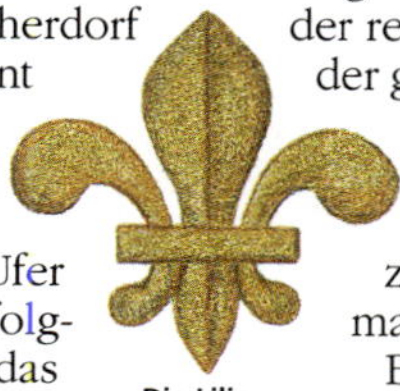

Die Lilie – das königliche Emblem

Im Mittelalter war die Stadt ein wichtiger religiöser Mittelpunkt, es entstanden architektonische Meisterwerke wie die Sainte-Chapelle. Paris war Bildungszentrum und lockte Gelehrte und Studenten aus ganz Europa an seine große Universität, die Sorbonne.

Während der Renaissance und der Aufklärung trat Paris als bedeutendes Kultur- und Geisteszentrum hervor, unter Louis XIV wurde es reich und mächtig. Mit der Französischen Revolution 1789 musste die Monarchie einer Volksherrschaft weichen. Doch Anfang des neuen Jahrhunderts war der revolutionäre Eifer bereits wieder geschwunden. General Napoléon Bonaparte erklärte sich 1804 zum Kaiser und ging mit Ehrgeiz daran, Paris zum Mittelpunkt der Welt zu machen.

Bald nach der Revolution von 1848, während der Regierungszeit von Napoléon III, wurde die Stadt durchgreifend umgestaltet. Nach Plänen des Präfekten Haussmann riss man ganze Viertel ab und baute die engen Straßen zu eleganten Avenuen und Boulevards aus. Ende des 19. Jahrhunderts war Paris Schrittmacher westlicher Kultur. So blieb es bis weit ins 20. Jahrhundert hinein – bis zur deutschen Besetzung 1940–44. Seit dem Zweiten Weltkrieg hat sich die Stadt wiederbelebt und ist enorm gewachsen. Sie ist das pulsierende Herz Frankreichs – wirtschaftlich, kulturell und in puncto Lebensart.

Stadtplan von Paris (um 1845)

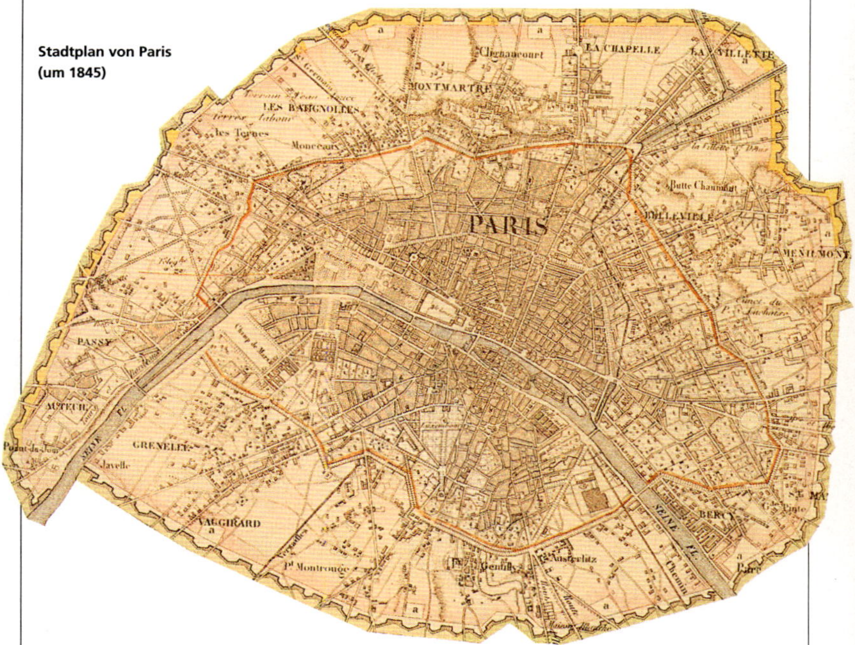

◁ ***Allegorie der Republik*** **(1848) von Dominique Louis Papety (1815–1849)**

Könige und Kaiser in Paris

Paris wurde mit Beginn der Kapetinger-Dynastie, als Hugues Capet den Thron bestieg, zur Machtbasis der Könige von Frankreich. Könige und Kaiser nach ihm haben ihre Spuren hinterlassen, viele historische Stätten tragen »königliche« Züge: Philippe-Augustes Festung, der Louvre-Palast, ist heute eines der größten Museen der Welt; Henris IV Pont Neuf verbindet die Île de la Cité mit beiden Ufern der Seine; Napoléon errichtete den Arc de Triomphe, um seine militärischen Siege zu feiern. Mit dem Sturz der Monarchie 1848, während der Regierung von Louis-Philippe, fand die lange Königsfolge ein Ende.

768–814 Karl I., der Große (Charlemagne)

447–458 Merowech

458–482 Childerich I.

482–511 Chlodwig I.

511–558 Childebert I.

558–562 Chlotar I.

562–566 Charibert I.

566–584 Chilperich I.

584–628 Chlotar II.

628–637 Dagobert I.

637–655 Chlodwig II.

655–668 Chlotar III.

668–674 Childerich II.

674–691 Theuderich III.

691–695 Chlodwig III.

695–711 Childebert II.

711–716 Dagobert III.

716–721 Chilperich II.

721–737 Theuderich IV.

743–751 Childerich III.

751–768 Pippin III., der Jüngere

814–840 Ludwig I., der Fromme

840–877 Karl II., der Kahle

877–879 Ludwig II., der Stammler

879–882 Ludwig III.

882–884 Karlmann (Carloman)

884–888 Karl III., der Dicke

888–898 Odo von Paris

898–929 Karl III., der Einfältige

936–954 Ludwig IV., der Überseeische

954–986 Lothar

986–987 Ludwig V.

987–996 Hugues Cape (Hugo Capet)

996–1031 Robert II., der Fromme

1031–60 Henri I

1060–110 Philippe I

1108–37 Louis VI, le Gros (der Dicke)

1137–80 Louis V

400	500	600	700	800	900	1000	110
MEROWINGER			KAROLINGER			KAPETINGER	
400	500	600	700	800	900	1000	11

482–511 Chlodwig I.

1108–37 Louis VI, le Gros (der Dicke)

1515–47 François I

1226–70 Louis IX (St Louis)

1498–1515 Louis XII

1774–93 Louis XVI

1483–98 Charles VIII

1422–61 Charles VII

1270–85 Philippe III, le Hardi (der Kühne)

1547–59 Henri II

1559–60 François II

1285–1314 Philippe IV, le Bel (der Schöne)

1610–43 Louis XIII

1316–22 Philippe V

1643–1715 Louis XIV, le Roi Soleil (der Sonnenkönig)

1804–14 Napoléon I

1328–50 Philippe VI

1200	1300	1400	1500	1600	1700	1800
	HAUS VALOIS			BOURBONEN		
1200	1300	1400	1500	1600	1700	1800

1560–74 Charles IX

1814–24 Louis XVIII

1380–1422 Charles VI

1824–30 Charles X

1314–16 Louis X, le Hutin (der Zänker)

1364–80 Charles V, le Sage (der Weise)

1574–89 Henri III

1830–48 Louis-Philippe I

1322–28 Charles IV, le Bel (der Schöne)

1589–1610 Henri IV

1852–70 Napoléon III

1350–64 Jean II, le Bon (der Gute)

1223–26 Louis VIII, le Lion (der Löwe)

1180–1223 Philippe II Auguste

1461–83 Louis XI

1715–74 Louis XV

Gallorömisches Paris

Römische Emailbrosche

Ohne die Seine würde es Paris nicht geben. Der Fluss ermöglichte den frühen Siedlern, Land, Wälder, Sümpfe und Inseln zu nutzen. Neuere Ausgrabungen haben Kanus aus der Zeit um 4500 v. Chr. zutage gefördert – lange bevor der keltische Stamm der Parisii im 3. Jahrhundert v. Chr. im Gebiet am Fluss siedelte und Lutetia gründete.

59 v. Chr. begannen die Römer mit der Eroberung Galliens. Sieben Jahre später besetzten sie Lutetia, befestigten und erweiterten es (besonders am linken Seine-Ufer), und nannten die Stadt Civitas Parisiorum oder Parisia.

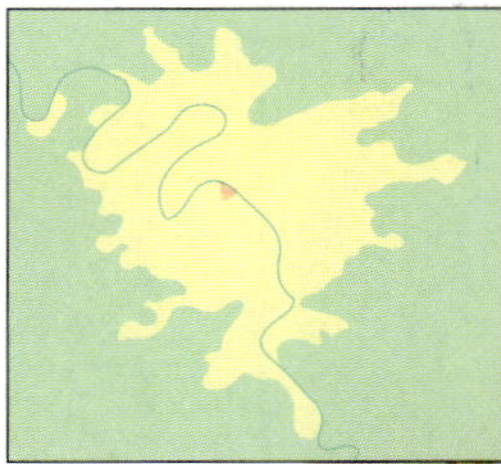

Ausdehnung der Stadt

200 v. Chr. | Heute

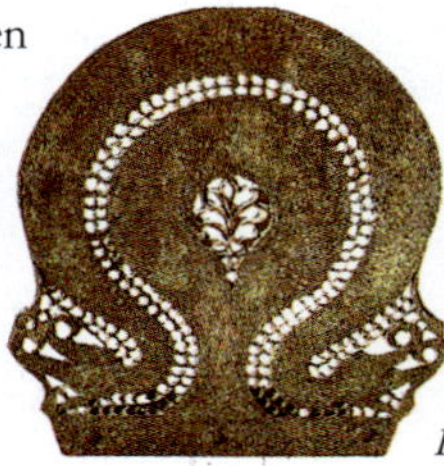

Bronzezeitlicher Harnisch
Harnische wurden bis weit in die Eisenzeit hinein (in Gallien ab 900 v. Chr.) aus Bronze gefertigt.

Eisendolche
Ab dem 2. Jahrhundert n. Chr. ersetzten eiserne Kurzschwerter die Langschwerter; manchmal wurden sie mit Menschen- und Tiermotiven verziert.

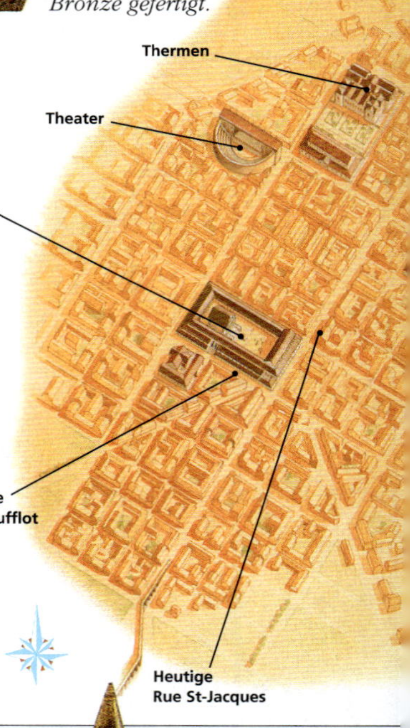

Glasperlen
Auf der Île de la Cité fand man eisenzeitliche Glasperlen und Armreife.

Vase aus gebranntem Ton
Helle Keramik, farbig verziert, war in Gallien weitverbreitet.

ZEITSKALA

4500 v. Chr. Die ersten Schiffer legen von der Seine ab

Gallischer Kriegshelm

52 v. Chr. Caesar besiegt die Gallier unter Camulogenes. Die Parisii zerstören ihre eigene Stadt

4500 | 400 | 200

Goldmünze der Parisii, auf der Île de la Cité geprägt

300 v. Chr. Die Parisii siedeln auf der Île de la Cité

um 100 v. Chr. Die Römer bauen die Île de la Cité wieder auf und gründen am linken Seine-Ufer eine neue Stadt

Römische Öllampe
Die Bewohner der dicht besiedelten Île de la Cité trösteten sich mit Zentralheizungen und dem Licht von Öllampen über die dunklen Wintermonate hinweg.

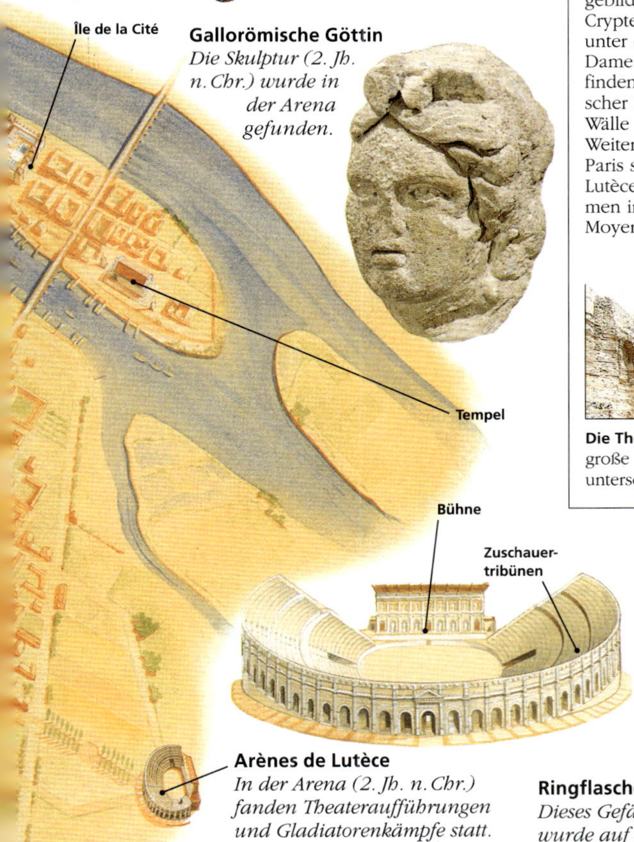

Gallorömische Göttin
Die Skulptur (2. Jh. n. Chr.) wurde in der Arena gefunden.

Arènes de Lutèce
In der Arena (2. Jh. n. Chr.) fanden Theateraufführungen und Gladiatorenkämpfe statt.

Lutetia, 200 n. Chr.
Lutetia (Paris) war rasterförmig angelegt. Brücken verbanden die Île de la Cité mit der Rive Gauche.

Gallorömische Zeit

Seit Mitte des 19. Jahrhunderts geben Ausgrabungen Aufschluss über die Lage der römischen Stadt, deren Mittelachsen von der heutigen Rue St-Jacques und Rue Soufflot gebildet wurden. In der Crypte Archéologique *(S. 81)* unter dem Parvis de Notre-Dame (Place Jean-Paul II) finden sich Reste gallorömischer Häuser und römischer Wälle (Ende 3. Jh. n. Chr.). Weitere Relikte der Römer in Paris sind die Arènes de Lutèce *(S. 165)* und die Thermen im Musée National du Moyen Âge *(S. 154 und 157)*.

Die Thermen besaßen drei große Räume mit Wasserbecken unterschiedlicher Temperatur.

Ringflasche
Dieses Gefäß wurde auf der Île de la Cité gefunden.

Römisches Bodenmosaik in den Thermen von Cluny

200 Die Römer fügen Arena, Bäder und Villen hinzu

285 Vorstoß der Barbaren, Lutetia fällt Flammen zum Opfer

360 Nach siegreichen Feldzügen wird Julian zum Kaiser ausgerufen. Lutetia wird nun Paris genannt

200 | **400**

250 Der christliche Märtyrer St Denis wird auf dem Montmartre geköpft

451 Die heilige Genoveva spornt die Pariser an, Attila zurückzuschlagen

482–511 Chlodwig I., Herrscher der Franken, schlägt die Römer

Mittelalterliches Paris

Initiale einer Handschrift

Während des Mittelalters entwickelten sich günstig gelegene Orte wie Paris, das an einem Flussübergang lag, zu Zentren der politischen Macht und der Kultur. Die Kirche spielte eine entscheidende Rolle im geistigen und intellektuellen Leben. Sie förderte die Bildung und den technischen Fortschritt – u. a. die Trockenlegung des Landes und den Kanalbau. Das Volk lebte zum großen Teil auf der Île de la Cité und an der Rive Gauche. Als im 12. Jahrhundert die Sümpfe *(marais)* entwässert wurden, konnte die Stadt expandieren.

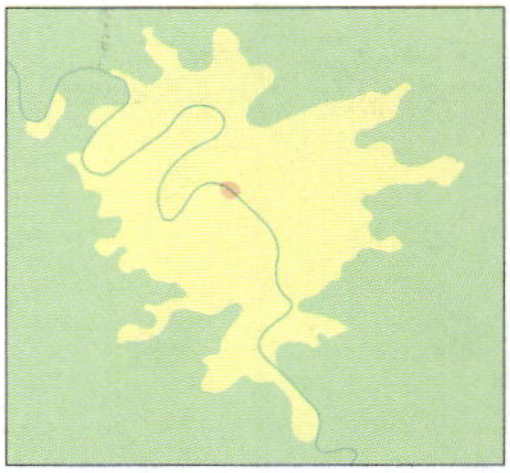

Ausdehnung der Stadt

1300 *Heute*

Sainte-Chapelle
Die obere Kapelle des hochgotischen Meisterwerks (siehe S. 88f) *war für die königliche Familie bestimmt.*

Die Île de la Cité – mit den Türmen von Conciergerie und Sainte-Chapelle – erscheint auf den Seiten für Juni.

Durch Drainage konnte mehr Land bestellt werden.

Landwirtschaft bestimmte das Leben der meisten Pariser. Die Stadt nahm nur eine winzige Fläche ein.

Achteckiger Tisch
Möbel wie dieser Zeichentisch schmückten mittelalterliche Herrenhäuser.

Weberfenster
Die Handwerker im Mittelalter bildeten Zünfte, Kirchenfenster wurden ihnen gewidmet.

ZEITSKALA

512 Tod der heiligen Genoveva; sie wird neben Chlodwig bestattet

543–556 Gründung von St-Germain-des-Prés

500 – 700 – 800 – 900

725–732 Araber fallen in das Frankenreich ein

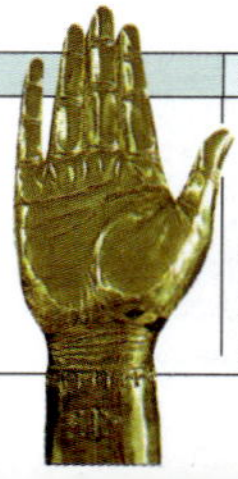

Die Goldene Hand Karls des Großen

800 Karl der Große (Charlemagne) wird vom Papst zum Kaiser gekrönt

845–862 Normannen greifen Paris an

Notre-Dame
Der Bau der großen gotischen Kathedralen dauerte viele Jahre. An Notre-Dame wurde von 1163 bis 1334 gebaut.

Siegel der Universität
Im Jahr 1215 wurde die Universität von Paris gegründet.

Klöster
In den Klöstern von Paris lebten Mönche der verschiedensten Orden, vor allem an der Rive Gauche.

Der Louvre, in den Charles V mit seinem Hofstaat zog, mit der Verteidigungsmauer, hier von der Île de la Cité aus gesehen.

Die Monate Juni und Oktober
Dieses illustrierte Stundenbuch, die Très Riches Heures, *wurde 1416 für den Duc de Berry geschaffen. Es zeigt viele Pariser Gebäude.*

Der Adel
Von der Mitte des 14. Jahrhunderts an galt Kleidung als Standesmerkmal; Edelfrauen trugen hohe, spitze Hüte.

Eine mittelalterliche Romanze

In Notre-Dame begann die Romanze zwischen dem Mönch Abélard und der jungen Héloïse. Pierre Abélard, wohl der begabteste Philosoph und Theologe des 12. Jahrhunderts, wurde als Lehrer für die 17-jährige Nichte eines Kanonikers angestellt. Lehrer und Schülerin entbrannten in Liebe zueinander. In seinem Zorn ließ der Onkel von Héloïse den Gelehrten entmannen. Héloïse ging darauhin für den Rest ihres Lebens ins Kloster.

1010–22 Christen verbrennen Juden und Ketzer

1167 Les Halles als Lebensmittelmarkt an der Rive Droite gegründet

1253 Gründung der Sorbonne

1380 Bau der Festung Bastille beendet

1000 | 1100 | 1200 | 1300 | 1400

1079 Geburt Abélards

1163 Baubeginn der Kathedrale Notre-Dame

1215 Gründung der Universität von Paris

1245 Baubeginn der Sainte-Chapelle

1226–70 Regierung Louis' IX (St Louis)

Jeanne d'Arc

1430 Nach dem Fall von Paris wird Henry VI von England zum König von Frankreich gekrönt

Paris der Renaissance

Paar in höfischer Kleidung

Am Ende des Hundertjährigen Kriegs mit England befand sich Paris in furchtbarem Zustand. Als die englischen Besatzungstruppen 1453 abzogen, lag die Stadt in Trümmern, Häuser und Bäume waren verbrannt. Louis XI brachte Wohlstand zurück, zudem förderte er Kunst und Architektur. Im 16. und 17. Jahrhundert erlagen die französischen Könige dem Zauber der italienischen Renaissance. Architekten machten erste Versuche in Stadtplanung und versahen Paris mit edlen Gebäuden und Plätzen wie der Place Royale (Place des Vosges).

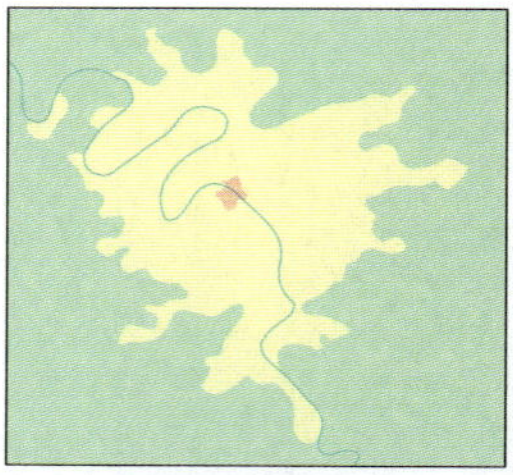

Ausdehnung der Stadt

1590 | Heute

Ritter vor der Tjost
Die Place Royale war bis ins 17. Jahrhundert Schauplatz von Ritterturnieren.

Druckerpresse (1469)
Auf der ersten Druckerpresse der Sorbonne druckte man religiöse Traktate, meist in Latein.

Juwelenbesetzter Anhänger
Juwelen wurden zu deutlichen Zeichen des neuen Wohlstands.

Pont Notre-Dame
Die häuserbestandene Brücke baute man Anfang des 15. Jahrhunderts. Der Pont Neuf (1589) war die erste Brücke ohne Häuser.

Place Royale
Dieser um 1609 von Henri IV erbaute Platz war der erste seiner Art in Paris (siehe S. 94). *Der Platz mit den Häusern des Hochadels wurde 1800 in Place des Vosges umbenannt.*

ZEITSKALA

1453 Ende des Hundertjährigen Kriegs gegen England

François I

1516 François I lädt Leonardo da Vinci nach Frankreich ein. In da Vincis Gepäck befindet sich die *Mona Lisa*

1450 | 1460 | 1470 | 1480 | 1490 | 1500 | 1510 | 1520

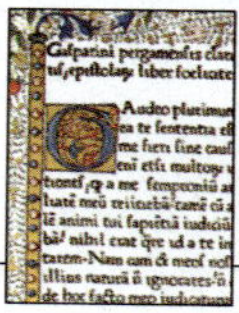

1469 Erste französische Druckerpresse geht an der Sorbonne in Betrieb

1528 François I residiert fortan im Louvre

Besteck aus dem 16. Jahrhundert
Messer und Gabel dienten in den Salons der Wohlhabenden nur zum Zerlegen des Fleisches. Gegessen wurde mit Händen oder Löffeln.

Paris der Renaissance

Neben der Place Royale kann man noch heute viele Renaissancebauten sehen, so St-Eustache *(S. 114)* und St-Étienne-du Mont *(S. 153)* sowie die Tour St-Jacques *(S. 115)*, der Turm einer nicht mehr existierenden Kirche. Adelspalais wie das Hôtel Carnavalet *(S. 96f)* wurden in neuerer Zeit restauriert. Die Treppen und Türmchen sowie der Hof des Hôtel de Cluny *(S. 154f)* stammen von 1485–96.

Der Lettner von St-Étienne-du-Mont (um 1520) ist von höchster Zartheit.

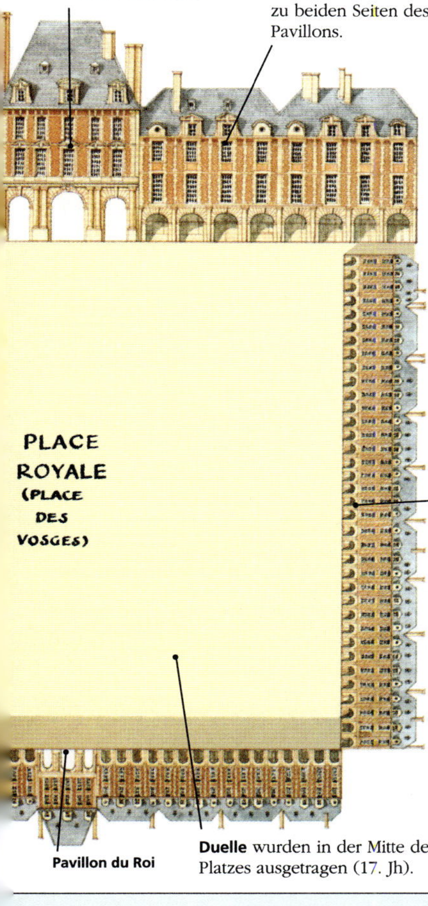

Pavillon de la Reine

Identische Arkadenhäuser zu beiden Seiten des Pavillons.

Neun symmetrische Häuser säumen zwei Seiten des Platzes.

Pavillon du Roi

Duelle wurden in der Mitte des Platzes ausgetragen (17. Jh).

Anrichte aus Walnuss (um 1545)
Feine, geschnitzte Holzmöbel zierten die Wohnungen der Reichen.

Hyante und Climene
Toussaint Dubreuil und andere Künstler griffen mythologische Themen auf.

1534 Ignatius von Loyola gründet den Jesuitenorden

1546 Baubeginn am neuen Louvre-Palast; erster steinerner Seine-Quai gebaut

1559 Einführung einfacher Straßenlaternen; Louvre vollendet

1572 Bartholomäusnacht: Massaker an den Protestanten

1593 Henri de Navarre konvertiert zum Katholizismus und wird 1594 als Henri IV gekrönt

1609 Unter Henri IV beginnt der Bau der Place Royale

1530 | 1540 | 1550 | 1560 | 1570 | 1580 | 1590 | 1600

1547 François I stirbt

1534 Gründung des Collège de France

1533 Neubau des Hôtel de Ville

1559 Henri II bei Turnier in Paris getötet

1589 Henri III in St-Cloud bei Paris ermordet

Der Attentäter Ravaillac

1610 Henri IV von Ravaillac, einem religiösen Fanatiker, ermordet

Paris des Sonnenkönigs

Emblem des Sonnenkönigs

Das 17. Jahrhundert in Frankreich – auch als *Le Grand Siècle* bezeichnet – fand seine höchste Verkörperung in den Extravaganzen des Sonnenkönigs Louis XIV und seines Hofs in Versailles. In Paris entstanden eindrucksvolle Gebäude, Plätze, Theater und Adelspalais *(hôtels)*. Dem Glanz zugrunde lag die absolute Macht des Monarchen. Ende der Herrschaft Louis' führten die enormen Kosten des Hofs und die ständigen Kriege zur Schwächung der Monarchie.

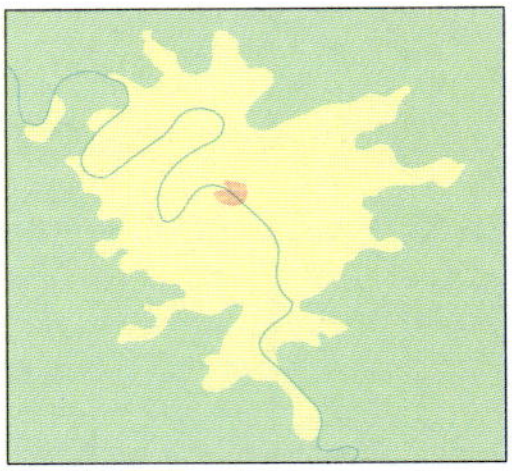

Ausdehnung der Stadt

1657 *Heute*

Les Jardins de Versailles
Louis XIV kümmerte sich viel um die Anlagen, die André Le Nôtre gestaltete.

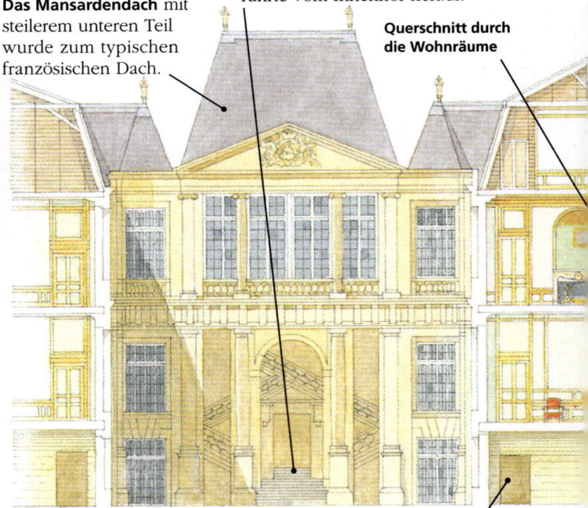

Das Mansardendach mit steilerem unteren Teil wurde zum typischen französischen Dach.

Ein offenes Treppenhaus führte vom Innenhof herauf.

Querschnitt durch die Wohnräume

Im Erdgeschoss befanden sich die Quartiere der Bediensteten.

Louis XIV als Jupiter
Nach der Regierungsübernahme 1661 begründete Louis XIV, hier als triumphierender Jupiter dargestellt, den Absolutismus.

Kommode
Das mit Gold verzierte Stück schuf André-Charles Boulle für das Grand Trianon von Versailles.

ZEITSKALA

Louis XIII

Kardinal Mazarin

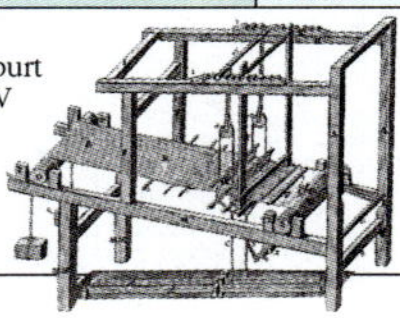

Webstuhl

1610 | 1620 | 1630 | 1640 | 1650 | 1660

1610 Mit der Thronbesteigung von Louis XIII beginnt *Le Grand Siècle*

1614 Letzte Einberufung der Generalstände vor der Revolution

1622 Paris wird Erzbistum

1624 Vollendung des Tuilerien-Palastes

1627 Erschließung der Île St-Louis

1629 Richelieu, leitender Minister Louis' XIII, erbaut das Palais Royal

1631 Erstausgabe von *La Gazette*, der ersten Pariser Zeitung

1638 Geburt Louis' XIV

1643 Tod von Louis XIII; Regentschaft von Anna von Österreich und Kardinal Mazarin

1661 Louis XIV wird absoluter Monarch. Beginn des Ausbaus von Versailles

1662 Colbert, Finanzminister Louis' XIV, gründet die Gobelin-Webereien

Decke von Charles Le Brun
Als Hofmaler Louis' XIV gestaltete Le Brun viele Decken, darunter diese im Hôtel Carnavalet (siehe S. 96f).

Madame de Maintenon
Als seine Gattin 1683 starb, heiratete Louis XIV Madame de Maintenon – hier auf einem Bild mit Rahmen von Caspar Netscher.

Zierfächer
Für besondere Hoffeste verlangte Louis XIV, dass die Frauen Fächer trugen.

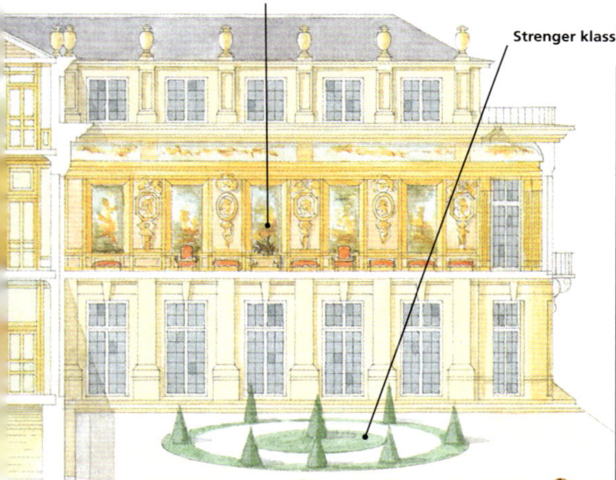

Hôtel Lambert (1640)

Im 17. Jahrhundert baute sich der Adel luxuriöse Stadtpalais – mit prächtigen Treppen, Höfen, Ziergärten, Remisen und Ställen.

Église du Dôme (1706)

Paris des Sonnenkönigs

Viele Gebäude aus dem 17. Jahrhundert stehen noch, aber nicht alle sind innen zu besichtigen. Das Hôtel des Invalides *(S. 187)*, der Dôme des Invalides *(S. 188f)*, das Palais du Luxembourg *(S. 172)* und das Schloss Versailles *(S. 248–253)* vermitteln einen Eindruck jener Zeit.

Neptunschale
Diese Schale aus Lapislazuli, die ein silberner Neptun krönt, gehörte zu Louis' reicher Kunstsammlung.

1667 Umbau des Louvre, Einrichtung des Observatoriums

1682 Der Hof zieht nach Versailles, wo er bis zur Revolution verbleibt

1686 Le Procope, das erste Pariser Café, wird eröffnet

1702 Paris erstmals in 20 *arrondissements* (Bezirke) eingeteilt

1715 Tod Louis' XIV

1670 | **1680** | **1690** | **1700** | **1710**

1670 Bau des Hôtel des Invalides

1689 Bau des Pont Royal

1692 Missernten und Kriege verursachen große Hungersnöte

Standbild von Louis XIV im Musée Carnavalet

Paris der Aufklärung

Büste von François Marie Arouet, bekannt als Voltaire

Die Aufklärung mit ihrer Betonung der wissenschaftlichen Vernunft und ihrer Kritik am Geist und den Institutionen der Zeit hatte ihren Mittelpunkt in Paris. Im Gegensatz dazu herrschten am Hofe Louis' XV in Versailles Vetternwirtschaft und Korruption. Gleichzeitig florierte die Wirtschaft, die Künste gediehen wie nie zuvor, und Intellektuelle wie Voltaire und Rousseau genossen Ansehen in ganz Europa. Die Pariser Bevölkerung wuchs auf etwa 650 000 an; städtebauliches Denken entwickelte sich, 1787 erschien der erste exakte Stadtplan.

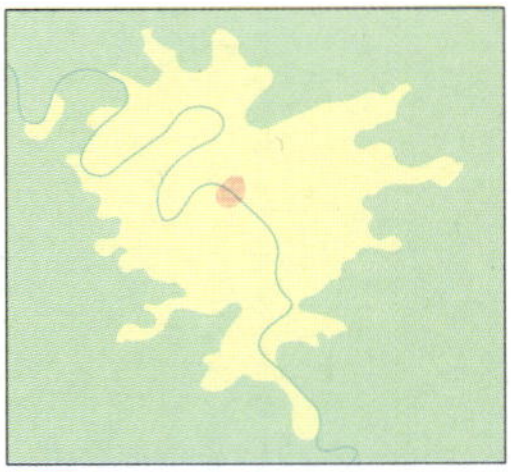

Ausdehnung der Stadt

1720 *Heute*

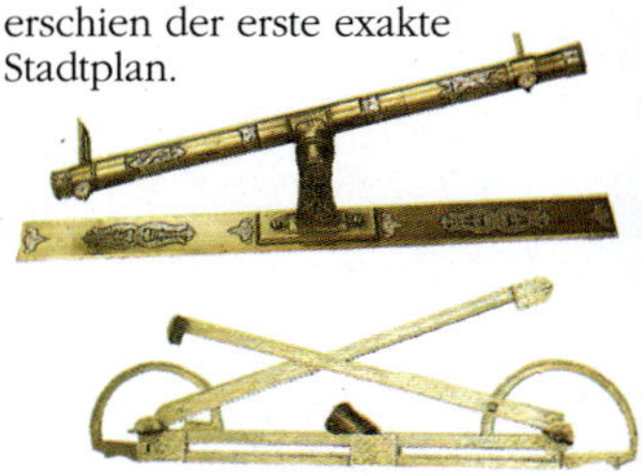

Nautische Instrumente
Als Navigationshilfe schufen Forscher Teleskope und trigonometrische Instrumente, die zur Messung geografischer Länge und Breite dienten.

Perücken aus dem 18. Jahrhundert
Perücken waren nicht nur Mode, sie zeugten auch vom Status ihres Trägers.

Comédie Française
Die Zeit der Aufklärung war auch die Zeit des Theaters: Neue Häuser wie die Comédie Française öffneten ihre Pforten – bis heute eines der renommiertesten Theater der Welt.

Der Zuschauerraum mit seinen 1913 Plätzen war der größte in ganz Paris.

ZEITSKALA

1720 | 1730 | 1740 | 1750

1722 Erste Feuerwehr der Stadt gegründet

Feuerwehrmann

1734 Fontaine des Quatre Saisons erbaut

1748 Montesquieus *De l'Esprit des Lois* erscheint, ein einflussreiches Werk über Regierungsformen

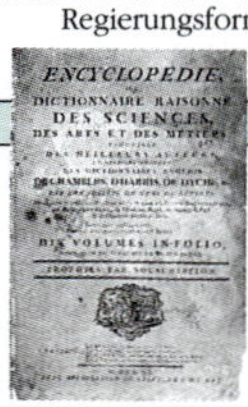

1751 Erster Band der *Encyclopédie* von Diderot erscheint

Madame de Pompadour
Sie war allgemein als Mätresse Louis' XV bekannt, aber auch eine bedeutende Förderin der Künste mit großem politischem Einfluss.

Schokoladenkännchen
Im 18. Jahrhundert konnten sich Bürgerfamilien den Genuss von Tabak, Tee, Kakao und Kaffee aus Asien und der Neuen Welt leisten.

Catacombes
Die Katakomben wurden 1785 als hygienische Alternative zu den Friedhöfen angelegt (siehe S. 179).

Paris der Aufklärung

Das Viertel um die Rue de Lille, die Rue de Varenne und die Rue de Grenelle *(S. 187)* hat besonders viele prächtige Stadtpalais (*hôtels* genannt), die sich der Adel in der ersten Hälfte des 18. Jahrhunderts errichten ließ. Memorabilien aus dem Leben der Intellektuellen Voltaire und Jean-Jacques Rousseau kann man sich im Musée Carnavalet *(S. 96f)* ansehen – neben Interieurs und Gemälden aus dem 18. Jahrhundert.

Kirchen baute man auch in der Zeit der Aufklärung. St-Sulpice *(S. 172)* wurde im Jahr 1776 vollendet.

Le Procope *(S. 140)* ist das älteste Pariser Café. Voltaire und Rousseau waren hier Gäste.

1757 Erste Öllaternen in den Straßen

1764 Madame de Pompadour stirbt

1774 Louis XV, der Urenkel von Louis XIV, stirbt

1778 Frankreich unterstützt die amerikanische Unabhängigkeit

1785 David malt den *Schwur der Horatier*

1760 | **1770** | **1780**

um 1760 Place de la Concorde, Panthéon und École Militaire erbaut

1762 Rousseaus *Émile* und *Le Contrat Social*

Rousseau, Philosoph und Schriftsteller, glaubte, dass der Mensch von Natur aus gut sei, aber durch die Gesellschaft verdorben würde

1782 Erstes Straßenpflaster auf der Place du Théâtre Français

1783 Die Brüder Montgolfier steigen mit dem Heißluftballon auf

Paris der Revolution

Gedenkteller zur Feier der Revolution

Schmutz und Elend prägten das Leben der Pariser, wie die Menschen es seit dem Mittelalter gewohnt waren. Teuerung und Unmut über Louis XVI gipfelten im Sturm auf die Bastille, das Staatsgefängnis. Drei Jahre später wurde die Republik ausgerufen. Bald folgte der Terror, als jeder, der des Verrats an der Revolution verdächtig war, ohne Prozess hingerichtet wurde: Über 60 000 Menschen verloren so ihr Leben. Die blutigen Exzesse Robespierres führten zu seinem Sturz und der Bildung einer Direktorialverfassung.

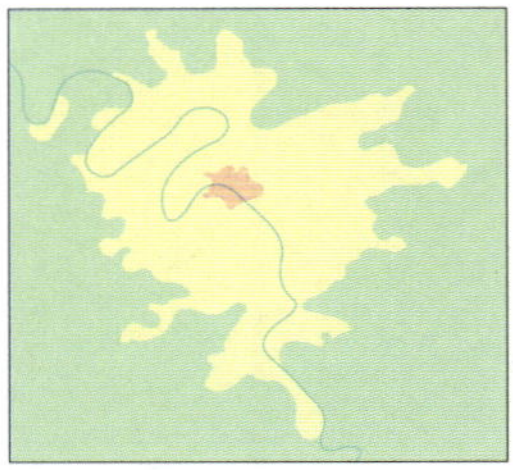

Ausdehnung der Stadt

1796 *Heute*

Die Gefängnistürme wurden angezündet.

Die französischen Garden, die zu den Revolutionären hielten, trafen spätnachmittags mit zwei Kanonen ein.

Erklärung der Menschen- und Bürgerrechte
Die Ideale der Aufklärung – Gleichheit und Menschenwürde – wurden in die Erklärung hineingeschrieben. Das Bild zeigt die Präambel zur Verfassung von 1791.

Revolutionskalender

Die Revolutionäre schafften den Kirchenkalender ab und setzten den 22. September 1792 – den Tag, an dem die Republik ausgerufen wurde – als ersten Tag der neuen Ära. Der Kalender hatte zwölf Monate, eingeteilt in drei Dekaden zu je zehn Tagen. Die verbleibenden fünf Tage pro Jahr wurden zu Feiertagen erklärt. Jeder Monat erhielt einen poetischen Namen, der eine Verbindung zwischen Natur und Jahreszeiten herstellte, beispielsweise Nebel, Schnee, Aussaat oder Ernte.

Ventôse, der windige Monat (19. Feb–20. März), aus dem Revolutionskalender (Farbradierung von Tresca)

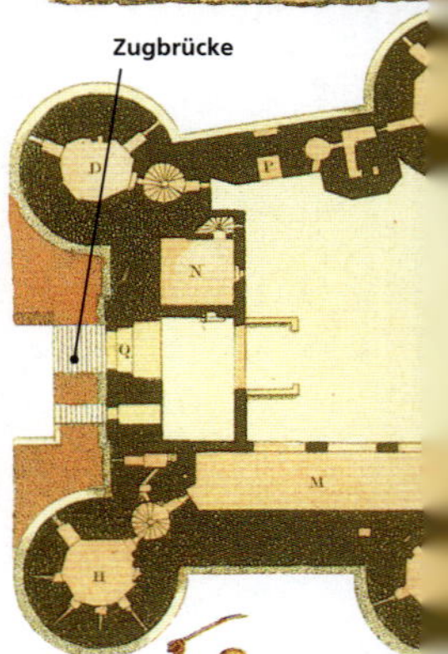

Zugbrücke

ZEITSKALA

1789

14. Juli Fall der Bastille

4. Aug Abschaffung des Feudalrechts

26. Aug Erklärung der Menschen- und Bürgerrechte

17. Sep Verdächtigungsgesetz: Beginn des Terrors

Karikatur über die drei Stände: Klerus, Adel und erwachendes Volk

5. Mai Tagung der Generalstände

1790

Lafayette, Kommandant der Nationalgarde, legt seinen Eid auf die Verfassung ab

14. Juli Fête de la Fédération

1791

17. Juli Blutbad auf dem Champ-de-Mars

10. Aug Erstürmung der Tuilerien

1792

25. Apr *La Marseillaise* komponiert

La Marseillaise
Das Marschlied der Revolutionäre wurde zur Nationalhymne – bis heute.

Papiergeld
Schuldverschreibungen (assignats) *finanzierten die Revolution.*

Sansculotten
So nannte man um 1792 städtische Revolutionäre, die lange Hosen trugen – anstatt der bei den Adligen üblichen kurzen culottes.

171 Tote und Verwundete wurden nach dem Sturm auf die Bastille gezählt.

»Patriotischer« Stuhl
Die Rückenpfosten dieses Holzstuhls tragen rote Häubchen – Symbole der Revolution.

Wandtapete
Sogar Tapeten trugen Revolutionsmotive zur Feier der Revolution.

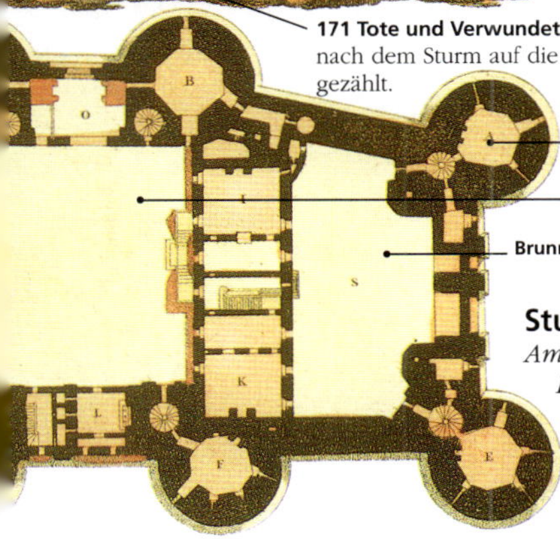

Guillotine
Sie wurde zum ersten Mal im April 1792 eingesetzt.

Sturm auf die Bastille

Am 14. Juli 1789 stürmte man die Bastille, befreite die sieben Gefangenen und tötete die Verteidiger: einen Kommandanten, 82 Soldaten und 32 Mitglieder der Schweizergarde.

20. Juni Besetzung der Tuilerien

10. Aug Sturz Louis' XVI

21. Jan Hinrichtung Louis' XVI

Herbst Robespierre leitet Wohlfahrtsausschuss

16. Okt Hinrichtung Marie-Antoinettes

24. Nov Schließung der Kirchen

5. Apr Hinrichtung von Danton und Anhängern

19. Nov Jakobinerklub (revolutionärer Aktionsrat) geschlossen

22. Aug Neue Verfassung: das Direktorium

1793 | **1794** | **1795**

20. Sep Schlacht von Valmy

2.–6. Sep Septembermorde

13. Juli Ermordung Marats, des Gründers der revolutionären Zeitung *L'Ami du Peuple*

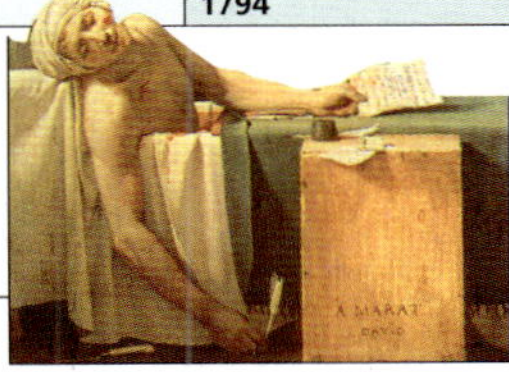

27. Juli Hinrichtung Robespierres

Robespierre: Revolutionär und Architekt des Terrors

Paris unter Napoléon

Napoléons Kaiserkrone

Napoléon Bonaparte war der fähigste General der französischen Armee. Die Schwäche der neuen Regierung nach der Revolution ermöglichte ihm den Griff nach der Macht. Im November 1799 etablierte er sich im Tuilerien-Palast als Erster Konsul, im Mai 1804 krönte er sich selbst zum Kaiser. Napoléon schuf eine zentralisierte Verwaltung und einen Gesetzeskodex. Er erneuerte das Bildungssystem und verfolgte den Plan, Paris zur schönsten Stadt der Welt zu machen. Seine Macht war von innen und außen stets bedroht und auf dauernde Kriegsführung angewiesen. Im März 1814 zogen preußische, österreichische und russische Truppen in Paris ein. Napoléon wurde nach Elba verbannt. Er kehrte 1815 nach Paris zurück, wurde bei Waterloo geschlagen und starb 1821 in der zweiten Verbannung.

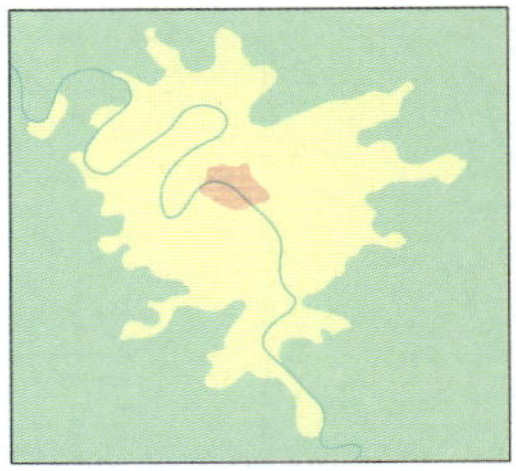
Ausdehnung der Stadt

1810 — *Heute*

Château Malmaison
Dies war die bevorzugte Residenz von Joséphine, Napoléons erster Frau.

Hofdamen tragen Joséphines Schleppe.

Uhr aus Opalglas
In den Verzierungen spiegelt sich die Stoffmode der Zeit wider.

Elefanten-Projekt
Dieses Denkmal sollte auf der Place de la Bastille stehen.

Flug des Adlers
Karikatur über Napoléons Verbannung nach Elba (1814).

ZEITSKALA

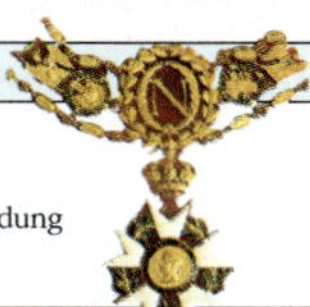

- **1797** Schlacht von Rivoli
- **1799** Napoléons Machtergreifung
- **1800** Bank von Frankreich gegründet
- **1800** Napoléon kehrt auf seinem Schiff *L'Orient* aus Ägypten zurück
- **1802** Gründung der Ehrenlegion
- **1804** Krönung Napoléons
- **1806** Arc de Triomphe in Auftrag gegeben
- **1809** Napoléon von Joséphine geschieden; er heiratet Marie-Louise
- **1812** Russlandfeldzug gescheitert
- **1814** Napoléon dankt ab
- **1815** Waterloo und zweite Abdankung Napoléons. Restauration der Monarchie
- **1821** Napoléon stirbt

1800 | 1805 | 1810 | 1815 | 1820

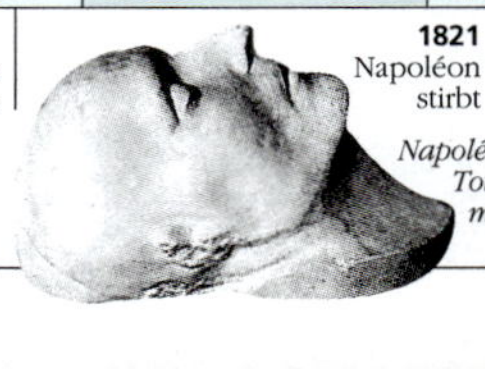
Napoléons Totenmaske

Bronzene Tischplatte
Der mit einem Bildnis Napoléons verzierte Tisch erinnert an den Sieg bei Austerlitz.

Russische Kosaken im Palais Royal
Nach der Niederlage und Flucht Napoléons (1814) musste Paris eine Besetzung durch fremde Truppen erdulden – darunter Österreicher, Preußen und Russen.

Joséphine kniet vor Napoléon.

Napoléon hält die Krone für seine Kaiserin, Joséphine.

Der Papst macht das Kreuzzeichen.

Krönung Napoléons
Das Bild der Krönungszeremonie Napoléons (1804) von J.-L. David zeigt den Papst, den man nach Notre-Dame bestellt hatte, als Zuschauer: Napoléon krönt seine Kaiserin, bevor er sich selbst krönt.

Kaiserin Joséphine
Napoléon trennte sich 1809 von Joséphine.

Der Arc de Triomphe du Carrousel wurde 1806 erbaut; die Pferde sind Beutestücke aus Venedigs San Marco.

Paris unter Napoléon
Viele große Bauten, die Napoléon für Paris plante, wurden nie realisiert, doch zwei Bogen, der Arc de Triomphe *(S. 210f)* und der Arc de Triomphe du Carrousel *(S. 122)*, sind Teil des Vermächtnisses Napoléons. Auch die Kirche La Madeleine *(S. 216)* wurde unter Napoléon geweiht sowie ein großer Teil des Louvre *(S. 122f)* erneuert. Beispiele für den Empire-Stil finden sich ebenfalls in Malmaison *(S. 255)* und im Hôtel Carnavalet *(S. 96f)*.

1842 Erste Eisenbahnlinie zwischen Paris und St-Germain-en-Laye eröffnet

1825	1830	1835	1840	1845

1830 Julirevolution und Errichtung der konstitutionell-parlamentarischen Monarchie

1831 Victor Hugo veröffentlicht seinen Roman *Notre-Dame de Paris*. Cholera-epidemie in Paris

1840 Umbettung Napoléons in den Dôme des Invalides

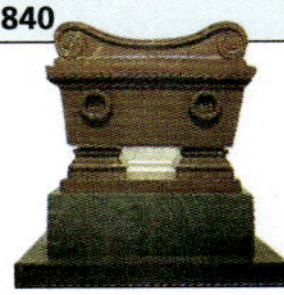

Napoléons Grabmal

Der große Wandel

Laterne vor der Opéra

Paris erlebte im Februar 1848 eine weitere Revolution, durch die Louis-Philippe gestürzt wurde. Im Dezember wählten die Franzosen den Neffen Napoléons I, Prinz Louis Bonaparte, zum Präsidenten. Dieser machte sich 1852 als Napoléon III zum Kaiser. Unter seiner Herrschaft gedieh Paris zur großartigsten Metropole Europas. Die Stadterneuerung vertraute Napoléon III Baron Haussmann an. Der beseitigte die engen Viertel des mittelalterlichen Paris und schuf eine großzügige Hauptstadt nach einem geometrischen Muster mit Avenuen und Boulevards. Angrenzende Bezirke wie Auteuil wurden eingemeindet – die Vororte entstanden.

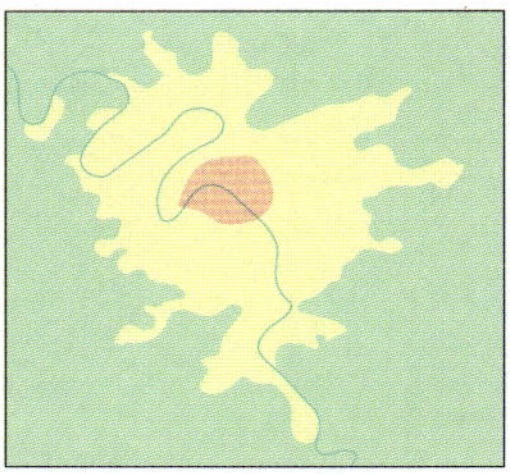

Ausdehnung der Stadt

1859 | Heute

Boulevard des Italiens
Diese baumbestandene Allee, von Edmond Georges Grandjean 1889 gemalt, war einer der schicken neuen Boulevards.

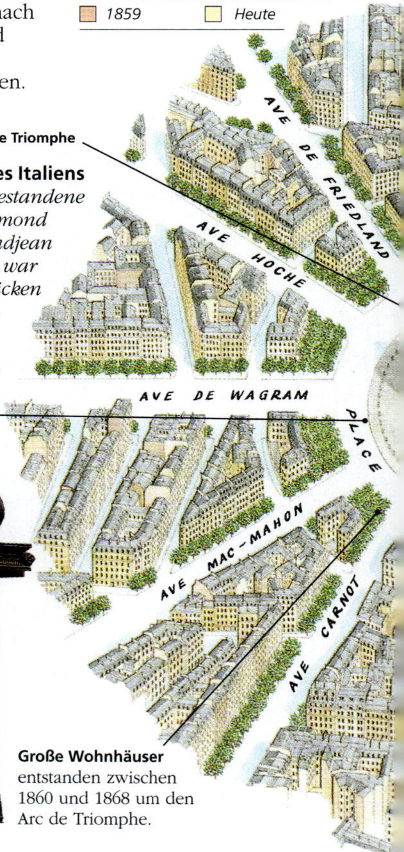

Arc de Triomphe

Zwölf Avenuen bilden einen Stern *(étoile)*.

Große Wohnhäuser entstanden zwischen 1860 und 1868 um den Arc de Triomphe.

Bau der Kanalisation
Dieser Stich von 1861 zeigt frühe Arbeiten an der Kanalisation (siehe S. 190) *zwischen La Villette und Les Halles.*

Litfaßsäule
Hier kündigten Plakate Opern- und Theateraufführungen an.

ZEITSKALA

1851 Staatsstreich von Prinz Louis Bonaparte, ab 1852 als Napoléon III Kaiser

1852 Haussmann beginnt Maßnahmen zur Stadterneuerung

1855 Weltausstellung

Besucher der Weltausstellung

1850 | 1852 | 1854 | 1856 | 1858

20-Centimes-Briefmarke mit dem Bildnis Napoléons III

1857 Der Dichter Baudelaire wird wegen *Les fleurs du mal* und der darin enthaltenen »Verhöhnung der öffentlichen Moral und der guten Sitten« gerichtlich belangt

Place de l'Étoile

Zum Konzept für die Innenstadt gehörte die Neugestaltung des Viertels am Ende der Champs-Élysées (Elysische Felder). *Haussmann schuf einen Stern von zwölf Avenuen um den Arc de Triomphe. (Der Ausschnitt zeigt das Gebiet im Jahr 1790.)*

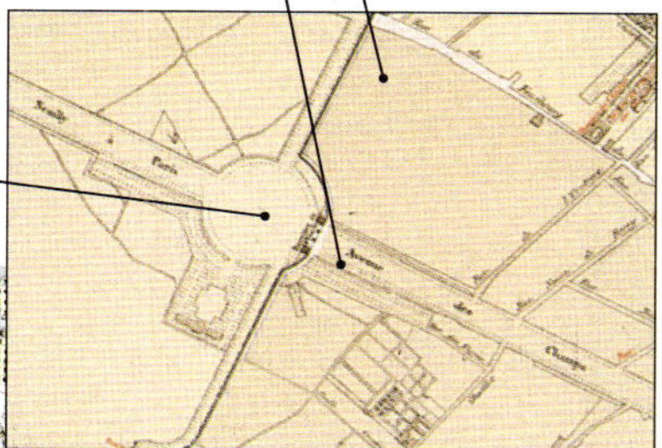

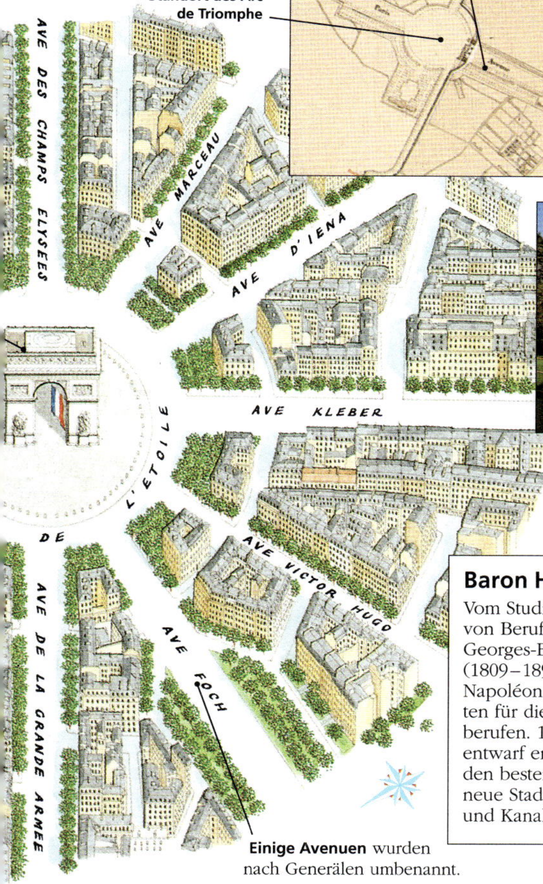

Einige Avenuen wurden nach Generälen umbenannt.

Trinkbrunnen
Der englische Kunstsammler Richard Wallace ließ nach 1870 in den Armenvierteln von Paris 50 Brunnen bohren.

Bois de Boulogne
Zu Fuß oder zu Pferd: Das Geschenk Napoléons III an die Stadt (1852) wurde schnell beliebt (siehe S. 254f).

Baron Haussmann

Vom Studium her Jurist, von Beruf Staatsdiener: Georges-Eugène Haussmann (1809–1891) wurde von Napoléon III zum Präfekten für die Region Seine berufen. 17 Jahre lang entwarf er zusammen mit den besten Architekten und Ingenieuren eine neue Stadt, verbesserte Wasserversorgung und Kanalisation und schuf schöne Parks.

1861 Garnier entwirft neues Opernhaus

1863 Die Nacktheit in Manets *Das Frühstück im Freien* löst einen Skandal aus; Ablehnung durch die Akademie *(siehe S. 144f)*

1867 Weltausstellung

1870 Napoléons III Frau Eugénie flieht vor dem drohenden Krieg aus Paris

1860	1862	1864	1866	1868

1863 Bankhaus Crédit Lyonnais gegründet

1862 Victor Hugos Roman über die Armen von Paris, *Les Misérables*, veröffentlicht

1868 Pressezensur gemildert

1870 Beginn des Deutsch-Französischen Kriegs

Paris der Belle Époque

Jugendstildekor

Der Deutsch-Französische Krieg war nach der furchtbaren Belagerung von Paris zu Ende. Als im Jahr 1871 Frieden geschlossen wurde, war es an der neuen Regierung, das Land wirtschaftlich wiederzubeleben. Ab etwa 1890 änderte sich alles: Automobil, Flugzeug, Kino, Telefon und Grammofon steigerten den Lebensgenuss, die Belle Époque war geboren. Paris wurde zur Glitzerstadt, in der Art nouveau, der »Neue Stil«, Gebäude und Interieurs veredelte. In der Malerei von Impressionisten wie Renoir spiegelte sich die *joie de vivre* wider, während Matisse, Braque und Picasso der modernen Kunst den Weg bereiteten.

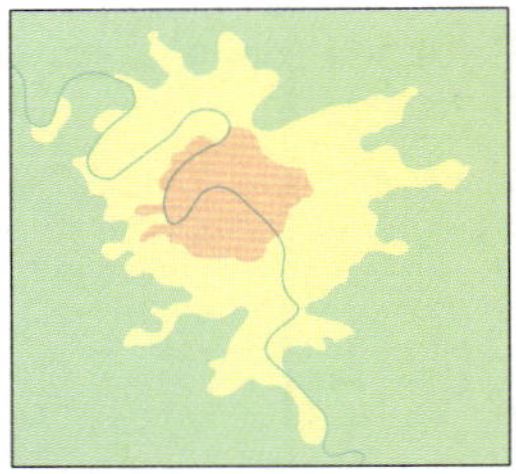

Ausdehnung der Stadt

1895 | Heute

Show-Plakat
Mit seinen Plakaten machte Toulouse-Lautrec die Tänzerinnen vom Montmartre unsterblich. Die Cafés und Clubs waren Treffpunkte der Maler und Schriftsteller.

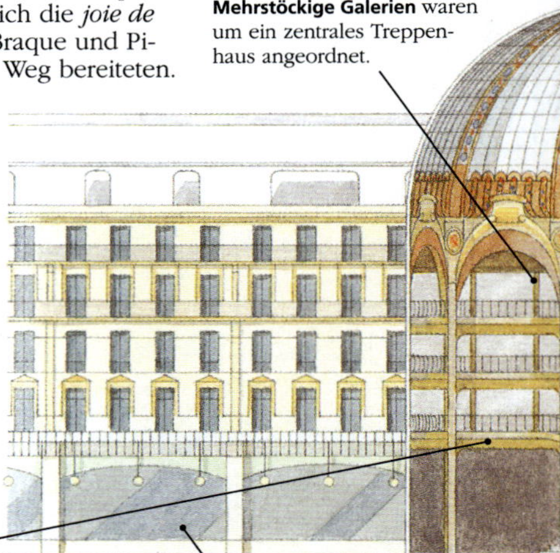

Mehrstöckige Galerien waren um ein zentrales Treppenhaus angeordnet.

Elektrischer Strom erhellte die Auslagen.

Schaufenster am Boulevard Haussmann präsentierten ein üppiges Warenangebot.

Jugendstil-Registrierkasse
Selbst Alltagsgegenstände wie Ladenkassen wurden im neuen Stil gestaltet.

Haupthalle des Grand Palais
Das Grand Palais (siehe S. 208) *wurde zur Weltausstellung 1889 für zwei Ausstellungen französischer Malerei und Bildhauerei gebaut.*

ZEITSKALA

1871 Dritte Republik ausgerufen

1874 Monet malt das erste Bild des Impressionismus: *Impression: Soleil Levant*

Louis Pasteur

1889 Bau des Eiffelturms

1870 | 1875 | 1880 | 1885 | 1890

Aus Hunger erschoss man selbst die Tiere im Zoo

1870 Belagerung durch deutsche Truppen

1885 Louis Pasteur entdeckt Impfstoff gegen Tollwut

Eintrittsbillett zur Weltausstellung

1891 Erste Métro-Station eröffnet

1889 Weltausstellung

Citroën 5CV
In der frühen Entwicklung des Automobils war Frankreich führend. Um 1900 sah man den Citroën auf den Straßen. Langstreckenrennen waren beliebt.

Die gläserne Kuppel war vom ganzen Kaufhausinneren zu sehen.

Moulin Rouge (1890)
Die alten Windmühlen vom Montmartre wurden zu Nachtclubs umgewandelt, so auch das berühmte Moulin Rouge (siehe S. 228).

Galeries Lafayette (1906)
Dieses herrliche Warenhaus mit seiner prächtigen Kuppel aus buntem Glas und Schmiedeeisen war ein Zeichen des neuen Wohlstands.

Die frechen Neunziger
Die Brüder Lumière hielten die kühnen Negligé-Moden der 1890er Jahre auf den ersten bewegten Bildern des Kinematografen fest.

Paris der Belle Époque

Jugendstil prägt Monumentalbauten wie Grand Palais und Petit Palais *(S. 208)*, Interieurs der Belle Époque sieht man in den Galeries Lafayette *(S. 321)* und im Restaurant La Fermette Marbeuf *(S. 310)*. Das Musée d'Orsay *(S. 144–147)* zeigt Objekte aus dieser Zeit.

Den Eingang zur Métro-Station Place des Abbesses *(siehe S. 228)* entwarf Hector Guimard.

Der Hauseingang Avenue Rapp Nr. 29 *(S. 191)* beim Eiffelturm ist ein schönes Beispiel für den Jugendstil.

1894–1906 Affäre Dreyfus

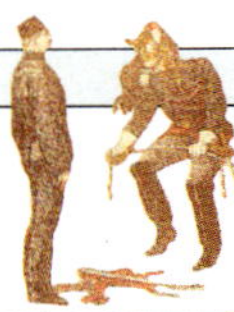

Hauptmann Dreyfus wurde wegen des Verkaufs von Geheimnissen an Preußen angeklagt. Später erwies sich seine Unschuld

1907 Picasso malt *Les Demoiselles d'Avignon*

1913 Proust veröffentlicht den ersten Teil von *À la recherche du temps perdu*

1895	1900	1905	1910

1898 Pierre und Marie Curie entdecken das Radium

1909 Blériot überfliegt den Ärmelkanal

1911 Diaghilev bringt russisches Ballett nach Paris

1895 Die Brüder Lumière stellen den Kinematografen vor

Die Avantgarde in Paris

Bürostuhl von Le Corbusier

Von den 1920er bis 1940er Jahren war Paris ein Mekka der Maler, Musiker, Schriftsteller und Cineasten. Neue Stile wie Kubismus und Surrealismus, vertreten durch Cézanne, Picasso, Braque, Man Ray und Duchamp, belebten die Stadt. Viele Trends kamen aus den USA, als Schriftsteller und Musiker wie Ernest Hemingway, Gertrude Stein und Sidney Bechet nach Paris zogen. In der Architektur prägten die geometrischen Formen von Le Corbusier die Gebäude.

Napoléon von Abel Gance
Paris war immer eine Filmstadt. Abel Gance drehte 1927 einen Film über Napoléon, bei dem er Dreifach-Projektionen und Weitwinkelobjektive einsetzte.

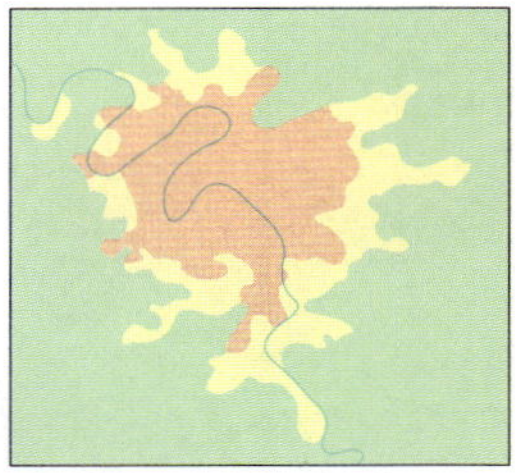

Ausdehnung der Stadt

1940 — *Heute*

Paris unter Besatzung
Fast den ganzen Zweiten Weltkrieg war Paris besetzt. Der Eiffelturm war Treffpunkt deutscher Soldaten.

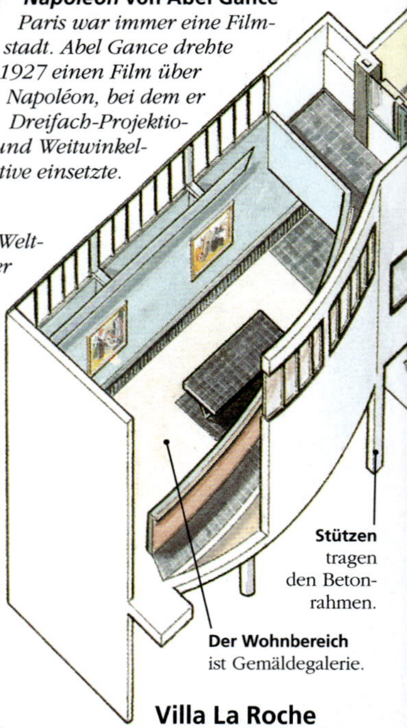

Stützen tragen den Betonrahmen.

Der Wohnbereich ist Gemäldegalerie.

Villa La Roche von Le Corbusier

Das Haus aus Beton und Stahl (1923) (siehe S. 254) *verkörpert mit geraden, horizontalen Linien und Flachdach den neuen Stil.*

Josephine Baker
Nur mit einem Bananenrock trat die Tänzerin aus St Louis in der »Revue nègre« auf und wurde über Nacht berühmt.

Sidney Bechet
In den 1930er und 1940er Jahren swingte in den Jazzclubs die Musik schwarzer Musiker – so die des Saxofonisten Sidney Bechet.

ZEITSKALA

1914	1916	1918	1920	1922	1924	1926	192

1914–18 Erster Weltkrieg. Paris wird durch die Marneschlacht vor der deutschen Invasion bewahrt. Eine Granate trifft St-Gervais-St-Protais

Soldat des Ersten Weltkriegs in Uniform

1919 Vertrag von Versailles im Spiegelsaal unterzeichnet

1920 Bau des Grabmals des Unbekannten Soldaten

1924 Olympische Spiele in Paris. André Breton veröffentlicht das *Surrealistische Manifest*

Die Ewige Flamme brennt für den Unbekannten Soldaten unter dem Arc de Triomphe

1925 Art déco zum ersten Mal auf der Ausstellung der Dekorativen Künste zu sehen

Mode der 1940er Jahre
Die klassische Herren- wie Damenmode nach dem Zweiten Weltkrieg erinnert ein wenig an Uniformen.

Der alte Trocadéro wurde für die Weltausstellung zum Palais de Chaillot *(siehe S. 200).*

Paris der Avantgarde

Die Villa La Roche ist heute Teil der Fondation Le Corbusier *(S. 254)* im Vorort Auteuil. Hemingways Lieblingsbar Closerie des Lilas in Montparnasse *(S. 179)* hat ihren Charme und viel Originaldekor bewahrt. Über die Mode der Zeit informiert das Musée Galliera *(S. 203).*

Plakat für Luftpost
Ab 1930 entstanden Luftpostlinien, vor allem nach Französisch-Nordafrika.

***Claudine à Paris* von Colette**
Die Romane der Claudine-Reihe von »Colette« (Colette Willy) waren in den 1930er Jahren sehr beliebt.

1931 Kolonialausstellung

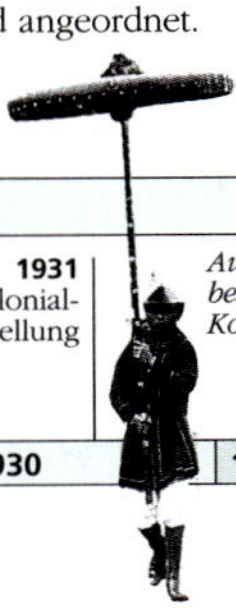

Ausstellungsbesucher in Kolonialtracht

1937 Picasso malt *Guernica* als Protest gegen das deutsche Bombardement der spanischen Stadt

1940 Zweiter Weltkrieg: Paris wird bombardiert und von den Deutschen besetzt

1930 | **1932** | **1934** | **1936** | **1938** | **1940** | **1942**

1934 Unruhen und Streiks infolge der Wirtschaftskrise

1937 Bau des Palais de Chaillot

Emblem des Freien Frankreich mit Victory-Zeichen

Aug 1944 Befreiung von Paris

Paris der Moderne

Der frühere Präsident François Mitterrand

Paris startete 1962 ein Modernisierungsprogramm, dabei wurden Viertel wie das Marais nach und nach restauriert. Später führte François Mitterrand das Projekt als *Grands Travaux* zur Erhaltung von Denkmälern weiter. Museen wie der Louvre *(siehe S. 122–129)* und das Musée d'Orsay *(siehe S. 144–147)* wurden besucherfreundlicher gestaltet, Neubauten wie die Opéra de Paris Bastille *(siehe S. 98)* und die Cité des Sciences *(siehe S. 236–239)* entstanden. Mit der hypermodernen Architektur von La Défense, Grande Arche, Stâde de France und Musée du Quai Branly ging Paris dem 21. Jahrhundert entgegen.

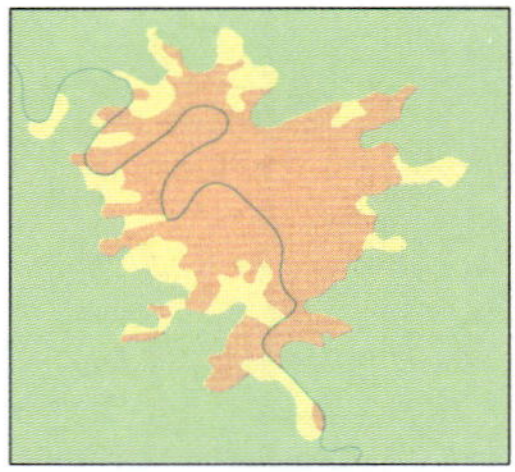

Ausdehnung der Stadt

1959 *Heute*

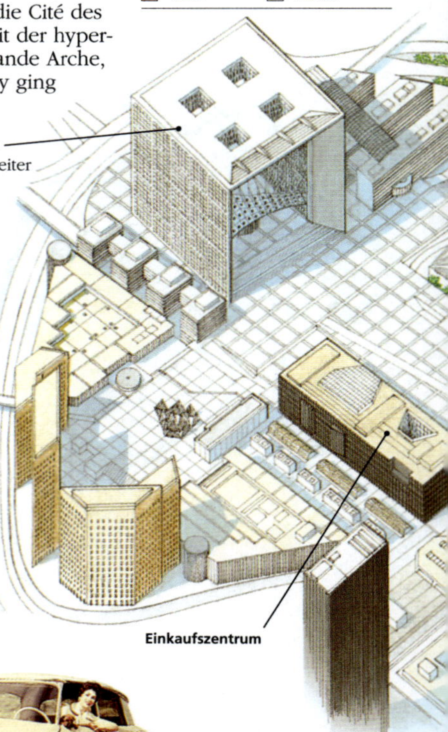

La Grande Arche ist höher und breiter als Notre-Dame; sie liegt auf einer Achse mit dem Arc de Triomphe und der Louvre-Pyramide.

Einkaufszentrum

Pont Neuf à la Christo
Um ein Bewusstsein für Strukturen zu schaffen, verhüllte der aus Bulgarien stammende Künstler Christo die älteste Brücke von Paris im Jahr 1985.

Simone de Beauvoir
Als Philosophin und Lebensgefährtin von Sartre kämpfte de Beauvoir in den 1950er Jahren für die Emanzipation der Frau.

Citroën Déesse (1956)
Mit ihrer ultramodernen Linienführung avancierte die »Flunder« zum Pariser Prestige-Auto.

ZEITSKALA

1950 Errichtung der Maison de l'UNESCO und des Musée de Radio-France

1962 Kulturminister André Malraux startet Modernisierungsprogramm für vernachlässigte Viertel und Denkmäler

Centre Pompidou

1977 Centre Pompidou eröffnet. Jacques Chirac wird erster gewählter Bürgermeister seit 1871

1980 Offizieller Besuch von Papst Johannes Paul II.

1945	1950	1955	1960	1965	1970	1975	1980

Charles de Gaulle

1958 Gründung der Fünften Republik unter Präsident de Gaulle

1964 Neuorganisation der Île-de-France

1968 Studentenunruhen und Arbeiterstreiks im Quartier Latin

1969 Les Halles werden nach Rungis verlegt

1973 Bau der Tour Montparnasse und des *boulevard périphérique*

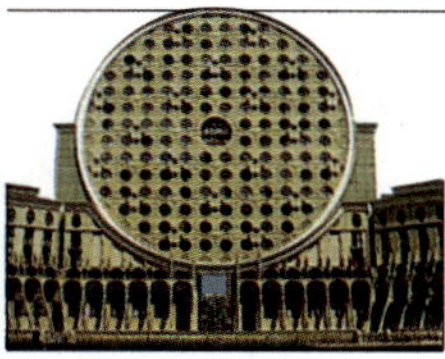

Marne La Vallée
Wie ein gigantischer Lautsprecher wirkt dieser Wohnkomplex in den Pariser Schlafstädten in der Nähe von Disneyland Resort Paris.

Mode von Chanel
Jedes Jahr finden in der Modemetropole Paris richtungsweisende Modenschauen statt.

Centre Pompidou
Das Kulturzentrum beherbergt die gesammelte moderne Kunst des Landes (siehe S. 110–113).

Opéra de Paris Bastille
Die Oper wurde 1989 zur 200-Jahr-Feier des Sturms auf die Bastille eröffnet.

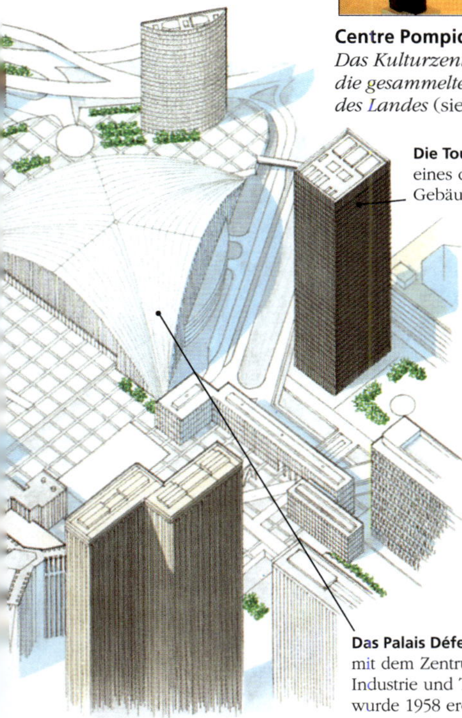

Die Tour Fiat ist eines der höchsten Gebäude Europas.

Das Palais Défense mit dem Zentrum für Industrie und Technik wurde 1958 eröffnet.

La Défense

Mit dem Bau des Geschäftszentrums am Rand von Paris begann man 1958. Heute arbeiten über 150 000 Menschen hier, Tendenz steigend.

Studentenunruhen

Im Mai 1968 erlebte Paris Studentenrevolten und Massenstreiks. Studenten und Arbeiter besetzten das Quartier Latin, der Protest gegen den Vietnamkrieg geriet zum Ausdruck der Unzufriedenheit mit der Regierung. Präsident de Gaulle trat 1969 zurück, sein Nachfolger wurde Georges Pompidou.

Studenten contra Polizei

Die Fußball-Nationalmannschaft, Les Bleus

2001 Bertrand Delanoë wird der erste sozialistische Bürgermeister seit 1870

2002 Einführung des Euro

2007 Vélib', ein Fahrradleihsystem, wird in der Stadt eingerichtet

1985 | 1990 | 1995 | 2000 | 2005 | 2010 | 2015 | 2020

1985 Christo verpackt Pont Neuf

1989 Feiern zum 200-jährigen Jahrestag der Revolution

1994 Einweihung des Eurostar

1999 Hurrikan entwurzelt in Versailles 10 000 Bäume

1998 Frankreich gewinnt Fußballweltmeisterschaft

2007 Nicolas Sarkozy wird Präsident

2005 Ausschreitungen Jugendlicher im Vorort Clichy-sous-Bois

2009 Präsident Sarkozy stellt »Grand Paris« vor, seine Vision der Hauptstadt im Jahr 2030

Paris im Überblick

Fast 300 Sehenswürdigkeiten werden im Kapitel *Die Stadtteile von Paris* ab Seite 74 beschrieben: von der alten Conciergerie, dem Vorzimmer der Guillotine *(siehe S. 81)*, bis zur modernen Opéra de Paris Bastille *(siehe S. 98)*, vom ältesten Haus von Paris in der Rue de Montmorency Nr. 51 *(siehe S. 114)* bis zum exotischen Musée du Quai Branly *(siehe S. 192f)*. Damit auch ein Kurzaufenthalt so interessant wie möglich wird, bieten die folgenden zehn Doppelseiten eine Schnelltour zu den Highlights von Paris. Je ein Abschnitt ist den faszinierenden Museen und Sammlungen, den beeindruckenden Kirchen und den schönen Parks und Plätzen gewidmet. Auch berühmte Pariser werden gewürdigt. Bei jedem Punkt finden Sie einen Verweis auf die Detailbeschreibung.

Hauptsehenswürdigkeiten in Paris

Sacré-Cœur
Seiten 226f

Sainte-Chapelle
Seiten 88f

Versailles
Seiten 248–253

Centre Pompidou
Seiten 110–113

Jardin du Luxembourg
Seite 172

Eiffelturm
Seiten 194f

Musée du Louvre
Seiten 122–129

Musée d'Orsay
Seiten 144–147

Bois de Boulogne
Seiten 254f

Notre-Dame
Seiten 82–85

Arc de Triomphe
Seiten 210f

◁ **Der Invalidendom *(siehe S. 188f)* im Komplex Hôtel des Invalides**

Berühmte Persönlichkeiten

Dank seiner günstigen Lage an der Seine war Paris immer der Nabel Frankreichs – wirtschaftlich, politisch wie auch kulturell. Im Lauf der Jahrhunderte sind viele bekannte und bedeutende Persönlichkeiten aus der französischen Provinz oder dem Ausland nach Paris gegangen. Sie haben ihrerseits Zeichen gesetzt: Maler brachten neue Stilrichtungen, Musiker und Regisseure neue Ideen, Politiker entwickelten neue Denkansätze und Architekten neue Bauten.

Cathérine Deneuve

Bildende Künstler

Sacré-Cœur von Utrillo (1934)

Um 1700 holte sich der Maler Jean-Antoine Watteau (1684–1721) Anregungen aus dem Pariser Theaterleben. Ein halbes Jahrhundert später starb hier Jean-Honoré Fragonard (1732–1806), gefeierter Maler des Rokoko, finanziell ruiniert durch die Revolution. Dann wurde Paris die Wiege des Impressionismus. Claude Monet (1840–1926), Pierre-Auguste Renoir (1841–1919) und Alfred Sisley (1839–1899) trafen sich in Pariser Ateliers. Pablo Picasso (1881–1973) malte 1907 sein zukunftsweisendes Werk *Les Demoiselles d'Avignon* im Bateau-Lavoir *(siehe S. 228)*, auch Georges Braque (1882–1963), Amedeo Modigliani (1884–1920) und Marc Chagall (1887–1985) wirkten dort. Henri de Toulouse-Lautrec (1864–1901) malte auf dem Montmartre, ebenso Salvador Dalí (1904–1989), der im Surrealisten-Treff Café Cyrano verkehrte. Später zogen die Pariser Maler zum Montparnasse, wo die Bildhauer Auguste Rodin (1840–1917), Constantin Brâncuşi (1876–1957) und Ossip Zadkine (1890–1967) wohnten.

Politiker

Hugues Capet, Herzog von Paris, wurde 987 König von Frankreich, sein Palast lag auf der Île de la Cité. Louis XIV, XV und XVI lebten in Versailles *(siehe S. 248–253)*, Napoléon *(siehe S. 32f)* in den Tuilerien. Kardinal Richelieu (1585–1642), die Macht hinter Louis XIII, gründete die Académie Française und das Palais Royal *(siehe S. 120)*. Der Präsident wohnt im Palais de l'Élysée *(S. 209)*.

Bildnis des Kardinals Richelieu von Philippe de Champaigne, um 1635

Filmstars und Regisseure

Schon immer schlug das Herz des französischen Films in Paris. Die Klassiker der Vorkriegs- und unmittelbaren Nachkriegszeit entstanden gewöhnlich in den Studios von Boulogne und Joinville, in denen ganze Stadtviertel rekonstruiert wurden – wie der Canal St-Martin für Marcel Carnés *Hôtel du Nord*. Jean-Luc Godard und andere Regisseure der Nouvelle Vague drehten lieber draußen. Godards *A bout de souffle* (1960) mit Jean-Paul Belmondo und Jean Seberg wurde an den Champs-Élysées gedreht. Simone Signoret (1921–1985) und Yves Montand (1921–1991), das berühmteste französische Filmpaar, hielten sich an die Île de la Cité. Schauspielerinnen wie Cathérine Deneuve (*1943) und Isabelle Adjani (*1955) leben in der City.

Musiker

Der Organist und Pionier der Harmonielehre Jean-Philippe Rameau (1683–1764) wirkte an St-Eustache *(siehe S. 114)*. Dort ließ auch Hector Berlioz (1803–1869) 1855 sein *Te Deum* uraufführen und Franz Liszt (1811–1886) 1866 seine *Graner Festmesse*. Die Organistendynastie der Couperins gab in St-Gervais-St-Protais *(siehe S. 99)* Konzerte.

Die Opéra National *(siehe S. 217)* hat viele Talente gesehen, doch nicht alle fanden Gefallen beim Publikum. Hier wurde Richard Wagners (1813–1883) *Tannhäuser* ausgebuht, ebenso Georges

Bizets (1839–1875) *Carmen* und Claude Debussys (1862–1918) *Pelléas et Mélisande*. Dagegen feierte die Sopranistin Maria Callas (1923–1977) hier Triumphe. Der Komponist und Dirigent Pierre Boulez (*1925) widmet sich am von ihm mitgegründeten IRCAM *(siehe S. 346)*, das zum Centre Pompidou gehört, der experimentellen Musik.

Die Chansonsängerin Édith Piaf (1915–1963) begann ihre Karriere auf den Straßen von Paris und eroberte von dort die Welt. *La Vie en Rose*, der Film über Piafs Leben, kam 2007 in die Kinos und erhielt viele Preise, u.a. den Oscar.

Renée Jeanmaire als Carmen, 1948

Architekten

Gotik, Klassik, Barock und Moderne – alles findet sich in Paris nebeneinander. Glänzendster Baumeister des Mittelalters war Pierre de Montreuil, Erbauer von Notre-Dame und Sainte-Chapelle. Louis Le Vau (1612–1670) und Jules Hardouin-Mansart (1646–1708) entwarfen Versailles *(siehe S. 248–253)*. J.-A. Gabriel (1698–1782) baute das Petit Trianon *(siehe S. 249)*. Haussmann (1809–1891) gab der Stadt ihr heutiges Gesicht. Gustave Eiffel (1832–1923) schuf 1889 seinen Turm, I.M. Pei 1989 die Glaspyramide des Louvre *(siehe S. 129)*. D. Perrault entwarf die neue Bibliothèque Nationale de France *(siehe S. 246)* und Jean Nouvel das Musée du Quai Branly *(siehe S. 192f)*.

Das Grand Trianon in Versailles, 1668 von Louis Le Vau erbaut

Schriftsteller

Französisch ist als »Sprache Molières« bezeichnet worden – nach dem Dramatiker und Begründer der Comédie Française Jean-Baptiste Poquelin alias Molière (1622–1673), der nicht weit davon in der Rue Richelieu lebte. Das Odéon Théâtre de l'Europe an der Rive Gauche war die Bühne des Dramatikers Jean Racine (1639–1699). Nahebei steht das Denkmal für Denis Diderot (1713–1784), der von 1751 bis 1776 seine *Encyclopédie* herausgab. Marcel Proust (1871–1922), Autor des Romans *À la recherche du temps perdu*, wohnte im Vorort Auteuil. Für die Existenzialisten war St-Germain das bevorzugte Viertel *(siehe S. 142f)*. Sylvia Beach empfing in ihrem Buchladen in der Rue de l'Odéon James Joyce (1882–1941). Ernest Hemingway (1899–1961) und F. Scott Fitzgerald (1896–1940) schrieben in Montparnasse.

Proust von J.-E. Blanche, um 1910

Wissenschaftler

In Paris gibt es ein Quartier, einen Boulevard, eine Métro-Station und ein Institut *(siehe S. 247)* Pasteur – zu Ehren von Louis Pasteur (1822–1895), dem französischen Chemiker und Biologen. Seine Wohnung und sein Labor sind im Originalzustand erhalten. Am Institut Pasteur ist heute Professor Luc Montagnier tätig, der als Erster 1983 das Aids-Virus isolierte. Auch die Entdecker des Radiums, Pierre (1859–1906) und Marie Curie (1867–1934), arbeiteten in Paris. Die Curies sind Thema des Erfolgsstücks *Les Palmes de M. Schutz*.

Exil in Paris

Nachdem er als König Edward VIII abgedankt hatte, heiratete der Herzog von Windsor 1936 in Paris Wallis Simpson. Die Stadt bot dem Ehepaar ein mietfreies Haus im Bois de Boulogne. Andere berühmte Exilanten waren Zhou Enlai (1898–1976), Ho Chi Minh (1890–1969), Wladimir Lenin (1870–1924), Oscar Wilde (1854–1900) und der Tänzer Rudolf Nurejew (1938–1993).

Herzogin und Herzog von Windsor

Highlights: Kirchen

Frühes Kruzifix in St-Gervais-St-Protais

Die katholische Kirche war in der Vergangenheit eine Stütze der Pariser Gesellschaft. Die Pariser Kirchen repräsentieren verschiedene Baustile. Die meisten sind den ganzen Tag geöffnet, in vielen werden regelmäßig Gottesdienste abgehalten. Die Kirchenmusik wird in Paris weiter gepflegt. So kann man am Abend das Innere einer Kirche betrachten und dabei einem Konzert lauschen *(siehe S. 346)*. Einen ausführlicheren Überblick über die Kirchen von Paris gibt die nachfolgende Doppelseite.

La Madeleine
Diese Kirche im Stil eines griechischen Tempels ist reich an schönen Skulpturen.

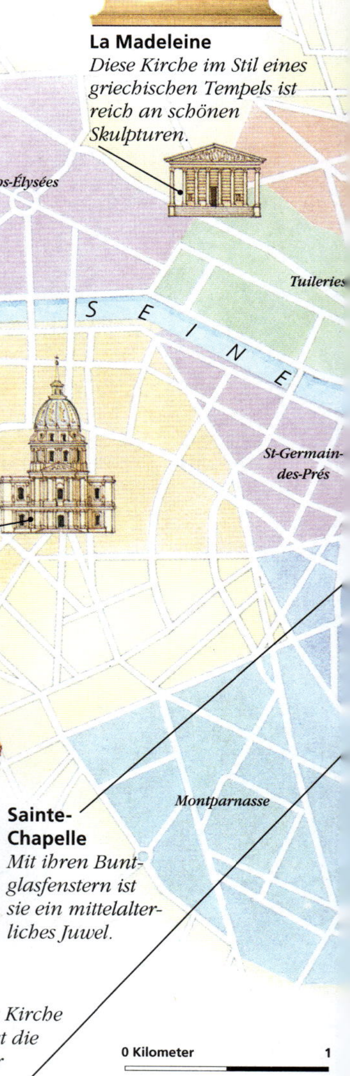

Hôtel des Invalides
Grabmal des Marschalls und Festungsbaumeisters Vauban im Dôme des Invalides, der auch Napoléons Grabmal birgt.

Sainte-Chapelle
Mit ihren Buntglasfenstern ist sie ein mittelalterliches Juwel.

Panthéon
Das ursprünglich als Kirche geplante Panthéon ist die Begräbnisstätte vieler berühmter Franzosen.

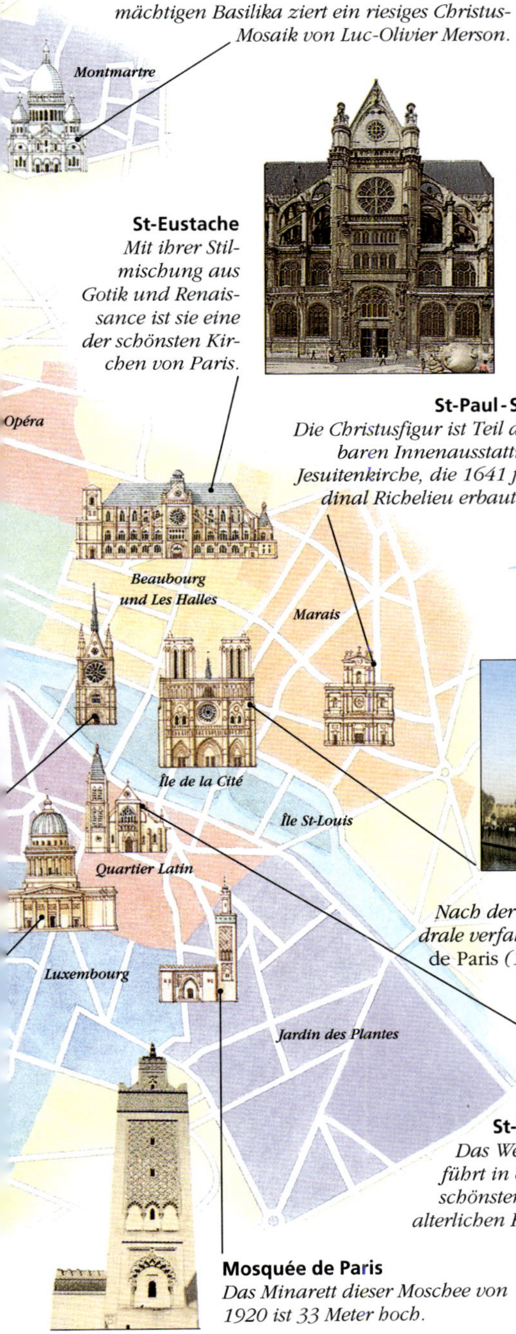

Sacré-Cœur
Das Gewölbe über dem Altarraum dieser mächtigen Basilika ziert ein riesiges Christus-Mosaik von Luc-Olivier Merson.

St-Eustache
Mit ihrer Stilmischung aus Gotik und Renaissance ist sie eine der schönsten Kirchen von Paris.

St-Paul-St-Louis
Die Christusfigur ist Teil der kostbaren Innenausstattung der Jesuitenkirche, die 1641 für Kardinal Richelieu erbaut wurde.

Notre-Dame
Nach der Revolution ließ man die Kathedrale verfallen. Hugos Roman Notre-Dame de Paris *(1831) führte zur Restaurierung.*

St-Séverin
Das Westportal führt in eine der schönsten mittelalterlichen Kirchen.

Mosquée de Paris
Das Minarett dieser Moschee von 1920 ist 33 Meter hoch.

Überblick: Kirchen

Einige Pariser Kirchen sind Meisterwerke der Architektur. Das Mittelalter war die große Zeit des Kirchenbaus, doch es gibt prächtige Beispiele aus allen Epochen. Während der Revolution *(siehe S. 30f)* wurden Kirchen als Lagerhallen benutzt, erst später gab man ihnen ihre Würde zurück. Viele Kirchen bergen herrliche Gemälde und Skulpturen.

Chapelle de la Sorbonne

Mittelalter

Turm von St-Germain-des-Prés

Sowohl Spitzbogen als auch Rosettenfenster haben ihren Ursprung in der nördlich von Paris gelegenen Basilika St-Denis, dem ersten Bauwerk im gotischen Stil, wo die meisten französischen Könige und Königinnen begraben liegen. Von hier nahm die Gotik ihren Ausgang. Der bedeutendste gotische Bau ist die Kathedrale **Notre-Dame** – die mächtigste der frühen französischen Kathedralen. Begonnen 1163 unter Bischof Maurice de Sully, wurde sie im folgenden Jahrhundert von den Baumeistern Jean de Chelles und Pierre de Montreuil vollendet, die Querschiffe mit durchscheinenden Rosettenfenstern anfügten. Montreuils Meisterwerk ist Louis' IX mittelalterliche Palastkapelle **Sainte-Chapelle**, die zur Aufbewahrung der Dornenkrone Christi dienen sollte. Weitere Kirchen sind **St-Germain-des-Prés**, die älteste Pariser Abteikirche (1050), die winzige romanische Kirche **St-Julien-le-Pauvre** und die im Flamboyant-Stil gestalteten Kirchen **St-Séverin**, **St-Germain l'Auxerrois** und **St-Merry**.

Renaissance

Im 16. Jahrhundert eroberte die italienische Renaissance die Stadt. Es kam zu einer – zwar nicht stilreinen, aber doch ansprechenden – Mischung aus feinen klassischen Details mit gewaltigen gotischen Proportionen, die man als »französische Renaissance« bezeichnet. Das beste Beispiel ist **St-Étienne-du-Mont**, deren Innenraum weit wie eine Basilika ist.

Weitere Beispiele sind **St-Eustache**, die Marktkirche in Les Halles, sowie das Mittelschiff von **St-Gervais-St-Protais** mit den Buntglasfenstern und dem Chorgestühl.

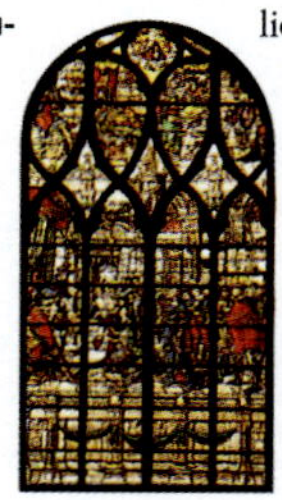

St-Gervais-St-Protais

Barock und Klassizismus

Kirchen und Klöster gediehen im Paris des 17. Jahrhunderts, als die Stadt unter Louis XIII und seinem Sohn Louis XIV anwuchs. Italienisches Barock trat zunächst mit der majestätischen Front von **St-Gervais-St-Protais** in Erscheinung, die Salomon de Brosse 1616 erbaute. Der Stil wurde so abgewandelt, dass er dem französischen Geschmack und dem rationalen Geist der Aufklärung genügte *(siehe S. 28f)*. Es kam eine harmonische und monumentale »Klassik« mit Säulen und Kuppeln zustande. Ein Beispiel ist die **Chapelle de la Sorbonne**, die Jacques Lemercier 1642 für Kardinal Richelieu vollendete. Reicher verziert und mit bemaltem Kuppeldach versehen ist die von François Mansart zu Ehren der Geburt des Sonnenkönigs im Kloster **Val-de-Grâce** errichtete Kirche. Doch die Perle der Epoche ist Jules Hardouin-Mansarts **Dôme des Invalides** mit seiner

Türme, Kuppeln und Spitzen

Kirchen prägen die Silhouette von Paris seit frühchristlicher Zeit. Die gotische Tour St-Jacques, Überbleibsel einer alten Kirche, spiegelt den mittelalterlichen Wehrturm wider. Übereinandergebaute Giebel an der Fassade von St-Étienne-du-Mont bezeichnen den Übergang von Gotik zu Renaissance. Die Kuppel – häufiges Element des französischen Barock – findet in Val-de-Grâce ihre Vollendung. St-Sulpice mit der strengen Anordnung von Türmen ist typisch für den Klassizismus. Mit fein gearbeiteten Spitzen vertritt Sainte-Clotilde die Neogotik. Zur heutigen Skyline gehört die Mosquée mit ihrem Minarett.

Tour St-Jacques

Gotik

St-Étienne-du-Mont

Renaissance

Goldkuppel. Jesuitischer Glanz wirkt in **St-Paul-St-Louis**, die der römischen Kirche Il Gesù nachgebaut ist. Den Gegensatz bilden **Salpêtrière** und **St-Louis-des-Invalides** von Libéral Bruant mit ihrer strengen Geometrie und Schlichtheit. Weitere klassische Kirchen sind **St-Joseph-des-Carmes** und die Bankierskirche **St-Roch** (18. Jh.) mit der barocken Marienkapelle.

Neoklassizismus

Innenraum des Panthéon

Griechisches und Römisches hat Frankreich von der Mitte des 18. Jahrhunderts bis weit ins 19. Jahrhundert hinein begeistert. Die Ausgrabungen in Pompeji (1738) und der Einfluss des italienischen Baumeisters Andrea Palladio brachten eine Generation von Architekten hervor, die von Säulen, Geometrie und Technik fasziniert waren. Bestes Beispiel für Kirchen dieser Art ist Sainte-Geneviève (heute das **Panthéon**) von Jacques-Germain Soufflot. Die von Kolonnaden umgebene Kuppel des 1773 begonnenen Bauwerks ist durch die Londoner Kathedrale St Paul's von Christopher Wren beeinflusst. Vier Pfeiler (von Guillaume Rondelet) tragen die Kuppel. **St-Sulpice** entstand ab 1646. Besonderes Merkmal der erst 1733 angefügten Kolonnadenfassade von Giovanni Niccolo Servandoni ist ein zweigeschossiger Aufbau mit zwei Türmen. **La Madeleine**, Napoléons Tempel für die siegreiche Armee, wirkt wie ein griechischer Tempel.

Empire und Moderne

Sainte-Clotilde von Franz Christian Gau aus den 1840er Jahren ist das erste und beste Beispiel für die Neogotik oder den *style religieux*. In den von Haussmann im Zweiten Kaiserreich geschaffenen Vierteln *(siehe S. 34f)* wurden prunkvolle Kirchen gebaut. Eine der hübschesten ist **St-Augustin** von Victor Baltard, an der Kreuzung der Boulevards Malesherbes und de la Madeleine gelegen. Hier sind historisches Detail sowie eiserne Säulen und Träger im Innenraum vereint. Die Basilika des späten 19. Jahrhunderts, **Sacré-Cœur**, entstand aus einem Gefühl religiöser Sühne. **St-Jean l'Évangéliste** von Anatole de Baudot ist eine interessante moderne Kirche, die Art nouveau mit maurischen Elementen verbindet. Die Perle der modernen islamischen Architektur ist die **Mosquée de Paris**, die in den 1920er Jahren im spanisch-maurischen Stil errichtet wurde. Sie besitzt einen Innenhof wie die Alhambra.

Am maurischen Stil orientiert: Bogen von St-Jean l'Évangéliste

Kirchen

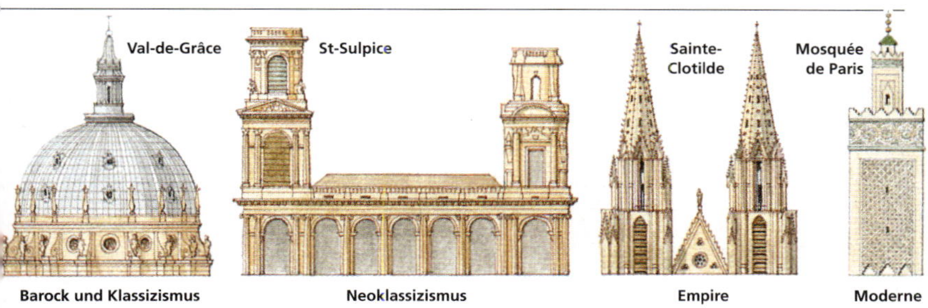

Highlights: Gärten, Parks und Plätze

Wenige Städte bieten eine solche Vielfalt an Gärten, Parks und Plätzen wie Paris. Sie stammen aus verschiedenen Epochen und sind seit 300 Jahren wesentlicher Bestandteil des Pariser Lebens. Der Bois de Boulogne und der Bois de Vincennes umgürten die Stadt mit weiten grünen Flächen. Elegante Plätze und gestaltete Gärten wie der Jardin du Luxembourg lockern das Bild der Innenstadt auf und bieten all denen Ruhe, die dem geschäftigen Treiben der City für einen Moment entrinnen möchten.

Parc Monceau
Der Park im englischen Stil besitzt zahlreiche Figuren, Grotten, prächtige Bäume und seltene Pflanzen.

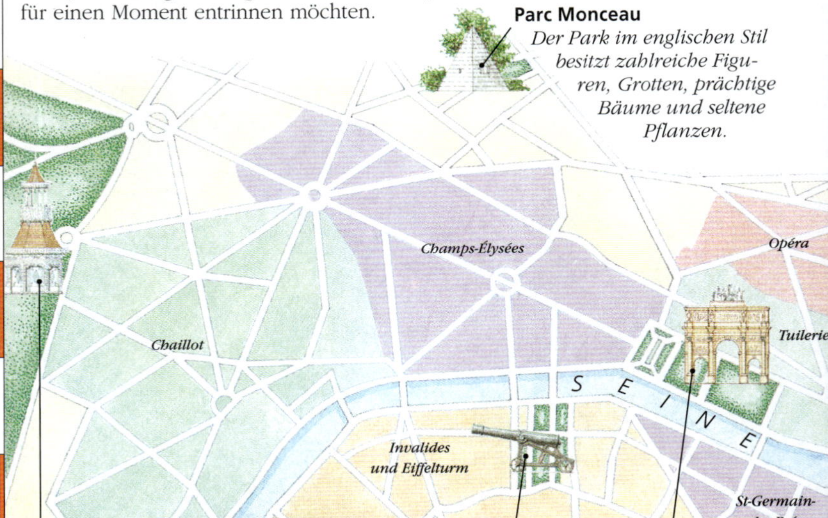

Bois de Boulogne
Im Parc de Bagatelle im Bois de Boulogne findet sich eine erstaunliche Blumenpracht, vor allem im berühmten Rosengarten.

Esplanade des Invalides
Von dem riesigen, mit Linden umsäumten Platz bietet sich ein herrlicher Blick über die Quais.

Jardin des Tuileries
Dieser Park ist bekannt für seine Zierteiche und Terrassen sowie die Statuen von Aristide Maillol.

Parc des Buttes-Chaumont
Einst war das Gelände ein rauer Hügelkamm, bis man es in eine Grünanlage für die wachsende Stadt verwandelte. Heute ist der Park gepflegt, weist aber immer noch steile Felsen und Höhlen auf.

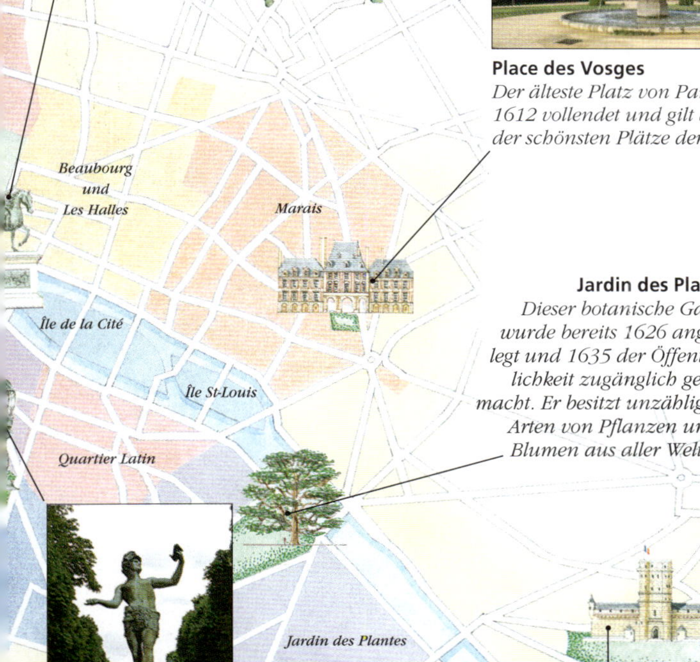

Square du Vert-Galant
Der Platz, der den Spitznamen Henris IV trägt, bildet die Westspitze der Île de la Cité.

Place des Vosges
Der älteste Platz von Paris wurde 1612 vollendet und gilt als einer der schönsten Plätze der Welt.

Jardin des Plantes
Dieser botanische Garten wurde bereits 1626 angelegt und 1635 der Öffentlichkeit zugänglich gemacht. Er besitzt unzählige Arten von Pflanzen und Blumen aus aller Welt.

Jardin du Luxembourg
Der reich mit Statuen gesegnete Park mitten im Quartier Latin wird von Parisern sehr geschätzt.

Bois de Vincennes
Der Blumengarten in dem reizvollen Park ist ein Platz zum Ausspannen.

Überblick: Gärten, Parks und Plätze

Paris verfügt über eine Vielzahl von Parkanlagen, idyllischen Gärten und baumbestandenen Plätzen, die an die glanzvolle Vergangenheit der Hauptstadt erinnern. Viele Plätze entstanden zur Zeit von Napoléon III mit dem Ziel, das Leben in der Stadt für die Bewohner angenehmer zu gestalten *(siehe S. 34f)*. Die Parks und Gartenanlagen haben alle ihren eigenen Charakter: Einige bieten ideale Spazierwege, andere ein romantisches Ambiente, wieder andere Möglichkeiten für sportliche Aktivitäten, z. B. zum Boule-Spiel.

Jardin du Palais Royal, Stich von 1645

Historische Gärten

Die ältesten, heute öffentlich zugänglichen Pariser Gärten wurden für die französischen Königinnen angelegt: der **Jardin des Tuileries** für Catherine de Médicis (16. Jh.) und der **Jardin du Luxembourg** für Marie de Médicis (17. Jh.). Die Tuilerien, der Beginn einer Achse, die sich vom Arc de Triomphe du Carrousel *(siehe S. 130)* über den Arc de Triomphe *(siehe S. 210f)* bis nach La Defense *(siehe S. 255)* erstreckt, folgen in ihrer Anlage der Landschaftsarchitektur Le Nôtres, der den **Park von Versailles** gestaltete. Neben den damals in den Tuilerien aufgestellten Skulpturen stehen heute auch neuere, z. B. die Bronzestatuen von Aristide Maillol (1861–1944). Der Jardin du Luxembourg ist als klassischer französischer Garten angelegt: mit gepflegten Rasenflächen, klassischen Skulpturen und einem wunderschönen Wasserbecken (17. Jh.). Er ist einladender als die Tuilerien – ideal für eine Pause.

Die **Jardins des Champs-Élysées**, von Le Nôtre entworfen, wurden im 19. Jahrhundert als englischer Park gestaltet. Sie bieten Pavillons aus der Belle Époque, drei Theater (L'Espace Pierre Cardin, Théâtre Marigny und Théâtre du Rond-Point), dazu Restaurants und ein wenig vom Geist Marcel Prousts, der als Kind hier spielte.

Eine Oase der Ruhe ist der **Jardin du Palais Royal**, der unter Kardinal Richelieu im 17. Jahrhundert angelegt wurde und von einer eleganten Arkade umgeben ist. Der **Parc Monceau** wiederum wurde im 19. Jahrhundert malerisch als englischer Garten mit Grotten und Höhlen gestaltet. Die Schauplätze der Pariser Weltausstellung, an die bis heute der Eiffelturm *(siehe S. 194f)* erinnert, die **Jardins des Invalides** und der **Champ-de-Mars**, dienen als Areal für das Hôtel des Invalides und die École Militaire.

Reizvoll sind auch die Gartenanlagen beim Hôtel Biron, heute **Musée Rodin**, sowie der **Jardin des Plantes** aus dem 17. Jahrhundert mit seinen alten Pflanzen und Bäumen sowie einem kleinen Zoo.

Im Jardin du Luxembourg

Parks und Plätze aus dem 19. Jahrhundert

Seerose im Bois de Vincennes

Die großen Parkanlagen des 19. Jahrhunderts verdanken ihre Existenz vor allem dem langen Exil von Napoléon III in London. Hier inspirierten ihn der Hyde Park sowie Mayfairs begrünte Plätze dazu, in seinem Paris, das damals als Europas

Nostalgisch und skurril

Die Parks von Paris bestechen durch ihre ausgefallenen Monopteren und Gartenbauten. Jedes Jahrhundert hat seinen Beitrag geleistet. Die große Gloriette de Buffon im Jardin des Plantes, die älteste Metallkonstruktion von Paris, wurde als Gedenkstätte für die großen Naturalisten *(siehe S. 166)* errichtet. Die Pyramide im Parc Monceau, der orientalische Tempel im Bois de Boulogne und der Liebestempel im Bois de Vincennes sind aus einer romantischen Zeit. Im Kontrast hierzu stehen die Konstruktionen im Parc de la Villette.

Ägyptische Pyramide

Parc Monceau

schmutzigste Hauptstadt galt, neue Parks und schönere Plätze anzulegen. Nach der Rückkehr aus dem Exil ließ er den Landschaftsarchitekten Adolphe Alphand die an den entgegengesetzten Enden der Stadt gelegenen Wälder *(bois)*, den **Bois de Boulogne** und den **Bois de Vincennes**, als englische Parks gestalten. In Ersterem gibt es eine Rennbahn, den Bagatelle-Rosengarten und den Jardin d'Acclimatation, einen kleinen Themenpark. Nachts meidet man die Gegend allerdings besser.

Angenehm sind auch zwei kleinere Parks von Alphand, der **Parc Montsouris** im Süden und der **Parc des Buttes-Chaumont** im Nordosten. Die *buttes* (Hügel), bevorzugtes Viertel der Surrealisten, wurden in zwei kleine Berge mit üppiger Vegetation, Hängebrücke, Liebestempel und kleinem See verwandelt.

Der Plan zur Neugestaltung der Stadt schloss auch ein, dass Plätze und Straßenzüge mit Brunnen, Skulpturen, Sitzbänken und Grünflächen ein neues Aussehen bekamen. So wurden etwa der **Square du Vert-Galant** auf der Île de la Cité und die Avenue de l'Observatoire im **Jardin du Luxembourg** mit den Skulpturen von Jean-Baptiste Carpeaux verschönert.

Parc Montsouris

Brunnen und Skulptur in den Jardins du Trocadéro

Moderne Parks und Gartenanlagen

Zwischen dem Palais de Chaillot und der Seine entstanden nach der Weltausstellung von 1937 die **Jardins du Trocadéro** mit dem größten Springbrunnen von Paris und schönem Blick auf die Seine und den Eiffelturm.

Zunehmend werden Parks mit Wildpflanzen, modernen Skulpturen, Labyrinthen und Spielplätzen aufgelockert, so z. B. die Anlagen gegenüber dem **Forum des Halles**, der **Parc André Citroën**, der **Parc de la Villette** und der Jardin Atlantique neben der Gare Montparnasse.

Für Spaziergänge bieten sich besonders die Grünanlagen an der Seine an: der Park hinter Notre-Dame, der Park am Bassin de l'Arsenal nahe der Bastille sowie die Wege an der Seine zwischen Louvre und Place de la Concorde oder auf der gepflegten Île St-Louis. Der bepflanzte Weg über den **Viaduc des Arts** gehört zu den schönsten Spaziergängen östlich der Innenstadt.

Gärten, Parks und Plätze

Gloriette de Buffon

Jardin des Plantes

Orientalischer Tempel

Bois de Boulogne

Liebestempel

Bois de Vincennes

Moderne Strukturen

Parc de la Villette

Highlights: Museen und Sammlungen

Einige der ältesten, der neuesten und sicherlich der schönsten Museen mit den großartigsten und umfassendsten Sammlungen der Welt befinden sich in Paris. Zum Teil ergänzt der Stil der Gebäude den jeweiligen Schwerpunkt dieser Schätze, so die römischen Thermen und die gotische Villa, die das Musée National du Moyen Âge bilden, oder das Centre Pompidou, das als Gebäude schon ein Kunstwerk der Moderne ist. Es bieten sich aber auch reizvolle Kontraste: die Werke Picassos in einem grandiosen Bau aus dem 17. Jahrhundert oder das Musée d'Orsay in einem alten Bahnhof. So oder so – ein Genuss für den Besucher.

Musée des Arts Décoratifs
Beispiele angewandter Kunst, z. B. das Pariser Badezimmer von Jeanne Lanvin.

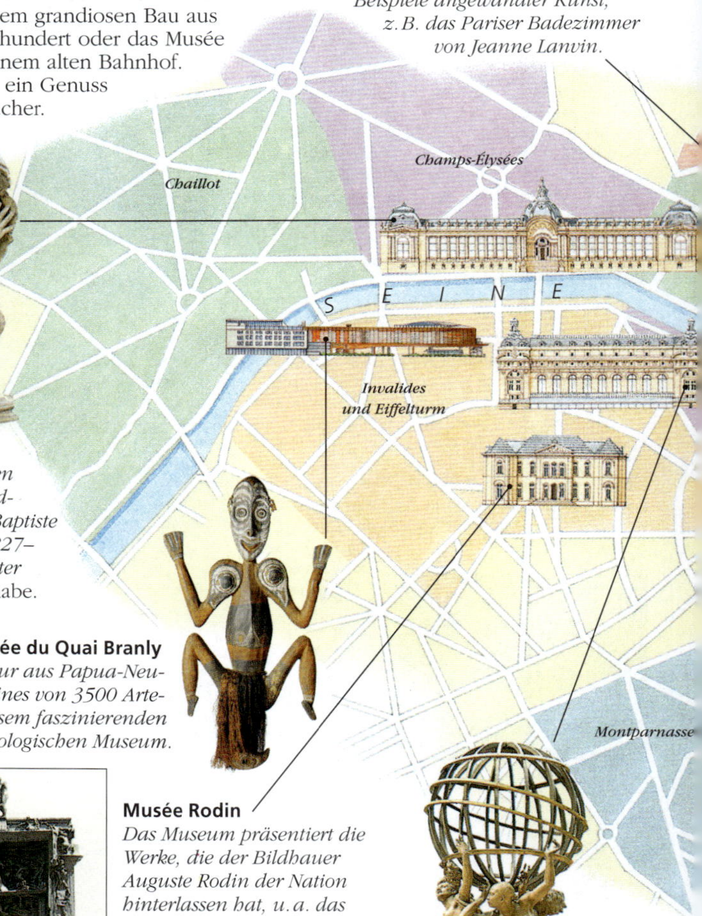

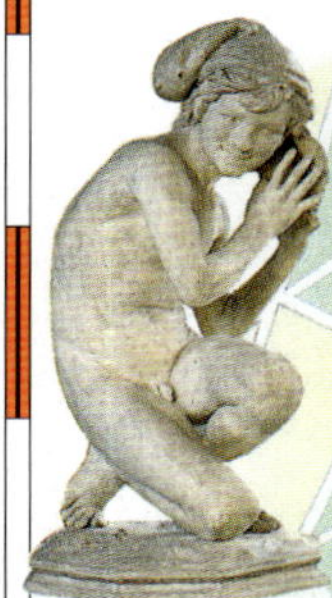

Petit Palais
Gezeigt werden Werke des Bildhauers Jean-Baptiste Carpeaux (1827–1875), darunter Der Fischerknabe.

Musée du Quai Branly
Die Holzfigur aus Papua-Neuguinea ist eines von 3500 Artefakten in diesem faszinierenden anthropologischen Museum.

Musée Rodin
Das Museum präsentiert die Werke, die der Bildhauer Auguste Rodin der Nation hinterlassen hat, u. a. das großartige Höllentor.

Musée d'Orsay
Sammlung von Werken des 19. Jahrhunderts, darunter auch Die vier Weltteile *(1867–72) von Jean-Baptiste Carpeaux.*

Musée du Louvre
Das Museum zeigt eine der großen Kunstsammlungen der Welt, von den Anfängen der Zivilisation bis ins 19. Jahrhundert. Der babylonische Codex Hammurabi *ist das älteste noch existierende Gesetzeswerk.*

Centre Pompidou
Hier befinden sich eine Sammlung moderner Kunst von 1905 bis heute, verschiedene Bibliotheken und ein Zentrum für Industriedesign.

Musée Picasso
Maler und Modell *(1931) ist eines der Bilder Picassos, die nach seinem Tod 1973 dem französischen Staat zum Begleichen der Erbschaftssteuer überlassen wurden. Bis 2012 ist das Museum geschlossen.*

Musée Carnavalet
Dieses Museum mit seinen schönen Innenhöfen ist der Geschichte von Paris gewidmet.

Musée National du Moyen Âge
Die Ruinen eines gallorömischen Bades sind Teil des Museums für alte und mittelalterliche Kunst.

0 Kilometer 1

Überblick: Museen und Sammlungen

Paris birgt große Schätze in seinen Museen und Kunstgalerien. Im **Musée du Louvre** befindet sich die landesweit größte Sammlung. Sie wurde vor 400 Jahren begründet und wächst bis heute. Andere bedeutende Museen wie das **Musée d'Orsay**, das **Musée du Quai Branly** und das **Centre Pompidou** verfügen ebenfalls über zahllose Kostbarkeiten, sind jedoch wesentlich kleiner und auf bestimmte Bereiche spezialisiert.

***Dante und Vergil in der Hölle* (1822) von Delacroix, Musée du Louvre**

Antike und mittelalterliche Kunst

Altar im Musée National du Moyen Âge

Skulpturen aus griechischer und römischer Zeit finden sich im **Musée du Louvre**, ebenso einige schöne mittelalterliche Skulpturen. Eine größere Sammlung mittelalterlicher Kunst zeigt das **Musée National du Moyen Âge**, hervorzuheben sind die Einhorn-Gobelins, die Häupter der Könige aus Notre-Dame und der goldene Altar aus der Kathedrale von Basel. Zum Musée National du Moyen Âge gehören die römischen Thermen (3. Jh.). Weitere Zeugnisse aus gallorömischer Zeit und Mittelalter bietet die **Crypte Archéologique**.

Alte Meister

Eines der ersten Gemälde, die das **Musée du Louvre** vor 400 Jahren erwarb, war die *Mona Lisa*. Neben einigen anderen Leonardos finden sich hervorragende Tizians und Raffaels sowie andere italienische Meister. Weiterhin sind auch Meisterwerke wie Rembrandts *Christus in Emmaus*, Watteaus *Gilles* und Fragonards *Die Badenden* hier zu sehen. Das **Musée Cognacq-Jay** verfügt über eine kleine, jedoch exquisite Sammlung französischer Malerei des 18. Jahrhunderts, das **Musée Jacquemart-André** zeigt Meister wie Mantegna, Uccello, Canaletto, Rembrandt und Chardin.

Impressionisten und Neoimpressionisten

In einem Bahnhof aus dem 19. Jahrhundert birgt das **Musée d'Orsay** die weltgrößte Kunstsammlung für die Zeit von 1848 bis 1904. Eigentlich wird das Museum für seine glänzende Sammlung von Impressionisten und Neoimpressionisten bewundert, es gibt jedoch auch den frühen Realisten sowie den vormals geschmähten Meistern des akademischen und »Salon«-Stils breiten Raum. Das Musée d'Orsay besitzt hervorragende Sammlungen von Degas, Manet, Courbet (darunter *L'Origine du Monde*), Monet, Renoir, Millet, Cézanne, Bonnard und Vuillard, außerdem einige herausragende Gauguins, van Goghs und Seurats.

Im **Musée Marmottan** findet man viele späte Monets, ebenso im **Musée de l'Orangerie**, das auch Monets letzte große Seerosen-Gemälde (1920–25) zeigt und eine bedeutende Sammlung von Cézannes und späten Renoirs besitzt.

Drei Ateliers und Wohnungen von Künstlern sind heute zu Museen umgestaltet: Das **Musée Rodin** bietet einen vollständigen Überblick über die Skulpturen, Zeichnungen und Gemälde Rodins. Das **Musée Delacroix** zeigt Skizzen, Drucke und Ölgemälde dieses großen Malers der Romantik. Das **Musée Gustave Moreau** präsentiert eine außergewöhnliche Sammlung der legendären *femmes fatales* und der »sterbenden Jünglinge«.

Das **Petit Palais** birgt mit seinen 20 000 Werken eine interessante Sammlung von Bildern des 19. Jahrhunderts. Darunter sind vier Hauptwerke von Gustave Courbet, u. a. *Die Schläferinnen*.

***Toter Poet*, Musée Gustave Moreau**

Moderne und zeitgenössische Kunst

Als internationales Zentrum der Avantgarde für die Zeit von 1900 bis 1940 besitzt Paris eine Vielzahl von modernen Gemälden und Skulpturen. Das Centre Pompidou beherbergt das **Musée National d'Art Moderne**, das die Zeit von 1905 bis heute abdeckt: die Fauves und die Kubisten, Matisse, Rouault, Braque, Léger, Delaunay und Dubuffet sowie die *Nouveaux Réalistes* der 1960er Jahre.

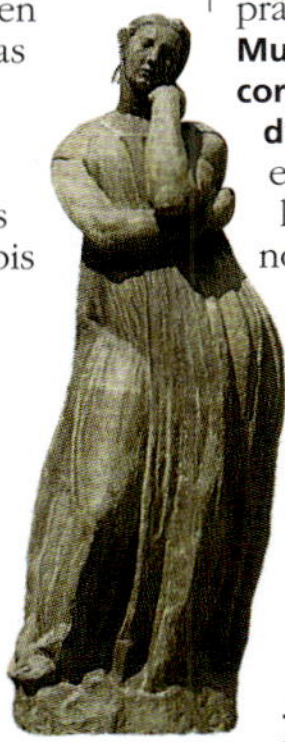

***Penelope* von Bourdelle**

Das **Musée d'Art Moderne de la Ville de Paris** besitzt eine exzellente Sammlung sehr guter Delaunays, Bonnards sowie der Fauves. Herausragend ist *Der Tanz* (1932) von Matisse. Im gegenüberliegenden Flügel des **Palais de Tokyo** kann man Avantgarde-Künstler von heute sehen.

Das **Musée Picasso** kann sich der weltweit größten Picasso-Sammlung rühmen, ist aber bis 2012 wegen Renovierung geschlossen. Werke von Picasso, Matisse, Modigliani, Utrillo und Derain zeichnen die Sammlung des Kunsthändlers Guillaume im **Musée de l'Orangerie** aus. Kubistische Skulpturen finden sich im **Musée Zadkine**, benannt nach Ossip Zadkine, dem führenden Kopf einer Gruppe von Kubisten. Das **Musée Antoine Bourdelle** und das **Musée Maillol** vermitteln einen guten Eindruck vom Werk dieser beiden Bildhauer.

Interieurs, dekorative Kunst und Objekt-Kunst

Nach der Malerei sind vor allem die Interieurs und die dekorative Kunst hervorzuheben, die gleichermaßen in vielen Museen von Paris zu sehen sind. Reizvolle Ensembles französischen Mobiliars und dekorativer Kunst findet man im **Louvre** (vom Mittelalter bis zur Zeit Napoléons) sowie im **Schloss Versailles** (17.–18. Jh.). Mobiliar und *objets d'art* präsentiert das **Musée des Arts Décoratifs**. Das **Musée d'Orsay** besitzt eine große Sammlung von Art-nouveau-Interieurs.

Schrank im Musée des Arts Décoratifs

Louis-Quinze- und Louis-Seize-Möbel sowie -Dekorationen zeigt das **Musée Nissim de Camondo** gegenüber dem Parc Monceau. Weitere Sammlungen besitzen das **Musée Cognacq-Jay**, das **Musée Carnavalet** (18. Jh.), das **Musée Jacquemart-André** (französisches Mobiliar und Tonwaren), das **Musée Marmottan Monet** (Empire) sowie das **Musée d'Art Moderne de la Ville de Paris** (Art déco).

Juwelierladen im Carnavalet

Ausgefallene Museen

Anhänger von alten Flinten und Jagdhunden sollten das **Musée de la Chasse et de la Nature** im Hôtel Guénégaud im Marais besuchen. Dort sind auch Tierbilder aus dem 18. Jahrhundert von Jean-Baptiste Oudry und Alexandre-François Desportes ebenso wie einige Werke von Rubens und Breughel zu sehen. Die ganze Welt der Fälschungen, mit Beispielen aller möglichen Luxusartikel wie Parfüm, Wein, Spirituosen und Kleidung, ist im **Musée de la Contrefaçon** zu bewundern. Münzsammler können das **Musée de la Monnaie** in der alten Pariser Münze aus dem 18. Jahrhundert besuchen. Zwar wird hier heute nicht mehr Geld geprägt, doch immer noch prägt man Münzen und Medaillen für Sammler.

Philatelisten interessieren sich wohl eher für das **Musée de la Poste** mit seinen Briefmarkensammlungen und seiner Dokumentation der Geschichte des Postwesens sowie aller Aspekte der Philatelie.

Im **Musée de Radio-France** vermitteln mehr als 2000 Exponate einen Eindruck von der Geschichte des Rundfunks und der Kommunikationsmittel im Allgemeinen – vom Jahr 1793, als der Chappé'sche »Telegraf« erfunden wurde, bis heute. Im Museum kann man auch nachverfolgen, wie aktuell Radioprogramme gemacht werden.

Kleidung und Mode

Zwei Museen in Paris widmen sich der Kleidung und der Mode: das **Musée Galliera** (früher: Musée de la Mode et du Costume) sowie das **Musée de la Mode** im **Musée des Arts Décoratifs**. Beide zeigen in Wechselausstellungen sowohl die Kreationen der großen Pariser Couturiers wie Saint Laurent und Givenchy als auch – von Zeit zu Zeit – historische Kleidungsstücke.

Plakat für das Musée Galliera

Asiatische, afrikanische und ozeanische Kunst

Die größte Sammlung asiatischer Kunst in Frankreich zeigt das **Musée National des Arts Asiatiques Guimet**, darunter Stücke aus Tibet, China, Japan, Korea, Indochina, Indonesien, Indien und Zentralasien. Zu sehen ist u. a. die größte Sammlung von Khmer-Kunst außerhalb Kambodschas. Auch das **Musée Cernuschi** zeigt chinesische Kunst mit alten Bronzen und Reliefs. Die beste Adresse für die Kunst und Kultur Afrikas, Asiens, Ozeaniens sowie der amerikanischen Ureinwohner ist das **Musée du Quai Branly**, das über 3500 Exponate in atemberaubendem Ambiente präsentiert. Afrikanische Kultur kann man im **Musée Dapper** kennenlernen, Teil eines ethnografischen Forschungszentrums. Das Museum in einem Gebäude von 1910 hat einen afrikanischen Garten und eine sehenswerte Sammlung von Stammesmasken.

Theatermaske aus Sri Lanka

Geschichte und Sozialgeschichte

Café im Musée de Montmartre

Die Geschichte von Paris dokumentiert das **Musée Carnavalet** in zwei alten *hôtels* in Marais. Es zeigt Mobiliar verschiedener Epochen, Ansichten der Stadt sowie einen sehr guten Überblick über die Französische Revolution. Das **Musée d'Art et d'Histoire du Judaïsme** geht auf jüdische Kultur in Frankreich ein, das **Musée de l'Armée** im Hôtel des Invalides erzählt die französische Militärgeschichte, von Charlemagne bis Charles de Gaulle. Im **Hôtel de Soubise** präsentiert das Musée de l'Histoire de France Dokumente aus den Nationalarchiven. Im Wachsfigurenmuseum **Grévin** erwarten den Besucher die berühmten *tableaux vivants* sowie historische und zeitgenössische Persönlichkeiten. Der Geschichte des Montmartre ist das **Musée de Montmartre** gewidmet, das hoch über dem letzten Weinberg von Paris liegt.

Architektur und Design

Die **Cité de l'Architecture et du Patrimoine** im Palais de Chaillot verfolgt die Geschichte der französischen Architektur mit zahlreichen Modellen. Das **Musée des Plans-Reliefs** zeigt maßstabsgetreue Modelle von Festungen aus der Zeit von Louis XIV. Das Werk des Architekten Le Corbusier ist in der **Fondation Le Corbusier** zu sehen, untergebracht in einer Villa aus den 1920er Jahren, die Le Corbusier für den Kunstsammler Raoul La Roche gebaut hat.

Die französischen Impressionisten

***Impression: Soleil Levant*, Monet**

Der Impressionismus, die große revolutionäre Bewegung in der Kunst des 19. Jahrhunderts, nahm seinen Anfang in Paris, wo um 1860 junge Maler, z. T. unter dem Einfluss der neuen Kunst der Fotografie, einen Bruch mit der akademischen Kunst der Vergangenheit vollzogen. Ihr Ziel war es, die »Impression« des Auges einzufangen, sie benutzten breite Pinsel, um das Spiel des Lichtes in ihre Bilder zu transponieren. Ihre bevorzugten Sujets waren Landschaften und zeitgenössische Szenen aus dem städtischen Leben. Die Bewegung hatte keinen »Begründer«, auch wenn Édouard Manet (1832–1883) und der radikale Maler des Realismus, Gustave Courbet (1819–1877), die jüngeren Künstler inspirierten.

Die Szenen aus dem täglichen Leben, die Manet und Courbet malten, bedeuteten einen Angriff gegen die »Akademisten«, die den Kunstgeschmack der Zeit bestimmten. 1863 wurde Manets *Frühstück im Freien* *(siehe S. 144)* im Salon des Refusés gezeigt, wo die Werke zu sehen waren, die von der offiziellen Jahresausstellung des Pariser Salons ausgeschlossen worden waren. Zum ersten Mal bezeichnete man den neuen Stil 1874 als Impressionismus, als Claude Monet sein Bild *Impression: Soleil Levant* (1872), eine Ansicht Le Havres im Nebel, in einer ebenfalls in-

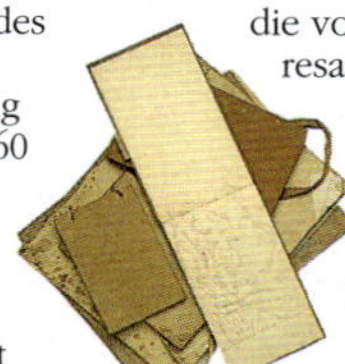

Monets Skizzenhefte

***Ernte* (1876), Pissarro**

Der Wohnbereich der Villa La Roche von Le Corbusier (1923)

Wissenschaft und Technik

Das im Jardin des Plantes gelegene **Muséum National d'Histoire Naturelle** bietet Sammlungen zur Paläontologie, Mineralogie, Entomologie, Anatomie und Botanik sowie einen Zoo und einen botanischen Garten. Im Palais de Chaillot befindet sich das **Musée de l'Homme**, eines der großen Museen zur Anthropologie und Frühgeschichte, das derzeit umgebaut und 2012 wiedereröffnet wird. Nebenan dokumentiert das **Musée de la Marine** die Geschichte der französischen Seestreitkräfte seit dem 17. Jahrhundert. Das **Musée des Arts et Métiers** führt in die Welt der Wissenschaft, Industrie und Erfindungen. Die Geschichte der Naturwissenschaften präsentiert das **Palais de la Découverte**, mit einem guten Planetarium. Spektakulärer noch ist die **Cité des Sciences** im Parc de la Villette. Sie besitzt ein kugelförmiges IMAX-Kino, La Géode genannt.

Gabrielle mit Rose **(1910), Renoir**

offiziellen Ausstellung zeigte. Monet war vor allem Landschaftsmaler, beeinflusst von Turner und Constable. Er malte in freier Natur und regte andere dazu an, es ihm gleichzutun. Anlässlich der Ausstellung von 1874, die auch Werke von Renoir, Degas, Pissarro, Sisley und Cézanne zeigte, empfahl ein Kritiker, sich von dieser Art Impressionen, gegen die sich die Gesellschaft verwehren solle, fernzuhalten.

Bis 1886 gab es sieben weitere Ausstellungen der Impressionisten, die nach und nach an Einfluss gewannen. Auch die offizielle Kunstszene wechselte allmählich ihren Geschmack, bald bezogen sich alle neuen Richtungen in der Malerei auf die Impressionisten. Einer der führenden Neoimpressionisten war Georges Seurat, der seine Bilder mit Tausenden von Farbtupfern gestaltete. Dennoch blieb den meisten Impressionisten Anerkennung versagt. Cézanne wurde sein Leben lang geschmäht, Degas verkaufte nur ein einziges Gemälde an ein Museum, Sisley starb völlig unbekannt. Von den großen Künstlern bekamen nur Renoir und Monet zu Lebzeiten Anerkennung.

Poseuse de profil **(1887), Seurat**

Museen

Bildende Künstler in Paris

Monets Palette

Erstmals unter der Regierung von Louis XIV (1643–1715) zog die Stadt Künstler von überall her an, Paris wurde zum exponierten Schauplatz der europäischen Kunst. Diese Anziehungskraft wirkte fort: Im 18. Jahrhundert lebten und arbeiteten alle bedeutenden Künstler Frankreichs in Paris, zwischen 1850 und 1930 war Paris das Zentrum der europäischen Moderne, die Geburtsstätte von Impressionismus und Neoimpressionismus, die sich hier in ihrer ganzen Genialität entfalten konnten.

Barock

Champaigne, Philippe de (1602–1674)
Coysevox, Antoine (1640–1720)
Girardon, François (1628–1715)
Le Brun, Charles (1619–1690)
Le Sueur, Eustache (1616–1655)
Poussin, Nicolas (1594–1665)
Rigaud, Hyacinthe (1659–1743)
Vignon, Claude (1593–1670)
Vouet, Simon (1590–1649)

Rokoko

Boucher, François (1703–1770)
Chardin, Jean-Baptiste-Siméon (1699–1779)
Falconet, Étienne-Maurice (1716–1791)
Fragonard, Jean-Honoré (1732–1806)
Greuze, Jean-Baptiste (1725–1805)
Houdon, Jean-Antoine (1741–1828)
Oudry, Jean-Baptiste (1686–1755)
Pigalle, Jean-Baptiste (1714–1785)
Watteau, Jean-Antoine (1684–1721)

François Bouchers Diana im Bade *(1742), in typischem Rokokostil (Louvre)*

1600	1650	1700	1750
BAROCK		ROKOKO	KLASSIZISMUS
1600	1650	1700	1750

1627 Vouet kehrt aus Italien zurück, wird von Louis XIII zum Hofmaler ernannt und lässt die französische Malerei wiederaufblühen

1667 Erster Salon, Frankreichs offizielle Kunstausstellung, fand ursprünglich jährlich, später alle zwei Jahre statt

Philippe de Champaignes Letztes Abendmahl *(um 1652). Später wurde sein Stil klassischer (Louvre)*

1793 Der Louvre öffnet als erste staatliche öffentliche Galerie

Vouets Darbringung im Tempel *(1641) mit für den Barock typischem Kontrast von Licht und Schatten (Louvre)*

1648 Gründung der Académie Royale de Peinture et de Sculpture, die ursprünglich das Monopol der Kunsterziehung innehatte

Davids Der Schwur der Horatier *(1784), im klassizistischen Stil (Louvre)*

Klassizismus

David, Jacques-Louis (1748–1825)
Gros, Antoine-Jean (1771–1835)
Ingres, Jean-Auguste-Dominique (1780–1867)
Vigée Le Brun, Élisabeth (1755–1842)

Romantik und Realismus

Courbet, Gustave (1819–1877)
Daumier, Honoré (1808–1879)
Delacroix, Eugène (1798–1863)
Géricault, Théodore (1791–1824)
Rude, François (1784–1855)

Das Begräbnis in Ornans *(1850) macht Courbets bedeutende Rolle im Realismus anschaulich (Musée d'Orsay)*

Rudes Auszug der Kriegsfreiwilligen im Jahr 1792 *(1836), ein Tribut an die Französische Revolution* (siehe S. 211)

1904 Picasso lässt sich in Paris nieder

1886 Van Gogh zieht nach Paris um

1874 Erste Impressionisten-Ausstellung

Moderne

Arp, Jean (1887–1966)
Balthus (1908–2001)
Brâncuşi, Constantin (1876–1957)
Braque, Georges (1882–1963)
Buffet, Bernard (1928–1999)
Chagall, Marc (1887–1985)
Delaunay, Robert (1885–1941)
Derain, André (1880–1954)
Dubuffet, Jean (1901–1985)
Duchamp, Marcel (1887–1968)
Epstein, Jacob (1880–1959)
Ernst, Max (1891–1976)
Giacometti, Alberto (1901–1966)
Gris, Juan (1887–1927)
Léger, Fernand (1881–1955)
Matisse, Henri (1869–1954)
Miró, Joan (1893–1983)
Modigliani, Amedeo (1884–1920)
Mondrian, Piet (1872–1944)
Picasso, Pablo (1881–1973)
Rouault, Georges (1871–1958)
Saint Phalle, Niki de (1930–2002)
Soutine, Chaim (1893–1943)
Staël, Nicolas de (1914–1955)
Tinguely, Jean (1925–1991)
Utrillo, Maurice (1883–1955)
Zadkine, Ossip (1890–1967)

1905 Der Fauvismus, der erste »Ismus« der Moderne, entsteht

Giacomettis Stehende Frau II *(1959), eine seiner zu Stabformen reduzierten Menschenfiguren* (siehe S. 112)

1800	1850	1900	1950
ROMANTIK / REALISMUS	IMPRESSIONISMUS	MODERNE	
1800	1850	1900	1950

1863 Manets *Das Frühstück im Freien* rief wegen »armseliger Moral« und wegen der groben Pinselstriche im Salon des Refusés einen Sturm der Entrüstung hervor. Sein Werk *Olympia* wurde ebenfalls kritisiert und erst 1865 ausgestellt *(siehe S. 144)*

Monets Impression: Soleil Levant *(1872), das den Begriff »Impressionismus« evozierte*

1938 Internationale Surrealisten-Ausstellung in Paris

1977 Eröffnung des Centre Pompidou

Delacroix' Die Freiheit führt das Volk *(1830) feiert romantisch den Triumph der Freiheit (Louvre)*

1819 Géricault malt *Das Floß der Medusa*, eines der großartigsten Werke der französischen Romantik *(siehe S. 124)*

Impressionismus und Neoimpressionismus

Bonnard, Pierre (1867–1947)
Carpeaux, Jean-Baptiste (1827–1875)
Cézanne, Paul (1839–1906)
Degas, Edgar (1834–1917)
Gauguin, Paul (1848–1903)
Gogh, Vincent van (1853–1890)
Manet, Édouard (1832–1883)
Monet, Claude (1840–1926)
Pissarro, Camille (1830–1903)
Renoir, Pierre-Auguste (1841–1919)
Rodin, Auguste (1840–1917)
Rousseau, Henri (1844–1910)
Seurat, Georges (1859–1891)
Sisley, Alfred (1839–1899)
Toulouse-Lautrec, Henri de (1864–1901)
Vuillard, Édouard (1868–1940)
Whistler, James Abbott McNeill (1834–1903)

Tinguely und Saint Phalle: La Fontaine Igor Stravinsky *(1980), eine moderne kinetische Skulptur vor dem Centre Pompidou*

Das Jahr in Paris

Der Puls von Paris schlägt am stärksten im Frühjahr, wenn die Bäume blühen und die ersten Tische und Stühle vor den Cafés aufgestellt werden. Ab Juni beherrschen Paris-Besucher die Szenerie, und während der French Tennis Open hält die Stadt den Atem an. Nächster Höhepunkt ist die Parade auf den Champs-Élysées am 14. Juli, Ende Juli endet hier die Tour de France.

Die Pariser überlassen ihre Stadt nun den Besuchern, bis Schule und Arbeit im September wieder beginnen. Dann lockt das Jazzfestival in La Villette. Werden die Tage kürzer, schmücken prächtige Weihnachtsdekorationen die Stadt. Manche der hier angegebenen Termine können variieren. Das Office du Tourisme *(siehe S. 367)* gibt einen Veranstaltungskalender heraus und informiert unter: www.parisinfo.com

Frühling

Zu dieser Zeit kommt ein Gutteil der jährlich etwa 20 Millionen Besucher. Es ist die Zeit der Messen und Konzerte. Im Frühling bieten viele Hotels Wochenendarrangements an, die Karten für Jazzkonzerte oder einen Museumspass beinhalten.

März

Blumenschau im Parc Floral (Bois de Vincennes, *S. 235*) und Parc de Bagatelle (Bois de Boulogne, *S. 254f*).
Salon International d'Agriculture *(erste Woche)*, Paris Expo, Porte de Versailles. Landwirtschaftsausstellung.
Festival Banlieues Bleues *(März bis Anfang Apr)*. Musikfestival der Pariser Vorstädte mit Jazz, Blues und Soul.
Printemps du Cinema *(drei Tage Ende März)*. In allen Kinos Frankreichs zahlt man drei Tage lang 3,50 Euro pro Vorführung.
Blue Note Records Festival *(Ende März bis Mitte Apr)*. Die großen Namen des Jazz, Funk und Soul treten in der ganzen Stadt auf.
Foire du Trône *(Ende März bis Mai)*, Bois de Vincennes *(S. 235)*. Großer Jahrmarkt.

Marathon de Paris *(Apr)*

Weltklassetennis: French Open im Stade Roland-Garros ***(Mitte Mai–Juni)***

April

Chemin de la Croix *(Karfreitag)*. Kreuzwegsprozession von Montmartre nach Sacré-Cœur.
Shakespeare-Festival *(April bis Okt)*, Bois de Boulogne *(S. 254f)*. Open-Air-Aufführungen.
Marathon de Paris *(Apr)*, Marathonlauf mit 40 000 Teilnehmern von der Place de la Concorde zur Avenue Foch über Bastille und Vincennes.
Foire de Paris *(Ende Apr bis erste Woche Mai)*, Paris Expo, Porte de Versailles. Lebensmittel-, Wein-, Haushalts-, Garten- und Tourismusschau.
Les Grandes Eaux Musicales *(Apr–Okt: immer Sa, So, oft auch an anderen Tagen)*, Versailles *(S. 248f)*. Open-Air-Konzerte mit klassischer Musik und Wasserspielen am See im Schlosspark.

Mai

Fußball-Pokalfinale *(zweite Woche)*, Stade de France.
Carré Rive Gauche *(eine Woche in der Monatsmitte)*, Ausstellung der Antiquitätenhändler beim Grand Louvre.

Frühling im Jardin du Luxembourg

French Open *(Mitte Mai bis erste Woche Juni)*, Grand-Slam-Tennisturnier im Stade Roland-Garros *(S. 358)*.
Le Printemps des Rues *(drittes Wochenende)*, Konzerte und Straßentheater in der Gegend um die Bastille.

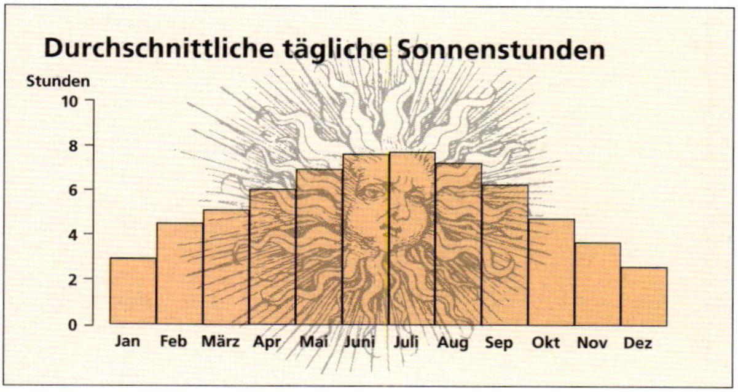

Sonnenschein
Der Sommer ist in der Regel schön und bringt Paris heiße Tage und lange, laue Abende, doch im Winter sind die Tage oft grau. In den Übergangszeiten sollte man sich nicht auf Sonne verlassen, kann aber – besonders im Frühling – mit milden Temperaturen rechnen.

Sommer

Der Sommer beginnt mit den French Tennis Open, bis zum Juli finden auch viele andere Veranstaltungen statt. Dann beginnen die Franzosen, an ihre Ferien zu denken. Am 14. Juli, dem Nationalfeiertag, paradiert das Militär für den Präsidenten und seine Gäste.

Die letzte Etappe der Tour de France auf den Champs-Élysées *(Aug)*

Jardin du Luxembourg im Sommer

Juni

Festival St-Denis, Basilique St-Denis. Konzerte v.a. mit Chormusik *(S. 346)*.
Fête du Cinéma. In vielen Kinos in ganz Paris sind Filme für drei Euro Eintritt zu sehen *(S. 354)*.
Fête de la Musique *(21. Juni)*, überall in Paris. Die Sommersonnenwende wird mit Amateur- und Profibands gefeiert.
Blumenausstellung, Bois de Boulogne. Rosenzeit im Parc de Bagatelle *(S. 254f)*.
Gay Pride *(Ende Juni)*. Parade um die Bastille.
Paris Jazz Festival *(Mai bis Juli)*, Parc Floral de Paris. Internationale Jazzmusiker geben sich in Paris ein Stelldichein *(S. 349f)*.
Show der Luft- und Raumfahrttechnologie *(Mitte Juni)*, Flughafen Le Bourget.
Prix de Diane-Hermès *(zweiter So)*, Chantilly. Das Gegenstück zum britischen Ascot-Rennen mit der High Society von Paris.
Les Grandes Eaux Nocturnes *(Mitte Juni bis Ende Aug: jeden Sa)*, Versailles. Klassische Musik, Lichteffekte und Feuerwerk im Schlosspark *(S. 249)*.

Juli und August

Festival du cinéma en plein air *(Mitte Juli bis Aug)*, Open-Air-Kino im Parc de la Villette *(S. 236f)*.
Paris Quartier d'Été *(Mitte Juli bis Mitte Aug)*. Tanz, Musik, Theater, Ballett.
Tour de France *(Monatsende)*. Letzte Etappe des weltgrößten Radrennens.
Paris-Plage *(Mitte Juli bis Mitte Aug)*. Urlaubsatmosphäre mit Sandstrand und Palmen am rechten Seine-Ufer.

Militärparade am Nationalfeiertag *(14. Juli)*

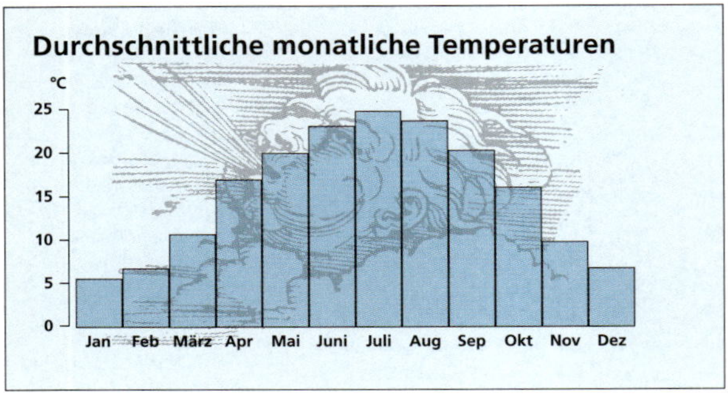

Temperaturen
Die Grafik zeigt die durchschnittlichen Temperaturen für jeden Monat. Am angenehmsten ist es im Frühling und Herbst, am heißesten im Juli, am kühlsten von Dezember bis Februar. Doch auch dann sinken die Temperaturen nur selten unter den Gefrierpunkt.

Herbst

Im September fällt der Startschuss für die Saison der Gala-Abende, Filmpremieren und Partys in den Villen auf der Île St-Louis. Die Stadt Paris ist das größte Kongresszentrum der Welt, im September finden unzählige Messen statt – zum Thema Kinderkleidung, Geschenke, Freizeit oder Musik. Auch im Oktober und November, wenn die Pariser ihre Liebe zum Kino ausleben, hält die Geschäftigkeit an. Hollywood-Stars erscheinen zu den Premieren der Filme auf den Champs-Élysées, überall werden besondere Events geboten.

September

Festival d'Automne à Paris *(Mitte Sep bis Ende Dez)*, überall in Paris. Musik, Tanz und Theater *(S. 346f)*.
La Villette Jazz Festival *(Mitte Sep)*. In der Cité de la Musique *(S. 236)* treten Jazzmusiker aus aller Welt auf.

Prix de l'Arc de Triomphe *(Okt)*

Journées du Patrimoine *(zweite oder dritte Woche)*. Zwei Tage lang sind historische Gebäude, Monumente und Museen kostenlos zugänglich. Den Auftakt macht eine Party.

Oktober

Nuit Blanche *(ein Sa im Okt)*. Lange Nacht der Museen.
Prix de l'Arc de Triomphe *(erste Woche)*, Longchamp. Pferderennen, bei denen die Besitzer die höchsten Premien in Europa kassieren.
Salon de l'Automobile *(erste zwei Wochen, jedes zweite Jahr)*, Paris Expo, Porte de Versailles. Verkaufsausstellung. Abwechselnd mit Motorradausstellung.

Herbststimmung im Bois de Vincennes

Foire Internationale d'Art Contemporain (FIAC) *(letzte Woche)*, Paris Expo, Porte de Versailles. Die größte Ausstellung internationaler moderner Kunst in Paris.

Der Gitarrenvirtuose Al Di Meola in Paris

November

BNP Paribas Masters *(meist Nov)*, Palais Omnisports de Paris-Bercy *(S. 358f)*. Prestigeträchtiges Hallentennisturnier der Männer.
Mois de la Photo *(Okt bis Nov; alle zwei Jahre: 2012, 2014…)*. Fotoausstellungen, Filmvorführungen und Podiumsdiskussionen in vielen Museen und Galerien.
Beaujolais Nouveau *(dritter Do im Nov)*. In den Bars und Cafés ist der neue Wein jeweils aus dem Jahr seiner Herstellung zu kosten – und jedes Lokal will das erste sein, das ihn serviert.

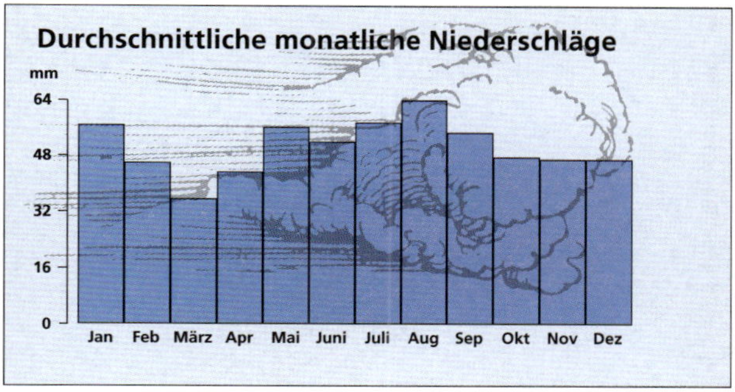

Niederschläge
Der August ist – trotz der Hitze – der Monat mit den meisten Niederschlägen: Im August, aber auch noch im September gibt es häufig heftige Gewitter mit Regengüssen. Zwischen Januar und April können ebenfalls starke Niederschläge auftreten – meist im März.

Winter

Nur selten schneit es in Paris; die Wintertage sind eher belebend als frostig. Es gibt Jazz- und Tanzfestivals, Weihnachtsgottesdienste im Kerzenschein und natürlich ausgelassene Feiern zum neuen Jahr. Zum Jahresbeginn scheinen die Straßen weniger verstopft zu sein, und an sonnigen Tagen treffen sich an den Quais der Seine die Pärchen.

Dezember

Weihnachtsdekoration *(bis Jan)*. Geschmückt sind v. a. die großen Boulevards und Plätze: Opéra, Avenue Montaigne, Champs-Élysées und Rue du Faubourg-St-Honoré.
Crèche *(Anfang Dez bis Anfang Jan)*, Place de l'Hôtel de Ville in Marais *(S. 102)*. Lebensgroße Krippenfiguren – jedes Jahr aus einem anderen Land – werden unter einem Baldachin ausgestellt.

Auf dem Laufsteg

Ein seltener Anblick: Schnee in den Tuileries

Pferde- und Pony-Show *(erste zwei Wochen)*, Paris Expo, Porte de Versailles.
Internationale Bootsausstellung *(erste zwei Wochen)*, Paris Expo, Porte de Versailles.

Januar

Fête des Rois (Dreikönigstag, *6. Jan)*. In den *boulangeries* gibt es *galettes des rois*.
Prix d'Amérique *(Ende Jan)*. Hippodrome de Vincennes, Europas berühmtestes Trabrennen.
Modenschauen. Die mit Spannung erwartete Sommerkollektion wird vorgestellt *(siehe* Haute Couture *S. 324)*.

Februar

Carnaval *(Wochenende vor Faschingsdienstag, Feb)*, Quartier de St-Fargeau.
Floraisons *(ganzer Monat)*, Parc Floral de Paris, Bois de Vincennes *(S. 235)* und Parc de Bagatelle, Bois de Boulogne *(S. 254f)*. Schneeglöckchen und Krokusse sind die ersten Boten des Frühlings.

Feiertage

Jour de l'an Neujahr *(1. Jan)*
Pâques Ostern *(März/Apr)*
Fête du Travail *(1. Mai)*
Ascension Christi Himmelfahrt *(6. Do nach Ostern)*
Fête de la Victoire *(8. Mai)*
Pentecôte Pfingsten *(Mai)*
14. Juillet Nationalfeiertag *(14. Juli)*
Assomption Mariä Himmelfahrt *(15. Aug)*
Toussaint Allerheiligen *(1. Nov)*
Armistice Waffenstillstand von 1918 *(11. Nov)*
Noël Weihnachten *(25. Dez)*

Der Eiffelturm im Weihnachtskleid

Skulptur auf dem Pont Alexandre III

Flusspanorama: Fahrt auf der Seine

Ein Lied der Sängerin Mistinguett (1875–1956) bezeichnet die Seine als »eine hübsche Blondine mit lachenden Augen«. Gewiss vermag der Fluss zu betören, aber seine Beziehung mit der Stadt gründet tiefer.

Keine andere europäische Großstadt definiert sich so sehr über den Fluss als Lebensader wie Paris. Die Seine ist der archimedische Pol: Von hier werden Entfernungen gemessen und Hausnummern gezählt. Der Fluss teilt die Stadt in die nördliche rechte und südliche linke Flussseite – wobei die Trennung *rive droite* und *rive gauche* mehr bedeutet als nur die Einteilung der Verwaltung. Die andere, historisch begründete Trennlinie verläuft zwischen dem Osten mit seinen Wurzeln in Altertum und Mittelalter sowie dem vom 19. und 20. Jahrhundert geprägten Westen.

Nahezu jedes erwähnenswerte Gebäude in Paris liegt entweder am Fluss oder nur einen Steinwurf entfernt. Die Quais werden von großbürgerlichen Wohnhäusern, prächtigen Stadtpalais, bedeutenden Museen und Denkmälern gesäumt.

Die Seine ist voller Leben: Über Jahrhunderte trug sie Flotten kleiner Schiffe, und trotz allen Straßenverkehrs wird sie noch immer von zahlreichen Lastkähnen belebt. Auf den *bateaux-mouches* dagegen, den Ausflugsbooten, erleben viele Tausende Paris-Besucher jeden Tag eine eindrucksvolle Sicht auf die Stadt.

Im **Jardin du Luxembourg** kann man Modellschiffe mieten, um sie im *grand bassin* segeln zu lassen.

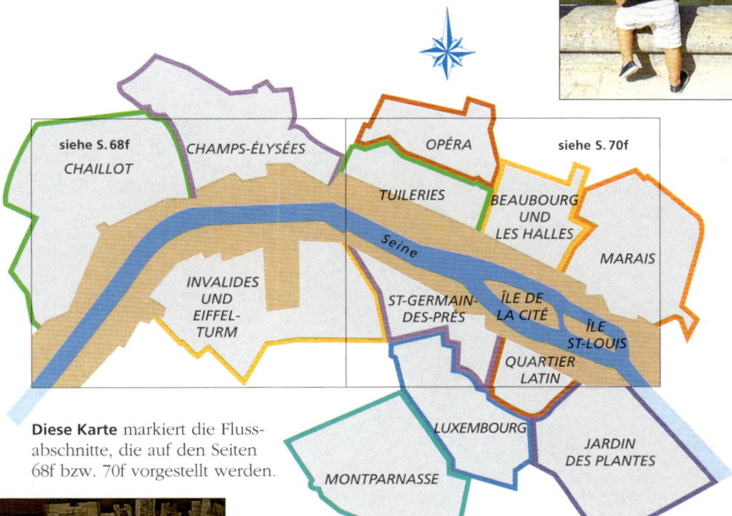

Diese Karte markiert die Flussabschnitte, die auf den Seiten 68f bzw. 70f vorgestellt werden.

Les Bouquinistes mit ihren Bücherständen an den Quais der Seine bieten Postkarten, Stiche und antiquarische Bücher an.

◁ **Der Pont Alexandre III ist voller Figuren und Schmuckelemente *(siehe S. 208)***

Vom Pont de Grenelle zum Pont de la Concorde

Die hoch aufragenden Monumente und beeindruckenden Ausstellungsgebäude an diesem Flussabschnitt stammen aus der Zeit Napoléons und der industriellen Revolution. Heiteres Selbstbewusstsein prägen Eiffelturm, Petit Palais und Grand Palais, aber auch jüngere Gebäude wie das Palais de Chaillot, die Maison de Radio-France und die Wolkenkratzer am linken Ufer der Seine.

Palais de Chaillot
Die Anlage mit geschwungenen Flügeln und Brunnen beherbergt Museen und die Cité de l'Architecture (siehe S. 200).

Palais de Tokyo
Bourdelle-Skulpturen zieren das Museum (siehe S. 203).

Die Freiheitsstatue wurde der Stadt 1885 geschenkt. Sie blickt nach Westen – in Richtung ihres Vorbilds in New York.

Maison de Radio France
Der beeindruckende Rundbau enthält Studios und ein Rundfunkmuseum (siehe S. 202).

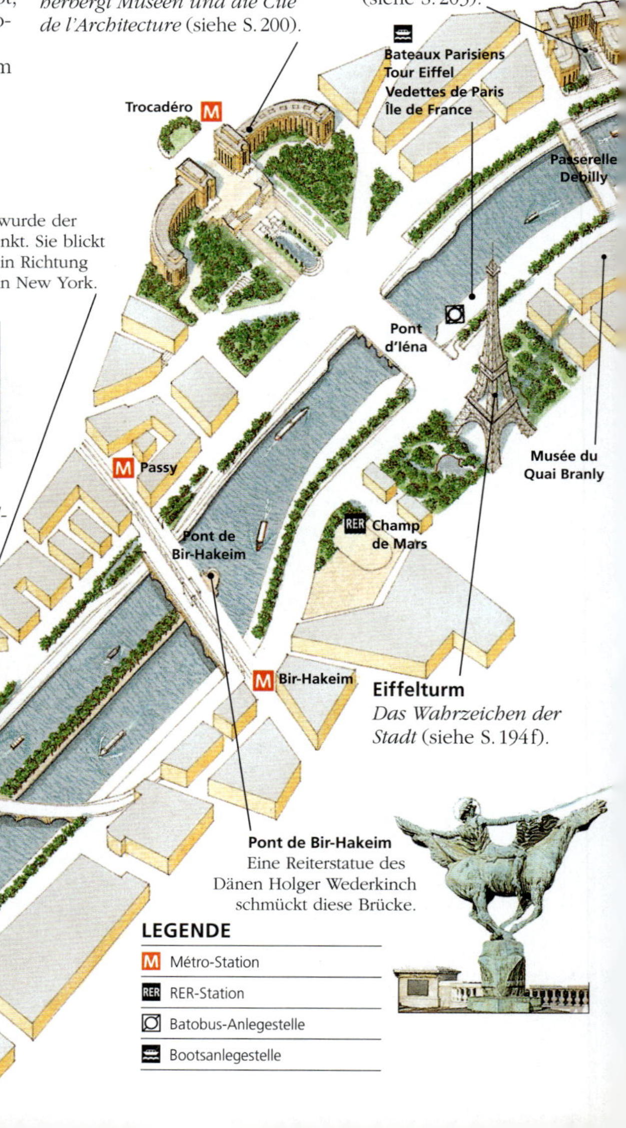

Eiffelturm
Das Wahrzeichen der Stadt (siehe S. 194f).

Pont de Bir-Hakeim
Eine Reiterstatue des Dänen Holger Wederkinch schmückt diese Brücke.

LEGENDE

- Métro-Station
- RER-Station
- Batobus-Anlegestelle
- Bootsanlegestelle

Grand Palais
Hier findet man Ausstellungsräume und ein Museum (siehe S. 208).

Petit Palais
Das heutige Pariser Museum der Schönen Künste wurde zusammen mit dem Grand Palais entworfen (siehe S. 208).

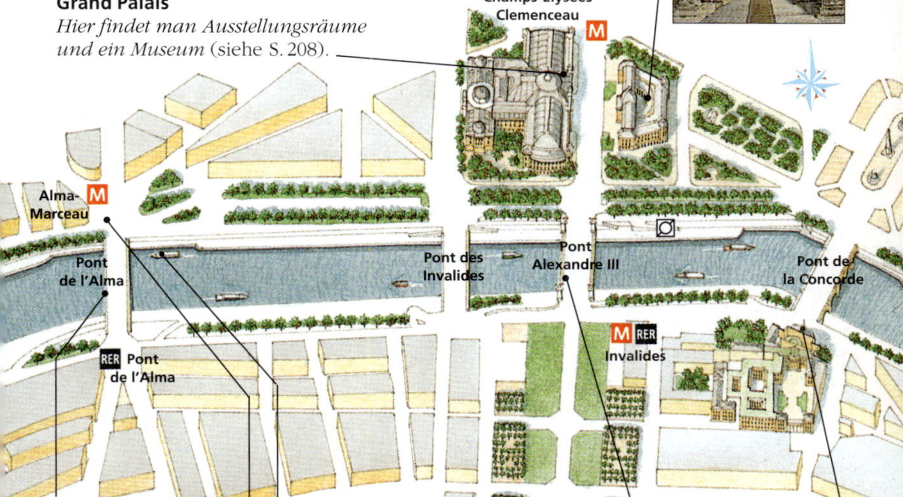

Le Zouave, eine Soldatenstatue auf einem Hauptpfeiler der Brücke, dient der Wasserstandsmessung bei Hochwasser.

Die Freiheitsflamme erinnert an die französische Résistance während des Zweiten Weltkriegs.

Pont Alexandre III
Viele Statuen und Schmuckelemente kennzeichnen die Brücke (siehe S. 208).

Dôme des Invalides
Blick vom Pont Alexandre III auf die prachtvolle vergoldete Kuppelkirche (siehe S. 188f).

Assemblée Nationale – Palais Bourbon
Dieser Palast gehörte einst der Tochter Louis' XIV. Heute dient er der französischen Nationalversammlung als Forum für politische Debatten (siehe S. 190).

Vom Pont de la Concorde zum Pont de Sully

Das historische Herz von Paris liegt an den Ufern und auf den Inseln des Flusses. Die Île de la Cité, ein natürlicher Brückenkopf in der Seine und Kern des mittelalterlichen Paris, ist bis heute lebendiges Zentrum.

Jardin des Tuileries
Streng formal angelegter Garten (siehe S. 130).

Musée du Louvre
Der weitläufigste Königspalast Europas ist heute das größte Museum der Welt und Heimat der Mona Lisa (siehe S. 122–129).

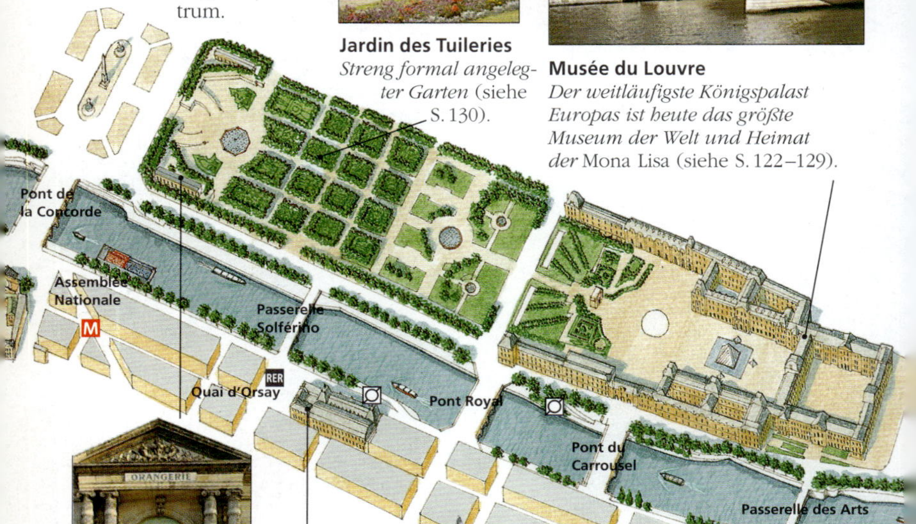

Musée de l'Orangerie
Das Museum birgt eine unschätzbare Sammlung von Gemälden des 19. Jahrhunderts (siehe S. 131).

Die Passerelle des Arts gilt als erste schmiedeeiserne Brücke in Paris (1804 erbaut und 1984 renoviert).

Musée d'Orsay
Ein ehemaliger Bahnhof birgt die bedeutendste Sammlung impressionistischer Kunst (siehe S. 144–147).

Hôtel des Monnaies
In der 1771–75 erbauten Münze ist eine ausgezeichnete Münzsammlung zu sehen (siehe S. 141).

Île de la Cité
Der mittelalterliche Charakter der kleinen Insel fiel fast vollständig Baron Haussmanns Bauplänen zum Opfer. Sainte-Chapelle und Teile der Conciergerie sind die einzigen Überreste aus jener Zeit (siehe S. 76–89).

Conciergerie
Während der Revolution war dieses Gebäude mit seinen markanten Türmen ein berüchtigtes Gefängnis (siehe S. 81).

Île St-Louis
Seit dem 17. Jahrhundert gilt die Insel als exquisite Wohngegend (siehe S. 87).

Die Tour de l'Horloge, ein Uhrturm aus dem 14. Jahrhundert, trug die erste öffentliche Uhr in Paris. Germain Pilons meisterliche Schnitzereien schmücken noch heute das Zifferblatt.

St-Gervais-St-Protais
Die älteste Orgel von Paris (frühes 17. Jh.) steht in dieser Kirche (siehe S. 99).

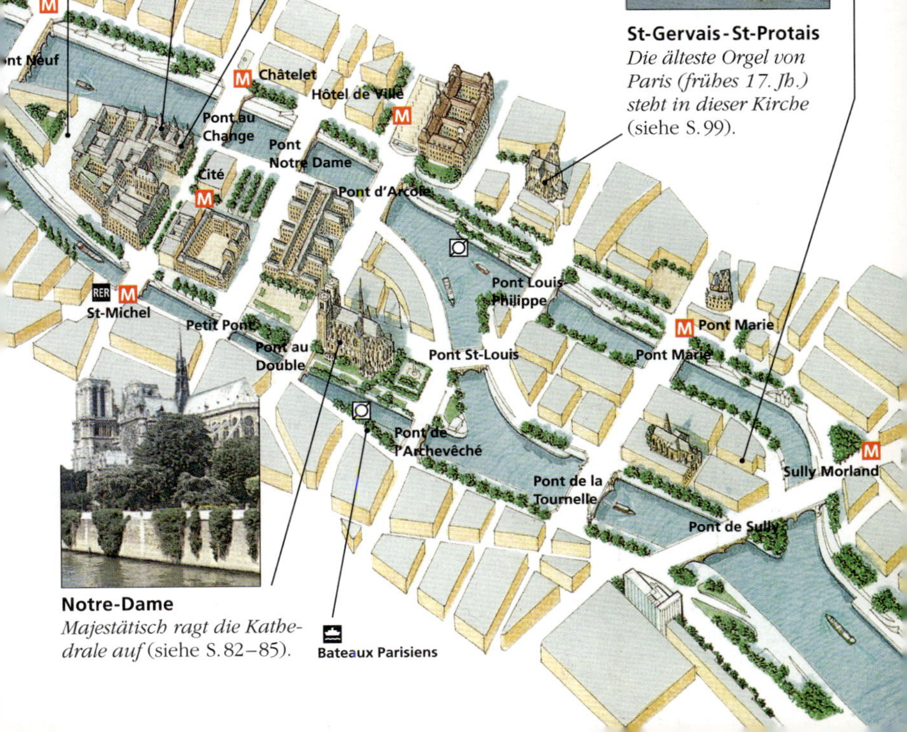

Notre-Dame
Majestätisch ragt die Kathedrale auf (siehe S. 82–85).

Auf Fluss und Kanal unterwegs

Bei einer Fahrt auf der Seine mit einem der *bateaux-mouches* oder *vedettes* kommen Sie auf die allerbequemste Art an den beeindruckendsten Sehenswürdigkeiten und Denkmälern vorbei.

Der Batobus fungiert als Pendeldienst – Sie können an jeder beliebigen Stelle zu- oder aussteigen. Die wichtigsten Kanaltouren befahren den alten Industriekanal St-Martin im Osten der Stadt.

Rundfahrtsboot vor dem Eiffelturm

Schiffe
Bateaux-mouches, *die größten Vergnügungsschiffe, bieten einen außergewöhnlichen Anblick: Die Passagiere sitzen vollkommen von Glas umgeben und haben so einen ausgezeichneten Rundblick. Nachts werden die Gebäude am Fluss mit Flutlicht erhellt. Luxuriöseren Service bieten die* Bateaux Parisiens. Vedettes *sind kleiner, hier blickt man durch Glaswände. Die Boote von Canauxrama befahren die Seine und den Kanal St-Martin.*

Seine-Rundfahrten und Pendelverkehr

Die folgenden Angaben über Seine-Fahrten und Pendelservice informieren über Ablegestellen, die nächsten Métro- und RER-Stationen sowie Buslinien. Mittagessen- und Dinnerfahrten sind im Voraus zu buchen, die Gäste müssen 30 Minuten vor Abfahrt an Bord sein.

vedettes de paris

Vedettes de Paris Seine-Fahrt
Komfortabel und stilvoll kommen Sie an allen wichtigen Sehenswürdigkeiten am Fluss vorbei. Es gibt ein Angebot, bei dem ein Snack oder Champagner inklusive ist. Abfahrt:

Port de Suffren
Stadtplan 10 D3. **Karte** C7. *01 44 18 19 50.* *Bir-Hakeim.* RER *Champ de Mars.* Bus *22, 30, 32, 44, 63, 69, 72, 82, 87.* ***Abfahrt** tägl. 10–22 Uhr (Okt–Feb: 11–18 Uhr): alle 30 Min.* ***Dauer** 0:30 Std.* **www**. vedettesdeparis.com

Croisière Dégustation Champagne
Während der Fahrt kredenzt man Ihnen eine Auswahl von Champagner-Sorten. Ein Sommelier kommentiert und bewertet die verschiedenen prickelnden Weine. Abfahrt:

Port de Suffren
Stadtplan 10 D3. **Karte** C7. *01 44 18 19 50.* M *Bir-Hakeim.* ***Abfahrt** Do–Sa 18 Uhr.* ***Dauer** 1 Std.* **www**. vedettesdeparis.com

Bateaux Parisiens Tour-Eiffel-Fahrt
Sightseeing-Fahrten und Fahrten mit Mittagessen oder Dinner. Erklärungen in 13 Sprachen. Abfahrt:

Port de la Bourdonnais
Stadtplan 10 D2. **Karte** D6. *08 25 01 01 01.* M *Trocadéro, Bir-Hakeim.* RER *Champ de Mars.* Bus *42, 82.* ***Abfahrt** tägl. 10–22 Uhr: alle 30 Min. (Okt–März: jede Std.).* ***Dauer** 1 Std.* ***Fahrt mit Mittagessen** tägl. 12.15 Uhr.* ***Dauer** 2:15 Std.* ***Dinnerfahrt** 19.45 Uhr.* ***Dauer** 3 Std. Korrekte Kleidung erbeten.* **www**. bateauxparisiens.com

Bateaux Parisiens Notre-Dame-Fahrt
Dieselbe Route wie die Tour-Eiffel-Fahrt – nur in anderer Richtung. Abfahrt:

Quai de Montebello
Stadtplan 13 B4. **Karte** M8. *08 25 01 01 10.* M *Maubert-Mutualité, St-Michel.* RER *St-Michel.* Bus *24, 27, 47.* ***Abfahrt** 28. März–9. Apr und 27. Sep–1. Nov: tägl. 13.30–18 Uhr; 10. Apr–28. Mai und 23. Aug–26. Sep: tägl. 11–22.30 Uhr; 29. Mai–22. Aug: tägl. 11–23 Uhr. Zeiten können abweichen.* ***Dauer** 1 Std.*

Anlegestellen

Die Anlegestellen für die Seine-Fahrten und den Batobus-Service sind am Fluss nicht zu übersehen. Sie können dort die Tickets kaufen und auch Getränke sowie eine Kleinigkeit zu essen bekommen. In der Nähe der Anlegestellen gibt es nur wenige Parkmöglichkeiten, am Pont Neuf kann man so gut wie gar nicht parken.

Anlegestelle an der Seine

Batobus-Fahrten

08 25 05 01 01. ***Abfahrt*** *tägl. Anfang Feb–Mitte März, Mitte Nov–20. Dez: 10.30–16.30 Uhr; Mitte März–Mai, Anfang Sep–11. Nov: 10–19 Uhr; Juni–Anfang Sep: 10–21.30 Uhr. Ein-, Zwei- und Fünf-Tage-Pässe erhältlich.* **Eiffelturm: Stadtplan** 10 D3. M *Bir-Hakeim.* **Champs-Élysées: Stadtplan** 11 B1. M *Champs-Élysées-Clemenceau.* **Musée d'Orsay: Stadtplan** 12 D2. M *Assemblée Nationale.* **Louvre: Stadtplan** 12 E2. M *Louvre.* **St-Germain-de-Prés: Stadtplan** 12 E3. M *St-Germain-de-Prés.* **Notre-Dame: Stadtplan** 13 B4. M *St-Michel.* **Hôtel de Ville: Stadtplan** 13 B4. M *Hôtel de Ville.* **www**.batobus.com

Bateaux-mouches

Das bekannteste Unternehmen für Rundfahrten. Abfahrt:

Pont de l'Alma Stadtplan 10 F1. **Karte** E6. *01 42 25 96 10.* M *Alma-Marceau.* RER *Pont de l'Alma.* *28, 42, 49, 63, 72, 80, 83, 92.* ***Abfahrt*** *tägl. Apr–Sep: 10.15–16 Uhr: alle 30 Min., 19–23 Uhr: alle 20 Min.; Okt–März: 12–21 Uhr (Sa, So ab 10.15 Uhr): alle 45 bis 60 Min., mind. 50 Passagiere.* ***Dauer*** *1:15 Std.* ***Fahrt mit Mittagessen*** *Sa, So, Feiertage 13 Uhr (Zusteigen ab 12.15 Uhr).* ***Dauer*** *1:45 Std. Halber Preis für Kinder unter 12.* ***Dinnerfahrt*** *tägl. 20.30 Uhr (Zusteigen ab 19.30 Uhr).* ***Dauer*** *2:15 Std. Korrekte Kleidung erbeten.* **www**. bateaux-mouches.fr

Bateaux Vedettes Pont-Neuf-Fahrt

Die Gesellschaft betreibt sechs kleine, ältere Schiffe – eine ausgefallene Fahrt. Zum Teil günstigere Preise bei Buchung über die Website. Abfahrt:

Square du Vert-Galant (Pont Neuf). **Stadtplan** 12 F3. **Karte** K7. *01 46 33 98 38.* M *Pont Neuf.* RER *Châtelet.* *27, 58, 67, 70, 72, 74, 75.* ***Abfahrt*** *Mitte März–Okt: tägl. 10, 11.15, 12 Uhr, 13.30–22.30 Uhr: alle 30 Min.; Nov–Mitte März: Mo–Do 10.30, 11.15, 12 Uhr, 14–18.30 Uhr: alle 45 Min., 20, 22 Uhr; Fr–So 10.30, 11.15, 12, 14–18.30: alle 30 Min., 20 Uhr, 21–22.30 Uhr: alle 45 Min. (24. und 31. Dez: letzte Abfahrt 17.45 Uhr).* ***Dauer*** *1 Std.* **www**. vedettesdupontneuf.com

Kanal-Fahrten

Die Gesellschaft **Canauxrama** organisiert Fahrten auf dem Canal St-Martin und auf der Marne. Die Tour St-Martin führt am baumbestandenen Ufer entlang durch neun Schleusen, unter zwei Drehbrücken und acht Fußgängerbrücken hindurch. Die Fahrt auf der Marne bezieht die Umgebung von Paris bis nach Bry-sur-Marne ein. Die **Paris Canal Company** (01 42 40 96 97; **www**.pariscanal.com) bietet ebenfalls eine Fahrt auf dem Canal St-Martin an: vom Parc de la Villette über den Kanal hinaus in die Seine bis zum Musée d'Orsay.

CANAUXRAMA

Canal St-Martin

Canauxrama bietet eine Reihe verschiedener Ausflüge auf diesem Kanal an. Die Gesellschaft hat zwei Schiffe für je 125 Passagiere. Diese verkehren zwischen dem Bassin de la Villette und dem Port de l'Arsenal. Anlegestellen sind:

Bassin de la Villette. **Stadtplan** 8 E1. M *Jaurès.* **Port de l'Arsenal**. **Stadtplan** 14 E4. M *Bastille.* *01 42 39 15 00.* ***Abfahrt*** *Apr–Nov: tel. reservieren, da sich die Zeiten ändern können: Bassin de la Villette tägl. 9.45 und 14.45 Uhr; Port de l'Arsenal tägl. 9.45 und 14.30 Uhr. Studenten, Senioren und Kinder unter 12 Jahren erhalten an Wochentagen vormittags Ermäßigung. Für Kinder unter 6 Jahren ist die Fahrt kostenlos. Konzertfahrten auf Charterbooten gibt es auf dem Canal St-Martin und auf der Seine.* ***Dauer*** *2:30 Std.* **www**.canauxrama.fr

Bords de Marne Croisière

Diese ganztägige Tour verläuft westlich von Paris auf der Marne. Die Sehenswürdigkeiten werden erläutert, es gibt auch Tanz an Bord. Anlegestelle ist: **Porte de l'Arsenal**. **Stadtplan** 14 E4. M *Bastille.* *01 42 39 15 00.* ***Abfahrt*** *Apr–Okt: Do–So 9 Uhr (kommen Sie rechtzeitig, ca. 20 Min. vor Abfahrt).* ***Dauer*** *8 Std.*

Kanalfahrt im Bassin de la Villette

Blick auf St-Sulpice *(siehe S. 172)* ▷

Die Stadtteile von Paris

Île de la Cité und Île St-Louis

Die Geschichte der Île de la Cité ist gleichzeitig die Geschichte von Paris. Die Insel in der Seine war nicht mehr als ein einfaches Dorf, als Julius Caesar 53 v. Chr. diese Gegend erreichte. Könige erkoren die Stadt später zu ihrem Machtzentrum, im Mittelalter wurde Paris der Sitz von Kirche und Gesetz. Das imposante Palais de Justice und Notre-Dame, das Meisterwerk gotischer Architektur, ziehen heute Heerscharen von Besuchern an.

Wappen mit dem Motto von Paris

Das mittelalterliche Gedränge kleiner Häuser und enger Gassen fiel den breiten Durchgangsstraßen zum Opfer, die seit dem 19. Jahrhundert die Stadt zerschneiden. Doch vereinzelt sind noch immer Oasen der Ruhe zu finden, so der farbenprächtige Blumen- und Vogelmarkt, der romantische Square du Vert-Galant und die altehrwürdige Place Dauphine.

Der Pont St-Louis bildet am östlichen Ende der Insel die Verbindung zur Île St-Louis. Aus diesem feuchten Weideland entwickelte sich im 17. Jahrhundert ein elegantes Wohnviertel mit baumbestandenen Quais. Später ließen sich auf der Insel arrivierte Künstler, Ärzte, Bürger und Adlige nieder.

Sehenswürdigkeiten auf einen Blick

Historische Gebäude
Conciergerie 8
Hôtel Dieu 6
Hôtel de Lauzun 16
Palais de Justice 10
Quartier de l'Ancien Cloître 2

Kirchen und Kathedralen
Notre-Dame S. 82–85 1
Sainte-Chapelle S. 88f 9
St-Louis-en-l'Île 15

Denkmal
Paris Mémorial de la Déportation 4

Märkte
Marché aux Fleurs und Marché aux Oiseaux 7

Parks und Plätze
Place Dauphine 11
Square Jean XXIII 3
Square du Vert-Galant 13

Museen und Sammlungen
Crypte Archéologique 5
Société Historique et Littéraire Polonaise 14

Brücke
Pont Neuf 12

0 Meter 400

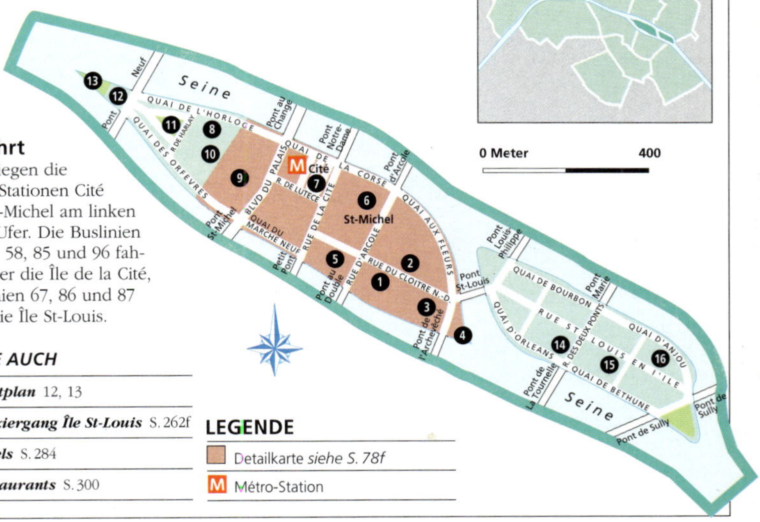

Anfahrt

Ideal liegen die Métro-Stationen Cité und St-Michel am linken Seine-Ufer. Die Buslinien 38, 47, 58, 85 und 96 fahren über die Île de la Cité, die Linien 67, 86 und 87 über die Île St-Louis.

SIEHE AUCH

• ***Stadtplan*** 12, 13
• ***Spaziergang Île St-Louis*** S. 262f
• ***Hotels*** S. 284
• ***Restaurants*** S. 300

LEGENDE
Detailkarte *siehe S. 78f*
M Métro-Station

◁ **Conciergerie *(siehe S. 81)*, im Vordergrund der Pont au Change**

Im Detail: Île de la Cité

Die Wurzeln der Stadt Paris sind auf der Île de la Cité zu finden. Die ovale Insel in der Seine wurde vor rund 2000 Jahren von keltischen Stämmen besiedelt. Die Parisii, einer dieser Stämme, gaben der Stadt den Namen. Die Insel war ein idealer Brückenkopf zwischen Süd- und Nordgallien und zudem leicht zu verteidigen. Später bauten die Römer, Franken und Kapetinger die Stadt aus und legten ihren heutigen Kern an.

Reste der alten Gebäude sind noch heute in der Krypta unter dem Platz vor Notre-Dame zu finden, zu der jährlich Millionen von Besuchern kommen. Am anderen Ende der Insel ist ein weiteres gotisches Prunkstück zu sehen, Sainte-Chapelle – ein Wunderwerk aus Farbe und Licht.

★ Conciergerie
Während der Revolution diente dieses Gefängnis als Vorzimmer zur Guillotine. ❽

Die Cour du Mai ist der eindrucksvolle Haupthof des Palais de Justice.

★ Sainte-Chapelle
Dieses Juwel gotischer Architektur birgt eine gewisse Magie in sich. Unvergesslich sind die außergewöhnlich schönen Buntglasfenster. ❾

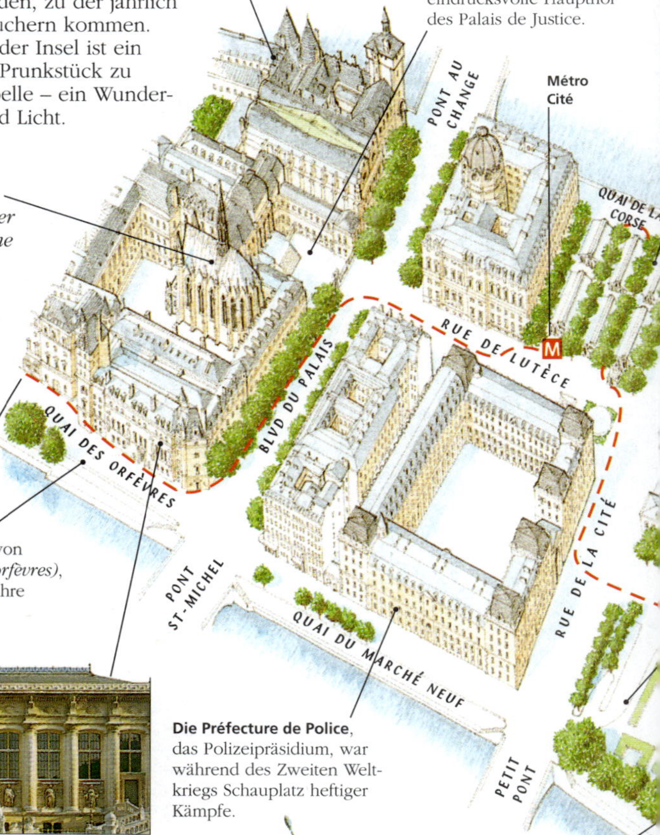

Zum Pont Neuf

Der Quai des Orfèvres erhielt seinen Namen von den Goldschmieden *(orfèvres)*, die im Mittelalter hier ihre Läden hatten.

Palais de Justice
Der massive Komplex von Gerichten wehrt mit alten Türmen entlang den Quais jegliche Einblicke ab. Die Geschichte des ehemaligen königlichen Palasts reicht 1600 Jahre zurück. ❿

Die Préfecture de Police, das Polizeipräsidium, war während des Zweiten Weltkriegs Schauplatz heftiger Kämpfe.

Das Standbild von Karl dem Großen erinnert an den König der Franken, der – im Jahr 800 zum Kaiser gekrönt – maßgebend die geschichtliche Entwicklung Europas beeinflusste.

0 Meter 100

★ Marché aux Fleurs und Marché aux Oiseaux
Dies ist einer der letzten Blumenmärkte in Paris. Sonntags findet am selben Platz ein Vogelmarkt statt. ❼

Zur Orientierung
Siehe Stadtplan 13

Hôtel Dieu
Das ehemalige Waisenhaus dient heute als Krankenhaus. ❻

★ Crypte Archéologique
Tief unter dem Platz liegen Reste von Gebäuden, die mehr als 2000 Jahre alt sind. ❺

NICHT VERSÄUMEN

- ★ Conciergerie
- ★ Crypte Archéologique
- ★ Marché aux Fleurs
- ★ Notre-Dame
- ★ Sainte-Chapelle

LEGENDE

– – – Routenempfehlung

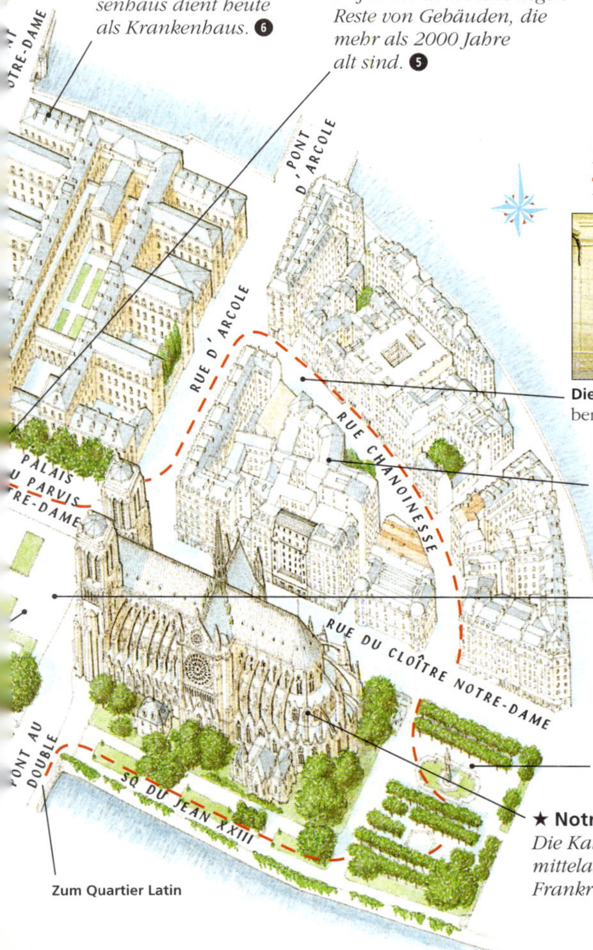

Die Rue Chanoinesse hat viele berühmte Anwohner gesehen.

Quartier de l'Ancien Cloître
In den malerischen Gassen wohnten einst Geistliche und Studenten. ❷

Vom Point Zéro, dem Nullpunkt, aus werden alle Entfernungen in Frankreich gemessen.

Square Jean XXIII, *ein ruhiger Platz an der Seine.* ❸

★ Notre-Dame
Die Kathedrale ist ein Meisterwerk mittelalterlicher Architektur in Frankreich. ❶

Zum Quartier Latin

Notre-Dame, vom linken Seine-Ufer gesehen

Notre-Dame ❶

Siehe S. 82–85.

Quartier de l'Ancien Cloître ❷

Rue du Cloître Notre-Dame, nördl. des Quai des Fleurs 75004. **Stadtplan** 13 B4. **Karte** L/M8. M *Cité.* RER St-Michel.

Nördlich von Notre-Dame liegt ein Gewirr mittelalterlicher Gassen, das die meisten Urlauber übersehen. Einst lebten hier Seminaristen und ihre Lehrer. Heute findet man in den engen Straßen mit ihren wunderschönen Häusern ein wenig Ruhe vom Trubel der Stadt. Die Häuser der Rue des Chantres und der Rue des Ursins haben reizende Gärten und stille, gepflasterte Innenhöfe.

Square Jean XXIII ❸

Rue du Cloître Notre-Dame, 75004. **Stadtplan** 13 B4. **Karte** M8. M *Cité.*

Die Porte St-Étienne (Portal des heiligen Stephan) von Notre-Dame öffnet sich zu einer Papst Johannes XXIII. gewidmeten Grünanlage. Entlang dem Fluss bietet sie einen hervorragenden Blick auf die Skulpturen, Rosettenfenster und Strebebogen am Ostende der Kathedrale.

Ab dem 17. Jahrhundert erhob sich auf dem Platz der erzbischöfliche Palast, den Aufständische 1831 plünderten und später zerstörten. Das Geviert wurde vom Präfekten von Paris, Rambuteau, als Ersatz geplant. Der gotische Brunnen der Heiligen Jungfrau sprudelt seit 1845 im Zentrum des Platzes.

Paris Mémorial de la Déportation ❹

Sq de l'Île de France, 75004. **Stadtplan** 13 B4. **Karte** M8. ☎ *01 42 77 44 72.* M *Cité.* RER *St-Michel.* ◯ *Di–So 10–18 Uhr.*

Das schlichte moderne Mahnmal gedenkt der 200 000 im Zweiten Weltkrieg von Nazis deportierten französischen Männer, Frauen und Kinder. Auf der Gedenkstätte stehen die Namen der Konzentrationslager, in die sie deportiert wurden. Aus Erde aus diesen Lagern wurden kleine Gräber geformt, an den Wänden sind Gedichte zu lesen. Am Ende befindet sich das Grab des Unbekannten Deportierten.

Im Inneren des Paris Mémorial de la Déportation

Der Square du Jean XXIII hinter der Kathedrale Notre-Dame

Hotels und Restaurants auf der Île de la Cité und Île St-Louis *siehe Seiten 284 und 300*

Gallorömische Ruinen in der Crypte Archéologique

Crypte Archéologique ❺

Pl Jean-Paul II, Parvis Notre-Dame, 75004. **Stadtplan** 13 A4. **Karte** L7. *01 55 42 50 10.* Cité. *Di–So 10–18 Uhr (letzter Einlass 30 Min. vor Schließung).* *1. Jan, 1. und 8. Mai, 1. und 11. Nov, 25. Dez.* *frei für Kinder unter 13 Jahren.*

Unter dem Kirchplatz *(parvis)* vor Notre-Dame erstreckt sich die 120 Meter lange Krypta mit Resten von Fundamenten, die um mehrere Jahrhunderte älter sind als die Kathedrale. Hier gibt es Relikte einer ausgeklügelten Fußbodenheizung aus einem Haus von Lutèce. Lutèce war eine Siedlung des keltischen Stammes der Parisii, die die Insel vor 2000 Jahren besiedelten und der Stadt ihren heutigen Namen gaben.

Hôtel Dieu ❻

1, pl du Parvis Notre-Dame, 75004. **Stadtplan** 13 A4. **Karte** L7. *für Besucher.* Cité.

Das Hôtel Dieu an der Nordseite des Platzes wurde 1866–78 als Krankenhaus für das Stadtzentrum von Paris an der Stelle eines ehemaligen Waisenhauses erbaut. Das ursprüngliche, im 12. Jahrhundert errichtete Hôtel Dieu zog sich an beiden Flussufern über die Insel. Im 19. Jahrhundert musste es einem Planungsprojekt des Baron Haussmann weichen.

Im Hôtel Dieu leistete die Pariser Polizei 1944 den Deutschen Widerstand. Ein Denkmal an der Cour de 19-Août erinnert daran.

Hôtel Dieu

Am Hauptblumenmarkt von Paris

Marché aux Fleurs und Marché aux Oiseaux ❼

Pl Louis-Lépine, 75004. **Stadtplan** 13 A3. **Karte** L7. Cité. *tägl. 8–19.30 Uhr.*

Der Blumenmarkt verleiht jahrein, jahraus einem ansonsten von Verwaltungsgebäuden beherrschten Viertel Farbe und Duft. Von den einst zahlreichen Blumenmärkten der Stadt ist dies einer der letzten. Überlebt hat er nicht zuletzt wegen seiner Berühmtheit. Sonntags macht er dem Vogelmarkt Platz – nicht unbedingt das Richtige für Tierfreunde.

Conciergerie ❽

2, bd du Palais, 75001. **Stadtplan** 13 A3. **Karte** L7. *01 53 40 60 97.* *Cité.* *tägl. 9.30–18 Uhr (Nov–Feb: 9–17 Uhr).* *1. Jan, 1. Mai, 1., 11. Nov, 25. Dez.* *Kombiticket mit Ste-Chapelle erhältlich.* *telefonisch erfragen.* **www**.monum.fr

Im nördlichen Teil des alten Königspalasts unterstand die Conciergerie ursprünglich dem Concierge, dem Palastaufseher. Als der König 1417 seinen Sitz ins Marais verlegte, blieb hier der Sitz der königlichen Verwaltung und Gesetzgebung. Die Conciergerie wurde zum Gefängnis, der Concierge zum obersten Kerkermeister. Hier inhaftierte und folterte man Ravaillac, den Mörder von Henri IV.

Während der Revolution saßen in der Conciergerie über 4000 Gefangene fest, unter ihnen in einer winzigen Zelle bis zu ihrer Hinrichtung Marie-Antoinette sowie Charlotte Corday, die den Revolutionsführer Marat im Bad erstochen hatte. Die Ironie des Schicksals wollte es, dass auch die revolutionären Richter Danton und Robespierre zu den Bewohnern der Conciergerie zählten, ehe sie die Guillotine bestiegen.

In der Conciergerie beeindruckt die viergängige gotische Salle des Gens d'Armes (Halle der Waffenträger), in der einst die Garden des königlichen Haushalts wohnten. Das im 19. Jahrhundert renovierte Gebäude umfasst die Folterkammer (11. Jh.), den Bonbec-Turm und den schönen Uhrenturm (Tour de l'Horloge, 14. Jh.), den ältesten Uhrenturm der Stadt.

Marie-Antoinette in der Conciergerie, ihre Hinrichtung durch die Guillotine erwartend

Stadtplan *siehe Seiten 390–423*

Notre-Dame ❶

Kein anderes Bauwerk ist mit der Geschichte von Paris enger verwoben als Notre-Dame. Die Kathedrale thront majestätisch auf der Île de la Cité, der Keimzelle der Stadt. Papst Alexander III. legte 1163 den Grundstein. Damit begann für Heerscharen gotischer Architekten und Steinmetzen eine 170-jährige Mühsal. Seit jener Zeit ziehen die Repräsentanten des Landes durch die drei Hauptportale unterhalb der wuchtigen Türme ein. Notre-Dame gilt als gotisches Meisterwerk und erhebt sich auf dem Grund eines vormaligen römischen Tempels. Bei Fertigstellung (um 1330) war die Kirche 130 Meter lang, überragt von 69 Meter hohen Türmen.

★ Westfassade und Portale
Drei Hauptportale mit herrlicher Bauplastik, einem Rosettenfenster und einer Galerie verdienen besondere Beachtung.

★ Galerie des Chimères
Die berühmten Wasserspeier (chimères) *sind hinter einem Gang zwischen den Türmen zu finden.*

★ Westliches Rosettenfenster
Das Fenster zeigt Maria in einem Medaillon aus Rot- und Blautönen.

Der Südturm beherbergt die berühmte Emmanuel-Glocke.

Von der Königsgalerie blicken die 28 Könige von Juda hinab.

Portal der Heiligen Jungfrau
Die Jungfrau Maria inmitten von Heiligen und Königen, eine Komposition von Statuen (13. Jh.).

NICHT VERSÄUMEN

- ★ Galerie des Chimères
- ★ Rosettenfenster
- ★ Strebebogen
- ★ Westfassade und Portale

★ Strebebogen
Jean Ravys beeindruckende Strebebogen an der Ostseite der Kathedrale besitzen eine Spannbreite von 15 Metern.

INFOBOX

Pl Jean-Paul II, Parvis Notre-Dame. **Stadtplan** 13 B4. **Karte** L8. *01 42 34 56 10.* *Cité.* *21, 38, 47, 85, 96.* *Notre-Dame.* *Pl du Parvis.* *tägl. 8–18.45 Uhr (Sa, So bis 19.15 Uhr).* *Mo–Fr 8, 9 (nicht Juli, Aug), 12, 17.45, 18.15, Sa 17.45, 18.30, So 8.30, 9.30, 10, 11.30, 12.45, 17.45, 18.30 Uhr.* *Mi 14, Sa 14.30 Uhr (auf Deutsch).* ***Türme*** *Apr–Sep: tägl. 10–18.30 Uhr (Juni–Aug: Sa, So bis 23 Uhr); Okt–März: tägl. 10–17.30 Uhr.* *01 53 10 07 00.* **www**.notredamedeparis.fr

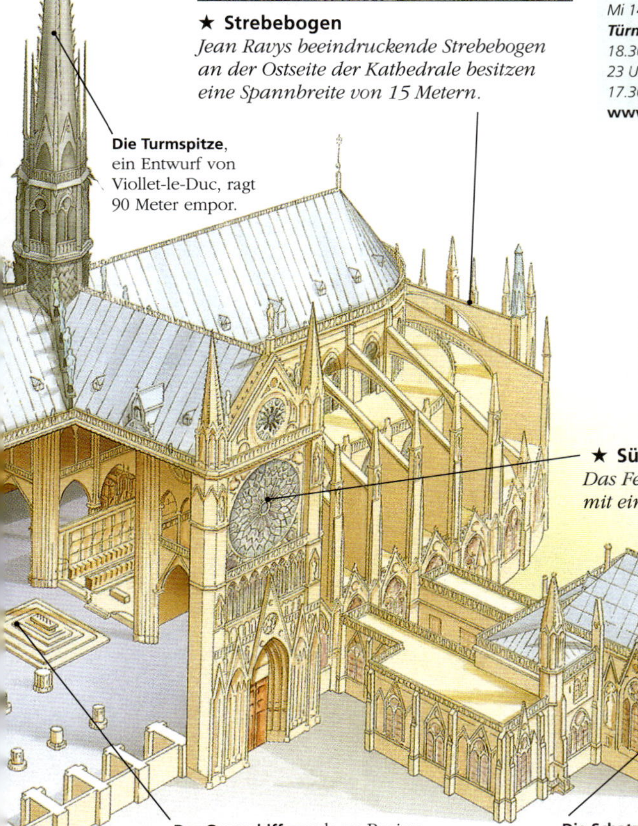

Die Turmspitze, ein Entwurf von Viollet-le-Duc, ragt 90 Meter empor.

★ Südliches Rosettenfenster
Das Fenster an der Südfassade, mit einer Darstellung Christi in der Mitte, hat 13 Meter Durchmesser.

Das Querschiff wurde zu Beginn der Regierungszeit von Philippe-Auguste (13. Jh.) errichtet.

Die Schatzkammer hütet die Kostbarkeiten der Kathedrale, darunter die angebliche Dornenkrone Christi.

ZEITSKALA

1163 Grundsteinlegung von Papst Alexander III.

1572 Marguerite de Valois heiratet Henri von Navarra (den späteren Henri IV)

1793 Revolutionäre plündern die Kathedrale und nennen sie Tempel der Vernunft

1944 Befreiung von Paris

1150 | 1550 | 1750 | 1950

1708 Umgestaltung des Chors: Louis XIV löst damit ein Versprechen seines Vaters ein

1795–1802 Schließung der Kathedrale

1804 Napoléon krönt sich zum »Kaiser der Franzosen«

Napoléon I

1970 Staatsbegräbnis von General de Gaulle

Stadtplan *siehe Seiten 390–423*

Notre-Dame: Rundgang

Juwelen-besetzter Kelch

Notre-Dame beeindruckt den Besucher schon durch die gewaltige Wölbung des Hauptschiffs. Das nicht minder beeindruckende Querschiff wird durch mittelalterliche Fensterrosen mit einem Durchmesser von 13 Metern begrenzt. Werke großer Bildhauer, darunter Jean Ravys wunderbarer Lettner, Nicolas Coustous *Pietà* und Antoine Coysevox' Statue von Louis XIV, schmücken die Kathedrale. Hier wurden Könige und Kaiser gekrönt und Kreuzritter gesegnet. Doch Notre-Dame war auch Zeuge von Aufruhr: Während der Revolution wurde die Kirche geplündert und zum »Tempel der Vernunft« geweiht, später als Weinlager genutzt. Napoléon ließ die Religionsausübung wieder zu, der Architekt Viollet-le-Duc begann mit der Restaurierung, ersetzte fehlende Statuen, baute den Turm auf und brachte die Wasserspeier wieder in Gang.

⑨ Nördliches Rosettenfenster

Das 21 Meter hohe Buntglasfenster (13. Jh.) stellt die Gottesmutter umgeben von Figuren und Szenen aus dem Alten Testament dar.

⑩ Aussicht und Wasserspeier

Die 387 Stufen im Nordturm führen zu den berühmten Wasserspeiern und einer herrlichen Aussicht.

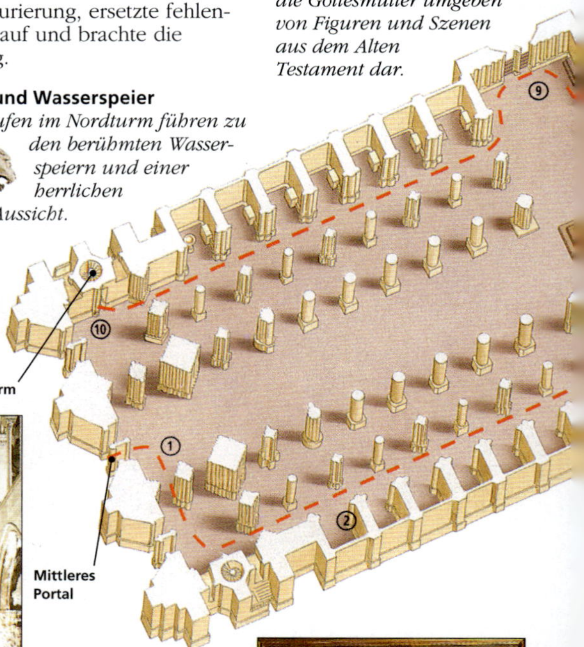

① Blick ins Innere

Vom mittleren Portal, dem Gerichtsportal, hat man das hochgewölbte Hauptschiff, die Vierung, den Hauptaltar und den Chorraum im Blick.

LEGENDE

– – – Rundgang

② Le Bruns »Maibilder«

Le Bruns Gemälde sind in den Langhauskapellen zu sehen. Im 17. und 18. Jahrhundert stifteten die Pariser Goldschmiede jedes Jahr im Mai der Jungfrau Maria ein neues Bild.

⑧ Chorgestühl
Das Chorgestühl mit seinem schönen Schnitzwerk entstand im frühen 18. Jahrhundert im Auftrag von Louis XIII. Dargestellt sind u. a. Szenen aus dem Leben der Jungfrau Maria. Die Statue des Königs steht hinter dem Hauptaltar.

⑦ Statue von Louis XIII
Nach Jahren ohne Nachkommen gelobte Louis XIII, einen Hochaltar zu bauen und die Ostkanzel der Jungfrau Maria zu Ehren zu renovieren, wenn ihm ein Thronfolger geschenkt werde. 1638 wurde Louis XIV geboren, doch es vergingen 60 Jahre, bis das Versprechen eingelöst wurde. Das geschnitzte Chorgestühl stammt aus dieser Zeit.

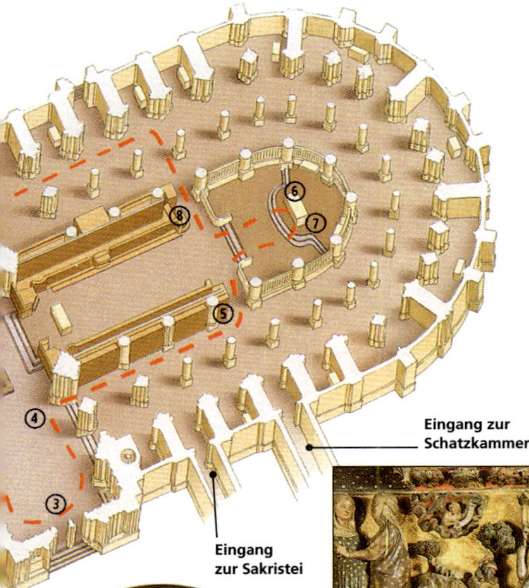

⑥ Pietà
Hinter dem Hauptaltar steht Nicolas Coustous Pietà *auf einem vergoldeten Sockel von François Girardon.*

⑤ Chorschranken
Eine hohe Schranke aus dem 14. Jahrhundert umschloss den Chor und bot den Stiftsherren Ruhe während des Gebets. Teile davon sind noch erhalten und geben den ersten drei Nord- und Süderkern Sichtschutz.

③ Südliches Rosettenfenster
In der Fensterrose, die das Querschiff nach Süden hin abschließt, ist noch Buntglas aus dem 13. Jahrhundert erhalten. Das Fenster zeigt Christus, umgeben von Jungfrauen, Märtyrern und den zwölf Aposteln.

④ Marienstatue Notre-Dame de Paris
Am südöstlichen Vierungspfeiler steht diese Marienstatue aus dem 14. Jahrhundert. Sie stammt aus der Kapelle von St-Aignan und wird bis heute als Gnadenbild verehrt.

Der Pont Neuf überspannt die Seine von der Île de la Cité nach Norden und nach Süden

Sainte-Chapelle ❾

Siehe S. 88f.

Engelsdekor mit der Dornenkrone an der Sainte-Chapelle

Palais de Justice ❿

8, bd du Palais, 75001. **Stadtplan** 13 A3. **Karte** K/L7. *01 44 32 52 52.* *Cité.* *Mo–Fr 8.30–18 Uhr.*

Der riesige Gebäudeblock des französischen Justizpalasts bedeckt die gesamte Breite der Île de la Cité. Mit seinen Türmen bietet er einen eindrucksvollen Anblick. Das schon zur Römerzeit bebaute Gelände war Königssitz, bis Charles V den Hof in das Hôtel St-Paul im Marais verlegte. Im April 1793 begann das Revolutionstribunal, die Rechtsprechung der Première Chambre (Oberster Gerichtshof) zu übertragen. Heute verkörpert dieser Ort Napoléons bedeutende Hinterlassenschaft – das französische Rechts- und Gesetzeswesen.

Place Dauphine ⓫

75001 (Eingang Rue Henri Robert). **Stadtplan** 12 F3. **Karte** K7. *Pont Neuf, Cité.*

Östlich des Pont Neuf liegt der 1607 von Henri IV angelegte und nach dem Dauphin, dem späteren Louis XIII, benannte Platz. Nr. 14 zählt zu den wenigen Gebäuden, die von einer späteren Umgestaltung verschont blieben. Der Platz mit dem Charme des 17. Jahrhunderts wird heute von Boule-Spielern geschätzt.

Pont Neuf ⓬

75001. **Stadtplan** 12 F3. **Karte** K7. *Pont Neuf, Cité.*

Trotz des Namens (»Neue Brücke«) ist diese Brücke die älteste erhaltene der Stadt. Der Pont Neuf wurde durch bedeutsame gestalterische und literarische Werke verewigt. Henri III legte 1578 den Grundstein, aber getauft und eröffnet wurde die Brücke 1607 von Henri IV, dessen Statue den mittleren Teil ziert. Der Pont Neuf wird von zwölf Bogen getragen und überspannt 275 Meter. Als erste Steinbrücke ohne Hausaufbauten schuf er eine neue Verbindung zur Île de la Cité und gelangte schnell zu großer Beliebtheit.

Reliefskulpturen am Palais de Justice

Hotels und Restaurants auf der Île de la Cité und Île St-Louis *siehe Seiten 284 und 300*

Henri IV, Square du Vert-Galant

Square du Vert-Galant ⓭

75001. **Stadtplan** 12 F3. **Karte** K7. *Pont Neuf, Cité.*

Der Platz, einer der magischen Anziehungspunkte von Paris, trägt den Spitznamen Henris IV. Der liebestolle und schillernde Monarch verschönte die Stadt im frühen 17. Jahrhundert, was ihn noch heute populär sein lässt. Von hier eröffnen sich grandiose Blicke auf den Louvre und die rechte Flussseite, wo Henri IV 1610 ermordet wurde. Am Platz ist die Anlegestelle für die Vedettes du Pont Neuf *(siehe S. 73).*

Société Historique et Littéraire Polonaise ⓮

6, quai d'Orléans, 75004. **Stadtplan** 13 C4. **Karte** M8. *01 55 42 83 83. Pont Marie. Di–Fr 14–17 Uhr, Sa 10–12, 14–16 Uhr. Do alle 45 Min., Mi 15, Sa 11, 15 Uhr (tel. anmelden).* **www.** bibliotheque-polonaise-paris-shlp.fr

Adam Mickiewicz (1798–1855), polnischer Dichter der Romantik, war eine treibende Kraft der polnischen politischen und kulturellen Szene in Paris. Er unterstützte seine im In- und Ausland unterdrückten Landsleute. Sein ältester Sohn, Ladislas, gründete 1903 dieses Museum, das zusammen mit der Bibliothek die erlesenste polnische Sammlung außerhalb Polens hütet: Gemälde, Bücher, Emigrationsarchive aus dem 19. und 20. Jahrhundert sowie Exponate zum Gedenken an Frédéric Chopin.

St-Louis-en-l'Île ⓯

19 bis, rue St-Louis-en-l'Île, 75004. **Stadtplan** 13 C4. **Karte** M8. *01 46 34 11 60. Pont Marie. Di–Sa 9–12, 15–19 Uhr, So 9–18.30 Uhr. Feiertage.* ***Konzerte*** *01 44 62 00 55.*

Mit dem Bau dieser Kirche wurde 1664 nach Plänen des Architekten Louis Le Vau begonnen. Bemerkenswert sind die Eisenglocke am Eingang (1741) und die eiserne Turmspitze des 1726 geweihten Gotteshauses.

Das barocke Interieur ist mit Vergoldungen und Marmor reich dekoriert. Eine Statue zeigt den heiligen Ludwig mit Kreuzfahrerschwert. Eine 1926 gespendete Gedenktafel im nördlichen Seitenschiff trägt die Inschrift »Zum dankbaren Andenken an den hl. Ludwig, zu dessen Ehren die Stadt St Louis, Missouri, USA, ihren Namen trägt«. Schwesterkirche von St-Louis ist die Karthago-Kathedrale in Tunis mit dem Grab des heiligen Ludwig.

Büste des Adam Mickiewicz

Innenraum von St-Louis-en-l'Île

Hôtel de Lauzun ⓰

17, quai d'Anjou, 75004. **Stadtplan** 13 C4. **Karte** N8. *01 44 54 19 30. Pont Marie. nur Führungen.*

Louis Le Vau erbaute diese prächtige Villa Mitte der 1650er Jahre für den Waffenhändler Charles Gruyn des Bordes. 1682 kaufte sie der Militärkommandeur Duc de Lauzun, ein Günstling von Louis XIV. Später wurde sie zu einem Mittelpunkt der literarischen Bohème.

Charles Le Brun legte Hand an das Dekor der kostbaren Täfelungen und Decken, ehe er sich nach Versailles begab. Das Hôtel de Lauzun wird für Empfänge und Konferenzen genutzt, doch nach Verabredung kann man es im Rahmen von Führungen auch besichtigen und einen Einblick in den Lebensstil der wohlhabenden Gesellschaft des 17. Jahrhunderts bekommen.

Der Dichter Charles Baudelaire (1821–1867) lebte in der dritten Etage, wo er den größten Teil seines Meisterwerks *Les fleurs du mal* verfasste. Ein anderer Dichter, Théophile Gautier (1811–1872), hatte 1848 hier Wohnräume. Auch der Club des Haschischins (Club der Haschischgenießer) traf sich in dem Anwesen. Weitere berühmte Bewohner der Villa waren der Komponist Richard Wagner und der Dichter Rainer Maria Rilke. Edmund Whites Roman *The Flâneur* (2001) verhalf dem Gebäude zu neuem Ruhm.

Stadtplan *siehe Seiten 390–423*

Sainte-Chapelle ⑨

Zart und zauberhaft mutet die 1248 erbaute »Heilige Kapelle« an. Sie zählt zu den großen architektonischen Meisterwerken des Abendlands. Den Gläubigen des Mittelalters war die Kirche das »Tor zum Himmel«. 14 schlanke Strebepfeiler und die 15 Meter hohen Maßwerkfenster scheinen mit ihrem Spiel von Licht und Farbe die Schwerkraft aufzuheben – ein einzigartiger Eindruck. Über 1000 religiöse Szenen sind in allen Farben auf den Fenstern dargestellt. Neben vielen anderen Reliquien beherbergte Sainte-Chapelle lange die vorgebliche Dornenkrone Christi, die jetzt in der Schatzkammer von Notre-Dame bewahrt wird.

Der 34 Meter hohe Dachreiter stammt aus dem Jahr 1853. Seine vier Vorgänger wurden durch Brände vernichtet.

Eine Dornenkrone ziert den nördlichen Treppenturm.

★ Rosettenfenster
Bei Sonnenuntergang erwachen die 86 Tafeln aus Buntglas zu glühenden Darstellungen der Apokalypse. Die Rosette ist ein Geschenk von Charles VIII aus dem Jahr 1485.

NICHT VERSÄUMEN

- ★ Apostelstatuen
- ★ Fenster der Passion Christi
- ★ Reliquienfenster
- ★ Rosettenfenster

Hauptportal
Das zweigeschossige Portal (links der untere Teil) spiegelt den Aufbau des Gesamtbauwerks wider.

Louis IX und die Reliquien

1239 erwarb König Louis IX (»der Heilige«) vom Kaiser in Konstantinopel die Dornenkrone, 1241 weitere Reliquien, darunter einen Splitter des Kreuzes Christi. Der 1297 heiliggesprochene König ließ die prächtige Kapelle bauen, um diese Schätze würdig zu verwahren. Die Reliquien kosteten den frommen König dreimal so viel wie der Bau der Kapelle.

INFOBOX

46, bd du Palais. **Stadtplan** 3 A3. **Karte** L7. *01 53 40 60 80.* *Cité.* *21, 27, 38, 85, 96 zur Île de la Cité.* *St-Michel.* *Notre-Dame.* *Palais de Justice.* *März–Okt: tägl. 9.30–18 Uhr; Nov–Feb: tägl. 9–17 Uhr. Letzter Einlass 30 Min. vor Schließung.* *1. Jan, 1. Mai, 25. Dez.* *Kombiticket mit Conciergerie.* **www**.sainte-chapelle.monuments-nationaux.fr

Der Engel an der Spitze drehte sich einst, sodass sein Kreuz überall in Paris zu sehen war.

Obere Kapelle
Die Fenster zeigen biblische Szenen (Szenenfolge siehe rechts).

Fenster der Oberen Kapelle

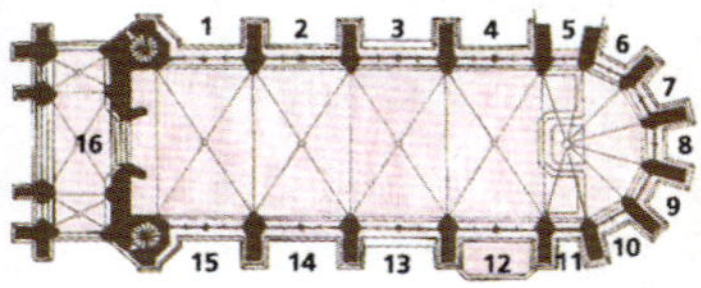

1 Genesis
2 Exodus
3 Numeri
4 Deuteronomium: Josua
5 Richter
6 *links* Jesaja *rechts* Wurzel Jesse
7 *links* Johannes der Evangelist *rechts* Kindheit Christi
8 Passion Christi
9 *links* Johannes der Täufer *rechts* Daniel
10 Hesekiel
11 *links* Jeremias *rechts* Tobias
12 Judith und Hiob
13 Esther
14 Buch der Könige
15 Geschichte der Reliquien
16 Rosettenfenster: Apokalypse

★ Fenster der Passion Christi
Das Fenster in der Apsismitte der Oberen Kapelle zeigt das Abendmahl.

★ Apostelstatuen
Die prächtigen Beispiele mittelalterlicher Skulpturenkunst schmücken zwölf Pfeiler der Oberen Kapelle.

★ Reliquienfenster
Dargestellt ist die Geschichte der Reliquien bis zu ihrer Überführung in die Sainte-Chapelle.

Untere Kapelle
Hier beteten Diener und Bürger, während die Obere Kapelle dem König und der königlichen Familie vorbehalten war.

Stadtplan *siehe Seiten 390–423*

Marais

Das Marais, im 17. Jahrhundert Wohngebiet der Reichen, wurde während der Revolution verlassen und verfiel in der Zeit danach. Die Regierung de Gaulle stellte 1962 große Teile des Marais unter Denkmalschutz, sensible Renovierungen erweckten die schönen alten Gebäude wieder zum Leben. Heute findet man in den Villen Museen, Galerien, Boutiquen und Lokale. Menschen tummeln sich in den Straßen, das multikulturelle Marais ist auch zum Zentrum der schwulen Szene geworden. Zwar vertrieben steigende Mieten viele Händler, doch noch gibt es überall Kunstateliers, kleine Läden und hübsche Cafés.

Sehenswürdigkeiten auf einen Blick

Historische Gebäude und Straßen
Hôtel de Lamoignon 2
Hôtel de Rohan 22
Hôtel de Ville 19
Rue des Francs-Bourgeois 3
Rue des Rosiers 8

Kirchen
Cloître des Billettes 20
Notre-Dame-des-Blancs-Manteaux 21
St-Gervais-St-Protais 18
St-Paul-St-Louis 15

Museen und Sammlungen
Hôtel de Coulanges 9
Hôtel Guénégaud (Musée de la Chasse et de la Nature) 24
Hôtel de Sens 16
Hôtel de Soubise 23
Hôtel de Sully 7
Maison de Victor Hugo 6
Musée d'Art et d'Histoire du Judaïsme 27
Musée des Arts et Métiers 25
Musée Carnavalet S. 96f 1
Musée Cognacq-Jay 4
Musée Picasso S. 100f 10
Pavillon de l'Arsenal 11

Denkmäler und Statuen
Colonne de Juillet 13
Mémorial de la Shoah 17

Opernhaus
Opéra National de Paris – Opéra Bastille 12

Plätze
Place de la Bastille 14
Place des Vosges 5
Square du Temple 26

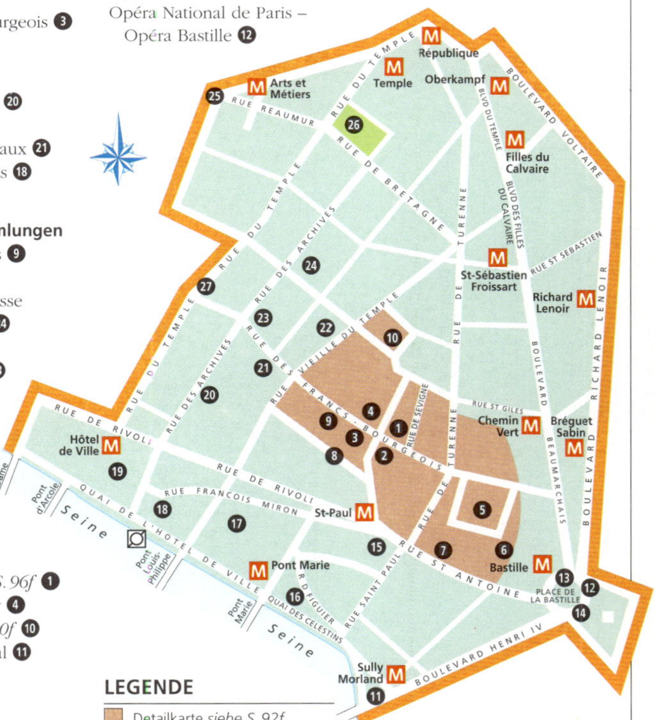

0 Meter 400

LEGENDE
Detailkarte *siehe S. 92f*
Métro-Station
Batobus-Anlegestelle

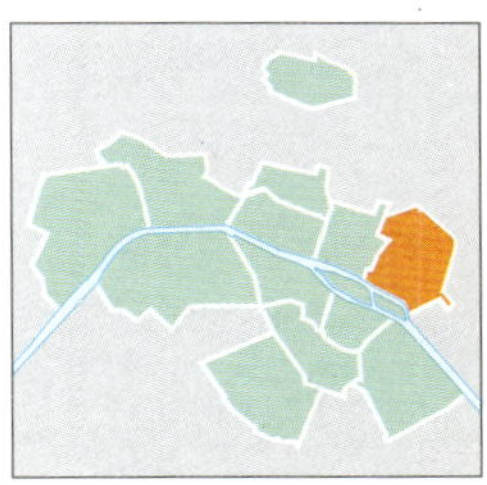

Anfahrt

Métro-Stationen im Viertel sind Bastille und Hôtel de Ville. Der Bus 29 fährt die Rue des Francs-Bourgeois entlang, vorbei an der Rue de Sévigné, wo das Musée Carnavalet liegt, und über die Place des Vosges.

SIEHE AUCH

• ***Stadtplan*** 13–14
• ***Hotels*** S. 284f
• ***Restaurants*** S. 300f

◁ **Mittagspause in einem Café im Marais**

Im Detail: Marais

Das einstige Moorgebiet (*marais* bedeutet Sumpf) gewann vom 14. Jahrhundert an wegen seiner Nähe zum Louvre, der bevorzugten Residenz von Charles V, an Bedeutung. Seine Blüte erlebte es im 17. Jahrhundert als Viertel der vermögenden Klassen. Man baute luxuriöse Stadthäuser, die *hôtels*, die heute noch überall im Marais zu finden sind. Viele dieser Gebäude wurden in jüngerer Zeit restauriert und in Museen verwandelt. Die Straßen des Viertels sind heute gesäumt von Straßencafés, teuren Designerläden, edlen Restaurants und trendigen Shops.

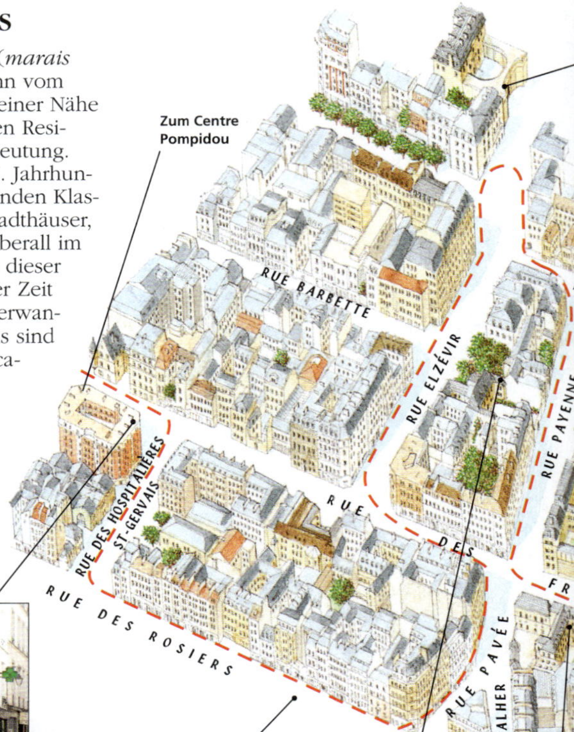

Rue des Francs-Bourgeois
An dieser alten Straße reiben sich trendige Boutiquen. Viele davon haben auch sonntags geöffnet. ❸

Rue des Rosiers
Der Duft von Pastrami und Borschtsch entströmt den Restaurants und Läden, die im Herzen des jüdischen Viertels liegen. ❽

Musée Cognacq-Jay
Erlesene Gemälde und Möbel aus dem 18. Jahrhundert werden hier in zeitgerecht passendem Rahmen präsentiert. ❹

0 Meter 100

LEGENDE

— — — Routenempfehlung

NICHT VERSÄUMEN

- ★ Musée Carnavalet
- ★ Musée Picasso
- ★ Place des Vosges

Hôtel de Lamoignon
Das Anwesen beherbergt die stadtgeschichtliche Bibliothek von Paris. ❷

Hotels und Restaurants im Marais *siehe Seiten 284f und 300f*

★ Musée Picasso
Das palaisartige Hôtel Salé aus dem 17. Jahrhundert beherbergt die weltgrößte Sammlung von Picasso-Werken – eine Familiengabe an den Staat. ❿

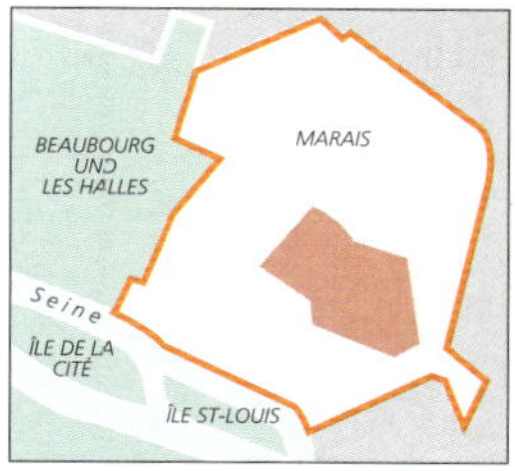

Zur Orientierung
Siehe Stadtplan 13–14

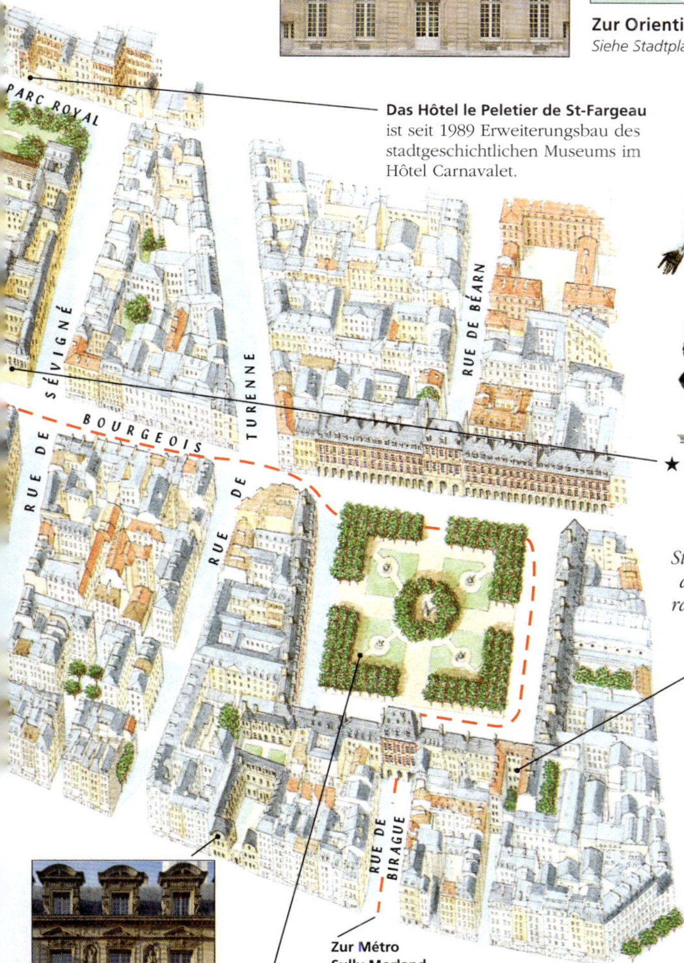

Das Hôtel le Peletier de St-Fargeau ist seit 1989 Erweiterungsbau des stadtgeschichtlichen Museums im Hôtel Carnavalet.

★ Musée Carnavalet
Im Ehrenhof des Hôtel Carnavalet befindet sich die Statue von Louis XIV als römischer Imperator – ein Werk von Coysevox. ❶

Maison de Victor Hugo
Der Autor von Les Misérables, *Victor Hugo, lebte in der Place des Vosges Nr. 6. Heute erinnert hier ein Museum an ihn.* ❻

Zur Métro Sully Morland

Hôtel de Sully
Das Renaissance-Hôtel baute man für einen bekannten Spieler. ❼

★ Place des Vosges
Die historische Place des Vosges im Herzen des Marais wurde einst als Ort für Turniere genutzt und besticht durch harmonische Symmetrie. ❺

Stadtplan *siehe Seiten 390–423*

Musée Carnavalet ❶

Siehe S. 96f.

Hôtel de Lamoignon ❷

24, rue Pavée, 75004. **Stadtplan** 14 D3. **Karte** N7. *01 44 59 29 40.* *St-Paul.* *Mo–Sa 13–18 Uhr.* *Feiertage, 1.–15. Aug.*

Das prächtige Hôtel de Lamoignon beherbergt die historische Stadtbibliothek. Es wurde 1585 für die Tochter von Henri II, Diane de France, auch bekannt als Duchesse d'Angoulême, erbaut. Den Palast stützen sechs korinthische Säulen unter einem dreieckigen Giebel. An Dianas Jagdleidenschaft erinnert der Zierrat aus Hundeköpfen, Pfeilen, Bogen und Köchern. Zur Sammlung zählen Dokumente der Französischen Revolution und 80 000 Druckwerke zur Stadtgeschichte.

Rue des Francs-Bourgeois ❸

75003, 75004. **Stadtplan** 14 D3. **Karte** M6–N7. *Rambuteau, Chemin Vert.*

Im Herzen des Marais verbindet die wichtige Verkehrsader die Rue des Archives und die Place des Vosges. An

Innenhof des Musée Carnavalet

den Enden erheben sich das Hôtel de Soubise und das Musée Carnavalet. Der Name der Straße geht auf die *francs* (von den Steuern Befreite) zurück – 1334 wurden in Nr. 34 und 36 Armenhäuser errichtet, später jedoch wegen illegaler Finanzgeschäfte geschlossen. In der Nähe findet sich bis heute das staatliche Pfandhaus.

Musée Cognacq-Jay ❹

Hôtel Donon, 8, rue Elzévir, 75004. **Stadtplan** 14 D3. **Karte** N7. *01 40 27 07 21.* *St-Paul.* *Di–So 10–18 Uhr.* *Feiertage.* *nach Vereinbarung.* **www**.cognacq-jay.paris.fr

Die kleine, gleichwohl feine Privatsammlung französischer Kunstwerke und Möbel aus dem 18. Jahrhundert richteten Ernest Cognacq und seine Frau Louise Jay ein, die Begründer des größten Pariser Warenhauses, La Samaritaine, das heute geschlossen ist *(siehe S. 115)*. Die Sammlung ist jetzt im Hôtel Donon untergebracht. Anbau und Fassade dieses 1575 erbauten Hauses stammen aus dem 18. Jahrhundert.

Place des Vosges ❺

75003, 75004. **Stadtplan** 14 D3. **Karte** N/P7. *Bastille, St-Paul.*

Für Besucher wie Einheimische ist dieser Platz einer der schönsten der Welt *(siehe S. 24f)*. 400 Jahre gingen an seiner harmonischen Symmetrie spurlos vorüber: 36 Häuser, neun zu jeder Seite, aus Ziegel und Stein mit hohen Schieferdächern und Mansardenfenstern über Arkaden. Die Place des Vosges war Schauplatz historischer Ereignisse. 1615 fand anlässlich der Hochzeit von Louis XIII und Anna von Österreich ein dreitägiges Turnier statt. Hier erblickte 1626 die berühmte literarische Gastgeberin Madame de Sévigné das Licht der Welt, hielt sich 1615 der Monarchist Kardinal Richelieu auf und verbrachte Victor Hugo 16 Jahre.

Die Place des Vosges auf einem Stich aus dem 19. Jahrhundert

Hotels und Restaurants im Marais *siehe Seiten 284f und 300f*

Maison de Victor Hugo ❻

6, pl des Vosges, 75004. **Stadtplan** 14 D3. **Karte** P7. *01 42 72 10 16.* *Bastille.* *Di–So 10–18 Uhr.* *Feiertage.* **Bibliothek**. **www**.musee-hugo.paris.fr

Der französische Dramatiker und Romanautor Victor Hugo lebte 1832–48 im zweiten Stock des einstigen Hôtel Rohan-Guéménée. Hier verfasste er den größten Teil von *Les Misérables* und einige andere berühmte Werke. Zu besichtigen sind rekonstruierte Wohnräume des Schriftstellers, Federzeichnungen und Bücher. Exponate erinnern an entscheidende Lebensperioden Victor Hugos – von der Kindheit bis zum Exil der Jahre 1852 bis 1870. Außerdem finden Wechselausstellungen statt.

Auguste Rodin schuf diese Marmorbüste von Victor Hugo

Hôtel de Sully ❼

62, rue St-Antoine, 75004. **Stadtplan** 14 D4. **Karte** N7. *01 42 74 47 75.* *St-Paul.* *Di–Fr 12–19 Uhr, Sa, So 10–19 Uhr.* *Feiertage.* **www**.jeudepaume.org

Die Villa aus dem 17. Jahrhundert wurde nach alten Stichen restauriert. Erbaut wurde sie 1624 für »Petit Thomas«, einen Spieler, der in einer einzigen Nacht sein gesamtes Vermögen verlor. Duc de Sully, oberster Minister von Henri IV, erstand das Haus 1634. Ihm sind die Innendekorationen sowie die Orangerie Petit Sully in den Gärten zu verdanken.

In Zusammenarbeit mit dem Museum Jeu de Paume in den Tuilerien *(siehe S. 131)* werden im Hôtel de Sully mit seinem beeindruckenden Hof Fotografien und zeitgenössische Arbeiten zum Thema Film gezeigt.

Renaissance-Fassade des Hôtel de Sully

Rue des Rosiers ❽

75004. **Stadtplan** 13 C3. **Karte** N7. *St-Paul.*

Das jüdische Viertel um diese Straße gehört zu den buntesten Stadtteilen von Paris. Der Straßenname geht auf die Rosenbüsche innerhalb der alten Stadtmauer zurück. Juden siedelten hier erstmals im 13. Jahrhundert, eine zweite größere Welle Immigranten kam im 19. Jahrhundert, als viele Juden aus Russland, Polen und Mitteleuropa hierherzogen. Nach der Unabhängigkeit Algeriens ließen sich in den 1960er Jahren zudem sephardische Juden hier nieder. Die Inschrift »N'oubliez pas« (»Vergesst nicht«) am Haus Nr. 10 in der Rue de Hospitalières-St-Gervais erinnert an die Deportation von 165 Studenten. Heute verleihen Synagogen sowie koschere Restaurants und Läden dem Viertel Leben *(siehe S. 333)*.

Hôtel de Coulanges ❾

35, rue des Francs-Bourgeois, 75004. **Stadtplan** 13 C3. **Karte** N7. *01 44 61 85 85.* *St-Paul.* *Mo–Fr 13.30–19 Uhr.* *Feiertage.* **www**.paris-europe.eu

Das Gebäude mit bogengesäumtem Innenhof ist ein beeindruckendes Beispiel für die Architektur des 18. Jahrhunderts. Zu den Besitzern gehörte u. a. der königliche Berater Philippe II de Coulanges. Später wurden hier die Kinder von Louis XIV und Madame de Montespan aufgezogen. Heute ist das Hôtel Sitz der Maison de l'Europe und präsentiert Ausstellungen zu EU-Themen.

Orthodoxe Juden im Marais

Musée Carnavalet ❶

Eingang zum Musée Carnavalet

Das weitläufige Museum widmet sich der Geschichte von Paris und nimmt zwei benachbarte Palais ein. Zum Ausstellungsgut zählen vollständig ausgestaltete Räume mit Täfelungen, Möbeln und *objets d'art*. Hauptgebäude ist das Hôtel Carnavalet, das 1548 von Nicolas Dupuis als Stadthaus errichtet und Mitte des 17. Jahrhunderts von François Mansart umgebaut wurde. Das Hôtel le Peletier (17. Jh.) daneben zeigt bemerkenswerte Innenausstattungen des frühen 20. Jahrhunderts. In der Orangerie sieht man Exponate zum prähistorischen und gallorömischen Paris.

Marie-Antoinette in Trauer *(1793)*
Alexandre Kucharskys Gemälde zeigt die Trauernde nach der Hinrichtung von Louis XVI.

Memorabilien erinnern an die Philosophen des 18. Jahrhunderts, insbesondere an Rousseau und Voltaire.

★ Deckengemälde von Charles Le Brun
Glanzvolle Arbeiten des Künstlers (17. Jh.) zieren das ehemalige Studierzimmer und die Halle des Hôtel de la Rivière.

★ Galerie Madame de Sévigné
In der Galerie hängt dieses Porträt von Madame Sévigné, der berühmten Briefeschreiberin.

★ Empfangsraum des Hôtel d'Uzès
Claude-Nicolas Ledoux gestaltete den Raum 1761. Die Wandverkleidung stammt aus einem Herrenhaus in der Rue Montmartre.

NICHT VERSÄUMEN

- ★ Ballsaal des Hôtel de Wendel
- ★ Deckengemälde von Charles Le Brun
- ★ Empfangsraum des Hôtel d'Uzès
- ★ Galerie Madame de Sévigné

Konventsraum
Unter den Erinnerungsstücken der Revolution befindet sich auch das bekannte Porträt von Georges Danton.

INFOBOX

23, rue de Sévigné, 75003.
Stadtplan 14 D3. **Karte** N7.
01 44 59 58 58. M *St-Paul.*
29, 69, 76, 96 bis St-Paul, Pl des Vosges. P *Hôtel de Ville, Rue St-Antoine.* *Di–So 10–18 Uhr (letzter Einlass 17.30 Uhr; Räume wechselnd geöffnet, tel. erfragen).*
Feiertage. *tel. erfragen.*
www.carnavalet.paris.fr

Juweliergeschäft Fouquet *(1900)*
Die Art-nouveau-Dekoration des Ladens stammt von A. Moucha.

★ Ballsaal des Hôtel de Wendel
Die Ausstattung des Saals aus dem frühen 20. Jahrhundert wurde rekonstruiert. Die riesige Wanddekoration zeigt das Gefolge der Königin von Saba, ein Werk des katalanischen Künstlers Josep Maria Sert i Badia.

Zimmer von Louis XV
Dieser hübsche Raum enthält Werke der Bouvier-Sammlung und eine Wandverkleidung aus dem Hôtel de Broglie.

LEGENDE

- Prähistorie bis Römerzeit
- Mittelalter
- Renaissance
- 17. Jahrhundert
- Louis XV
- Louis XVI
- Französische Revolution
- 19. Jahrhundert
- 20. Jahrhundert
- Wechselausstellungen
- Keine Ausstellungsfläche

Kurzführer

Die Sammlung ist chronologisch angelegt. Das Hôtel Carnavalet widmet sich der Pariser Geschichte bis 1789: die Renaissance ist im Erdgeschoss, das 17. Jahrhundert bis zur Revolution im ersten Stock zu sehen. Im Hôtel le Peletier werden das Erste und Zweite Kaiserreich im Erdgeschoss gezeigt; in der Orangerie ist die Abteilung Prähistorie bis Römerzeit angesiedelt. Der erste Stock zeigt das Zweite Kaiserreich bis heute, der zweite Stock die Französische Revolution.

Stadtplan *siehe Seiten 390–423*

Musée Picasso ⑩

Siehe S. 100f.

Pavillon de l'Arsenal ⑪

21, bd Morland, 75004. **Stadtplan** 14 D5. **Karte** N8. *01 42 76 33 97.* *Sully Morland, Bastille.* *Di–Sa 10.30–18.30 Uhr, So 11–19 Uhr.* *1. Jan.* *nach Vereinbarung.* **www**.pavillon-arsenal.com

Im Pavillon de l'Arsenal kann man sich eine interessante Ausstellung über die architektonische Entwicklung von Paris ansehen. Filme, Modelle und Panoramabilder zeigen sowohl die Verwandlungen durch die vergangenen Jahrhunderte als auch Pläne für die Zukunft. Pro Jahr werden bis zu drei Wechselausstellungen organisiert.

Opéra National de Paris – Opéra Bastille ⑫

120, rue de Lyon, 75012. **Stadtplan** 14 E4. **Karte** P8. *08 92 89 90 90.* *Bastille.* *tel. erfragen.* *Feiertage.* *obligatorisch. Siehe* ***Unterhaltung*** *S. 345 und 347.* **www**.operadeparis.fr

Die »Volksoper«, eines der modernsten und umstrittensten Opernhäuser Europas, wurde am 14. Juli 1989 zur 200-Jahr-Feier des Sturms auf die Bastille eröffnet. Carlos Otts imposanter Bau – geschwungen, massiv und mit viel Glas – bricht mit der Opernhausarchitektur des 19. Jahrhunderts, wie sie sich in seinem Gegenstück, Garniers Opéra *(siehe S. 214f)* im Herzen der Stadt, präsentiert.

Der funktionell modern gestaltete Hauptsaal bietet 2700 Besuchern Platz. Die schwarzen Polstersitze kontrastieren mit den Granitwänden und der gläsernen Decke. Mit fünf beweglichen Bühnen stellt das Opernhaus auch in technischer Hinsicht ein Meisterwerk moderner Raffinesse dar.

Der »Genius der Freiheit« auf der Colonne de Juillet

Colonne de Juillet ⑬

Pl de la Bastille, 75004. **Stadtplan** 14 E4. **Karte** P8. *Bastille.* *für Besucher.*

Gekrönt von der Statue des »Genius der Freiheit« reckt sich die Bronzesäule 51,50 Meter empor. Sie erinnert an die Toten jener Straßenschlachten, die im Juli 1830 zum Sturz des Monarchen führten *(siehe S. 32f)*. In der Krypta ruhen die Überreste von 504 Opfern der heftigen Kämpfe und von Gefallenen der Februarrevolution von 1848.

Place de la Bastille ⑭

75004. **Stadtplan** 14 E4. **Karte** P8. *Bastille.*

Nichts blieb von dem Gefängnis, das die revolutionäre Menge am 14. Juli 1789 stürmte *(siehe S. 30f)*; die Steine nutzte man zum Bau des Pont de la Concorde. Am Boulevard Henri IV, zwischen den Hausnummern 5 und 49, zeigen Pflastersteine die Umrisse der einstigen Türme und Befestigungen. Früher verband nur ein verkehrsreicher Platz das Zentrum mit den östlichen *faubourgs* (Arbeitervierteln), doch die Aufwertung schreitet voran: mit Cafés, Läden und dem Yachthafen Port de Plaisance de l'Arsenal.

Glasfassade der Opéra Bastille

St-Paul-St-Louis ⓯

99, rue St-Antoine, 75004. **Stadtplan** 14 D4. **Karte** N7. *01 42 72 30 32. St-Paul. Mo–Fr 8–20, Sa 8–19.30, So 9–20 Uhr.* ***Konzerte.***

Die Jesuitenkirche St-Paul-St-Louis zeugt von dem Einfluss, den dieser Orden von 1627, als Louis XIII den Grundstein legte, bis zu seiner Vertreibung 1762 besaß. Die Gesù-Kirche in Rom stand dem Hauptschiff Modell, während die 60 Meter hohe Kuppel dem Dôme des Invalides und der Sorbonne als Vorbild diente. Die Kirchenschätze gingen während der Revolution und in späteren unruhigen Zeiten weitgehend verloren, doch nach wie vor ist Delacroix' Meisterwerk *Christus im Olivenhain* hier zu bewundern. Auch die alte Passage St-Paul führt zu der Kirche.

Christus im Olivenhain **von Delacroix in St-Paul-St-Louis**

Hôtel de Sens ⓰

1, rue du Figuier, 75004. **Stadtplan** 13 C4. **Karte** N8. *01 42 78 14 60. Pont Marie. Di, Fr, Sa 13–19.30 Uhr, Mi, Do 10–19.30 Uhr. Feiertage. für Ausstellungen. nach Vereinbarung.*

Das Haus, eines der wenigen erhaltenen mittelalterlichen Gebäude in Paris, birgt heute die Kunstbibliothek Forney. Im 16. Jahrhundert wurde es in einen befestigten Palast verwandelt und von den Bourbonen, der Familie Guise und Cardinal de Pellevé bewohnt. Dem hohen Geistlichen versetzte 1594 der Zorn über den Einzug des Protestanten Henri IV in Paris den Todesstoß.

Marguerite de Valois, die von ihrem Exgatten Henri IV im Hôtel de Sens untergebracht wurde, führte hier ein skandalumwittertes Leben. Es gipfelte in der Enthauptung eines ehemaligen Liebhabers, der seinen Nachfolger ermordet hatte.

Das Hôtel de Sens, heute Heimat einer Kunstbibliothek

Denkmal für den Unbekannten jüdischen Märtyrer (1956)

Mémorial de la Shoah ⓱

17, rue Geoffroy-l'Asnier, 75004. **Stadtplan** 13 C4. **Karte** M7. *01 42 77 44 72. Pont Marie. So–Mi, Fr 10–18, Do 10–22 Uhr.* **www**.memorialdelashoah.org

Die ewige Flamme in der Krypta des 1956 errichteten Mémorial du Martyr Juif Inconnu, das 2005 als Mémorial de la Shoah neu eröffnet wurde, flackert für die Opfer des Holocaust. In einen großen Zylinder sind die Namen der Konzentrationslager eingraviert. 2005 wurde eine Steinmauer errichtet, in die die Namen von 76 000 deportierten französischen Juden – darunter 11 000 Kinder – gemeißelt sind. Es gibt auch ein Dokumentationszentrum.

St-Gervais-St-Protais ⓲

Pl St-Gervais, 75004. **Stadtplan** 13 B3. **Karte** M7. *01 48 87 32 02. Hôtel de Ville. tägl. 7–22 Uhr.*

Die auf das 6. Jahrhundert zurückgehende Kirche ist benannt nach zwei römischen Soldaten, die durch Neros Grausamkeit zu Märtyrern wurden. St-Gervais-St-Protais besitzt die älteste klassische Fassade, ein dreistufiges Arrangement dorischer, ionischer und korinthischer Säulen. Dahinter öffnet sich eine herrliche gotische Kirche, die Kennern religiöser Musik ein Begriff ist. Für ihre kostbare Orgel komponierte François Couperin (1668–1733) seine beiden Messen.

Die Liturgiefeiern der heutigen römisch-katholischen Klostergemeinschaft ziehen zahlreiche Besucher aus der ganzen Welt an.

Doppelsäulen schmücken die Fassade von St-Gervais-St-Protais

Musée Picasso ⑩

Der gebürtige Spanier Pablo Picasso (1881–1973) verbrachte den größten Teil seines Lebens in Frankreich. Der französische Staat gelangte in den Besitz vieler seiner Arbeiten, da Picassos Familie Erbschaftssteuern mit Kunstwerken beglich. Mit diesen wurde die Sammlung des 1985 eröffneten Musée Picasso begründet. Es ist im Marais im Hôtel Salé untergebracht. Der Charakter des 1656 für den Salzsteuereintreiber (*salé* = »salzig«) Aubert de Fontenay erbauten Palais blieb bewahrt. Die Sammlung spiegelt Picassos Blaue, Rosa und Kubistische Periode wider. Bis zum Jahr 2012 bleibt das Museum wegen Renovierungsarbeiten geschlossen.

★ Selbstporträt
Picasso schuf dieses Selbstbildnis Ende 1901, in einer persönlich schwierigen Zeit, die von Armut und Einsamkeit geprägt war.

Violine und Notenblatt
Eine Collage (1912) aus der Periode des »Synthetischen Kubismus«.

★ Die beiden Brüder
Im Sommer 1906 kehrte Picasso nach Katalonien zurück. Dort entstand dieses Gemälde.

★ Der Kuss *(1969)*
1961 heiratete Picasso Jacqueline Roque. Um diese Zeit wandte er sich dem Thema der Beziehung zwischen Paaren sowie Künstler und Modell zu.

Untergeschoss

Kurzführer

Ausgangspunkt der überwiegend chronologisch geordneten Sammlung ist der erste Stock mit der Blauen und Rosa Periode und den kubistischen Werken. Im Erdgeschoss befinden sich ein Skulpturengarten und die in den 1920er bis 1930er Jahren sowie Mitte der 1950er bis 1973 entstandenen Arbeiten. Ausgestellt wird immer nur ein Teil der gesamten Sammlung.

LEGENDE

- Gemälde
- Illustrationen
- Skulpturengarten
- Keramiken
- Keine Ausstellungsfläche

Frau mit Mantilla
(1949). Ab 1948 arbeitete Picasso an Keramiken und erweiterte so die Palette seines Schaffens.

Maler mit Palette und Staffelei *(1928)*
Das postkubistische Ölporträt entstand zu einer Zeit, in der Picasso sich dem Surrealismus annäherte.

INFOBOX

Hôtel Salé, 5, rue de Thorigny.
Stadtplan 14 D2. **Karte** N6.
01 42 71 25 21.
St-Sébastien Froissart, St-Paul.
29, 69, 75, 96 bis St-Paul, Bastille, Pl des Vosges.
Châtelet-Les Halles.
Rue St-Antoine, Bastille.
wegen Renovierungsarbeiten bis voraussichtlich 2012.
Gruppen nach Vereinbarung.
www.musee-picasso.fr

★ Zwei laufende Frauen am Strand *(1922)*
Dieses Werk wurde 1924 für einen Bühnenvorhang des Balletts Der blaue Zug *von Nijinska verwendet. Es war Picassos letzte große Arbeit für das Theater.*

Lesende Frau *(1932)*
Picasso setzte häufig Purpur- und Gelbtöne ein, wenn er Marie-Thérèse Walter malte.

NICHT VERSÄUMEN

- ★ Die beiden Brüder
- ★ Der Kuss
- ★ Selbstporträt
- ★ Zwei laufende Frauen am Strand

Picasso und Spanien

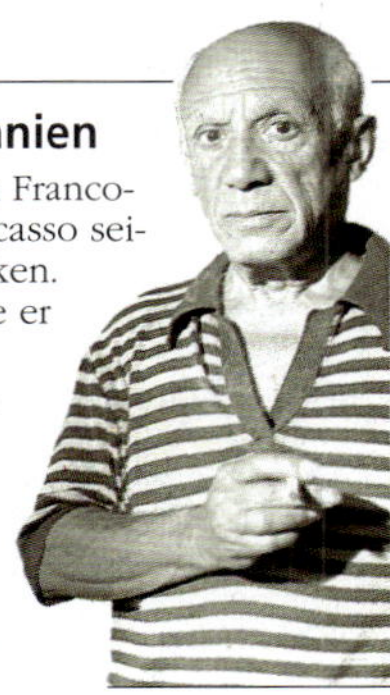

1934 kehrte der vom Franco-Regime geächtete Picasso seiner Heimat den Rücken. Als Künstler schöpfte er sein Leben lang aus spanischen Themen. So taucht der Stier (oft in Gestalt eines Minotaurus) auf, oder die Gitarre bringt andalusische Kindheitserinnerungen zum Klingen.

Stadtplan *siehe Seiten 390–423*

Das Rathaus (Hôtel de Ville) am Rande eines schönen Platzes

Hôtel de Ville ⑲

4, pl de l'Hôtel de Ville, 75004. **Stadtplan** 13 B3. **Karte** M7. *01 42 76 40 40.* *Hôtel de Ville.* *Gruppen nach tel. Anmeldung; Wechselausstellungen: Mo–Sa 10–19 Uhr.* *Feiertage, offizielle Anlässe.*

Das Rathaus, Sitz der Stadtverwaltung, entstand im 19. Jahrhundert als Rekonstruktion des 1871 niedergebrannten Gebäudes aus dem 17. Jahrhundert. Es ist mit Giebeln, Statuen und Türmchen verziert und überblickt die Place de l'Hôtel de Ville, die zum Bummeln einlädt – besonders abends, wenn die Brunnen auf dem Platz angestrahlt werden.

Die frühere Place de Grève war einst Schauplatz von Hinrichtungen. Hier wurde Ravaillac, der 1610 Henri IV ermordet hatte, bei lebendigem Leibe von vier starken Zugpferden gevierteilt.

Im Hôtel de Ville fällt die lange Salle des Fêtes auf, der sich Salons anschließen, die der Wissenschaft, Kunst und Literatur gewidmet waren. Das Treppenhaus, die Kassettendecken mit den Lüstern sowie die zahlreichen Statuen und Karyatiden tragen zur pompösen Atmosphäre bei. Der Öffentlichkeit ist das Rathaus während der Journées du Patrimoine *(siehe S. 64)* zugänglich. Manche Anbauten werden für Wechselausstellungen genutzt (www.paris.fr).

Cloître des Billettes ⑳

24, rue des Archives, 75004. **Stadtplan** 13 B3. **Karte** M7. *01 42 72 37 08.* *Hôtel de Ville.* **Kreuzgang** *tägl. 11–19 Uhr.* **Kirche** *Do 18.30–20, So 9.30–16 Uhr.*

Das einzige verbliebene mittelalterliche Kloster in Paris wurde 1427 für die Barmherzigen Brüder, die *Billettes*, errichtet. Drei der vier Kreuzgänge sind erhalten. Die anschließende mittelalterliche Kirche wurde 1756 durch ein schlichtes klassizistisches Gebetshaus ersetzt.

Das älteste Kloster in Paris

Notre-Dame-des-Blancs-Manteaux ㉑

12, rue des Blancs-Manteaux, 75004. **Stadtplan** 13 C3. **Karte** M6–7. *01 42 72 09 37.* *Rambuteau.* *tägl. 10–12, 15–19 Uhr.* ***Konzerte***.

Die 1685 errichtete Kirche erhielt ihren Namen nach den weißen Kutten der Karmelitermönche, die 1258 hier ein Kloster gegründet hatten. Sie besitzt eine Kanzel im Stil des flämischen Rokoko (18. Jh.). Die berühmte Orgel wird bei Konzerten gespielt.

Hôtel de Rohan ㉒

87, rue Vieille du Temple, 75003. **Stadtplan** 13 C2. **Karte** N6. *06 10 12 67 27.* *Rambuteau.* *für Wechselausstellungen So nachm.*

Auch wenn es heute auf den ersten Blick nicht so aussieht – dieses *hôtel* ist ein Zwilling des Hôtel de Soubise. Es wurde ab 1705 vom selben Architekten, Pierre-Alexis Delamair, für den Kardinal und Bischof von Strasbourg gebaut. Im Hôtel de Rohan wird seit 1927 ein Teil des Nationalarchivs bewahrt. Im Hof sieht man über dem Portal des Marstalls die Skulptur *Tränkung der Sonnenrosse* (18. Jh.) von Robert Le Lorrain.

***Sonnenrosse* von Le Lorrain**

Hotels und Restaurants im Marais *siehe Seiten 284f und 300f*

Hôtel de Soubise ㉓

60, rue des Francs-Bourgeois, 75003. **Stadtplan** 13 C2. **Karte** M6. *Rambuteau.* **Musée de l'Histoire de France** *Mi–Fr 10–12.30, 14–17.30, Sa, So 14–17.30 Uhr.*

Hôtel de Soubise

Das imposante Stadtpalais, 1705–09 für die Prinzessin de Rohan erbaut, beherbergt heute einen Teil des Nationalarchivs. (Der andere befindet sich im Hôtel de Rohan.) Das Hôtel de Soubise verfügt über einen prächtigen Hof und eine beeindruckende Innenausstattung (1735–40), die von den begabtesten Malern und Kunsthandwerkern jener Zeit geschaffen wurde: Carl van Loo, Jean Restout, Charles-Joseph Natoire und François Boucher.

Teil des Musée de l'Histoire de France ist Natoires *Rocaille*-Arbeit im ovalen Salon. Ausgestellt sind u. a. Briefe von Jeanne d'Arc und Voltaire sowie das Testament Napoléons, der darin um die Überführung seiner sterblichen Hülle nach Frankreich ersucht.

Hôtel Guénégaud ㉔

60, rue des Archives, 75003. **Stadtplan** 13 C2. **Karte** N6. *01 53 01 92 40.* *Hôtel de Ville.* *Di–So 11–18 Uhr.* *Feiertage.* **www**.chassenature.org

Der gefeierte Architekt François Mansart baute dieses beeindruckende Palais Mitte des 17. Jahrhunderts für Henri de Guénégaud des Brosses, Minister und Siegelbewahrer. Ein Flügel des Hôtel Guénégaud enthält heute das 1967 von André Malraux gegründete Musée de la Chasse et de la Nature (Jagd- und Naturmuseum). Zu den Exponaten zählen Jagdwaffen aus dem 16. bis 19. Jahrhundert sowie Zeichnungen und Gemälde von Künstlern wie Oudry, Rubens oder Rembrandt, darunter Rubens' Bild *Diana mit Nymphen beim Aufbruch zur Jagd.*

Musée des Arts et Métiers ㉕

60, rue Réaumur, 75003. **Stadtplan** 13 B1–C1. **Karte** M5. *01 53 01 82 00.* *Arts et Métiers.* *Di–So 10–18 Uhr (Do bis 21.30 Uhr).* *Feiertage.* **www**.arts-et-metiers.net

Das Musée des Arts et Métiers wurde 1794 im Kloster Saint-Martin-des-Champs eingerichtet. 1994 erfolgte eine grundlegende Renovierung des Gebäudes. Im Jahr 2000 konnte dann ein spannendes Wissenschafts- und Industriemuseum mit über 5000 Exponaten wiedereröffnen (weitere 75 000 Exponate aus dem Bestand stehen für Forschung und Wissenschaft zur Verfügung).

Das Museum stellt die Erfindungen der Menschheit ins Zentrum, darunter Fotografie, Maschinen, Webstühle, aber auch Musikautomaten und mechanische Figuren, die musizieren. Besonders bekannt ist die »Joueuse de Tympanon« (Trommlerin), eine Puppe, die Marie-Antoinette darstellen soll.

Square du Temple ㉖

75003. **Stadtplan** 13 C1. **Karte** N5. *Temple.*

Der ruhige Platz war einst der Sitz des Templerordens. Als Staat im Staate enthielt er Palast, Kirche und Läden. Seine hohe Umfriedung mit Zugbrücke machte ihn zum Fluchtort aller von der königlichen Rechtsprechung Verfolgten. Hier waren Louis XVI und Marie-Antoinette 1792 nach ihrer Verhaftung *(siehe S. 30f)* arrestiert, von hier trat der König seinen Gang zur Guillotine an.

Musée d'Art et d'Histoire du Judaïsme ㉗

Hôtel de St-Aignan, 71, rue du Temple, 75003. **Stadtplan** 13 B2. **Karte** M6. *01 53 01 86 60.* *Rambuteau.* *Mo–Fr 11–18, So 10–18 Uhr.* *jüdische Feiertage.* **www**.mahj.org

Zahlreiche, bislang verstreute Einzelsammlungen zum Thema »Judentum in Frankreich« sind hier vereint. Die Ausstellung dokumentiert jüdisches Leben in Frankreich vom Mittelalter bis in die Gegenwart. Seit römischen Zeiten gab es immer bedeutende jüdische Gemeinden in Frankreich. Das Museum zeigt zahlreiche kostbare Exponate, u. a. viele Silberstücke, Überzüge für Thorarollen, Judaika und Objekte für den religiösen Gebrauch, daneben historische Dokumente, Gemälde, Fotos und Comics.

»Jüdisches Leben 1939 in Paris« (Ausstellung des Jüdischen Museums)

Beaubourg und Les Halles

Dieser Teil des rechten Seine-Ufers wird vom modernistischen Forum des Halles und dem Centre Pompidou geprägt. Zwischen diesen beiden Polen bewegen sich tagtäglich Hunderttausende, die Gegend ist eine rege Begegnungsstätte für Shopper und Ladenbummler aller Art, Kunstliebhaber, Studenten und Besucher. Les Halles mit ihren Läden unterhalb der Beton- und Glaskonstruktion bieten Mode vor allem für ein junges Publikum. Die Straßen der Umgebung mit Bars und preiswerten Läden werden stetig aufgemöbelt. Hier gibt es Delikatessenläden, Metzger und Marktstände, die noch an die Zeit dieser Gegend als »Bauch von Paris« erinnern. Alle Straßen rund um Les Halles streben auf Beaubourg und das Centre Pompidou zu, ein avantgardistisches Konstrukt aus Röhren und Streben, das eine grandiose Kunstsammlung beherbergt und mit jährlich mehr als sechs Millionen Besuchern auf Rang drei der Pariser Attraktionen steht. In der Umgebung findet man kleine Kunstgalerien, vor allem in der Rue St-Martin und der Rue Beaubourg.

Brunnen auf der Place Igor Stravinsky

Sehenswürdigkeiten auf einen Blick

Historische Gebäude und Straßen
Bourse du Commerce 13
Rue de Montmorency Nr. 51 10
La Samaritaine 15
Tour Jean Sans Peur 11
Tour St-Jacques 16

Museen und Sammlungen
Centre Pompidou S. 110–113 1
Forum des Images 7
Galerie Marian Goodman 5
Musée de la Poupée 9

Café
Café Beaubourg 6

Kirchen
St-Eustache 12
St-Germain l'Auxerrois 14
St-Merry 3

Brunnen
Fontaine des Innocents 4

Moderne Architektur
Forum des Halles 8
Place Igor Stravinsky 2

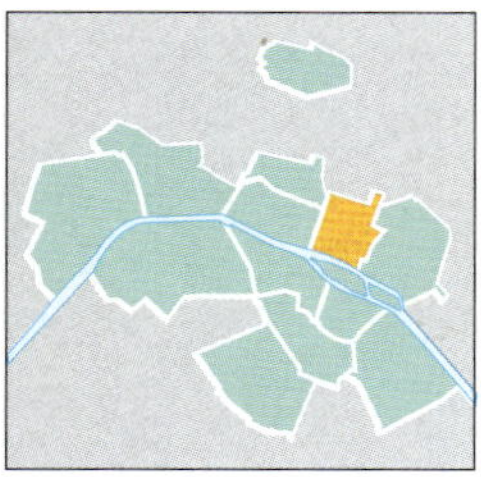

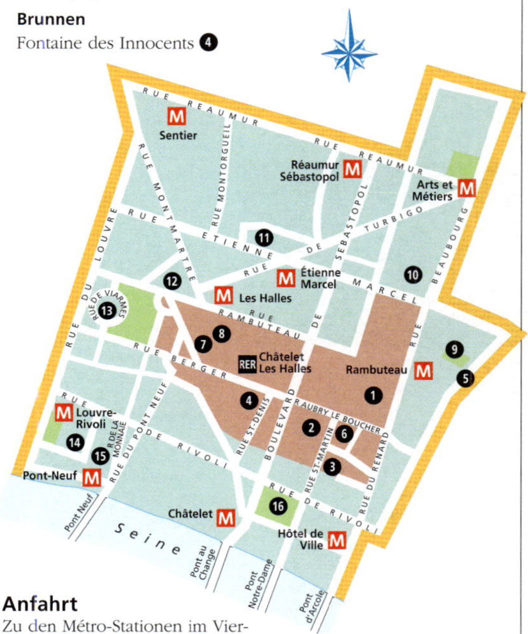

0 Meter 400

Anfahrt

Zu den Métro-Stationen im Viertel zählen Rambuteau, Hôtel de Ville, Châtelet und Les Halles sowie die RER-Station Châtelet-Les Halles. Bus Nr. 47 fährt die Rue Beaubourg und den Boulevard Sébastopol entlang – direkt vorbei am Centre Pompidou.

LEGENDE

- Detailkarte *siehe S. 106f*
- M Métro-Station
- RER RER-Station

SIEHE AUCH

- ***Stadtplan*** 13
- ***Hotels*** S. 285
- ***Restaurants*** S. 302f

◁ **St-Eustache *(siehe S. 114)* mit *L'Écoute* (1986), einer Skulptur von Henri de Miller**

Im Detail: Beaubourg und Les Halles

Als Émile Zola Les Halles als »Bauch von Paris« bezeichnete, bezog er sich auf den Fleisch-, Gemüse- und Obstmarkt, der hier seit 1183 bestanden hatte. Die Verkehrsprobleme seit den 1960er Jahren erzwangen die Verlagerung des Marktes in die Vororte. Trotz heftiger Proteste wurden Baltards riesige schirmartige Marktpavillons niedergerissen, ein Einkaufs- und Freizeitzentrum entstand: das Forum. Die Umwidmung war erfolgreich, heute ziehen Les Halles, aber vor allem das 1977 eröffnete Centre Pompidou im Viertel Beaubourg täglich Ströme begeisterter Besucher an.

Die Rue Quincampoix säumen einige erstklassig restaurierte *hôtels* aus dem 18. Jahrhundert.

★ Forum des Halles
Unterhalb der Läden, Restaurants und Kinos liegt die lebhafteste U-Bahn-Station der Welt. ❽

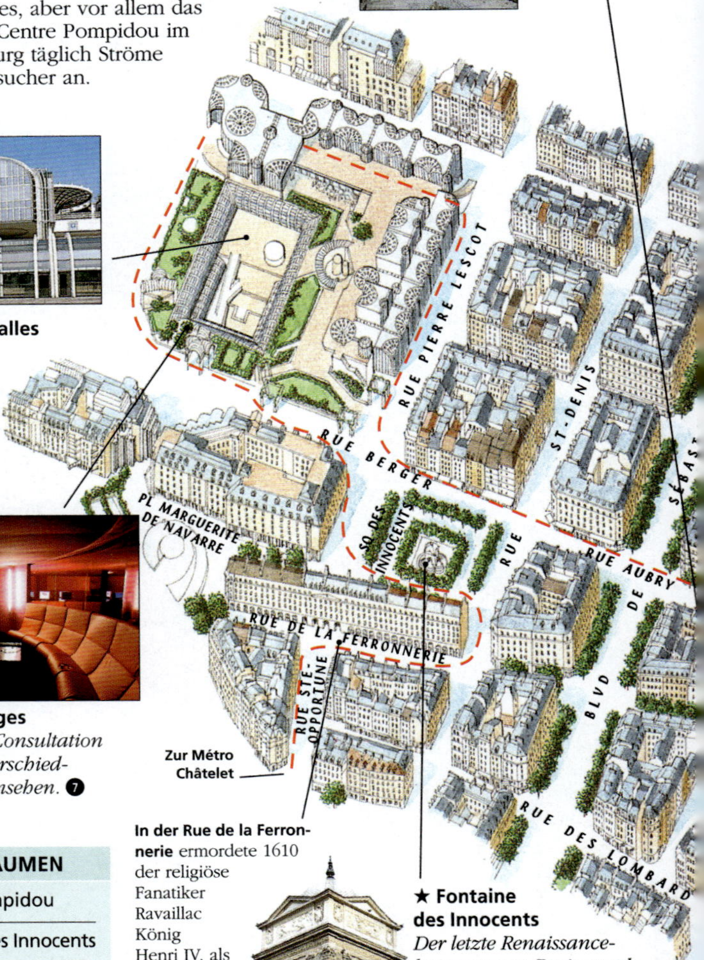

Forum des Images
In der Salle de Consultation kann man unterschiedlichste Videos ansehen. ❼

Zur Métro Châtelet

In der Rue de la Ferronnerie ermordete 1610 der religiöse Fanatiker Ravaillac König Henri IV, als dessen Kutsche im Verkehr feststeckte.

★ Fontaine des Innocents
Der letzte Renaissancebrunnen von Paris wurde vom Bildhauer und Architekten Jean Goujon geschaffen. ❹

NICHT VERSÄUMEN

- ★ Centre Pompidou
- ★ Fontaine des Innocents
- ★ Forum des Halles
- ★ Place Igor Stravinsky

LEGENDE

– – – Routenempfehlung

Hotels und Restaurants in Beaubourg und Les Halles *siehe Seiten 285 und 302f*

Le Défenseur du Temps
Die beeindruckende Skulptur aus Bronze und Stahl wurde 1979 von Jacques Monestier gestaltet. An der mechanischen Uhr wird die Zeit durch einen Soldaten gegen Angriffe von Fabelwesen verteidigt.

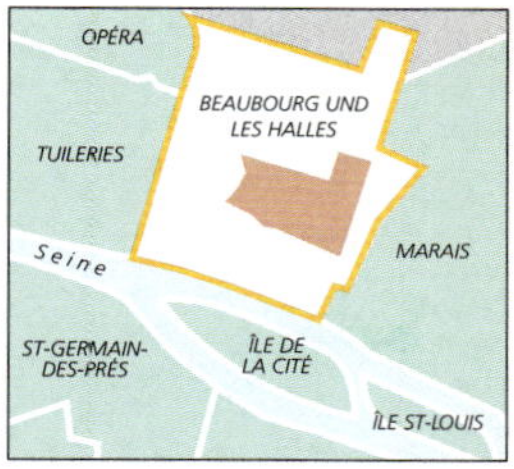

Zur Orientierung
Siehe Stadtplan 13

★ Centre Pompidou
Das Museum der modernen Kunst enthält auch Bibliotheken und ein Zentrum für Industriedesign. ❶

★ Place Igor Stravinsky
Der Platz wird von einem Brunnen geprägt, den Niki de Saint Phalle und Jean Tinguely zu Ehren des Komponisten schufen. ❷

St-Merry
Die Kanzel dieser beeindruckenden Kirche wurde Mitte des 18. Jahrhunderts von den Brüdern Stodtz entworfen. Den Schalldeckel tragen geschnitzte Palmenstämme. ❸

IRCAM widmet sich als Forschungsinstitut neuen Wegen der Musikproduktion.

Centre Pompidou ❶

Siehe S. 110–113.

Place Igor Stravinsky ❷

Stadtplan 13 B2. **Karte** M6. M *Rambuteau.*

Den quirligen Platz an der Südseite des Centre Pompidou zieren zahlreiche bunte, moderne Skulpturen. Sein Zentrum ist der 1983 angelegte Stravinsky-Brunnen mit 16 beweglichen, Wasser speienden Skulpturen von Skeletten, Drachen und einem riesigen Paar roter Lippen. Die mechanischen Kunstwerke aus schwarzem Metall und vielfarbigen Kunststoffen wurden von dem kongenialen Ehepaar Jean Tinguely und Niki de Saint Phalle als Hommage an Igor Strawinsky gestaltet. Jede Skulptur trägt den Namen einer der Kompositionen des Komponisten, z.B. *Oiseau de Feu* und *Le Sacre du Printemps*.

Strawinskys Musik ist seit je auch einer der Schwerpunkte des von dem Komponisten Pierre Boulez gegründeten Institut de la Recherche et Coordination Acoustique/Musique (IRCAM), dessen Eingang westlich des Platzes liegt. Das Institut forscht nach »kompositorischen Möglichkeiten des elektroakustischen Materials« und ist zugleich Aufführungsstätte. Renzo Piano entwarf das Gebäude, dessen Räume großteils unterirdisch angelegt sind. IRCAM veranstaltet jedes Jahr im Juni ein viel beachtetes zweiwöchiges Festival.

St-Merry ❸

76, rue de la Verrerie, 75004. **Stadtplan** 13 B3. **Karte** L6. ☎ *01 42 71 93 93.* M *Hôtel de Ville.* ◯ *tägl. 15–19 Uhr.* *erster und dritter So im Monat nachmittags.* ***Konzerte***.

Die Anlage dieser Kirche reicht ins 7. Jahrhundert zurück. Abt Medericus fand hier zu Beginn des 8. Jahrhunderts seine letzte Ruhestätte. Dem Heiligen, dessen

Darstellung von Mariä Geburt als Glasmalerei in St-Merry

Name sich später zu Merry verkürzt hat, ist eine in der Nähe errichtete Kapelle geweiht.

Das Bauwerk im spätgotischen Flamboyant-Stil wurde 1552 fertiggestellt. Besonders reich verziert zeigt sich die Westfront. Der Nordwestturm birgt die älteste Glocke (1331) von Paris. Die nahe gelegene Rue des Lombards wurde nach den hier ansässigen lombardischen Kaufleuten benannt.

Fontaine des Innocents ❹

Square des Innocents, 75001. **Stadtplan** 13 A2. **Karte** L6. M *Les Halles.* RER *Châtelet-Les Halles.*

Der sorgfältig restaurierte Brunnen zählt zu den schönsten Beispielen der Pariser Renaissance. Er ziert den Square des Innocents, den wichtigsten Verkehrsknotenpunkt des Viertels. Ursprünglich wurde der Brunnen 1549 in der Rue St-Denis erbaut, im 18. Jahrhundert verlegte man ihn auf den heutigen Platz, an dem sich bis 1780 der »Friedhof der Unschuldigen« befand. Da der Brunnen einst in eine Mauer gefügt war, musste seine vierte Seite nachträglich hinzugefügt werden.

Galerie Marian Goodman ❺

79, rue du Temple, 75003. **Stadtplan** 13 C2. **Karte** M6. ☎ *01 48 04 70 52.* M *Rambuteau.* RER *Châtelet-Les Halles.* ◯ *Di–Sa 11–19 Uhr.* **www**.mariangoodman.com

Galerien findet man in diesem Viertel viele, diese ist die Schwester der berühmten New Yorker Marian Goodman Gallery, die seit den 1970er Jahren europäische Künstler in den USA präsentiert.

In den 1999 eröffneten Pariser Galerieräumen wird vor allem europäische und US-amerikanische zeitgenössische Kunst ausgestellt. So waren hier z.B. schon Werke von Gerhard Richter, Jeff Wall, Pierre Huyghe, Chantal Akerman und Cristina Iglesias zu sehen. Die Kunstwerke und der Innenraum kontrastieren reizvoll mit dem Gebäude aus dem 17. Jahrhundert, in dem sich die Galerie befindet.

Café Beaubourg ❻

100, rue St-Martin, 75004. **Stadtplan** 13 B2. **Karte** M6. ☎ *01 48 87 63 96.* M *Les Halles.* RER *Châtelet-Les Halles.* ◯ *So–Mi 8–1 Uhr, Do–Sa 8–2 Uhr.*

Das von Gilbert Costes 1987 eröffnete schicke Café wurde entworfen und eingerichtet von Christian de Portzamparc, einem französi-

Detail an der Fontaine des Innocents

Hotels und Restaurants in Beaubourg und Les Halles *siehe Seiten 285 und 302f*

Sehen und gesehen werden: Terrasse des Café Beaubourg

schen Stararchitekten, der auch die eindrucksvolle Cité de la Musique im Parc de la Villette plante *(siehe S. 236)*.

Auf der großen Terrasse kann man auf komfortablen roten und schwarzen Korbstühlen Platz nehmen. Das geräumige und kühl-elegante Innere wird von Regalen mit vielen Büchern geprägt, die die strenge Art-déco-Atmosphäre durchbrechen. Kunsthändler der umliegenden Galerien und Mitarbeiter des Centre Pompidou treffen sich hier gerne und genießen vor allem mittags die leichten Gerichte, die allerdings nicht gerade preiswert sind.

Truffauts *Geraubte Küsse*

Forum des Images ❼

2, rue du Cinéma, Forum des Halles, 75001. **Stadtplan** 13 A2. **Karte** L6. *01 44 76 63 08.* M *Les Halles.* RER *Châtelet-Les Halles.* *Di–Fr 12.30–23.30, Sa, So 14–23.30 Uhr.* **www**.forumdesimages.fr

Tausende von Filmen sind im Besitz des Forum des Images, unter anderem auch solche, die Paris zum Thema haben. Der Überblick über die Pariser Geschichte seit 1895 beinhaltet die bemerkenswerte Wochenschau von 1944 mit dem Anschlag auf General de Gaulle. Archiviert sind auch zahllose Filmklassiker, etwa François Truffauts *Geraubte Küsse* (1968).

Im Forum des Images finden Filmfestivals statt, es gibt Mitternachtsvorstellungen und Kurzfilmabende. »L'Académie« heißt eine beliebte Einrichtung, in deren Rahmen Filmklassiker gezeigt und analysiert werden.

Forum des Halles ❽

75001. **Stadtplan** 13 A2. **Karte** L6. M *Les Halles.* RER *Châtelet-Les Halles.*

Das heutige Forum des Halles, schlicht Les Halles genannt, wurde 1979 nach vielen Diskussionen auf dem Gelände des berühmten alten Obst- und Gemüsemarkts errichtet, den Émile Zola *Le Ventre de Paris* (»Bauch von Paris«) genannt hatte.

Der neue Baukomplex umfasst über- und unterirdisch sieben Hektar Fläche. In den Untergeschossen 2 und 3 finden Sie viele Läden – von schicken Boutiquen bis zu Megamärkten –, ein Kino, ein Schwimmbad und das Forum des Images. Darunter liegen eine Métro-Station und ein Umsteigebahnhof des RER *(siehe S. 384)*, der das Pariser Zentrum mit den Vorstädten verbindet.

Oberirdisch liegen Gärten und Pavillons – dennoch ist die Gegend heruntergekommen und nachts nicht unbedingt empfehlenswert. Unter der Leitung des Architekten David Mangin sollen auf sechs Jahre geplante Sanierungsarbeiten das Viertel wieder attraktiv machen. Dabei soll auch ein Lebensmittelmarkt installiert werden.

Bereits heute werden einige Straßenzüge um das Forum Les Halles durch schicke Läden, Restaurants und Cafés aufgewertet. Vor allem die Rue Montorgueil im Norden von Les Halles lohnt es sich entlangzuschlendern.

***Pygmalion* von Julio Silva im Forum des Halles**

Centre Pompidou ❶

Das »Centre national d'art et de culture Georges Pompidou« wirkt, als wäre sein Inneres nach außen gekehrt: Rolltreppen, Versorgungs- und Belüftungsröhren sowie stählerne Stützen wurden sichtbar gemacht. Dies ermöglichte den Architekten (Richard Rogers, Renzo Piano, Gianfranco Franchini), den Raum für das Musée National d'Art Moderne und die anderen Einrichtungen flexibel in der Unterteilung zu gestalten. Zu den ständig ausgestellten Künstlern gehören Matisse, Picasso und Miró, Vertreter des Surrealismus, Kubismus und Fauvismus. Daneben finden spannende Wechselausstellungen statt. Auf dem Vorplatz sorgen Straßenkünstler für allerlei Unterhaltung.

Die Rolltreppen, die die Fassade über der Piazza in Stufen erklimmen, laufen in Plexiglasröhren. Von oben bietet sich ein faszinierender Blick über Paris mit Montmartre, La Défense und Eiffelturm.

LEGENDE

- Ausstellungsfläche
- Keine Ausstellungsfläche

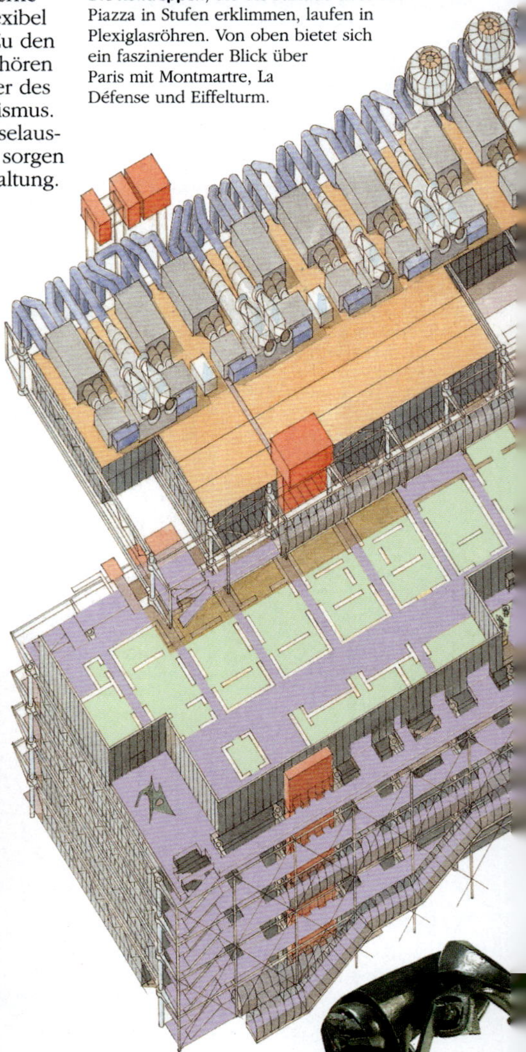

Kurzführer

Die Dauerausstellungen befinden sich in der fünften (Werke von 1905 bis 1960) und in der vierten Etage (Kunst nach 1960). Im ersten und sechsten Stock finden Ausstellungen moderner und zeitgenössischer Künstler statt. In der ersten, zweiten und dritten Etage befindet sich eine Bibliothek. Die unteren Stockwerke nimmt das »Forum« ein, ein Zentrum mit Bühnen, einem Kino und Workshop-Räumen für Kinder.

Die Schriftstellerin Sylvia von Harden *(1926)*
Karikierender Realismus kennzeichnet das Gemälde von Otto Dix.

Le Cheval Majeur
Das Bronzepferd (1914–16) von Raymond Duchamp-Villon ist kubistisch-futuristische Kunst.

À la Russie, aux ânes et aux autres *(1911)*
Sein ganzes Leben ließ sich Chagall vom russischen Witebsk inspirieren, wo er geboren wurde.

INFOBOX

Pl Georges Pompidou. **Stadtplan** 13 B2. **Karte** M6. *01 44 78 12 33.* *Rambuteau, Châtelet, Hôtel de Ville.* *21, 29, 38, 47, 58, 69, 70, 72, 74, 75, 76, 81, 85, 96.* *Châtelet-Les Halles.* *MNAM und Wechselausstellungen: Mi–Mo 11–21 Uhr; Bibliothek: Mi–Mo 12–22 Uhr; Atelier Brâncuşi: Mi–Mo 14–18 Uhr.* **www**.cnac-gp.fr

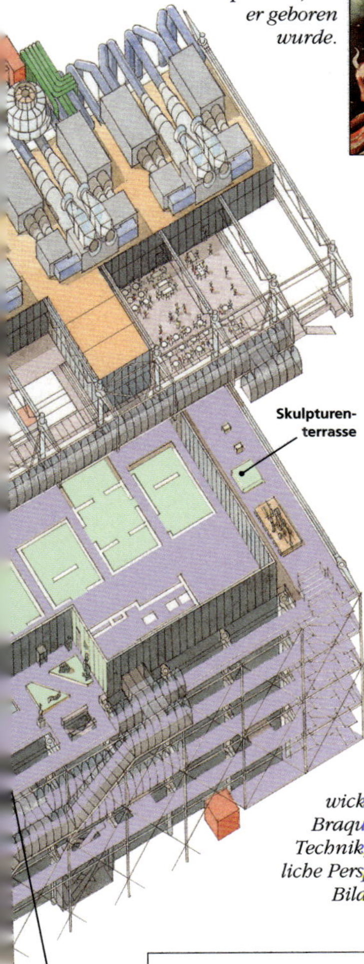

Le petit déjeuner *(1915)*
Juan Gris fragmentiert in diesem Stillleben die Objekte und gibt ihnen scharfe Kanten. So bekommt selbst etwas so Banales wie ein Frühstückstisch fragile, beunruhigende Aspekte.

Le Duo *(1937)*
Wie Picasso entwickelte auch Georges Braque eine kubistische Technik, um unterschiedliche Perspektiven in einem Bild zu kombinieren.

Farb-Leitungen

Die farbigen Röhren, das besondere Merkmal an der Rückseite des Centre Pompidou in der Rue de Renard, veranlassten einst einen Kritiker, das Gebäude als Ölraffinerie zu bezeichnen. Die Farben dienen der Funktionsunterscheidung: Luftschächte sind blau, Wasserleitungen grün und Lichtleitungen gelb. Die Verbindungsgänge, Transportbänder und Rolltreppen wurden rot markiert. Die großen weißen Röhren sind Lüftungsschächte für die unteren Geschosse, die tragenden Balken wurden mit Edelstahl verkleidet. Die Idee der Architekten war, dass die einzelnen Elemente die Dynamik und Funktionsweise des Gebäudes sichtbar machen sollen.

Stadtplan *siehe Seiten 390–423*

Centre Pompidou: Sammlungen

Mit über 60 000 Werken von mehr als 5500 Künstlern umfasst das Centre Pompidou alle Bereiche moderner Kunst. In letzter Zeit wurden die »klassischen« Kunstgattungen – Malerei, Skulptur, Zeichnung und Fotografie – um andere, etwa Kino, Architektur, Design und Video, erweitert. Die Sammlungen bieten einen umfassenden Überblick über moderne und zeitgenössische Kunst. Allerdings sind Werke teilweise ausgeliehen.

***Die Schleppkähne* (1906) von André Derain**

Kunst 1905–1960

Die »historischen« Sammlungen umfassen die großen Kunstströmungen der ersten Hälfte des 20. Jahrhunderts, vom Fauvismus über den abstrakten Expressionismus bis hin zu den sich wandelnden Trends der 1950er Jahre. Die reiche Sammlung kubistischer Skulpturen – ein schönes Beispiel aus dieser Gruppe ist *Cheval Majeur* (1914–16) von Duchamp-Villon – ist ebenso ausgestellt wie Werke der großen Meister des 20. Jahrhunderts. Matisse, Picasso, Braque, Duchamp, Kandinsky, Léger, Miró, Giacometti und Dubuffet machen große Bereiche der Sammlung aus. Das Museum besitzt von Matisse u.a. die Collage *Jazz*, entstanden 1943–47. Mit *Homme à la Guitare* (Mann mit Gitarre) stellt Braque sein Können auf dem Gebiet des Kubismus unter Beweis.

Als einer der ersten, wenn nicht als *der* erste abstrakte Maler wandte sich Kandinsky von der Natur als Vorbild allen Kunstschaffens ab und schuf abstrakte Konstruktionen aus Farbe und Form. Das Museum hat eine große Sammlung von Werken des russischen Malers, die »Impressionen« (*Impressions V, Parc*, 1911) markieren das Ende von Kandinskys expressionistischer Phase und seine Hinwendung zur abstrakten Kunst.

Die Sammlung zeigt auch die Gruppen und Bewegungen, auf denen die Entwicklung der modernen Kunst basiert oder von denen sie beeinflusst wurde, darunter Dada, die abstrakte und die informelle, gegenstandsfreie Kunst. Einer der Begründer der informellen Kunst, Jean Fautrier, ist vertreten mit *Otages* (Geiseln), einer Erinnerung an die Leiden der Widerstandskämpfer.

Einige neu eröffnete Räume erweisen sich als Offenbarung. Ein Raum präsentiert Werke der 1951 gegründeten »Groupe Espace«, einer Kooperation zwischen Malern, Bildhauern, Architekten und Ingenieuren. Ein weiterer Raum bildet die Atmosphäre des Ateliers von André Breton nach. Hier sind auch Werke seiner Freunde aus dem Kreis der Surrealisten ausgestellt.

Saal 13, der Mirós großen Gemälden wie *La Sieste* (1925) vorbehalten ist, gibt dem Besucher die Möglichkeit, über die fast explosionsartige Entfaltung und den revolutionären Charakter der modernen Kunst zu reflektieren.

***Mit dem schwarzen Bogen* (1912) von Wassily Kandinsky**

Atelier Brâncuşi

Das Atelier Brâncuşi an der zur Rue Rambuteau gewandten Seite des Platzes ist eine Rekonstruktion des Ateliers von Constantin Brâncuşi (1876–1957). Der in Rumänien geborene Künstler lebte und arbeitete seit 1904 in Paris. Er vermachte seine Sammlung eigener Werke dem französischen Staat unter der Bedingung, dass sein Atelier originalgetreu wieder aufgebaut werde. Unter den Exponaten befinden sich Brâncuşis Skulpturen, Fotografien, persönliche Dokumente, Möbel und seine Bibliothek.

***Mlle Pogany* (1919/20) von C. Brâncuşi**

Abschiedstür (1980) von Joan Mitchell

Kunst nach 1960

Die Abteilung für zeitgenössische Kunst nimmt den vierten Stock des Centre Pompidou ein und umfasst etwa 500 Exponate. Jean-Michel Alberolas Wandgemälde *Vous avez le bonjour de Marcel* (2002) begrüßt den Besucher. Danach begegnet man Werken der führenden französischen Künstler der zweiten Hälfte des 20. Jahrhunderts. Darunter sind die Bildhauerin Louise Bourgeois, deren Arbeiten von Surrealismus, abstraktem Expressionismus und Minimalismus geprägt sind, Pierre Soulages, Jean-Pierre Raynaud, François Morellet und Bertrand Lavier. Auch Yayoï Kusamas Installation *My Flower Bed* (1965/66) aus Matratzenfedern und ausgestopften Handschuhen ist hier zu sehen.

Ein zentraler Flur, von dem die einzelnen Säle abgehen, präsentiert Skulpturen von Toni Grand, John Chamberlain und Xavier Veilhan sowie Gemälde von Gerhard Richter, Brice Marden, Jean-Michel Basquiat, Philip Guston, Bernard Piffaretti und Katharina Grosse.

Saal 3 ist eine Hommage an Pontus Hultén, einen der Gründungsdirektoren des Centre Pompidou, der das Musée National d'Art Moderne von 1973 bis 1981 leitete und als einer der wichtigsten Ausstellungsmacher des 20. Jahrhunderts gilt. Zu seinen Künstlerfreunden zählten Jean Tinguely und Niki de Saint Phalle, deren Arbeiten hier ebenso zu sehen sind wie Werke von Andy Warhol.

Weiter Säle widmen sich den Neuen Realisten Martial Raysse, Robert Filliou, Christian Boltanski, Sarkis, Joseph Beuys und Marcel Broodthaers. Das Museum besitzt eine Auswahl figurativer Kunst von Georg Baselitz, Gilbert und George sowie Anselm Kiefer, außerdem abstrakte Landschaftsmalerei von Joan Mitchell. Kinetic Art, Poor Art und Conceptual Art sowie Trends in figurativer und abstrakter Malerei setzen Akzente auf dem Weg durch die Räume der zeitgenössischen Kunst.

Mobile auf zwei Ebenen (1955) von Alexander Calder

Infiltration für Konzertflügel (1966) von Joseph Beuys

Ein Raum geht auf den Designer Philippe Starck ein und zeigt Arbeiten aus den 1960er Jahren bis heute. Aber auch junge internationale Designer finden hier Raum für ihre Arbeiten, ebenso wie Shigeru Ban, der japanische Architekt der 2009 eröffneten Schwestergalerie des Centre Pompidou in Metz.

Seit der Umorganisation des Centre Pompidou im Jahr 2007 wurden die Ausstellungsbereiche nicht mehr alleine nach Schulen oder Richtungen gegliedert, sondern widmen sich häufig einem bestimmten Thema unter Zusammenführung verschiedener Disziplinen. So wird die Verwendung von Plastik in der Gegenwartskunst anhand von Werken von Jean Dubuffet, César oder Claes Oldenburg den Arbeiten der Architekten Richard Buckminster Fuller und Hans Hollein sowie von Designern wie Ettore Sottsass gegenübergestellt.

Die Neukonzeption des Museums eröffnet die Möglichkeit, einzelne Aspekte der Sammlung besonders hervorzuheben. Hierbei werden häufig die Vorlieben der Kuratoren für die ironische und programmatische Form deutlich. Eine Ausstellung der jüngeren Zeit zeigte Werke wie Joseph Beuys' *Treuegelöbnis* (1985) mit Flügel, Wand und einer mit etwa sieben Tonnen Filz bezogenen Decke oder Nam June Paiks *Video Fish* (1985), in dem in Videoprojektionen rasende Bildfolgen durch Aquarien mit gleichförmigen Fischen hindurchgeblitzt werden.

Die Museumsgalerie erlaubt Wechselausstellungen, die mit selten gezeigten Magazinbeständen bestückt werden. Die Grafik- und die Videoabteilung vervollständigen das Museum, ein Videoraum gibt einen Einstieg in die umfangreiche Video- und Audiosammlung mit den unterschiedlichsten Arbeiten zeitgenössischer Künstler.

Le Rhinocéros (1999) von Xavier Veilhan

Musée de la Poupée ❾

Impasse Berthaud, 75003.
Stadtplan 13 B2. **Karte** M6.
01 42 72 73 11. *Rambuteau.*
Di–So 10–18 Uhr.
Gruppen nach Vereinbarung.
www.museedelapoupeeparis.com

Das Museum beherbergt eine Sammlung handgefertigter Puppen aus den letzten 150 Jahren. In 36 Schaukästen werden französische Puppen mit Porzellanköpfen gezeigt, die in der Zeit von 1850 bis 1950 hergestellt wurden. Weitere Vitrinen sind thematisch angeordneten Puppen aus aller Welt gewidmet.

Vater und Sohn, Guido und Samy Odin, die Besitzer des Museums, stehen als Puppendoktoren zu Ihren Diensten. Ein Museumsladen hält alles bereit, was für die Pflege und den Erhalt dieser einzigartigen Kunstwerke benötigt wird. Außerdem bieten die Odins Puppenfertigungskurse für Kinder und Erwachsene an.

Französische Puppe mit Porzellankopf aus dem 19. Jahrhundert

Rue de Montmorency Nr. 51 ❿

75003. **Stadtplan** 13 C2. **Karte** M6. *Réaumur-Sébastopol.*
für Besucher.

Das Haus gilt als das älteste oder zweitälteste in Paris. Es wurde 1407 von dem Alchemisten Nicolas Flamel errichtet. Er hielt seine Tür stets für bedürftige Arbeiter offen, von denen er als Gegenleistung Fürbitte für die Toten verlangte. Im Haus ist heute ein Restaurant zu finden.

Mittelschiff von St-Eustache vor 170 Jahren

Tour Jean Sans Peur ⓫

20, rue Étienne Marcel, 75002.
Stadtplan 13 B1. **Karte** L5.
01 40 26 20 28. *Étienne Marcel.* *Apr–Anfang Nov: Mi–So 13.30–18 Uhr; Anfang Nov–März: Mi, Sa, So 13.30–18 Uhr.*
www.tourjeansanspeur.com

Nachdem der Herzog von Orléans 1408 auf Anweisung des Duc de Bourgogne ermordet worden war, fürchtete dieser Vergeltung. Er ließ seinem Haus einen 27 Meter hohen Turm anfügen, verlegte sein Schlafzimmer in den vierten Stock und schlief so sicher vor Anschlägen.

Rue de Montmorency Nr. 51 – eines der ältesten Häuser von Paris

St-Eustache ⓬

Pl du Jour, 75001. **Stadtplan** 13 A1. **Karte** L6. *01 42 36 31 05.* *Les Halles.* RER *Châtelet-Les Halles.* *Mo–Fr 9.30–19, Sa 10–19, So 9–19 Uhr.* P *Mo–Fr 12.30, 18, Sa 18, So 9.30, 11, 18 Uhr.*
Orgelkonzerte *So 17.30 Uhr.*

Mit ihrer gotischen Grundanlage und Renaissance-Ausgestaltung zählt die Kirche zu den schönsten von Paris. Ihr Innenraum orientiert sich mit fünf Schiffen und Seitenkapellen an Notre-Dame. Während der Bauarbeiten (1532–1637) erlebte St-Eustache die Blüte der Renaissance, wie sich in den prächtigen Bogen, Pfeilern und Säulen zeigt. Die Fenster des Chors sind Entwürfe von Philippe de Champaigne.

Die Kirche ist mit berühmten Personen verbunden: Colbert, Finanzminister von Louis XIV, hat hier sein Grab, Molière, Kardinal Richelieu und die Marquise de Pompadour, Mätresse von Louis XV, wurden hier getauft.

Hotels und Restaurants in Beaubourg und Les Halles *siehe Seiten 285 und 302f*

Eingang zur Bourse du Commerce, ehemals Getreidehalle

Bourse du Commerce ⓭

2, rue de Viarmes, 75001. **Stadtplan** 12 F2. **Karte** K6. *01 55 65 55 65. Les Halles. RER Châtelet-Les Halles. Mo–Fr 9–17 Uhr. Gruppen nach Vereinbarung.*

Victor Hugo verglich sie mit einer Jockeymütze ohne Bommel – die alte Getreidehalle, die im 18. Jahrhundert als erste Eisenstruktur Frankreichs erbaut und 1889 umgestaltet wurde. Heute ist hier der Sitz der Chambre de Commerce et d'Industrie de Paris (Industrie- und Handelskammer). Vor allem die riesige Halle mit der Kuppel lohnt auf jeden Fall einen Blick.

Beachtenswert sind auch die Wandgemälde, die die Entwicklung von Handel und Industrie in Frankreich illustrieren. Die Gemälde wurden 1889 geschaffen und 1998 aufwendig restauriert.

St-Germain l'Auxerrois ⓮

2, pl du Louvre, 75001. **Stadtplan** 12 F2. **Karte** K6. *01 42 60 13 96. Louvre, Pont Neuf. Mo–Sa 8–19 (Mi bis 20.30), So 9–20 Uhr.* **Konzerte** *So 16–17 Uhr.*

Die Kirche verbindet in ihrer Architektur gotische und Renaissance-Elemente. Die erste Kirche an dieser Stelle wurde im 12. Jahrhundert erbaut, von ihr sind jedoch nur die Fundamente des Kirchturms erhalten. Die herrlichen Buntglasfenster stammen aus der Renaissance-Zeit. Als der Hof der Valois im 14. Jahrhundert von der Île de la Cité in den Louvre zog, wurde St-Germain l'Auxerrois die bevorzugte Kirche der Könige. Am Abend der Vermählung von Henri de Navarre mit Marguerite de Valois (24. August 1572) soll die Glocke der Kirche das schreckliche Gemetzel der Bartholomäusnacht eingeläutet haben, der Tausende von Hugenotten zum Opfer gefallen sind.

Nach der Französischen Revolution diente die Kirche lange Zeit als Scheune, später auch als Polizeistation. Trotz vieler Umgestaltungen ist sie ein bewundernswertes Juwel gotischer Architektur.

La Samaritaine ⓯

19, rue de la Monnaie, 75001. **Stadtplan** 12 F2. **Karte** K6. *Pont Neuf. für Besucher.*

Das ursprüngliche Kaufhaus wurde 1869 von Ernest Cognacq, einem ehemaligen Straßenhändler, gegründet. Es war das zweite Kaufhaus von Paris. Die Eisen-Glas-Konstruktion des Neubaus von 1926 bildet ein herausragendes Beispiel des Art déco. Die Schließung des Kaufhauses erfolgte 2005.

Der Kaufhausgründer Cognacq war ein Liebhaber der Kunst des 18. Jahrhunderts. Seine beeindruckende Sammlung ist nun im Musée Cognacq-Jay im Marais *(siehe S. 94)* zu sehen.

Die Tour St-Jacques vor den Restaurierungsarbeiten

Tour St-Jacques ⓰

Square de la Tour St-Jacques, 75004. **Stadtplan** 13 A3. **Karte** L7. *Châtelet. für Besucher.*

Nach drei Jahren Restaurierung strahlt der spätgotische Turm von 1523 außen wieder wie neu. Er ist der verbliebene Rest einer alten Kirche, die als Sammelplatz für Pilgerfahrten nach Santiago de Compostela diente. Die Kirche wurde nach der Revolution zerstört.

Zuvor hatte Blaise Pascal, der Mathematiker, Physiker, Philosoph und Schriftsteller des 17. Jahrhunderts, den Turm für barometrische Versuche genutzt. Eine Statue im Erdgeschoss erinnert an ihn. Queen Victoria kam während ihres Staatsbesuchs 1854 hierher.

***Das Massaker der Bartholomäusnacht* von François Dubois**

Tuileries

Laterne auf der Place de la Concorde

Das Viertel der Tuilerien wird auf der einen Seite von der weiten, harmonisch angelegten Place de la Concorde begrenzt, auf der anderen Seite vom Grand Louvre. Der Sonnenkönig Louis XIV lebt an der Place des Victoires weiter, die allein als Rahmen für seine Statue angelegt wurde. An der Place Vendôme wurde der königliche Glanz durch das Gefunkel der Edelsteine von Cartier, Boucheron und Chaumet sowie durch das feine Tuch arabischer, japanischer und deutscher Bankiers ersetzt – vom Chic der Damen, die im Ritz ein- und ausgehen, ganz zu schweigen. Zwei der einladensten Einkaufsstraßen durchziehen das Viertel: die lange Rue de Rivoli mit ihren Arkaden, luxuriösen Boutiquen, Buchhandlungen und Fünf-Sterne-Hotels sowie die ebenfalls nicht eben bescheidene Rue St-Honoré.

Sehenswürdigkeiten auf einen Blick

Historische Gebäude
Banque de France 18
Palais Royal 3

Museen und Sammlungen
Galerie Nationale du Jeu de Paume 13
Musée des Arts Décoratifs 9
Musée du Louvre S. 122–129 1
Musée de l'Orangerie 14
Village Royal 16

Denkmäler und Brunnen
Arc de Triomphe du Carrousel 10
Fontaine Molière 6

Plätze, Parks und Gärten
Jardin du Palais Royal 5
Jardin des Tuileries 12
Place de la Concorde 15
Place des Pyramides 8
Place Vendôme 17
Place des Victoires 19

Theater
Comédie Française 4

Läden
Louvre des Antiquaires 2
Rue de Rivoli 11

Kirche
St-Roch 7

Anfahrt

Das Viertel wird von der Métro mit den Stationen Tuileries, Pyramides, Palais Royal und Louvre gut bedient. Zu den vielen Busverbindungen zählen die Linien 24, 27, 72 und 95, die am Quai entlangfahren und am Jardin de Tuileries und Musée du Louvre halten.

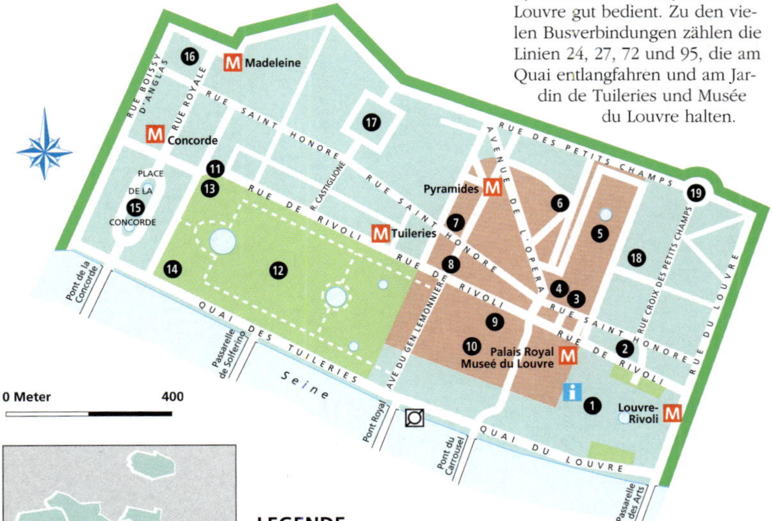

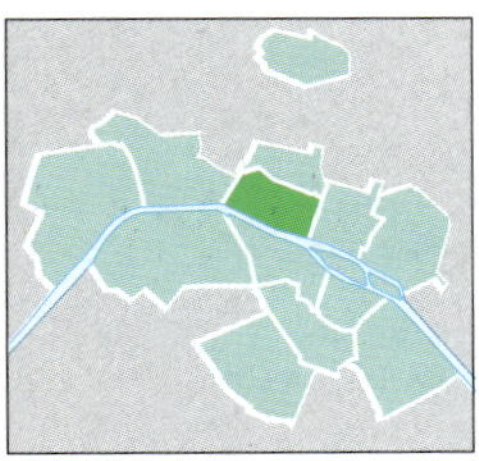

LEGENDE

- Detailkarte *siehe S. 118f*
- Métro-Station
- Batobus-Anlegestelle
- Information

SIEHE AUCH

- ***Stadtplan*** 6, 11–12
- ***Hotels*** S. 285f
- ***Restaurants*** S. 303f

◁ Blick auf die Place de la Concorde und den Obelisken *(siehe S. 131)*

Im Detail: Tuileries

Elegante Plätze, streng gestaltete Gärten, Arkaden und Höfe prägen diesen Teil der Stadt. Monarchiedenkmäler und Kunstwerke wetteifern mit den Tempeln des Luxus: Fünf-Sterne-Hotels, weltbekannte Restaurants, Modehäuser und Juweliere. Nach Renovierung erstrahlen die Fassaden an der Place du Louvre und der Place du Palais Royal in neuem Glanz. Das königliche Palais, ein Bau Kardinal Richelieus, beherbergt nun Regierungsbehörden. Von hier überwacht das Kultusministerium die Reinigung und Restaurierung der bedeutsamen Bauwerke. Der andere ehemalige Königspalast, der Louvre, zählt zu den berühmtesten Museen der Welt.

St-Roch
Eine Papststatue ziert diese ausnahmsweise auf Nord-Süd-Achse angelegte, lang gezogene Kirche, die zahlreiche Kunstwerke birgt. ❼

Das elegante Hotel Normandie spiegelt Gestaltungs- und Lebensstil der Belle Époque wider, die um 1900 Paris belebte.

★ Jardin des Tuileries
Ponyreiten ist ein beliebtes Vergnügen in dieser von André Le Nôtre im 17. Jahrhundert entworfenen Anlage. ⓬

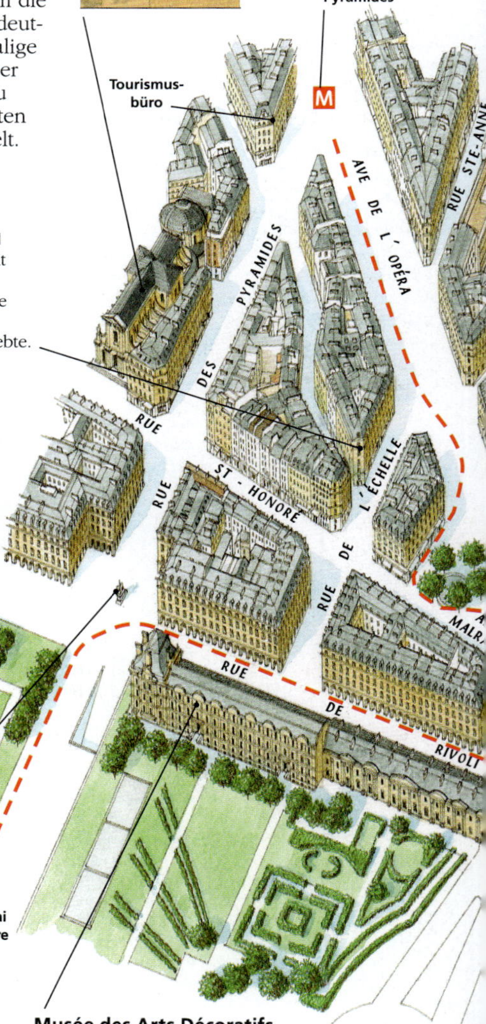

Métro Pyramides

Tourismusbüro

Zum Quai du Louvre

Place des Pyramides
Frémiets vergoldete Statue der Jeanne d'Arc ist an Jeannes Todestag (30. Mai 1431) Ziel einer Prozession. ❽

Musée des Arts Décoratifs
Einen Höhepunkt der Kunst- und Design-Ausstellung stellt die Art-nouveau-(Jugendstil-)Sammlung dar. ❾

Hotels und Restaurants an den Tuileries *siehe Seiten 285f und 303f*

Fontaine Molière
Der Brunnen erinnert an den Komödiendichter, der in der Nähe wohnte. ❻

★ Jardin du Palais Royal
Diese Stadtoase wird von Arkaden mit Restaurants, Kunstgalerien und Fachgeschäften umsäumt. ❺

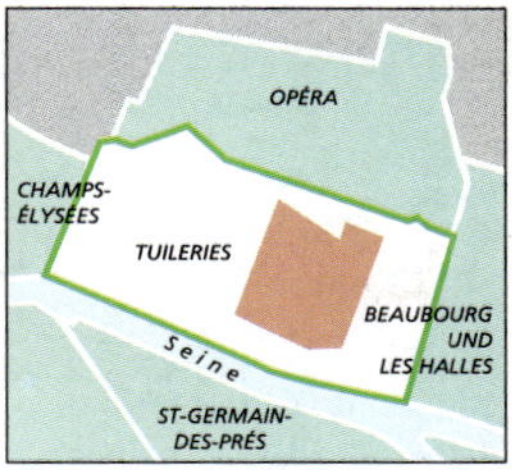

Zur Orientierung
Siehe Stadtplan 12

Le Grand Véfour
Wegen seines Dekors aus dem 18. Jahrhundert gilt das Restaurant als eines der schönsten der Stadt. Zu den berühmten Gästen gehörten Napoléon und Victor Hugo *(siehe S. 304)*.

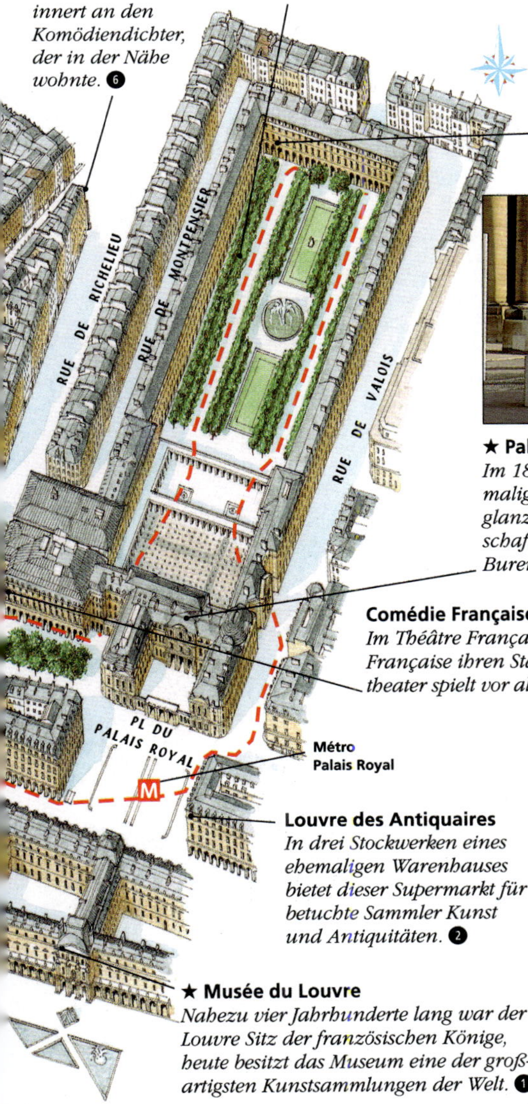

★ Palais Royal
Im 18. Jahrhundert war dieser ehemalige Königspalast Schauplatz glanzvoller und ausgelassener Gesellschaften. Die Säulen von Daniel Buren stehen im Ehrenhof. ❸

Comédie Française
Im Théâtre Français hat die Comédie Française ihren Stammsitz. Das Traditionstheater spielt vor allem klassische Stücke. ❹

Métro Palais Royal

Louvre des Antiquaires
In drei Stockwerken eines ehemaligen Warenhauses bietet dieser Supermarkt für betuchte Sammler Kunst und Antiquitäten. ❷

★ Musée du Louvre
Nahezu vier Jahrhunderte lang war der Louvre Sitz der französischen Könige, heute besitzt das Museum eine der großartigsten Kunstsammlungen der Welt. ❶

NICHT VERSÄUMEN

- ★ Jardin du Palais Royal
- ★ Jardin des Tuileries
- ★ Musée du Louvre
- ★ Palais Royal

LEGENDE

– – – Routenempfehlung

0 Meter 100

Stadtplan *siehe Seiten 390–423*

Der Pont Royal verbindet den Louvre mit der linken Flussseite

Musée du Louvre ❶

Siehe S. 122–129.

Louvre des Antiquaires ❷

2, pl du Palais Royal, 75001. **Stadtplan** 12 E2. **Karte** K6. *01 42 97 27 27.* *Di–So 11–19 Uhr (Juli, Aug: Di–Sa).* *1. Jan, 25. Dez.* **www**.louvre-antiquaires.com

Ein Laden im Louvre des Antiquaires

Das Kaufhaus Grands Magasins du Louvre wurde Ende der 1970er Jahre zu dieser dreistöckigen Ansammlung aus Kunstgalerien und Antiquitätenläden umgewandelt. Günstige Gelegenheitskäufe macht man hier selten, eher offenbaren die 250 edlen Läden den Geschmack der Betuchten.

Palais Royal ❸

Pl du Palais Royal, 75001. **Stadtplan** 12 E1. **Karte** K6. *Palais Royal.* *für Besucher.*

Das ehemalige königliche Palais erlebte eine stürmische Geschichte. Im frühen 17. Jahrhundert war es Richelieus Kardinalspalast, nach dessen Tod fiel das Gebäude an die Krone. Hier verbrachte Louis XIV seine Kindheit. Im 18. Jahrhundert diente es den königlichen Herzögen von Orléans für glänzende Veranstaltungen, aber auch für Glücksspiele. Das Theater des Kardinals, in dem Molière aufgetreten war, brannte 1763 nieder und wurde durch die Comédie Française ersetzt. Nach der Revolution war das Palais nur noch Spielcasino. Aber schon 1815 wurde es vom künftigen König Louis-Philippe beansprucht, zu dessen Bibliothekaren Alexandre Dumas zählte. Nur knapp blieb das Gebäude von den Flammen der Revolution von 1871 verschont.

Nach der Restaurierung zwischen 1872 und 1876 gelangte der Palast in staatliche Hand und beherbergt heute sowohl den Staatsrat (das Oberste Verwaltungsgericht) als auch seinen jüngeren Ebenpart, den Verfassungsrat. In einem anderen Flügel befindet sich das Kultusministerium.

Comédie Française ❹

1, pl Colette, 75001. **Stadtplan** 12 E1. **Karte** J6. *0825 10 16 80.* *Palais Royal.* *bei Vorstellungen.* *So 11 Uhr.* *Siehe auch* ***Unterhaltung*** *S. 342 und 344.*

Gedenktafel für Pierre Corneille

Frankreichs Traditionstheater überblickt zwei reizvolle, wenn auch sehr verkehrsreiche Plätze, die nach den Schriftstellern Colette und André Malraux benannt sind. Die Tradition des Ensembles reicht bis zur Zeit Molières (1622–1673) zurück. Im Foyer steht der Sessel, in dem Molière auf der Bühne starb – das Schicksal wollte es, dass er gerade den *Eingebildeten Kranken* spielte.

Seit seiner Gründung im Jahr 1680 durch Louis XIV genießt das Theater als Hort nationaler Kultur staatliche Unterstützung, seit 1799 befindet es sich am gegenwärtigen Ort. Zum Repertoire zählen Werke von Corneille, Racine, Molière und Shakespeare, aber auch der klassischen Moderne.

Daniel Burens Marmorsäulen (1980er Jahre) im Hof des Palais Royal

Hotels und Restaurants an den Tuileries *siehe Seiten 285f und 303f*

Statue im Jardin du Palais Royal

Jardin du Palais Royal ❺

Pl du Palais Royal, 75001. **Stadtplan** 12 F1. **Karte** K5. **M** *Palais Royal.*

Die gegenwärtige Anlage ist auf etwa zwei Drittel der ursprünglichen Fläche verringert, die vom königlichen Gärtner nach 1630 für Kardinal Richelieu angelegt worden war. Die Verkleinerung des Gartens fand zwischen 1781 und 1784 statt, als er auf drei Seiten von 60 gleich gestalteten Häusern umrahmt wurde. Heute säumen Restaurants, Galerien und Läden den Platz. Jean Cocteau, Colette und Jean Marais zählten zu den Anwohnern in jüngerer Zeit.

Im Hof des Palais Royal stehen die schwarz-weißen Säulen, die der Konzeptkünstler Daniel Buren entwarf. Vor der Errichtung der *Les Deux Plateaux* genannten Installation 1986 wurde über die Gestaltung dieses öffentlichen Platzes heftig diskutiert. Heute freuen sich vor allem Skateboarder über den Parcours.

Fontaine Molière ❻

Rue de Richelieu, 75001. **Stadtplan** 12 F1. **Karte** K5. **M** *Palais Royal.*

Frankreichs berühmtester Komödiendichter wohnte ganz in der Nähe des Brunnens, in der heutigen Rue de Richelieu Nr. 40. Der Brunnen (19. Jh.) stammt von Louis Visconti, der auch Napoléons Grabmal im Dôme des Invalides *(siehe S. 188f)* entwarf.

***Die Predigt des heiligen Dionysius vor den Galliern* (1767) in St-Roch**

St-Roch ❼

296, rue St-Honoré, 75001. **Stadtplan** 12 E1. **Karte** J5. *01 42 44 13 20.* **M** *Tuileries. tägl. 8–19 Uhr. Feiertage. tägl., unterschiedliche Zeiten.* ***Konzerte.***

Die gewaltige Kirche wurde von Lemercier, dem Architekten des Louvre, entworfen, ihren Grundstein legte 1653 Louis XIV. Jules Hardouin-Mansart fügte im 18. Jahrhundert die großräumige Marienkapelle mit reich geschmückter Kuppel an. Zwei weitere Kapellen verlängerten die Kirche auf 126 Meter – nahezu die Maße von Notre-Dame.

St-Roch ist eine Schatzkammer religiöser Kunst, teilweise aus zerstörten Kirchen und Klöstern. Die Kirche birgt die Gräber des Dramatikers Pierre Corneille, des Gartenarchitekten André Le Nôtre und des Philosophen Denis Diderot. Die Fassade weist Spuren des napoleonischen Angriffs von 1795 auf. Hier verschanzten sich royalistische Truppen.

Statue von Molière

Place des Pyramides ❽

75001. **Stadtplan** 12 E1. **Karte** J6. **M** *Tuileries, Pyramides.*

Eine Reiterstatue (19. Jh.) von Emmanuel Frémiet erinnert an Jeanne d'Arc, die 1429 ganz in der Nähe im Kampf gegen die Engländer verwundet wurde. Die Statue ist Ziel einer Prozession.

Musée du Louvre ❶

Der Louvre, dessen Baugeschichte bis ins Mittelalter zurückreicht, birgt eine der wichtigsten Kunstsammlungen der Welt. Ursprünglich (1190) von König Philippe-Auguste als Schutzburg errichtet, verlor der Bau unter François I seinen Wehrturm und wurde im Renaissancestil umgebaut. Danach betätigten sich französische Könige und Kaiser vier Jahrhunderte als erweiternde Bauherren. Die 1989 von I. M. Pei gestaltete Glaspyramide in der Cour Napoléon ist der Haupteingang zum Museum.

Ostfassade mit dem Pavillon St-Germain l'Auxerrois

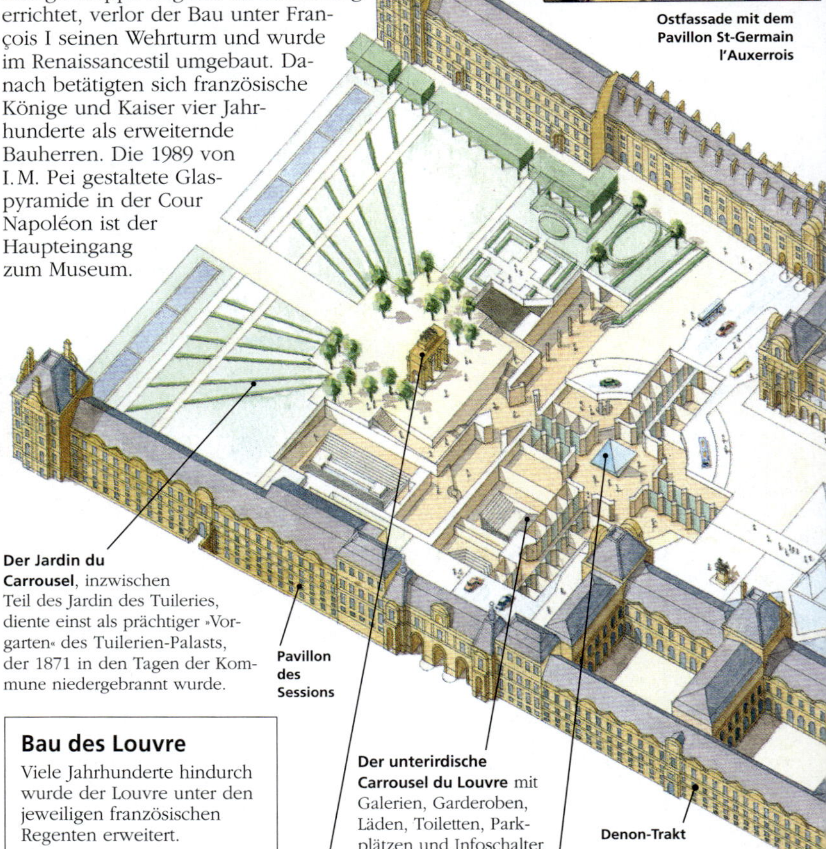

Der Jardin du Carrousel, inzwischen Teil des Jardin des Tuileries, diente einst als prächtiger »Vorgarten« des Tuilerien-Palasts, der 1871 in den Tagen der Kommune niedergebrannt wurde.

Pavillon des Sessions

Der unterirdische Carrousel du Louvre mit Galerien, Garderoben, Läden, Toiletten, Parkplätzen und Infoschalter erstreckt sich unterhalb des Arc de Triomphe du Carrousel.

Denon-Trakt

Die auf die Spitze gestellte Glaspyramide lässt Licht in den unterirdischen Bereich strömen. Sie bildet das Gegenstück zum Haupteingang in der Cour Napoléon.

Bau des Louvre

Viele Jahrhunderte hindurch wurde der Louvre unter den jeweiligen französischen Regenten erweitert.

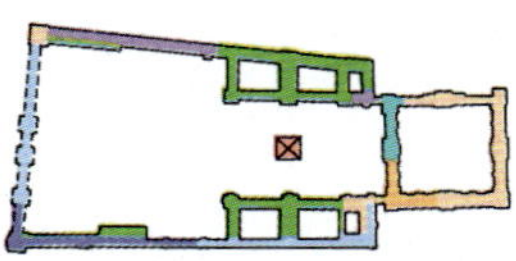

WICHTIGE BAUPHASEN

- Unter François I (1515–47)
- Katharina von Medici (um 1560)
- Unter Henri IV (1589–1610)
- Unter Louis XIII (1610–43)
- Unter Louis XIV (1643–1715)
- Unter Napoléon I (1804–15)
- Unter Napoléon III (1852–70)
- I. M. Pei (1989) (Architekt)

★ Arc de Triomphe du Carrousel

Der Triumphbogen wurde zur Feier der napoleonischen Siege (1805) gebaut.

NICHT VERSÄUMEN

- ★ Arc de Triomphe du Carrousel
- ★ Glaspyramide
- ★ Mittelalterliche Grundmauern
- ★ Perrault-Kolonnade

Pavillon Richelieu
Der eindrucksvolle Pavillon (19. Jh.) bildet einen Teil des Richelieu-Trakts, in dem einst das Finanzministerium seinen Sitz hatte. Heute birgt dieser Flügel sehenswerte Galerien.

INFOBOX

Stadtplan 12 E2. **Karte** J/K6.
Eintrittskarten: Pyramide, Galerie du Carrousel; Automaten stehen am Carrousel du Louvre. Tickets kann man auch online erwerben; Eintritt mit Ticket auch: Passage Richelieu, Porte des Lions (nicht Fr).
01 40 20 50 50. Musée du Louvre, Palais Royal. 21, 24, 27, 39, 48, 68, 69, 72, 81, 95. RER Châtelet-Les Halles. Louvre.
P Carrousel du Louvre (Einfahrt Ave du Général Lemonnier); Pl du Louvre, Rue St-Honoré.
Mi–Mo 9–18 Uhr (Mi, Fr bis 22 Uhr). 1. Jan, 1. Mai, 25. Dez. erster So im Monat und 14. Juli frei. teilweise; Infos unter 01 40 20 59 90. Infos unter 01 40 20 52 09.
Vorträge, Filme, Konzerte
Infos unter 01 40 20 55 55.
www.louvre.fr

Cour Marly heißt der glasüberdachte Hof, der heute den *Rossebändiger (siehe S. 125)* beherbergt.

★ **Glaspyramide**
1989 wurde der gerühmte neue Haupteingang, ein Entwurf des Architekten I. M. Pei, eröffnet.

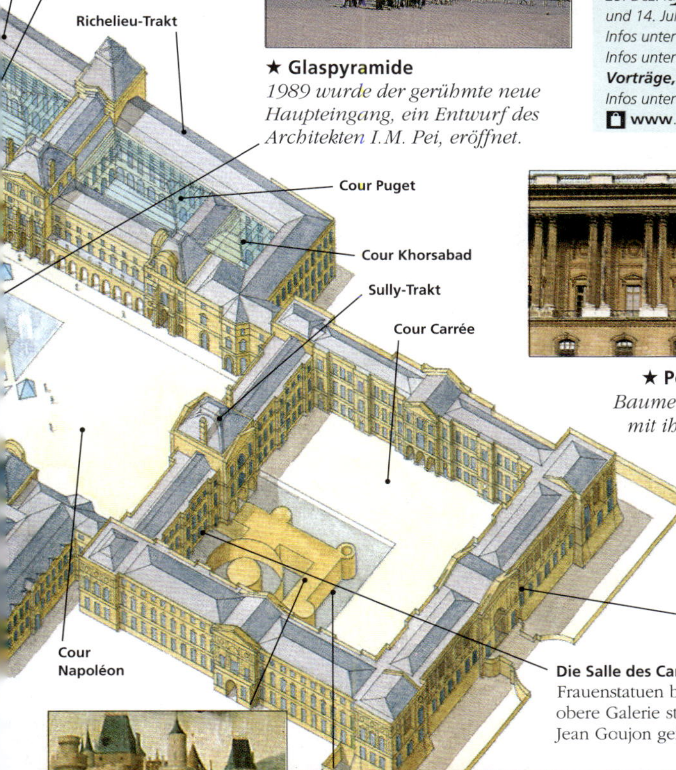

★ **Perrault-Kolonnade**
Baumeister der Ostfassade mit ihren majestätischen Säulenreihen war Claude Perrault. Zusammen mit Louis Le Vau arbeitete er Mitte des 17. Jahrhunderts am Louvre.

Die Salle des Caryatides ist nach den Frauenstatuen benannt, die die obere Galerie stützen und 1550 von Jean Goujon gefertigt wurden.

Der Louvre Charles' V
Um 1360 verwandelte Charles V die wehrhafte alte Festung von Philippe-Auguste in eine königliche Residenz.

★ **Mittelalterliche Grundmauern**
Das Ausgrabungsgelände zeigt Grundmauern der Türme und den Unterbau der Zugbrücke von Philippe-Augustes Festung.

Musée du Louvre: Überblick

Die Schätze des Louvre gehen auf die Sammlung von François I (1515–47) zurück, der viele italienische Gemälde, darunter auch die *Mona Lisa (La Gioconda)*, erwarb. Zur Zeit von Louis XIV (1643–1715) umfasste die Sammlung nur 200 Werke, gewann jedoch durch Schenkungen und Käufe schnell an Umfang. Seit der Louvre 1793 der Öffentlichkeit zugänglich ist, wurden die Bestände stetig ergänzt.

Spitzenklöpplerin
Das einzigartige, um 1665 entstandene Bild von Jan Vermeer gewährt Einblick in das häusliche Alltagsleben Hollands. Es befindet sich seit 1870 im Besitz des Louvre.

Das Floß der Medusa
Der Schiffbruch der französischen Fregatte Méduse *inspirierte Théodore Géricault 1816 zu diesem gewaltigen Kunstwerk. Es hält den Augenblick fest, in dem die wenigen Überlebenden am Horizont das rettende Schiff sichten.*

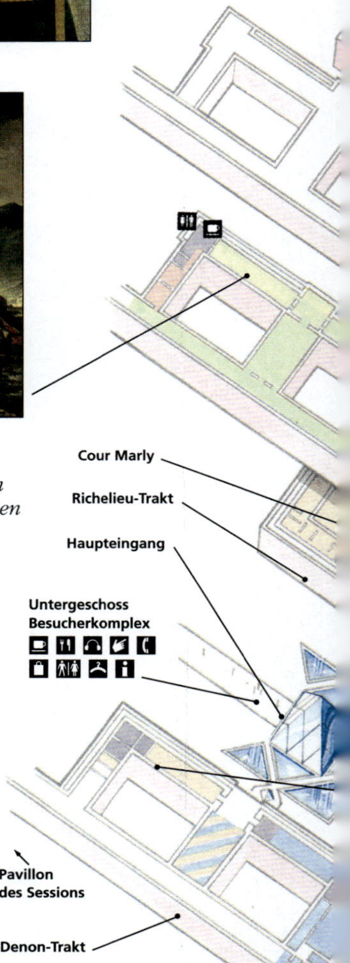

Kurzführer

Der Haupteingang ist unterhalb der Glaspyramide. Die Sammlungen umfassen vier Stockwerke. Es gibt acht Hauptabteilungen: Antike Artefakte aus dem Nahen Osten, aus Ägypten, aus Griechenland, Rom und der Etrusker, islamische Kunst, Skulpturen, dekorative Kunst (objets d'art), *Malerei, Drucke und Zeichnungen. Die Gemälde- und Skulpturenabteilungen sind nach ihren Ursprungsländern geordnet.*

LEGENDE

- Malerei
- *Objets d'art*
- Skulpturen
- Antike Artefakte
- Keine Ausstellungsfläche

★ Venus von Milo
Die Statue aus dem hellenistischen Zeitalter (Ende 2. Jh. v. Chr.) wurde 1820 auf der griechischen Insel Milos entdeckt. Sie gilt als ideale Verkörperung weiblicher Schönheit.

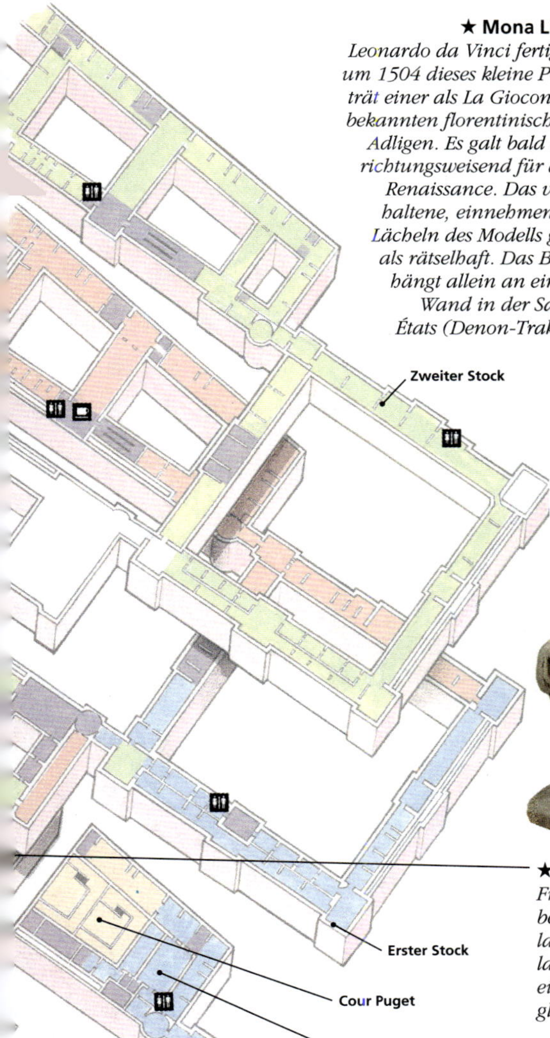
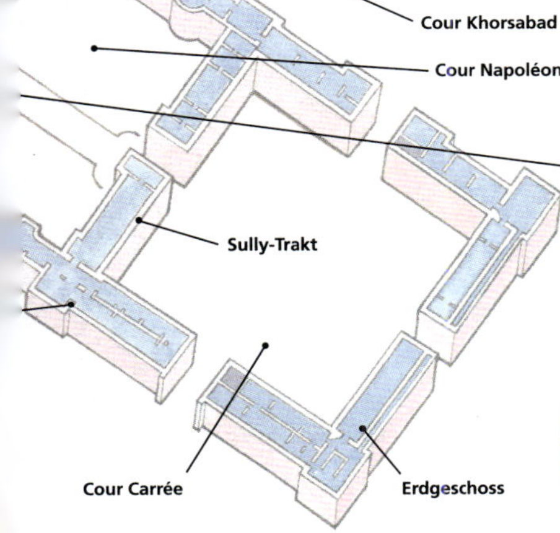

★ Mona Lisa
Leonardo da Vinci fertigte um 1504 dieses kleine Porträt einer als La Gioconda bekannten florentinischen Adligen. Es galt bald als richtungsweisend für die Renaissance. Das verhaltene, einnehmende Lächeln des Modells gilt als rätselhaft. Das Bild hängt allein an einer Wand in der Salle États (Denon-Trakt).

★ Der Rossebändiger
Früher stand der für Schloss Marly bestimmte Rossebändiger *von Guillaume Coustou nahe der Place de la Concorde. Dort sieht man heute eine Replik – das Original steht im glasüberdachten Hof des Louvre.*

NICHT VERSÄUMEN

- ★ *Mona Lisa* von Leonardo da Vinci
- ★ *Der Rossebändiger* von G. Coustou
- ★ *Venus von Milo*

Sklave
Michelangelo schuf diese Statue zwischen 1513 und 1520 als Teil einer Skulpturengruppe für das Grabmal von Papst Julius II. in Rom.

Stadtplan *siehe Seiten 390–423*

Musée du Louvre: Sammlungen

Die Weitläufigkeit der Sammlungen sollte man nicht unterschätzen und sich deshalb auf einige Schwerpunkte konzentrieren. Die Kollektion europäischer Gemälde (1400–1850) ist umfassend, fast die Hälfte der Arbeiten stammt von französischen Künstlern. Dagegen ist die Skulpturenauswahl weniger umfangreich. Die Altertümer des Museums – orientalisch, ägyptisch, griechisch, etruskisch und römisch – genießen Weltruf und bieten eine Fülle ohnegleichen. Die Bandbreite der ausgestellten *objets d'art* reicht von Möbeln bis zu Juwelen.

***Die Wahrsagerin* (um 1594) des italienischen Barockmalers Caravaggio, der sich durch einen besonderen Realismus auszeichnete**

Europäische Malerei 1200 bis 1850

Die nordeuropäische Malerei ist gut vertreten. Zu den frühesten flämischen Arbeiten zählt Jan van Eycks *Madonna des Kanzlers Nicholas Rolin* (um 1435). Hieronymus Boschs *Narrenschiff* (1500) ist eine feine satirische Darstellung der Eitelkeit des Menschen. Zur niederländischen Sammlung zählt auch van Dycks *Karl I.* (1635), das den eleganten Charles I von England auf der Jagd zeigt. Der für seine wollüstigen Schlaraffenland-Szenen bekannte Jacob Jordaens entfaltet in seinen *Evangelisten* ungewöhnliche Sensibilität. Das Lächeln der *Zigeunerin* (1628) offenbart Frans Hals' Virtuosität und bildet einen Kontrast zu Vermeers *Spitzenklöpplerin*. Von Rembrandts Genie zeugen sein Selbstbildnis, sein *Christus in Emmaus* (1648) und *Bathseba* (1654).

***Erasmus von Rotterdam am Schreibpult* von Hans Holbein d. J.**

Deutsche Malerei ist nicht zahlreich, doch hochrangig vertreten: Dürers Selbstbildnis (1493) zeigt ihn als 22-jährigen Maler. Die *Venus* (1529) von Lucas Cranach und ein Porträt des Humanisten Erasmus von Rotterdam von Hans Holbein gesellen sich hinzu.

Zu den Beiträgen Englands zählen Thomas Gainsboroughs *Gespräch im Park* (um 1746), Joshua Reynolds' *Meister Lampe* (1788) sowie Frankreichs einziges Landschaftsbild von J. M. W. Turner.

Viele Meisterwerke der spanischen Sammlung haben düstere Motive: El Grecos *Christus am Kreuz in Anbetung durch Opfergebende* (1576) und Francisco de Zubaráns *Aufbahrung des heiligen Bonaventura* (um 1629) mit einem dunkelgesichtigen Leichnam zählen zu den Schätzen des Louvre. José de Riberas *Der Klumpfüßige* (1642) zeigt einen armen Stummen, der mit einem Stück Papier Almosen erbettelt. Leichtere Stimmung vermitteln Porträts von Goya aus dem späten 18. und frühen 19. Jahrhundert.

Die Sammlung italienischer Gemälde (zwischen 1200 und 1800) ist riesig. Die Väter der Frührenaissance, Cimabue und Giotto, sind ebenso ausgestellt wie Fra Angelico (*Krönung Mariä*, um 1430–32) und Raffael (mit seinem *Bildnis des Baldassare Castiglione*, um 1514). Faszinierend ist auch das feine Profilbildnis des Sigismondo Malatesta von Piero della Francesca (um 1450). Die *Schlacht von San Romano* (um 1458) von Paolo Uccello ist eines der ersten Renaissancegemälde, das die neu entdeckte lineare Perspektive anwendet. Die Gemälde von Leonardo da Vinci, etwa *Verkündigung an Maria*, ziehen den Betrachter ebenso in den Bann wie die *Mona Lisa*.

Die Kollektion französischer Malerei reicht vom 14. Jahrhundert bis 1848. Spätere Kunstwerke sind im Musée d'Orsay *(siehe S. 144–147)* zu sehen.

***Gilles oder Pierrot* (um 1717) von Jean-Antoine Watteau**

Leonardo da Vinci in Frankreich

Leonardo – Künstler, Ingenieur und Wissenschaftler, geboren 1452 – war eine prägende Persönlichkeit der italienischen Renaissance. François I traf ihn 1515 und lud ihn ein, in Frankreich zu wirken. Der Maler brachte die *Mona Lisa* mit. Gesundheitlich geschwächt starb da Vinci 1519 in den Armen des Königs.

Selbstporträt (frühes 16. Jh.)

Eine frühe Arbeit ist Enguerrand Quartons *Pietà von Villeneuve-les-Avignon* (1455). Ein Werk eines unbekannten Malers von 1594 zeigt *Gabrielle d'Estrée*, die Mätresse von Henri IV, und ihre Schwester im Badezuber. Aus dem 16. und 17. Jahrhundert stammen Arbeiten von Georges de La Tour, einem der Maler von »Nachtstücken«. Antoine Watteau ist ebenso vertreten wie der Rokokomeister J. H. Fragonard. Sein erfrischend frivoles Grundthema findet sich in den *Badenden* (1770). Im Kontrast dazu stehen der Klassizismus von Nicolas Poussin und die Historienmalerei von J.-L. David. Die meisten Arbeiten von J.-D. Ingres hängen im Musée d'Orsay – bis auf das *Türkische Bad* (1862).

Europäische Skulpturen 1100 bis 1850

Unter den frühen flämischen und deutschen Skulpturen der Sammlung befinden sich Meisterwerke wie Tilman Riemenschneiders *Mariä Verkündigung* (Ende 15. Jh.) und eine ungewöhnliche lebensgroße Nacktdarstellung der Büßerin Maria Magdalena von Gregor Erhart (frühes 16. Jh). Ein vergoldetes Altarblatt der gleichen Periode repräsentiert die flämische Kirchenkunst.

Ein wichtiges Werk ist auch Adrian de Vries' langgliedrige Figurengruppe *Merkur und Psyche* (1593), die ursprünglich für den Hof Rudolfs II. in Prag gefertigt worden war.

Die französische Abteilung beginnt bei frühen romanischen Arbeiten, etwa der Christusgestalt eines burgundischen Bildhauers des 12. Jahrhunderts und einem Petrushaupt. Mit seinem achtköpfigen Trauergeleit zählt das *Grabmal des Philippe Pot* (eines hochrangigen Beamten in Burgund) zu den ungewöhnlichen Exponaten. Diane de Poitiers, Mätresse von Henri II, ließ eine große Figur der Göttin der Jagd für den Hof ihres Schlosses Fontainebleau anfertigen. Heute steht diese *Diana* im Louvre.

Die Arbeiten von Pierre Puget (1620–1694) aus Marseille wurden in der glasüberdachten Cour Puget versammelt. Zu ihnen zählt die Statue des Milon von Kroton, des griechischen Athleten, der sich in einem Baumstumpf verfing und von einem Löwen gefressen wurde. *Der Rossebändiger* befindet sich unter dem Glasdach der Cour Marly, umgeben von anderen Meisterwerken, darunter Houdons Büsten von Diderot und Voltaire (frühes 19. Jh.).

Unter den italienischen Skulpturen sind Arbeiten von Duccio und Donatello sowie Highlights wie Michelangelos *Sklaven* und Cellinis *Nymphe von Fontainebleau*.

Grabmal des Philippe Pot (spätes 15. Jh.) von Antoine Le Moiturier

Antike Artefakte aus dem Nahen Osten, Ägypten, Griechenland, Rom und der Etrusker

Der Bestand an antiken Exponaten im Louvre beeindruckt. Die Stücke reichen von der Neusteinzeit (um 6000 v. Chr.) bis zum Niedergang des römischen Imperiums. Zu den wichtigen Werken mesopotamischer Kunst gehören die Statue des Verwalters Ebik-il (2400 v. Chr.) und verschiedene Bildnisse des Gudea, Fürst von Lagasch (vermutlich 2255 v. Chr.). Ein schwarzer Basaltblock mit dem Signum des babylonischen Königs Hammurabi (um 1700 v. Chr.) zählt zu den ältesten Gesetzesdokumenten der Welt.

Die kriegerischen Assyrer sind durch feine Reliefarbeiten und durch eine beeindruckende Rekonstruktion eines Teils des Palasts von Sargon II. (722–705 v. Chr.) mit seinen riesigen, geflügelten Stieren vertreten. Im 6. Jahrhundert v. Chr. schmückte der Perserkönig Darius den Aufgang seines Palasts in Khorsabad mit Fliesen, die seine Bogenschützen darstellen.

Der Großteil ägyptischer Kunst diente dem Totenkult. Zu den Grabbeigaben zählten sehr lebendig wirkende Wiedergaben des Alltagslebens. Ein Beispiel gibt die winzige Grabkapelle eines hohen Beamten (um 2500 v. Chr.). Ihre Reliefdarstellungen zeigen Szenen aus der Alltagswelt.

Weitere Einblicke in das Leben im alten Ägypten eröffnen lebensechte Grabbilder – etwa der sogenannte Sitzende Schreiber und verschiedene Skulpturen von Ehepaaren. Das älteste Steinbildwerk stammt von 2500, das jüngste von 1400 v. Chr. Eine dem Gott Osiris geweihte Grabkammer des Neuen Reichs (1555–1080 v. Chr.) enthält wuchtige Sarkophage und zahlreiche mumifizierte Tiere.

Zu den kleinen, aber sehr reizvollen Kunstwerken zählt die 29 Zentimeter hohe Figur einer Frau ohne Kopf, deren Körper sich unter dem Gewand abzeichnet – vermutlich ein Bild der Königin Nofretete (um 1365–1349 v. Chr.).

Die Abteilung griechischer, römischer und etruskischer Altertümer bietet eine große Anzahl zum Teil außergewöhnlicher Fragmente, darunter einen großen, geometrischen Kopf von den Kykladen (2700 v. Chr.) und eine elegante Schüssel mit Schwanenhals, die in ihrer Schlichtheit modern wirkt. Sie wurde vor 4500 Jahren aus einem einzigen Goldblatt gehämmert. Das griechische Archaikum (7.–5. Jh. v. Chr.) wird durch die *Dame von Auxerre*, eine der ältesten bekannten griechischen Skulpturen, und die *Hera von Samos* von den Ionischen Inseln vertreten. Aus der Blütezeit der Klassik (um 5. Jh. v. Chr.) stammen verschiedene männliche Torsi und Köpfe, darunter der *Laborde-Kopf*. Er wurde als Teil einer Skulptur identifiziert, die einst den westlichen Giebel des Parthenon zierte.

Die beiden berühmtesten griechischen Statuen des Louvre, die *Venus von Milo* und die *Nike von Samothrake*, entstammen der Hellenistischen Epoche (spätes 3. bis 2. Jh. v. Chr.), als »natürlichere« menschliche Darstellungen bevorzugt wurden.

Im Mittelpunkt der etruskischen Sammlung steht der Terrakotta-Sarkophag eines Ehepaars, das einem ewigen Festmahl beizuwohnen scheint.

Geflügelter Stier mit Menschenantlitz (8. Jh. v. Chr., Dur-Sarrukin, Assyrien)

Nike von Samothrake (Griechenland, spätes 3. bis frühes 2. Jh. v. Chr.)

Terrakotta-Sarkophag aus Cerveteri (6. Jh. v. Chr.)

Die Exponate der römischen Abteilung offenbaren deutlich, wie sehr sich die Bildhauer im antiken Rom an griechischer Kunst orientiert haben. Zu den erlesenen Skulpturen gehören eine Büste des Agrippa, ein Basaltkopf von Augustus' Gattin Livia sowie ein Bronzekopf des Kaisers Hadrian aus dem 2. Jahrhundert. Letzterer macht einen lebensechten Eindruck – im Gegensatz zu vielen anderen, eher seelenlos wirkenden Kaiserköpfen.

Sitzender Schreiber **(Ägypten, um 2500 v. Chr.)**

Objets d'art

Der Begriff *objets d'art* beschreibt Kunsthandwerkliches und umfasst ein weites Spektrum von Möbeln und Gobelins über mechanische und Sonnenuhren, Miniaturen, Silber- und Glaswaren, kleine französische und italienische Bronzen, Elfenbeinschnitzerei, Email, Porzellan und Schnupftabakdosen bis hin zu wissenschaftlichen Instrumenten und Waffen. Der Louvre bietet in seinen Ausstellungsräumen über 8000 solcher Gegenstände aus verschiedenen Zeiten, Ländern und Regionen.

Viele Objekte stammen aus der Abtei St-Denis, wo die französischen Könige gekrönt wurden. Vor der Revolution hatte ein steter Strom von Wallfahrern die Abtei zum »Museum« verwandelt. Nach der Revolution wurden alle Kunstgegenstände dem Volk zugänglich gemacht. Trotz der Verluste (teils durch Diebstahl) bei der Auslagerung blieb eine riesige Sammlung.

Zu diesen Schätzen zählt eine geschwungene Steinplatte aus dem 1. Jahrhundert v. Chr. mit einer Einfassung aus Gold und Edelsteinen (9. Jh.) und acht goldenen Delfinen als Einlegearbeit. Interessant sind auch die Vulkansteinvase, die Suger, der Abt von St-Denis, in die Kontur eines goldenen Adlers fassen ließ, und das 1380 für König Charles V gefertigte Zepter. Zum französischen Kronschatz gehören die Kronen von Louis XV und Napoléon, Zepter und Schwerter. Zu sehen ist auch der »Regent«, einer der reinsten Diamanten der Erde. Er wurde 1717 erworben, Louis XV trug ihn 1722 zur Krönung.

Ein Raum ist den *Jagden Kaiser Maximilians*, einer Serie von Gobelins, vorbehalten, die 1530 nach Entwürfen von Bernard van Orley für Kaiser Karl V. gefertigt wurden.

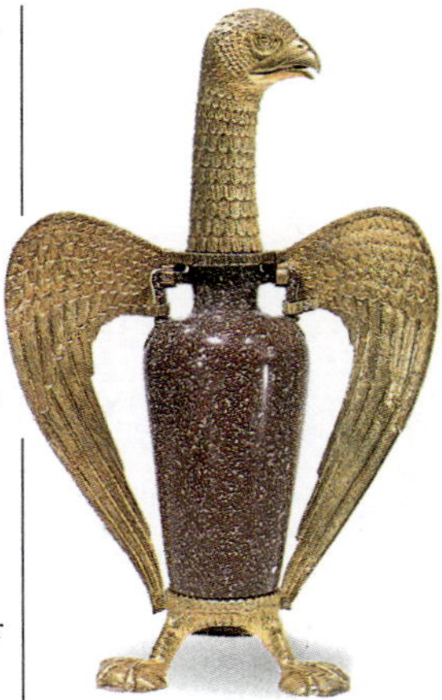

Der Adler des Suger **(Mitte 12. Jh.)**

Die reiche Sammlung französischer Möbel wurde zwischen 16. und 19. Jahrhundert hergestellt und ist nach Perioden oder auch nach Spendern (wie Isaac de Camondo) geordnet. Darunter sind wichtige Arbeiten von Kunstschreinern wie André-Charles Boulle, der vom späten 17. bis zur Mitte des 18. Jahrhunderts für Louis XIV im Louvre arbeitete. Er wurde für seine Intarsien aus Kupfer und Schildpatt bekannt. Aus späterer Zeit stammt der eigenwillige Schreibtisch mit interessanten Stahl- und Bronzeeinlegearbeiten, der 1784 von Adam Weisweiler für Königin Marie-Antoinette gefertigt wurde.

2012 wird eine Abteilung mit islamischer Kunst in der Cour Visconti eröffnet. Sie präsentiert 2000 Objekte aus über drei Jahrtausenden und drei Kontinenten.

Glaspyramide

Pläne für Modernisierung und Ausbau des Louvre lagen erstmals 1981 vor. Sie schlossen den Auszug des Finanzministeriums aus dem Richelieu-Trakt und einen neuen Haupteingang für das Museum ein. Der chinesisch-amerikanische Architekt I. M. Pei erhielt den Auftrag für die Gestaltung. Er entwarf die Pyramide als neuen Eingang und optischen Blickfang. Die Glasbauweise lässt die historischen Gebäude des umliegenden Gevierts gut zur Wirkung kommen. Tageslicht kann über die Pyramide in das unterirdische Foyer eindringen.

Musée des Arts Décoratifs ❾

Palais du Louvre, 107, rue de Rivoli, 75001. **Stadtplan** 12 E2. **Karte** J6. *01 44 55 57 50.* *Palais Royal, Tuileries.* *Di–So 11–18 Uhr (Do bis 21 Uhr).* **Bibliothek** *Feiertage.* **Musée de la Mode** *und* **Musée de la Publicité** *wie oben.* *Es gibt ein Kombiticket mit dem Musée Nissim de Camondo* (siehe S. 232). **www**.lesartsdecoratifs.fr

Auf fünf Stockwerken zeigt dieses Museum dekorative und ornamentale Kunst und Design. Die vielfältige, interessante Zusammenstellung der Exponate reicht vom Mittelalter bis in die heutige Zeit. Zu den Highlights zählen die Art-nouveau- und die Art-déco-Räume, die Schmuck- und Glasabteilung sowie die bemerkenswerte Puppensammlung. Besonders interessant ist die Galerie des Bijoux mit rund 1300 Exponaten.

Für Wechselausstellungen konzipiert ist das Musée de la Mode, das oft Einblicke in seine Sammlung von Haute-Couture-Kollektionen gibt. So fand beispielsweise eine Retrospektive zu den Entwürfen von Christian Lacroix statt.

Das 1999 eröffnete Musée de la Publicité ist eine weitere Abteilung des Komplexes. Dieses Museum für Werbung präsentiert eine Sammlung von über 40 000 historischen Werbeplakaten vom 18. Jahrhundert bis 1949. Zum Museumsbestand gehören auch Tausende Objekte, die mit Werbung in Zusammenhang stehen, sowie Videos.

Vom Restaurant genießt man einen hübschen Blick über die Tuilerien.

Lemots Skulpturengruppe mit der vergoldeten Siegesgöttin

Arc de Triomphe du Carrousel ❿

Pl du Carrousel, 75001. **Stadtplan** 12 E2. **Karte** J6. *Palais Royal.*

Napoléon ließ den Triumphbogen 1806–08 als Eingang zum Palais des Tuileries erbauen. Über den rosa Marmorsäulen stehen Soldaten der Grande Armée, nachdem man die Pferde von San Marco 1815 zurückgeben musste.

Arkaden in der Rue de Rivoli

Rue de Rivoli ⓫

75001. **Stadtplan** 11 C1 & 13 A2. **Karte** H5–N7. *Louvre, Palais Royal, Tuileries, Concorde.*

Lange Arkaden ziehen sich, von Läden gesäumt, an klassizistischen Wohnhäusern entlang, die auf das frühe 18. Jahrhundert zurückgehen, aber erst 1850 vollendet wurden. Napoléon ließ die Straße nach seinem Sieg in Rivoli 1797 gestalten und ausbauen. Sie entwickelte sich zu einer wichtigen Verkehrsader und einem Handelszentrum.

Heute haben in der Rue de Rivoli zahlreiche exklusive Boutiquen und vor allem Hemdenschneider ihren Sitz. Buchläden finden sich bis zur Place de la Concorde, Warenhäuser nahe Châtelet und Hôtel de Ville. Im Café Angélina, Haus Nr. 226, serviert man die angeblich beste heiße Schokolade von ganz Paris *(siehe S. 318).*

Jardin des Tuileries ⓬

75001. **Stadtplan** 12 D1. **Karte** H/J5–6. *01 40 20 90 43.* *Tuileries, Concorde.* *tägl. 7.30–19 Uhr.*

Die Anlage wurde als streng formal gestalteter Garten für das alte Palais des Tuileries entworfen, eingefügt in das landschaftlich gestaltete Grün, das sich parallel zur Seine vom Louvre bis zu den Champs-Élysées und dem Arc de Triomphe erstreckt.

André Le Nôtre, Hofgärtner von Louis XIV, legte den Garten im 17. Jahrhundert an. Im Zuge von Überholungsarbeiten entstand hier vor nicht allzu langer Zeit ein völlig neuer Garten, im ganzen Park wurden bemerkenswerte moderne und zeitgenössische Skulpturen aufgestellt.

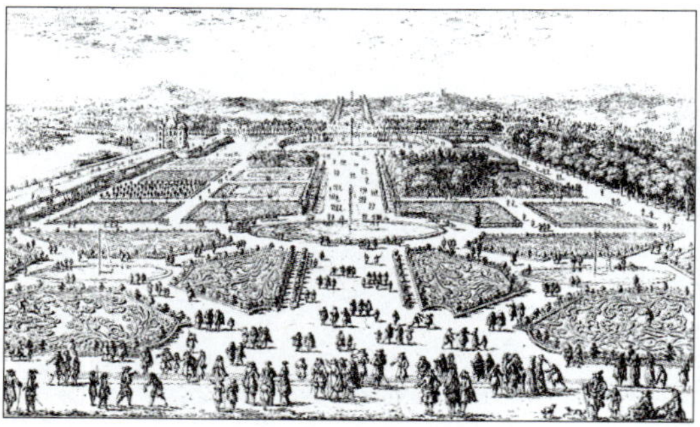

Der Jardin des Tuileries auf einem Stich von G. Perelle (17. Jh.)

Hotels und Restaurants an den Tuileries *siehe Seiten 285f und 303f*

Galerie Nationale du Jeu de Paume ⓭

Jardin des Tuileries, pl de la Concorde, 75008. **Stadtplan** 11 C1. **Karte** H5. *01 47 03 12 50.* *Concorde.* *Di 12–21, Mi–Fr 12–19, Sa, So 10–19 Uhr.* *1. Jan, 1. Mai, 25. Dez.*
www.jeudepaume.org

Jeu de Paume ist der Name für ein altes Ballspiel. Das Gebäude wurde 1851 unter Napoléon III errichtet. Als das Rasentennis das königliche *(réal)* Tennis verdrängte, hielt man hier Kunstausstellungen ab und richtete ein Impressionistenmuseum ein, dessen Sammlung 1986 ins Musée d'Orsay *(siehe S. 144–147)* umzog. Heute ist im Jeu de Paume das Centre National de la Photographie zu Hause, außerdem gibt es Ausstellungen zeitgenössischer Kunst.

Eingang zum Jeu de Paume

Musée de l'Orangerie ⓮

Jardin des Tuileries, pl de la Concorde, 75008. **Stadtplan** 11 C1. **Karte** H6. *01 44 77 80 07.* *Concorde.* *Mi–Mo 9–18 Uhr.* *1. Mai, 25. Dez.* *nach Vereinbarung.*
www.*musee-orangerie.fr*

Monets Seerosenbilder, zu bewundern im Musée de l'Orangerie

Claude Monets Seerosenbilder beherrschen die ovalen Räume im Erdgeschoss. Er malte die *Nymphéas* in seinem Garten in Giverny nahe Paris und präsentierte sie 1927 der Öffentlichkeit. Seine Arbeiten werden ergänzt durch die herausragende Walter-Guillaume-Sammlung mit Künstlern der École de Paris. Sie umspannt den Zeitraum vom späten Impressionismus bis zur Ära zwischen den Weltkriegen. Hier ballen sich Meisterwerke: Soutines eindringliche Arbeiten füllen einen Raum, Cézanne ist mit 14 Gemälden vertreten, darunter Stillleben, Porträts wie *Madame Cézanne* und Landschaften wie *Dans le Parc du Château Noir.*

Zu den 27 Bildern Renoirs gehört *Les Fillettes au Piano.* Werke des jungen Picasso sowie von Henri Rousseau *(La Carriole du Père Juniet),* Matisse und Modigliani *(Porträt des Kunsthändlers Paul Guillaume)* präsentieren sich in natürlichem Licht. Im Untergeschoss finden Wechselausstellungen statt.

Place de la Concorde ⓯

75008. **Stadtplan** 11 C1. **Karte** G/H5. *Concorde.*

Der Platz, einer der großartigsten und historisch bedeutendsten Plätze Europas, bedeckt im Herzen der Stadt eine riesige Fläche. Ursprünglich wurde er Place Louis XV genannt, in seiner Mitte erhob sich eine Statue des Königs. Mitte des 18. Jahrhunderts gestaltete Jacques-Ange Gabriel ihn in Form eines offenen, nur im Norden von Häusern gesäumten Achtecks um.

Später nannte man den Platz Place de la Révolution, die Guillotine nahm den Platz der Statue ein. Hier rollten in zweieinhalb Jahren 1119 Köpfe, darunter auch jene von Louis XVI, Marie-Antoinette (sie starb in Sichtweite ihres kleinen Verstecks in der Rue Royale Nr. 2) sowie den Revolutionsführern Danton und Robespierre.

Geläuterte Revolutionäre gaben dem Platz schließlich den Namen Concorde (Eintracht). Im 19. Jahrhundert erhöhten ein 3200 Jahre alter Obelisk aus Luxor, zwei Brunnen und acht Statuen, die französische Städte symbolisieren, seine Pracht. Am 14. Juli haben hier die über die Champs-Élysées ziehenden Paraden ihren Höhepunkt. Am 14. Juli 1989 nahmen eine Million Menschen an der 200-Jahr-Feier des Sturms auf die Bastille teil.

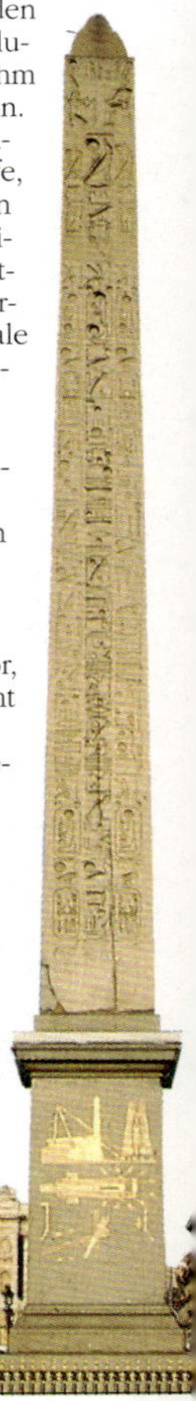

Der 3200 Jahre alte Obelisk aus Luxor

Kolonnadeneingang zum Village Royal

Village Royal ⓰

75008. **Stadtplan** 5 C5. **Karte** H5. Ⓜ *Madeleine.* **Galerie Royale** *Di–Sa 10–19 Uhr.* *Feiertage.*

Der architektonisch reizvolle Komplex von Stadthäusern aus dem 18. Jahrhundert liegt versteckt zwischen der Rue Royale und der Rue Boissy d'Anglas. Die Galerie Royale ist im ehemaligen Wohnhaus der Herzogin d'Abrantès untergebracht. Das Gebäude wurde 1994 vom Architekten Laurent Bourgois umgestaltet, der klassische und moderne Elemente in hervorragender Weise verband. In dem »Königlichen Dorf« arbeiteten früher Glasbläser und Silberschmiede, bis vor Kurzem wurden in Gewölben auch Glas- und Silberwaren ausgestellt. Heute sitzen im Café Le Village schicke Pariserinnen, die auf dem Weg zu einer der Edelboutiquen hier gern auf einen Kaffee vorbeikommen.

Place Vendôme ⓱

75001. **Stadtplan** 6 D5. **Karte** J5. Ⓜ *Tuileries.*

Als vielleicht sinnfälligstes Beispiel der Pariser Eleganz des 18. Jahrhunderts wurde der königliche Platz des Architekten Hardouin-Mansart 1698 begonnen. Ursprünglich sollten hinter den Arkadenfassaden Akademien und Botschaften untergebracht werden. Stattdessen richteten sich Bankiers prunkvoll ein. Der Platz blieb als Heimstatt für heutige Banker und Juweliere gut erhalten. Im Haus Nr. 12 starb im Jahr 1848 Frédéric Chopin, um 1900 errichtete César Ritz in Nr. 15 sein berühmtes Hotel.

Banque de France ⓲

39, rue Croix des Petits Champs, 75001. **Stadtplan** 12 F1. **Karte** K5. Ⓜ *Palais Royal.* *unter 01 44 54 19 30 erfragen.*

Die von Napoléon 1800 gegründete Zentralbank Frankreichs hat ihren Sitz in einem Gebäude, das einst einem anderen Zweck diente: François Mansart entwarf das herrschaftliche Haus im

Napoléon-Statue auf der Place Vendôme

»Französische« Gärten in Paris

Parterre du Midi in Versailles *(siehe S. 248f)*

Nahezu 300 Jahre lang sind die französischen (formal angelegten und kultivierten) Gärten von Paris der Öffentlichkeit zugänglich und ein wichtiger Teil des urbanen Lebens. Der Jardin des Tuileries *(siehe S. 130)* wird derzeit aufwendig rekultiviert, der Jardin du Luxembourg *(siehe S. 172)*, die Gartenanlagen des französischen Senats, ist ein beliebter Ort für die Bewohner des linken Seine-Ufers, und der Jardin du Palais Royal *(siehe S. 121)* bietet friedvolle und ungestörte Plätzchen für alle.

Die französische Landschaftsgestaltung wurde im 17. Jahrhundert zur Kunst entwickelt – dank André Le Nôtre, Gartenarchitekt von Louis XIV, der die Anlage von Versailles *(siehe S. 248f)* schuf. Er erreichte die glückliche Verbindung zwischen dem traditionellen italienischen Renaissancegarten und der französischen Vorliebe für strenge Gestaltung.

Die lange Galerie Dorée in der Banque de France

17. Jahrhundert für Louis de la Vrillière, Staatssekretär von Louis XIII. In der prächtigen Galerie Dorée hing eine Sammlung historischer Gemälde. Das Haus wurde später an den Comte de Toulouse (Sohn von Louis XIV und Madame de Montespan) verkauft und nach der Revolution im 19. Jahrhundert restauriert. Jacques Delors, 1985–94 Vorsitzender der Europäischen Kommission, ist derzeit der Bekannteste, dessen Karriere mit der Bank verbunden ist.

Place des Victoires ⓳

75002. **Stadtplan** 12 F1. **Karte** K5.
M *Palais Royal.*

Das Rondell mit den elegant-herrschaftlichen Anwesen wurde 1685 allein zu dem Zweck errichtet, der Statue von Louis XIV Wirkung zu verleihen. Sie stand in der Mitte des Platzes, Tag und Nacht von Fackeln beleuchtet. Der Architekt Jules Hardouin-Mansart hatte auch die Proportionen der Gebäude und selbst die nahen Straßen zur Hervorhebung der Statue angelegt.

Allerdings zeigten sich die revolutionären Massen 1792 wenig beeindruckt und rissen die Statue vom Sockel. Der Ersatz von 1822 wurde anders gestaltet und konnte die Stilharmonie zu den Gebäuden nicht mehr herstellen. Doch bewahrte der Platz noch weitgehend seine ursprüngliche Gestalt und ist heute Adresse namhafter Modefirmen wie Thierry Mugler oder Kenzo.

Louis XIV, Place des Victoires

Parc de Bagatelle mit Blumenpracht *(siehe S. 255)*

Der französische Gartenarchitekt umhegte nicht die Natur, sondern überformte sie, indem er Bäume, Büsche und Hecken zu imposanten Baumskulpturen stutzte. In geometrischen Mustern angelegte Beete wurden durch Kieswege und sorgsam getupfte Blütenpracht aufgegliedert. Symmetrie und Harmonie waren die Leitworte, Glanz und Pracht das Ziel. Wie im 17. Jahrhundert erfüllen die französischen Gärten auch heute zweierlei Absichten: Sie dienen der Erbauung, aber auch als »natürlicher« Rahmen für ein Château oder ein Palais.

Der beste Blick auf einen französischen Garten eröffnet sich in der Regel vom ersten Stock. Von dort ergibt die Verbindung von Buchsbaumhecken, Blumen und Kieswegen ein kompliziertes abstraktes Muster – als Spiegelung der Innenausstattung. Alleen verlieren sich oft in der Ferne und beweisen so dem Betrachter den Landreichtum des Schlossherrn. So war und ist der französische Garten stets auch ein Statussymbol. Dies wird sowohl bei privaten als auch bei großen öffentlichen Anlagen deutlich. Napoléon Bonaparte schloss den Blick über den Jardin de Tuileries mit einem Triumphbogen ab. Dieser Vorgabe folgte Präsident Mitterrand mit der Grande Arche de la Défense *(siehe S. 40f und S. 255)* – die auf derselben Achse wie die Tuileries und der Arc de Triomphe aufragt.

Aber französische Gärten dienten immer auch dem Vergnügen. Schon im 17. Jahrhundert galten Spaziergänge in den Gärten mit ihren vielen Statuen und Brunnen als gesundheitsfördernd. Alte und Gebrechliche wurden einst in Sänften durch die Anlagen getragen. Und auch heute noch kann man es genießen, sich auf einer Steinbank im marmornen Glanz einer Göttin oder Nymphe zu sonnen.

Les Deux Magots

St-Germain-des-Prés

Heute ist das Viertel am linken Seine-Ufer belebter, seine Straßen und Cafés sind bevölkerter als in den 1950er Jahren. Damals war es Treffpunkt der intellektuellen Szene, deren führende Köpfe sich in die Bürgerlichkeit zurückgezogen haben. An ihre Stelle traten die neuen Philosophen, die aus den Unruhen der 1960er Jahre geborenen radikalen jungen Denker. Immer noch haben bedeutende Verlage hier ihr Domizil, deren Vertreter sitzen mit Schriftstellern und Literaturagenten in den berühmten Cafés. Aber sie teilen sich das Revier mit den Stammkunden des Nobel-Couturiers Yves St-Laurent und der feinen Innenarchitekten in der eleganten Rue St-Jacob. Am südlichen Ende des Boulevard St-Germain sind die Straßen gepflegt, es gibt zahlreiche gute Restaurants. In der Nähe des Odéon findet man originelle Cafés und eine Vielzahl von Kinos.

Bahnhofsuhr im Musée d'Orsay

Sehenswürdigkeiten auf einen Blick

Historische Gebäude und Straßen
Boulevard St-Germain 7
Cour du Commerce St-André 13
Cour de Rohan 12
École Nationale d'Administration 17
École Nationale Supérieure des Beaux-Arts 16
Institut de France 15
Palais Abbatial 2
Quai Voltaire 18
Rue du Dragon 8
Rue de l'Odéon 10

Kirche
St-Germain-des-Prés 1

Museen und Sammlungen
Musée Eugène Delacroix 3
Musée de la Monnaie 14
Musée National de la Légion d'Honneur 20
Musée d'Orsay S. 144–147 19

Theater
Odéon Théâtre de l'Europe 11

Cafés und Restaurants
Brasserie Lipp 6
Café de Flore 5
Les Deux Magots 4
Le Procope 9

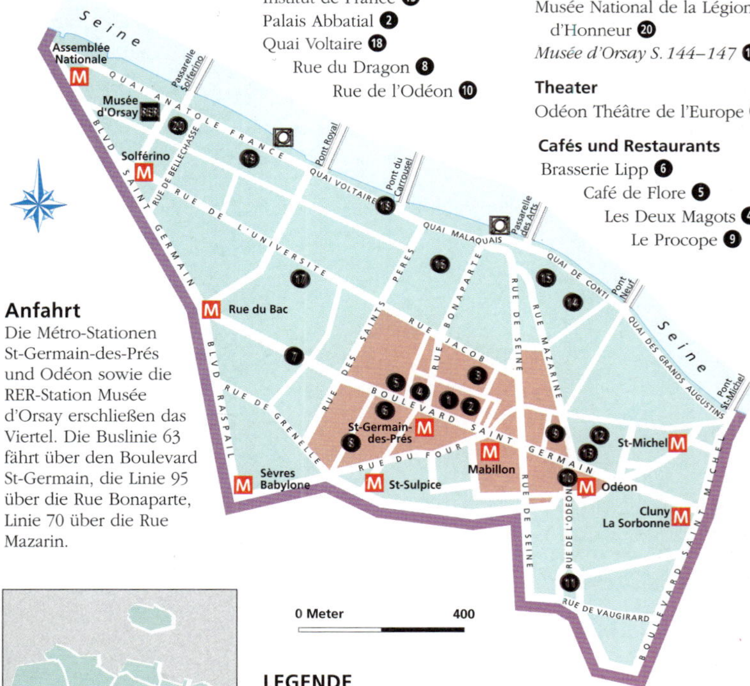

Anfahrt

Die Métro-Stationen St-Germain-des-Prés und Odéon sowie die RER-Station Musée d'Orsay erschließen das Viertel. Die Buslinie 63 fährt über den Boulevard St-Germain, die Linie 95 über die Rue Bonaparte, Linie 70 über die Rue Mazarin.

LEGENDE

- Detailkarte *siehe S. 136f*
- M Métro-Station
- Batobus-Anlegestelle
- RER RER-Station

SIEHE AUCH

- ***Stadtplan*** 11–12
- ***Hotels*** S. 286f
- ***Restaurants*** S. 304f

◁ **Das Café Les Deux Magots neben der Kirche St-Germain-des-Prés *(siehe S. 138)***

Im Detail: St-Germain-des-Prés

Drehorgelspieler in St-Germain

Nach dem Zweiten Weltkrieg stand St-Germain-des-Prés mit seinen Bars und Cafés im gesellschaftlichen Brennpunkt der intellektuellen Szene. Philosophen, Schriftsteller, Schauspieler und Musiker gaben sich ein Stelldichein in den Kellerlokalen und Brasserien. Zu den Zeiten von Jean-Paul Sartre und Simone de Beauvoir, der schwermütigen Chansonette Juliette Gréco und der jungen Filmemacher war das Viertel nicht so chic wie heute. Doch immer noch treibt es die Schriftsteller ins Café de Flore, in Les Deux Magots und in andere Lokale. Die Gebäude aus dem 17. Jahrhundert trotzen dem Wandel, der an noblen Antiquitäten-, Buch- und Modeläden sichtbar wird.

Les Deux Magots
Stammkunden wie Hemingway trugen zum Renommee des Cafés bei. ❹

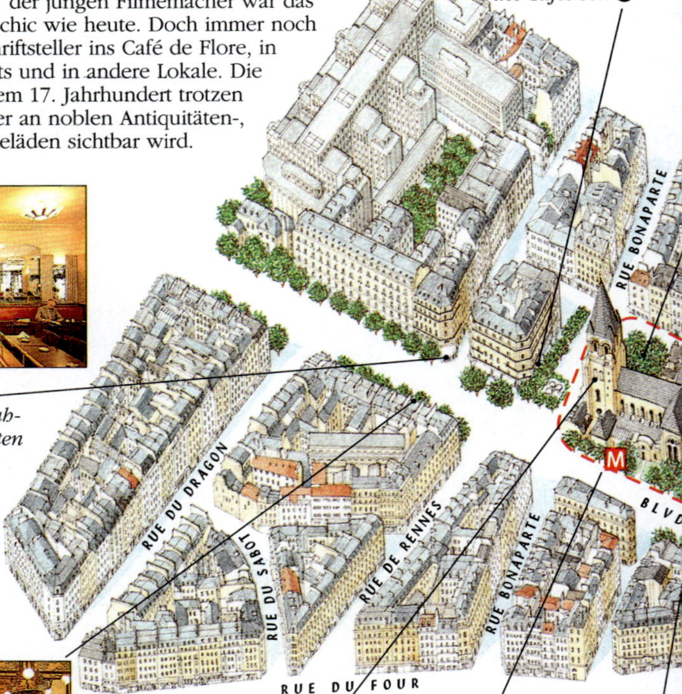

Métro St-Germain-des-Prés

Café de Flore
In den 1950er Jahren philosophierten französische Intellektuelle in den Art-déco-Räumen des Cafés. ❺

Brasserie Lipp
Farbenfrohe Keramiken zieren die Brasserie, die schon fast eine Institution ist. ❻

★ St-Germain-des-Prés
Die älteste Kirche von Paris birgt die Grabmäler von René Descartes und dem polnischen König Johann II. Kasimir. ❶

★ Boulevard St-Germain
Cafés, Boutiquen, Kinos, Restaurants und Buchläden säumen den mittleren Abschnitt des Boulevards am linken Seine-Ufer. ❼

Hotels und Restaurants in St-Germain-des-Prés *siehe Seiten 286f und 304f*

Picasso schuf das *Denkmal für Apollinaire*, das seit 1959 in der Nähe des Café de Flore steht. Der Dichter und Freund Picassos war oft Gast in diesem Café.

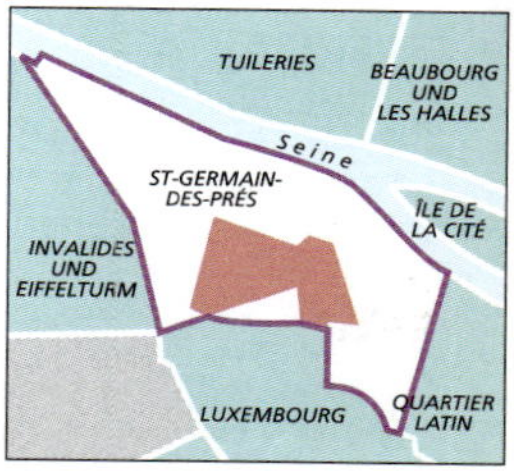

Zur Orientierung
Siehe Stadtplan 12

★ Musée Delacroix
Hier schuf Delacroix das Wandgemälde Jakobs Ringen mit dem Engel *für St-Sulpice* (siehe S. 172). ❸

NICHT VERSÄUMEN

- ★ Boulevard St-Germain
- ★ Musée Delacroix
- ★ St-Germain-des-Prés

Die Rue de Furstemberg bildet einen winzigen Platz mit nostalgischen Straßenlaternen, der oft als Filmkulisse dient.

LEGENDE

– – – Routenempfehlung

0 Meter 100

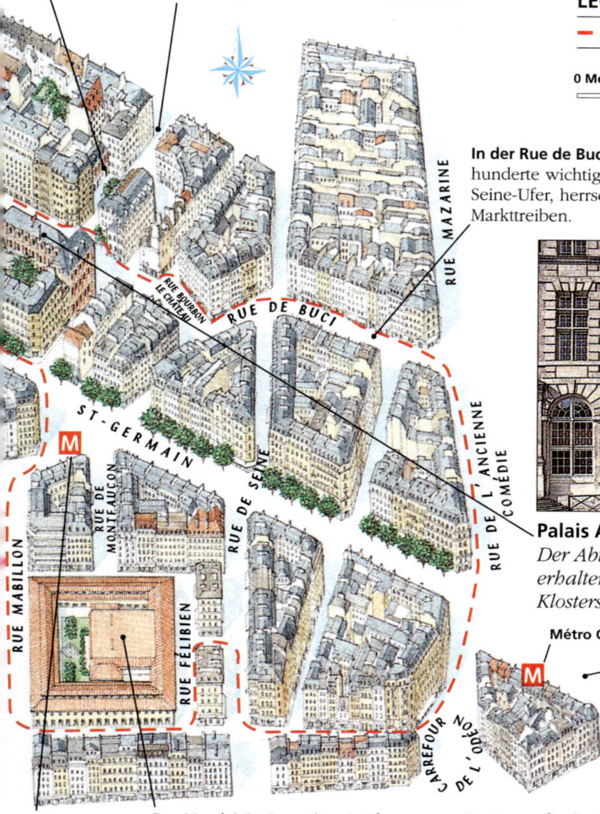

In der Rue de Buci, einer über Jahrhunderte wichtigen Straße am linken Seine-Ufer, herrscht täglich lebhaftes Markttreiben.

Palais Abbatial
Der Abtpalast ist das einzige erhaltene Gebäude eines Klosters. ❷

Métro Odéon

Métro Mabillon

Der Marché St-Germain, ein überdachter Viktualienmarkt, lädt seit 1818 an der Stelle eines ehemaligen Rummelplatzes ein *(siehe S. 339)*.

Danton – die Statue (1889) von Auguste Paris erinnert an den französischen Revolutionär.

St-Germain-des-Prés ❶

3, pl St-Germain-des-Prés, 75006. **Stadtplan** 12 E4. **Karte** J7. *01 55 42 81 33.* *St-Germain-des-Prés.* *tägl. 8–19.30 Uhr.* *Mo–Fr 12.15, 19, Sa 12.15, So 9, 11, 19 Uhr.*

Vorgängerin dieser ältesten Kirche von Paris war eine 542 von König Childebert I. zur Aufbewahrung von Reliquien erbaute Basilika. Die heutige Kirche stammt aus dem 11. Jahrhundert. Während der Revolution wurde sie geplündert und demoliert. 1794 vernichtete ein Feuer die meisten Gebäude.

Ein nahes Benediktinerkloster wurde am 3. September 1792 zum Schauplatz des Grauens: 318 Priester starben unter den Hieben des revolutionären Mobs.

Marienstatue in St-Germain-des-Prés

Die Kirche wurde im 19. Jahrhundert grundlegend restauriert. Nur einer von einst drei Türmen blieb stehen. Er birgt einen der landesweit ältesten Glockenstühle. Im Innenraum bilden Marmorsäulen aus dem 6. Jahrhundert, romanische Bogen und gotische Gewölbe ein Ensemble. In den Gräbern ruhen Berühmtheiten wie der Philosoph René Descartes, der Dichter Nicolas Boileau und Johann II. Kasimir, König von Polen und ab 1669 Abt von St-Germain-des-Prés.

Palais Abbatial ❷

1–5, rue de l'Abbaye, 75006. **Stadtplan** 12 E4. **Karte** J7. *St-Germain-des-Prés.* *für Besucher.*

Der Palast aus Ziegel und Stein wurde 1586 für den Bourbonen Charles erbaut, Abt von St-Germain und kurze Zeit auch König von Frankreich. Zehn weitere Äbte lebten hier, bis in der Französischen Revolution das Anwesen verkauft wurde. Hier richtete sich im 19. Jahrhundert der für seine Frauengestalten bekannte Bildhauer Jean-Jacques Pradier ein. Der Bau zeichnet sich durch zahlreiche Baumaterialien und wunderbare hohe Fenster aus.

Schmiedeeiserne Verzierungen an der Fassade des Palais Abbatial

Musée Eugène Delacroix ❸

6, rue de Furstemberg, 75006. **Stadtplan** 12 E4. **Karte** J7. *01 44 41 86 50.* *St-Germain-des-Prés.* *Mi–Mo 9.30–17 Uhr.* **www**.musee-delacroix.fr

Eugène Delacroix

Hier lebte und arbeitete Eugène Delacroix von 1857 bis zu seinem Tod 1863. Leidenschaft und lebhafte Farben prägen die Werke dieses nonkonformistischen führenden Malers der französischen Romantik. Hier entstanden die (im Museum ausgestellten) Gemälde *Grablegung Christi* und *Weg nach Golgatha*. Delacroix' Arbeit an den herrlichen Wandgemälden in der Chapelle des Saint-Anges der nahen Kirche St-Sulpice war ein Grund für seinen Umzug in dieses Viertel. Die Wohnung im ersten Stock und das Gartenatelier bilden heute ein Museum mit ständigen Ausstellungen über den Künstler. In der Wohnung sind ein Porträt George Sands, Selbstporträts, Entwürfe und Erinnerungsstücke zu sehen.

Die winzige Place Furstemberg spiegelt den Charme des Delacroix-Gartens wider. Ihre nostalgischen Straßenlaternen und Trompetenbäume machen sie zu einem der romantischsten Plätze von Paris.

Les Deux Magots ❹

6, pl St-Germain-des-Prés, 75006. **Stadtplan** 12 E4. **Karte** J8. *01 45 48 55 25.* *St-Germain-des-Prés.* *tägl. 7.30–1 Uhr.* *eine Woche im Jan.* **www**.lesdeuxmagots.com

Surrealistische Künstler und junge Autoren, darunter André Breton, kehrten in den 1920er und 1930er Jahren in dem Café ein, gefolgt von den existenzialistischen Philosophen und Schriftstellern der 1950er Jahre. Seither gilt es als Stammlokal der Intellektuellen von Paris. Dieses Image pflegt das Café noch heute, selbst wenn unter seinen Gästen eher Medienleute und Schaulustige zu finden sind als ein neuer Jean-Paul Sartre.

Zwei Holzstatuen chinesischer Kaufleute *(magots)* an einer Innensäule trugen dem Café seinen Namen ein. Hier kann man bei einer Tasse heißer Schokolade die Welt an sich vorüberziehen lassen.

Im Café Les Deux Magots

Hotels und Restaurants in St-Germain-des-Prés *siehe Seiten 286f und 304f*

Fassade des Café de Flore, des frühen Treffpunkts der Existenzialisten

Café de Flore ❺

172, bd St-Germain, 75006. **Stadtplan** 12 D4. **Karte** J7. ☎ *01 45 48 55 26.* Ⓜ *St-Germain-des-Prés.* 🕒 *tägl. 7–2 Uhr.* ♿ *eingeschränkt.* **www**.cafedeflore.com

Das Café mit roten Sitzen, Mahagoni, Spiegeln und Art-déco-Interieur hat sich seit dem Krieg kaum verändert. Wie im Les Deux Magots gingen auch hier in den Nachkriegsjahren die Intellektuellen ein und aus. Jean-Paul Sartre und Simone de Beauvoir trafen hier ihre Freunde, um bei einem Glas den Existenzialismus reifen zu lassen.

Kellner vor der Brasserie Lipp

Brasserie Lipp ❻

151, bd St-Germain, 75006. **Stadtplan** 12 E4. **Karte** J8. ☎ *01 45 48 53 91.* Ⓜ *St-Germain-des-Prés.* 🕒 *tägl. 9–1 Uhr.* **www**.brasserie-lipp.fr

Mit der Brasserie Lipp ist das Triumvirat der berühmten Cafés am Boulevard St-Germain vollständig: Elsässer Bier, Sauerkraut, Wurst (ein Flüchtling aus dem Elsass gründete die Brasserie im späten 19. Jahrhundert) und ausgezeichneter Kaffee machten Lipp zu einer Institution, zu der früher Politiker pilgerten. Das Lokal gilt immer noch als Inbegriff der Pariser Brasserie, ein Besuch lohnt sich schon der Atmosphäre wegen. Das lichte Interieur beleben bunt gemusterte Keramikkacheln. Reservierung ist nicht möglich.

Boulevard St-Germain ❼

75006, 75007. **Stadtplan** 11 C2, 13 C5. **Karte** H6–L8. Ⓜ *Solférino, Rue du Bac, St-Germain-des-Prés, Mabillon, Odéon.*

Der bekannteste Boulevard am linken Seine-Ufer. schwingt sich drei Kilometer lang von der Île St-Louis zum Pont de la Concorde. Seine Entstehung und seine homogene Architektur verdankt er Baron Haussmann, dem ehrgeizigen Pariser Stadtplaner des 19. Jahrhunderts.

Hier haben sich die unterschiedlichsten Lebensstile entfalten, zahlreiche religiöse und kulturelle Einrichtungen ansiedeln können. Im Osten (mit den niedrigen Hausnummern) beginnend, streift der Boulevard die Privatresidenz des verstorbenen François Mitterrand in der Rue de Bièvre, den Marktplatz Maubert-Mutualité, das Musée de Cluny und die Sorbonne, ehe er den Boulevard St-Michel kreuzt.

Er führt weiter vorbei an der École de Médecine und der Place de l'Odéon nach St-Germain-des-Prés mit der historischen Kirche, wo sich Straßencafés, Modeboutiquen, Kinos, Restaurants und Buchhandlungen ballen. Hier pulsiert das Leben, und mit viel Glück begegnet man einem Kinostar oder bekannten Autor. Etwas weiter prägen zunehmend Wohnvillen das Gesicht des Boulevards, das schließlich mit dem Verteidigungsministerium und der Nationalversammlung eher politische Züge annimmt.

Rue du Dragon ❽

75006. **Stadtplan** 12 D4. **Karte** J8. Ⓜ *St-Germain-des-Prés.*

Die kurze Straße zwischen Boulevard St-Germain und Carrefour de la Croix Rouge besteht seit dem Mittelalter. Bis heute stehen hier schöne Häuser aus dem 17. und 18. Jahrhundert. Beachtung verdienen die großen Türen, hohen Fenster und eisernen Balkone. Im Haus Nr. 30 lebte vor der Revolution eine Gruppe flämischer Maler, auch Victor Hugo mietete sich hier eine Mansarde.

Gedenktafel für Victor Hugo an der Rue du Dragon Nr. 30

Stadtplan *siehe Seiten 390–423*

Le Procope ⑨

13, rue de l'Ancienne Comédie, 75006. **Stadtplan** 12 F4. **Karte** K8.
01 40 46 79 00. *Odéon.*
tägl. 10.30–1 Uhr.
www.procope.com

Der Sizilianer Francesco Procopio dei Coltelli gründete 1686 dieses nach eigenem Bekunden älteste Kaffeehaus der Welt. Es wurde rasch beliebt bei der politischen und literarischen Elite und den Schauspielern der Comédie Française.

Zu den Stammkunden des Cafés zählten der Philosoph Voltaire – angeblich leerte er hier täglich 40 Tassen Schokolade und Kaffee –, Rousseau, Balzac und Victor Hugo. Der junge Napoléon hinterließ seinen Hut als Pfand, während er Bargeld für die Rechnung auftrieb.

Odéon Théâtre de l'Europe, einst Stammhaus der Comédie Française

Rue de l'Odéon ⑩

75006. **Stadtplan** 12 F5. **Karte** K8.
Odéon.

Im Haus Nr. 12 führte Sylvia Beach 1921–40 die Buchhandlung Shakespeare & Co. Sie nahm sich vieler notleidender amerikanischer und englischer Schriftsteller an, darunter Ezra Pound, T. S. Eliot, F. Scott Fitzgerald und Ernest Hemingway. Dank ihrer Unterstützung – als Lektorin, Agentin und Geldgeberin – konnte James Joyce die erste Ausgabe des *Ulysses* veröffentlichen. Im Haus Nr. 7, in Adrianne Monniers Les Amis des Livres, verkehrten André Gide und Paul Valéry.

Die Straße wurde 1799 angelegt, um den Zugang zum Théâtre de l'Odéon zu erleichtern, und war die erste mit Rinnsteinen versehene Straße der Stadt. Die meisten Häuser und Läden stammen aus dem 18. Jahrhundert.

Hintere Fassade des Restaurants Le Procope

Odéon Théâtre de l'Europe ⑪

1, pl Paul-Claudel, 75006. **Stadtplan** 12 F5. **Karte** K8. *01 44 85 40 40.* *Odéon, Luxembourg.*
nur für Vorstellungen. Siehe auch ***Unterhaltung*** *S. 342 und 344.*
www.theatre-odeon.fr

Das klassizistische Theater bauten Marie-Josèphe Peyre und Charles de Wailly 1799. Der König hatte das Gelände als Platz für die Comédie Française erstanden. *Figaros Hochzeit* von Beaumarchais hatte hier 1784 Premiere. Nach der Ankunft einer neuen Truppe hieß das Theater Odéon. 1807 brannte das Gebäude ab, doch der Architekt Jean-François Chalgrin baute es im selben Jahr wieder auf.

Nach dem Zweiten Weltkrieg verzeichnete das auf Dramen des 20. Jahrhunderts spezialisierte Haus die höchsten Besucherzahlen in Paris. Der Zuschauerraum ist beeindruckend, nicht zuletzt wegen der Decke, die André Masson 1965 gestaltete. Heute finden hier oft auch fremdsprachige Aufführungen statt.

Hemingway in den 1920er Jahren

Cour de Rohan ⑫

75006. **Stadtplan** 12 F4. **Karte** K8.
Odéon. Zugang an der Rue du Jardinet bis 20 Uhr; 20–8 Uhr vom Bd St-Germain aus.

Der ungewöhnliche mittlere Hof in der Cour de Rohan

Die malerische, aus drei Höfen bestehende Anlage bildete im 15. Jahrhundert einen Teil der Pariser Residenz der Erzbischöfe von Rouen (verballhornt zu »Rohan«). Der mittlere Hof sticht besonders ins Auge. Mithilfe seiner dreibeinigen schmiedeeisernen Steighilfe *(pas de mule)*, der wohl letzten Gerätschaft dieser Art in Paris, bestiegen einst ältere Damen und übergewichtige Prälaten ihre Reittiere.

Den Hof begrenzt die Fassade eines stilvollen Renaissancebaus aus dem frühen 17. Jahrhundert. In seinen Mauern wohnte u.a. Diane de Poitiers, die berühmte Mätresse von Henri II. Der dritte Hof öffnet sich zur winzigen Rue du Jardinet, in der 1835 der Komponist Camille Saint-Saëns geboren wurde.

Hotels und Restaurants in St-Germain-des-Prés *siehe Seiten 286f und 304f*

Cour du Commerce St-André ⑬

75006. **Stadtplan** 12 F4. **Karte** K8. M *Odéon.*

Das Haus Nr. 9 umgibt ein Hauch des Schreckens, soll doch hier Dr. Guillotin seine »menschenfreundliche Enthauptungsmaschine« perfektioniert haben. Tatsächlich aber war er nur geistiger Urheber dieses »Fortschritts«, den der Pariser Chirurg Dr. Louis umsetzte. Als die Guillotine 1792 erstmals bei einer Hinrichtung eingesetzt wurde, nannte man sie noch *Louisette*.

Schaulustiger revolutionärer Mob bei einer Guillotine-Exekution

Musée de la Monnaie ⑭

11, quai de Conti, 75006. **Stadtplan** 12 F3. **Karte** K7. *01 40 46 56 66.* M *Pont Neuf, Odéon.* *bis Ende 2012 wg. Renovierung.* **Filme**. **www**.monnaiedeparis.fr

Der Gewinner des Architekturwettbewerbs, den Louis XV im späten 18. Jahrhundert anlässlich des geplanten Umzugs des Münzamtes ausgeschrieben hatte, war Jacques Antoine. Er war mit dem 1777 vollendeten Bau, dem heutigen Hôtel des Monnaies, so zufrieden, dass er bis zu seinem Tode 1801 darin seine Wohnung hatte.

Münzen wurden hier bis 1973 geprägt (seitdem geschieht dies in Pessac in der Gironde). Die Präge- und Rändelhallen beherbergen heute die umfangreiche, den historischen Kontext einbeziehende Ausstellung des Münzen- und Medaillenmuseums. Die in Glasvitrinen bewahrten Münzen lassen sich beidseitig betrachten. Im letzten Raum veranschaulichen Werkzeuge und Maschinen aus dem späten 19. und frühen 20. Jahrhundert den Herstellungsprozess.

In den Werkstätten werden heute zwar keine Münzen, jedoch Medaillen geprägt, von denen einige auch zum Verkauf stehen. Sonderanfertigungen sind möglich.

Institut de France ⑮

23, quai de Conti, 75006. **Stadtplan** 12 E3. **Karte** K7. *01 44 41 44 41.* M *Pont Neuf, St-Germain-des-Prés.* *Sa, So nur nach Vereinbarung.* **www**.institut-de-france.fr

Das barocke Gebäude, heute Sitz der namhaften Académie Française, wurde 1688 als Palast errichtet und 1805 von Napoléon als Sitz des von ihm gegründeten Institut de France bestimmt. Die Kuppel entwarf Louis Le Vau als harmonisches Pendant zum Palais du Louvre.

Kardinal Richelieu gründete 1635 die Académie Française, die berühmteste der fünf Akademien des Instituts, und

Hinweisschild auf die ehemalige Münzanstalt

beauftragte sie mit der Erstellung eines offiziellen Lexikons der französischen Sprache. Die Mitgliedschaft in der Académie Française ist seither auf 40 Personen begrenzt, die sich der Pflege der französischen Sprache widmen.

École Nationale Supérieure des Beaux-Arts ⑯

13, quai Malaquais, 75006. **Stadtplan** 12 E3. **Karte** J7. *01 47 03 50 00.* M *St-Germain-des-Prés.* *tägl. für Gruppen nach Vereinbarung: 01 42 46 92 02.* **Bibliothek**. **www**.ensba.fr

Wo die Rue Bonaparte und der Quai Malaquais aufeinandertreffen, befindet sich in beneidenswerter Lage Frankreichs wichtige Akademie der Schönen Künste. Das beeindruckendste der vielen Gebäude der Hochschule ist der Palais des Études aus dem 19. Jahrhundert. Den weitläufigen Hof durchquerten bereits Scharen hoffnungsvoller französischer, europäischer und amerikanischer Maler und Architekten auf ihrem Weg in die verschiedenen Ateliers und Lehrräume.

Fassade der École Nationale Supérieure des Beaux-Arts

Berühmte Cafés in Paris

Wer an Paris denkt, denkt auch an seine Cafés. Der Besucher hat dabei oft eine romantisch verklärte Vorstellung von den großen Künstlern, Schriftstellern und Intellektuellen, die in den berühmten Cafés am linken Seine-Ufer *(Rive Gauche)* verkehrten. Für den Pariser ist das Café fester Bestandteil seines Alltagslebens, ein Ort, an dem man sich verabredet, Freunde trifft, Geschäfte abschließt oder müßig die Welt an sich vorüberziehen lässt.

Das älteste Café, das Le Procope *(siehe S. 140)*, wurde 1686 eröffnet. Im folgenden Jahrhundert eroberten sich Cafés einen wesentlichen Platz im gesellschaftlichen Leben von Paris. Mit dem Ausbau der Straßen, insbesondere als im 19. Jahrhundert Haussmanns großzügige Boulevards entstanden, etablierten sich Cafés auch auf den Bürgersteigen. Dort, so beobachtete Émile Zola, »verfolgte die schweigende Menge das Straßenleben«.

Zeitungslektüre im Café, von jeher beliebter Zeitvertreib

Nicht selten verliehen die Stammkunden einem Café sein Flair und seinen Ruf. In einigen versammelten sich die Schach-, Domino- oder Billardspieler. Die Literaten lockte es zu Molières Zeiten im 17. Jahrhundert ins Le Procope. Im 19. Jahrhundert zog es die Kaiserlichen Gardeoffiziere des Ersten Kaiserreichs ins Café d'Orsay, während die Financiers des Zweiten Kaiserreichs die Cafés in der Rue de la Chaussée d'Antin bevölkerten. Die Schickeria setzte sich im Café de Paris und im Café de Tortoni vorteilhaft ins Licht, und die Theaterbesucher strömten in Scharen in die Cafés um die Opéra, so etwa in das Café de la Paix *(siehe S. 215)*.

École Nationale d'Administration ⓱

13, rue de l'Université, 75007. **Stadtplan** 12 D3. **Karte** J7. *01 49 26 45 45.* *Rue du Bac.* *für Besucher.*

Die Villa aus dem 18. Jahrhundert erhebt sich an der Stelle zweier Häuser, die Briçonnet 1643 erbaut hatte. 1713 errichtete hier Thomas Gobert für die Witwe von Denis Feydeau de Brou ein *hôtel*. Sie vermachte es ihrem Sohn, Paul-Esprit de Brou. Nach dessen Tod 1767 residierte darin der venezianische Botschafter. Nach der Beschlagnahmung durch Belzunce 1787 diente es in den Jahren der Französischen Revolution bis zur Wiederherstellung der Monarchie 1815 als Munitionsdepot.

Früher war das Gebäude der Sitz der École Nationale d'Administration (heute in Straßburg), in der die politische, wirtschaftliche und wissenschaftliche Elite ausgebildet wurde. Heute gehört es zur Universität Sciences Po.

Gedenktafel für Voltaire, der in diesem Haus am Quai Voltaire starb

Quai Voltaire ⓲

75006 und 75007. **Stadtplan** 12 D3. **Karte** J6–7. *Rue du Bac.*

Der heutige Quai Voltaire, einst Teil des Quai Malaquais und später Quai des Théatins genannt, ist Domizil einiger der namhaftesten Antiquitätenhändler von Paris. Die reizvollen Häuser aus dem 18. Jahrhundert beherbergten zahlreiche Berühmtheiten und laden zu einem aufschlussreichen wie angenehmen Spaziergang ein.

Im Haus Nr. 1 lebten im 18. Jahrhundert der schwedische Botschafter Graf Tessin und der Bildhauer Jean-Jacques Pradier. Seine Frau schwamm unbekleidet durch die Seine und erregte damit kaum weniger Aufsehen als seine Statuen. In den Häusern Nr. 3–5 wohnte Louise de Kéroualle. Sie war Spionin für Louis XIV und wurde vom in Liebe entbrannten englischen König Charles II zur Herzogin von Portsmouth ernannt.

Haus Nr. 19 bot den Komponisten Richard Wagner und Jean Sibelius, dem Dichter Charles Baudelaire und dem Exilanten Oscar Wilde Obdach.

Voltaire starb im Hôtel de la Villette in Nr. 27. Die Kirche lehnte ein Begräbnis des Atheisten ab. Um ihn nicht in einem Armengrab enden zu lassen, wurde er in Sellières bei Troyes beigesetzt.

Szene aus den 1950er Jahren: Unterhaltung im Café Claude Alain, Rue de Seine

Die bekanntesten Cafés liegen am linken Seine-Ufer, in St-Germain und Montparnasse, wo sich einst die Literaten einfanden und heute die High Snobiety Hof hält. Vor dem Ersten Weltkrieg überschwemmten russische Revolutionäre Montparnasse, an ihrer Spitze Lenin und Trotzki. Sie verbrachten den Tag bei einem *petit café* und diskutierten die Probleme Russlands und der Welt. Das kulturelle Leben blühte auf, als in den 1920er Jahren Surrealisten wie Salvador Dalí und Jean Cocteau die Cafészenerie beherrschten und später amerikanische Schriftsteller, allen voran Ernest Hemingway und F. Scott Fitzgerald, in La Coupole *(siehe S. 178)*, Le Sélect oder La Closerie des Lilas *(siehe S. 179)* diskutierten, tranken und arbeiteten.

Nach dem Zweiten Weltkrieg verlegte sich die Kulturszene ins nördliche St-Germain. Der Existenzialismus bestimmte nun die Lebenshaltung, charismatisch verfochten von Jean-Paul Sartre. Sartre und ihm gleichgesinnte Intellektuelle, unter ihnen die Schriftsteller Simone de Beauvoir und Albert Camus, der vielseitige Boris Vian und die Chansonette Juliette Gréco, debattierten und arbeiteten in Les Deux Magots *(siehe S. 138)* und im benachbarten Café de Flore *(siehe S. 139)*.

Der Nimbus der Berühmtheiten umgibt die Cafés bis heute, wenngleich nun internationale Besucher und über ihre Notizbücher gebeugte selbst ernannte Dichter allmählich ihre Vorgänger abgelöst haben.

Werke von Albert Camus (1913–1960), Stammgast in den Cafés von St-Germain

Musée d'Orsay ⓳

Siehe S. 144–147.

Musée National de la Légion d'Honneur ⓴

Rue de la Légion d'Honneur (Parvis du Musée d'Orsay), 75007. **Stadtplan** 11 C2. **Karte** H6. *01 40 62 84 25.* *Solférino.* *Musée d'Orsay.* *Mi–So 13–18 Uhr.* *Feiertage.*
www.musee-legiondhonneur.fr

Der unmittelbare Nachbar des Musée d'Orsay, das wuchtige Hôtel de Salm, wurde 1782 als einer der letzten Privatpaläste dieses Viertels erbaut. Sein erster Besitzer, der deutsche Fürst von Salm-Kyrburg, fand 1794 auf der Guillotine den Tod.

Heute gibt hier ein Museum Aufschluss über die Ehrenlegion, Frankreichs höchsten, von Napoléon I gestifteten Verdienstorden. Eine kleine rote Rosette im Knopfloch ziert die Ordensträger. Gemälde ergänzen die Sammlung von Medaillen und Insignien. In einem Raum ist Napoléons Orden der Ehrenlegion ausgestellt.

Daneben wurden Ehrenzeichen aus fast der ganzen Welt zusammengetragen; darunter sind das britische Victoria Cross und das amerikanische Verwundetenabzeichen Purple Heart.

Ein Bahnhof wurde zum Museum: das Musée d'Orsay

Das Große Kreuz der Ehrenlegion von Napoléon III

Musée d'Orsay ⓳

Der prunkvolle Bahnhof von Victor Laloux im Stil der Zeit um 1900 wurde 1986, 47 Jahre nach seiner Stilllegung, als Musée d'Orsay wiedereröffnet. Der Bau, einst Endstation der Bahnlinie Paris–Orléans, entging in den 1970er Jahren um Haaresbreite der Zerstörung. Die Umgestaltung berücksichtigte weitgehend die ursprüngliche Architektur, vor einiger Zeit erfolgte eine erneute Renovierung. Das Museum widmet sich den Kunstrichtungen der Jahre 1848 bis 1914 und berücksichtigt den gesellschaftlichen Rahmen sowie die kreativen Aktivitäten der jeweiligen Zeit. Die oberen Etagen werden bis Ende 2011 neu gestaltet.

Blick auf das Museum vom rechten Ufer
Victor Laloux entwarf den Bau für die Weltausstellung im Jahr 1900.

Stuhl von Charles Rennie Mackintosh
Dieser 1900 gefertigte Stuhl steht für Mackintoshs Beschäftigung mit klarer vertikaler und horizontaler Formengestaltung.

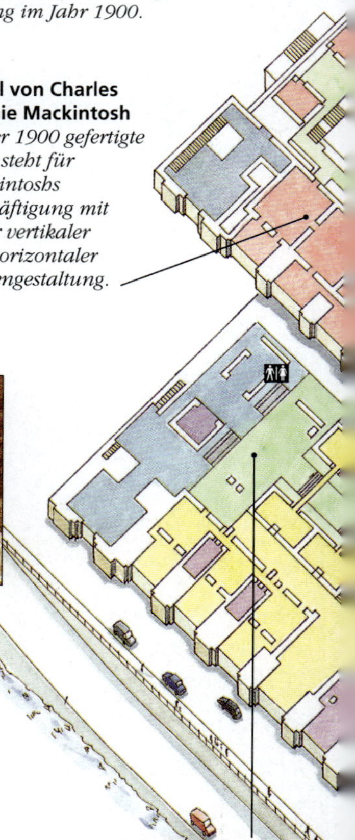

★ Das Höllentor
(1880–1917) Rodin integrierte in das berühmte Tor bereits vollendete Figuren wie den Denker *und den* Kuss.

★ Das Frühstück im Freien
Manets Bild von 1863 war erstmals zu sehen im Salon des Refusés von Napoléon III.

Der Tanz *(1867/68)*
Die Skulptur von Carpeaux löste seinerzeit einen Skandal aus.

LEGENDE

- Architektur & Dekorative Kunst
- Skulpturen
- Malerei vor 1870
- Impressionismus
- Neoimpressionismus
- Naturalismus und Symbolismus
- Art nouveau (Jugendstil)
- Wechselausstellungen
- Keine Ausstellungsfläche

Kurzführer

Die Sammlung verteilt sich über drei Ebenen. Erdgeschoss: *Werke aus der Zeit von 1850 bis 1900.* Mittlere Ebene: *Dekorative Kunst im Art-nouveau-Stil (Jugendstil), Bilder und Skulpturen von 1850 bis nach 1900 sowie eine Ausstellung über die Anfänge des Kinos.* Obere Ebene: *Impressionistische und neoimpressionistische Kunst.*

★ Le Moulin de la Galette
Um das von den Bäumen gefilterte flirrende Licht einzufangen, malte Renoir 1876 die farbenfrohe Montmartre-Szene im Freien.

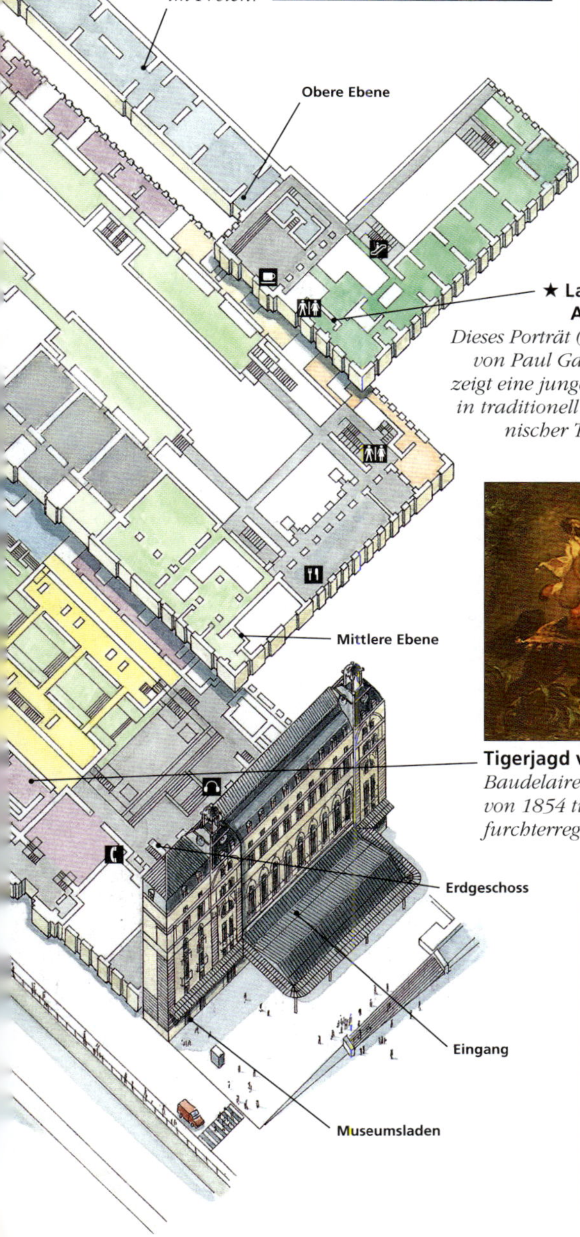

INFOBOX

1, rue de la Légion d'Honneur. **Stadtplan** 12 D2. **Karte** H6. *01 40 49 49 94 (Gruppen 01 53 63 04 50). Solférino. 24, 68, 69, 84 bis Quai Anatole France; 73 bis Rue Solférino; 63, 83, 84, 94 bis Bd St-Germain. Musée d'Orsay. Musée d'Orsay. Rue du Bac, Bd St-Germain. Di–So 9.30–18 Uhr (Do bis 21.45 Uhr). Kasse schließt 1 Std. vorher; Tickets auch im Internet. Kombiticket mit Musée Rodin erhältlich. 1. Jan, 1. Mai, 25. Dez.* ***Konzerte***. **www**.musee-orsay.fr

★ La Belle Angèle
Dieses Porträt (1889) von Paul Gauguin zeigt eine junge Frau in traditionell bretonischer Tracht.

Tigerjagd von Eugène Delacroix
Baudelaire nannte das Gemälde von 1854 tiefgründig, sinnlich und furchterregend.

NICHT VERSÄUMEN

★ *La Belle Angèle* von Paul Gauguin

★ *Das Frühstück im Freien* von Édouard Manet

★ *Das Höllentor* von Auguste Rodin

★ *Le Moulin de la Galette* von Pierre-Auguste Renoir

Stadtplan *siehe Seiten 390–423*

Musée d'Orsay: Sammlungen

Das Musée d'Orsay knüpft dort an, wo der Louvre aufhört: Hier sieht man Kunst aus der Zeit von 1848 bis 1914. Die impressionistische Sammlung, die hier präsentiert wird, ist einzigartig, die Wechselausstellungen bewegen sich auf Weltniveau. Begleitendes Material, etwa Ausstellungen zum Zeitungswesen oder der Geschichte der Kinematografie, erläutert den sozialen, politischen und technologischen Hintergrund der Werke.

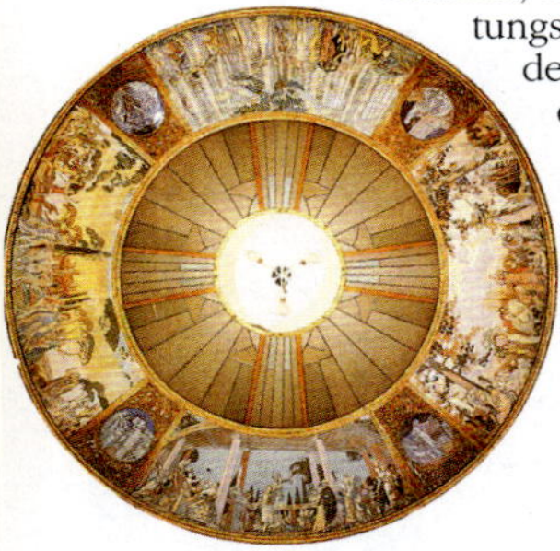

Deckendekor (1911) des Malers und Grafikers Maurice Denis

Art nouveau

Der belgische Architekt Victor Horta war einer der Pioniere jener schwungvoll eleganten Stilrichtung, die dem in Frankreich Art nouveau genannten Jugendstil den Spitznamen *Style Nouille* (Nudelstil) eintrug. Eine Pariser Galerie für modernes Design war Namensgeberin des Art nouveau, der bis zum Ersten Weltkrieg die europäische Kunst beeinflusste. In Wien verbanden Otto Wagner, Koloman Moser und Josef Hoffmann meisterliches Handwerk mit dem neuen Stil. Die Glasgow-Schule entwickelte, angeführt von Charles Rennie Mackintosh, einen geradlinigeren Ansatz, der den Arbeiten des amerikanischen Architekten Frank Lloyd Wright den Weg bereitete. René Lalique ließ die ästhetischen Prinzipien in die Goldschmiede- und Glaskunst einfließen, während der von Horta inspirierte Hector Guimard für seine Jugendstileingänge der Pariser Métro-Stationen berühmt ist. Unbedingt sehenswert ist Rupert Carabins geschnitzter Bücherschrank (1890). Das Dekor zeigt allegorische Aktdarstellungen, bronzene Palmwedel und bärtige Häupter.

Skulpturen

Die zentrale Flucht des Museums beherrscht eine Fülle scheinbar zufällig vereinter Skulpturen. Sie veranschaulichen die eklektische Stimmung, in der sich Mitte des 19. Jahrhunderts der Klassizismus eines Eugène Guillaume mit seinen *Büsten der Gracchen* (1848–53) ebenso behauptete wie die Romantik eines François Rude, der 1836 das oft verkürzt *La Marseillaise* *(siehe S. 211)* genannte Relief am Arc de Triomphe schuf.

Ergötzlich anzusehen ist eine Serie von 36 Büsten (1832) des Karikaturisten und Bildhauers Honoré Daumier: aufgeblasene und selbstgefällige Parlamentarier. Zu sehen sind weiter Arbeiten des genialen Jean-Baptiste Carpeaux. Eine Figur Dantes regte ihn zu seiner ersten Bronzeskulptur, *Graf Ugolino* (1862), an. Dionysische Lebensfreude bricht sich Bahn in seinem *Tanz* (1868), der als »Beleidigung der öffentlichen Moral« geschmäht wurde. Hiervon heben sich die sittsamen, deutlich weniger originellen Arbeiten von Alexandre Falguière und Hyppolyte Moulin ab.

Bereits zu seinen Lebzeiten wurde Edgar Degas' *Vierzehnjährige Tänzerin* (1881) ausgestellt. Die vielen anderen gezeigten Bronzen Degas' goss man nach Wachsmodellen, die nach seinem Tod im Atelier gefunden wurden.

Auguste Rodins kraftvolle Skulpturen dagegen erregten bereits damals Aufsehen. Das Museum besitzt zahlreiche seiner Werke, darunter das Gipsmodell seines *Balzac* (1897). Vom Talent seiner Schülerin und Geliebten Camille Claudel zeugt hier eine grimmige Anspielung auf die Sterblichkeit, *Reife* (1899–1903). Die Jahre um 1900 sind gekennzeichnet durch Arbeiten von Émile-Antoine Bourdelle und Aristide Maillol.

Malerei vor 1870

Eine überraschende Stilvielfalt prägte die Malerei des 19. Jahrhunderts. Sie wird im Erdgeschoss unterstrichen durch das dichte Nebeneinander von Werken, die vor 1870 entstanden – jenem Jahr, in dem der Impressionismus erstmals auf sich aufmerksam machte. Neben der unbändigen Farben- und nahezu expressionistischen Ausdruckskraft der *Tigerjagd* (1854) von Eugène Delacroix ist die kühle Klassik des *Frühling* (1820) von Jean-Dominique Ingres bemerkenswert.

Den Mittelgang beherrscht Thomas Coutures Monumentalgemälde *Die Römer der Verfallszeit* (1847), dessen Wachsfigurenstil den akademischen Manierismus verkörpert. Eine eigene Gruppe bilden Édouard Manets provokative Werke *Olympia* und *Das Frühstück im Freien* (1863), während die Bilder seiner Freunde Claude Monet, Auguste Renoir, Frédéric Bazille und Alfred Sisley die Morgenröte der impressionistischen Bewegung erahnen lassen.

***Vierzehnjährige Tänzerin* (1881) von Edgar Degas**

***Olympia* (1863) von Édouard Manet**

Impressionismus

Claude Monet, ein wichtiger Vertreter der impressionistischen Bewegung, fing zu verschiedenen Tageszeiten die *Kathedrale von Rouen* (1892/93) ein, die hier neben vielen anderen seiner Werke zu sehen ist. Auguste Renoir schuf seine fülligen Akte sowie die Ballszene in *Le Moulin de la Galette* (1876) auf dem Höhepunkt seiner impressionistischen Phase. Auch Impressionisten wie Camille Pissarro, Alfred Sisley und Mary Cassatt sind vertreten. Edgar Degas, Paul Cézanne und Vincent van Gogh wurden aufgenommen, obwohl ihre Techniken sich von den Impressionisten unterscheiden. Degas, der oft zum klaren Realismus neigte, beherrschte sehr wohl, wie *L'Absinthe* (1878) zeigt, die impressionistische Skizze. Cézanne beschäftigte sich mehr mit Strukturen als dem Licht, so beim Stillleben *Äpfel und Orangen* (1895–1900). Zeitweise vom Impressionismus beeinflusst, ging van Gogh seinen eigenen Weg, wie Arbeiten aus Dr. Gachets Sammlung veranschaulichen.

***Bretonische Bäuerinnen* (1894) von Paul Gauguin**

***Blaue Seerosen* (1919) von Claude Monet**

Neoimpressionismus

Seinem Namen zum Trotz unterschied sich der Neoimpressionismus beträchtlich von seinem Vorläufer, wie Arbeiten seines Hauptvertreters Georges Seurat (darunter *Zirkus*, 1891) erkennen lassen. Er sowie Maximilien Luce und Paul Signac zerlegten die Farbwerte in kleine Punkte, die sich für den Betrachter zu einem flimmernden Mosaik fügen.

Die Tänzerin Jane Avril (1892) hängt hier neben vielen anderen Bildern von Henri de Toulouse-Lautrec. Zu Paul Gauguins in der Bretagne entstandenen Arbeiten gesellen sich die Werke jüngerer Künstler, die Gauguins Weg gekreuzt hatten. Zu sehen sind auch Arbeiten aus seinen Jahren auf Tahiti.

Die Nabis-Gruppe (unter ihnen Pierre Bonnard) sah die Leinwand als Fläche an, die dem Betrachter ein Gefühl der Tiefe vermitteln sollte. Symbolistische Tendenzen zeigen sich in den Visionen Odilon Redons, während *Der Krieg* (1894) und *Die Schlangenbeschwörerin* (1907) für Henri Rousseaus naive Kunst stehen.

Naturalismus und Symbolismus

Drei große Räume sind den Bildern zwischen 1880 und 1900 gewidmet. Die von der Dritten Republik geschätzten Naturalisten fanden damals viele Nachahmer. Fernand Cormons *Kain* stieß 1880 bei seiner ersten Ausstellung auf hohes Lob. Jules Bastien-Lepage galt seit seinem Bild *Heuernte* (1877) als einer der führenden Naturalisten. Seine recht freie Hand zeugt vom Einfluss Manets und dessen Freunden. Ein melancholischerer (und eindrucksvollerer) Naturalismus spricht aus Lionel Waldens *Docks von Cardiff* (1894).

Den Symbolismus, entstanden als Gegenbewegung zum Realismus und Impressionismus, beherrschten Bilder aus der Welt der Träume und Imagination. Er fand so zu einer Vielfalt von Themen und Ausdrucksmitteln. Sie schlugen sich nieder in Henri Martins zuckersüßer Darstellung schwebender Harfenspieler, einem Werk mit dem Titel *Heiterkeit* (1899), in Edward Burne-Jones' monumentalem *Glücksrad* (1883) und in Jean Delvilles *Akademie des Platon* (1898). Zu den bewegendsten Gemälden in dieser Abteilung zählt sicherlich Winslow Homers lyrische *Sommernacht* (1890).

Quartier Latin

Buntglas (15. Jh.), Musée National du Moyen Âge

Cafés, Buchläden, Kinos und Jazzclubs beleben das alte, flussnahe Viertel zwischen der Seine und dem Jardin du Luxembourg. Zu den zahlreichen berühmten Bildungsanstalten gehören die zwei angesehensten *lycées*, Henri IV und Louis le Grand, in denen ein Großteil der künftigen französischen Elite ausgebildet wird.

So wie die Anführer der 1968er-Revolte *(siehe S. 40f)* sich dem bürgerlichen Leben eingliederten, so wandte sich der Boulevard St-Michel, die Hauptschlagader des Viertels, von der Politik ab und dem Kommerz zu. Heute wimmelt es dort von günstigen Läden und Fast-Food-Buden. Im Labyrinth der engen, kopfsteingepflasterten Straßen drängen sich schräge Boutiquen, Avantgarde-Theater und Kinos. Aber die 800-jährige Geschichte des Stadtteils lässt sich nicht völlig verdrängen. Die Sorbonne bewahrt noch weitgehend ihren Charakter, ebenso die ins 13. Jahrhundert zurückreichenden Straßen des östlichen Quartier und die Rue St-Jacques, ehemals eine römische Ausfallstraße.

Ein junger Straßenmusikant spielt unter dem Pont St-Michel. Das Quartier Latin hat eine lange Tradition als Lieblingsviertel der Jugend.

Sehenswürdigkeiten auf einen Blick

Historische Gebäude und Straßen
Boulevard St-Michel 2
Collège de France 8
La Sorbonne 7

Museen und Sammlungen
Musée National du Moyen Âge S. 154–157 1
Musée de la Préfecture de Police 6

Kirchen und Tempel
Chapelle de la Sorbonne 9
Panthéon S. 158f 11
St-Étienne-du-Mont 10
St-Julien-le-Pauvre 4
St-Séverin 3

Platz
Place Maubert 5

Anfahrt

Zu den Métro-Stationen des Quartier zählen St-Michel und Cluny-La Sorbonne. Der Balabus und die Linien 24 und 87 fahren den Bd St-Germain entlang; die 38 streift die Sorbonne und das Musée National du Moyen Âge auf dem Bd St-Michel.

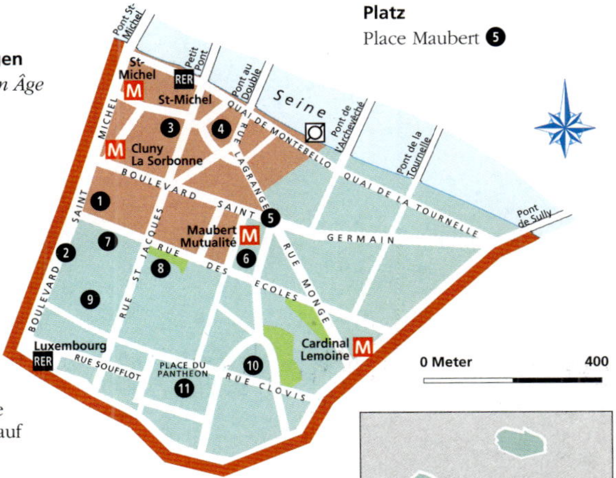

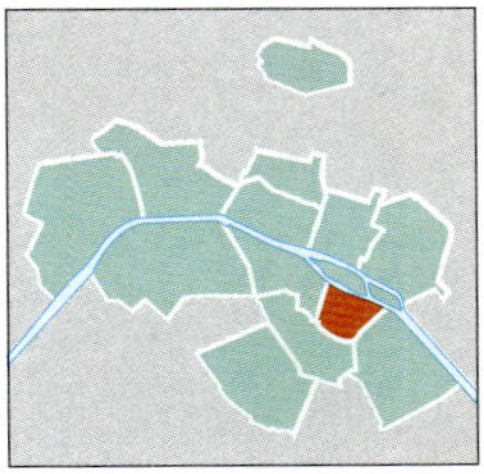

LEGENDE

Detailkarte *siehe S. 150f*
M Métro-Station
Batobus-Anlegestelle
RER RER-Station

SIEHE AUCH

- ***Stadtplan*** 12, 13, 17
- ***Hotels*** S. 287
- ***Restaurants*** S. 306

◁ **Ein Platz zum Lesen und Entspannen an einem Quai des Quartier Latin**

Im Detail: Quartier Latin

Seit dem Mittelalter wird dieses Viertel am Fluss, das seinen Namen von den ehemals Latein sprechenden Studenten erhielt, von der Sorbonne beherrscht. Es geht zurück auf eine Römersiedlung jenseits der Île de la Cité. Zu jener Zeit war die Rue St-Jacques eine der wichtigen Ausfallstraßen. Der Stadtteil wird gemeinhin mit Künstlern, Intellektuellen, der Boheme und dem politischen Aufbegehren in Verbindung gebracht. 1871 lag hier das Zentrum der Pariser Kommune, im Mai 1968 das der Studentenrevolte. Mittlerweile wurde die Osthälfte jedoch chic, viele gut situierte Pariser haben hier ihre Wohnungen.

Saxofonspieler

Auf der Place St-Michel steht ein Brunnen von Davioud. Die Bronzestatue von Duret stellt den heiligen Michael dar.

Métro St-Michel

Klein-Athen ist abends ein lebendiger Platz, besonders am Wochenende, wenn in den griechischen Restaurants in den Straßen um St-Séverin Hochbetrieb herrscht.

Métro Cluny - La Sorbonne

★ Boulevard St-Michel

Das Nordende des Boul'Mich, wie er liebevoll genannt wird, ist eine lebhafte Mélange aus Cafés, Bars, Buch- und Kleiderläden sowie Avantgarde-Kinos. ❷

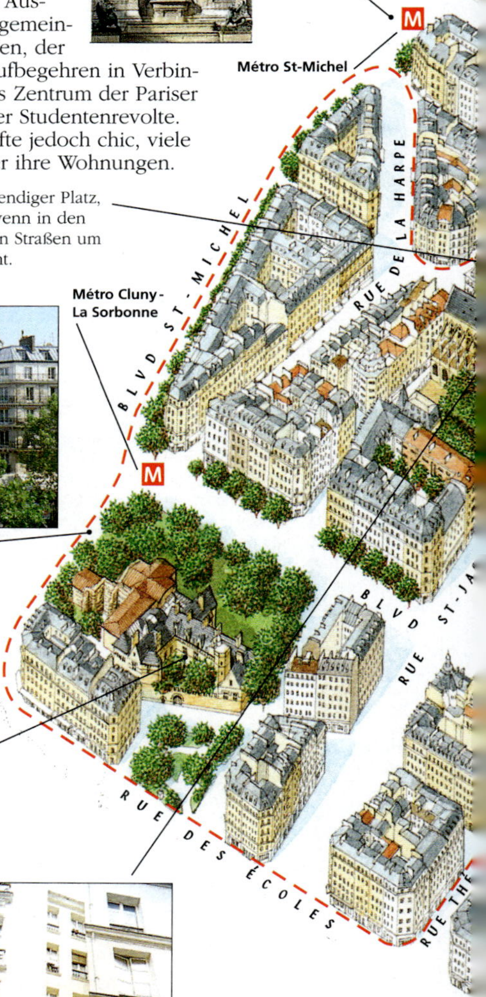

★ Musée National du Moyen Âge

Eine der besten Sammlungen mittelalterlicher Kunst in einem Gebäude (spätes 15. Jh.), das auch die Ruinen gallorömischer Thermen umfriedet. ❶

Die Rue St-Séverin Nr. 22 gilt als schmalstes Haus in Paris und war Wohnsitz von Abbé Prévost, dem Verfasser des Romans *Manon Lescaut*.

Hotels und Restaurants im Quartier Latin *siehe Seiten 287 und 306*

★ St-Séverin
Der Bau der schönen im 13. Jahrhundert begonnenen Kirche dauerte 300 Jahre. Sie ist ein herausragendes Beispiel der Spätgotik. ❸

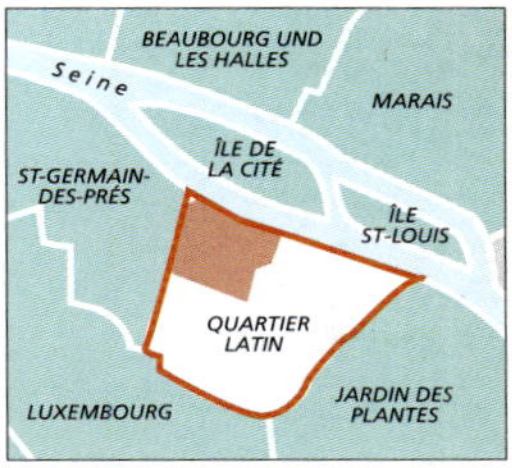

Zur Orientierung
Siehe Stadtplan 12, 13

Die Rue du Chat qui Pêche ist mit einer Breite von gerade mal 1,8 Metern die schmalste Straße in Paris.

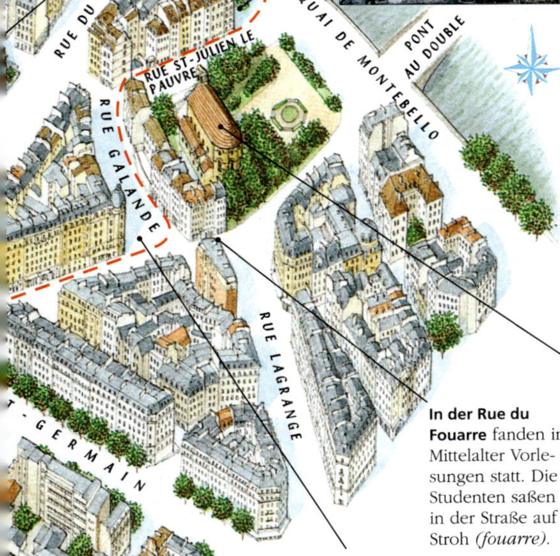

Shakespeare & Co *(siehe S. 331f)* in der Rue de la Bûcherie Nr. 37 ist ein witziger, wenn auch chaotischer Buchladen. Jedes gekaufte Buch erhält den Stempel *Shakespeare & Co Kilomètre Zéro Paris.*

★ St-Julien-le-Pauvre
Die im 17. Jahrhundert wiedererrichtete Kirche diente während der Revolution als Stall. ❹

In der Rue du Fouarre fanden im Mittelalter Vorlesungen statt. Die Studenten saßen in der Straße auf Stroh *(fouarre).*

NICHT VERSÄUMEN

- ★ Boulevard St-Michel
- ★ Musée National du Moyen Âge
- ★ St-Julien-le-Pauvre
- ★ St-Séverin

Die Rue Galande war im 17. Jahrhundert Heimstatt der Reichen und Schönen, erlangte danach aber den Ruf eines Kneipenviertels.

LEGENDE

– – – Routenempfehlung

0 Meter 100

Stadtplan *siehe Seiten 390–423*

Musée National du Moyen Âge ❶

Siehe S. 154–157.

Boulevard St-Michel ❷

75005 und 75006. **Stadtplan** 12 F5 und 16 F2. **Karte** K10–L8.
M *St-Michel, Cluny - La Sorbonne.*
RER *Luxembourg.*

Der Boulevard, der 1869 durch den Stadtteil gezogen wurde, erreichte Ruhm durch seine literarischen Cafés. Heute dominieren hier Modeläden. Zwischen Haus Nr. 60 und 64 findet man die École Nationale Supérieure des Mines *(siehe S. 173)*. Auf der Place St-Michel erinnern Marmortafeln an die Studenten, die 1944 hier als Widerstandskämpfer starben.

Wasserspeier an St-Séverin

St-Séverin ❸

1, rue des Prêtres-St-Séverin, 75005. **Stadtplan** 13 A4. **Karte** L8. *01 42 34 93 50.* M *St-Michel.* *tägl. 11–19.30 Uhr.* ***Konzerte.***
www.saint-severin.com

Als eine der schönsten Kirchen von Paris bietet St-Séverin ein vollkommenes Beispiel spätgotischen Stils. Sie wurde nach einem Eremiten des 6. Jahrhunderts benannt, der hier lebte und den späteren St-Cloud, Enkel von König Chlodwig, zur Beherzigung himmlischer Weisungen bewegte. Der Bau wurde im frühen 16. Jahrhundert vollendet. Er hat einen doppelten

St-Julien-le-Pauvre

Chorumgang. 1684 übernahm die Grande Mademoiselle, Base von Louis XIV, die Patenschaft, nachdem sie mit ihrer Kirche St-Sulpice gebrochen hatte. Sie ließ den Altarraum erneuern.

Im Friedhof, der heute ein Park ist, fand 1474 die erste Gallensteinoperation statt. Einem zum Tode verurteilten Bogenschützen wurde vom König die Freiheit versprochen, wenn er einwilligte. Die Operation glückte, und der Mann bekam seine Freiheit. Im Garten steht das mittelalterliche Beinhaus mit Giebel.

St-Julien-le-Pauvre ❹

1, rue St-Julien-le-Pauvre, 75005. **Stadtplan** 13 A4. **Karte** L8. *01 43 54 52 16.* M *St-Michel.* *tägl. 9–13.30, 15–18 Uhr.* ***Konzerte.*** *Siehe auch* ***Unterhaltung*** *S. 346.*

Von den drei möglichen Namenspatronen der Kirche gilt St-Julien, l'Hospitalier (der Gastfreundliche) als der wahrscheinlichste. Die Kirche ist zusammen mit St-Germain-des-Prés die älteste von Paris, ihre Entstehung reicht in den Zeitraum von 1165 bis 1220 zurück. Bis 1524 hielt die Universität hier ihre offiziellen Versammlungen ab, dann veranlassten Studentenunruhen das Parlament, dies zu untersagen. Von 1889 diente das Gotteshaus der Melchitischen Kirche als Versammlungsort. Heute finden hier regelmäßig Kammer- und Kirchenmusikkonzerte statt.

Place Maubert ❺

75005. **Stadtplan** 13 A5. **Karte** L8.
M *Maubert-Mutualité.*

Vom 12. bis zur Mitte des 13. Jahrhunderts war »La Maub« eines der scholastischen Zentren von Paris, wo Vorlesungen im Freien stattfanden. Nach dem Umzug der Gelehrten in die Hochschulgebäude von Montagne Ste-Geneviève wurde der Platz zu einer Stätte der Folter und Hinrichtung – auch für den Philosophen Étienne Dolet, der 1546 als Gotteslästerer lebend auf dem Scheiterhaufen verbrannt wurde. Weil hier so viele Protestanten im 16. Jahrhundert den Tod fanden, wurde der Platz zum Pilgerziel für die Anhänger des neuen Glaubens. Heute wird sein Ruf vom hier abgehaltenen Straßenmarkt geprägt.

Musée de la Préfecture de Police ❻

4, rue de la Montagne Ste-Geneviève, 75005. **Stadtplan** 13 A5. **Karte** L8. *01 44 41 52 50.* M *Maubert-Mutualité.* *Mo–Fr 9–17 Uhr, Sa 10–17 Uhr (letzter Einlass 16.30 Uhr).* *Feiertage.*

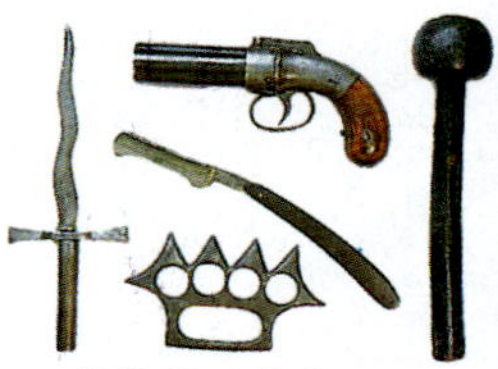

Waffen im Polizeimuseum

Eine dunkle Seite der Geschichte der Stadt wird in diesem kleinen Museum erhellt. Es wurde 1909 geschaffen und verfolgt die Polizeigeschichte von Paris bis ins Mittelalter zurück. Zu den Sehenswürdigkeiten gehören Haftbefehle für illustre Personen wie den Revolutionsführer Danton und eine Ausstellung der eher bescheidenen Waffen namhafter Missetäter. Eine weitere Abteilung widmet sich der Rolle der Polizei in der Résistance und bei der Befreiung von Paris.

Hotels und Restaurants im Quartier Latin *siehe Seiten 287 und 306*

La Sorbonne ❼

47, rue des Écoles, 75005. **Stadtplan** 13 A5. **Karte** K/L8–9. *01 40 46 22 11.* *Cluny-La Sorbonne, Maubert-Mutualité.* *nur nach Vereinbarung.* *Anfragen schriftlich an* Service des Visites.

Die Sorbonne, Universität von Paris, wurde 1253 von Robert de Sorbon, Hofkaplan von Louis IX, gegründet, um 16 mittellosen Studenten das Theologiestudium zu ermöglichen. Aus diesem bescheidenen Anfang entwickelte sich das Zentrum der scholastischen Theologie. 1469 erwarb der Rektor drei Druckmaschinen aus Mainz und gründete damit die erste Druckerei in Frankreich. Die konservative Haltung der Universität angesichts der revolutionär-philosophischen Stimmung des 18. Jahrhunderts kehrte sich während der Revolution gegen sie. Die Institution wurde 1806 von Napoléon wiederbelebt, einige Gebäudeteile wurden ersetzt.

Statuen außerhalb des Collège

Collège de France ❽

11, pl Marcelin-Berthelot, 75005. **Stadtplan** 13 A5. **Karte** L8. *01 44 27 12 11.* *Maubert-Mutualité.* *Okt–Juni: Mo–Fr 9–18 Uhr.* **www**.college-de-france.fr

Das Collège, eine der bedeutendsten Pariser Wissenschaftseinrichtungen, wurde 1530 von François I gegründet. Unter dem Einfluss des Humanisten Guillaume Budé wagte der König den Kampf gegen Intoleranz und Dogmatismus der Sorbonne. Eine Statue von Budé steht im Westhof. Der freigeistige Anspruch spiegelt sich im Eingangsmotto wider: »Docet omnia« (Hier wird alles gelehrt). Die Vorlesungen sind kostenlos.

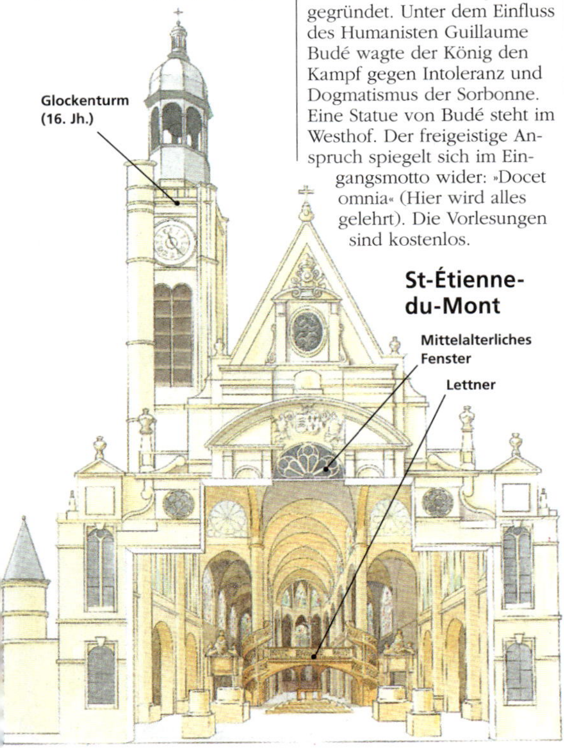

Chapelle de la Sorbonne ❾

Pl de la Sorbonne, 75005. **Stadtplan** 13 A5. **Karte** L9. *Caisse Nationale, 01 40 46 22 11.* *Cluny-La Sorbonne, Maubert-Mutualité.* RER *Luxembourg.* *nur bei Ausstellungen.*

Lemercier entwarf die zwischen 1635 und 1642 errichtete Kirche. Sie erinnert vor allem an Richelieu, dessen Grabmal sich im Inneren befindet. Es wurde 1694 von Girardon nach Entwürfen von Le Brun geschaffen. Die beeindruckende Hauptfassade ist der Place de la Sorbonne zugewandt.

Uhr an der Chapelle de la Sorbonne

St-Étienne-du-Mont ❿

Pl Ste-Geneviève, 75005. **Stadtplan** 17 A1. **Karte** L9. *01 43 54 11 79.* *Cardinal Lemoine.* *Mo 12–19.30, Di–Fr 8.45–19.30 Uhr, Sa, So nur vormittags.* *Juli, Aug: Mo.*

Die Kirche birgt nicht nur den Schrein der Sainte Geneviève, der Schutzheiligen von Paris, sondern auch die sterblichen Überreste des Dramatikers Racine und des Physikers Pascal. Gotik und Renaissance prägen den Innenraum gleichermaßen. Beachtenswert sind der Lettner und die Buntglasfenster.

Panthéon ⓫

Siehe S. 158f.

Musée National du Moyen Âge ❶

Haupt Johannes' des Täufers

Bis vor einiger Zeit hieß dieses Museum Musée de Cluny – nach Pierre de Chalus, dem Abt von Cluny, der die Ruinen 1330 kaufte. Inmitten von neu angelegten fantasievollen Gärten mittelalterlicher Art bietet es eine einzigartige Verbindung von gallorömischen Ruinen, die in ein mittelalterliches Palais integriert sind. Hier ist eine der weltweit schönsten Sammlungen mittelalterlicher Kunst zu sehen.

Mittelalterliches Palais
Der Bauherr des 1500 vollendeten Hôtel de Cluny war Jacques d'Amboise, Abt von Cluny.

★ Die Dame mit dem Einhorn
Die sechs Gobelins bieten ein herausragendes Beispiel des Millefleurs-Stils, der im 15. und frühen 16. Jahrhundert gepflegt wurde. Er ist für die anmutige Wiedergabe von Pflanzen, Tieren und Menschen berühmt.

★ Goldene Rose von Basel *(1330)*
Der Goldschmied Minucchio da Siena fertigte diese Rose für den Avignon-Papst Johannes XXII.

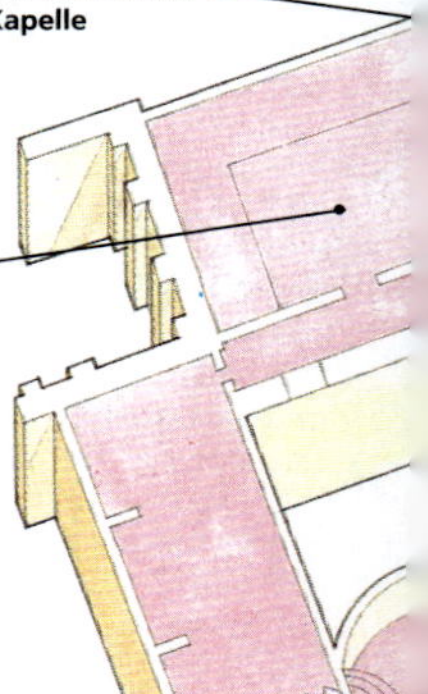

Mittelalterliche Kapelle

Römische Thermen
Die um das Jahr 200 n. Chr. erbauten Thermen wurden um 380 zerstört.

***Caldarium* (Heißwasserbad)**

Gallorömisches *frigidarium*
Die Bogen des Kaltbades aus dem 1. und 2. Jahrhundert n. Chr. waren einst mit Paaren von Schiffsschnäbeln verziert – Reminiszenz an die reichen Pariser Schiffer.

NICHT VERSÄUMEN

- ★ Die Dame mit dem Einhorn
- ★ Galerie der Könige
- ★ Goldene Rose von Basel

Stundenbücher
Das Museum besitzt zwei Stundenbücher aus der ersten Hälfte des 15. Jahrhunderts. Die illustrierten Seiten zeigen u. a. die Bußtage des Monats mit ihren jeweiligen Tierkreiszeichen.

INFOBOX

6, pl Paul Painlevé, 75005. **Stadtplan** 13 A5. **Karte** L8. *01 53 73 78 00/16.* *Cluny-La Sorbonne, St-Michel, Odéon.* *63, 86, 87, 21, 27, 38 bis Rue Soufflot, Rue des Écoles.* *St-Michel, Cluny-La Sorbonne.* *Bd St-Germain, Pl Edmond Rostand.* *Mi–Mo 9.15–17.45 Uhr.* *1. Jan, 1. Mai, 25. Dez.* ***Konzerte, Workshops.*** **www.**musee-moyenage.fr

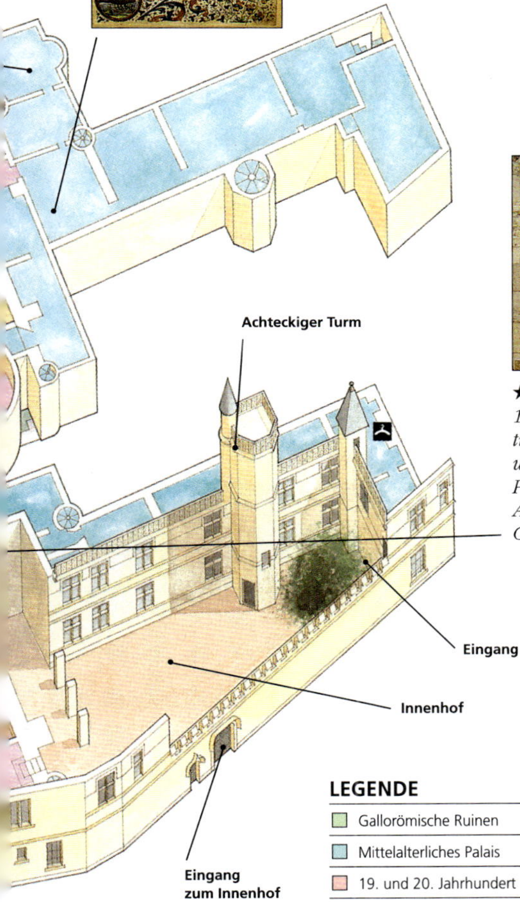

★ Galerie der Könige
1977 wurden 21 von 28 Kopfskulpturen judäischer Könige (um 1220 während der Regentschaft von Philippe-Auguste geschaffen) bei Ausgrabungen in der Rue de la Chaussée d'Antin gefunden.

Kurzführer

Die Sammlung wird auf den beiden Stockwerken des Gebäudes präsentiert. Der Schwerpunkt liegt auf mittelalterlicher Kunst, u. a. findet man illustrierte Handschriften, Gobelins, Textilien, Arbeiten aus Edelmetall, Alabaster und Keramik, Skulpturen und Kirchendekor. Etliche gallorömische Kunstgegenstände befinden sich an den Seiten des frigidarium. *Der kleine runde Raum daneben enthält eine Reihe von Kapitellen.*

LEGENDE

- Gallorömische Ruinen
- Mittelalterliches Palais
- 19. und 20. Jahrhundert

ZEITSKALA

um 200 Thermen erbaut

1500 Palais von Jacques d'Amboise fertiggestellt

1747 Achteckiger Turm wird als Sternwarte genutzt

1789 Während der Revolution vergrößert und vom Staat verkauft

1833 A. du Sommerard, ein Sammler mittelalterlicher Kunst, erwirbt das Hôtel

1844 Eröffnung als Museum

200 | 1450 | 1750 | 1800 | 1850

um 300 Thermen geplündert und zerstört

1600 Hôtel wird Residenz des päpstlichen Nuntius

Louis XVIII am Schreibtisch

1819 Auf Geheiß von Louis XVIII Thermen freigelegt

1842 Der Staat erwirbt das Hôtel de Cluny und die Sammlung erneut

Stadtplan *siehe Seiten 390–423*

Musée National du Moyen Âge: Sammlungen

Alexandre du Sommerard übernahm 1833 das Hôtel de Cluny. Mit Gespür für Dramatik und räumliche Gegebenheiten brachte er darin seine Kunstsammlung unter. Nach seinem Tod kaufte der Staat das Hôtel mitsamt Inventar und verwandelte es in ein Museum.

***Traubenlese*, Gobelin**

Gobelins

Das Museum besitzt sehr alte, hervorragend erhaltene und kostbare Gobelins, auf denen sich naive und subtilere Elemente zu bestechenden Motiven verweben. Auf einem der ältesten Wandteppiche, *Darbietung des Herzens* (frühes 15. Jh.), überreicht ein Mann einer sitzenden Schönheit sein Herz. Alltäglichere Szenen bebildern das *Herrenleben* (um 1500). Im oberen Stockwerk (Saal C) erwecken die berühmten sechs Gobelins *Die Dame mit dem Einhorn* Bewunderung.

Schnitzarbeiten

Ausgezeichnet repräsentiert sind die mittelalterlichen europäischen Schnitztechniken. Aus dem englischen Nottingham sind Holz- und Alabasterarbeiten zu sehen, die einst Europas Altarblätter zierten. Zu den kleineren Kunstwerken zählt das verblüffend lebensechte Werk *Die Schule* aus dem frühen 16. Jahrhundert.

Das obere Stockwerk birgt erlesene flämische und süddeutsche Holzschnitzereien. Als typisches Beispiel gilt die vielfarbige Figur des heiligen Johannes. Augenweiden sind zwei Altararbeiten, die liebevoll geschnitzte und bemalte *Beweinung Christi* (um 1485) aus dem Herzogtum Kleve sowie das 1523 in Antwerpen gefertigte Averbode-Altarblatt mit drei Szenen, darunter dem Letzten Abendmahl. Auch die lebensgroße Statue der Maria Magdalena lohnt eine genauere Betrachtung.

Glasmalerei

Überwiegend französischer Herkunft sind die Glasfenster aus dem 12. und 13. Jahrhundert, deren älteste (1144) aus der Basilika St-Denis stammen. Der Kathedrale von Troyes entstammen drei Fragmente: Zwei zeigen Szenen aus dem Leben des heiligen Nikolaus, das dritte bebildert das Leben Christi. Während der Restaurierung der Sainte-Chapelle *(siehe S. 88f)* Mitte des 19. Jahrhunderts brachte man viele ihrer kostbaren Fenster ins Cluny-Museum – wo man sie heute noch sehen kann. Fünf Szenen mit alttestamentarischen Simson-Motiven stammen von 1248. Die im späten 13. Jahrhundert neue Technik, farbige Glasornamente durch die gräulichen Töne der Grisaille-Malerei hervorzuheben, belegen vier Glasgemälde aus dem Château de Rouen.

Glasmalereien aus Britannien (1400)

***Die Schule*, englische Holzschnitzarbeit (frühes 16. Jh.)**

Kopf einer Königinnenstatue, die einst St-Denis schmückte

Skulpturen

Der Höhepunkt dieser Abteilung ist die *Galerie der Könige*, Fragmente von Skulpturen von Notre-Dame. Im Gewölberaum sind edle, aus französischen Kirchen geborgene romanische Skulpturen ausgestellt. Zu den ältesten zählen zwölf Häupter aus dem frühen 11. Jahrhundert. Die kühnen Konturen eines Königinnenhauptes (Anfang 12. Jh.) nehmen, obwohl beschädigt, den Betrachter gefangen. Einst war es am Kirchenportal von St-Denis angebracht.

In nächster Nähe entdeckt der Besucher weitere sehenswerte Skulpturen im romanischen und frühgotischen Stil, außerdem vier der berühmtesten Statuen des Museums: die im frühen 13. Jahrhundert für die Sainte-Chapelle angefertigten Apostel.

Alltagsobjekte

Die Ausstellung von Gebrauchsgegenständen beleuchtet eine andere Seite des mittelalterlichen Lebens. Die Sammelstücke reichen von Wandbehängen über Schatullen bis hin zu Küchengeräten, Kleidung und Kinderspielzeug. Reisekisten und religiöse Embleme lassen Entdeckungsreisen und Pilgerfahrten wieder lebendig werden.

Goldschmiedearbeiten

Das Museum besitzt wertvolle Juwelen, Münzen, Metall- und Emailarbeiten, die aus gallischen bis mittelalterlichen Zeiten zusammengetragen wurden. Durchweg schlichtes Design prägt den goldenen Schmuck in der gallischen Vitrine. Als einer der kostbarsten Schätze gilt die zierliche *Goldene Rose von Basel* (1330), die älteste bekannte Goldschmiedearbeit dieser Art.

Früheste Beispiele der Emailkunst liefern späte römische und byzantinische *Cloisonné*-Arbeiten. Die schönsten kommen aus den Emailwerkstätten von Limoges. Von außergewöhnlich hoch entwickelter sakraler Kunst zeugen der Baseler Altar und das Altarblatt aus Stavelot.

Kreuz aus Italien (spätes 15. Jh.)

Der *Pilier des Nautes*

Gallorömische Ruinen

Ein Besuch des Museums veranschaulicht nicht zuletzt Ausmaße und Gestaltung eines gallorömischen Bades. Das *frigidarium* (Kaltwasserbad) war seinerzeit das größte Galliens. Hier ist auch der berühmte, 1711 bei Ausgrabungen unter Notre-Dame freigelegte und kürzlich restaurierte *Pilier des Nautes* (Schiffersäule) zu sehen. Er besteht aus fünf Steinblöcken, auf denen gallische und römische Gottheiten abgebildet sind und deren Hauptfigur die Schiffer *(nautes)* der Seine symbolisieren soll. Vom *caldarium* (Heißwasserbad) und dem *tepidarium* (lauwarmes Bad) sind Reste erhalten. Die unterirdischen Gewölbe stehen ebenfalls zur Besichtigung frei.

Gobelinfolge »Die Dame mit dem Einhorn«

Einhorn des sechsten Gobelins

Im späten 15. Jahrhundert gestalteten Weber in den Niederlanden das Ensemble aus sechs Gobelins. Es bezaubert durch harmonische Farbkomposition und anmutige Figuren. Die ersten fünf Gobelins sind Allegorien der fünf Sinne: Sehen (Spiegelblick), Hören (Orgelspiel), Schmecken (Kosten an Naschwerk), Riechen (Schnuppern an Nelken) und Tasten (die Dame berührt das Horn des Einhorns). Der rätselhafte sechste Gobelin, auf dem Juwelen in eine Schachtel gelegt werden, trägt die Inschrift »A mon seul désir« (Meinem einzigen Verlangen).

Panthéon ⓫

Als Louis XV 1744 von schwerer Krankheit genas, gelobte er in Dankbarkeit den Bau einer Sainte Geneviève (Genoveva) geweihten Kirche. Der Auftrag erging an den Architekten Jacques-Germain Soufflot, der eine Kirche im klassizistischen Stil entwarf. Der 1764 begonnene Bau wurde erst 1790, nach Soufflots Tod, unter Guillaume Rondelet vollendet. Da dieses Jahr im Zeichen der Französischen Revolution stand, wurde das Gotteshaus in ein Pantheon umgewandelt, Begräbnis- und Gedenkstätte für die Helden der Revolution. Napoléon gab den Ehrentempel 1806 der Kirche zurück, später wurde der Bau erneut säkularisiert, dann wieder zur Kirche. Seit 1885 ist er endgültig profane Stätte.

Die Fassade
Den Portikus an der Hauptfront stützen nach Vorbild des römischen Pantheons 22 korinthische Säulen.

Die Bogen unter der Kuppel zeugen von einem wiedererwachten Interesse an der Gotik. Sie wurden von Rondelet entworfen und verbinden vier Pfeiler, die die 10 000 Tonnen schwere, 83 Meter hohe Kuppel tragen.

Dreiecksgiebel
Das von David d'Angers gestaltete Relief zeigt Szenen aus der Geschichte der französischen Nation.

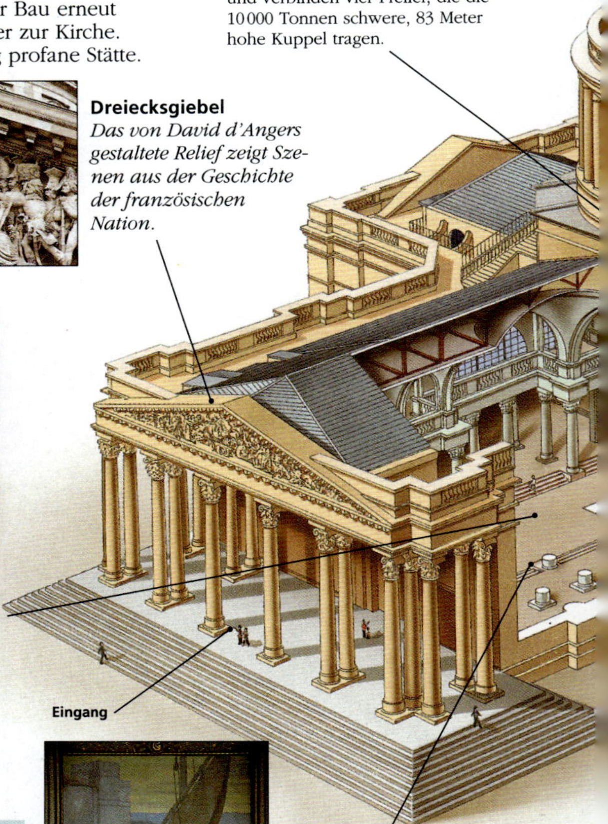

Innenraum
Der Innenraum besteht aus vier Schiffen. Sie sind in Form eines griechischen Kreuzes angelegt, über dessen Mitte sich die mächtige Kuppel spannt.

NICHT VERSÄUMEN

★ Fresken der Sainte Geneviève

★ Krypta

★ Kuppelraum

★ Fresken der Sainte Geneviève
An der Südwand des Hauptschiffs illustrierte der Freskenmaler Pierre Puvis de Chavannes (19. Jh.) das Leben der heiligen Genoveva.

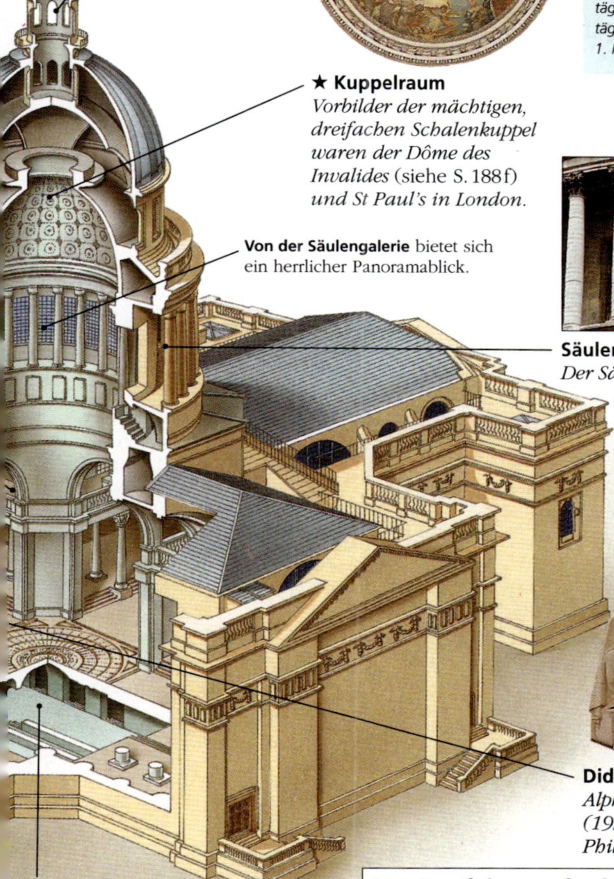

Die Laterne (Kuppelaufsatz) lässt die Sonnenstrahlen nur schwach ins Innere dringen. Helles Licht, so meinte man, wäre der Würde dieses Ortes nicht angemessen.

INFOBOX

Place du Panthéon, 75009. **Stadtplan** 17 A1. **Karte** L9. *01 44 32 18 00. Jussieu, Cardinal Lemoine. 84 bis Panthéon; 21, 27, 38, 82, 84, 85, 89 bis Gare du Luxembourg. RER Luxembourg. P Pl Edmond Rostand. Apr–Sep: tägl. 10–18.30 Uhr; Okt–März: tägl. 10–18 Uhr. 1. Jan, 1. Mai, 25. Dez.*

★ Kuppelraum
Vorbilder der mächtigen, dreifachen Schalenkuppel waren der Dôme des Invalides (siehe S. 188f) *und St Paul's in London.*

Von der Säulengalerie bietet sich ein herrlicher Panoramablick.

Säulenring
Der Säulenring dient nicht allein der Zierde, sondern ist zugleich Teil der raffinierten Statik.

Diderot-Denkmal
Alphonse Terroirs Würdigung (1925) des Schriftstellers und Philosophen Denis Diderot.

★ Krypta
Sie nimmt unterirdisch die gesamte Grundfläche des Gebäudes ein. In ihren von dorischen Säulen flankierten Gängen ruhen zahlreiche Berühmtheiten.

Das Panthéon und seine Toten

Als Erster wurde hier der populäre Redner Honoré Mirabeau bestattet. (Unter den neuen Führern der Revolution fiel er jedoch in Ungnade, sein Leichnam wurde wieder entfernt.) Am Grabmal des 1788 verstorbenen Voltaire steht eine von Jean-Antoine Houdon geschaffene Statue. In den 1970er Jahren trug man hier Jean Moulin, einen Führer des französischen Widerstands, ehrenvoll zur letzten Ruhe. Auch die Körper von Pierre und Marie Curie wurden 1995 hierhertransferiert. Jean-Jacques Rousseau, Victor Hugo und Émile Zola werden ebenfalls im Panthéon geehrt.

FLEURS
FLEURS
BAR RESTAUR

Jardin des Plantes

Das Viertel ist eines der ruhigsten von Paris, geprägt durch die botanischen Gärten aus dem 17. Jahrhundert, in denen die Könige des *ancien régime* Heilkräuter zogen und heute das Institut für Naturgeschichte angesiedelt ist. Diese Atmosphäre unterstreichen die vielen Krankenhäuser, besonders das größte, die Pitié-Salpêtrière. Ein Markt ergreift täglich vom unteren Teil der Rue Mouffetard Besitz, und in deren Nebenstraßen spürt man noch ein wenig vom mittelalterlichen Paris.

Sehenswürdigkeiten auf einen Blick

Museen und Sammlungen

Collection des Minéraux de l'Université 4

La Manufacture des Gobelins 13

Musée de la Sculpture en Plein Air 2

Muséum National d'Histoire Naturelle 10

Kirche und Moschee

Mosquée de Paris 9

St-Médard 8

Moderne Architektur

Institut du Monde Arabe 1

Plätze, Gärten und Parks

Jardin des Plantes 11

Ménagerie 3

Place de la Contrescarpe 6

Historische Gebäude und Straßen

Arènes de Lutèce 5

Groupe Hospitalier Pitié-Salpêtrière 12

Rue Mouffetard 7

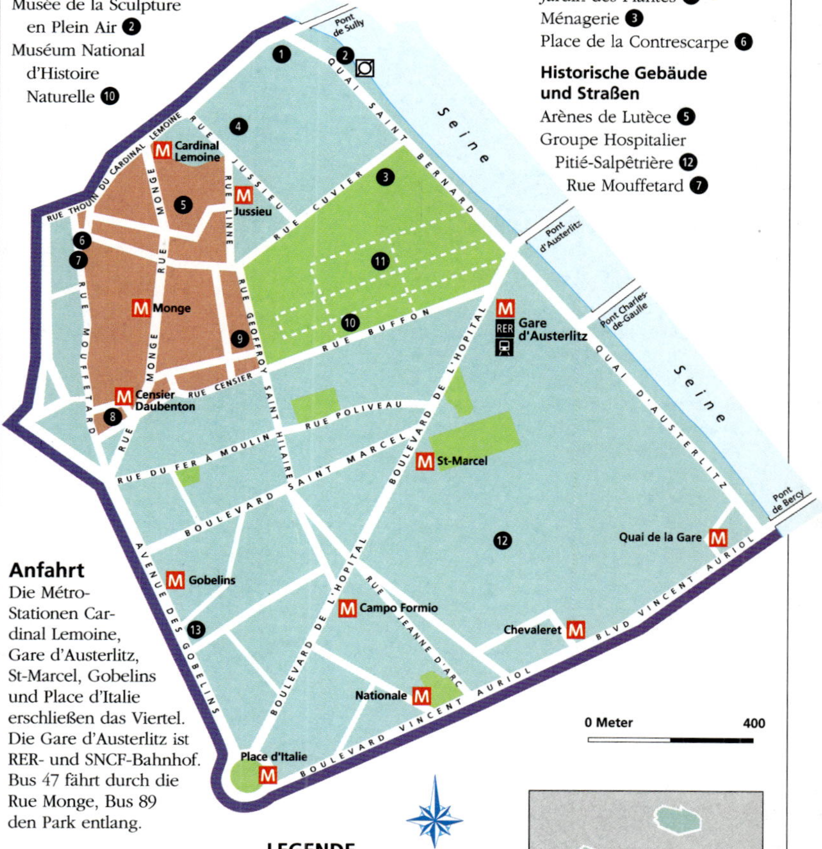

Anfahrt

Die Métro-Stationen Cardinal Lemoine, Gare d'Austerlitz, St-Marcel, Gobelins und Place d'Italie erschließen das Viertel. Die Gare d'Austerlitz ist RER- und SNCF-Bahnhof. Bus 47 fährt durch die Rue Monge, Bus 89 den Park entlang.

LEGENDE

Detailkarte *siehe S. 162f*

Métro-Station

Batobus-Anlegestelle

RER-Station

Bahnhof (SNCF)

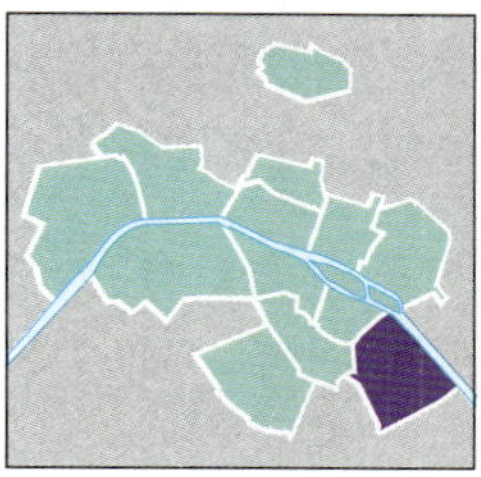

SIEHE AUCH

- ***Stadtplan*** 13, 17–18
- ***Restaurants*** S. 307

◁ **Rue Mouffetard, eine der ältesten Straßen von Paris *(siehe S. 166)***

Im Detail: Jardin des Plantes

Zwei Hofärzte von Louis XIII, Jean Hérouard und Guy de la Brosse, legten 1626 im dünn besiedelten Vorort St-Victor den königlichen Heilkräutergarten an. Zusammen mit den Gärten verschiedener religiöser Einrichtungen verlieh er dieser Gegend ländlichen Charakter. Als die Bevölkerung im 19. Jahrhundert wuchs, dehnte sich das Gebiet aus und seine Bebauung nahm zu, bis es sein heutiges Aussehen annahm: Bauten aus dem 19. und frühen 20. Jahrhundert prägen, durchsetzt von einigen älteren und neueren Gebäuden, das abwechslungsreiche Wohnviertel.

Place de la Contrescarpe
Restaurants und Cafés säumen den dörflichen Platz, der abends voller Studenten ist. ❻

★ Rue Mouffetard
Der tägliche Markt, einer der ältesten von Paris, zieht die Einheimischen in Scharen an. 1938 stieß man beim Abriss des Hauses Nr. 53 auf einen Schatz mit Louis-d'or-*Goldmünzen aus dem 18. Jahrhundert.* ❼

Der Pot de Fer ist einer von 14 Brunnen, die Marie de Médicis 1624 als Wasserspender für ihren Palast im Jardin du Luxembourg anlegen ließ. Der Brunnen wurde 1671 umgestaltet.

Die Passage des Postes wurde 1830 in einer alten Gasse eröffnet. Der Eingang befindet sich in der Rue Mouffetard.

St-Médard
Die Bauarbeiten wurden Mitte des 15. Jahrhunderts begonnen und 1655 vollendet. 1784 versah man die Kirche mit einem klassizistischen Chor und ersetzte die Fenster des Hauptschiffes (16. Jh.) durch Buntglasfenster. ❽

Restaurants um den Jardin des Plantes *siehe Seite 307*

★ Arènes de Lutèce
Das römische Amphitheater von Lutetia diente im 4. Jahrhundert als Friedhof. ❺

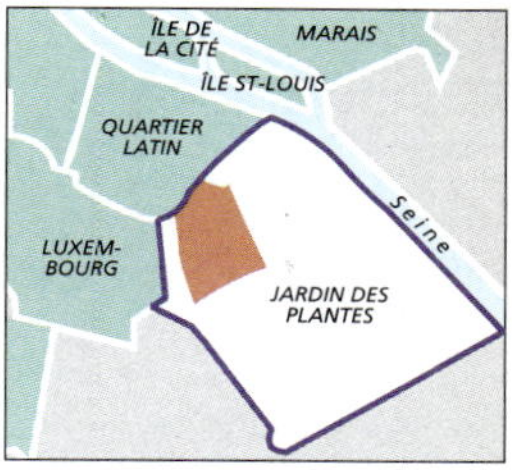

Zur Orientierung
Siehe Stadtplan 17

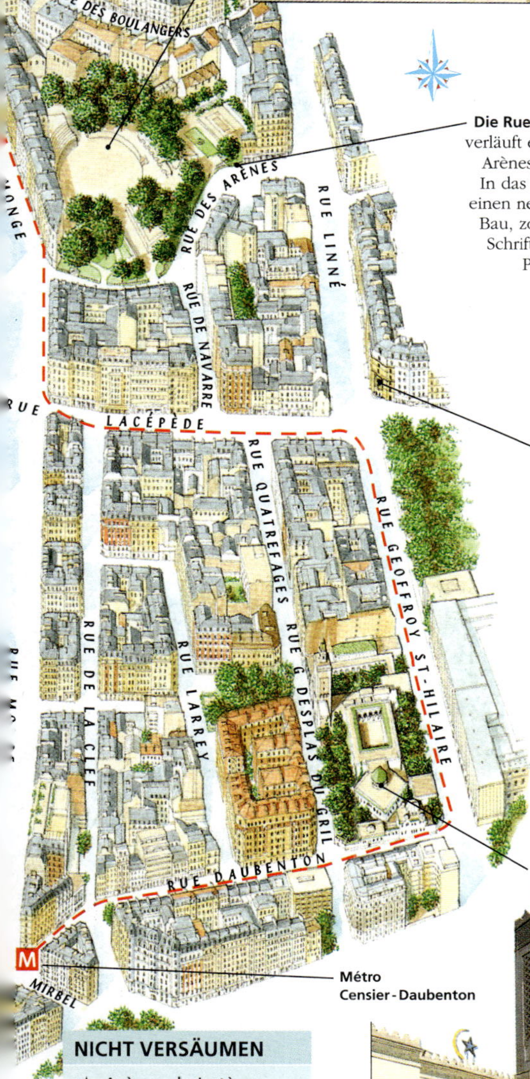

Die Rue des Arènes verläuft entlang den Arènes de Lutèce. In das Haus Nr. 5, einen neugotischen Bau, zog 1940 der Schriftsteller Jean Paulhan ein.

Der Cuvier-Brunnen wurde 1840 von P. Vigouroux als Denkmal für den Naturforscher Georges Cuvier errichtet. Die Skulptur schuf Jean-Jacques Feuchère.

LEGENDE

- - - Routenempfehlung

0 Meter 100

Métro Censier-Daubenton

★ Mosquée de Paris
Die hispano-maurische Moschee ist das Zentrum der Pariser islamischen Gemeinde. Innerhalb ihrer Mauern findet man auch ein türkisches Bad, ein maurisches Café und Restaurant sowie einen orientalischen Basar. ❾

NICHT VERSÄUMEN

- ★ Arènes de Lutèce
- ★ Mosquée de Paris
- ★ Rue Mouffetard

Institut du Monde Arabe ❶

1, rue des Fossés St-Bernard, 75005. **Stadtplan** 13 C5. **Karte** M8/9. *01 40 51 38 38.* *Jussieu, Cardinal Lemoine.* **Museum, Ausstellungen** *Di–So 10–18 Uhr.* **Bibliothek** *Di–Sa 13–20 Uhr.* *1. Mai.* ***Vorträge.*** **www**.imarabe.org

Das Institut wurde 1980 gegründet, um die kulturellen Beziehungen zwischen der arabischen und der westlichen Welt zu fördern. Es ist in einem modernen Bau des französischen Architekten Jean Nouvel untergebracht, der auch das Musée du Quai Branly *(siehe S. 192)* entwarf und hier moderne Materialien mit traditioneller arabischer Architektur vereint. Durch die gläserne Westfront erinnert der weiße marmorne Bücherturm an ein Minarett. Der hohen Wertschätzung der arabischen Architektur für Innenräume wird ein abgeschlossener Innenhof gerecht. Er ist durch einen schmalen Spalt, der das Gebäude zweiteilt, zu erreichen.

Im vierten bis siebten Stock fasziniert arabische Kunst aus dem 9. bis 19. Jahrhundert, darunter Glas- und Keramikarbeiten, Skulpturen, Teppiche und eine Sammlung von Astrolabien, den Instrumenten der Astronomen. Das Institut besitzt auch eine Bibliothek und ein Medienarchiv.

Musée de la Sculpture en Plein Air ❷

75004 und 75005. **Stadtplan** 13 C5. **Karte** N9. *Gare d'Austerlitz, Sully Morland.*

Der Pont de Sully an der linken Seite des Institut du Monde Arabe verbindet die Île St-Louis mit beiden Seine-Ufern. Die Brücke wurde 1877 aus Gusseisen errichtet und ist nicht besonders schön. Trotzdem lohnt ein Stopp, denn von der Brücke hat man einen fabelhaften Blick auf Notre-Dame, die sich mächtig hinter dem Pont de la Tournelle erhebt.

Der ruhige Quai St-Bernard verläuft am Fluss entlang vom Pont de Sully bis hin zum Pont d'Austerlitz. Er war während des 17. Jahrhunderts berühmt als Nacktbadeplatz, bis dies, angeschürt von der empörten Öffentlichkeit, verboten wurde. Die Grashänge neben dem Quai eignen sich hervorragend für ein Picknick. Sie wurden 1975 zu Ehren eines berühmten korsischen Sängers eröffnet, daher der Name Jardin Tino Rossi. Die Anlage ist als Musée de la Sculpture en Plein Air konzipiert, unter freiem Himmel waren bis vor Kurzem verschiedenste Skulpturen ausgestellt. Aufgrund von mutwilligen Zerstörungen mussten leider einige Exponate entfernt werden.

Ménagerie ❸

57, rue Cuvier, 75005. **Stadtplan** 17 C1. **Karte** N9. *01 40 79 37 94.* *Jussieu, Austerlitz.* *tägl. 9–17.30 Uhr.* **www**.mnhn.fr

Frankreichs ältester öffentlicher Zoo liegt im Jardin des Plantes und wurde während der Revolution als Obdach für gerettete Tiere aus der königlichen Menagerie in Versailles eingerichtet. Der Staat stockte die Bestände mit Zirkustieren auf, aus dem Ausland trafen Exoten ein. Während der deutschen Belagerung von Paris 1870/71 wurden die meisten Tiere geschlachtet, um die Bürger mit Nahrung zu versorgen *(siehe S. 226)*.

Heute ist der Zoo auf kleine Säugetiere, Insekten, Vögel, Primaten und Reptilien spezialisiert und bei Kindern beliebt, da sie die Tiere aus der Nähe betrachten können. Das Löwenhaus beherbergt u. a. Panther aus China. Weitere Attraktionen sind das große Affenhaus, Wasservögel in einer großen Voliere sowie wilde Schafe und Ziegen.

Das Vivarium (Anlagen, in denen Tiere unter natürlichen Bedingungen gehalten werden) bietet regelmäßig wechselnde Schauen. In einer ständigen Ausstellung kann man Mikro-Arthropoden (Gliederfüßer) beobachten.

Nicht nur für Kinder: der Zoo

Restaurants um den Jardin des Plantes *siehe Seite 307*

Lichtspiele
Die Südfassade ist mit 240 quadratischen Fenstern verkleidet, die das einfallende Licht dosieren. Ihre Formgebung ist moucharabias *(von Marokko bis Südostasien verbreiteten geschnitzten Fensterläden mit Jalousieneffekt) nachempfunden.*

Jedes Fenster besteht aus 21 fotoelektrisch gesteuerten Metallblenden, die sich, je nach Sonneneinwirkung, öffnen und schließen.

Die zentrale Blende besteht aus ineinandergreifenden Metallblättern, durch deren Bewegungen sich die mittlere Öffnungsweite verändert.

Die äußeren Blenden sind untereinander sowie mit der zentralen Blende verbunden. Ihre Bewegungen werden von Fotozellen gesteuert und schaffen so im Inneren des Instituts ein zauberhaftes Spiel von Licht und Schatten.

Collection des Minéraux de l'Université ❹

Paris VI-Jussieu, 4, pl Jussieu, 75005. **Stadtplan** 17 B1. **Karte** M9.
01 44 27 52 88.
Jussieu. Mi–Mo 13–18 Uhr. Feiertage.
für Gruppen Di nachm.

Im Hauptgebäude der Universität verbirgt sich dieses Kleinod der Pariser Museenlandschaft. Perfekt beleuchtet erfreuen zahllose geschliffene und ungeschliffene Edelsteine sowie Bergkristalle das Auge. Die Sammlung umfasst Hunderte von Mineralien aus aller Welt.

Topas

Arènes de Lutèce ❺

Rue de Navarre, 75005. **Stadtplan** 17 B1. **Karte** M9. *Jussieu.* *Siehe auch S. 21.*

Die Überreste dieser weitläufigen römischen Arena (Paris hieß in der Antike Lutetia, das im Französischen zu Lutèce wurde; *siehe S. 17*) gehen auf das späte 2. Jahrhundert zurück. Ende des 3. Jahrhunderts begannen die Barbaren mit ihrer Zerstörung. Später lieferten die Überreste Baumaterial für die Mauern der Île de la Cité. Die Arena wurde allmählich verschüttet, ihre Lage war nur noch aus alten Aufzeichnungen zu ersehen und aus dem Namen »Clos des Arènes« zu erschließen.

1869, beim Bau der Rue Monge und der Aufteilung benachbarter Grundstücke, entdeckte man die Reste der Arena wieder. Im 19. Jahrhundert setzten sich Victor Hugo und andere für eine Restaurierung ein, doch erst 1918 kamen die Arbeiten in Gang.

Früher fanden in der Arena 15000 Zuschauer auf 35 Rängen Platz, die hier Theatervorstellungen, aber auch dem grausamen Schauspiel der Gladiatorenkämpfe beiwohnten. Diesen beiden Zwecken dienten auch – typisch für Gallien – die in ähnlicher Weise angelegten Amphitheater in den Städten Nîmes und Arles.

Die Arènes de Lutèce im öffentlichen Park

Buffon und der Jardin des Plantes

George Louis Leclerc, Graf von Buffon (1707–1788), wurde mit 32 Jahren zum Direktor des Jardin des Plantes ernannt. Zu jener Zeit stand die Naturforschung vor der Wende zur Moderne – Charles Darwins *Über die Entstehung der Arten* wurde 120 Jahre später veröffentlicht. Buffon ließ den Jardin des Plantes umgestalten, der unter Wissenschaftlern bald als beispielhaft galt. Nach Erscheinen seiner Hauptwerke, *Naturgeschichte* und *Die Epochen der Natur*, wurde er 1752 in die Académie Française aufgenommen. Buffon starb in seinem Haus mitten im Jardin de Plantes.

Primat, Illustration aus Buffons *Naturgeschichte*

Place de la Contrescarpe ❻

75005. **Stadtplan** 17 A1. **Karte** L9. M *Place Monge.*

Einst lag dieser Ort außerhalb der Stadtmauern. Sein Name geht zurück auf den Gegenwall (Kontergarde) der Stadtmauer, die Philippe-Auguste anlegen ließ. 1852 erhielt der Platz seine heutige Gestalt. Eine Gedenktafel am Haus Nr. 1 erinnert an den von Rabelais literarisch verewigten »Kiefernzapfen-Club«. Hier trafen sich im 16. Jahrhundert die sieben Mitglieder der Dichterschule *La Pléiade* (benannt nach einer griechischen Dichtergruppe). Schon immer veranstaltete man hier Feste. An Wochenenden pulsiert das Leben, am Nationalfeiertag findet ein Ball statt.

Alte Stadtmauer in der Rue Clovis

Rue Mouffetard ❼

75005. **Stadtplan** 17 B2. **Karte** L10. M *Censier-Daubenton, Place Monge.* **Märkte** *Place Maubert.* *Di, Do 7–14.30, Sa 7–15 Uhr; Place Monge* *Mi, Fr 7–14.30, So 7–15 Uhr.* *Siehe auch **Shopping** S. 339.*

Die Straße war schon in der Antike als Teil der Verbindung zwischen Lutetia (Paris) und Rom eine wichtige Verkehrsader. Viele ihrer Gebäude stammen aus dem 17. und 18. Jahrhundert, als sie als Grande Rue du Faubourg St-Marcel bekannt war. Einige kleine Läden besitzen noch Schilder aus jenen Tagen. Bewunderung verdienen die restaurierte Louis-XIII-Fassade des Hauses Nr. 125 und die reich verzierte Fassade des Hauses Nr. 134.

Die Fontaine du Pot de Fer (Hausnummer 60) ist eine kleine Quelle aus römischer Zeit. Später wurde sie mit einem von Marie de Médicis genutzten Aquädukt verbunden, um den Palais du Luxembourg und seine Gärten mit Wasser zu versorgen.

Die Gegend ist berühmt für ihre Straßenmärkte, besonders jene auf der Place Maubert und der Place Monge. In der Rue Daubenton, einer Seitenstraße, findet ein lebhafter afrikanischer Markt statt.

Nachts kehren vor allem junge Leute in eines der vielen griechischen, italienischen oder marokkanischen Restaurants in der Straße ein.

St-Médard ❽

141, rue Mouffetard, 75005. **Stadtplan** 17 B2. **Karte** L10. *01 44 08 87 00.* M *Censier-Daubenton.* *Di–Sa 8–12.30, 14.30–19.30 Uhr, So 8.30–12.30, 16–20.30 Uhr.*

Die Spuren dieser bezaubernden Kirche verweisen in das 9. Jahrhundert. Mit einem Kranz weißer Rosen pflegte St Médard, Ratgeber der Merowinger-Könige, tugendhafte Jungfrauen auszuzeichnen. Der Kirchhof, heute ein Garten, war im 18. Jahrhundert berüchtigte Kultstätte der *Convulsionnaires*, die durch hysterische Anfälle Wunderheilungen zu bewirken suchten. Im Kircheninneren sind viele kostbare Gemälde zu sehen, etwa *Der schreitende Josef mit dem Jesuskind* von Francisco de Zurbarán.

Innendekor der Moschee

Mosquée de Paris ❾

2 bis, pl du Puits de l'Ermite, 75005. **Stadtplan** 17 C2. **Karte** M10. *01 45 35 97 33.* **Teeraum, Bäder** *01 43 31 38 20.* M *Place Monge.* *Sa–Do 9–12, 14–18 Uhr.* *islamische Feiertage.* **Bibliothek.** **www.**mosquee-de-paris.org

Die Gebäudegruppe, die in den 1920er Jahren im spanisch-maurischen Stil errichtet wurde, ist geistiges Zentrum der islamischen Gemeinde von Paris. Das Anwesen umfasst religiöse und Bildungseinrichtungen. Im Zentrum steht die Moschee mit einem 33 Meter hohen Minarett. Jede Kuppel hat ein

Restaurants um den Jardin des Plantes *siehe Seite 307*

anderes Dekor. Wandmosaiken und Bogen mit Flechtwerkmustern schmücken den weiten Patio.

Die einst Gelehrten vorbehaltene Moschee hat sich im Alltagsleben der Pariser Muslime einen festen Platz erobert. Die türkischen Bäder sind – an unterschiedlichen Tagen – Männern wie Frauen zugänglich. Im Teeraum und Restaurant werden maurische Spezialitäten serviert.

Muséum National d'Histoire Naturelle ⑩

2, rue Buffon, 75005. **Stadtplan** 17 C2. **Karte** M10. *01 40 79 54 79. Jussieu, Austerlitz. Mi–Mo 10–18 Uhr. 1. Mai. eingeschränkt.* **www**.mnhn.fr

Dimetrodon-Schädel

Die Hauptattraktion des Museums für Naturgeschichte ist die »Galerie der Evolution«. Daneben gibt es vier weitere Abteilungen: Paläontologie mit Skeletten ausgestorbener Tiere sowie einer Ausstellung über die Entwicklung der Wirbelsäule; die auf pflanzliche Fossilien spezialisierte Paläobotanik; die auch Edelsteine umfassende Mineralogie; die Entomologie mit einigen der ältesten fossilierten Insekten. Im Haus, in dem der Naturforscher Buffon von 1772 bis zu seinem Tod 1788 lebte, ist eine Buchhandlung.

Jardin des Plantes ⑪

57, rue Cuvier, 75005. **Stadtplan** 17 C1. **Karte** M/N 9–10. *01 40 79 56 01. Jussieu, Austerlitz. tägl. 7.30–19.45 Uhr (Winter: 8–17.30 Uhr).* **www**.jardindesplantes.net

Louis XIII genehmigte 1626 seinen Hofärzten Jean Hérouard und Guy de la Brosse, auf dem Gelände der heutigen botanischen Gärten einen Heilkräutergarten anzulegen, den später eine Schule für Botanik, Naturgeschichte und Pharmazie ergänzte. Der seit 1640 öffentliche Garten erlebte unter Buffons Leitung seine Glanzzeit.

Heute findet man hier, in einem der größten Parks von Paris, ein naturgeschichtliches Museum, eine Botanik-Schule und einen Zoo. Neben herrlichen Ausblicken, alten Bäumen und Statuen bietet der Park einen alpinen Garten mit Pflanzen aus Korsika, Marokko, den Alpen und dem Himalaya sowie viele Kräuter- und Wildgewächse. Über die englischen Kew-Gärten fand Frankreichs erste Libanonzeder ihren Weg hierher.

Groupe Hospitalier Pitié-Salpêtrière ⑫

47, bd de l'Hôpital, 75013. **Stadtplan** 18 D3. **Karte** N10. *St-Marcel, Austerlitz.* RER *Gare d'Austerlitz.* **Kapelle** *tägl. 8.30–18.30 Uhr. tägl. 15.30 Uhr.*

Das weitläufige Krankenhaus steht auf dem Gelände einer alten Schießpulverfabrik, Salpeter verlieh ihm seinen Namen. Die Salpêtrière wurde 1656 von Louis XIV für kranke und sozial schwache Frauen und Kinder gegründet. Später machte sie als Wegbereiterin einer humanen Behandlung psychisch Kranker von sich reden. Prinzessin Diana starb hier nach ihrem Autounfall im Jahr 1997.

Libanonzeder, Jardin des Plantes

Vor dem Hôpital Salpêtrière

La Manufacture des Gobelins ⑬

42, ave des Gobelins, 75013. **Stadtplan** 17 B3. *01 44 08 53 59. Gobelins. Di–Do 14, 14.45 Uhr (Führungen obligatorisch, 15 Min. vorher eintreffen). Gruppen nach Vereinbarung. Feiertage.*

Gobelin von Le Brun in Versailles

Die Brüder Gobelin gründeten um 1440 eine Färberei, in deren Räumen im frühen 17. Jahrhundert eine Wandteppich-Manufaktur eingerichtet wurde. Hoflieferant wurde die Manufaktur 1662 unter Louis XIV, der von den namhaftesten Handwerkern seiner Zeit – Teppichwebern, Kunsttischlern und Silberschmieden – seinen Palast in Versailles einrichten ließ. Unter der Leitung des Hofmalers Charles Le Brun begründeten 250 flämische Teppichweber den internationalen Ruf der Manufaktur. Die traditionelle Handwerkskunst verwendet heute auch modernere Motive, darunter Entwürfe von Picasso und Matisse.

Stadtplan *siehe Seiten 390–423*

Luxembourg

Viele Pariser träumen davon, in der Nähe des Jardin du Luxembourg zu wohnen. Hier geht es ruhiger und beschaulicher zu als in den benachbarten Gebieten. Das Luxembourg-Viertel ist mit seinen Buchläden und prachtvollen, liebenswerten Gartenanlagen einer der bezauberndsten Flecken der Stadt. Obwohl berühmte Schriftsteller wie Paul Verlaine oder André Gide nicht mehr durch die Grünanlagen wandeln, ziehen die charmanten Wege, die Rasenflächen und Alleen zahlreiche Schüler der nahe gelegenen *grandes écoles* und *lycées* an. An warmen Tagen vertreiben sich unter den Kastanienbäumen Senioren bei einer Partie Schach oder einem Boule-Spiel die Zeit.

Im Westen stehen vor allem öffentliche und Verwaltungsgebäude, die Wohnhäuser im Osten werden von den hohen Kastanien des Boulevard St-Michel überschattet.

Segelschiffe werden von Jung und Alt gemietet, um sie im *grand bassin*, dem Zierteich des Jardin du Luxembourg, treiben zu lassen.

Sehenswürdigkeiten auf einen Blick

Museen und Sammlungen
École Nationale Supérieure des Mines 11
Musée du Luxembourg 8

Historische Gebäude
Institut Catholique de Paris 6
Palais du Luxembourg 3

Kirchen
St-Joseph-des-Carmes 7
St-Sulpice 2
Val-de-Grâce 10

Plätze und Parks
Jardin du Luxembourg 5
Place St-Sulpice 1

Brunnen
Fontaine Médicis 4
Fontaine de l'Observatoire 9

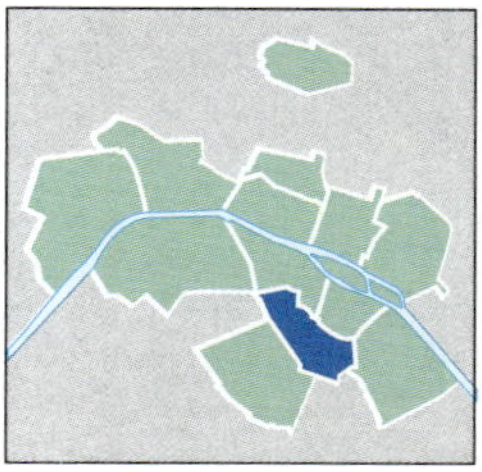

Anfahrt

Die Métro hält an den Stationen Mabillon und St-Sulpice, nützliche RER-Haltestellen sind Luxembourg und Port Royal. Mehrere Busse durchqueren das Viertel: Linie 38 verkehrt auf dem Boulevard St-Michel im Osten des Parks, die Linien 58 und 89 passieren die Rue de Rennes im Norden. Bus 82 durchkreuzt den Süden.

LEGENDE

Detailkarte *siehe S. 170f*
Métro-Station
RER-Station

0 Meter 400

SIEHE AUCH

• ***Stadtplan*** 12, 16
• ***Hotels*** S. 288

◁ **Schachspieler im Jardin du Luxembourg** ***(siehe S. 172)***

Im Detail: Luxembourg

Nur wenige Schritte vom umtriebigen St-Germain-des-Prés entfernt liegt das elegante, historische Viertel als Ort der Ruhe mitten im Herzen einer modernen Großstadt. Der Jardin du Luxembourg und das Palais du Luxembourg prägen sein Gesicht. Der Comte de Provence (später Louis XVIII) machte die Gärten im 19. Jahrhundert der Öffentlichkeit – gegen eine geringe Gebühr – zugänglich. Die in ihrer Ursprünglichkeit erhaltenen Gärten, der Palast und die alten Häuser im nördlichen Straßenviertel locken wie eh und je Besucher an.

★ St-Sulpice
134 Jahre dauerte der Bau der von Daniel Gittard gestalteten klassizistischen Kirche. Die Fassade entwarf Giovanni Servandoni. ❷

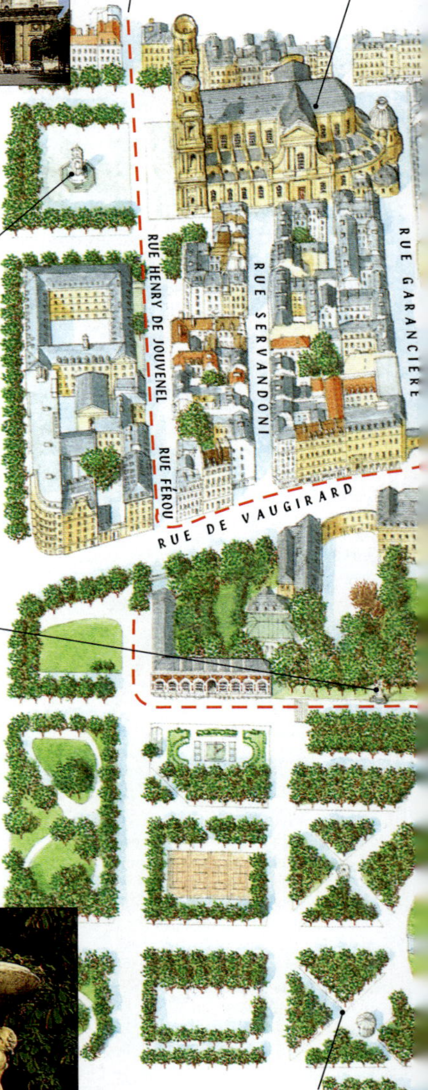

Place St-Sulpice
Die Fontaine des Quatre Points Cardinaux schmücken an den vier Himmelsrichtungen vier Kirchenoberhäupter. Point *bedeutet auch »nie«: Keiner der vier geistlichen Herren wurde je zum Kardinal ernannt.* ❶

Das Delacroix-Denkmal
von Jules Dalou findet man nahe den Privatgärten des französischen Senats. Die Statuen zu Füßen dieses führenden Malers der französischen Romantik versinnbildlichen die Kunst, die Zeit und den Ruhm.

NICHT VERSÄUMEN

- ★ Fontaine Médicis
- ★ Jardin du Luxembourg
- ★ Palais du Luxembourg
- ★ St-Sulpice

★ Jardin du Luxembourg
Im 19. Jahrhundert, unter der Herrschaft Louis-Philippes, wurden in dem Park viele wunderschöne Statuen aufgestellt. ❺

Hotels in Luxembourg *siehe Seite 288*

Die Rue de Tournon besticht durch ihre eleganten Boutiquen und alten Buchhandlungen. Das Grand Hôtel d'Entragues (Nr. 12) baute Neveu im 18. Jahrhundert unter Louis XVI wieder auf.

★ Palais du Luxembourg
Als 1794, während der Revolution, der Maler Jacques-Louis David hier in Haft saß, entwarf er Skizzen für sein Werk Die Sabinerinnen. ❸

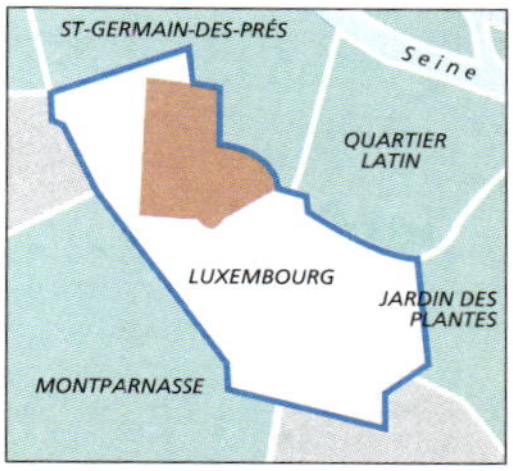

Zur Orientierung
Siehe Stadtplan 12

LEGENDE

Routenempfehlung

0 Meter 100

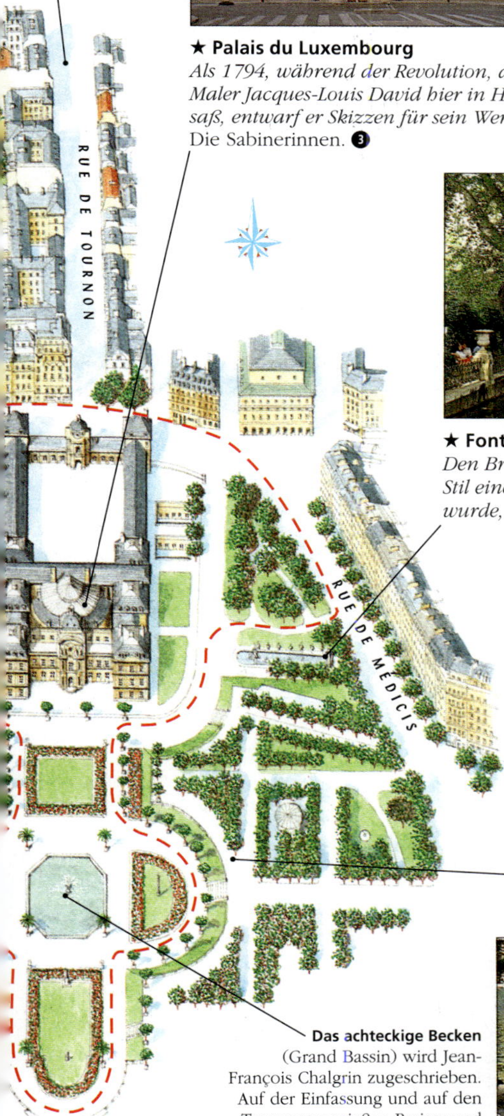

★ Fontaine Médicis
Den Brunnen, der im 17. Jahrhundert im Stil einer italienischen grotta *(Höhle) erbaut wurde, entwarf Salomon de Brosse.* ❹

Sainte Geneviève (Genoveva), Schutzpatronin von Paris, war eine wohlhabende gallorömische Landbesitzerin im 5. Jahrhundert. Beim Hunneneinfall 451 beteten sie und ihre Freundinnen um Verschonung der Stadt, und ihre Fürbitten wurden erhört. Diese Statue von Michel-Louis Victor (1845) zollt der Heiligen Respekt.

Das achteckige Becken (Grand Bassin) wird Jean-François Chalgrin zugeschrieben. Auf der Einfassung und auf den Terrassen genießen Pariser und Besucher gern ein Sonnenbad.

Place St-Sulpice ❶

75006. **Stadtplan** 12 E4. **Karte** J8.
Ⓜ *St-Sulpice.*

Der weite Platz, der in der zweiten Hälfte des 18. Jahrhunderts angelegt wurde, liegt zu Füßen der gleichnamigen Kirche, die ihn im Osten gebieterisch überragt. Augenfällig sind zwei Schmuckstücke: Joachim Viscontis Fontaine des Quatre Points Cardineaux (1844) und die rosa blühenden Kastanien. Schriftsteller und Studenten treffen sich im Café de la Mairie, einer beliebten Kulisse für französische Filme.

Buntglasfenster an St-Sulpice

St-Sulpice ❷

Pl St-Sulpice, 75006. **Stadtplan** 12 E5. **Karte** J8. ☎ *01 42 34 59 98.* Ⓜ *St-Sulpice.* ◷ *tägl. 7.30–19.30 Uhr.* ✝ *tägl.* 📷

Über ein Jahrhundert dauerte der 1646 begonnene Bau dieser gewaltigen Kirche. Zwei elegante Säulenreihen zieren die zweigeschossige Fassade. Den harmonischen Eindruck beeinträchtigen die beiden Türme, die nicht ganz zu passen scheinen.

Durch große Bogenfenster strömt Licht in das Innere. Die beiden muschelförmigen Weihwasserbecken beim Portal waren ein Geschenk Venedigs an François I. Ihre Steinsockel schuf Jean-Baptiste Pigalle. Die Seitenkapelle rechts vom Eingang gestaltete Eugène Delacroix mit Fresken aus: *Jakobs Ringen mit dem Engel* *(siehe S. 137)*, *Heliodors Vertreibung aus dem Tempel* und *Der heilige Michael tötet den Drachen.* Mit etwas Glück hören Sie ein Orgelkonzert.

Palais du Luxembourg ❸

15, rue de Vaugirard, 75006. **Stadtplan** 12 E5. **Karte** K9. ☎ *01 44 54 19 49 (Info); 01 42 34 20 60 (für Gruppen).* Ⓜ *Odéon.* RER *Luxembourg.* *einen Sa im Monat, vorher anmelden.* **www**.senat.fr

Den Palast, heute Sitz des französischen Senats, ließ Marie de Médicis, Witwe von Henri IV, in Erinnerung an ihre Heimat Florenz errichten. Salomon de Brosse gestaltete ihn im Stil des florentinischen Palazzo Pitti. Bei Bauabschluss (1631) hatte man Maria bereits verbannt, doch das Gebäude blieb bis zur Revolution königliches Palais. Danach diente es als Gefängnis und im Zweiten Weltkrieg als Hauptquartier der deutschen Luftwaffe. Im Musée du Luxembourg im Ostflügel *(siehe S. 173)* finden Ausstellungen statt.

Dekor der Fontaine Médicis

Fontaine Médicis ❹

15, rue de Vaugirard, 75006. **Stadtplan** 12 F5. **Karte** K9.
RER *Luxembourg.*

Der Architekt des Palais, Salomon de Brosse, entwarf 1624 vermutlich auch den pompösen Barockbrunnen für Marie de Médicis. Er steht am Ende eines langen, baumbeschatteten Wasserbeckens, in dem sich Goldfische tummeln. Die mythologischen Figuren fügte im Jahr 1866, also wesentlich später, Auguste Ottin hinzu.

Jardin du Luxembourg ❺

Bd St-Michel, 75006. **Stadtplan** 12 E5. **Karte** J/K9. ☎ *01 42 34 23 89.* RER *Luxembourg.* ◷ *tägl. Sonnenaufgang bis -untergang.*

Diese grüne Oase der Rive Gauche umringt auf einer Fläche von 25 Hektar das Palais du Luxembourg. Blickfang und Zentrum des beliebtesten Parks der Pariser ist ein achteckiger Teich, auf dem Jung und Alt gerne Spielzeugboote treiben lassen. Zur puren Augenweide fügen sich die geometrisch angelegten Terrassen, die breiten Spazierwege und die vielen Statuen (darunter die eines Zyklopen) harmonisch zusammen.

Der Besucher findet im Park ein Gartencafé, ein Puppentheater, zahlreiche Tennisplätze, einen Musikpavillon und sogar eine Imkerei.

Skulpturen am Palais du Luxembourg

Hotels in Luxembourg *siehe Seite 288*

Institut Catholique de Paris ❻

21, rue d'Assas, 75006. **Stadtplan** 12 D5. **Karte** J9. *01 44 39 52 00.* M *St-Placide, Rennes.* **Musée Bible et Terre Sainte** *Sa 16–18 Uhr im Semester und nach Vereinbarung.* *Juli–Sep.* **www**.icp.fr

Die im Jahr 1875 gegründete renommierte Lehranstalt mit über 23 000 Studenten beherbergt ein kleines Museum: das Musée Bible et Terre Sainte mit Ausgrabungsfunden aus dem Heiligen Land. Die Exponate geben Einblicke in das Leben der Bewohner des heutigen Israel, Westjordaniens und Nordägyptens.

Statue im Hof des Institut Catholique

St-Joseph-des-Carmes ❼

70, rue de Vaugirard, 75006. **Stadtplan** 12 D5. **Karte** J9. *01 45 44 89 77.* M *St-Placide.* *Mo–Sa 7–19 Uhr, So 9–19 Uhr.* *Ostermontag, Pfingsten.* *eingeschränkt.* *Sa 15 Uhr.* **www**.sjdc.fr

Das 1620 als Kapelle eines Karmeliterklosters vollendete Gotteshaus diente während der Revolution als Gefängnis. Bei den Septembermassakern 1792 *(siehe S. 30f)* starben über 100 Priester auf dem Kirchhof einen grausamen Tod. Ihre Gebeine ruhen in der Krypta.

Fassade von St-Joseph-des-Carmes

Brunnenskulptur von Carpeaux

Musée du Luxembourg ❽

19, rue de Vaugirard, 75006. **Stadtplan** 12 E5. **Karte** J8. *01 42 34 25 95.* M *St-Sulpice.* RER *Luxembourg.* *Öffnungszeiten tel. erfragen.* **www**.museeduluxembourg.fr

Ursprünglich beherbergten die Galerien des Palais du Luxembourg die Rubens-Sammlung von Marie de Médicis. 1750 öffnete das Königshaus den Ostflügel für die Allgemeinheit – und schuf damit Frankreichs erste öffentliche Kunstgalerie mit Werken von Leonardo da Vinci, Rembrandt und van Dyck. Heute richtet das Musée du Luxembourg renommierte Wechselausstellungen aus.

Fontaine de l'Observatoire ❾

Pl Ernest Denis, an der Ave de l'Observatoire. **Stadtplan** 16 E2. **Karte** K10. RER *Port Royal.*

Lebendigkeit versprüht der bronzene Brunnen (1873) am südlichen Zipfel des Jardin du Luxembourg. Vier Frauenfiguren symbolisieren die Kontinente und tragen die Weltkugel – die fünfte, Ozeania, fehlt aus Gründen der Symmetrie. Delfine, Pferde, eine Schildkröte und andere Figuren zieren das Werk von Jean-Baptiste Carpeaux.

Val-de-Grâce ❿

1, pl Alphonse Laveran, 75005. **Stadtplan** 16 F2. **Karte** K10. *01 40 51 51 92.* RER *Port Royal.* *Di, Mi, Sa, So 12–18 Uhr.* *(Kirchenschiff frei).* *regelmäßig nachmittags.* *nach Vereinbarung.*

Die schöne Kirche Val-de-Grâce ließ Louis XIII für seine Gattin Anna von Österreich als Dank für die Geburt des Thronfolgers errichten. Der junge Louis XIV legte 1645 eigenhändig den Grundstein, als Architekten konnte er den berühmten Baumeister François Mansart gewinnen.

Eine vergoldete Bleikuppel mit einem Durchmesser von 19 Metern ragt 41 Meter hoch auf. Pierre Mignard stattete die Kuppel mit einem Fresko aus, dessen 200 Figuren dreifache Lebensgröße erreichen. Den Altar rahmen sechs gedrehte Säulen, die an Berninis Säulen im Petersdom erinnern. Henriette von Frankreich, die Gattin des englischen Königs Charles I, fand hier ihre letzte Ruhestatt, außerdem 26 Mitglieder der französischen Königsfamilie.

Heute gehört die Kirche zu einem Militärkrankenhaus.

École Nationale Supérieure des Mines ⓫

60, bd St-Michel, 75006. **Stadtplan** 16 F1. **Karte** K9. *01 40 51 91 39.* RER *Luxembourg.* *Di–Fr 13.30–18, Sa 10–12.30, 14–17 Uhr.*

Louis XIV gründete 1783 die Akademie zur Ausbildung von Bergbauingenieuren. Heute zählt sie zu den führenden *grandes écoles* (höheren Fachschulen), aus denen sich die Elite der Staatsdiener rekrutiert. Das Gebäude beherbergt außerdem die nationale Mineraliensammlung, das Musée de Minéralogie.

Montparnasse

Während der ersten drei Jahrzehnte des 20. Jahrhunderts war der Montparnasse ein blühendes Kunst- und Literaturzentrum. Zahllose Maler und Bildhauer, Poeten und Romanciers zog es hierher. Die Ateliers und der Lebensstil der Boheme lockten die Vertreter des Geistes an, auch viele Ausländer. Der Zweite Weltkrieg beendete diese Zeit jäh. Später riss man viele Ateliers ab und errichtete die Tour Montparnasse, den höchsten Pariser Büroturm, der die »moderne« Zeit des *quartier* einläutete. Doch der Stadtteil hat seinen Reiz nicht ganz verloren. Die großen Cafés werden noch immer von einem lebhaften internationalen Publikum bevölkert, kleine Café-Theater haben eröffnet, und an Wochenenden bringen Kinobesucher Leben ins Viertel.

Denkmal für Charles-Augustin Ste-Beuve auf dem Cimetière de Montparnasse

Sehenswürdigkeiten auf einen Blick

Histor. Gebäude und Straßen
Catacombes ⑩
Observatoire de Paris ⑪
Rue Campagne-Première ③

Moderne Architektur
Tour Montparnasse ⑤

Museen und Sammlungen
Fondation Cartier ⑨
Musée Antoine Bourdelle ⑥
Musée du Montparnasse ⑧
Musée de la Poste ⑦
Musée Zadkine ②

Friedhof
Cimetière du Montparnasse S. 180f ④

Cafés und Restaurants
La Closerie des Lilas ⑫
La Coupole ①

Anfahrt

Das Gebiet wird von Métro- und SNCF-Zügen gut bedient. Neben anderen Buslinien fahren die Busse 38, 68 und 95 entlang dem Boulevard Raspail und der nordöstlichen Seite des Cimetière de Montparnasse.

0 Meter 400

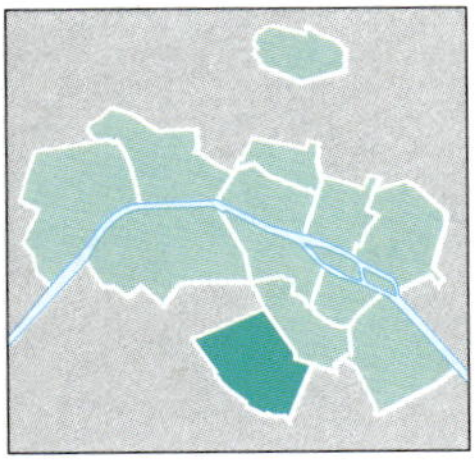

LEGENDE

- Detailkarte *siehe S. 176f*
- Métro-Station
- Bahnhof (SNCF)
- RER-Station

SIEHE AUCH

- ***Stadtplan*** 15–16
- ***Hotels*** S. 288
- ***Restaurants*** S. 307f

◁ **Cimetière du Montparnasse *(siehe S. 180f)*, im Hintergrund die Tour Montparnasse *(siehe S. 178)***

Im Detail: Montparnasse

Mit seiner gerühmten Mischung aus Kunst und Lebenskunst macht der Montparnasse seinem Namen immer noch Ehre: Den Berg Parnass wähnten die Griechen als Sitz des Apoll, Gott der Poesie, Musik und Schönheit. Das Leben des Montparnasse vibrierte besonders in den 1920er und 1930er Jahren, als Künstler und Literaten wie Picasso, Hemingway, Cocteau, Giacometti, Modigliani und Matisse in den Bars und Cafés verkehrten.

★ La Coupole
Das traditionsreiche Café im Brasserie-Stil mit seiner großen überdachten Terrasse eröffnete 1927 und wurde ein berühmter Treffpunkt für Künstler und Literaten. ❶

★ Cimetière du Montparnasse
Die schöne Skulptur Trennung *steht auf dem kleinsten der großen Friedhöfe.* ❹

★ Tour Montparnasse
Der 210 Meter hohe Turm steht auf Fundamenten, die 62 Meter tief in die Erde gerammt wurden. ❺

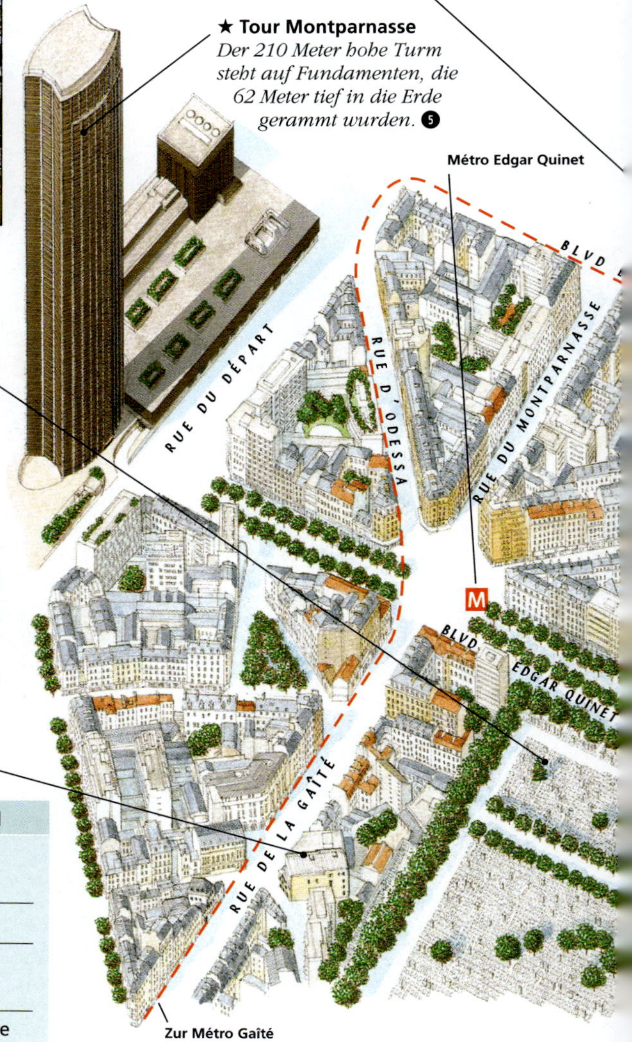

Das Théâtre Montparnasse in Nr. 31 erstrahlt nach 15-jährigen Renovierungsarbeiten wieder in seinem alten Glanz von 1880.

NICHT VERSÄUMEN

- ★ Cimetière du Montparnasse
- ★ La Coupole
- ★ Rue Campagne-Première
- ★ Tour Montparnasse

Hotels und Restaurants in Montparnasse *siehe Seiten 288 und 307f*

Die Académie de la Grande-Chaumière (Nr. 14) bietet Kurse in Malerei und Bildhauerei an. Hier studierten einst Alberto Giacometti und Amedeo Modigliani.

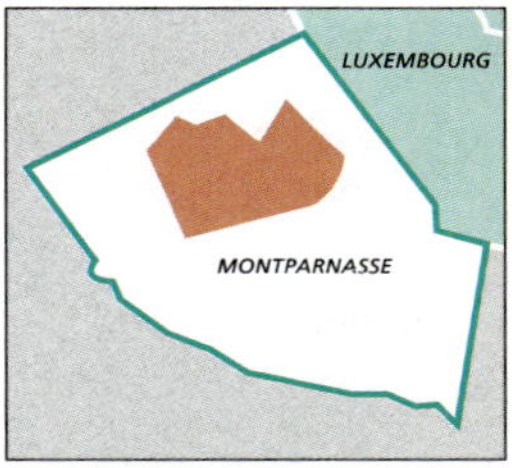

Zur Orientierung
Siehe Stadtplan 15–16

Die Statue Balzacs von Auguste Rodin, 1939 enthüllt, ragt drei Meter auf.

Die Rue Bréa bietet eine Vielzahl von Läden, Restaurants und Hotels – alles auf 90 Metern.

★ Rue Campagne-Première
Der Gebäudeblock mit Ateliers in Nr. 31 wurde 1911 errichtet. Der Fassadenschmuck stammt vom Keramiker Paul Bigot. ❸

Métro Vavin

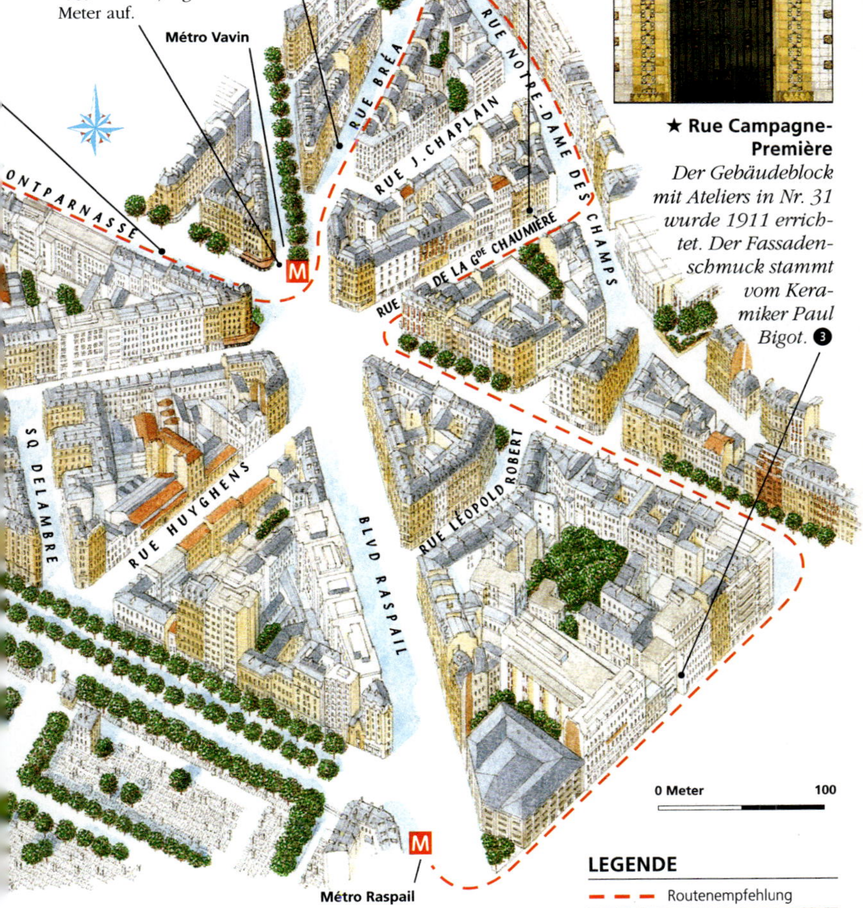

Métro Raspail

LEGENDE

– – – Routenempfehlung

Stadtplan *siehe Seiten 390–423*

Innenraum von La Coupole

La Coupole ❶

102, bd du Montparnasse, 75014. **Stadtplan** 16 D2. **Karte** H10. *01 43 20 14 20.* *Vavin, Montparnasse-Bienvenue.* *So–Do 12–1 Uhr (Fr, Sa bis 1.30 Uhr). Siehe auch* ***Restaurants*** *S. 307.* **www**.flobrasseries.com

Das 1927 eröffnete Restaurant-Café unterzog sich in den 1980er Jahren einem Facelifting. Allerdings sind seine von Künstlern dekorierten Säulen und die roten Samtsessel geblieben. Zu den illustren Gästen zählten Jean-Paul Sartre, Josephine Baker und Roman Polanski.

Drei Schöne **(1950), Ossip Zadkine**

Musée Zadkine ❷

100bis, rue d'Assas, 75006. **Stadtplan** 16 E1. **Karte** J10. *01 55 42 77 20.* *Notre-Dame-des-Champs.* *Di–So 10–18 Uhr.* *Feiertage.* *nach Vereinbarung.* *eingeschränkt.* **www**.zadkine.paris.fr

Der russischstämmige Bildhauer Ossip Zadkine lebte hier von 1928 bis zu seinem Tod 1967. Das Haus mit Atelier enthält seine Arbeiten. Hier schuf er sein großes Werk *Die zerstörte Stadt*, von Rotterdam nach dem Zweiten Weltkrieg in Auftrag gegeben, sowie zwei Denkmäler für Vincent van Gogh (eines für die Niederlande und eines für Auvers-sur-Oise, wo van Gogh starb). Das Museum zeigt Zadkines stilistischen Spannbogen von Kubismus über Expressionismus bis hin zur Abstraktion.

Rue Campagne-Première ❸

75014. **Stadtplan** 16 E2. **Karte** J10. *Raspail.*

Die Straße weist einige Art-déco-Gebäude und eine lange künstlerische Tradition auf. Amedeo Modigliani lebte, zerstört von Opium und Tuberkulose, in Nr. 3. Zwischen den Kriegen wohnten hier viele Künstler, darunter Picasso, Miró und Kandinsky.

Cimetière du Montparnasse ❹

Siehe S. 180f.

Tour Montparnasse ❺

Pl Raoul Dautry, 75014. **Stadtplan** 15 C2. **Karte** H10. *Montparnasse-Bienvenue.* *01 45 38 52 56.* *Apr–Sep: tägl. 9.30–23.30 Uhr; Okt–März: tägl. 9.30–22.30 Uhr.* **www**.tourmontparnasse56.com

Bei seinem Bau 1973 war der Turm Europas größter Bürogigant, Mittelpunkt eines neuen Geschäftsviertels. Der 210 Meter hohe Koloss beherrscht die Skyline. Von der Terrasse ganz oben bietet sich ein fantastischer Panoramablick, an klaren Tagen bis zu 40 Kilometer weit. Der Lift schafft die 56 Etagen zum Panoramarestaurant in 38 Sekunden.

Tour Montparnasse

Der Bogenschütze **(1909) von Antoine Bourdelle**

Musée Antoine Bourdelle ❻

18, rue Antoine Bourdelle, 75015. **Stadtplan** 15 B1. **Karte** G10. *01 49 54 73 73.* *Montparnasse-Bienvenue.* *Di–So 10–18 Uhr.* *Feiertage.* *eingeschränkt.* **www**.bourdelle.paris.fr

Der einfallsreiche Bildhauer Antoine Bourdelle wohnte und arbeitete in dem Atelier von 1884 bis zu seinem Tod 1929. Haus, Atelier und Garten dienen nun als Museum, das seinem Vermächtnis gewidmet ist. Unter den 900 ausgestellten Werken sind auch die Gipsabdrücke der Monumentalarbeiten für öffentliche Plätze. Sie befinden sich in der großen Halle eines Anbaus. Zu ihnen zählt die Skulpturengruppe der Reliefdekoration des Théâtre des Champs-Élysées.

Musée de la Poste ❼

34, bd de Vaugirard, 75015. **Stadtplan** 15 B2. **Karte** G10. *01 42 79 24 24.* *Montparnasse-Bienvenue.* *Mo–Sa 10–18 Uhr.* *Feiertage.* **Bibliothek**. **www**. ladressemusee delaposte.com

Die Ausstellung widmet sich dem französischen Postwesen und seinen Transportmöglichkeiten. Es gibt einen Raum für die Postzustellung in

Kriegszeiten – so wurden im Deutsch-Französischen Krieg Brieftauben eingesetzt, die die Poststempel auf den Flügeln trugen. Die Galerie zeigt schöne Briefmarkenkunst.

Von Miró entworfene Briefmarke

Musée du Montparnasse ❽

21, ave du Maine, 75015. **Stadtplan** 15 C1. **Karte** G9. *01 42 22 91 96.* *Montparnasse-Bienvenue, Falguière.* *Di–So 12.30–19 Uhr.* **www**.museedumontparnasse.net

Während des Ersten Weltkriegs war hier eine Kantine für bedürftige Künstler. Picasso, Braque, Léger, Modigliani und andere aßen hier für 65 Centimes und feierten anschließend bis spät in die Nacht. An dem symbolträchtigen Ort befindet sich heute ein Museum, das daran erinnert, wie hier an der Vavin-Kreuzung einige für die Kunstgeschichte bedeutende Kapitel geschrieben wurden.

Fondation Cartier ❾

261, bd Raspail, 75014. **Stadtplan** 16 E3. *01 42 18 56 50.* *Raspail.* *Di–So 11–20 Uhr (Do bis 22 Uhr).* *1. Jan, 25. Dez.* **http**://fondation.cartier.com

Die Stiftung für zeitgenössische Kunst ist in einem Gebäude untergebracht, das der Architekt Jean Nouvel entwarf. Er schuf eine transparente, luftige Konstruktion, in die er eine Libanonzeder integrierte, die François-René de Chateaubriand 1823 an dieser Stelle gepflanzt hatte. Das Gebäude bildet einen passenden Rahmen für die darin stattfindenden Ausstellungen moderner Kunst.

Catacombes ❿

1, ave du Colonel Henri Rol-Tanguy, 75014. **Stadtplan** 16 E3. *01 43 22 47 63.* *Denfert-Rochereau.* *Di–So 10–17 Uhr (letzter Einlass 16 Uhr).* *Feiertage.* **www**.carnavalet.paris.fr

Im Jahr 1786 begann hier ein riesiges Projekt: die Überführung der Millionen Schädel und Gebeine vom gesundheitsgefährdenden Stadtfriedhof von Les Halles in die antiken Steinbrüche am Fuß der drei »Berge« Montparnasse, Montrouge und Montsouris. Es dauerte 15 Monate, die Gebeine und verwesten Körper nachts auf großen Karren quer durch die Stadt zu ihrem neuen Ruheplatz zu bringen.

Kurz vor der Revolution feierte der Comte d'Artois (später Charles X) noch wilde Feste in den Catacombes. Im Zweiten Weltkrieg lag hier das Hauptquartier der Résistance. Über dem Eingang warnen die Worte: »Halt! Hier beginnt das Reich des Todes.«

Observatoire de Paris ⓫

61, ave de l'Observatoire, 75014. **Stadtplan** 16 E3. *01 45 07 74 78 (Mo–Fr 14–16 Uhr).* *Denfert-Rochereau.* *2 Std. Di oder Do; Anmeldung per E-Mail: paris@obspm.fr oder 01 40 51 23 97; Gruppen nach Vereinbarung.* *Aug.* **www**.obspm.fr

Louis XIV wurde 1667 von seinen Astronomen überzeugt, dass Frankreich ein Observatorium brauche. Der Bau begann am 21. Juni, dem Tag der Sommersonnwende, und dauerte fünf Jahre.

Zu den großen astronomischen Forschungsergebnissen gehörten die Berechnung der genauen Ausmaße des Sonnensystems (1672), die Kartierung des Mondes (1679) und die Entdeckung des Planeten Neptun (1846).

Die Fassade des Observatoriums

La Closerie des Lilas ⓬

171, bd du Montparnasse, 75014. **Stadtplan** 16 E2. **Karte** K10. *01 40 51 34 50.* *Vavin.* *Port Royal.* *Bar: tägl. 11–1.30 Uhr; Brasserie: tägl. 12–1 Uhr.* **www**.closeriedeslilas.fr

Lenin, Trotzki, André Breton und Beckett frequentierten diverse Bars und Cafés von Montparnasse, aber die Closerie war ihr Lieblingsort. Ein Gutteil des Romans *Fiesta* von Hemingway spielt hier. Die reizende Terrasse ist heute von Bäumen umgeben, das Ambiente wirkt eleganter, aber viel Originaldekor ist geblieben *(siehe S. 38f)*.

Gebeine in den Catacombes

Cimetière du Montparnasse ❹

Der Friedhof von Montparnasse wurde von Napoléon außerhalb der Stadtmauern angelegt, um die zahlreichen kleinen, überfüllten Grabanlagen innerhalb der Altstadt zu entlasten, die um 1800 zur Gesundheitsgefahr wurden. Er wurde 1824 eröffnet und zum Ruheplatz vieler illustrer Pariser (vor allem von der Rive Gauche). Wie in allen französischen Friedhöfen gliedern gepflegte Wege die einzelnen Gräberfelder. Die Rue Émile Richard zerteilt ihn in den Grand und den Petit Cimetière.

★ Ehrenmal von Charles Baudelaire
Es erinnert an den großen Lyriker und Essayisten (1821–1867), der Die Blumen des Bösen *schrieb.*

Samuel Beckett, der durch Werke wie *Warten auf Godot* berühmte, 1989 verstorbene irische Dramatiker, verbrachte den Großteil seines Lebens in Paris.

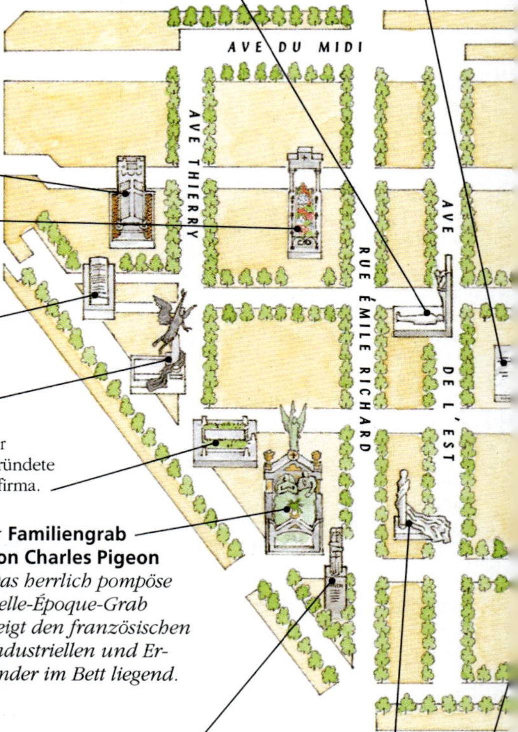

Das Pétain-Grab birgt die Familie des Marschalls, der während des Zweiten Weltkriegs mit den Deutschen kollaborierte. Pétain selbst liegt auf der Île d'Yeu begraben, wo er auch interniert war.

Guy de Maupassant war ein Romancier des 19. Jahrhunderts.

Alfred Dreyfus – 1894 löste der Hochverratsprozess gegen den Hauptmann jüdischer Abstammung einen politischen und gesellschaftlichen Skandal aus.

Frédéric-Auguste Bartholdi schuf 1886 die Freiheitsstatue für New York.

André Citroën, 1935 verstorbener Ingenieur und Industrieller, begründete die berühmte französische Autofirma.

★ Familiengrab von Charles Pigeon
Das herrlich pompöse Belle-Époque-Grab zeigt den französischen Industriellen und Erfinder im Bett liegend.

NICHT VERSÄUMEN

- ★ Ehrenmal von Charles Baudelaire
- ★ Familiengrab von Charles Pigeon
- ★ Jean-Paul Sartre und Simone de Beauvoir
- ★ Serge Gainsbourg

***Der Kuss* von Brâncuşi**
Die kubistische Skulptur des bedeutenden rumänischen Künstlers, der 1957 starb und nahe der Rue Émile Richard begraben liegt, ist eine Hommage an Rodins Kuss.

Charles-Augustin Sainte-Beuve war ein Kritiker der französischen Romantik und wird gemeinhin »Vater der modernen Kritik« genannt.

Camille Saint-Saëns, der 1921 verstorbene Komponist, gilt als einer der großen nachromantischen Musiker Frankreichs.

★ Serge Gainsbourg
Der französische Sänger, Pop-Ikone der 1970er und 1980er Jahre, ist für seine tabulosen Songs bekannt. Er war mit der Schauspielerin Jane Birkin verheiratet.

INFOBOX

3, bd Edgar Quinet. **Stadtplan** 16 D3. **Karte** H10. ☎ *01 44 10 86 50.* Ⓜ *Edgar Quinet.* 🚌 *38, 83, 91 bis Port Royal.* RER *Port Royal.* P *Rue Campagne-Première, Bd St-Jacques.* ◯ *Mitte März–Anfang Nov: tägl. 8–18 Uhr; Anfang Nov–Mitte März: tägl. bis 17.30 Uhr.* 📷 ♿ **www**.landrucimetieres.fr

Der Turm ist der einzige Überrest einer Mühle aus dem 17. Jahrhundert. Sie war Teil des Besitzes der Barmherzigen Brüder, auf dem der Friedhof errichtet wurde.

Génie du Sommeil Éternel
Horace Daillions Bronzeengel des Ewigen Schlafs bildet das Zentrum des Friedhofs.

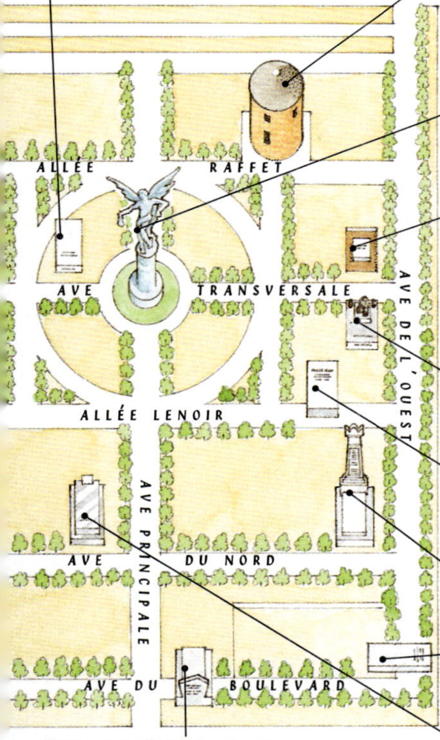

Tristan Tzara, der rumänische Schriftsteller, führte den literarischen und künstlerischen Dadaismus im Paris der 1920er Jahre an.

Henri Laurens
Der französische Bildhauer (1885–1954) war führend in der kubistischen Bewegung.

Man Ray, amerikanischer Fotograf, machte die Kunst- und Kaffeehaus-Atmosphäre des Montparnasse der 1920er und 1930er Jahre unsterblich.

Charles Baudelaire liegt hier bestattet, zusammen mit seiner Mutter – im Familiengrab seines gehassten Schwiegervaters.

Chaim Soutine, ein armer ukrainischer Jude, war ein Boheme-Maler des Montparnasse der 1920er Jahre. Er war eng mit dem italienischen Künstler Amedeo Modigliani befreundet.

Jean Seberg
Die Hollywood-Schauspielerin, Hauptdarstellerin in Jean-Luc Godards Film Außer Atem, *war der Inbegriff von Jugend, Glamour und blonder Schönheit.*

★ Jean-Paul Sartre und Simone de Beauvoir
Das existenzialistische Paar, nach dem Krieg unangefochtene Führer der Literaturszene, ruht nahe der geliebten Rive Gauche.

Stadtplan *siehe Seiten 390–423*

Invalides und Eiffelturm

Kanone im Musée de l'Armée

Die Gegend um das Hôtel des Invalides mutet wie ein Viertel der Denkmäler an. Von den ausladenden, an die Avenue de la Motte Picquet grenzenden Gebäuden der École Militaire erstreckt sich der Parc du Champ-de-Mars zum Eiffelturm und an die Seine. Luxusbauten, einige im Art-nouveau-Stil, und Botschaften säumen die Avenuen um den Eiffelturm. Schon im 18. Jahrhundert zogen Wohlhabende aus dem Marais in diesen Stadtteil und errichteten ihre aristokratischen Häuser in der Rue de Varenne und Rue de Grenelle. Auch zwischen den Weltkriegen, als der bekannte Schauspieler und Schriftsteller Sacha Guitry hier wohnte, genoss die Gegend hohes Ansehen.

Sehenswürdigkeiten auf einen Blick

Historische Gebäude und Straßen

Assemblée Nationale – Palais Bourbon ⓫
Avenue Rapp Nr. 29 ⓱
Champ-de-Mars ⓯
École Militaire ⓳
Les Égouts ⓭
Hôtel des Invalides ❻
Hôtel Matignon ❽
Rue Cler ⓬

Museen und Sammlungen

Musée de l'Armée ❹
Musée Maillol ❾
Musée de l'Ordre de la Libération ❸
Musée du Quai Branly S. 192f ⓮
Musée Rodin ❼
Musées des Plans-Reliefs ❺

Kirchen und Gedenkstätten

Dôme des Invalides S. 188f ❶
Sainte-Clotilde ❿
St-Louis-des-Invalides ❷

Monument

Eiffelturm S. 194f ⓰

Moderne Architektur

UNESCO ⓴
Village Suisse ⓲

Anfahrt

Das Viertel hat mit den Métro-Stationen Invalides, Solférino, Sèvres-Babylone, Varenne, La Tour-Maubourg und École Militaire eine vorzügliche Verkehrsanbindung. Es liegt auf den Routen verschiedener Busse: Linie 69 fährt über die Rue St-Dominique ostwärts und auf dem Rückweg durch die Rue de Grenelle. Linie 82 verkehrt auf der Avenue de Suffren, Linie 28 fährt an der École Militaire vorbei.

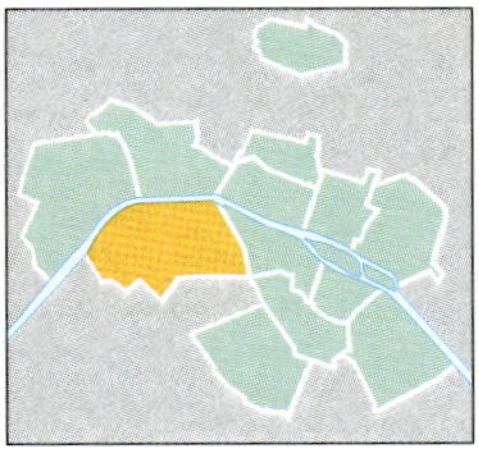

SIEHE AUCH

- ***Stadtplan*** 10, 11
- ***Hotels*** S. 288f
- ***Restaurants*** S. 308f

LEGENDE

Detailkarte *siehe S. 184f*
Métro-Station
RER-Station
Batobus-Anlegestelle

◁ **Der Eiffelturm bei Nacht** ***(siehe S. 194f)***

Im Detail: Invalides

Berittener Militärpolizist

Das Hôtel des Invalides, den imposanten Namensgeber des Viertels, ließ Louis XIV 1671–76 für seine kriegsversehrten und obdachlosen Veteranen sowie zum Zeichen seines Ruhms erbauen. Im Mittelpunkt glänzt golden die Kuppel des Dôme des Invalides, Kirche des Sonnenkönigs und letzte Ruhestätte von Napoléon Bonaparte. Der Leichnam des Kaisers wurde im Jahr 1840, 19 Jahre nach seinem Tode, von St. Helena hierher überführt. Er ruht in einem roten, majestätischen Sarkophag, einer Schöpfung von Joachim Visconti, in der runden Krypta. Im Gegensatz zu dieser weihevollen Umgebung wirkt das östlich des Hôtel am Boulevard des Invalides gelegene Musée Rodin wie ein erholsamer Hort klarer Kunst.

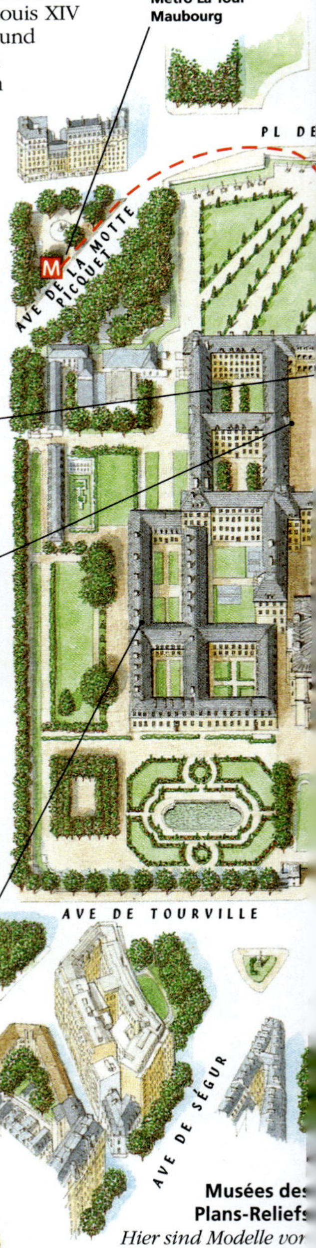

Métro La Tour Maubourg

Die streng gegliederte Fassade des Hôtel des Invalides hat eine Länge von 196 Metern. Trophäen-Motive, von denen keines dem anderen gleicht, schmücken die Dachfenster. Über dem Haupteingang sieht man einen Herkules-Kopf.

★ Musée de l'Armée

Das riesige Museum bietet einen Überblick der Militärgeschichte von der Frühzeit bis zum Zweiten Weltkrieg. Hier kann man die drittgrößte Waffensammlung der Welt sehen. ❹

Musée de l'Ordre de la Libération

Mit diesem Orden wurden Heldentaten des Zweiten Weltkriegs ausgezeichnet. ❸

Musées des Plans-Reliefs

Hier sind Modelle von Festungsanlagen, befestigten Städten, Pläne und Grafiken zu sehen. ❺

NICHT VERSÄUMEN

- ★ Dôme des Invalides und Napoléons Grab
- ★ Musée de l'Armée
- ★ Musée Rodin
- ★ St-Louis-des-Invalides

LEGENDE

– – – Routenempfehlung

0 Meter 100

General de Gaulles Kompass und Dokument des »Befreiungsordens«

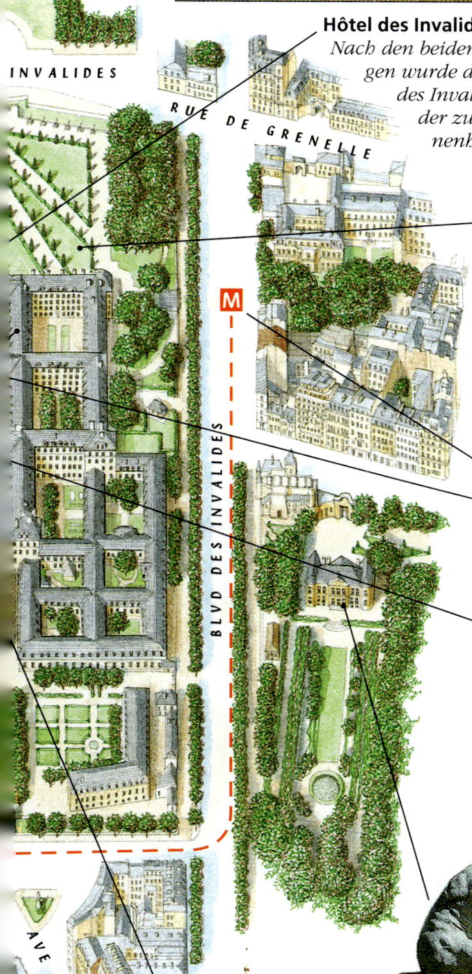

Hôtel des Invalides
Nach den beiden Weltkriegen wurde das Hôtel des Invalides wieder zum Veteranenhospital. ❻

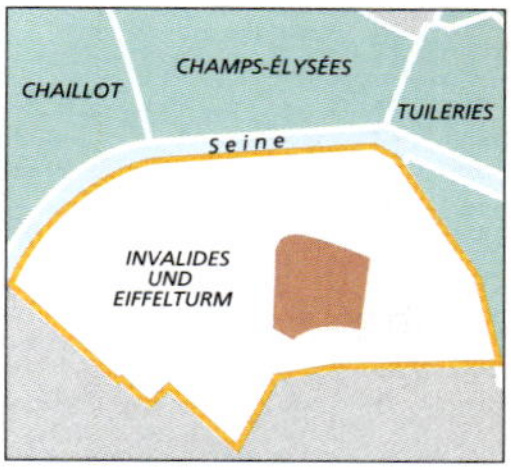

Zur Orientierung
Siehe Stadtplan 11

Die Gartenanlage gestaltete de Cotte 1704. Hier stehen Kanonen aus dem 17. und 18. Jahrhundert.

Métro Varenne

Die Cour d'Honneur ist heute noch Schauplatz von Militärparaden. An ihrer Südseite steht eine Napoléon-Statue, im Volksmund »Le Petit Caporal« genannt.

★ St-Louis-des-Invalides
Die Soldatenkirche St-Louis grenzt an den Dôme des Invalides. ❷

★ Musée Rodin
Mit seinem Schaffen beeinflusste Auguste Rodin die Bildhauerkunst grundlegend. Seine Meisterwerke, beispielsweise Der Denker *(um 1880), sind hier zu sehen.* ❼

★ Dôme des Invalides und Napoléons Grab
Der Bau des Doms dauerte 27 Jahre. Die Krypta birgt den Sarkophag Napoléons, dessen letzter Wille es war, »an den Ufern der Seine zu ruhen«. ❶

Fassade des Musée de l'Ordre de la Libération

Dôme des Invalides ❶

Siehe S. 188f.

St-Louis-des-Invalides ❷

Hôtel des Invalides, 75007. **Stadtplan** 11 A3. **Karte** F7. *La Tour-Maubourg, Varenne.* *01 44 42 37 65.* *Apr–Sep: tägl. 10–17.30 Uhr; Okt–März: tägl. 10–16.30 Uhr.*

Nach Plänen von Libéral Bruant, dem Architekten des Hôtel des Invalides, erbaute Jules Hardouin-Mansart 1679–1708 die auch »Soldatenkirche« genannte Hauskapelle des Hôtel des Invalides. Fahnen, die in Schlachten erbeutet wurden, schmücken das Ehrfurcht gebietende, schlichte Interieur. Alexandre Thierry baute die Orgel aus dem 17. Jahrhundert. Hier erklang 1837 erstmals das *Requiem* von Hector Berlioz unter Mitwirkung von vier Orchestern.

Musée de l'Ordre de la Libération ❸

51 bis, bd de La Tour-Maubourg, 75007. **Stadtplan** 11 A4. **Karte** F7. *01 47 05 04 10.* *La Tour-Maubourg.* *Apr–Sep: tägl. 10–18 Uhr (So bis 18.30); Okt–März: tägl. 10–17 Uhr (So bis 17.30).* *erster Mo im Monat, einige Feiertage.*

Das Museum gedenkt der Vertreter des »Freien Frankreich«, die sich im Zweiten Weltkrieg unter Führung von Charles de Gaulle in London zur Exilregierung zusammenfanden. Den Befreiungsorden, Frankreichs höchstes Ehrenzeichen, stiftete de Gaulle 1940 in Brazzaville als Auszeichnung für herausragende Leistungen bei der Unterstützung der Alliierten. Zu den dekorierten *compagnions* gehörten Zivilisten und Militärs sowie einige ausländische Persönlichkeiten, so George VI von England, Churchill und Eisenhower.

Altar von St-Louis-des-Invalides

Kanonen im Musée de l'Armée

Musée de l'Armée ❹

Hôtel des Invalides, 129, rue de Grenelle, 75007. **Stadtplan** 11 A3. **Karte** F7. *08 10 11 33 99.* *La Tour-Maubourg, Varenne.* RER *Invalides.* *Apr–Sep: tägl. 10–18 Uhr (Di bis 21 Uhr); Okt–März: tägl. 10–17 Uhr.* *erster Mo im Monat, 1. Jan, 1. Mai, 1. Nov, 25. Dez.* *Kombiticket mit dem Musée de l'Ordre de la Libération und den Musées des Plans-Reliefs.* *nur Erdgeschoss.* ***Filme.*** **www**.invalides.org

Kaum ein anderes Museum der Welt erläutert Militärgeschichte derart umfassend. Die Exponate reichen von der Frühzeit bis in die letzten Tage des Zweiten Weltkriegs. Hier ist die weltweit drittgrößte Waffensammlung zu sehen.

Im ehemaligen Refektorium an der Nordostseite beeindrucken die alten Waffen und die nach aufwendiger Restaurierung endlich wieder sichtbaren Wandgemälde von Joseph Parrocel (17. Jh.). Die Bilder stellen die militärischen Eroberungen von Louis XIV detailreich dar.

Die audiovisuelle Show *Historial de Gaulle* (montags geschlossen) befasst sich mit der Rolle von Charles de Gaulle in Kriegszeiten und im 20. Jahrhundert. Die Exponate aus der Zeit von Louis XIV bis Napoléon III werden im Département Moderne präsentiert. Der Schwerpunkt liegt dabei auf den Kriegen Napoléons. Zu sehen ist u. a. sein berühmter Gehrock.

Musées des Plans-Reliefs ❺

Hôtel des Invalides, 75007. **Stadtplan** 11 B3. **Karte** F7. *01 45 51 95 05.* *La Tour-Maubourg, Varenne.* RER *Invalides.* *Apr–Sep: tägl. 10–18 Uhr; Okt–März: tägl. 10–17 Uhr.* *erster Mo im Monat, 1. Jan, 1. Mai, 1. und 11. Nov, 25. Dez.* **www**.museedesplansreliefs.culture.fr

Karte von Alessandria, Italien (1813)

Die detaillierten Modelle französischer Festungen und befestigter Städte, von denen einige bis in die Regierungszeit von Louis XIV zurückreichen, galten als streng geheim, ehe man sie in den 1950er Jahren hier ausstellte. Das älteste Modell (1686) zeigt Perpignan, dessen Befestigungen im 17. Jahrhundert der berühmte Baumeister Vauban entwarf, der auch Städte wie Briançon mit Verteidigungsanlagen versah.

Hotels und Restaurants in Invalides und um den Eiffelturm *siehe Seiten 288f und 308f*

Hôtel des Invalides ❻

75007. **Stadtplan** 11 A3. **Karte** F7. *01 44 42 38 77.* *La Tour-Maubourg, Varenne.* *tägl. 10–18 Uhr (Winter: bis 17 Uhr).* *Feiertage.* **www**.invalides.org

Hauptportal des Hôtel des Invalides

Louis XIV ließ dieses erste Militärhospital einrichten, das auch Kriegsveteranen und verarmten, auf Almosen angewiesenen Soldaten Obdach gewährte. 1670 erging der Erlass zum Bau des riesigen Komplexes, der nach Plänen Libéral Bruants fünf Jahre später abgeschlossen war.

Die harmonische klassizistische Fassade zählt zu den bemerkenswertesten Sehenswürdigkeiten von Paris. Kanonen prangen im Vorhof des vierstöckigen Gebäudes, der Garten und die von Bäumen gesäumte Esplanade reichen bis an die Seine. Südlich gelangt man zur Soldatenkirche St-Louis-des-Invalides, hinter der sich Jules Hardouin-Mansarts großartiger Dôme anschließt. Seit 1989 erstrahlt seine vergoldete Kuppel wieder in altem Glanz.

Musée Rodin ❼

77, rue de Varenne, 75007. **Stadtplan** 11 B3. **Karte** G7. *01 44 18 61 10.* *Varenne.* *Di–So 10–17.45 Uhr (Gärten bis 18 Uhr).* *1. Jan, 1. Mai, 25. Dez.* *eingeschränkt.* *gelegentlich.* **www**.musee-rodin.fr

Auguste Rodin, Frankreichs bedeutendster Bildhauer des 19. Jahrhunderts, lebte und arbeitete von 1908 bis zu seinem Tod 1917 im Hôtel de Biron. Als Gegenleistung für Wohnung und Atelier vermachte er dem Staat seine Werke. Im Garten der Villa (18. Jh.), umgeben von Rosenbüschen, sind Rodins große Skulpturen zu bewundern, darunter *Die Bürger von Calais*, *Der Denker*, *Das Höllentor* und *Balzac*. Die ausgestellten Arbeiten umspannen das gesamte Lebenswerk des Künstlers. Glanzlichter setzen Skulpturen wie *Der Kuss* und *Eva*. Auch Werke seiner Schülerin Camille Claudel sind zu sehen.

Hôtel Matignon ❽

57, rue de Varenne, 75007. **Stadtplan** 11 C4. **Karte** G7. *Solférino, Rue du Bac.* *für Besucher.*

Das Privatpalais, eines der schönsten im Viertel Faubourg, wurde 1721 von Jean Courtonne erbaut, jedoch seither grundlegend umgestaltet. Zu seinen Besitzern zählten der Staatsmann und Diplomat Talleyrand, der hier rauschende Feste und Empfänge gab, sowie verschiedene Adlige. Seit 1958 ist das Anwesen mit dem größten Privatpark der Stadt die offizielle Residenz des französischen Premierministers.

Rodins *Kuss* (1886) im Musée Rodin

Musée Maillol ❾

59–61, rue de Grenelle, 75007. **Stadtplan** 11 C4. **Karte** H7. *01 42 22 59 58.* *Sèvres-Babylone, Rue du Bac.* *tägl. 10–12, 16–19 Uhr (Okt–Apr: Mi–Mo).* *Feiertage.* **www**.musee-maillol.com

Dina Vierny, einst Modell und Muse des Künstlers Maillol, richtete dieses Museum ein, das dem katalanischen Künstler gewidmet ist. Alle Bereiche seines Kunstschaffens – Zeichnungen, Gemälde, Skulpturen und dekorative Objekte – sind hier zu sehen. Ausgestellt ist auch Dina Viernys Privatsammlung mit Werken von Matisse, Dufy, Picasso und Rodin.

Vor dem Haus am Brunnen stehen allegorische Figuren.

Skulpturen an Ste-Clotilde

Sainte-Clotilde ❿

12, rue de Martignac, 75007. **Stadtplan** 11 B3. **Karte** G7. *01 44 18 62 60.* *Solférino, Varenne, Invalides.* *Mo–Fr 9–19.30, Sa, So 10–20 Uhr.* *staatl. Feiertage.* **www**.sainte-clotilde.com

Architekt François-Christian Gau, ein gebürtiger Deutscher, entwarf die Pläne für diese Kirche. Als erster neogotischer Bau von Paris spiegelt sie die im 19. Jahrhundert herrschende Bewunderung für das Mittelalter wider, der Schriftsteller wie Victor Hugo literarisch Ausdruck verliehen. Selbst vom anderen Seine-Ufer aus erkennt man die mächtigen Zwillingstürme. Das Innere bereichern Buntglasfenster und ein skulptierter Kreuzweg von Jean-Jacques Pradier. Die Orgel spielte 32 Jahre lang der Komponist César Franck (1822–1890).

Stadtplan *siehe Seiten 390–423*

Dôme des Invalides ❶

Der Sonnenkönig Louis XIV beauftragte 1676 Jules Hardouin-Mansart, die Gebäude des Hôtel des Invalides mit einem Dom zu krönen. Eine Soldatenkirche stand bereits, der Dom sollte ausschließlich dem Sonnenkönig vorbehalten bleiben und als königliche Grablege dienen. Inmitten der umliegenden Bauten geriet die Kirche zu einem Meisterwerk und herausragenden Beispiel der französischen Architektur des 17. Jahrhunderts. Nach dem Tod von Louis XIV verwarf man das Vorhaben, die königliche Familie hier beizusetzen. Der Invalidendom (offiziell: Cathédrale Saint-Louis-des-Invalides) wurde zum Ruhmesdenkmal der Bourbonen. 1840 ließ Louis-Philippe die sterblichen Überreste Napoléons hierher überführen. Weitere Grabmäler, u.a. jene von Vauban und Marschall Foch, machen die Kirche zum nationalen Denkmal.

Kuppel
Rippen, Trophäen und Laterne sind vergoldet.

① **Grab des Joseph Bonaparte**
Der Sarkophag von Napoléons ältestem Bruder, König von Neapel und später König von Spanien, steht in der Augustinuskapelle.

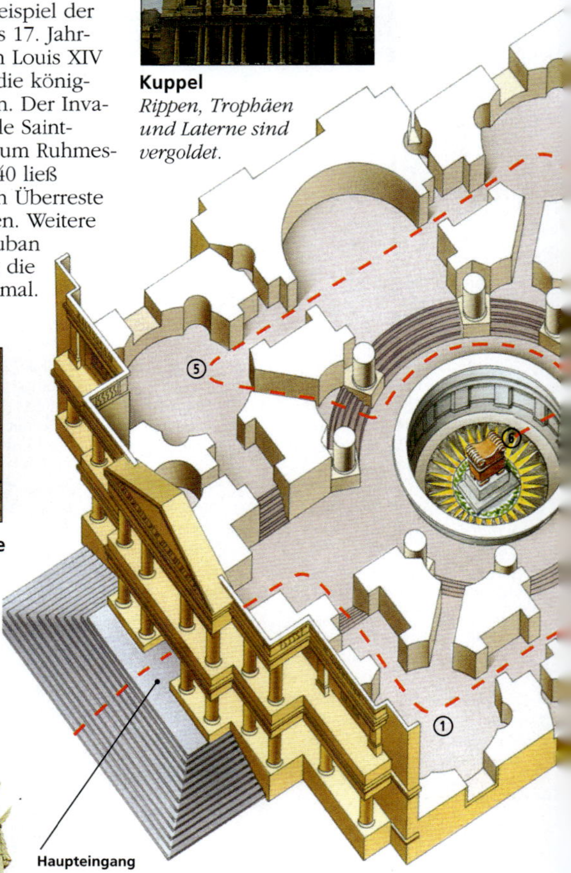

② **Grabmal des Marschall Vauban**
Die 1808 auf Geheiß von Napoléon I errichtete Stätte birgt eine Urne mit dem Herzen von Sébastien le Prestre de Vauban, der 1707 starb. Unter Louis XIV war er der bedeutendste Festungsbaumeister, Höhepunkt seiner militärischen Laufbahn war 1703 die Ernennung zum Marschall. Seine Rikoschett-Batterien waren für den Festungsbau richtungsweisend. Die Statue von Antoine Étex wird von den Figuren Wissenschaft *und* Krieg *flankiert.*

⑥ Gläserne Galerie
Der Zugang zur Krypta mit dem Sarkophag Napoléons befindet sich bei der geschwungenen Treppe vor dem Altar. Die Glaswand hinter dem Altar trennt den Dôme von St-Louis-des-Invalides.

INFOBOX

Hôtel National des Invalides, 129, rue de Grenelle. **Stadtplan** 11 A3. **Karte** F7. *08 10 11 33 99. La Tour-Maubourg, Varenne. 28, 63, 69, 80, 82, 83, 87, 92, 93 bis Les Invalides.* RER *Invalides. Tour Eiffel.* P *Rue de Constantine. tägl. 10–17 Uhr (Apr–Juni: bis 18 Uhr; Juli, Aug: bis 19 Uhr). erster Mo im Monat, 1. Jan, 1. Mai, 1. Nov, 25. Dez. eingeschränkt (01 47 05 36 47). für Gruppen.*

LEGENDE

– – – Rundgang

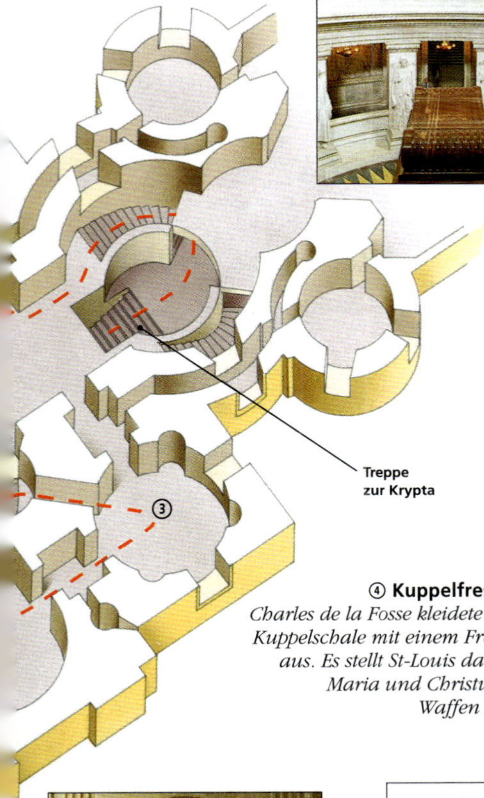

⑤ Seitenkapelle St-Jérôme
In der südwestlichen Seitenkapelle befindet sich das Grabmal von Napoléons jüngerem Bruder Jérôme, dem auch »König Lustig« genannten König von Westfalen.

④ Kuppelfresko
Charles de la Fosse kleidete die Kuppelschale mit einem Fresko aus. Es stellt St-Louis dar, der Maria und Christus seine Waffen darbietet.

③ Grabmal des Marschall Foch
Paul Landowski schuf 1937 das beeindruckende Bronzegrabmal für Ferdinand Foch (1851–1929).

Napoléons Rückkehr

Im Jahr 1840 ließ König Louis-Philippe den Leichnam Kaiser Napoléons von St. Helena in einem Triumphzug nach Paris überführen. Der von militärischem Nimbus umgebene Dôme des Invalides war ideal als letzte Ruhestatt. Man bettete Napoléons sterbliche Überreste in sechs ineinandergefügte Särge. Zunächst wurde er in der südwestlichen Seitenkapelle aufgebahrt. Die Beisetzung in der Krypta bildete 1861 den Höhepunkt einer bombastischen Zeremonie.

Stadtplan *siehe Seiten 390–423*

Klassizistische Fassade der Assemblée Nationale – Palais Bourbon

Assemblée Nationale – Palais Bourbon ⓫

126, rue de l'Université, 75007. **Stadtplan** 11 B2. **Karte** G6. *01 40 63 60 00.* *Assemblée Nationale.* RER *Invalides.* *nur für Gruppen, Infos unter o. g. Telefonnummer.* **www**.assemblee-nationale.fr

Das Palais Bourbon wurde 1722 für die Tochter von König Louis XIV erbaut. Es wurde während der Französischen Revolution beschlagnahmt, seit 1830 dient es als Sitz der Nationalversammlung Frankreichs. Nur während der deutschen Besatzung im Zweiten Weltkrieg etablierten die Nationalsozialisten hier ihren Verwaltungssitz.

Die eindrucksvolle klassizistische Fassade des Palais Bourbon mit den zwölf Säulen wurde erst 1806 hinzugefügt, um ein harmonisches Bild mit der Kirche La Madeleine auf der anderen Seine-Seite herzustellen. Das angrenzende, von de Condé erbaute Hôtel de Lassay ist Dienstsitz des Präsidenten der Nationalversammlung.

Rue Cler ⓬

75007. **Stadtplan** 10 F3. **Karte** F7. *École Militaire, La Tour-Maubourg.* **Markt** *Di–Sa. Siehe* ***Shopping*** *S. 338.*

In der Rue Cler findet der Straßenmarkt des wohlhabendsten Viertels von Paris statt. Im siebten Arrondissement haben sich hohe Beamte, Industriemagnaten und Diplomaten niedergelassen. Die Produkte sind hochwertig und entsprechend teuer. Der Markt liegt in einer Fußgängerzone südlich der Rue de Grenelle. Hier kann man elegante Pariserinnen beim Einkaufen und zudem schöne Jugendstilhäuser bewundern.

Les Égouts ⓭

Gegenüber von 93, quai d'Orsay, 75007. **Stadtplan** 10 F2. **Karte** E6. *01 53 68 27 81.* *Alma-Marceau.* RER *Pont de l'Alma.* *Sa–Mi 11–17 Uhr (Winter: bis 16 Uhr).* *zwei Wochen im Jan. Nach heftigen Regenfällen evtl. geschlossen.* **www**.egouts.tenebres.eu

Die Abwasserkanäle *(égouts)*, die Baron Haussmann *(siehe S. 34f)* anlegen ließ, sind eine seiner beachtlichsten Leistungen. Mit einer Gesamtlänge von 2100 Kilometern würden sie von Paris bis Istanbul reichen. Die Führungen sind auf ein Gebiet um den Eingang am Quai d'Orsay begrenzt. Es gibt ein Kanalisationsmuseum, in dem man das unterirdische Paris kennenlernen sowie historische und moderne Geräte sehen kann.

Musée du Quai Branly ⓮

Siehe S. 192f.

Obst- und Gemüsemarkt in der Rue Cler

Eingang Avenue Rapp Nr. 29

Champ-de-Mars ⓯

75007. **Stadtplan** 10 E3. **Karte** D/E7. M *École Militaire.* RER *Champ de Mars-Tour Eiffel.*

Der Park erstreckt sich vom Eiffelturm bis zur École Militaire. Auf dem Gelände paradierten einst die Offiziersanwärter, später fanden hier Pferderennen, Ballonflüge und – am Nationalfeiertag – Massenveranstaltungen statt. Der ersten Jubiläumsfeier der Revolution wohnte 1790, mürrisch und entmündigt, Louis XVI bei. Bis ins späte 19. Jahrhundert erregten große Ausstellungen Aufsehen, so die Weltausstellung 1889, anlässlich derer der Eiffelturm gebaut wurde. Jean-Michel Wilmotte schuf das Friedensmonument *Mur de la Paix*.

Montgolfiere über Paris

Eiffelturm ⓰

Siehe S. 194f.

Avenue Rapp Nr. 29 ⓱

75007. **Stadtplan** 10 E2. **Karte** E6. M *Pont de l'Alma.*

Ein Meisterwerk der Jugendstilarchitektur lässt viele in der Avenue Rapp vor dem Haus Nr. 29 innehalten. Es trug seinem Architekten, Jules Lavirotte, 1901 beim Concours des Façades de la Ville de Paris den ersten Preis ein. Tier- und Pflanzenmotive zieren die Keramik- und Ziegelfassade. Auf verschiedenfarbigen Sandstein sind erotische Frauenfiguren gesetzt, die damals gewiss Anstoß erregten. Auch Lavirottes Gebäude am Square Rapp lohnt einen Blick.

Village Suisse ⓲

38–78, ave de Suffren, 75015. **Stadtplan** 10 E4. **Karte** D/E8. M *Dupleix.* *Do–Mo 10.30–19 Uhr.*

Zur Weltausstellung, die 1900 auf dem nahen Champ-de-Mars stattfand, bildete die Schweizer Regierung ein Alpendorf nach, das sich zu einem Zentrum des Gebrauchtwarenhandels entwickelte. Seit in den 1950er Jahren Antiquitätenhändler einzogen, verlangt das exklusive Angebot ein dickes Portemonnaie. In den späten 1960er Jahren wurde das »Schweizer Dorf« renoviert.

École Militaire ⓳

1, pl Joffre, 75007. **Stadtplan** 10 F4. **Karte** E8. M *École Militaire.* *nur mit Genehmigung der Militärbehörde – schriftliche Anfrage notwendig.*

Die königliche Militärakademie wurde 1751 von Louis XV zur Ausbildung von 500 armen Offizierssöhnen gegründet. Verantwortlich zeichnete der Architekt Jacques-Ange Gabriel. Einen Hauptblickfang bildet der mittlere Pavillon, mit acht korinthischen Säulen und Kuppel – ein gelungenes Beispiel des Klassizismus. Beachtenswert sind die Kapelle und das Geländer der Haupttreppe.

Einer der Kadetten an der École Militaire war der 15-jährige Napoléon Bonaparte, der die Akademie allerdings mit mäßigem Erfolg abschloss. Trotzdem bescheinigte man ihm 1785: »Sofern es die Umstände gestatten, steht ihm eine große Zukunft bevor.«

Planung der École Militaire (Stich von 1751)

UNESCO ⓴

7, pl de Fontenoy, 75007. **Stadtplan** 10 F5. **Karte** E/F8. *01 45 68 10 00.* *01 45 68 10 60 (englisch).* M *Ségur, Cambronne.* *Führungen nur nach Vereinbarung (3 Monate im Voraus, 01 45 68 03 59).* ***Ausstellungen, Filme.*** **www**.unesco.org

Hier hat die UNESCO ihren europäischen Hauptsitz. Die Organisation der Vereinten Nationen für Erziehung, Wissenschaft und Kultur widmet sich der Zusammenarbeit ihrer Mitgliederstaaten bei den verschiedensten Projekten. Im Gebäude sind u.a. ein Wandgemälde von Picasso, eine Keramik von Joan Miró und Skulpturen von Henry Moore zu sehen.

Henry Moores *Reclining Figure* (1958) in der UNESCO

Musée du Quai Branly ⑭

Das 2006 eröffnete, ethnologisch ausgerichtete Museum ist ein Projekt des ehemaligen Präsidenten Jacques Chirac. Allein der von Jean Nouvel entworfene Bau ist sehenswert. Die Sammlung umfasst 300 000 Artefakte – ein Ergebnis des französischen Kolonialismus, aber auch das Verdienst profilierter Ethnologen wie Claude Lévi-Strauss. 3500 Objekte sind ständig ausgestellt. Im Sommer öffnet sich das Auditorium mit 500 Sitzen zur Open-Air-Bühne für Musik und Tanz. Es gibt einen Park und ein Panoramarestaurant.

Ausstellungsräume
Gedimmtes Tageslicht sorgt für eine angenehme Atmosphäre in den offenen Räumen, die mit vielen Rundungen verschiedene Ebenen bilden.

Messingschmuck
(Indien, 19./20. Jh.) Drei Köpfe »krönen« das Schmuckstück – eine Anspielung auf die Kopfjäger der Naga-Krieger.

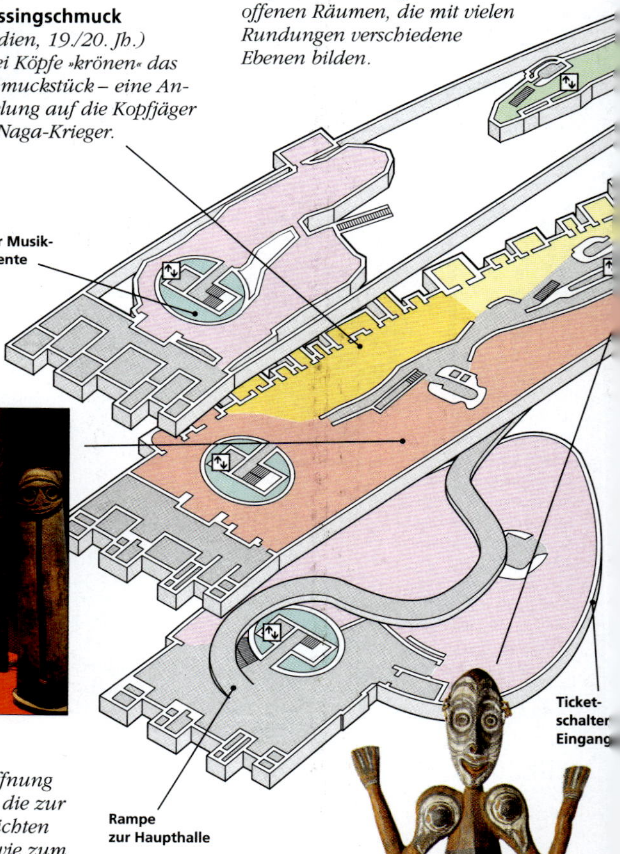

Schlitztrommeln
(Vanuatu, Mitte 20. Jh.) Je nach der Breite der Öffnung erzeugen die Trommeln, die zur Übermittlung von Nachrichten ebenso genutzt wurden wie zum Tanz, verschiedene Klänge.

NICHT VERSÄUMEN

★ Museumsarchitektur

★ Zwitterstatue

Geschnitzte Figur
(Papua-Neuguinea, frühes 20. Jh.) Die »Haken« an der weiblichen Holzfigur waren für Opfergaben vorgesehen.

Trophäenkopf
(Nigeria, 20. Jh.)
Ekoi-Stämme fertigten aus den Köpfen ihrer Feinde Trophäen, die mit Hörnern und Antilopenhaut verziert wurden.

INFOBOX

37, quai Branly. **Stadtplan** 10 E2. **Karte** D6. *01 56 61 70 00.* *Alma-Marceau, Bir-Hakeim, Iéna.* *42, 63, 72, 80, 92.* RER *Pont de l'Alma.* *Tour Eiffel.* P *auf dem Gelände.* *Di–So 11–19 Uhr (Do–Sa bis 21 Uhr).* ***Theater, Film, Bibliothek.*** **www**.quaibranly.fr

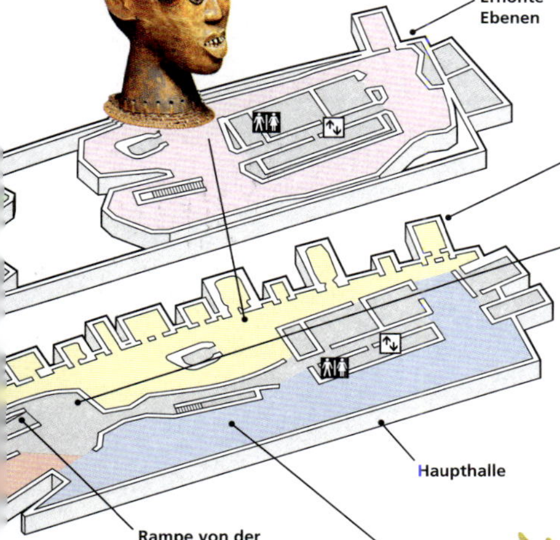

★ Zwitterstatue
(Mali, 10.–11. Jh.)
Die fast zwei Meter hohe Holzstatue hat einen Männerkopf und dazu die Brüste einer Frau. Sieben Armbänder symbolisieren perfekte Harmonie.

Kopfschmuck *(Bolivien)*
Fast zehn Kilogramm wiegt dieser prachtvolle Federschmuck, der beim Kriegstanz der Macheteros getragen wird.

Kurzführer

Der Ticketschalter befindet sich vor dem Hauptgebäude. Innen windet sich eine 180 Meter lange Rampe spiralförmig um den Glasturm, der die Sammlung von Musikinstrumenten aus aller Welt birgt. Die Rampe führt weiter zur Haupthalle, in der die empfohlene Route durch Ozeanien, Asien, Afrika und Amerika leitet. Treppen führen zu drei erhöhten Ebenen, die mittlere dient als Multimedia-Galerie.

LEGENDE

- Asien
- Afrika
- Amerika
- Ozeanien
- Wechselausstellungen
- Multimedia-Galerie
- Musikinstrumente
- Keine Ausstellungsfläche

★ Museumsarchitektur
Jean Nouvels Bau steht auf Säulen über dem Museumspark. Die Form des Gebäudes greift den Schatten des nahen Eiffelturms auf und setzt ihn fort. Eine Glaswand und viele Bäume schirmen das Museum nach außen ab.

Eiffelturm ⑯

Blick auf den Eiffelturm vom Trocadéro

Der Eiffelturm (la Tour Eiffel) wurde anlässlich der Weltausstellung 1889 erbaut und sollte die Skyline der Stadt eigentlich nur vorübergehend prägen. Der Ingenieur Gustave Eiffel wurde von den Ästheten seiner Zeit heftig geschmäht. Der Dichter Guy de Maupassant speiste regelmäßig hier – nur um den Turm beim Essen nicht im Blick haben zu müssen. Erst 1931 machte das Empire State Building in New York dem Eiffelturm den Rang des höchsten Gebäudes der Welt streitig. Heute erstrahlt das Wahrzeichen von Paris mit neuer Beleuchtung schöner denn je.

Filigran aus Eisen
Das komplizierte Gitterwerk der roheisernen Träger ersann Eiffel, um das Bauwerk bei starken Winden zu stabilisieren. Die gefällige Symmetrie fand alsbald hohes künstlerisches Lob.

Maschinenraum des Aufzugs
Bei den Aufzügen zog Eiffel die Sicherheit der Geschwindigkeit vor.

NICHT VERSÄUMEN

- ★ Aussichtsplattform
- ★ Cineiffel
- ★ Eiffel-Büste
- ★ Hydraulischer Aufzugsmechanismus

★ Cineiffel
Das kleine Museum lässt mit einem kurzen Film die Geschichte des Turms lebendig werden. Hier haben auch berühmte Besucher des Eiffelturms ihren Fußabdruck hinterlassen, so Charlie Chaplin, Josephine Baker und Adolf Hitler.

Herausforderung und Illusion

Der Turm regte häufig die Abenteuerlust an. Bergsteiger erklommen ihn, ein Journalist radelte von der Spitze hinab, Fallschirmspringer stürzten sich hinunter, Trapezkünstler nutzten ihn als Gerüst. 1912 versuchte der österreichische Schneider Franz Reichelt, mit einem Flügel-Cape von der Brüstung abzuheben. Vor den Augen der Zuschauer stürzte er in den Tod. Sein Herz setzte aus, ehe er den Boden berührte.

Der »Vogelmensch«

★ Hydraulischer Aufzugsmechanismus
Dieser Teil des ursprünglichen Aufzugs von 1900 führt den Lift von der zweiten Etage zur Turmspitze.

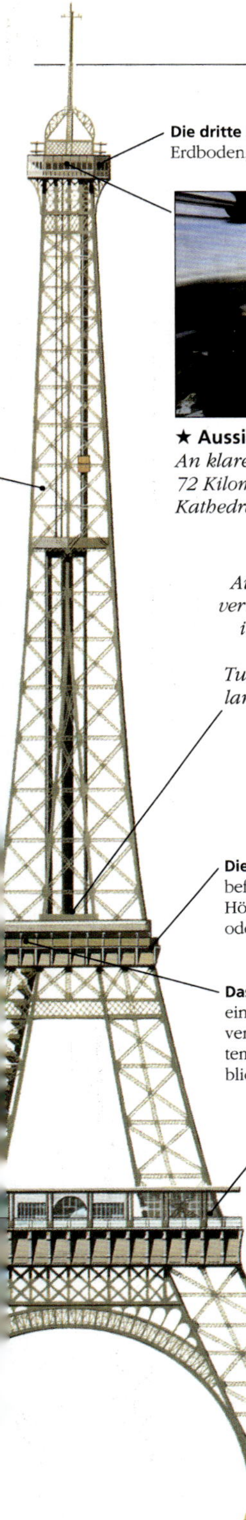

Die dritte Plattform, 276 Meter über dem Erdboden, bietet 400 Personen Platz.

★ Aussichtsplattform
An klaren Tagen beträgt die Sicht 72 Kilometer, manchmal bis zur Kathedrale von Chartres.

INFOBOX

Champ-de-Mars. **Stadtplan** 10 D3. **Karte** D7. *01 44 11 23 23.* *Bir-Hakeim.* *42, 69, 72, 82, 87 bis Champ-de-Mars.* *Champ de Mars.* *Tour Eiffel.* *vor Ort.* *Sep–Mitte Juni: tägl. 9.30–23.45 Uhr (Treppe bis 18.30 Uhr); Mitte Juni–Aug: tägl. 9–0.45 Uhr. Letzter Zugang zur Spitze 45 Min. vorher.* *eingeschr.* ***Filme***. **www**.tour-eiffel.fr

Doppelstöckige Aufzüge
Aufgrund des begrenzten Fassungsvermögens der Aufzüge erreicht man in der Hauptsaison womöglich erst nach stundenlangem Warten die Turmspitze. Das Schlangestehen verlangt Geduld und Schwindelfreiheit.

Die zweite Plattform befindet sich auf 115 Meter Höhe. Sie ist über 359 Stufen oder mit dem Lift zu erreichen.

Das Restaurant Le Jules Verne, eines der besten von Paris, verwöhnt mit ausgezeichnetem Essen und Panoramablick *(siehe S. 308)*.

Die unterste Plattform liegt auf 57 Meter Höhe und lässt sich mit dem Lift oder über 360 Stufen erreichen. Hier befindet sich auch ein Postamt.

Der Turm in Zahlen

- Höhe (mit Antenne) 324 Meter.
- An heißen Tagen 18 Zentimeter Höhenzuwachs.
- 1665 Stufen bis zur dritten Plattform.
- 2,5 Millionen Nieten halten den Turm zusammen.
- Schwingung maximal 7 Zentimeter.
- 10 100 Tonnen Gewicht.
- Benötigt alle sieben Jahre 60 Tonnen Farbe.

Arbeiter beim Bau des Turms

★ Eiffel-Büste
1889 erhielt Gustave Eiffel (1832–1923) den Orden der Légion d'Honneur. Eine weitere Würdigung ist seine Büste von Antoine Bourdelle, die 1929 am Fuß des Turms aufgestellt wurde.

Stadtplan *siehe Seiten 390–423*

Vergoldete Bronzestatuen verschiedener Bildhauer im Haupthof des Palais de Chaillot ***(siehe S. 200)***

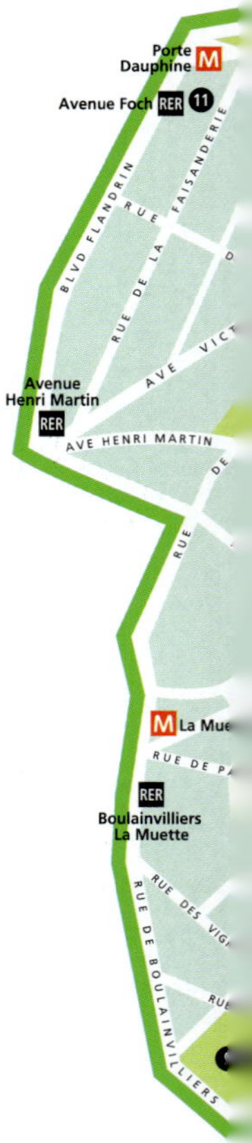

Chaillot

Das Dorf Chaillot wurde im 19. Jahrhundert eingemeindet und in einen Pariser Stadtteil verwandelt, in dem sich Luxusvillen an großzügigen Avenuen aus dem Zweiten Kaiserreich *(siehe S. 34f)* reihen. Einige Avenuen münden in die einst für ihre eleganten Cafés bekannte Place du Trocadéro. Von ihr zweigt die Avenue du Président-Wilson ab, die mit den meisten Museen bestückte Straße der Stadt. Viele der prachtvollen Privatpaläste in diesem Viertel dienen heute als Sitz von Botschaften (z. B. die des Vatikans) oder großer Firmen. Im Westen liegt die Enklave der *haute bourgeoisie*, die exklusivste Wohngegend von Paris.

Skulpturen an der Basis des Chaillot-Beckens

Sehenswürdigkeiten auf einen Blick

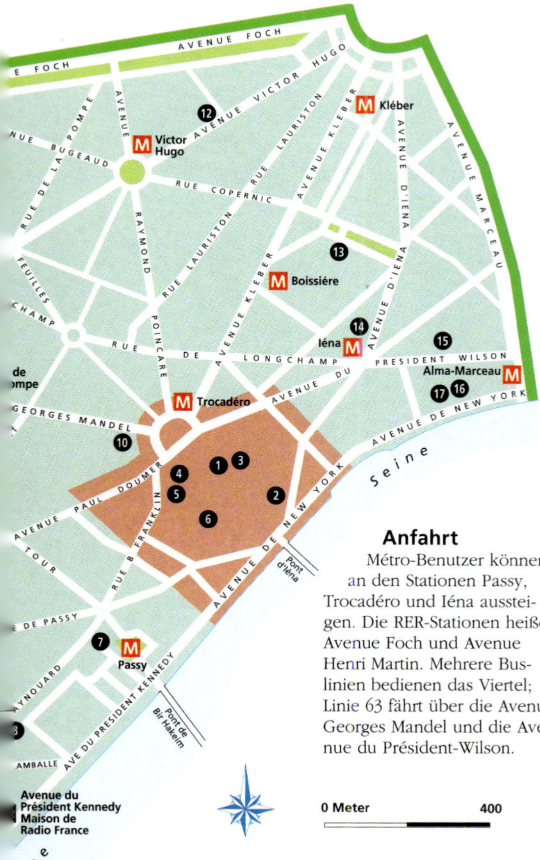

Museen und Sammlungen
Cité de l'Architecture et du Patrimoine 3
Galerie-Musée Baccarat 13
Maison de Balzac 8
Maison de Radio France 9
Musée d'Art Moderne de la Ville de Paris 16
Musée de la Contrefaçon 11
Musée Dapper 12
Musée Galliera 15
Musée de l'Homme 4
Musée de la Marine 5
Musée National des Arts Asiatiques Guimet 14
Musée du Vin 7
Palais de Tokyo 17

Park
Jardins du Trocadéro 6

Aquarium
Cinéaqua 2

Moderne Architektur
Palais de Chaillot 1

Friedhof
Cimetière de Passy 10

Anfahrt

Métro-Benutzer können an den Stationen Passy, Trocadéro und Iéna aussteigen. Die RER-Stationen heißen Avenue Foch und Avenue Henri Martin. Mehrere Buslinien bedienen das Viertel; Linie 63 fährt über die Avenue Georges Mandel und die Avenue du Président-Wilson.

LEGENDE

- Detailkarte *siehe S. 198f*
- M Métro-Station
- RER RER-Station

SIEHE AUCH

- ***Stadtplan*** 3–4, 9–10
- ***Hotels*** S. 289f
- ***Restaurants*** S. 309f

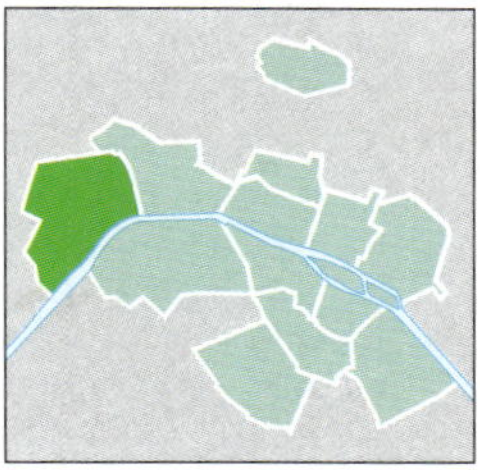

Im Detail: Chaillot

Die Chaillot-Anhöhe eröffnet eine einzigartige Aussicht über die Seine – darum wollte Napoléon an dieser Stelle für seinen Sohn den »größten und außergewöhnlichsten Palast« der Geschichte errichten. Bei Napoléons politischem Abstieg waren jedoch nur wenige Mauern zu sehen. Heute prangt hier das monumentale Palais de Chaillot mit seinen beiden wuchtigen, geschwungenen Flügeln. Die vorderen Terrassen bieten einen herrlichen Blick auf den Eiffelturm.

Die Statue des Marschall Ferdinand Foch, der 1918 die Truppen der Entente zum Sieg führte, stammt von Robert Wlérick und Raymond Martin. Das Standbild wurde am 11. November 1951 zum Gedenken an Fochs 100. Geburtstag und den 33. Jahrestag des Waffenstillstands von 1918 enthüllt.

Métro Trocadéro

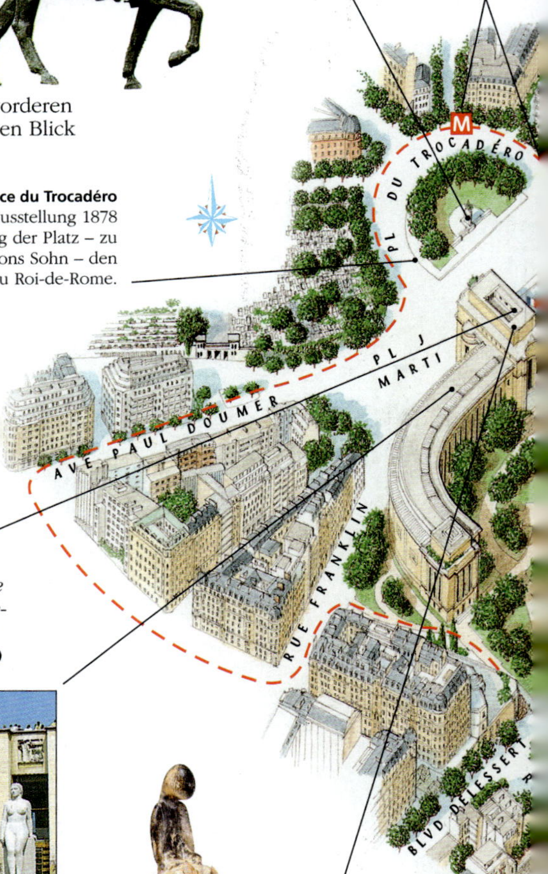

Die Place du Trocadéro wurde zur Weltausstellung 1878 angelegt. Zuvor trug der Platz – zu Ehren von Napoléons Sohn – den Namen Place du Roi-de-Rome.

★ Musée de la Marine
Schwerpunkt des Museums ist die Geschichte der französischen Seefahrt. Unter den Exponaten sind auch Navigationsinstrumente. ❺

★ Palais de Chaillot
Der neoklassizistische Bau wurde anlässlich der Weltausstellung 1937 errichtet und ersetzte das aus dem Jahr 1878 stammende Palais du Trocadéro. ❶

Musée de l'Homme
Die Vénus de Lespugue, *eines der vielen Artefakte im Besitz des Museum, wurde vor etwa 25 000 Jahren gefertigt.* ❹

Hotels und Restaurants in Chaillot *siehe Seiten 289f und 309f*

Zum Théâtre National de Chaillot gehören ein Kulturzentrum und ein modernes Theater mit 1200 Sitzplätzen *(siehe S. 342, 344).*

Jardins du Trocadéro
Roger Lardat verlieh der Grünanlage nach der Weltausstellung 1937 ihr heutiges Aussehen. ❻

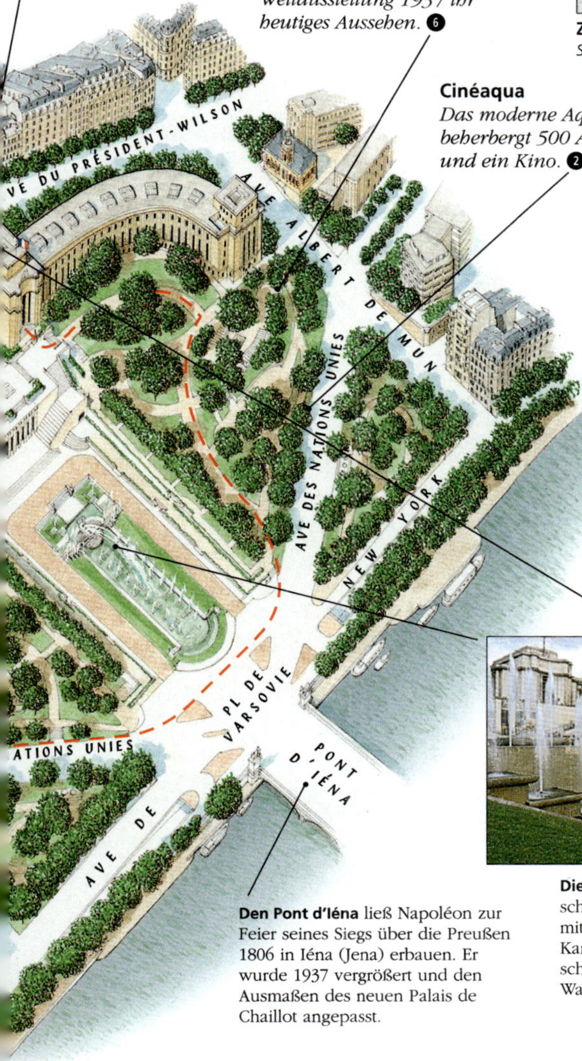

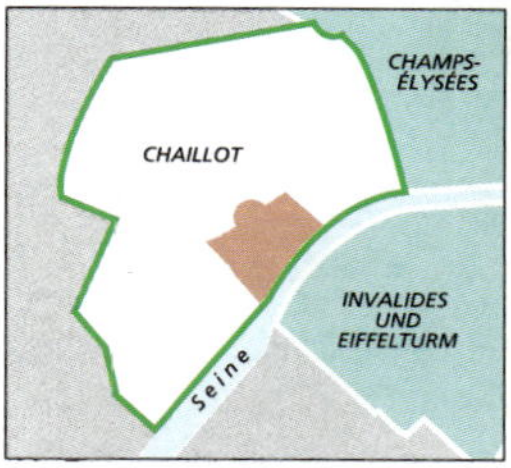

Zur Orientierung
Siehe Stadtplan 9–10

Cinéaqua
Das moderne Aquarium beherbergt 500 Arten und ein Kino. ❷

Cité de l'Architecture et du Patrimoine
Der weitläufige Gebäudekomplex beherbergt ein Architekturmuseum, eine Bibliothek, ein Archiv, eine Schule sowie Denkmalschutzämter. ❸

Die Trocadéro-Wasserspiele schäumen im Wechsel, wobei die mittleren Fontänen wie mächtige Kanonen Richtung Eiffelturm schießen. Nachts werden die Wasserspiele angestrahlt.

Den Pont d'Iéna ließ Napoléon zur Feier seines Siegs über die Preußen 1806 in Iéna (Jena) erbauen. Er wurde 1937 vergrößert und den Ausmaßen des neuen Palais de Chaillot angepasst.

LEGENDE

- - - Routenempfehlung

0 Meter 100

NICHT VERSÄUMEN

★ Musée de la Marine

★ Palais de Chaillot

Stadtplan *siehe Seiten 390–423*

Wasserspiele vor dem Palais de Chaillot am Trocadéro

Palais de Chaillot ❶

17, pl du Trocadéro, 75016. **Stadtplan** 9 C2. **Karte** C6. Ⓜ *Trocadéro.*

Das Palais setzt sich aus zwei geschwungenen, von Kolonnaden gesäumten Flügeln zusammen, jeder endet in einem Pavillon. Skulpturen und Basreliefs schmücken den zur Weltausstellung 1937 von Léon Azéma, Louis-Hippolyte Boileau und Jacques Carlu entworfenen Bau. Goldene Inschriften des Schriftsteller Paul Valéry zieren die Wände der Pavillons.

Auf der Terrasse zwischen den beiden Pavillons, dem *parvis*, befinden sich Bronzestatuen und Zierbecken. Auf der Terrasse vor dem *parvis* stehen die Bronzestatuen *Apollo* von Henri Bouchard und *Herkules* von Albert Pommier. Stufen leiten von der Terrasse zum Théâtre National de Chaillot *(siehe S. 342, 344)*, dessen Inszenierungen in der Nachkriegszeit viel Aufsehen erregten und immer noch spannend sind.

Cinéaqua ❷

5, ave Albert de Mun, 75016. **Stadtplan** 9 C2. **Karte** D6. *01 40 69 23 23.* Ⓜ *Trocadéro.* *tägl. 10–19 Uhr.* **www**.cineaqua.com

Der Bau in einem ehemaligen Steinbruch wurde 1878 für die Weltausstellung errichtet, heute befindet sich hier ein modernes Aquarium, in dem man über 500 Arten bewundern kann. Elf Zonen repräsentieren verschiedenste Regionen der Welt, von der Seine über Mittelmeer und Atlantik bis nach Polynesien. Es gibt auch Hai- und Rochenbecken. Ein kleiner Kinokomplex zeigt Unterwasser-Dokumentarfilme und Comics. Durch die Glaswand des japanischen Restaurants Ozu blickt man ebenfalls in ein Aquarium.

Kirchenmodell aus Bagneux (Cité de l'Architecture et du Patrimoine)

Cité de l'Architecture et du Patrimoine ❸

Palais de Chaillot, 1, pl du Trocadéro, 75016. **Stadtplan** 9 C2. **Karte** C6. *01 58 51 52 00.* Ⓜ *Trocadéro.* *Mi–Mo 11–19 Uhr (Do bis 21 Uhr).* *1. Jan, 1. Mai, 25. Dez.* **www**.citechaillot.fr

Der Ostflügel des Palais de Chaillot beherbergt ein Museum, das die Entwicklung der französischen Architektur aufzeigt. Nicht versäumen sollten Sie die Galerie des Moulages, die sich der Zeit vom Mittelalter bis zur Renaissance widmet. Hier finden Sie Modelle der großen französischen Kathedralen, z. B. von Chartres. Ebenso interessant ist die Galerie Moderne et Contemporaine, die u. a. die Rekonstruktion einer Wohnung von Le Corbusier zeigt.

Eines der Becken im Cinéaqua gehört den Haien

Hotels und Restaurants in Chaillot *siehe Seiten 289f und 309f*

Musée de l'Homme ❹

Palais de Chaillot, 17, pl du Trocadéro, 75016. **Stadtplan** 9 C2. **Karte** C6. *01 44 05 72 72.* *Trocadéro.* *wg. Renovierung bis 2012.* ***Ausstellungen, Filme.*** **www**.mnhn.fr

Im Westflügel des Palais de Chaillot folgt das im Jahr 1937 gegründete Musée de l'Homme den Spuren der Menschheit mit anthropologischen Exponaten aus aller Welt. Bis 2012 wird das Museum renoviert und reorganisiert, am Ende wird es eine der umfangreichsten und vollständigsten prähistorischen Sammlungen der Welt präsentieren können, die die Anfänge und Entwicklung der Menschheit anschaulich macht. Bis dahin gibt es hier eine Reihe von Wechselausstellungen zu sehen.

Maske im Musée de l'Homme

Musée de la Marine ❺

Palais de Chaillot, 17, pl du Trocadéro, 75016. **Stadtplan** 9 C2. **Karte** C6. *01 53 65 69 69.* *Trocadéro.* *Mi–Mo 10–18 Uhr.* *1. Jan, 1. Mai, 25. Dez.* ***Filme, Videos, Bibliothek.*** **www**.musee-marine.fr

Über die französische Seefahrtsgeschichte – von königlichen Holzkriegsschiffen bis hin zu modernen Flugzeugträgern und nuklearen U-Booten – informieren hier z. T. über 200 Jahre alte Modelle, Vermächtnisse berühmter Seefahrer, Bilder und Navigationsinstrumente. Das 1827 von Charles X gegründete Museum zog 1943 in das Palais de Chaillot um. Zu sehen sind Napoléons Barkasse, Modelle der Flotte, die er 1805 für seine geplante Invasion Britanniens zusammenstellte, sowie Exponate zur Meeresforschung.

Relief am Musée de la Marine

Jardins du Trocadéro ❻

75016. **Stadtplan** 10 D2. **Karte** C6. *Trocadéro.*

Die reizvollen Gärten gruppieren sich auf zehn Hektar um ein langes, rechteckiges Wasserbecken. An seinen Rändern stehen steinerne und vergoldete Bronzestatuen – gespensterhaft im Schein der nächtlich angestrahlten Fontänen. Unter den Skulpturen sind der *Mann* von P. Traverse und die *Frau* von G. Braque, der *Stier* von P. Jouve und das *Pferd* von G. Guyot. Vom Teich fallen die Hänge der Chaillot-Anhöhe sanft zur Seine und dem Pont d'Iéna ab. Im nordöstlichen Winkel verbirgt sich ein Aquarium. Die Gärten sind ideal für einen Abendspaziergang.

In den Jardins du Trocadéro

Musée du Vin ❼

Rue des Eaux, 5, sq Charles Dickens, 75016. **Stadtplan** 9 C3. **Karte** C7. *01 45 25 63 26.* *Passy.* *Di–So 10–18 Uhr.* *24. Dez–1. Jan.* *nur Gruppen.* *Di–Sa mittags.* **www**.museeduvinparis.com

Wachsfiguren und Zeichnungen veranschaulichen sehr eindrücklich die Geschichte der Weinherstellung in stimmungsvollen mittelalterlichen Gewölbekellern, die einst die Mönche von Passy nutzten.

Zu besichtigen sind u. a. alte Weinflaschen, Gläser und traditionelle zum Keltern und Abfüllen von Wein verwendete Geräte. Für sinnliche Freuden sorgen Führungen mit Weinproben, ein ausgezeichnetes einladendes Restaurant und die Möglichkeiten zum Weinkauf.

Balzacs bescheidenes Haus

Maison de Balzac ❽

47, rue Raynouard, 75016. **Stadtplan** 9 B3. **Karte** B7. *01 55 74 41 80.* *Passy, La Muette.* *Di–So 10–18 Uhr (letzter Einlass 17.30 Uhr).* *Feiertage.* **www**.balzac.paris.fr

In diesem Haus suchte der französische Schriftsteller Honoré de Balzac von 1840 bis 1847 unter falschem Namen Zuflucht vor seinen zahlreichen Gläubigern. Hier verfasste er einige seiner berühmtesten Werke, darunter *La Cousine Bette* (1846).

Heute findet der Besucher in der Maison de Balzac eine Präsenzbibliothek mit einigen Originalmanuskripten des Autors. Auch ein Museum erinnert an Balzacs Leben. Die Zeichnungen und Gemälde an den Zimmerwänden zeigen seine Familie und engen Freunde. Der Madame-Hanska-Raum ist jener Russin gewidmet, die 18 Jahre lang Balzacs Brieffreundin und in den fünf Monaten vor seinem Tod 1850 seine Ehefrau war.

Unerwünschten Besuchern entfloh Balzac durch den Hinterausgang zur Rue Berton, die sich mit efeuumrankten Mauern ihren ländlichen Charme bewahrt hat.

Debussys Grab auf dem Cimetière de Passy im Schatten des Eiffelturms

Maison de Radio France ⑨

116, ave du Président-Kennedy, 75016. **Stadtplan** 9 B4. **Karte** B8. *01 56 40 15 16.* M *Ranelagh.* *nur bei Konzerten (Infos auf Website).* **www**.radiofrance.fr

Henry Bernard entwarf 1963 den Bau, in dem der staatliche Rundfunksender Radio France seinen Sitz hat. Das größte frei stehende Bauwerk Frankreichs bedeckt eine Fläche von zwei Hektar. Es setzt sich aus drei konzentrischen Kreiskonstruktionen und einem rechteckigen Turm zusammen.

In den rund 70 Studios entstehen zahlreiche Sendungen der französischen öffentlich-rechtlichen Rundfunkanstalt, die acht Programme ausstrahlt. Radio France finanziert zudem rund 100 zum Teil im Stammhaus stattfindende Konzerte pro Jahr, u. a. mit dem Orchestre National de France.

Cimetière de Passy ⑩

2, rue du Commandant Schloesing, 75016. **Stadtplan** 9 C2. **Karte** C6. *01 47 27 51 42.* M *Trocadéro.* *Mo–Sa 8.30–17.30, So 9–17.30 Uhr (16. März–5. Nov: bis 18 Uhr).*

Im 16. Arrondissement sind die letzten Ruhestätten vieler bedeutender Pariser, hier findet man mehr berühmte Namen pro Quadratmeter als auf jedem anderen Pariser Friedhof – u. a. die Gräber der Komponisten Claude Debussy und Gabriel Fauré, des Malers Édouard Manet sowie von vielen Politikern, Aristokraten und berühmten Namen aus der französischen Geschichte.

Musée de la Contrefaçon ⑪

16, rue de la Faisanderie, 75016. **Stadtplan** 3 A5. **Karte** B4. *01 56 26 14 00.* M *Porte Dauphine.* *Di–So 14–17.30 Uhr.* *Aug, Feiertage, 2. Nov.* **www**.unifab.com

Französische Luxuswaren wie Cognac oder Parfum genießen seit Langem weltweiten Ruhm – oftmals jedoch unter falschen Etiketten. Das vom Herstellerverband begründete Museum zollt der seit Römerzeiten gepflegten Schwindeltradition Respekt. Die Sammlung täuschend echter Fälschungen umfasst Kopien von Louis-Vuitton-Gepäck, Cartier-Uhren und Weinen aus der Narbonne-Region.

Musée Dapper ⑫

35 bis, rue Paul Valéry, 75116. **Stadtplan** 3 C4. **Karte** B5. *01 45 00 91 75.* M *Victor Hugo.* *Mi–Mo 11–19 Uhr.* *Juli, Aug.* **www**.dapper.com.fr

Das Museum gehört zum renommierten ethnografischen Forschungszentrum, der Stiftung Dapper. Es bietet die reichhaltigste Sammlung zum Thema »Afrikanische Kunst und Kultur« in ganz Frankreich. Seine Besucher werden in die farbenfrohe Welt Afrikas geführt.

Schwerpunkt der Sammlungen ist die vorkoloniale Zeit des Kontinents. Gezeigt werden Skulpturen, Schnitzereien, Volkskunst, Malerei und zahlreiche rituelle Masken. Die Artefakte gehen teilweise bis auf das 12. Jahrhundert zurück. In der Salle de Spectacle kann man oft afrikanische Musik hören.

Galerie-Musée Baccarat ⑬

11, pl des États-Unis, 75016. **Stadtplan** 4 D5. **Karte** D5. *01 40 22 11 00.* M *Boissière, Iéna.* *Mo, Mi–Sa 10–18.30 Uhr.* *Feiertage.* **www**.baccarat.fr

Die Galerie-Musée Baccarat präsentiert einige der 1200 Artikel des Baccarat-Unternehmens, das 1764 in Lothringen gegründet wurde. Zu den Exponaten gehören die schönsten Arbeiten aus den Werkstätten sowie Tafelservice für die Königs- und Kaiserhöfe in ganz Europa und auch in Japan.

Khmer-Kunst im Musée National des Arts Asiatiques Guimet

Musée National des Arts Asiatiques Guimet ⑭

6, pl d'Iéna, 75116. **Stadtplan** 10 D1. **Karte** D5. *01 56 52 53 00.* M *Iéna.* *Mi–Mo 10–18 Uhr.* *Panthéon Bouddhique: 19, ave d'Iéna.* *01 40 73 88 00.* **www**.museeguimet.fr

Das Museum besitzt die wertvollsten in einem westlichen Museum vereinten Schätze aus Kambodscha. Es

Hotels und Restaurants in Chaillot *siehe Seiten 289f und 309f*

wurde 1879 in Lyon von dem Industriellen und Orientalisten Émile Guimet gegründet und zog 1884 nach Paris um.

Zu den 45 000 Objekten zählen seltene große Khmer-Tempelfiguren, chinesische Bronze- und Lackarbeiten sowie vielerlei Kunstgegenstände aus Zentral- und Südostasien, von Afghanistan und Pakistan über Indien und Indonesien bis hin nach China und Japan. Neben Skulpturen aus dem kambodschanischen Angkor Wat und Buddha-Statuen sind hier auch 1600 Kunstwerke aus dem Himalaya zu bewundern. Im Panthéon Bouddhique werden regelmäßig Teezeremonien veranstaltet.

Musée Galliera ⓯

10, ave Pierre 1er de Serbie, 75116. **Stadtplan** 10 E1. **Karte** D5. *01 56 52 86 00.* *Iéna, Alma-Marceau.* **Bibliothek & Dokumentationszentrum** *Di 10–13, 14–17.30, Mi–Fr 10–13 Uhr.* **Museum** *wg. Renovierung bis 2012.* **Kinderhort**. **www**.galliera.paris.fr

Das Museum für Modegeschichte befindet sich in einem Renaissancepalais, das 1892 für die Duchesse Maria de Ferrari Galliera erbaut wurde. Die Kollektion der über 100 000 Kleidungsstücke reicht vom 18. Jahrhundert bis heute. Modebewusste Damen, so die Baronin Hélène de Rothschild und Gracia Patricia von Monaco, spendeten zahlreiche modernere Exponate. Dem raschen Rhythmus der heutigen Modeindustrie folgend wechseln die aktuellen Ausstellungen zweimal jährlich.

Garten und rückseitige Fassade des Musée Galliera

Skulptierte Türen von Gabriel Forestier, Musée d'Art Moderne

Musée d'Art Moderne de la Ville de Paris ⓰

Palais de Tokyo, 11, ave du Président-Wilson, 75016. **Stadtplan** 10 E1. **Karte** D6. *01 53 67 40 00.* *Iéna, Alma-Marceau.* *Di–So 10–18 Uhr (Mi bis 22 Uhr).* *für Sonderausstellungen.* ***Filme***. **www**.mam.paris.fr

Das im Ostflügel des Palais de Tokyo untergebrachte Museum demonstriert die Hauptströmungen und Stilrichtungen des 20. und des beginnenden 21. Jahrhunderts. Ein Highlight ist das gigantische Wandgemälde *La Fée Électricité*, das Raoul Dufy für die Weltausstellung 1937 schuf und das die Geschichte der Elektrizität in unzähligen Details nachzeichnet. Die Collage *La Danse* von Henri Matisse ist in beiden Versionen zu sehen. Sehr gut repräsentiert sind Kubismus und Fauvismus, außerdem gibt es zahlreiche Gemälde von Georges Rouault.

Das Museum geriet im Mai 2010 in die Schlagzeilen, nachdem Kunstdiebe insgesamt fünf Gemälde mit einem Schätzwert von etwa 100 Millionen Euro geraubt hatten, darunter bedeutende Werke von Picasso, Braque und Matisse – ein für die Kunstwelt unersetzbarer Verlust.

Skulptur auf dem Vorplatz des Palais de Tokyo

Palais de Tokyo ⓱

Palais de Tokyo, 13, ave du Président-Wilson, 75116. **Stadtplan** 10 E1. **Karte** D5. *01 47 23 54 01.* *Iéna, Alma-Marceau.* *Di–So 12–24 Uhr.* *1. Jan, 1. Mai, 25. Dez.* **www**.palaisdetokyo.com

Neben dem Musée d'Art Moderne de la Ville de Paris beherbergt das 1937 erbaute Palais de Tokyo in einem Flügel einen riesigen offenen Raum. Hier finden ständig Wechselausstellungen mit zeitgenössischer Kunst statt, aber auch Modenschauen und Avantgarde-Inszenierungen aller Art. Mit Aufsehen erregenden Installationen von Künstlern wie Pierre Joseph, Wang Du und Frank Scurti hat sich das Palais zu einem der spannendsten Kunsträume Europas entwickelt.

Stadtplan *siehe Seiten 390–423*

Champs-Élysées

Zwei Prachtstraßen beherrschen diesen Teil der Stadt: die Avenue des Champs-Élysées und die Rue St-Honoré. Die Champs-Élysées bestechen durch ihre imposante Breite und die großzügig angelegten Bürgersteige – zu Recht ist die Straße die berühmteste von Paris. Cafés, Kinos und Läden ziehen die Menschen an, die zum Essen und Shoppen kommen. Die Mitte der Champs-Élysées bildet der Rond Point mit Schatten spendenden Walnussbäumen und bunten Blumenrabatten.

Laterne auf dem Pont Alexandre III

Die Prachtstraße selbst hat vielleicht in den letzten Jahren ein wenig an Glanz verloren, aber Fünf-Sterne-Hotels, vornehme Restaurants und Luxusläden säumen noch immer die Seitenstraßen. In der Rue Faubourg-St-Honoré befinden sich der gut bewachte Élysée-Palast, prächtige Stadtvillen sowie Botschaften und Konsulate.

Sehenswürdigkeiten auf einen Blick

Historische Gebäude und Straßen

Avenue des Champs-Élysées ❽
Avenue Montaigne ❻
Palais de l'Élysée ❺
Place de Charles de Gaulle (L'Étoile) ❾

Monument

Arc de Triomphe S. 210f ❿

Brücke

Pont Alexandre III ❶

Museen und Sammlungen

Grand Palais ❷
Musée Jacquemart-André ❼
Palais de la Découverte ❸
Petit Palais ❹

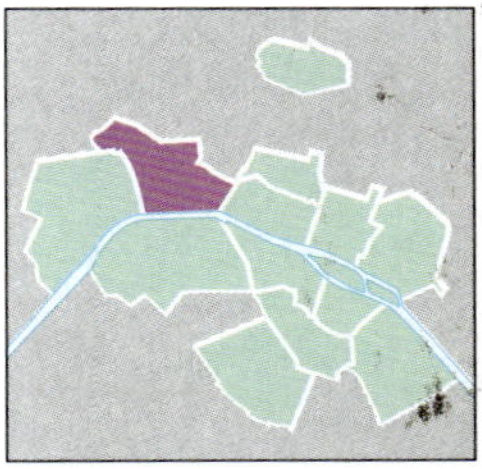

Anfahrt

Die zentralen Métro-Stationen sind Champs-Elysées-Clemenceau und Charles de Gaulle-Étoile (auch RER); die Buslinien 42 und 73 fahren die Champs-Élysées hinunter.

LEGENDE

- Detailkarte *siehe S. 206f*
- Métro-Station
- RER-Station
- Batobus-Anlegestelle
- Information (Apr–Okt)

SIEHE AUCH

- ***Stadtplan*** 4, 5, 11
- ***Hotels*** S. 290f
- ***Restaurants*** S. 310f

0 Meter 400

◁ **Der illuminierte Arc de Triomphe bei Dämmerung *(siehe S. 210f)***

Im Detail: Champs-Élysées

Die französischen Gärten entlang den Champs-Élysées zwischen der Place de la Concorde und dem Rond Point haben sich seit ihrer Anlage durch den Architekten Jacques Hittorff im Jahr 1838 kaum verändert. Sie bildeten den Rahmen für die Weltausstellung 1855, zu der das Palais de l'Industrie als Pendant zum Londoner Crystal Palace errichtet wurde. Das Grand Palais und das Petit Palais, die Visitenkarten der Dritten Republik für die Weltausstellung von 1900, traten an die Stelle dieses Palais. Heute sind sie Teil der beeindruckenden Ansicht von der Place Clemenceau über den Pont Alexandre III zum Dôme des Invalides.

Das Théâtre du Rond-Point war Sitz der Compagnie Renaud-Barrault. Tafeln an der rückwärtigen Tür erinnern an Napoléons Feldzüge.

Métro Franklin D. Roosevelt

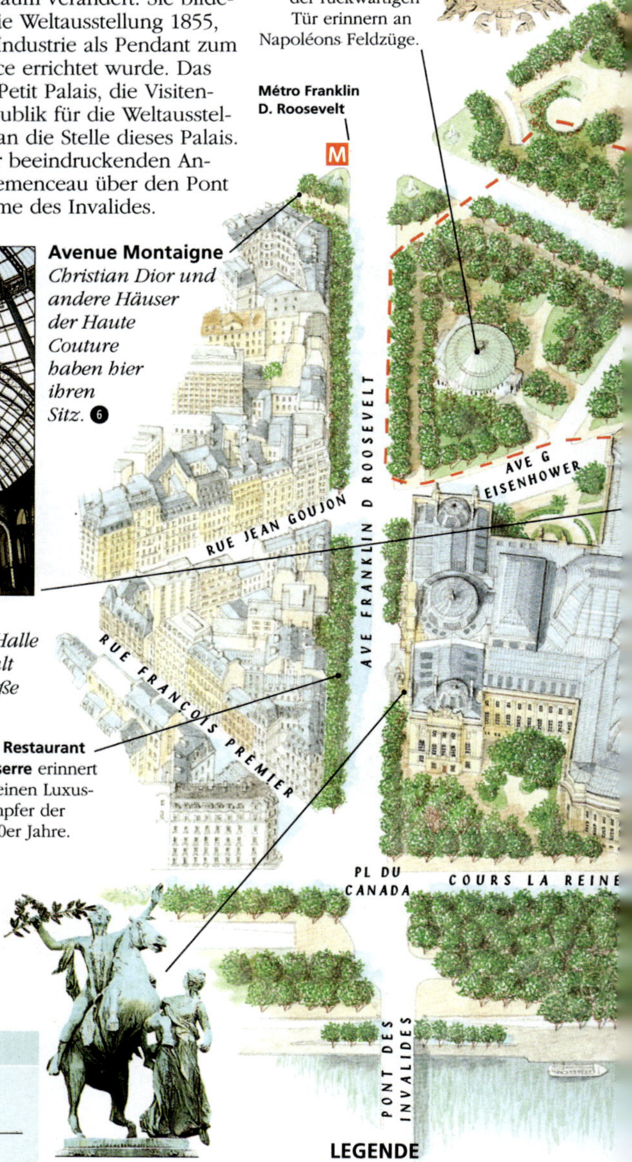

Avenue Montaigne
Christian Dior und andere Häuser der Haute Couture haben hier ihren Sitz. 6

★ Grand Palais
In der 1900 eröffneten Halle von Charles-Louis Girault finden heute wieder große Ausstellungen statt. 2

Das Restaurant Lasserre erinnert an einen Luxusdampfer der 1930er Jahre.

Palais de la Découverte
Das naturwissenschaftliche Museum bewachen zwei Reiterstatuen. 3

NICHT VERSÄUMEN

- ★ Avenue des Champs-Élysées
- ★ Grand Palais
- ★ Petit Palais
- ★ Pont Alexandre III

LEGENDE

– – – Routenempfehlung

0 Meter 100

Hotels und Restaurants um die Champs-Élysées *siehe Seiten 290f und 310f*

★ Avenue des Champs-Élysées
Schauplatz von Siegesfeiern, Paraden, der 200-Jahre-Revolution-Feier 1989 – und jedes Jahr Ziel der Tour de France. ❽

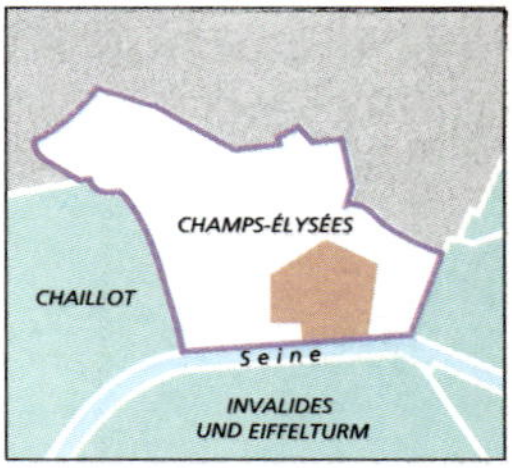

Zur Orientierung
Siehe Stadtplan 5, 11

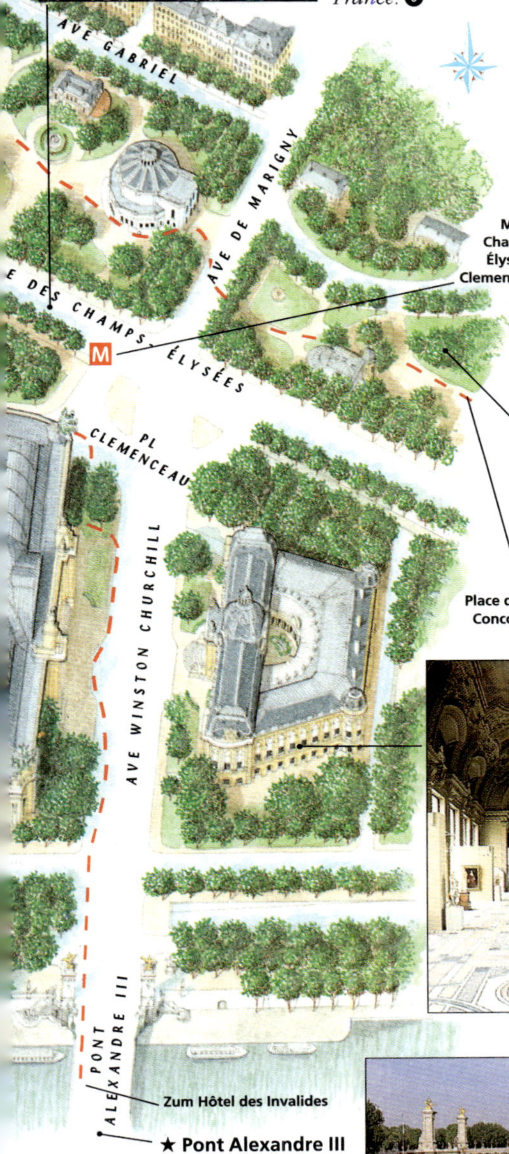

Die Jardins des Champs-Élysées mit ihren Brunnen, Blumenbeeten und Pavillons waren gegen Ende des 19. Jahrhunderts sehr beliebt. Das elegante Paris traf sich hier, darunter auch Marcel Proust.

★ Petit Palais
Das Palais ist ein Kunstwerk für sich und mit seinen vielen Fenstern ein idealer Ort für die Sammlungen: Im Tageslicht kann man die Exponate bewundern – von antiken Skulpturen bis zu impressionistischen Gemälden. ❹

★ Pont Alexandre III
Die vier Pylonen tragen zur Verankerung der Brücke bei. Sie dienen der Konstruktion ohne Zwischenpfeiler als Gegengewicht. ❶

Pont Alexandre III ❶

75008. **Stadtplan** 11 A1. **Karte** F6.
M *Champs-Elysées - Clemenceau.*

Mit ihren reichen Jugendstilverzierungen (Laternen, Engeln, Nymphen und geflügelten Pferden) ist sie die hübscheste Brücke von Paris. Sie wurde zwischen 1896 und 1900 zur Weltausstellung erbaut und nach Zar Alexander III. benannt, dessen Sohn Nikolaus II. im Oktober 1896 den Grundstein legte.

Das technische Wunderwerk des 19. Jahrhunderts spiegelt den Stil des Grand Palais wider, zu dem der Pont Alexandre III führt. Er besteht aus einem einzigen, sechs Meter hohen, die Seine überspannenden Stahlbogen. Beim Bau mussten strenge Auflagen beachtet werden, da die Brücke den Blick auf die Champs-Élysées und den Dôme des Invalides nicht beeinträchtigen durfte. Infolgedessen kann man bis heute die wunderbare Aussicht genießen.

Pont Alexandre III

Grand Palais ❷

Ave du Général Eisenhower oder Ave Winston Churchill, 75008. **Stadtplan** 11 A1. **Karte** F5. *01 44 13 17 17.* M *Champs-Élysées - Clemenceau.* *für Ausstellungen: meist Do–Mo 10–20, Mi 10–22 Uhr.* *1. Mai, 25. Dez.* *Mo, Fr, Sa 15, Mi 19 Uhr (vorher nachfragen).* **www**.grandpalais.fr

Das Grand Palais wurde gleichzeitig mit dem Petit Palais und dem Pont Alexandre III erbaut. Das wuchtige Palais vereint eine neoklassizistische Fassade mit einer Jugendstil-Eisenkonstruktion. Auffallend sind die Pferdegespanne aus Bronze auf den vier Eckgebäuden und das prächtige, 2001–08 restaurierte Glasdach. Es hat eine Fläche von 15000 Quadratmetern, die Metallkonstruktion wiegt 8500 Tonnen.

In den Galeries Nationales du Grand Palais im Nordflügel finden regelmäßig bedeutende Wechselausstellungen statt. Das Restaurant Mini-Palais (Eingang Avenue Winston Churchill) verfügt über eine schöne Terrasse.

Palais de la Découverte

Palais de la Découverte ❸

Ave Franklin D. Roosevelt, 75008. **Stadtplan** 11 A1. **Karte** F5. *01 56 43 20 20.* M *Franklin D. Roosevelt.* *Di–Sa 9.30–18 Uhr, So 10–19 Uhr.* *1. Jan, 1. Mai, 14. Juli, 15. Aug, 25. Dez.* *nur mit Genehmigung.* **www**.palais-decouverte.fr

Das naturwissenschaftliche Museum im Flügel des Grand Palais wurde zur Weltausstellung 1937 eröffnet. Hier werden die Grundlagen moderner Naturwissenschaften in anschaulicher Weise vermittelt. Es gibt auch ein Planetarium.

Eingang zum Petit Palais

Petit Palais ❹

Ave Winston Churchill, 75008. **Stadtplan** 11 B1. **Karte** G5. *01 53 43 40 00.* M *Champs-Elysées - Clemenceau.* *Di–So 10–18 Uhr.* *für Ausstellungen.* **www**.petitpalais.paris.fr

Das Petit Palais wurde für die Weltausstellung 1900 errichtet, um die französische Kunst umfassend darzustellen. Heute beherbergt das Palais, das von einem halbkreisförmigen Garten umgeben ist, das Musée des Beaux-Arts. Im Stil ähnelt es dem Grand Palais. Bemerkenswert sind die ionischen Säulen, das Portal und die Kuppel, ein Abbild des Dôme des Invalides *(siehe S. 188f)* auf der anderen Seite der Seine.

In dem zur Flussseite gelegenen Cours-de-la-Reine-Flügel finden Wechselausstellungen statt, auf der zu den Champs-Élysées gelegenen Seite werden Sammlungen gezeigt: antike Kunst, Skulpturen aus Mittelalter und Renaissance, Uhren und Schmuck aus der Renaissance, Kunst und Möbel aus dem 17. bis 19. Jahrhundert sowie viele Impressionisten.

Grand Palais

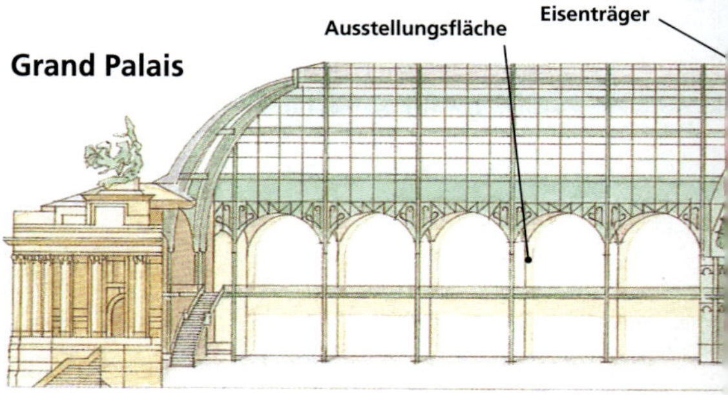

Palais de l'Élysée ❺

55, rue du Faubourg-St-Honoré, 75008. **Stadtplan** 5 B5. **Karte** G4. M *St-Philippe-du-Roule.* *für Besucher.*

Der 1718 erbaute Élysée-Palast liegt inmitten einer prächtigen Parkanlage. Seit 1873 ist er offizieller Amtssitz des französischen Präsidenten. Von 1805 bis 1808 wohnte Napoléons Schwester Caroline mit ihrem Gatten Murat hier. Aus dieser Zeit sind noch zwei üppig ausgestattete Räume erhalten: der Salon Murat und der Salon d'Argent. Im Spiegelsaal pflegte General de Gaulle seine Pressekonferenzen abzuhalten. Heute bewohnt der französische Präsident ein Apartment in der ersten Etage gegenüber der Rue de l'Élysée.

Élysée-Wache

Avenue Montaigne ❻

75008. **Stadtplan** 10 F1. **Karte** E/F5. M *Franklin D. Roosevelt.*

Im 19. Jahrhundert war die Avenue berühmt für ihre Tanzpaläste und Wintergärten. Man kam, um Adolphe Sax auf seinem gerade erfundenen Saxofon spielen zu hören. Noch heute ist sie mit Restaurants, Cafés, Hotels und Designerläden eine der elegantesten und lebhaftesten Straßen in Paris.

Im Musée Jacquemart-André

Musée Jacquemart-André ❼

158, bd Haussmann, 75008. **Stadtplan** 5 A4. **Karte** F3. *01 45 62 11 59.* M *Miromesnil, St-Philippe-du-Roule.* *tägl. 10–18 Uhr.* **www**.musee-jacquemart-andre.com

Das Museum ist für seine Kunstschätze aus der italienischen Renaissance und dem Frankreich des 18. Jahrhunderts bekannt, darunter Tiepolo-Fresken, Werke von Andrea Mantegna und Paolo Uccellos Meisterwerk *Der heilige Georg und der Drache* (um 1435), dazu Gemälde von François Boucher und Jean-Honoré Fragonard.

Avenue des Champs-Élysées ❽

75008. **Stadtplan** 5 A5. **Karte** E4. M *Franklin D. Roosevelt, George V.*

Die Anfänge dieser wohl berühmtesten Pariser Straße gehen auf das Jahr 1667 zurück, als der Architekt André Le Nôtre eine Allee als Verlängerung der Blickachse der königlichen Tuilerien anlegen ließ – die Champs-Élysées (Elysischen Gefilde). Seit der Rückführung des Leichnams Napoléons im Jahr 1840 von St. Helena haben sie den Beinamen »Triumphweg« bekommen. Erst nachdem in der zweiten Hälfte des 19. Jahrhunderts zahlreiche Cafés und Restaurants hinzukamen, wurde die Prachtstraße zur Flaniermeile.

Place de Charles de Gaulle (L'Étoile) ❾

75008. **Stadtplan** 4 D4. **Karte** D4. M *Charles de Gaulle-Étoile.*

Der Platz wurde nach Baron Haussmanns Plänen von 1854 angelegt *(siehe S. 34f)* und ist mit den vielen einmündenden Straßen einer der verkehrsreichsten in Paris. Bis zum Tod von Charles de Gaulle im Jahr 1969 hieß er Place de l'Étoile. Noch heute wird das ganze Stadtviertel »L'Étoile« (der Stern) genannt.

Der Arc de Triomphe, von Westen gesehen

Der riesige Platz hat einen Durchmesser von 240 Metern. In seinem Zentrum steht der imposante Arc de Triomphe *(siehe S. 210f)*.

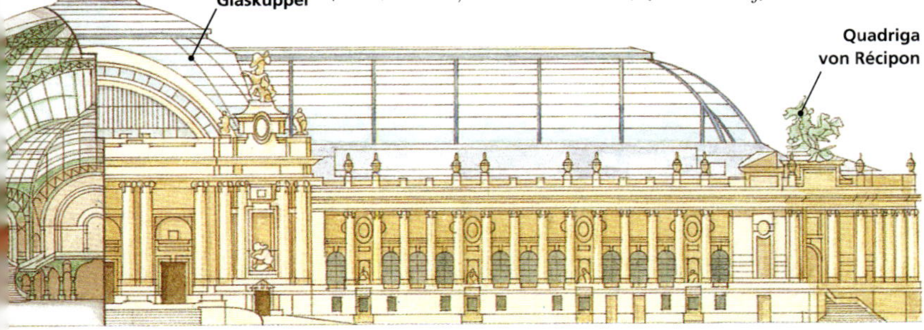

Arc de Triomphe ⑩

Ostfassade des Arc de Triomphe

Nach seinem größten Sieg bei Austerlitz 1805 versprach Napoléon seinen Soldaten, sie würden »durch Triumphbogen heimkehren«. Der Grundstein des berühmtesten Triumphbogens der Welt wurde im folgenden Jahr gelegt. Die Vollendung des Monumentalwerks verzögerte sich jedoch bis 1836, weil die Pläne des Architekten Jean-François Chalgrin geändert und Napoléon abgesetzt und verbannt wurde. Heute ist der 50 Meter hohe Triumphbogen Ausgangspunkt für Feiern und Paraden.

Dreißig Schilde direkt unterhalb des Dachs tragen die Namen der siegreichen Schlachten Napoléons.

Ostfassade

Der Fries wurde von Rude, Brun, Jacquet, Laitié, Caillouette und Seurre d. Ä. ausgeführt. Die Ostfassade zeigt den Auszug der französischen Armee zu neuen Feldzügen, die Westseite zeigt ihre Rückkehr.

Die Schlacht von Aboukir 1799, ein Relief von Seurre d. Ä., stellt eine Szene des napoleonischen Siegs 1759 über die türkische Armee dar.

Triumph Napoléons nach dem Frieden von 1810
Das Relief von Cortot verherrlicht den Frieden von Wien.

NICHT VERSÄUMEN

★ Auszug der Freiwilligen 1792

★ Grabmal des Unbekannten Soldaten

★ Grabmal des Unbekannten Soldaten
Hier ruht ein unbekannter französischer Soldat des Ersten Weltkriegs.

ZEITSKALA

1806 Napoléon beauftragt Chalgrin mit dem Bau des Triumphbogens

1815 Fall Napoléons. Einstellung der Arbeiten

1836 Vollendung durch Louis-Philippe

1840 Napoléons Leichenzug

1885 Der tote Victor Hugo wird hier zwei Tage aufgebahrt

1919 Siegesparade der Alliierten

1944 Befreiung von Paris. De Gaulle an der Spitze der Menge

1800 | 1850 | 1900 | 1950

Napoléons Hochzeitszug

1809 verstieß Napoléon Josephine, da sie ihm keine Kinder schenken konnte. 1810 wurde eine politische Heirat mit Marie-Louise, der Tochter des österreichischen Kaisers, arrangiert. Um seine Braut zu beeindrucken, wollte Napoléon bei seinem Hochzeitszug unter dem Triumphbogen hindurchziehen. Da die Arbeiten kaum begonnen hatten, errichtete Chalgrin eine Attrappe in Originalgröße, durch die das Paar schreiten konnte.

INFOBOX

Pl Charles de Gaulle. **Stadtplan** 4 D4. **Karte** D4. *01 55 37 73 77.* *Charles de Gaulle-Étoile.* *22, 30, 31, 52, 73, 92 bis Pl C de Gaulle.* *bei Pl C de Gaulle.* **Museum** *Apr–Sep: tägl. 10–23 Uhr; Okt–März: tägl. 10–22.30 Uhr (letzter Einlass 30 Min. vor Schließung).* *1. Jan, 1., 8. Mai, 14. Juli, 11. Nov, 25. Dez.* **www.**monum.fr

Von der Aussichtsplattform hat man einen herrlichen Blick auf Paris, über die Champs-Élysées auf der einen bis La Défense auf der anderen Seite.

Das Begräbnis des General Marceau 1796
Marceau besiegte die Österreicher 1795, unterlag ihnen jedoch im folgenden Jahr.

Die Schlacht von Austerlitz 1805, ein Relief von Gechter und Chaillot, stellt eine Szene aus der »Dreikaiserschlacht« dar.

Offiziere der kaiserlichen Armee sind an den Wänden der kleineren Bogen verewigt.

Eingang zum Museum

★ Auszug der Freiwilligen 1792
Bürger beim Auszug zur Verteidigung der Nation (von François Rude).

Place Charles de Gaulle
Zwölf Avenuen gehen sternförmig vom Triumphbogen aus. Einige sind nach bedeutenden französischen Generälen benannt, so die Avenue Marceau (siehe S. 34f).

Opéra

Ein buntes Nebeneinander von Presseleuten, Bankiers, Börsenmaklern, Theaterbesuchern und Urlaubern prägt dieses Viertel. Die im 19. Jahrhundert nach Plänen des Präfekten Haussmann angelegten Boulevards erstrahlen in ihrer ursprünglichen Grandezza und erfreuen sich bis heute unverminderter Beliebtheit.

Läden und Kaufhäuser aller Kategorien sind die Hauptanziehungungspunkte. Sehr viel mehr vom ursprünglichen Charakter weisen die vielen *passages* auf, enge Einkaufsgässchen mit Glasdächern. Das *enfant terrible* der Mode, Jean-Paul Gaultier, hat sein Geschäft in der exklusivsten, der Galerie Vivienne. Authentischer sind die Passage des Panoramas, die Passage Jouffroy, die Passage Verdeau, in der alte Kameras und Comics angeboten werden, sowie die winzige Passage des Princes. Zwei feine Delikatessengeschäfte, Fauchon und Hédiard, präsentieren in ihren Auslagen exquisite Senfsorten, Gewürze, Pasteten und Saucen.

In den Opernkulissen (1889) von J. Beraud

Das Viertel genießt den Ruf eines Pressezentrums, auch wenn die Tageszeitung *Le Monde* weggezogen ist. Kino und Theater haben ebenfalls Tradition. 1895 fand die erste Filmvorführung der Brüder Lumière statt. Die Opéra National de Paris Garnier ist für ihre Aufführungen berühmt.

Sehenswürdigkeiten auf einen Blick

Historische Gebäude und Straßen

Avenue de l'Opéra ⓬
Grands Boulevards ❸
Palais Brongniart ❿
Place de la Madeleine ❷

Kirche

La Madeleine ❶

Oper

Opéra National de Paris – Palais Garnier ❹

Museen und Sammlungen

Bibliothèque-Musée de l'Opéra ❺
Bibliothèque Nationale Richelieu ⓫
Grévin ❽
Paris Story ❻

Läden

Drouot (Hôtel des Ventes) ❼
Les Passages ❾

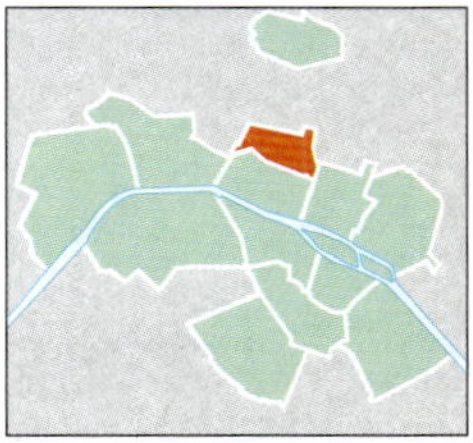

Anfahrt

Die Métro-Linien 3, 7 und 8 halten an der Station Opéra, die Métro-Linie 14 an der Station Madeleine, die RER-Linie A an der Station Auber. Die Buslinien 42 und 52 fahren durch den Boulevard Madeleine, die Linien 21, 27, 29 und 95 durch die Avenue de l'Opéra.

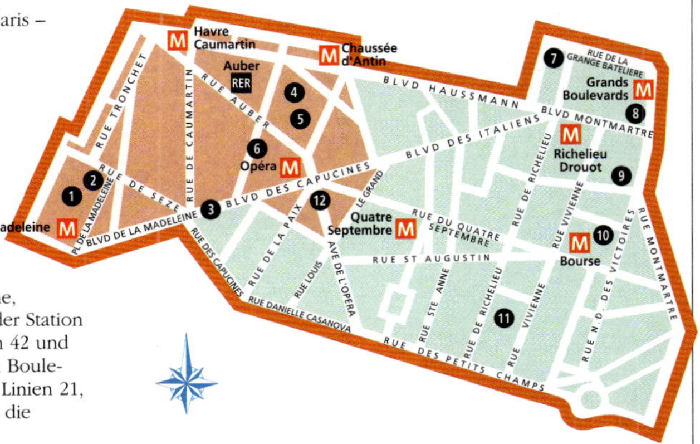

0 Meter 400

LEGENDE

Detailkarte *siehe S. 214f*
Métro-Station
RER-Station

SIEHE AUCH

- ***Stadtplan*** 5–6
- ***Hotels*** S. 291
- ***Restaurants*** S. 311f

◁ **Skulpturengruppe *La Danse* von J.-B. Carpeaux an der Fassade der Opéra Palais Garnier *(siehe S. 217)***

Im Detail: Opéra

Ein geflügeltes Wort sagt: Wenn man lange genug im Café de la Paix (gegenüber der Opéra National de Paris Garnier) sitzt, sieht man die Welt vorüberziehen. Tagsüber ist dieses Viertel eine Mischung aus Business – die drei größten Banken haben hier ihren Sitz – und Tourismus. Neben den exklusiven Shops an der eleganten Place de l'Opéra gibt es auch preiswertere Kaufhäuser. Abends ziehen Theater und Kinos ein ganz anderes Publikum an, und in den Cafés am Boulevard des Capucines herrscht reges Leben.

Statue von Gumery auf der Opéra

Place de la Madeleine
Auf der Nordseite findet man in den Auslagen von Fauchon Delikatessen aus aller Welt. ❷

LEGENDE

– – – Routenempfehlung

0 Meter 100

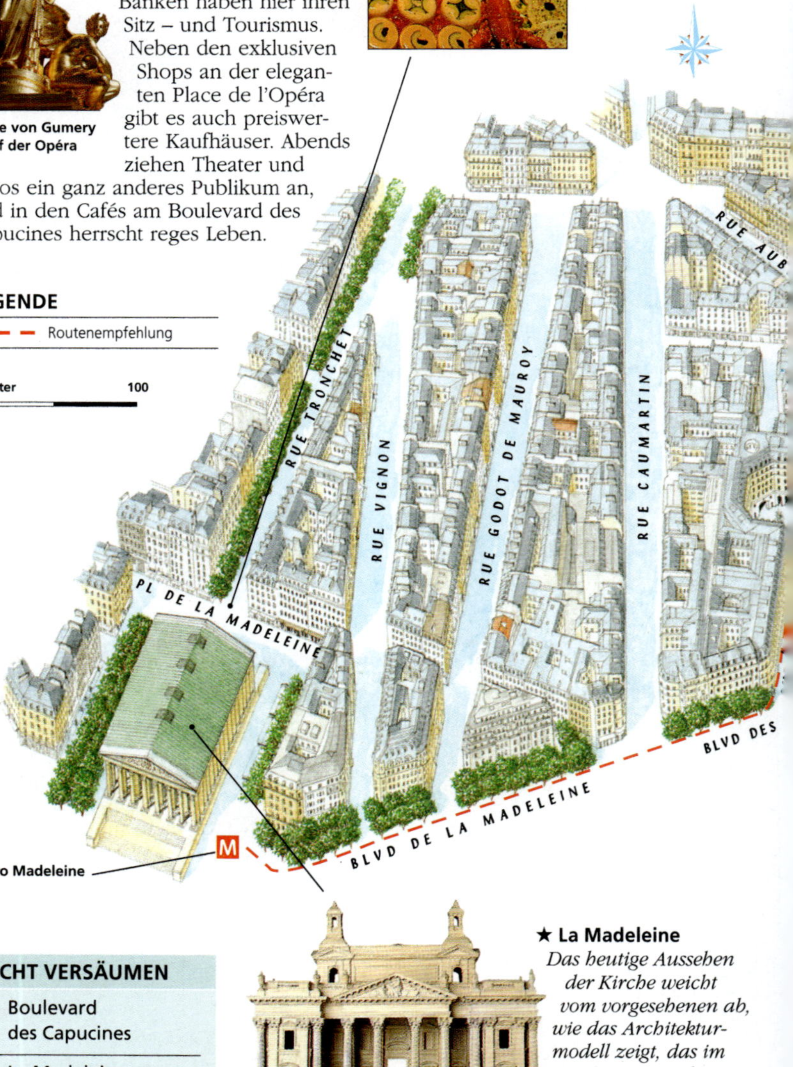

Métro Madeleine

★ La Madeleine
Das heutige Aussehen der Kirche weicht vom vorgesehenen ab, wie das Architekturmodell zeigt, das im Musée Carnavalet (siehe S. 96f) *zu besichtigen ist.* ❶

NICHT VERSÄUMEN

- ★ Boulevard des Capucines
- ★ La Madeleine
- ★ Opéra National de Paris – Palais Garnier

★ Opéra National de Paris – Palais Garnier
Mit ihrer Stilmischung von Neoklassizismus bis Neobarock ist die 1875 eröffnete Opéra ein Symbol des opulenten Zweiten Kaiserreichs. ❹

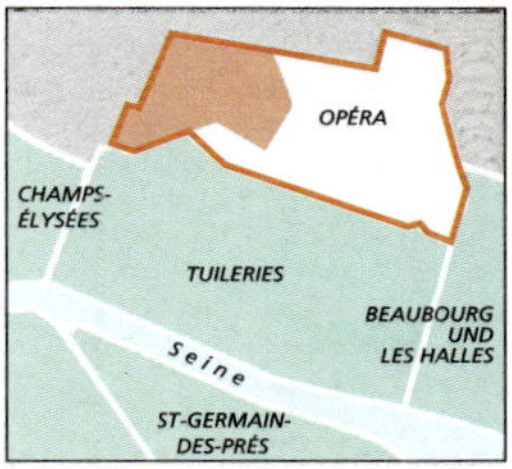

Zur Orientierung
Siehe Stadtplan 5–6

Bibliothèque-Musée de l'Opéra
Die Welt der Oper in wechselnden Ausstellungen. ❺

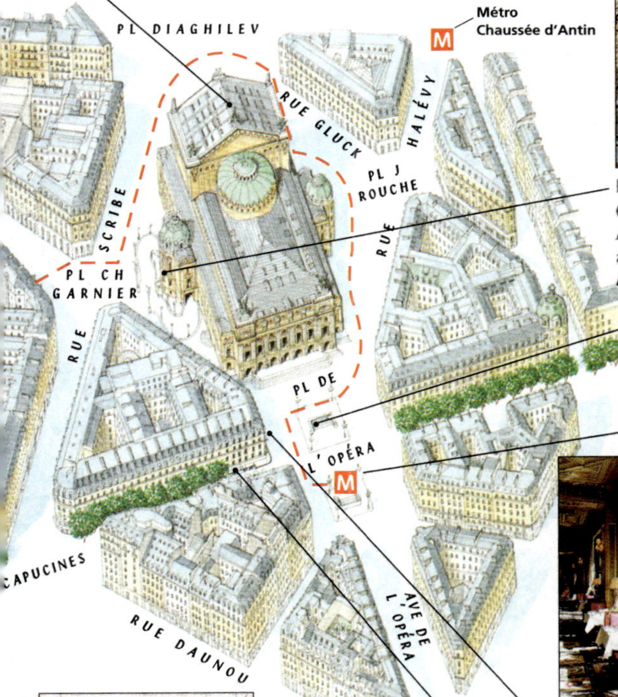

Die Place de l'Opéra ist eine der lebhaftesten Kreuzungen in Paris.

Métro Opéra

Im Café de la Paix von Garnier *(siehe S. 319)* wird im Originaldekor des 19. Jahrhunderts traditioneller Stil gepflegt.

Harry's Bar ist benannt nach dem Barkeeper Harry MacElhone, der das Lokal im Jahr 1913 kaufte. Zu den Stammgästen gehörten F. Scott Fitzgerald und Ernest Hemingway.

★ Boulevard des Capucines
Am Haus Nr. 14 erinnert eine Tafel an die erste öffentliche Filmvorführung durch die Brüder Lumière. Sie fand im Jahr 1895 im Grand Café statt. ❸

Marochettis *Erhebung der hl. Maria Magdalena in den Himmel* (1837) hinter dem Hochaltar der Madeleine

La Madeleine ❶

Pl de la Madeleine, 75008. **Stadtplan** 5 C5. **Karte** H4. *01 44 51 69 00.* *Madeleine.* *tägl. 9–19 Uhr.* *regelmäßig.* ***Konzerte.*** *Siehe auch* ***Unterhaltung*** *S. 346f.*

Wegen ihrer beeindruckenden Größe und der Lage zählt die Maria Magdalena geweihte Kirche zu den bekanntesten Bauwerken von Paris. Sie krönt den Endpunkt der großen Boulevards und bildet ein Gegenstück zum Palais Bourbon (Sitz der Nationalversammlung) auf der anderen Seite der Seine. Mit dem Bau wurde 1764 begonnen, geweiht wurde die Kirche erst 1845. In der Zwischenzeit wurden Pläne erörtert, sie in ein Parlament, eine Börse oder eine öffentliche Bibliothek umzuwandeln.

Das heutige Bauwerk geht auf einen Entwurf von Pierre Vignon für Napoléons Ruhmestempel zurück, den dieser 1806 nach der Schlacht von Jena erbauen lassen wollte. Eine Kolonnade mit 20 Meter hohen korinthischen Säulen, die einen verzierten Fries tragen, zieht sich um das Gebäude. Das Flachrelief der Bronzetüren von H. de Triquet zeigt die Zehn Gebote. Das Innere ist mit Marmor und Vergoldungen reich verziert, unter den Skulpturen ist besonders François Rudes *Taufe Christi* hervorzuheben.

Place de la Madeleine ❷

75008. **Stadtplan** 5 C5. **Karte** H4. *Madeleine.* ***Blumenmarkt*** *Di–So 8–19.30 Uhr.*

Fauchon-Dose

Der Platz entstand zur selben Zeit wie die Madeleine-Kirche und ist ein Paradies für Feinschmecker: Viele Läden haben sich auf Delikatessen wie Trüffel, Champagner, Kaviar und Pralinen spezialisiert.

Fauchon, der Supermarkt für Millionäre (Haus Nr. 26, *siehe S. 333, 335*), führt mehr als 20 000 Artikel. In dem großen Haus Nr. 9 verbrachte Marcel Proust seine Kindheit. An der Ostseite der Kirche wird ein kleiner Blumenmarkt abgehalten *(siehe S. 338).*

Opéra de Paris – Palais Garnier

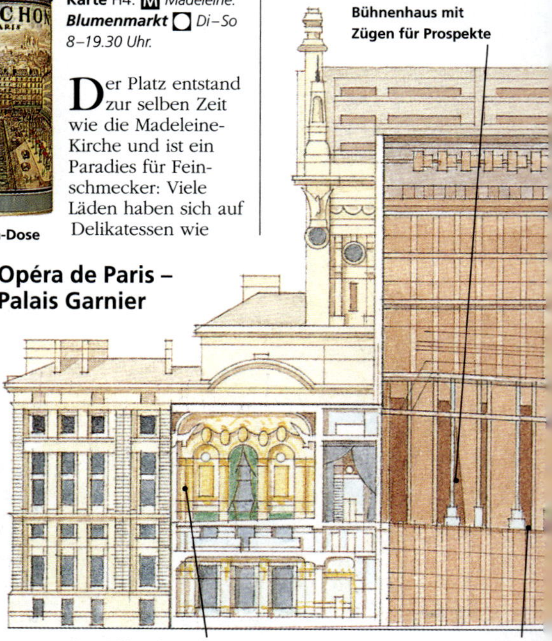

Grands Boulevards ❸

75002 und 75009. **Stadtplan** 6 D5–7 C5. Ⓜ *Madeleine, Opéra, Richelieu-Drouot, Montmartre.*

Acht breite Boulevards – Madeleine, Capucines, Italiens, Montmartre, Poissonnière, Bonne Nouvelle, St-Denis und St-Martin – verlaufen zwischen Madeleine und der Place de la République. Sie wurden im 17. Jahrhundert angelegt, um die veralteten Befestigungsanlagen in elegante Promenaden umzuwandeln – das Wort »Boulevard« leitet sich vom niederländischen *bulwerc* (Bollwerk) ab. Im 19. Jahrhundert wurden sie so populär, dass man den Begriff *boulevardier* für die dort flanierenden Dandys prägte.

Rund um Madeleine und die Oper kann man noch einen Eindruck vom ursprünglichen Aussehen der Boulevards mit ihren Cafés und eleganten Geschäften gewinnen. Ansonsten sind die meisten Cafés und Restaurants schon lange verschwunden, und die alten Fassaden werden von protzigen Neonreklamen verdeckt. Dennoch ziehen die Grands Boulevards und die nahen Kaufhäuser am Boulevard Haussmann noch immer viele Menschen an.

Boulevard des Italiens

Opéra National de Paris – Palais Garnier ❹

Pl de l'Opéra, 75009. **Stadtplan** 6 E4. **Karte** J4. ☎ *0892 89 90 90.* Ⓜ *Opéra.* 🕐 *tägl. 10–17 Uhr (an Vorstellungstagen bis 13 Uhr).* ● *Feiertage.* *Siehe auch* ***Unterhaltung*** *S. 345, 347.* **www**.operadeparis.fr

Manchmal wird das prächtige Gebäude mit einem großen Hochzeitskuchen verglichen. Entworfen wurde es im Auftrag von Napoléon III von Charles Garnier. Das einzigartige Aussehen verdankt es einer Kombination verschiedener Materialien wie Marmor und Bronze sowie unterschiedlichen Stilrichtungen mit Säulen, Friesen und Skulpturen an der Außenfassade. Die Bauarbeiten begannen 1862 und dauerten 13 Jahre, unterbrochen durch den Krieg und den Aufstand von 1871. Die Eröffnung fand 1875 statt.

1858 hatte Orsini vor der alten Oper ein Attentat auf den Kaiser verübt. Deshalb plante Garnier an der Ostseite des Gebäudes einen Pavillon ein, zu dem eine Rampe hinaufführte, sodass dem Kaiser von seiner Kutsche aus ein sicherer Zugang zu seiner Loge gewährt war.

Die Funktion der einzelnen Gebäudeteile spiegelt sich im Aufbau wider. Hinter dem flachen Foyer erhebt sich die Kuppel über dem Zuschauerraum, der dreieckige Giebel dahinter kennzeichnet den Beginn der Bühne. Unterhalb der Oper liegt ein kleiner See, der Paul Leroux zur Idee für das Versteck im *Phantom der Oper* inspirierte.

Das Treppenhaus aus weißem Marmor mit Balustraden aus rotem und grünem Marmor und das Foyer mit der Mosaikdecke sollten Sie unbedingt sehen. Im Zuschauerraum mit den fünf Rängen herrschen roter Samt und Blattgold vor. Einen Kontrast dazu bildet das Deckengemälde von Chagall (1964). Inzwischen wird ein Großteil der Opern in der Opéra de Paris Bastille *(siehe S. 98)* aufgeführt, aber das Ballett ist hier noch zu Hause.

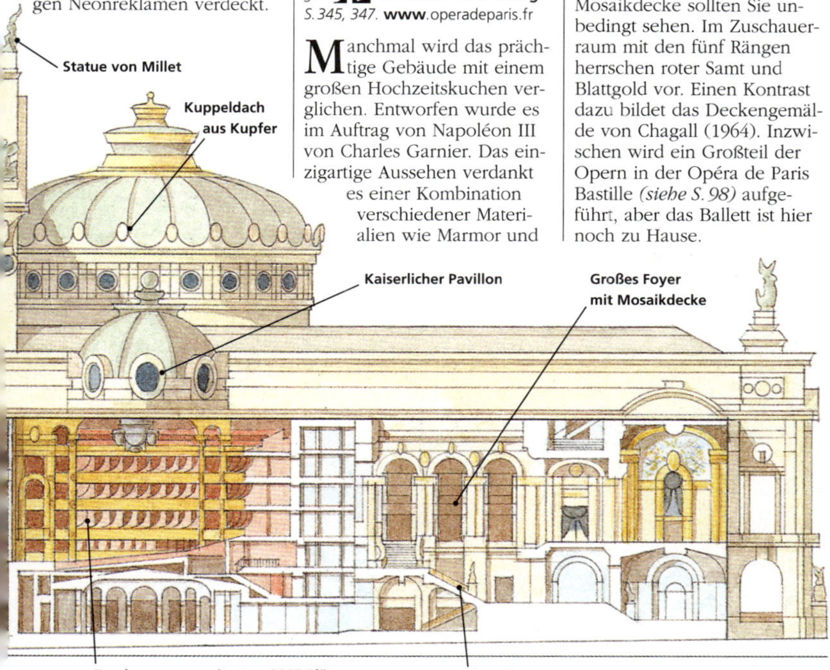

Schild vor dem Grévin

Bibliothèque-Musée de l'Opéra ❺

Pl de l'Opéra, 75009. **Stadtplan** 6 E5. **Karte** J4. *01 47 42 07 02.* *Opéra.* *tägl. 10–17 Uhr.* *1. Jan, 1. Mai.*

Der Eingang zu dem kleinen Museum war einst der kaiserliche Privateingang zur Oper. Das Museum stellt die Geschichte der Oper anhand einer umfangreichen Sammlung von Partituren, Libretto-Manuskripten, Fotos und Erinnerungsstücken an berühmte Künstler dar. So sind die Ballettschuhe des russischen Tänzers Nijinsky zu sehen, aber auch Bühnenbildmodelle sowie Büsten von Komponisten. Dem Museum angeschlossen ist eine Bibliothek zu den Themen Theater, Tanz und Musik.

Paris Story ❻

11 bis, rue Scribe, 75009. **Stadtplan** 6 D4. **Karte** J4. *01 42 66 62 06.* *Opéra.* *tägl. 10–18 Uhr: jede volle Stunde.*
www.paris-story.com

Wenn Sie in möglichst kurzer Zeit möglichst viel über Paris erfahren wollen, sind Sie hier richtig. 50 Minuten dauert die Show, die über 2000 Jahre Pariser Geschichte ebenso informiert wie über Geografie und Spezifika der Hauptstadt. Als Erzähler fungiert der Schriftsteller Victor Hugo (1802–1885), über Kopfhörer lässt sich die Show auch auf Deutsch verfolgen. In einem dreidimensionalen Stadtmodell kann man sich per Klick Wissenswertes über 156 wichtige Sehenswürdigkeiten erzählen lassen. Eine Galerie liefert anhand von Kurzfilmen mit fünf Themen einen besonderen Blick auf die Stadt.

Drouot (Hôtel des Ventes) ❼

9, rue Drouot, 75009. **Stadtplan** 6 F4. **Karte** K4. *01 48 00 20 20.* *Richelieu-Drouot.* *Mo–Sa 11–18 Uhr, Auktionen bis 14 Uhr.* *Siehe **Shopping** S. 336f.*
www.drouot.com

Das nach dem Grafen Drouot, einem Adjutanten Napoléons, benannte Haus ist das führende Auktionshaus (Hôtel des Ventes) Frankreichs. Bereits seit 1858 stand ein Auktionshaus an diesem Platz, 1860 kam sogar Napoléon III, um einige Steinguttöpfe zu erwerben. Das alte Gebäude wurde abgerissen und 1970 durch ein neues, wenig ansprechendes ersetzt, das seitdem als das Nouveau Drouot bezeichnet wird. Obwohl es im internationalen Vergleich im Schatten von Christie's und Sotheby's steht, kommt bei den Auktionen eine faszinierende Vielfalt von Objekten zum Aufruf. In den nahen Galerien sind viele Antiquitäten- und Briefmarkenhändler zu finden.

Grévin ❽

10, bd Montmartre, 75009. **Stadtplan** 6 F4. **Karte** K4. *01 47 70 85 05.* *Grands Boulevards.* *Mo–Fr 10–18.30, Sa, So 10–19 Uhr (letzter Einlass 1 Std. vor Schließung).* **www**.grevin.com

Das Wachsfigurenmuseum wurde 1882 gegründet und gehört zu den besonderen Attraktionen von Paris, vergleichbar mit Madame Tussaud's in London. Historische Szenen, z. B. Louis XIV in Versailles oder die Verhaftung von Louis XVI, werden lebensecht dargestellt. Daneben sieht man berühmte Gestalten aus Kunst, Sport und Politik. Neu renoviert ist das Palais des Mirages, ein riesiges Kaleidoskop, das man betreten kann. Im angeschlossenen Théâtre des Variétés treten Illusionisten auf.

Les Passages ❾

75002. **Stadtplan** 6 F5. **Karte** L5. *Bourse.*

Die Einkaufspassagen des frühen 19. Jahrhunderts (auch bekannt als *galeries*) liegen zwischen Boulevard Montmartre und Rue St-Marc (die Passage des Panoramas) sowie zwischen Rue du Quatre Septembre und Rue des Petits Champs.

Bei ihrem Bau waren Les Passages als verkehrsfreie Zonen für Geschäfte, Werkstätten und Wohnungen konzipiert. Später wurden sie nicht mehr benutzt, bis sie nach 1970 ein gewaltiges

Bühnenbildmodell der *Hugenotten* (1875), Bibliothèque-Musée de l'Opéra

Hotels und Restaurants in Opéra *siehe Seiten 291 und 311f*

Klassizistische Säulenfassade des Palais Brongniart, als Palais de la Bourse bis 1987 Zentrum des Börsenhandels

Comeback erlebten. Heute beherbergen sie eine vielfältige Mischung kleiner Läden, in denen von Designerschmuck bis zu Büchern alles zu haben ist. Charakteristisch sind die Spitzbogendächer aus Glas mit Eisenträgern. Eine der reizvollsten Passagen ist die Galerie Vivienne mit ihrem Mosaikboden und ihrem Teesalon (Zugang Rue Vivienne oder Rue des Petits Champs).

Galerie Vivienne

Palais Brongniart ⑩

4, pl de la Bourse, 75002. **Stadtplan** 6 F5. **Karte** K4. *01 49 27 14 70.* *Bourse.* *für die Öffentlichkeit.*

Der klassizistische Bau wurde 1807 von Napoléon in Auftrag gegeben und vom Architekten Alexandre Théodore Brongniart erbaut. Er hieß früher Palais de la Bourse und war von 1826 bis 1987 Sitz der Pariser Börse und Zentrum des Aktienhandels. Heute ist der Parketthandel eingestellt, die Pariser Börse wurde von Euronext übernommen.

Bibliothèque Nationale Richelieu ⑪

58, rue de Richelieu, 75002. **Stadtplan** 6 F5. **Karte** K5. *01 53 79 59 59.* *Bourse.* *Di–Sa 10–19, So 12–19 Uhr.* *Feiertage.* **www**.bnf.fr

Den Grundstock der Nationalbibliothek bildeten die Handschriftensammlungen der Könige des Mittelalters. Seit 1537 muss ein Exemplar jedes gedruckten französischen Werkes hier aufbewahrt werden. Die Bibliothek befindet sich in einem Gebäude, das Kardinal Mazarin im 17. Jahrhundert erbauen ließ. Obwohl Literaturwerke, Zeitschriften und Datenträger in der neuen Zentralbibliothek, der Bibliothèque Nationale François Mitterrand *(siehe S. 246)* in Tolbiac, untergebracht sind, umfasst der Bestand der Richelieu-Gebäude immer noch eine riesige Auswahl an Büchern, darunter zwei Gutenberg-Bibeln sowie Originalmanuskripte von Victor Hugo und Marcel Proust. Außerdem befindet sich hier die größte Sammlung von Stichen und Fotografien sowie eine Musikabteilung. Leider ist der Lesesaal aus dem 19. Jahrhundert nicht zugänglich.

Bibliothèque Nationale

Avenue de l'Opéra ⑫

75001 und 75002. **Stadtplan** 6 E5. **Karte** J5. *Opéra, Pyramides.*

Die breite Avenue ist die einzige baumlose Straße der Stadt und ein Paradebeispiel für Baron Haussmanns radikale Modernisierung *(siehe S. 34f)*. Das mittelalterliche Paris wurde in den 1860er und 1870er Jahren größtenteils zerstört, um Platz für die breiten Verkehrsadern zu schaffen. Die Avenue de l'Opéra, die vom Palais Royal zur Opéra de Paris Garnier führt, wurde 1876 vollendet. Die Einheitlichkeit ihrer fünfstöckigen Häuser steht in krassem Gegensatz zu den Gebäuden aus dem 17. und 18. Jahrhundert in den Nebenstraßen. Nicht weit davon entfernt, an der Place Gaillon, liegt das Café Drouant, in dem der Goncourt-Preis für Literatur vergeben wird. Das Bild der heutigen Avenue de l'Opéra bestimmen Reisebüros und Luxusläden. Haus Nr. 5 ist der Sitz des Institut d'Études Supérieures des Arts.

Avenue de l'Opéra

Montmartre

Bei Montmartre denkt man an Kunst: Ende des 19. Jahrhunderts war dieses Viertel Mekka der Maler und Schriftsteller. Man traf sich dort, um sich in den Kneipen, Cabarets und Revuen zu verlustieren, was dem Viertel einen zweifelhaften Ruf einbrachte. Inzwischen haben die Künstler die Gegend längst verlassen, und auch das Nachtleben im Pigalle-Viertel hat nicht mehr denselben Reiz wie einst.

Dennoch besitzt die Anhöhe von Montmartre noch immer ihre sinnliche Ausstrahlung. Besucher pilgern auf den Hügel, und die meisten drängt es zu den Plätzen, auf denen sich Porträtmaler und Souvenirhändler tummeln, so auf dem alten Stadtplatz, der Place du Tertre. Anderswo stößt man auf verwinkelte Gassen und winzige Terrassen oder steht vor langen Treppenaufgängen. Zudem findet sich hier der bekannte Weinberg, auf dem im Frühherbst die wenigen Trauben feierlich geerntet werden. Vielerorts eröffnet sich vom Montmartre ein großartiger Blick über die Stadt – vor allem von Sacré-Cœur aus.

Straßentheater auf dem Montmartre

Sehenswürdigkeiten auf einen Blick

Histor. Gebäude und Straßen
Avenue Junot 15
Bateau-Lavoir 11
Moulin de la Galette 14

Kirchen
Chapelle du Martyre 8
Sacré-Cœur S. 226f 1
St-Jean l'Évangéliste de Montmartre 10
St-Pierre de Montmartre 2

Museen und Sammlungen
Espace Dalí Montmartre 4
Halle Saint Pierre 7
Musée de Montmartre 5

Plätze
Place des Abbesses 9
Place du Tertre 3

Friedhof
Cimetière de Montmartre 13

Theater und Nachtclubs
Au Lapin Agile 6
Moulin Rouge 12

Anfahrt

Das Viertel hat eine Reihe von Métro-Stationen, Abbesses ist die zentralste. Der Montmartrobus durchfährt von der Métro-Station Pigalle aus das Stadtviertel, Linie 30 fährt ab Arc de Triomphe bis zur Basis von Sacre-Cœur und Linie 85 vom Louvre bis zur Rue de Clignancourt.

SIEHE AUCH

- ***Stadtplan*** 2, 6, 7
- ***Montmartre-Spaziergang*** S. 266f
- ***Hotels*** S. 291
- ***Restaurants*** S. 312

LEGENDE

Detailkarte *siehe S. 222f*
M Métro-Station
i Information

0 Meter 400

◁ **Die enge Rue St-Rustique führt auf den Hügel zu Sacré-Cœur hinauf (*siehe* Spaziergang *S. 266f*)**

Im Detail: Montmartre

Straßenmaler

Seit 200 Jahren gilt Montmartre als Inbegriff des Künstlerviertels. Zu Beginn des 19. Jahrhunderts lebten Theodore Géricault und Camille Corot hier. Im 20. Jahrhundert verliehen die Bilder von Maurice Utrillo den Straßen Unsterblichkeit. Heute leben die Straßenmaler von den Touristen, die es zu dem pittoresken Stadtteil mit der Vorkriegsatmosphäre zieht. Der Name des Viertels leitet sich von Ortsheiligen her, die um 250 n. Chr. den Märtyrertod erlitten: »Mons martyrium« – der Berg der Märtyrer.

Der Weinberg von Montmartre ist der letzte von Paris. Am ersten Samstag im Oktober wird der Beginn der Weinlese gefeiert.

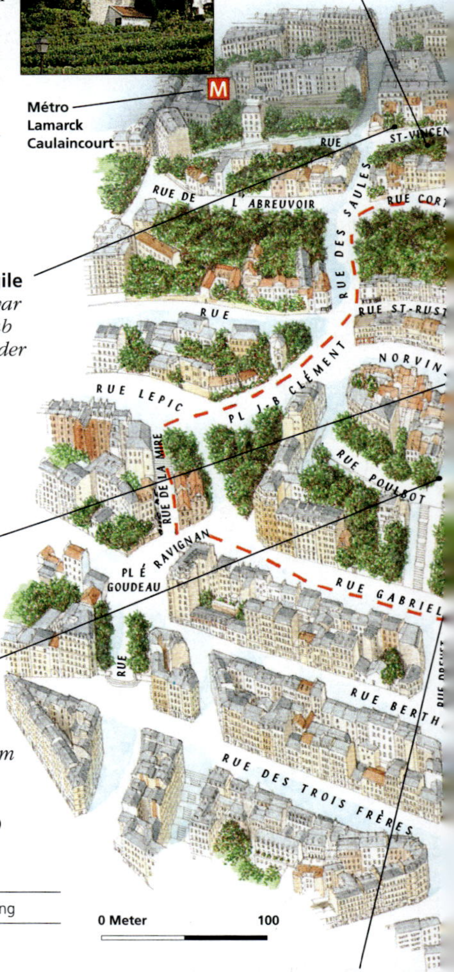

★ Au Lapin Agile
Von 1910 an war dieser Nachtclub ein Treffpunkt der Literaten. ❻

A La Mère Cathérine war 1814 das bevorzugte Lokal der russischen Kosaken. Sie pflegten auf die Tische zu schlagen und *bistro* (russisch für »schnell«) zu brüllen – daher die Bezeichnung »Bistro«.

Espace Dalí Montmartre
Die Ausstellung huldigt dem großen Surrealisten Dalí. Zu sehen sind Skulpturen, Gemälde und Grafiken. ❹

LEGENDE

— — — Routenempfehlung

NICHT VERSÄUMEN

- ★ Au Lapin Agile
- ★ Musée de Montmartre
- ★ Place du Tertre
- ★ Sacré-Cœur

★ Place du Tertre
Der Platz ist das touristische Zentrum des Montmartre. Hier findet man Porträtisten und andere Künstler sowie zahlreiche Cafés und Bars. ❸

Hotels und Restaurants in Montmartre *siehe Seiten 291 und 312*

★ Musée de Montmartre
Das Museum beherbergt Werke von Künstlern, die in dem Viertel gelebt haben. Das Porträt einer Frau *stammt vom italienischen Maler und Bildhauer Amedeo Modigliani.* ❺

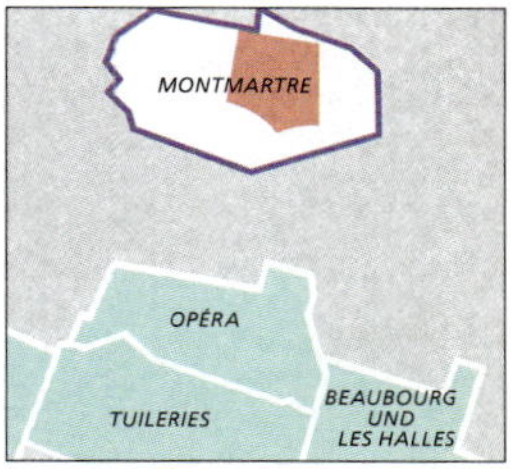

Zur Orientierung
Siehe Stadtplan 2, 6, 7

★ Sacré-Cœur
Die neoromanisch-byzantinische Kirche, 1870 begonnen, 1914 vollendet, birgt viele Kunstschätze, darunter diese Christusfigur (1911) von Eugène Benet. ❶

St-Pierre de Montmartre
Während der Revolution machte man aus dieser Kirche einen »Tempel der Vernunft«. ❷

Der Funiculaire (Zahnradbahn) am Ende der Rue Foyatier führt hinauf zu Sacré-Cœur. Métro-Einzelfahrscheine *(siehe S. 384)* gelten auch hier.

Der Square Willette unterhalb des Vorplatzes von Sacré-Cœur ist in Form einer Reihe absteigender Terrassen angelegt und mit Büschen, Bäumen und Blumenbeeten geschmückt.

Halle Saint Pierre
Das Museum stellt Art Brut *und Naive Malerei aus. Dieses Ölgemälde,* L'Opéra de Paris *(1986), schuf L. Milinkov.* ❼

Kunst und Kitsch am Montmartre

Sacré-Cœur ❶

Siehe S. 226f.

St-Pierre de Montmartre ❷

2, rue du Mont Cenis, 75018. **Stadtplan** 6 F1. **Karte** K1. *01 46 06 57 63.* *Abbesses.* *tägl. 8.45–19 Uhr.* *Sa 18, So 9, 11 Uhr.* ***Konzerte.***
www.sacre-coeur-montmartre.com

St-Pierre de Montmartre im Schatten von Sacré-Cœur ist eine der ältesten Kirchen von Paris. Sie ist der Überrest der Benediktiner-Abtei von Montmartre, die Louis VI und seine Gemahlin Adelaide von Savoyen 1133 gegründet hatten. Adelaide, die erste Äbtissin, ist hier bestattet.

Die vier Säulen im Inneren stammen von einem römischen Tempel, der ursprünglich hier stand. Der Chor datiert aus dem 12. Jahrhundert, das Kirchenschiff wurde im 15., die Westfront im 18. Jahrhundert wiederhergestellt. Während der Revolution wurde der Abt guillotiniert, die Kirche säkularisiert. Erst 1908 weihte man sie wieder. Neogotische Bleiglasfenster ersetzen die im Zweiten Weltkrieg durch eine verirrte Bombe zerstörten Fenster. Der Friedhof ist nur an Allerheiligen geöffnet.

Portal von St-Pierre

Place du Tertre ❸

75018. **Stadtplan** 6 F1. **Karte** K1. *Abbesses.*

Tertre bedeutet »kleiner Hügel« oder »Wall«. Der pittoreske Platz ist mit 130 Metern der höchste Punkt in Paris. Einst standen dort die Galgen der Abtei. Seit dem 19. Jahrhundert stellen hier Künstler ihre Bilder aus. Der Platz wird von farbenfrohen Bars und Restaurants gesäumt – A La Mère Cathérine gibt es bereits seit 1793. Nr. 21 war früher das Heim der 1920 gegründeten »Freien Kommune«, die den Geist der Boheme wiederbeleben wollte. Heute ist dort das Informationszentrum für das alte Montmartre.

Der Künstler Salvador Dalí

Espace Dalí Montmartre ❹

11, rue Poulbot, 75018. **Stadtplan** 6 F1. **Karte** K1. *01 42 64 40 10.* *Abbesses.* *tägl. 10–18 Uhr.* *Gruppen nach Vereinbarung.*
www.daliparis.com

Hier im Zentrum von Montmartre sind 330 Werke des spanischen Malers und Bildhauers Salvador Dalí zu sehen. Die dunkle Einrichtung betont den dramatischen Charakter des Genies des 20. Jahrhunderts. Sich bewegende Scheinwerfer setzen die surrealistischen Werke ins rechte Licht. In regelmäßigen Abständen ertönt dazu die Stimme Dalís. Dem originellen Museum sind eine Kunstgalerie und eine Bibliothek angegliedert.

Musée de Montmartre ❺

12, rue Cortot, 75018. **Stadtplan** 2 F5. **Karte** K1. *01 49 25 89 37.* *Lamarck-Caulaincourt, Abbesses, Blanche, Anvers.* *Mi–So 11–18 Uhr.* *1. Jan, 25. Dez.*
www.museedemontmartre.fr

Das große, weiße Haus, das einen besonderen Charme ausstrahlt, gehörte im 17. Jahrhundert dem Schauspieler Roze de Rosimond, einem Mitglied von Molières Theatertruppe. Roze starb während einer Aufführung von Molières *Der eingebildete Kranke*. Das Haus, eines der schönsten am Montmartre, war Heim und Atelier von Künstlern. Hier arbeiteten Pierre-Auguste Renoir und Raoul Dufy. Maurice Utrillo und seine Mutter Suzanne Valadon, Akrobatin, Modell und Malerin, lebten hier.

Das Museum belegt mittels Kunstwerken, Dokumenten, Zeichnungen und Fotografien die Geschichte des Montmartre von den Tagen der Abtei bis in die Gegenwart. Es ist reich an Erinnerungsstücken aus der Zeit der Boheme. Es gibt sogar eine Nachbildung des Café de l'Abreuvoir, Utrillos bevorzugter Kneipe.

Das nachgebaute Café de l'Abreuvoir

Hotels und Restaurants in Montmartre *siehe Seiten 291 und 312*

Die trügerisch rustikale Außenansicht von Au Lapin Agile im Herzen von Montmartre

Au Lapin Agile ❻

22, rue des Saules, 75018. **Stadtplan** 2 F5. *01 46 06 85 87.* *Lamarck-Caulaincourt.* *Di–So 21–2 Uhr. Siehe* ***Unterhaltung*** *S. 342, 344.* **www**.au-lapin-agile.com

Das frühere Cabaret des Assassins hat seinen Namen von einem Bild des Humoristen André Gill. Es zeigt einen Hasen, der aus einem Topf flüchtet: *Le Lapin à Gill* wurde bekannt als der »wendige Hase«, *Lapin Agile*. Der Club erfreute sich Anfang des 20. Jahrhunderts großer Beliebtheit bei Intellektuellen und Künstlern. Hier inszenierte der Schriftsteller Roland Dorgelès dem Dichter, Kunstkritiker und Verfechter des Kubismus, Guillaume Apollinaire, einen Streich, der Furore machte. Dorgelès verabscheute die moderne Kunst, wie sie Picasso und andere Maler am »Bateau-Lavoir« (13, place Émile Goudeau) hervorbrachten. So band er einen Pinsel an den Schwanz des Esels, der dem Café-Besitzer gehörte: Das Resultat wurde unter dem Titel *Sonnenuntergang über der Adria* in einer Ausstellung des Salon des Indépendents gezeigt.

1903 wurde das Grundstück vom Cabaret-Unternehmer Aristide Bruant gekauft, den Toulouse-Lautrec in einer Serie von Plakaten festgehalten hat.

Halle Saint Pierre ❼

2, rue Ronsard, 75018. **Stadtplan** 7 A1. **Karte** L1. *01 42 58 72 89.* *Anvers.* *tägl. 10–18 Uhr (Aug: Mo–Fr 12–18 Uhr).* **www**.hallesaintpierre.org

Im Jahr 1945 prägte der französische Maler und ehemalige Weingroßhändler Jean Dubuffet den Begriff *Art Brut*, eine Bezeichnung für autodidaktische Kunstwerke, die abseits des etablierten Kunstsystems entstehen, oft von psychisch Gestörten oder anderen Außenseitern der Gesellschaft und oft in Anstalten. Kennzeichnend für diese »rohe« Kunstform sind einfache Themen, leuchtende Farben und eine nicht stimmige Perspektive.

Art Brut **in der Halle Saint Pierre**

Die Halle Saint Pierre am Fuß des Butte Montmartre widmet sich als Galerie und Museum dem Thema *Art Brut*. Zur Sammlung gehören die Werke des Verlegers Max Fourny. Hier gibt es auch Avantgarde-Theater, Lesungen, Diskussionen, Workshops für Kinder sowie ein Café und einen Buchladen zum Thema.

Chapelle du Martyre ❽

9, rue Yvonne Le Tac, 75018. **Stadtplan** 6 F1. **Karte** K2. *Pigalle.* *Fr–Mi 10–12, 15–17 Uhr.*

Die Kapelle aus dem 19. Jahrhundert steht an der Stelle einer mittelalterlichen Klosterkirche, die wiederum den Ort markiert, wo der erste Bischof von Paris, Saint Denis, 250 n. Chr. von den Römern enthauptet und zu einem der frühen christlichen Märtyrer wurde.

In der Krypta der ursprünglichen Kapelle legte Ignatius von Loyola mit sechs Gleichgesinnten sein Ordensgelübde ab. Ignatius war Begründer der Gesellschaft Jesu, des Jesuitenordens, der sich in der Gegenreformation bildete.

Sacré-Cœur ❶

Südöstliches Rosettenfenster

Zwei katholische Geschäftsmänner, Alexandre Legentil und Hubert Rohault de Fleury, gelobten, eine dem Heiligen Herzen Christi geweihte Kirche zu erbauen – als Sühne für die »spirituelle Verkommenheit« der Franzosen, die zur Niederlage im Deutsch-Französischen Krieg von 1870/71 geführt habe, aber auch im Gedenken an die Opfer des Kriegs. Das Projekt wurde schließlich von dem Pariser Erzbischof Guibert aufgegriffen, 1875 begannen die Arbeiten nach Entwürfen von Paul Abadie. Sie waren inspiriert von der romanisch-byzantinischen Kirche von St-Front in Périgueux. 1914 konnte die Basilika vollendet werden, aber der Erste Weltkrieg verhinderte ihre Weihe, die erst 1919 erfolgte.

Hauptfassade
Von den unterhalb liegenden Gärten hat man die beste Sicht auf Sacré-Cœur.

Der Glockenturm von 1895 ist 83 Meter hoch und trägt mit 18,5 Tonnen eine der schwersten Glocken der Welt; allein der Klöppel wiegt 850 Kilogramm.

★ Großes Christus-Mosaik
Das Mosaik (1912–22) von Luc-Olivier Merson und Marcel Magne beherrscht die Apsis.

Maria mit Kind *(1896)*
Die Silberstatue von P. Brunet ist eine von zwei Figuren im Wandelgang.

Die Belagerung von Paris

1870 besetzten die Deutschen Frankreich. Während der viermonatigen Belagerung von Paris, die Otto von Bismarck anordnete, zwang der Hunger die Einwohner, fast alle Tiere in der Stadt zu schlachten.

★ Krypta
In einer steinernen Urne wird das Herz Legentils aufbewahrt.

NICHT VERSÄUMEN

★ Bronzetüren

★ Großes Christus-Mosaik

★ Konische Kuppel

★ Krypta

★ Konische Kuppel
Nach dem Eiffelturm ist dies der höchste Punkt von Paris.

INFOBOX

Place du Parvis Notre-Dame, 75018. **Stadtplan** 6 F1. **Karte** K1. *01 53 41 89 00.* *Abbesses (weiter mit dem Funiculaire zu den Treppen von Sacré-Cœur), Anvers, Barbès-Rochechouart, Château-Rouge, Lamarck-Caulaincourt.* *30, 31, 54, 80, 85.* *Bd de Clichy, Rue Custine.* **Basilika** *tägl. 6–23 Uhr (letzter Einlass: 22.15 Uhr).* **Kuppel und Krypta** *tägl. 9–17.45 Uhr.* *für Krypta und Kuppel.* *Mo–Fr 7, 11.15, 18.30, 22 Uhr, Sa 7, 11.15, 18, 22 Uhr, So 7, 11, 16, 18, 22 Uhr.* *eingeschränkt.* **www**.sacre-coeur-montmartre.com

Christusstatue
Die wichtigste Statue der Basilika steht in der Giebelnische über dem Hauptportal.

Reiterstandbilder
Die Statuen der Jeanne d'Arc und des Saint Louis fertigte H. Lefebvre.

★ Bronzetüren
Die Reliefs auf den Türen des Hauptportals zeigen Szenen aus dem Leben Jesu Christi, so das Letzte Abendmahl.

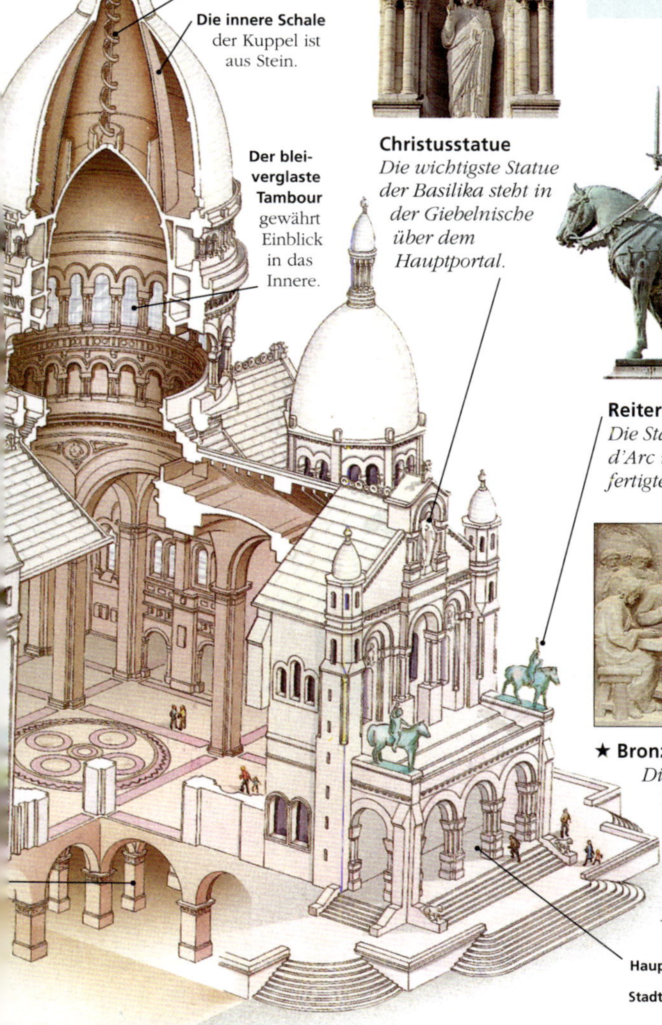

Wendeltreppe

Die innere Schale der Kuppel ist aus Stein.

Der bleiverglaste Tambour gewährt Einblick in das Innere.

Hauptportal

Stadtplan *siehe Seiten 390–423*

Die berühmte Silhouette des Nachtclubs Moulin Rouge

Place des Abbesses ⑨

75018. **Stadtplan** 6 F1. **Karte** K1.
M *Abbesses.*

Einer der malerischsten Plätze von Paris liegt zwischen der Place Pigalle mit ihren Striplokalen und der überlaufenen Place du Tertre. Werfen Sie einen Blick auf die Métro-Station Abbesses mit ihren grünen schmiedeeisernen Bogen und bernsteingelben Lampen. Die vom Architekten Hector Guimard gestaltete Métro-Station ist eine der wenigen originalen im Jugendstil (Art nouveau).

Eingang Métro-Station Abbesses

St-Jean l'Évangéliste de Montmartre ⑩

19, rue des Abbesses, 75018. **Stadtplan** 6 F1. **Karte** K2. *01 46 06 43 96.* M *Abbesses.* *Mo–Sa 9–19 Uhr, So 12–19 Uhr.* *regelmäßig.* *vierter So im Monat, 16 Uhr.*

Die von Anatole de Baudot gestaltete Kirche von 1904 war die erste aus Stahlbeton. Die Blumenmotive auf den Innenwänden und den Pfeilern sind typisch Art nouveau, die Bogen erinnern an islamische Architektur. Die rote Backsteinfassade hat dem Bau den Spitznamen »St-Jean-des-Briques« eingebracht.

Fassadendetail von St-Jean l'Évangéliste

Bateau-Lavoir ⑪

13, pl Émile Goudeau, 75018. **Stadtplan** 6 F1. **Karte** K1. M *Abbesses.* *für Besucher.*

Früher war dieses Mekka der Malerei und Literatur eine Pianofabrik. Der Name rührt von der Ähnlichkeit des Gebäudes mit den Waschbooten, welche die Seine entlangzogen. Zwischen 1890 und 1920 wohnten hier die talentiertesten Künstler ihrer Zeit. Sie lebten in einfachsten Verhältnissen, hatten nur einen tropfenden Wasserhahn und wechselten sich beim Schlafen in den Betten ab. Picasso, van Dongen, Marie Laurencin, Juan Gris und Modigliani sind nur einige der berühmten Bewohner. Hier malte Picasso 1907 sein Bild *Les Demoiselles d'Avignon*, das erste kubistische Gemälde. Das ursprüngliche Gebäude brannte 1970 nieder. Man errichtete eine genaue Nachbildung – mit Ateliers für Nachwuchskünstler.

Moulin Rouge ⑫

82, bd de Clichy, 75018. **Stadtplan** 6 E1. **Karte** J2. *01 53 09 82 82.* M *Blanche.* *Abendessen 19 Uhr, Shows tägl. 21 und 23 Uhr.* *Siehe **Unterhaltung** S. 343f.*
www.moulinrouge.fr

Von dem ursprünglichen Nachtclub, 1885 erbaut und 1900 in eine Tanzhalle umgewandelt, sind nur die roten Windmühlenflügel übrig geblieben. Cancan kommt ursprünglich aus den Polka-Gärten der Rue de la Grande Chaumière in Montparnasse, wird aber stets mit dem Moulin Rouge verbunden bleiben, dessen Tanzshows durch die Plakate von Toulouse-Lautrec unsterblich wurden. Die Darbietungen von Jane Avril oder Yvette Guilbert finden heute ihre Fortsetzung in einer Glitzerrevue mit Magiershow.

Der Tänzer Vaslav Nijinsky

Cimetière de Montmartre ⓭

20, ave Rachel, 75018. **Stadtplan** 2 D5. **Karte** H/J1. 📞 *01 53 42 36 30.* **M** *Place de Clichy, Blanche.* 🕒 *Mo–Fr 8–17.30 Uhr, Sa 8.30–17.30 Uhr, So 9–17.30 Uhr (Sommer: bis 18 Uhr).* ♿

Seit Anfang des 19. Jahrhunderts haben viele Berühmtheiten aus dem Bereich der Kunst ihre letzte Ruhestätte auf dem Friedhof von Montmartre gefunden. Der Komponist Hector Berlioz, Jacques Offenbach, der die bekannte Cancan-Melodie komponierte, der Dichter Heinrich Heine, der russische Tänzer Vaslav Nijinsky und der Filmemacher François Truffaut sind nur einige von ihnen. Hier ist auch die Tänzerin La Goulue (bürgerlicher Name: Louise Weber) begraben. Sie war der Star der Offenbach'schen Cancans und das Modell von Toulouse-Lautrec. Die besondere Stimmung des Friedhofs und die schönen Gräber ziehen viele Besucher an.

Nicht weit entfernt, bei der Place Roland Dorgèles, befindet sich der zweite Friedhof des Montmartre-Viertels, der **Cimetière St-Vincent**, den man leicht übersieht. Hier liegt u.a. der Maler Maurice Utrillo begraben, der viele Gemälde aus dem Viertel Montmartre schuf. Unter den Grabmälern finden sich Prominente wie der Schweizer Komponist Arthur Honegger oder der Schriftsteller Marcel Aymé.

Moulin de la Galette ⓮

Kreuzung Rue Tholoze und Rue Lepic, 75018. **Stadtplan** 2 E5. **Karte** J1. **M** *Lamarck-Caulaincourt, Abbesses.* ● *für Besucher.*

Einst war die Silhouette des Montmartre geprägt von den Flügeln der rund 15 Windmühlen, die Getreide und Trauben verarbeiteten. Nur zwei dieser Mühlen sind übrig geblieben: In der einen, Moulin du Radet, die weiter unten in der Rue Lepic steht, befindet sich heute ein Restaurant, das verwirrenderweise Moulin de la Galette heißt. Die andere, die echte Moulin de la Galette, ist auch als »Blute-fin« bekannt. Sie wurde 1622 erbaut. Es wird berichtet, dass Debray, einer ihrer Besitzer, während der Belagerung von Paris im Jahr 1814 an den Windflügeln gekreuzigt wurde, weil er versucht hatte, die anstürmenden Kosaken zurückzuschlagen. Kurz vor 1900 wurde aus der Mühle eine berühmte Tanzhalle. Sie lieferte vielen Malern, besonders Auguste Renoir und Vincent van Gogh, Anregungen.

Die steile Rue Lepic ist eine belebte Shopping-Meile mit einem reizenden Markt. Im Haus Nr. 54 wohnten die Maler Armand Guillaumin und Vincent van Gogh.

Moulin de la Galette

Sacré-Cœur, Montmartre, Gemälde von Maurice Utrillo

Avenue Junot ⓯

75018. **Stadtplan** 2 E5. **Karte** J/K1. **M** *Lamarck-Caulaincourt.*

In der 1910 angelegten Straße befinden sich viele Ateliers und schöne Wohnhäuser. Nr. 13 hat Mosaiken, die ein früherer Bewohner, der Illustrator Francisque Poulbot, bekannt durch seine Zeichnungen von Straßenkindern, ausgeführt hat. Ihm wird auch die Erfindung eines Bar-Billardspiels zugeschrieben. Nr. 15 ist die Maison Tristan Tzara, benannt nach ihrem früheren Besitzer, einem aus Rumänien stammenden dadaistischen Schriftsteller. Der Architekt Adolf Loos gestaltete sie recht ausgefallen. Die Häusergruppe mit der Nr. 23 ist ein schönes Beispiel für Art déco.

Am Fuße der Treppen der Allée des Brouillards findet sich eine andere architektonische Verrücktheit: das Château des Brouillards aus dem 18. Jahrhundert. Gérard de Nerval, ein Dichter des Symbolismus, wohnte hier.

Abstecher

Viele der großen Schlösser vor den Toren von Paris konnten als Museen vor dem Verfall bewahrt werden – darunter ist Versailles das imposanteste. Sollten Sie mehr der Moderne zugeneigt sein, können Sie Architektur von Le Corbusier besichtigen. Disneyland Resort Paris und Parc de la Villette sind für Kinder wie Erwachsene attraktiv, wobei letzterer vor allem mit seinem Kulturangebot lockt. Wenn Ihnen der Trubel der Stadt auf die Nerven geht, finden Sie idyllische Parks zum Ausruhen.

Sehenswürdigkeiten auf einen Blick

Museen und Sammlungen

Cité Nationale de l'Histoire de l'Immigration 16
Musée des Années 30 31
Musée Cernuschi 4
Musée du Fumeur 12
Musée Gustave Moreau 5
Musée Marmottan Claude Monet 29
Musée Nissim de Camondo 3

Kirchen

Basilique Saint-Denis 7
Cathédrale St-Alexandre-Nevsky 1
Notre-Dame du Travail 23

Gebäude und Straßen

13. Arrondissement 20
Bercy 18
Bibliothèque Nationale de France 19
Château de Malmaison 33
Cité Universitaire 22
La Défense 32
Fondation Le Corbusier 28
Institut Pasteur 24
Rue La Fontaine 27
Versailles S. 248–253 26

Märkte

Marché d'Aligre 15
Marché aux Puces de St-Ouen 6
Portes St-Denis et St-Martin 8

Parks, Gärten und Kanäle

Bois de Boulogne 30
Canal St-Martin 9
Château et Bois de Vincennes 17
Parc André Citroën 25
Parc des Buttes-Chaumont 10
Parc Monceau 2
Parc Montsouris 21

Friedhof

Cimetière du Père Lachaise S. 240f 13

Erlebnisparks

Disneyland Resort Paris S. 242–245 14
Parc de la Villette S. 236–239 11

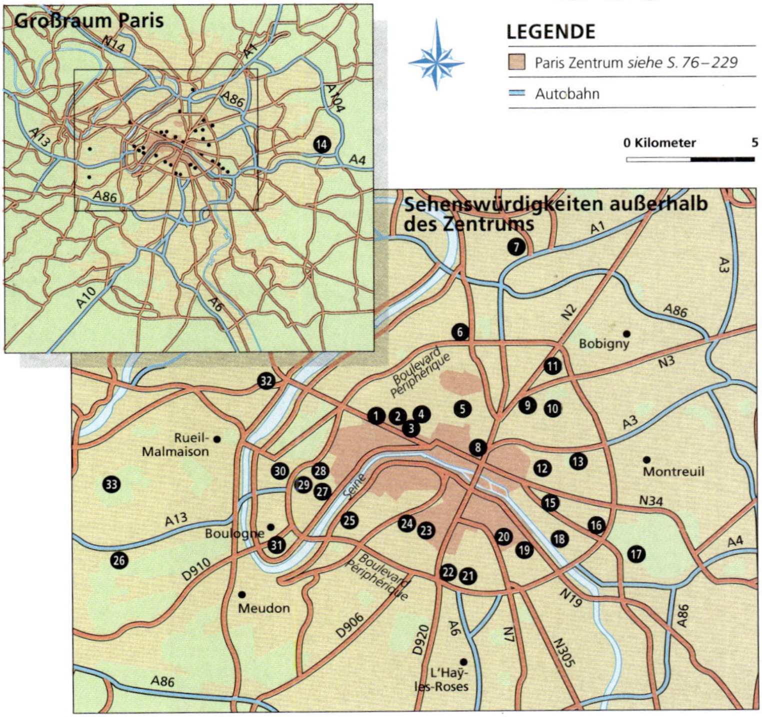

◁ **Künstlich angelegtes Inselidyll im Bois de Boulogne** ***(siehe S. 254f)***

NORDEN

Cathédrale St-Alexandre-Nevsky

Cathédrale St-Alexandre-Nevsky ❶

12, rue Daru, 75008. **Stadtplan** 4 F3. **Karte** E3. *01 42 27 37 34. Courcelles. Di, Fr, So 15–17 Uhr. Sa 18, So 10.30 Uhr.*

Die imposante russisch-orthodoxe Kathedrale mit ihren fünf goldkupfernen Kuppeln weist unübersehbar auf die Existenz einer großen russischen Gemeinde in Paris hin. Die Kirche wurde von der Akademie der Schönen Künste St. Petersburg entworfen und 1861 mit Unterstützung des Zaren fertiggestellt.

Innen teilt eine Ikonostase den Raum in zwei Hälften. Der Grundriss (ein griechisches Kreuz), die prächtigen Mosaiken und die Fresken sind neubyzantinisch, Außenbau und Kuppeln hingegen traditionell russisch-orthodox.

Nach den beiden Russischen Revolutionen 1917 stieg der russische Bevölkerungsanteil in Paris dramatisch an. Die Rue Daru, in der die Kathedrale steht, und ihre Umgebung wurden »Klein-Russland« genannt. Die russischen Schulen, die vielen Tanzinstitute, die Tee- und Buchläden in der Gegend rechtfertigen den Namen noch immer.

Parc Monceau ❷

Bd de Courcelles, 75017. **Stadtplan** 5 A3. **Karte** F2–3. *01 42 27 39 56. Monceau. tägl. 7–20 Uhr (Sommer: bis 22 Uhr). Siehe* ***Acht Spaziergänge*** *S. 258f.*

Die grüne Oase geht zurück auf 1778, als der Herzog von Chartres dem Bühnenbildner und Hobby-Landschaftsarchitekten Louis Carmontelle den Auftrag für einen spektakulären Park erteilte: einen »Garten der Träume«, eine exotische Landschaft voller Verrücktheiten im Stil der damaligen englischen und deutschen Mode. 1783 gestaltete Thomas Blaikie einen weiteren Teil des Gartens ebenfalls nach englischem Vorbild. Am 22. Oktober 1797 wagte André-Jacques Garnerin hier die erste verbürgte Landung mit einem Fallschirm.

Nach wechselnden Besitzern erwarb 1852 die Stadt Paris den Park. Sie überließ die Hälfte des Areals privaten Nutzern. Die verbliebenen neun Hektar wurden zum öffentlichen Park. Der Architekt des Bois de Boulogne und des Bois de Vincennes, Adolphe Alphand, setzte die Anlage instand und errichtete neue Gebäude.

Der Park ist zwar immer noch einer der schönsten der Stadt, hat aber viele Attraktionen verloren. Übrig geblieben ist das von korinthischen Säulen flankierte »Naumachia«-Bassin, ein großes Becken im römischen Stil, in dem früher Seeschlachten nachgespielt wurden. Erwähnenswert sind auch die Renaissance-Arkaden und der von Nicolas Ledoux entworfene Pavillon de Chartres, der einst als Zollhaus diente. Südlich davon steht eine große rote Pagode, in der asiatische Kunst ausgestellt ist.

Musée Nissim de Camondo ❸

63, rue de Monceau, 75008. **Stadtplan** 5 A3. **Karte** F3. *01 53 89 06 50. Monceau, Villiers. Mi–So 10–17.30 Uhr (letzter Einlass 16.30 Uhr). Feiertage.* **www**.lesartsdecoratifs.fr

Der Comte Moïse de Camondo, ein bedeutender jüdischer Geschäftsmann, ließ diese Villa 1914 nach dem Vorbild des Petit Trianon in Versailles *(siehe S. 249)* erbauen, um dort seine seltene Sammlung von Möbeln, Gobelins und Gemälden des 18. Jahrhunderts unterzubringen.

Das Museum gibt das Innere eines Stadthauses wieder, wie es Adlige zu Zeiten von Louis XV und Louis XVI bevorzugten. 1935 übereignete de Camondo die Villa mitsamt Inventar dem französischen Staat – zum Geden-

Kolonnade am »Naumachia«-Bassin im Parc Monceau

ken an seinen im Ersten Weltkrieg gefallenen Sohn Nissim.

Im Museum kann man Savonnerie-Teppiche, Beauvais-Gobelins, Sèvres-Porzellan und andere Kostbarkeiten bestaunen.

Das Musée Nissim de Camondo

Musée Cernuschi ❹

7, ave Velazquez, 75008. **Stadtplan** 5 A3. **Karte** F2. *01 53 96 21 50.* *Villiers, Monceau.* *Di–So 10–18 Uhr.* *Feiertage.*
www.cernuschi.paris.fr

In dem feudalen Haus ist die Privatsammlung spätasiatischer Kunst des aus Mailand stammenden Politikers und Bankiers Enrico Cernuschi (1821–1896) untergebracht. Zu seinem Vermächtnis aus 5000 Lack-, Bronze-, Keramik- und Elfenbeinobjekten kamen im Lauf der Zeit viele weitere Spenden und Ankäufe hinzu. Zu sehen sind z. B. ein Bodhisattva (»Erleuchtungswesen«), die Darstellung eines buddhistischen göttlichen Wesens aus dem 5. Jahrhundert n. Chr., eine *La Tigresse* genannte Bronzevase aus dem 12. Jahrhundert v. Chr. sowie das auf Seide gemalte Bild *Pferde und Stallburschen* (8. Jh. n. Chr, Tang-Dynastie), das Han Kan, dem bedeutendsten Hofmaler jener Periode, zugeschrieben wird.

Bodhisattva im Musée Cernuschi

Musée Gustave Moreau ❺

14, rue de la Rochefoucauld, 75009. **Stadtplan** 6 E3. **Karte** J3. *01 48 74 38 50.* *Trinité.* *Mi–Mo 10–12.45, 14–17.15 Uhr.* *1. Jan, 1. Mai, 25. Dez.*
www.musee-moreau.fr

Der große Maler des Symbolismus, Gustave Moreau (1826–1898), behandelte in seinen fantasievollen Werken biblische und mythologische Sujets. Er hinterließ dem Staat in seinem Stadthaus eine riesige Sammlung von mehr als 1000 Ölbildern und Aquarellen sowie 7000 Zeichnungen. Eines seiner bekanntesten Werke, *Jupiter und Semele*, ist hier zu sehen, aber auch eine umfassende Sammlung unvollendeter Skizzen.

***Engel auf Reisen* von Gustave Moreau im Musée Gustave Moreau**

Marché aux Puces de St-Ouen ❻

Rue des Rosiers, 75018 St-Ouen. **Stadtplan** 2 F2. *Porte de Clignancourt.* *Sa–Mo 9.30–18 Uhr.* *Anmeldung unter 01 40 11 77 36. Siehe auch* ***Märkte*** *S. 339.* **www**.les-puces.com

Der sechs Hektar große Flohmarkt nahe der Porte de Clignancourt ist der älteste und größte von Paris. Im 19. Jahrhundert kamen hier vor der Stadtgrenze reisende Händler und fahrendes Volk zusammen, um ihre Waren anzubieten.

Der Marché aux Puces de St-Ouen ist ein großer Antikmarkt

Seit diesem illustren Beginn hat der Ort Tradition bei Händlern. Noch in den 1920er Jahren gab es hier einen Kunstmarkt, auf dem ein kundiger Fachmann nichts ahnenden Verkäufern billig Meisterwerke abhandeln konnte.

Heute ist der Markt in verschiedene Bereiche aufgeteilt. Bekannt ist er wegen seiner Vielfalt an Möbeln aus der Zeit des Zweiten Reichs (1852–70). Echte Schnäppchen sind rar, doch Tausende suchen danach an den über 2000 Ständen.

Basilique Saint-Denis ❼

1, rue de la Légion d'Honneur, 93200 Saint-Denis. *01 48 09 83 54.* *Saint-Denis-Basilique.* RER *Saint-Denis.* *Apr–Sep: Mo–Sa 10–18.45, So 12–19 Uhr; Okt–März: Mo–Sa 10–17, So 12–17.15 Uhr (letzter Einlass 30 Min. vor Schließung).* *So 8.30, 10 Uhr.*

Zwischen 1137 und 1281 wurde diese Basilika an der Stelle des Grabs von St-Denis erbaut, dem ersten Bischof von Paris, der 250 in Montmartre enthauptet wurde. Seit der Zeit der Merowinger bettete man hier die Herrscher Frankreichs zur letzten Ruhe.

Viele Gräber wurden während der Revolution zerstört, die verbliebenen repräsentieren eine gute Auswahl an Grabkunst, darunter Ruhestätten von Dagobert (gest. 638), François I (gest. 1574), Henri II (gest. 1559), Catherine de Médicis (gest. 1598) sowie Louis XVI und Marie-Antoinette (gest. 1793).

Stadtplan *siehe Seiten 390–423*

Portes St-Denis et St-Martin ❽

Bd St-Denis und Bd St-Martin, 75010. **Stadtplan** 7 B5. **Karte** M4–5. M *Strasbourg-St-Denis.*

Die beiden Tore gewähren Zugang zu den zwei alten Hauptverkehrsstraßen in Nord-Süd-Richtung. Ursprünglich markierten sie den Stadteingang. Die Porte St-Denis wurde 1672 von François Blondel erbaut. François Giradon führte die allegorischen Figuren aus, um an die Siege in Flandern und am Rhein im selben Jahr zu erinnern. Die Porte St-Martin wurde 1674 von Pierre Bullet erbaut. Sie erinnert an die Eroberung von Besançon und die Kämpfe gegen die Allianz aus Spaniern, Deutschen und Niederländern.

Boote im Port de l'Arsenal

OSTEN

Canal St-Martin ❾

Stadtplan 8 E2. **Karte** N/P 3–4. M *Jaurès, J. Bonsergent, Goncourt.* *Siehe* ***Acht Spaziergänge*** *S. 260f.*

Der 1825 eröffnete, fünf Kilometer lange Kanal bietet dem Schiffsverkehr eine Abkürzung der Seine-Schleifen. Schon lange ist der Kanal bei Schriftstellern und Filmleuten, seit einiger Zeit auch bei Besuchern beliebt. Zahlreiche Ausflugsboote (Ablegestelle Port de l'Arsenal) fahren hier entlang. Am Nordende liegen das Bassin de la Villette und die Rotonde de la Villette, die nachts spektakulär beleuchtet ist.

Westseite der Porte St-Denis, des einstigen Stadttors

Parc des Buttes-Chaumont ❿

Rue Manin, 75019 (Haupteingang Rue Armand Carrel). M *Botzaris, Buttes-Chaumont.* *tägl. 7–20.15 Uhr (1. Juni–15. Aug: bis 22.15 Uhr; 16. Aug–30. Sep: bis 21.15 Uhr).* *Siehe* ***Acht Spaziergänge*** *S. 268f.*

Für viele ist dies der angenehmste Park von ganz Paris. Aus einer ehemaligen Hinrichtungsstätte gestaltete Präfekt Haussmann in den 1860er Jahren den Hügel. Er arbeitete mit Adolphe Alphand zusammen, der für das Verschönerungsprogramm verantwortlich war und die Pariser Avenuen mit Fußgängerwegen, Bänken und Laternen versah. Der Ingenieur Darcel und der Landschaftsgärtner Barillet-Deschamps waren gleichzeitig mit dem Ausbau des Parks beschäftigt. Sie schufen einen See, eine Insel mit Felsen, setzten einen römischen Tempel darauf und legten einen Wasserfall, Bäche und Brücken an, die zu der Insel führen. Heute hat man hier auch Gelegenheit, Boot zu fahren und auf einem Esel zu reiten.

Parc de la Villette ⓫

Siehe S. 236–239.

Musée du Fumeur ⓬

5, rue Pache, 75011. *01 46 59 05 51.* M *Voltaire.* *Di–Sa 12.30–19 Uhr.* *1.–7. Jan, 1. Mai, 1.–21. Aug, 25. Dez.*
www.museedufumeur.net

Während immer mehr Orte – auch in Paris – rauchfrei werden, widmet sich dieses Museum der Geschichte des Tabaks und des Rauchens. Zu den Exponaten gehören Raucherutensilien aus aller Welt, darunter sind Tonpfeifen aus dem 17. Jahr-

Parc des Buttes-Chaumont

hundert und seltene Schnupftabakdosen. Kunswerke und Fotos zum Thema Rauchen und Raucher runden das Bild ab. In der Bibliothek findet man Artikel über den blauen Dunst, Filme veranschaulichen den Tabakanbau und die Produktion von Zigarren.

Cimetière du Père Lachaise ⓭

Siehe S. 240f.

Disneyland Resort Paris ⓮

Siehe S. 242–245.

Marché d'Aligre ⓯

Place d'Aligre, 75012. **Stadtplan** 14 F5. **Karte** Q8. *Ledru-Rollin.* *Di–Sa 9–13, 16–19.30 Uhr, So 9–13.30 Uhr. Siehe auch* **Märkte** *S. 338.*

Am Sonntagmorgen bietet der Markt einen der farbenprächtigsten Anblicke der Stadt. Französische, arabische und afrikanische Händler preisen Obst, Gemüse, Blumen und Kleider an. Der benachbarte überdachte Markt Beauveau St-Antoine verkauft Fleisch, Käse und Pasteten.

Aligre liegt im Schnittpunkt des alten und neuen Paris. Hier mischen sich die älteren Bewohner des Handwerkerviertels mit jungen Leuten, die durch die Aufwertung des nahen Bastille-Viertels *(siehe S. 98)* angezogen werden.

Cité Nationale de l'Histoire de l'Immigration ⓰

Palais de la Porte Dorée, 293, ave Daumesnil, 75012. *01 53 59 58 60.* *Porte Dorée.* *Di–Fr 10–17.30, Sa, So 10–19 Uhr.* *eingeschr.* **www**.histoire-immigration.fr

Das Museum ist in einem für die Kolonialausstellung 1931 von den Architekten Albert Laprade und Léon Jaussely entworfenen Art-déco-Gebäude untergebracht, dem Palais de la Porte Dorée. Ein Fries von Alfred Janniot an der Fassade zeigt die Beiträge der Überseekolonien.

Bis 2003 war hier das Musée National des Arts d'Afrique et d'Océanie zu Hause, dessen Bestände seit 2006 im Musée du Quai Branley *(siehe S. 192f)* zu sehen sind.

Die 2007 eröffnete Cité Nationale de l'Histoire de l'Immigration ist Museum und Kulturzentrum zugleich. Hier kann man Ausstellungen zum Thema Immigration, aber auch Theateraufführungen und Filme sehen. Interessant am Gebäude sind die Halle d'Honneur aus den 1930er Jahren und die Salle des Fêtes.

Im Kellergeschoss befinden sich seit dem Bau des Palais ein tropisches Aquarium mit vielen bunten Fischen sowie Terrarien mit Schildkröten und Krokodilen.

Reliefdetail, Fassade der Cité Nationale de l'Histoire de l'Immigration

Das frisch renovierte Château de Vincennes

Château et Bois de Vincennes ⓱

Château de Vincennes. RER *Vincennes.* **Château** Ave de Paris, 94300 Vincennes. *01 48 08 31 20.* *tägl. 10–17 Uhr (Mai–Aug: bis 18 Uhr).* *Feiertage.* *Zeiten tel. erfragen.* **Bois de Vincennes** *tägl. Sonnenauf- bis -untergang.* **www**.chateau-vincennes.fr

Das von Wehrmauern und einem Graben umgebene Château de Vincennes war einst königliche Residenz. Hier starb 1422 Henry V von England. Sein Leichnam wurde angeblich in der Küche konserviert, um ihn für die Verschiffung nach England zu präparieren. Nachdem Versailles fertig war, verkam das Château de Vincennes. Napoléon gab ihm 1840 seine Bestimmung als Waffenlager.

Der Wehrturm (14. Jh.) ist das höchste militärische Bauwerk Europas. Hier ist heute das Schlossmuseum untergebracht. Sehenswert ist auch die gotische Kapelle (um 1550) mit Rosettenfenstern. Zwei Pavillons (17. Jh.) beherbergen ein Museum für militärische Abzeichen.

Der Forst von Vincennes war einst königlicher Jagdgrund. 1860 überließ ihn Napoléon III der Stadt Paris. Baron Haussmanns Landschaftsarchitekt versah das Gelände mit Teichen und Kaskaden. Eine Hauptattraktion für Pariser ist der größte Jahrmarkt Frankreichs, der in der Regel von Palmsonntag bis Ende Mai hier stattfindet.

Parc de la Villette ⓫

Das Areal des alten Schlachthofs und des Viehmarkts von Paris wurde in einen 55 Hektar großen Stadtpark verwandelt, den Bernard Tschumi entwarf. Geplant war, die traditionelle Rolle der Parks als Ort der Begegnung wiederzubeleben und das Interesse für Kunst und Wissenschaft zu wecken. 1984 wurde mit der Umgestaltung begonnen. Inzwischen gibt es ein großes wissenschaftliches Museum, eine Halle für Konzerte, einen Ausstellungspavillon, ein Kino, einen Zirkus und ein Musikzentrum – alles eingebettet in einen Park. Im Sommer kann man hier Open-Air-Kino sehen.

Les Folies
Solche roten Würfel sind überall im Park aufgestellt und beherbergen u. a. ein Café und eine Kinderwerkstatt.

Kinderspielplatz
Sandgruben und Spielgeräte in einer Art Irrgarten machen den Spielplatz zu einem Kinderparadies.

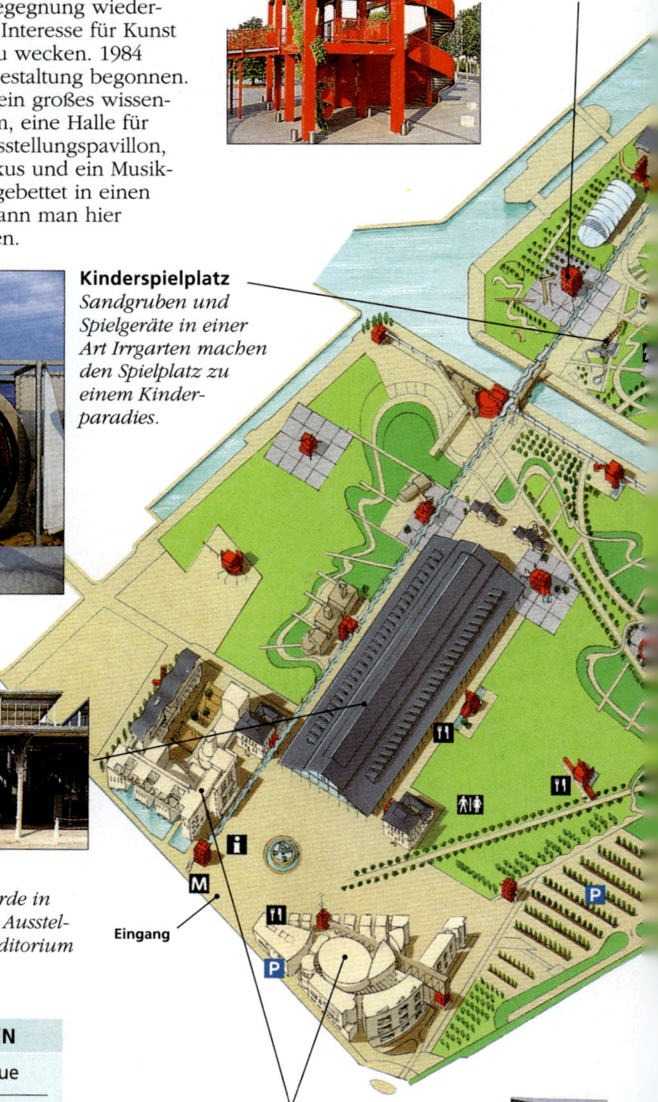

★ Grande Halle
Die alte Viehhalle wurde in einen veränderbaren Ausstellungskomplex mit Auditorium verwandelt.

NICHT VERSÄUMEN

- ★ Cité de la Musique
- ★ Cité des Sciences et de l'Industrie
- ★ Grande Halle
- ★ Théâtre Zénith

★ Cité de la Musique
In dem eigenwilligen Komplex befinden sich Konservatorium, Konzerthalle, Bücherei, Studios und Museum.

In der Maison de la Villette finden Ausstellungen und Shows statt.

Eingang

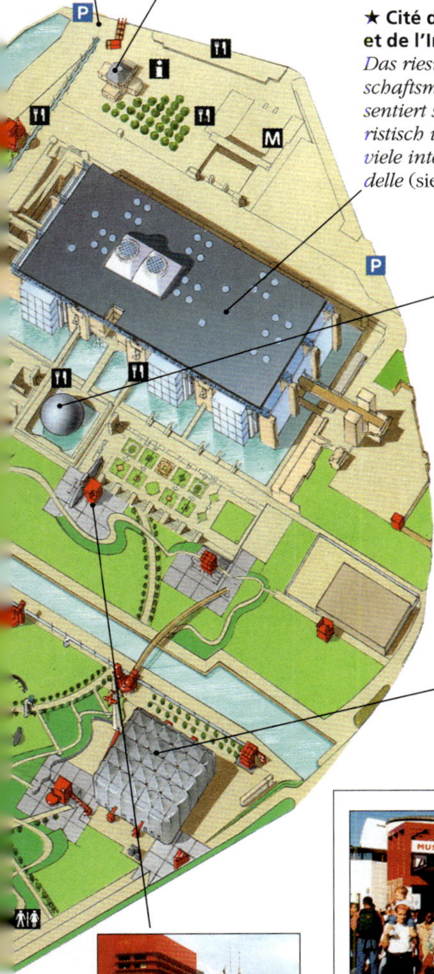

★ Cité des Sciences et de l'Industrie
Das riesige Wissenschaftsmuseum präsentiert sich futuristisch und bietet viele interaktive Modelle (siehe S. 238f).

La Géode
Die gigantische 180-Grad-Leinwand des Kinos kombiniert visuelle und akustische Effekte, um z.B. eine Reise durch den Weltraum authentisch zu vermitteln.

★ Théâtre Zénith
Der große Konzertsaal wurde als Veranstaltungsort für Popkonzerte errichtet. Er bietet über 6000 Besuchern Platz.

L'Argonaute
Hier gibt es ein U-Boot aus den 1950er Jahren und ein Schifffahrtsmuseum zu sehen.

Musiker aus Guadeloupe spielen vor der Cité de la Musique

Le Musée de la Musique

Das Museum besitzt eine Sammlung von über 4500 Instrumenten, Objekten, Apparaten und Kunstwerken, die die Musikgeschichte seit der Renaissance illustrieren. Die ständige Ausstellung umfasst über 900 Exponate und ist chronologisch angeordnet. Audio-Führer geben Orientierung.

Cité des Sciences et de l'Industrie

Junge Besucherin in La Villette

Das populäre Museum für Wissenschaft und Technik liegt im größten der einstigen Schlachthöfe von La Villette. Die Halle ist 40 Meter hoch und erstreckt sich über drei Hektar. Der Architekt Adrien Fainsilber schuf ein anregendes Zusammenspiel zwischen dem Gebäude und den Naturelementen: Der Bau wird von Wasser umgeben, die Pflanzenwelt dringt durch das Gewächshaus herein, und durch die Kuppeln flutet das Licht. Herzstück des Museums ist die Explora-Ausstellung auf den Ebenen 1 und 2. Hier erweitern multimediale Exponate unser Verständnis von Technik, Weltraum, Ozean und Erde. Man kann spielerisch etwas über Licht, Klang und Raum erfahren.

Planétarium
Im Saal mit 260 Plätzen kann man dank neuester »Allsky«-Technik eine simulierte Sonnenfinsternis erleben oder über den Mars fliegen.

Nautile
Die detailgenaue Nachbildung des französischen Forschungs-U-Boots Nautile *zeigt, wie sich die Technik zu Erforschung der Meere weiterentwickelt hat.*

★ Ariane
In dieser faszinierenden Ausstellung erfährt man, wie der Alltag im Weltall abläuft. Gezeigt wird ein Modell der europäischen Trägerrakete Ariane.

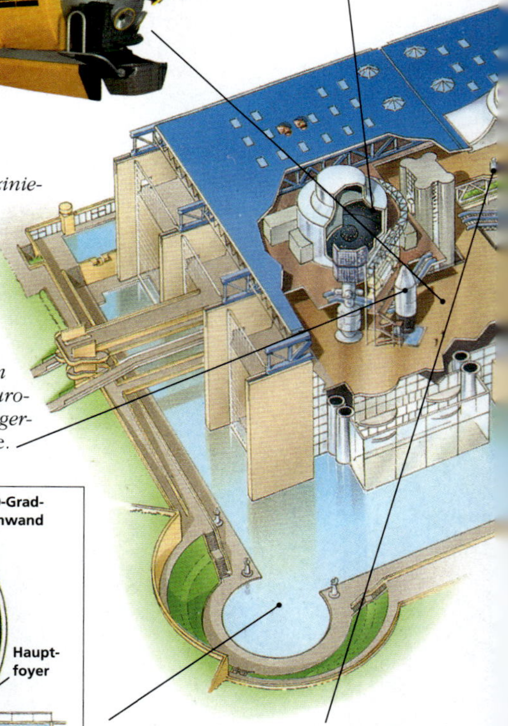

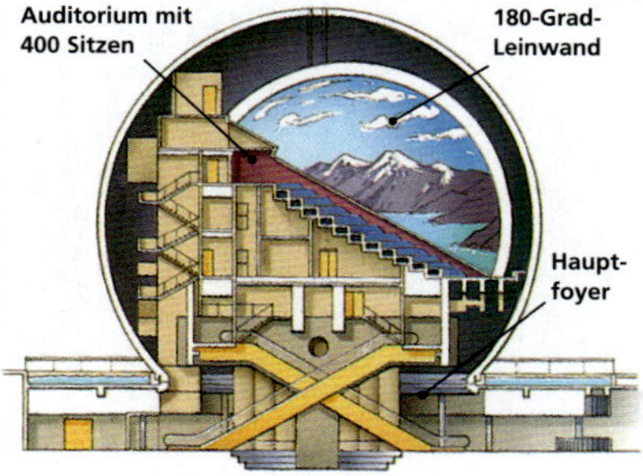

★ La Géode
Die gigantische Unterhaltungskugel (Ø 36 m) wird von 6500 Stahldreiecken umfasst. Auf der Leinwand laufen Imax- und 3-D-Filme. Kein Zutritt für Schwangere über dem sechsten Monat.

Der Wassergraben wurde 13 Meter unter Niveau angelegt, sodass Tageslicht in die unteren Ebenen des Baus dringen kann. Die Spiegelung im Wasser steigert das wuchtige Erscheinungsbild des Gebäudes.

Die Haupthalle, eine hoch aufragende Konstruktion aus Schächten, Brücken und Balkonen, schafft eine Atmosphäre wie in einer Kathedrale.

NICHT VERSÄUMEN

★ Ariane

★ Cité des Enfants

★ La Géode

INFOBOX

30, ave Corentin-Cariou, 75019. 01 40 05 80 00. M Porte de la Villette. 75, 139, 150, 152, 249, PC. P Quai de la Charente. Di–Sa 10–18, So 10–19 Uhr. ***Shows, Filme, Videos, Konferenzzentrum, Bibliothek***. www.cite-sciences.fr

Kuppeln
Zwei Glaskuppeln mit je 17 Metern Durchmesser filtern das Sonnenlicht, das in die Haupthalle dringt.

Das Gewächshaus
ist 32 Meter hoch und breit. Es schafft eine Verbindung zwischen Gebäude und Park.

Mirage
Ein Modell des französischen Kampfflugzeugs Mirage *in Originalgröße ist eines der Exponate.*

Zu La Géode

Fußgängerbrücken
Stege führen über den Wassergraben und verbinden die Ebenen des Museums mit La Géode und dem Park.

★ Cité des Enfants
In der weitläufigen »Kinderstadt« dürfen Kinder von drei bis fünf Jahren spielerisch ihre Umwelt erkunden. Kids von fünf bis zwölf Jahren können experimentieren und sich dabei mit Naturwissenschaften und Technik vertraut machen.

Cimetière du Père Lachaise ⓭

Der berühmteste Friedhof von Paris liegt auf einem bewaldeten Hügel, der einen Blick über die Stadt gewährt. Das Areal gehörte einst Père de la Chaise, dem Beichtvater von Louis XIV. 1803 wurde es auf Befehl von Napoléon gekauft, um einen neuen Friedhof anlegen zu können. Dieser wurde bei der Pariser Bourgeoisie so beliebt, dass er im 20. Jahrhundert sechsmal erweitert werden musste. Berühmtheiten wie der Schriftsteller Honoré de Balzac und der Komponist Frédéric Chopin wurden hier beigesetzt sowie, in jüngerer Zeit, der Sänger Jim Morrison und das Schauspielerpaar Yves Montand und Simone Signoret.

Die Urnenhalle (um 1900) birgt die Asche der amerikanischen Tänzerin Isadora Duncan und vieler anderer Prominenter.

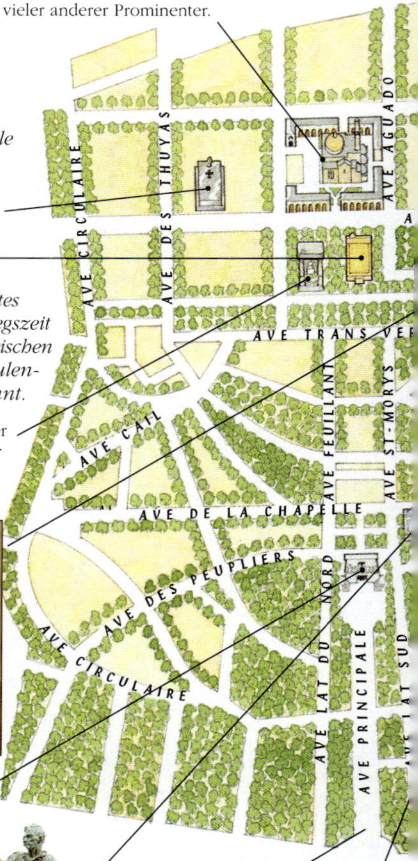

Marcel Proust
Proust porträtierte die Belle Époque in seinem weltberühmten Roman À la recherche du temps perdu.

★ Simone Signoret und Yves Montand
Frankreichs berühmtestes Filmpaar der Nachkriegszeit war wegen seiner politischen Einstellung und turbulenten Beziehung bekannt.

Allan Kardec war im 19. Jahrhundert der Begründer einer Sekte, die noch immer eine große Anhängerschaft hat. Sein Grab ist stets mit Blumen geschmückt.

Sarah Bernhardt
Die französische Schauspielerin galt als beste Bühnendarstellerin ihrer Zeit. Sie starb 1923 im Alter von 78 Jahren.

Das Monument aux Morts von Paul-Albert Bartholomé, eine der schönsten Skulpturen des Friedhofs, kann man in der Hauptallee nicht übersehen.

Eingang

Frédéric Chopin, der polnische Komponist, gehörte zur Generation der französischen Romantiker.

NICHT VERSÄUMEN

- ★ Edith Piaf
- ★ Jim Morrison
- ★ Oscar Wilde
- ★ Simone Signoret und Yves Montand

Théodore Géricault
Das Grab des französischen Malers der Romantik schmückt sein Meisterwerk Das Floß der Medusa *(siehe S. 124).*

★ Oscar Wilde
Der aus dem puritanischen England vertriebene irische Dramatiker starb 1900, alkoholkrank und zerstört, in Paris. Jacob Epstein hat das Grabmal geschaffen.

Die sterblichen Überreste von Molière, dem Komödiendichter des 17. Jahrhunderts, wurden 1817 hierher überführt.

INFOBOX

16, rue du Repos. 📞 *01 55 25 82 10.* Ⓜ *Père Lachaise, Alexandre Dumas.* 🚌 *60, 69, 26 bis Pl Gambetta.* 🅿 *Pl Gambetta.* 🕒 *Mo–Fr 8–17.30, Sa 8.30–17.30, So 9–17.30 Uhr (Mitte März–Anfang Nov: bis 18 Uhr).* 📷 ♿

Mur de Fédérés heißt die Mauer, an der 1871 die letzten Kommune-Aufständischen von der Armee erschossen wurden. Heute ist hier eine Pilgerstätte für Anhänger der Linken.

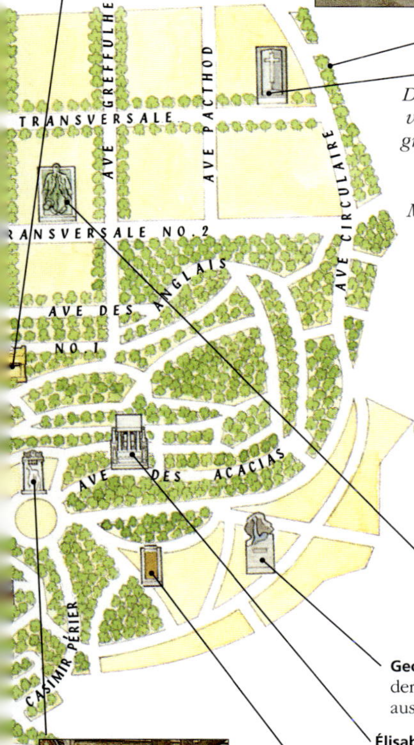

★ Edith Piaf
Die Piaf, der »Spatz von Paris«, war die größte französische Chansonette des 20. Jahrhunderts. Mit ihrer typischen Stimme besang sie Liebe und Liebesleid im Pariser Alltag.

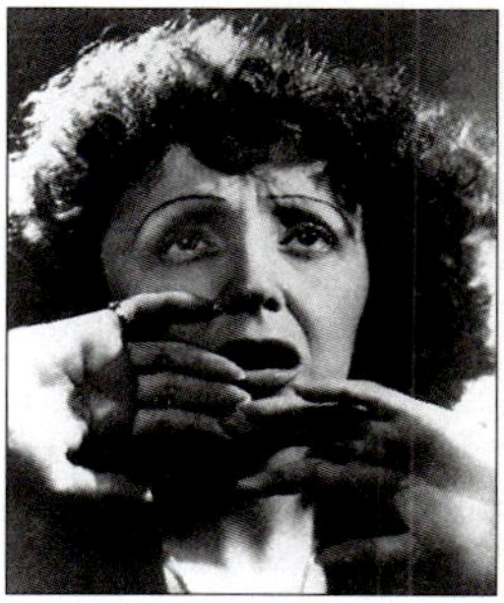

Victor Noir
Der lebensgroßen Statue des Journalisten aus dem 19. Jahrhundert werden übersinnliche Kräfte nachgesagt.

George Rodenbach, ein Dichter des 19. Jahrhunderts, ist dargestellt, wie er sich – eine Rose in der ausgestreckten Hand – aus seinem Grab erhebt.

Élisabeth Demidoff, eine russische Prinzessin, die 1818 starb, wird durch einen dreistöckigen klassischen Tempel von Quaglia geehrt.

★ Jim Morrison
Noch immer sind die Todesumstände des 1971 in Paris gestorbenen Lead-Sängers der Doors ungeklärt.

François Raspail
Das Grabmal des Revolutionärs der Jahre 1830 und 1840 hat die Form einer Gefängniszelle.

Disneyland Resort Paris ⓮

Disneyland Resort Paris ist eine riesige Anlage auf insgesamt 5000 Hektar Fläche und besteht aus zwei Themenparks, sieben Hotels, von denen einige Swimmingpools haben, einem Shopping-, Restaurant- und Unterhaltungsbereich, einer Eislaufbahn, mehreren Seen, zwei Kongresszentren und einem Golfplatz. Nur eine Bahnstation weiter liegen Val d'Europe, ein großes Einkaufszentrum, in dem Sie mehr als 180 Outlets – darunter allein 60 Discount-Läden – finden, sowie das beliebte Sea World Center.

Wer einmal dem Alltag entfliehen möchte, ist in dieser pulsierenden Welt aus rasanten Achterbahnen und phänomenalen Lichteffekten genau richtig.

Das Schloss der Herzkönigin überragt das Labyrinth von Alice

Parks

Disneyland Resort Paris besteht aus dem Disneyland Park und dem Walt Disney Studios Park. Der Disneyland Park basiert auf dem kalifornischen Magic Kingdom und bietet über 40 Fahrbetriebe. Im Walt Disney Studios Park erklären interaktive Exponate die technischen Kniffe der Film- und TV-Industrie. Infos unter **www**.disneylandparis.com oder Tel. 08 25 30 60 30.

Anfahrt

Mit dem Auto
Disneyland Resort Paris liegt 32 Kilometer östlich von Paris und hat eine eigene Autobahnausfahrt (Nr. 14) von der A4 aus Richtung Paris bzw. Strasbourg. Folgen Sie der Beschilderung nach Marne-la-Vallée (Val d'Europe), bis Sie die Disneyland-Schilder sehen. Die Davy Crockett Ranch erreichen Sie über die Ausfahrt Nr. 13.

Mit dem Flugzeug
Vom Flughafen Paris Orly und von Charles de Gaulle verkehren im 30-Minuten-Takt (45 Minuten in der Nebensaison) Shuttle-Busse (VEA) nach Disneyland. Der Fahrpreis beträgt ca. 13–17 Euro.

Mit dem Zug
Sowohl der RER A (Station: Marne-la-Vallée) als auch der TGV fahren von Paris direkt zu den Parks.

Gastronomie

Im Park gibt es ein breites Angebot. **Au Chalet de la Marionette** im Fantasyland ist bei Kindern ebenso beliebt (und um 15 Uhr eher leer) wie der **Cowboy Cookout Barbecue** im Frontierland, wo es meist etwas voller ist. Ein Besuch bei **Colonel Hathi's Pizza Outpost** im Adventureland lohnt sich schon allein wegen der im Kolonialstil gehaltenen Ausstattung. Im **Café Hyperion – Videopolis** im Discoveryland bekommen Sie gutes Essen gepaart mit guter Unterhaltung. Etwas teurer als die Fast-Food-Lokale sind die Restaurants, aber eine Mahlzeit im **Blue Lagoon Restaurant** im Adventureland ist unvergesslich. Sie nehmen dort Ihre Mahlzeit auf einer Pirateninsel ein, während karibische Piratenboote an Ihnen vorbeiziehen. Auch **Walt's** in der Main Street, USA, ist ein exzellentes Restaurant, wenngleich etwas teurer. Wenn Sie Glück haben und einen Fensterplatz ergattern, können Sie die Nachmittagsparade bequem von dort verfolgen. In **Annette's Diner** im Disney Village werden Sie von Bedienungen auf Rollschuhen zur Musik der 1950er Jahre bedient. Des Weiteren sind das **Planet Hollywood** und das **Rainforest Cafe** zu empfehlen. Bayerisches wird in **King Ludwig's Castle** serviert. Natürlich ist auch **McDonald's** mit von der Partie. Die Preise der Hotelrestaurants steigen, je näher sie am Park liegen.

Parken

Für Besucher, die mit dem Auto anreisen, stehen über 12 000 Parkplätze zur Verfügung. Über ein Laufband gelangen Sie schnell und bequem zum Eingang. Die Parkgebühr beträgt 15 Euro pro Tag und Auto und 20 Euro für Wohnmobile und Busse. Für Gäste der Disneyland Paris Hotels stehen kostenlose Parkplätze zur Verfügung, die Hotels Disneyland und New York bieten einen Parkservice.

Öffnungszeiten

Zur Hauptsaison sind die Parks meist ab 9 Uhr, ansonsten ab 10 Uhr offen. Disneyland Park schließt um 23 Uhr in der Haupt-, um 20 Uhr in der Nebensaison. Walt Disney Studios Park schließt in der Hauptsaison um 20 Uhr, sonst um 18 Uhr. Die Öffnungszeiten werden für Ereignisse wie Halloween mitunter verlängert.

Beste Zeit

Die meisten Besucher kommen zwischen Weihnachten und Neujahr bzw. von Mitte Februar bis Anfang April, von Juli bis Anfang September und Mitte Oktober. Dienstags und mittwochs herrscht etwas weniger Trubel als an anderen Tagen.

Aufenthaltsdauer

Wenn Sie alle Attraktionen von Disneyland Resort Paris erleben möchten, müssen Sie drei bis vier Tage einplanen. Zwar gibt es durch beide Parks auch eintägige Touren, doch wer zusätzlich Buffalo Bill's Wild West Show oder einen Nachtclub besuchen möchte, benötigt sicherlich vier Tage. Mit dem RER-Zug erreicht man den Park von Paris in 35 Minuten, doch viele übernachten in einem Disney Hotel. Es gibt Pakete mit Fahrt und Eintritt oder Übernachtung und Eintritt, zudem eine Vielzahl von All-inclusive-Angeboten.

Tickets

Tickets können Sie vor der Reise online, in Disney Stores oder bei der Ankunft im Park kaufen. Bei Letzterem müssen Sie mit Wartezeit rechnen. Es gibt Karten für einen, zwei oder drei Tage, die Preise variieren je nach Saison. Das »Hopper«-Ticket gewährt an einem Tag Eintritt in beide Parks. RATP bietet Kombitickets für die Fahrt mit dem RER-Zug plus Eintritt an. Im Park erlaubt der »Fast Pass« Fahrten mit bestimmten Attraktionen – zu festgelegten Zeiten ohne Schlangestehen.

In Disneyland unterwegs

Zwischen den Parks und den Hotels (außer Davy Crockett Ranch) verkehren Busse im 30-Minuten-Takt. Im Sommer können Sie sich in offenen Bussen von den drei Hotels an den Seen zum Disney Village fahren lassen. Wenn Sie in einem der integrierten Hotels übernachten, können Sie auch zu Fuß zum Parkeingang gehen.

Das Dornröschenschloss ist das Herzstück des Parks

Hotels

Sechs Hotels befinden sich auf dem Gelände von Disneyland Paris, eines zwei Kilometer außerhalb in einem Waldgebiet. Die besten Hotels liegen in der Nähe der Parks.

Hotel Santa Fe: Einfach, klein und relativ günstig. Das einzige Hotel, bei dem Sie direkt vor dem Zimmer parken können.

Hotel Cheyenne: Wildwest-Hotel, ca. 15 Gehminuten vom Park entfernt, mit kleinen Zimmern (Stockbetten für Kinder) und einem Indianerspielplatz. Günstig und ein Erlebnis für Kinder.

Sequoia Lodge: Eine »Jagdhütte« am See; über 1000 Gästezimmer zu moderaten Preisen. Verlangen Sie wegen des guten Blicks ein Zimmer im Haupthaus.

Newport Bay Club: Riesiges Hotel am See, ganz mit Wassermotiven dekoriert. Trotz der moderaten Preise verfügt dieses Hotel über ein Kongresszentrum, einen herrlichen Swimmingpool und viele Zusatzangebote.

Hotel New York: Exklusiveres und teures Business-Class-Hotel mit einem Kongresszentrum. Von Oktober bis März ist die Eislaufbahn geöffnet.

Disneyland Hotel: Das Kronjuwel – teuer, aber dafür direkt am Disneyland-Eingang und voller kleiner Überraschungen wie z.B. Standuhren. Der Castle Club ist ein 50 Zimmer großes Hotel im Hotel. Wer es sich leisten kann, darf sich dort ungehemmtem Genuss hingeben.

Davy Crockett Ranch: An einem Waldweg stehen Hütten für vier bis sechs Personen – eine gute Wahl für Familien. Es gibt auch Zeltplätze. Man findet sehr gute Einrichtungen vor, der Pool zählt zu den besten in Disneyland Resort Paris.

Bezahlung

Kreditkarten werden überall im Resort akzeptiert. Gleich neben dem Parkeingang und an den Hotelrezeptionen stehen außerdem Geldautomaten und Wechselstuben zur Verfügung.

Behinderte Besucher

In der City Hall am Eingang von Disneyland Paris finden Sie eine Broschüre, die Informationen für behinderte Besucher enthält. Außerdem können Sie über die Website kostenlos Informationen bestellen. Die Anlage wurde möglichst behindertengerecht entworfen. Rollstühle kann man mieten, allerdings dürfen Schauspieler nicht beim Heben von Personen mit eingeschränkter Bewegungsfreiheit oder beim Schieben von Rollstühlen behilflich sein.

Unterkunft in einem Disney Hotel

In der Anlage selbst stehen Hotelzimmer in verschiedenen Preiskategorien zur Verfügung, wobei die in der Nähe der Parks gelegenen Hotels generell teurer sind. Allerdings sind hier die kurzen Anfahrtswege von Vorteil. An bestimmten Tagen erhalten Hotelgäste schon vor den offiziellen Öffnungszeiten Einlass in den Park.

Wenn Sie in einem Disney Hotel übernachten, erhalten Sie einen Hotelausweis, den Sie zum Bezahlen im Park (Abrechnung über die Hotelrechnung) nutzen können. Außerdem berechtigt er Sie zum vorzeitigen Einlass in den Park (vor den Tagesgästen). Kinder lieben den Aufenthalt in einem Disney Hotel besonders, weil sie die Chance haben, mit ihren Lieblingsstars zu frühstücken.

Der historische Goldminenzug am Big Thunder Mountain

Disneyland Resort Paris: Attraktionen

Disneyland Resort umfasst zwei große Unterhaltungsbereiche, Disneyland Park und Walt Disney Studios Park. Ersterer beschwört – à la Hollywood – eine vergangene Zeit oder einen sagenumwobenen Ort herauf, in Letzterem begegnen Sie der fortschrittlichen Welt von Film, Fernsehen und Animation. Das Resort bietet zahllose Attraktionen und Paraden mit einer Vielzahl von Themen aus der »Wonderful World Of Disney«.

Disneyland Park

Main Street, USA

Die Main Street verkörpert das Musterbild einer amerikanischen Kleinstadt. Das Straßenbild wird geprägt von pferdegezogenen Schienenbahnen und anderen alten Transportmitteln, die zwischen Town Square und Central Plaza verkehren. Hinter den viktorianischen Fassaden verbergen sich Läden: Das Emporium bietet Souvenirs, etwas weiter können Sie sich bei Casey's Corner stärken oder den Verlockungen von Cookie Kitchen oder Cable Car Bake Shop erliegen. Der Weg zur Central Plaza wird gesäumt von den Discovery- und Liberty-Arkaden, sodass Sie überdacht vorbei an Ausstellungen und Verkaufsständen flanieren können.

Nachts wird die Main Street von Tausenden Lichtern hell erleuchtet. Disney's Fantillusion, ein glitzernder Zug mit Musik, Straßenakrobatik und beleuchteten Wagen, startet am Town Square. In der Main Street – und bis 12 Uhr nur hier – können Sie die alte Dampflok aus dem 19. Jahrhundert besteigen.

Frontierland

Diese Hommage an Amerikas Wilden Westen hat einige der beliebtesten Attraktionen. Die Achterbahn *Big Thunder Mountain* wird ergänzt durch das *Thunder River Boat*, auf dem Sie mit Musikbegleitung an Naturwundern Amerikas vorbeiziehen. *Phantom Manor* ist eine Geisterbahn mit sehr realistischen Spezialeffekten. Bei den Kleinen besonders beliebt sind das *Pocahontas Indian Village* und die *Legends of the Wild West*.

Adventureland

Wilde Fahrten und Audio-Animatronics™ erwarten Sie im Abenteuerland. Rasen Sie mit Indiana Jones™ durch die Minengänge im Tempel des Todes. Diese Achterbahn mit ihren Fackeln, steilen Gefällen und Loopings ist spektakulär. Oder begleiten Sie die *Pirates of the Caribbean* auf der Fahrt durch feuchte Verliese, vorbei an Galeonen aus dem 16. Jahrhundert. Wer sich wie der schiffbrüchige Robinson fühlen will *(La Cabane des Robinsons)*, muss zunächst auf einen 27 Meter hohen Baum. Von hier überblickt man den Rest der Insel, z. B. Ben Gunns Höhle aus der *Schatzinsel* und die Hängebrücke von *Spyglass Hill*. Kinder lieben die Spielplätze *Pirates' Beach* und *Aladdin's Enchanted Passage*.

Fantasyland

Die Gebäude im Fantasyland basieren auf Märchen-Trickfilmen. Viele Attraktionen üben auf Kinder große Anziehungskraft aus, z. B. *Schneewittchen und die sieben Zwerge* oder *Pinocchio's Fantastic Journey*. Die ganz Kleinen lieben *Dumbo, den fliegenden Elefanten* sowie *Peter Pan's Flight* mit einem fantasievollen Flug über London, aber auch das Labyrinth von *Alice im Wunderland*.

Jede Stunde findet die Musikparade mit den Glockenspiel-Figuren von *It's a Small World* statt. Besteigen Sie ein Boot, und lassen Sie sich durch die animierte Welt treiben. Eine andere Bootsfahrt bringt Sie durchs Märchenland, an Bord des Zugs *Casey Jr* können Sie das Ganze überblicken.

Discoveryland

Science-Fiction und die Zukunft sind hier das Thema. Die Achterbahn *Space Mountain* mit ihren atemberaubenden Loopings hat viele Fans, gegen Abend verkürzen sich die Warteschlangen. Tauchen Sie mit der *Nautilus* ab in eine Welt, die 20000 Meilen unter dem Meer liegt. In *Autopia* können Kinder ihre Fähigkeiten als Rennfahrer unter Beweis stellen und im beliebten *Orbitron* die Welt der Raumfahrt erleben. Bei *Star Tours* sind Sie Passagier an Bord einer Sternenflotte. In *Buzz Lightyear Laser Blast*, der Welt des Spielzeugs, können Sie Emperor Zurgs elektronische Armee abschießen.

Die besten Shows sehen Sie in *Videopolis*. *Honey, I Shrunk the Audience* ist ein Meisterwerk der Spezialeffekte.

Walt Disney Studios Park

Front Lot

Hinter den gigantischen Studiotoren entdeckt man gleich Mickey Mouse als Zauberlehrling wie im Film *Fantasia* (1940). Ebenso wenig zu übersehen ist der *Earful Tower*, der dem Wasserturm in den kalifornischen Disney Studios nachempfunden ist. Disney Studio 1 enthält eine komplette Filmkulissenstraße. Besucher spazieren zwischen den Fassaden und können u. a. den Club Swankedero im Stil der 1930er Jahre, die Tropenbar Liki Tiki oder den ultracoolen Hep Cat Club entdecken.

Toon Studio

Der riesige Zauberhut aus *Fantasia* markiert den Eingang zu *Art of Disney Animation*, wo man interaktiv die Geschichte des Trickfilms verfolgen kann. *Animagique* ist eine Show mit Highlight-Szenen aus Disney-Filmen. In *Flying Carpets Over Agrabah* durchqueren Sie auf einem Fliegenden Teppich die Kulissen des Fantasy-Streifens. In die Unterwasserwelt von Nemo tauchen Sie mit dem *Crushes Coaster* direkt zu den Haien und den reißenden Strömungen. Das 2010 eröffnete *Toy Story Playland* führt die Besucher durch überlebensgroße Kulissen und zu Abenteuern in luftiger Höhe.

Production Courtyard

Achtung Aufnahme! In den Walt Disney Television Studios dürfen Sie hinter die Kulissen von TV-Produktionen blicken. Das neue *Ciné-Magique* ist ein Muss für jeden Kinofan, denn hier werden 100 Jahre Filmgeschichte präsentiert. Die *Studio Tram Tour* bringt Ihnen die Welt des Films näher. Neueste Attraktionen sind *Stitch Live* und *Twilight Zone of Terror*.

Backlot

Hier stehen Spezialeffekte, Filmmusik und Stunts im Mittelpunkt. *Armageddon Special Effects* wirbelt Sie an Bord einer spektakulären Raumstation durch die aufregendsten Spezialeffekte aller Zeiten. *Rock 'n' Roller Coaster* ist der ultimative Trip. Hier rasen Sie zu den Rhythmen von Aerosmith auf der schnellsten Bahn aller Disney Parks durch die Welt der Rockmusik.

Fahrbetriebe und Attraktionen

Diese Übersicht soll Ihnen helfen, Ihre Zeit in Disneyland Resort Paris möglichst gut zu planen und zu nutzen.

	Wartezeit	Mindest-größe	Empfohlene Zeit	Fastpass	Schockfaktor	Nichts für empfindliche Mägen	Gesamtwertung
Phantom Manor	◗		immer		❷		★
Rivers of the Far West	○		immer		❶		▼
Big Thunder Mountain	●	1,20 m	morgens	✔	❷		★
Pocahontas Indian Village	○		immer		❶		▼
Indiana Jones & The Temple of Peril	●	1,40 m	abends	✔	❸	✔	★
Adventure Isle	○		immer		❶		▼
La Cabane des Robinsons	○		immer		❶		▼
Pirates of the Caribbean	○		immer		❶		★
Peter Pan's Flight	●		morgens	✔	❶		◆
Snow White & The Seven Dwarfs	●		➤11		❶		◆
Pinocchio's Fantastic Journey	●		➤11		❶		▼
Dumbo the Flying Elephant	●		morgens		❶		▼
Mad Hatter's Teacups	◗		➤12		❶		▼
Alice's Curious Labyrinth	○		immer		❶		▼
»It's a Small World«	○		immer		❶		◆
Casey Jr – Le Petit Train du Cirque	○		➤11		❶		◆
Le Pays des Contes des Fées	○		immer		❶		◆
Buzz Lightyear Laser Blast	◗		immer	✔	❶	✔	◆
Star Tours	○	1,32 m	immer	✔	❶		★
Space Mountain	●	1,32 m	abends	✔	❸	✔	★
Honey, I Shrunk the Audience	○		immer		❶		★
Autopia	●		morgens		❶		▼
Orbitron	●	1,20 m	morgens		❶		▼
Disney Studio 1	◗		immer		❶		◆
Art of Disney Animation	◗		immer		❶		▼
Animagique	●		immer		❶		◆
Crushes Coaster	○	1,07 m	immer		❶	✔	★
Flying Carpets Over Agrabah	●	1,20 m	morgens		❶	✔	◆
Walt Disney Television Studios	●		immer		❶		◆
CinéMagique	◗		immer		❶		◆
Stitch Live	◗		morgens		❶		◆
Studio Tram Tour	●		morgens		❶		★
Twilight Zone Tower of Terror	●	1,02 m	immer	✔	❸	✔	★
Armageddon Special Effects	●		immer		❶		▼
Rock 'n' Roller Coaster	●	1,20 m	immer		❸	✔	★

○ kurz ◗ mittel ● lang ➤11 vor 11 Uhr
❶ gering ❷ mittel ❸ hoch ▼ gut ◆ sehr gut ★ fantastisch

Bercy ⓲

75012. **Stadtplan** 18 F3. **Karte** Q10. Ⓜ *Bercy, Cour St-Émilion.*

Der ehemalige Weinhandelsort Bercy hat eine radikale Umgestaltung erlebt: Die Stadt Paris sanierte das östliche Viertel von Grund auf. Die Métro-Linie 14 führt von Bercy direkt ins Zentrum. Im Zentrum des neuen Bercy steht das Palais Omnisports de Paris-Bercy (POPB). Hier finden Kultur- und Sportveranstaltungen statt, darunter nationale Meisterschaften, aber auch Opern und Rockkonzerte *(siehe S. 345 und 349)*. Die auffallende Pyramidenform ist längst zu einem Wahrzeichen im Osten von Paris geworden.

Die attraktive Skyline von Bercy weist spannende Bauwerke auf, z. B. Chemetovs Gebäude für das Finanzministerium oder Frank Gehrys futuristischen Bau, in dem seit 2005 die einzigartige Cinémathèque Française *(siehe S. 355 und 356)* zu Hause ist. Die Gebäude gruppieren sich um den 70 Hektar großen Parc de Bercy. Kinder sind in dieser grünen Oase vor allem von dem alten Karussell fasziniert.

Zahlreiche Weinläden und alte Kellereien an der Cour St-Émilion haben wieder geöffnet. Daneben gibt es viele neue Läden, Restaurants und Bars. Les Pavillons de Bercy (53, avenue des Terroirs de France) beherbergen nun u. a. das Musée des Arts Forains (Jahrmarktsmuseum), das man in Gruppen ab 15 Personen besichtigen kann (Tel. 01 43 40 16 15, www.pavillons-de-bercy.com). In Bercy gibt es auch ein Multiplex-Kino und eine Reihe von Hotels.

Hochhäuser in Buchform: Bibliothèque Nationale de France

Bibliothèque Nationale de France ⓳

Quai François-Mauriac, 75013. **Stadtplan** 18 F4. *01 53 79 59 59.* Ⓜ *Bibliothèque F. Mitterrand, Quai de la Gare.* *Mo 14–19, Di–Sa 9–19, So 13–19 Uhr.* *Feiertage, zwei Wochen im Sep.* **www**.bnf.fr

Dominique Perraults 1996 eröffnete Nationalbibliothek ist das größte der *Grands Projets*, die in Bercy realisiert wurden. Vier Türme in Buchform beherbergen eine Präsenz- und Leihbibliothek mit ca. zwölf Millionen gedruckten Titeln sowie 50 000 digitalisierten Bildern und Soundarchiven. Ausstellungen zeigen verborgene Schätze.

Frank Gehrys Bau in Bercy mit der Cinémathèque Française *(siehe S. 355)*

SÜDEN

13. Arrondissement ⓴

Zac Paris Rive Gauche, 75013. **Stadtplan** 18 F5. Ⓜ *Bibliothèque François Mitterrand.*

Zehn Jahre dauerte es, bis das Projekt Zac Paris Rive Gauche aus dem 13. Arrondissement ein neues, interessantes Viertel voller Leben gemacht hat. Das ehedem vernachlässigte Gebiet zwischen Gare d'Austerlitz und Ivry-sur-Seine hat eine neue Universität für 30 000 Studenten bekommen. Außerdem gibt es die MK2 Bibliothèque, einen großen Kinokomplex mit 14 Sälen, diverse Cafés und Ausstellungsräume. Eine Brücke verbindet das Viertel seit 2006 mit Bercy.

Parc Montsouris ㉑

Bd Jourdan, 75014. Ⓜ *Porte d'Orléans.* RER *Cité Universitaire.* *Mo–Fr 8–17.30 Uhr, Sa, So 9 Uhr bis Dämmerung.*

Schöpfer dieses englischen Gartens ist Adolphe Alphand, der ihn zwischen 1865 und 1878 anlegte. Ein Restaurant, Wiesen, Hänge, hohe Bäume und ein See mit einer Vielfalt von Vogelarten zieren die Anlagen. Der Park mit der städtischen Wetterstation ist der zweitgrößte im Stadtzentrum. Für Kinder gibt es einen Spielplatz und ein Puppentheater.

Hotels und Restaurants bei den Abstechern *siehe Seiten 291 und 312–315*

Cité Universitaire ㉒

17–21, bd Jourdan, 75014. *01 44 16 64 00.* RER *Cité Universitaire.* **www**.ciup.fr

Die internationale Stadt *en miniature* bietet mehr als 5000 ausländischen Studenten Platz. Sie wurde in den 1920er Jahren mithilfe von Gönnern aus der ganzen Welt geschaffen und besteht aus 37 Häusern, jedes im Stil eines anderen Landes. Das Schweizer Haus und das Franko-Brasilianische Haus wurden von Le Corbusier entworfen. Das Internationale Haus, 1936 von John D. Rockefeller gestiftet, verfügt über eine Bücherei, ein Restaurant, ein Schwimmbad und ein Theater. Die Studentengemeinde lässt eine lebendige und anregende Atmosphäre entstehen.

Japan-Haus in der Cité Universitaire

Notre-Dame du Travail ㉓

59, rue Vercingetorix, 75014. **Stadtplan** 15 B3. *01 44 10 72 92.* *Pernety.* *Mo–Fr 7.30–19.45, Sa 9–19.30, So 8.30–19 Uhr.* *Mo–Fr 9, 12.15, 19, Sa 18.30, So 9, 10.45, 19 Uhr.*

Die 1901 errichtete Kirche fällt durch die Mixtur der Baumaterialien auf: Stein, Bruchstein und Ziegel über genietetem Stahl und eisernem Fachwerk. Der Bau ist das Werk von Pater Soulange-Boudin, einem Kleriker, der Kooperativen organisierte und Arbeiterschaft und Kapital aussöhnen wollte. Örtliche

Sewastopol-Glocke in Notre-Dame du Travail

Arbeiter gaben einen Teil des Geldes für den Bau, aber es reichte nicht aus, um alle Vorhaben, darunter den Glockenturm, zu verwirklichen.

An der Fassade hängt die Sewastopol-Glocke, eine Trophäe aus dem Krim-Krieg, die Napoléon III der Gemeinde schenkte. Das Jugendstil-Interieur wurde restauriert und ist mit Bildern von Schutzheiligen geschmückt.

Institut Pasteur ㉔

25–28, rue du Docteur Roux, 75015. **Stadtplan** 15 A2. **Karte** F10. *01 45 68 00 00.* *Pasteur.* *Mo–Fr 14–17.30 Uhr (letzter Einlass 16.45 Uhr).* *Aug, Feiertage.* ***Filme, Videos.*** *obligatorisch.* **www**.pasteur.fr

Das Institut Pasteur ist Frankreichs führendes medizinisches Forschungszentrum. 1888/89 gründete es der namhafte Wissenschaftler Louis Pasteur, der die Technik der Milch-Pasteurisierung sowie die Impfstoffe gegen Tollwut und Milzbrand entdeckte. Das Wissenschaftszentrum unterhält ein Museum, in dem sich Rekonstruktionen von Pasteurs Wohnung und Labor befinden. Einer seiner Enkel stellte die Räume originalgetreu zusammen. Pasteurs Grabmal in Form einer byzantinischen Kapelle befindet sich in einer Krypta im Untergeschoss. Im Garten ist das Grab von Émile Roux, der die Behandlung von Diphtherie durch Seren-Injektion entwickelte.

Louis Pasteur (1822–1895)

Das Institut verfügt über Laboranlagen für Grundlagen- und angewandte Forschung, über Vortragssäle, ein Archiv mit Bücherei und ein Krankenhaus. Im ursprünglichen Institutsgebäude von 1888 wird unter Leitung von Professor Luc Montagnier, der 1983 das HI-Virus entdeckte, Aids-Forschung betrieben.

Im Parc André Citroën

Parc André Citroën ㉕

Rue Balard, 75015. *01 56 56 11 56.* *Javel, Balard.* *Mo–Fr 8 Uhr bis Sonnenuntergang, Sa, So, Feiertage 9 Uhr bis Sonnenuntergang.*

Der Park im 15. Arrondissement von Paris wurde 1992 auf dem ehemaligen Gelände der Citroën-Werke eröffnet. Er ist die dritte große Grünanlage an der Seine neben Les Invalides und Champ-de-Mars. Den Landschaftsplanern ist hier eine faszinierende Mischung im Stil der Postmoderne gelungen. Im Norden wandert man durch Wildblumenwiesen, im Süden befindet sich der Mineral- und Skulpturengarten. Moderne Wasserskulpturen zieren den Park, im Gewächshaus gedeihen Pflanzen der südlichen Hemisphäre. Im Sommer heben hier (angebundene) Fesselballons ab, von oben bietet sich ein hinreißender Blick.

Stadtplan *siehe Seiten 390–423*

Versailles: Schloss und Gärten 26

Flötenspieler im Park

Wenn man das Innere des Palasts besichtigt oder die ausgedehnten Gärten durchstreift, kann man verstehen, warum das Schloss den Ruhm des Sonnenkönigs begründet hat. Anfangs war es ein bescheidener Jagdsitz seines Vaters, aus ihm machte Louis XIV das größte Schloss Europas. Die Architekten Louis Le Vau und Jules Hardouin-Mansart entwarfen die Gebäude, Charles Le Brun die Innenausstattung, und André Le Nôtre, der große Landschaftsarchitekt, legte die Gärten an. Wege, Haine, Hecken, Blumenbeete, Wasserbecken und Springbrunnen sind symmetrisch angeordnet.

★ Gärten
Geometrisch gepflanzte Sträucher sind charakteristisch für die Anlage.

Die Orangerie wurde von Hardouin-Mansart zwischen 1648 und 1686 errichtet.

Das Parterre du Midi ist reich mit Blumenornamenten verziert.

★ Schloss
Louis XIV machte das Schloss zum Zentrum der Macht in Frankreich (siehe S. 250–253).

Das Parterre d'Eau wird von allegorischen Bronzefiguren gesäumt.

Bassin de Latone
Über fünf Marmorbecken erhebt sich die Statue der Latona (Leto).

Fontaine de Neptune
Meeresungeheuer flankieren das Bassin de Neptune.

Den Jardin du Roi ließ Louis XVIII im 19. Jahrhundert anlegen.

Colonnade
Mansart erbaute das Rund aus Marmorarkaden 1685.

INFOBOX

Versailles. 01 30 83 78 00. 171 ab Pont de Sèvres bis Versailles. Versailles Rive Gauche. **Schloss** *Apr–Okt: Di–So 9–18.30 Uhr; Nov–März: Di–So 9–17.30 Uhr.* **Grand und Petit Trianon** *Di–So ab 12 Uhr. 1. Jan, 5. Apr, 1., 24. Mai, 1. Nov, 25. Dez.* **Gärten** *Apr–Okt: tägl. 8–20.30; Nov–März: tägl. 8–18 Uhr. Grandes Eaux Musicales (Apr–Okt), Grandes Eaux Nocturnes (Mitte Juni–Aug: Sa), Fêtes Baroques de Versailles (Okt–Juni).* **www**.chateauversailles.fr

Der Grand Canal wurde zu Zeiten des Sonnenkönigs mit Gondeln befahren.

Bassin de Neptune
Neptun und Aphrodite auf einer Muschel bilden den Mittelpunkt der großen Brunnenanlage.

Petit Trianon
Das kleine Schlösschen ließ Louis XV 1763–67 von Jacques-Ange Gabriel errichten.

★ Grand Trianon
Louis XIV erbaute 1687 den Nebenpalast, um den Zwängen des Hoflebens zu entkommen und sich ungestört mit seiner Mätresse, Madame de Maintenon, treffen zu können.

NICHT VERSÄUMEN

- ★ Gärten
- ★ Grand Trianon
- ★ Schloss

Schloss Versailles: Hauptgebäude

Goldwappen am Petit Trianon

Der Schlosskomplex entstand in mehreren Bauabschnitten und wurde um den früheren Jagdsitz gruppiert, dessen Ziegelmauer noch immer sichtbar ist. Nach 1660 schuf Louis Le Vau die erste Erweiterung: Gebäudeflügel rahmten den nun vergrößerten Schlosshof, der mit Marmorbüsten, antiken Statuen und vergoldeten Dächern geschmückt wurde. Die Westfassade bekam Säulen, der erste Stock wurde um eine Terrasse erweitert. 1678 übernahm Mansart das Projekt und fügte Nord- und Südflügel hinzu; Le Vaus Terrasse wurde zum Spiegelsaal umgebaut. Er plante auch die Kapelle, die 1710 vollendet wurde. 1770 ließ Louis XV ein Opernhaus errichten.

Südflügel
In den ehemaligen Wohnungen des Hochadels richtete Louis-Philippe ein historisches Museum ein.

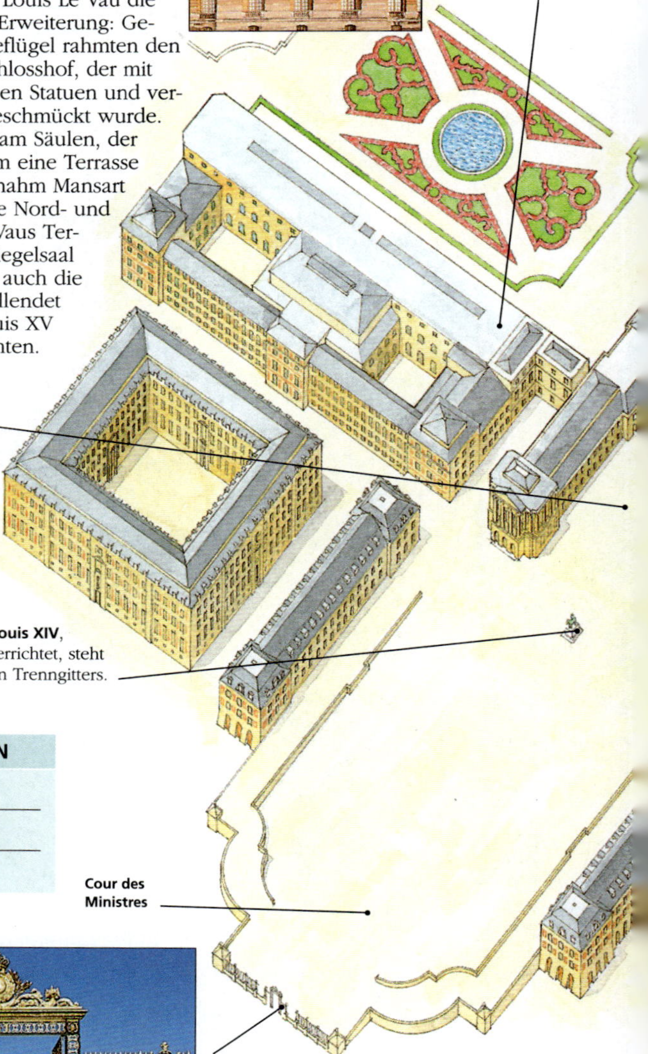

Die Cour Royale (Königshof) war unter Louis XIV von der Cour des Ministres durch ein schmiedeeisernes Gitter getrennt. Nur die königlichen Kutschen durften passieren.

Das Reiterstandbild von Louis XIV, 1837 von Louis-Philippe errichtet, steht auf der Linie des einstigen Trenngitters.

NICHT VERSÄUMEN

★ Chapelle Royale

★ Cour de Marbre

★ L'Opéra Royal

Cour des Ministres

Haupttor
Mansarts Gittertor, vom königlichen Wappen gekrönt, bildet den Eingang zur Cour des Ministres (Ministerhof).

ZEITSKALA

Louis XV

1661 Louis XIV beginnt, das Schloss zu erweitern

1667 Baubeginn des Grand Canal

1668 Le Vau errichtet das neue Schloss

1671 Beginn der Innenausstattung

1682 Louis XIV verlegt Hof und Regierung nach Versailles

1715 Nach dem Tod Louis' XIV verlässt der Hof Versailles

1722 Der zwölfjährige Louis XV bezieht Versailles

1774 Louis XVI und Marie-Antoinette leben in Versailles

1789 König und Königin werden gezwungen, nach Paris zu übersiedeln

1793 Louis XVI und Marie-Antoinette hingerichtet

1833 Louis-Philippe macht aus dem Schloss ein Museum

1871 Kaiserproklamation von Wilhelm I. von Preußen im Spiegelsaal

1919 28. Juni Friedensvertrag von Versailles

1650 | 1700 | 1750 | 1800 | 1850

Uhr
Herkules und Mars flankieren die Uhr über der Cour de Marbre.

★ Cour de Marbre
Der Hof des von Louis XIII erbauten Jagdschlosses wurde mit Marmor gepflastert.

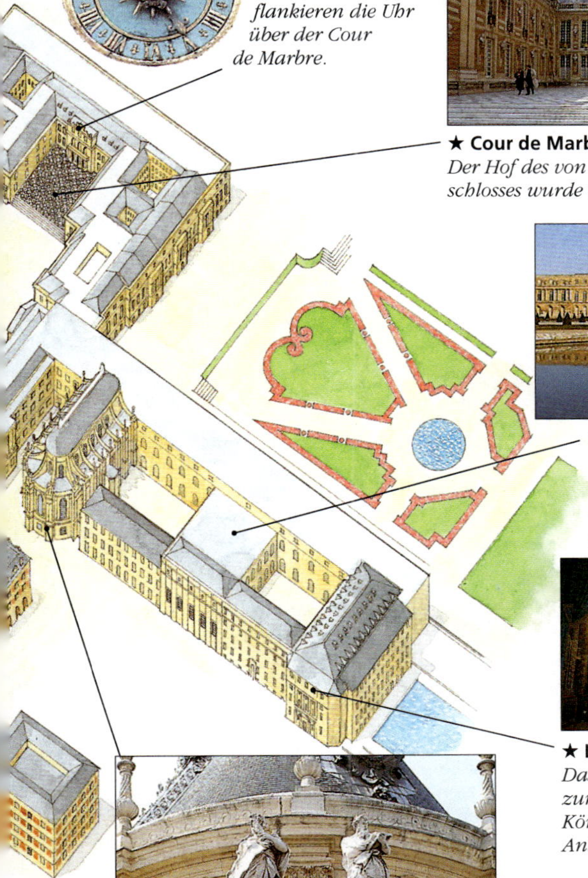

Nordflügel
Ursprünglich waren darin königliche Räume, dann Kapelle, Oper und Bildergalerie untergebracht.

★ L'Opéra Royal
Das Opernhaus wurde 1770 zur Vermählung des späteren Königs Louis XVI mit Marie-Antoinette gebaut.

★ Chapelle Royale
Die Barockkapelle, Mansarts letztes großes Werk, war auch die letzte Erweiterung von Versailles unter Louis XIV.

Schloss Versailles: Innenräume

Die kostbar ausgestatteten Prunkgemächer befinden sich im ersten Stock der Schlossanlage. Um die Cour de Marbre sind die Privatgemächer des Königs und der Königin angeordnet. Auf der Gartenseite befinden sich die Staatsräume, in denen das offizielle Hofleben stattfand. Charles Le Brun hatte sie reich ausgestattet: mit farbigem Marmor, Skulpturen, Holzschnitzereien, Samt sowie versilberten und vergoldeten Möbeln. Im weltberühmten Spiegelsaal stehen den 17 Rundbogenfenstern zum Park 17 Spiegelbogen mit insgesamt 306 Spiegelelementen gegenüber.

NICHT VERSÄUMEN

- ★ Chapelle Royale
- ★ Prunkgemächer
- ★ Salon de Vénus
- ★ Spiegelsaal

LEGENDE

- Südflügel
- Krönungssaal
- Gemächer der Madame de Maintenon
- Prunkgemächer der Königin und Privatgemächer
- Staatsräume
- Prunkgemächer des Königs und Privatgemächer
- Nordflügel
- Nicht zugänglich

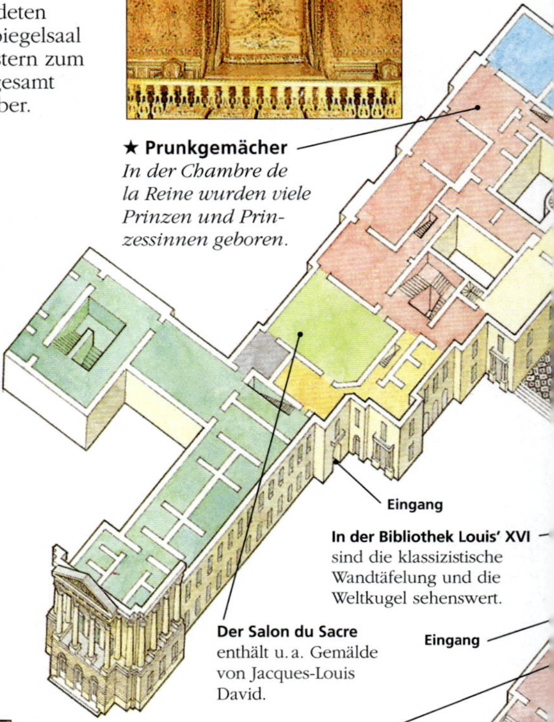

★ Prunkgemächer
In der Chambre de la Reine wurden viele Prinzen und Prinzessinnen geboren.

Eingang

In der Bibliothek Louis' XVI sind die klassizistische Wandtäfelung und die Weltkugel sehenswert.

Der Salon du Sacre enthält u. a. Gemälde von Jacques-Louis David.

Eingang

★ Salon de Vénus
Inmitten reicher Marmorverzierungen steht eine Statue Louis' XIV.

★ Chapelle Royale
Die erste Etage der Kapelle war der königlichen Familie vorbehalten, das Parterre dem Hof. Der Innenraum ist mit weißem Marmor und vergoldeten Barockwänden geschmückt.

★ Spiegelsaal
Große Empfänge fanden in der Galerie des Glaces *statt, die sich 70 Meter an der Westseite erstreckt. Hier wurde 1871 Wilhelm I. von Preußen zum Deutschen Kaiser proklamiert und 1919 der Friedensvertrag von Versailles unterzeichnet.*

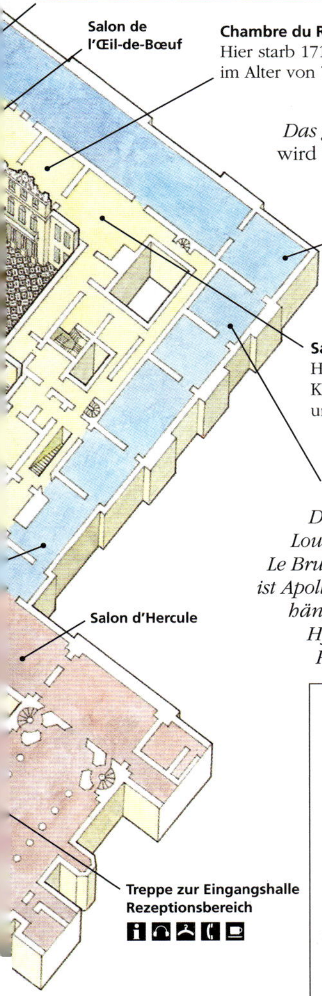

Salon de l'Œil-de-Bœuf

Chambre du Roi
Hier starb 1715 Louis XIV im Alter von 77 Jahren.

Salon de la Guerre
Das große Relief Louis XIV wird vom Sieg gekrönt *von Antoine Coysevox befindet sich an der Eingangswand.*

Salle du Conseil
Hier empfing der König die Minister und seine Familie.

Salon d'Apollon
Der Thronsaal von Louis XIV wurde von Le Brun entworfen und ist Apollo gewidmet. Hier hängt eine Kopie von Hyacinthe Rigauds Porträt Louis XIV.

Salon d'Hercule

Treppe zur Eingangshalle
Rezeptionsbereich

Die Verfolgung der Königin

Am 6. Oktober 1789 stürmte der Pariser Mob auf der Suche nach der verhassten Marie-Antoinette das Schloss. Gewarnt verließ die Königin ihr Bett und floh in Richtung Chambre du Roi. Sie befand sich gerade im Salon de l'Œil-de-Bœuf, dem Salon des »Lever«, und pochte an die Tür, als der Mob versuchte, in den Raum einzudringen. Im Gemach des Königs war sie nur bis zum nächsten Morgen in Sicherheit, dann brachte man sie nach Paris.

WESTEN

Art-nouveau-Fenster in der Rue La Fontaine

Rue La Fontaine 27

75016. **Stadtplan** 9 A4. **Karte** A8. *Jasmin, Michel-Ange Auteuil.*

In der Rue La Fontaine und den umliegenden Straßen finden sich einige interessante architektonische Beispiele des frühen 20. Jahrhunderts. Der Wohnblock Castel Béranger (Nr. 14) wurde zwar aus preiswerten Baumaterialien errichtet, doch verleihen ihm buntes Glas, viel Schmiede- und Gusseisen, Balkone und Mosaiken eine gewisse Extravaganz. Der Bau begründete den Ruf des Art-nouveau-Architekten Hector Guimard, der später verschiedene Eingänge zur Pariser Métro entwarf. Die Straße weist noch weitere Beispiele seines Wirkens auf, z. B. das Hôtel Mezzara (Nr. 60).

Fondation Le Corbusier 28

8–10, square du Docteur Blanche, 75016. *01 42 88 41 53. Jasmin. Mo 13.30–18 Uhr, Di–Fr 10–12.30, 13.30–18 (Fr bis 17 Uhr), Sa 10–17 Uhr (nur Villa La Roche). Feiertage, Aug, 24. Dez–2. Jan.* ***Videos.*** *Siehe auch* ***Geschichte*** *S. 38f.*
www.fondationlecorbusier.asso.fr

In einem ruhigen Winkel Auteuils stehen die Villa La Roche *(siehe S. 265)* und die Villa Jeanneret, die beiden ersten Pariser Häuser, die Charles-Édouard Jeanneret, genannt Le Corbusier, baute. Sie zeigen exemplarisch den revolutionierenden Einsatz von weißem Beton in kubistischen Formen. Die ineinander übergehenden Räume lassen viel Licht und Volumen zu. Die Häuser stehen auf Pfeilern, über die gesamte Länge ziehen sich Fenster.

Die Villa La Roche gehörte früher dem Kunstmäzen Raoul La Roche. Heute sind beide Villen Dokumentationszentren.

Musée Marmottan Claude Monet 29

2, rue Louis Boilly, 75016. *01 40 50 65 84. Muette. Di–So 11–18 Uhr (Di bis 21 Uhr). 1. Jan, 1. Mai, 25. Dez.*
www.marmottan.com

Das Museum wurde 1932 in diesem Gebäude aus dem 19. Jahrhundert eingerichtet, als der Kunsthistoriker Paul Marmottan dem Institut de France sein Haus und seine Sammlung von Bildern und Möbeln aus der Zeit zwischen Renaissance und Erstem Kaiserreich vermachte.

1971, als der Sohn Claude Monets dem Museum 65 Bilder seines Vaters hinterließ, erhielt es einen anderen Schwerpunkt. Einige der berühmtesten Bilder Monets, darunter *Impression: Soleil Levant*, das 1872 den Begriff »Impressionismus« prägte, ein Bild der Kathedrale von Rouen und mehrere *Seerosen*-Bilder, hängen hier. Auch ein Teil von Monets Kunstsammlung, darunter Bilder von Pissarro, Renoir und Alfred Sisley, ging als Schenkung an das Museum. Es bewahrt auch mittelalterliche Handschriften.

Monets *La Barque* (1887) im Musée Marmottan Claude Monet

Die Villa La Roche, der Sitz der Fondation Le Corbusier

Bois de Boulogne 30

75016. *Porte Maillot, Porte Dauphine, Porte d'Auteuil, Sablons. tägl. 24 Std. für besondere Gärten und Museen.* **Jardin Shakespeare** *tägl. 9.30 Uhr bis Sonnenuntergang.* **Freilichttheater** *Mai–Sep.* **Parc de Bagatelle und Rosengarten** *ab 9.30 Uhr. Schließung je nach Jahreszeit zwischen 16.30 und 20 Uhr.* **Jardin d'Acclimatation** *01 40 67 90 82. Juni–Sep: tägl. 10–19 Uhr; Okt–Mai: tägl. 10–18 Uhr.* **www**.jardindacclimatation.fr **Musée en Herbe** *01 40 67 97 66. tägl. 10–18 Uhr.*
www.musee-en-herbe.com

Zwischen den westlichen Vororten von Paris und der Seine bildet der 865 Hektar große Bois de Boulogne einen weitläufigen Grüngürtel. Hier ist Gelegenheit zum Bummeln und Picknicken oder auch zum Besuch

Hotels und Restaurants bei den Abstechern *siehe Seiten 291 und 312–315*

Kiosque de l'Empereur auf der Insel im Grand Lac, Bois de Boulogne

eines Pferderennens auf der Rennbahn Longchamp.

Der Bois ist Überbleibsel des großen Forêt du Rouvre und wurde Mitte des 19. Jahrhunderts von Baron Haussmann im Auftrag von Napoléon III nach dem Vorbild des Londoner Hyde Park gestaltet. Viele schöne Einzelanlagen prägen den Park, z. B. der Pré Catelan, in dem man die größte Buche von Paris bewundern kann. Im reizvollen Parc de Bagatelle stößt man auf architektonische Kleinodien und einen Landsitz aus dem 18. Jahrhundert mit prächtigem Rosengarten. Die Villa wurde in nur 64 Tagen gebaut – das Ergebnis einer Wette zwischen dem Comte d'Artois und Marie-Antoinette.

Bei Dunkelheit sollte man den Park besser meiden.

Musée des Années 30 ㉛

28, ave André Morizet, Boulogne-Billancourt, 92100. 01 55 18 53 00. M *Marcel Sembat.* *Di–So 11–18 Uhr.* *1.–15. Aug.* **www**.annees30.com

La Grande Arche de La Défense

Das 1998 eröffnete Museum der 1930er Jahre ist Teil eines Gebäudekomplexes, des Espace Landowski. Namensgeber waren der Bildhauer Paul Landowski, der von 1905 bis zu seinem Tod 1961 in Boulogne-Billancourt lebte, und sein Bruder Marcel, ein Musiker. Neben einem Museum mit einer Vielzahl von Paul Landowskis Werken enthält der Komplex eine Bibliothek, eine Galerie von Filmregisseuren sowie ein Kino. Ein Multimedia-Zentrum mit Künstlerateliers ergänzt das Ganze.

Die ausgestellten Gemälde, Zeichnungen, Skulpturen und Objekte vermitteln einen lebhaften Eindruck vom damaligen Zeitgeschmack. Das Museum organisiert auch Wechselausstellungen mit Bezug auf die 1930er Jahre, das Multimedia-Zentrum stellt Künstlern von heute Werkstätten zur Verfügung.

La Défense ㉜

1, parvis de la Défence. *01 49 07 27 27.* M RER *La Défense.* *Apr–Sep: tägl. 10–20 Uhr; Okt–März: tägl. 10–19 Uhr.* *Siehe auch* ***Geschichte*** *S. 40f.* **www**.grandearche.com

Auf einer Fläche von über 80 Hektar erstrecken sich die Wolkenkratzer der Bürostadt am Westrand von Paris. Um führenden französischen und internationalen Unternehmen einen attraktiven Standort zu bieten, wurde der Komplex in den 1960er Jahren hochgezogen. Der städtebaulich-künstlerische Anspruch der Planer und Betreiber sorgte dafür, dass viele der Plätze zu Freilichtmuseen geworden sind.

Seit 1989 gibt es La Grande Arche de La Défense, einen ausladenden Kubus. Er wurde von dem dänischen Architekten Otto von Spreckelsen entworfen, der den Auftrag im Rahmen der *Grands Travaux* erhielt, jener vom damaligen Präsidenten Mitterrand initiierten, viel diskutierten neuen Bauvorhaben. In La Grande Arche befinden sich eine Kunstgalerie und ein Konferenzzentrum.

Château de Malmaison ㉝

Ave du Château, 92500 Rueil-Malmaison. *01 41 29 05 55.* M RER *La Défense, dann Bus 258.* *Apr–Sep: Mi–So 10–17.45 Uhr (Sa, So bis 18.15); Okt–März: Mi–So 10–12.30, 13.30–17.15 Uhr (Sa, So 17.45).* *Siehe auch* ***Geschichte*** *S. 32f.* **www**.chateau-malmaison.fr

Das Bett der Kaiserin Joséphine im Château de Malmaison

Die Gemahlin Napoléons, Joséphine de Beauharnais, kaufte 1799 dieses Schloss aus dem 17. Jahrhundert. Sie veranlasste, dass eine Veranda, Statuen und ein kleines Theater angebaut wurden. Napoléon und sein Gefolge kamen zur Entspannung hierher. Nach ihrer Trennung wurde das Schloss Joséphines Hauptwohnsitz. Heute ist es, wie das nahe Château de Bois-Préau, ein wichtiges Napoléon-Museum.

Möbel, Porträts, Kunstobjekte und Erinnerungsstücke der kaiserlichen Familie werden in Räumen gezeigt, die im Stil des Ersten Kaiserreichs eingerichtet sind. Von den Relikten der Gärten ist Joséphines Rosengarten am berühmtesten und am besten erhalten.

Acht Spaziergänge

Paris ist eine Stadt für Spaziergänger – Sie erreichen hier viele Ziele leichter zu Fuß als in anderen Großstädten. Zahlreiche Sehenswürdigkeiten liegen recht nah beieinander, die meisten im Herzen der Stadt, nahe der Île de la Cité.

Die Kapitel *Die Stadtteile von Paris* widmen sich den 14 klassischen Sightseeing-Gebieten: Jedes Viertel wird mit einem kurzen Rundgang vorgestellt, der auf der Detailkarte eingezeichnet ist und zu den interessantesten Attraktionen führt. Darüber hinaus gibt es in Paris aber zahlreiche weniger bekannte Viertel, die dem Besucher weitere interessante Facetten der Stadt offenbaren.

Statue im Parc Monceau

Die folgenden acht Spaziergänge führen nicht nur zu Hauptsehenswürdigkeiten, sondern auch in die Fülle der Details, etwa zu Märkten, Kirchen, Kanälen, Gärten, alten Dorfstraßen und Brücken. Allgegenwärtige literarische und historische Bezüge verbinden Vergangenheit und Gegenwart. Das pulsierende Leben der modernen Stadt wird in einem kulturellen Mikrokosmos dargeboten.

Auteuil ist bekannt als luxuriöse Wohngegend, Monceau für seine pompösen Empire-Bauten, die Île St-Louis für die *Ancien-régime*-Gebäude. Dagegen machen die engen Straßen, in denen einst berühmte Künstler wohnten, den Charme von Montmartre aus. Dörfliches Flair umgibt auch zwei weniger bekannte Hügelviertel: Buttes-Chaumont mit einem der hübschesten Parks der Stadt und Butte-aux-Cailles, dessen malerische Kopfsteinpflastergassen heute nicht auf die Verbindung zur schicksalsträchtigen Pariser Kommune von 1871 schließen lassen. Der einstige Arbeiterbezirk Faubourg St-Antoine ist inzwischen zum Künstlerviertel geworden und hat in der Nähe einen Hafen für Ausflugsboote.

Zu allen Ausgangspunkten gelangen Sie leicht mit öffentlichen Verkehrsmitteln (Métro oder Bus). Bei jedem Spaziergang finden Sie Tipps für Pausen und Einkehrmöglichkeiten.

Spaziergänge auf einen Blick

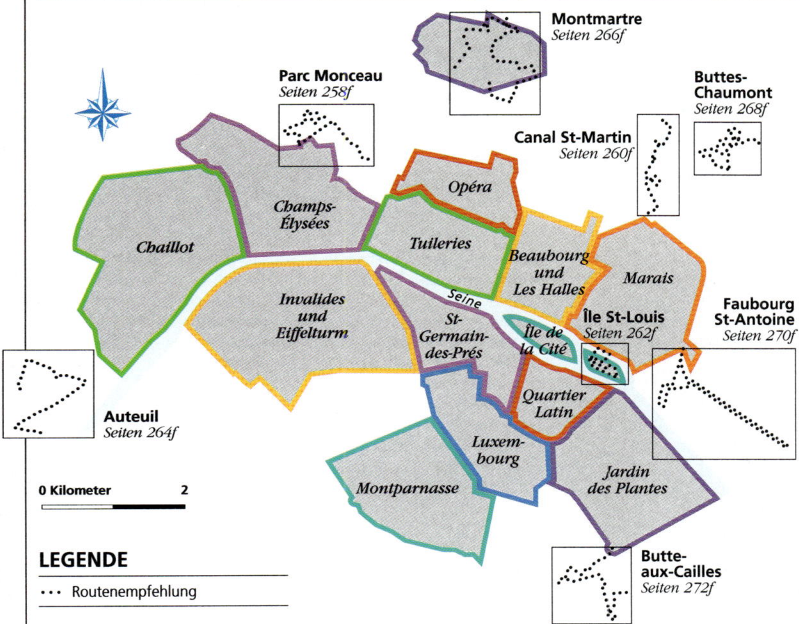

◁ **Brücke über den Canal St-Martin *(siehe S. 260f)***

Spaziergang um den Parc Monceau (1:30 Std.)

Dieser Spaziergang führt durch den aus dem späten 18. Jahrhundert stammenden Parc Monceau, das Herzstück eines vornehmen, vom Zweiten Kaiserreich geprägten Bezirks, und durch die Straßen der Umgebung, wo prunkvolle Villen von der Pracht zeugen, in der manche Pariser leben. Die Route endet an der Place St-Augustin (mehr zu Monceau *siehe S. 232f*).

Ruysdaël-Tor

Vom Parc Monceau zur Avenue Velasquez

Der Rundweg beginnt bei der Métro-Station Monceau ① am Boulevard de Courcelles. Gehen Sie an Nicolas Ledoux' Zollhaus ② aus dem 18. Jahrhundert vorbei in den Park. Zu beiden Seiten stehen üppig vergoldete Tore aus Schmiedeeisen mit reich verzierten Laternenpfählen.

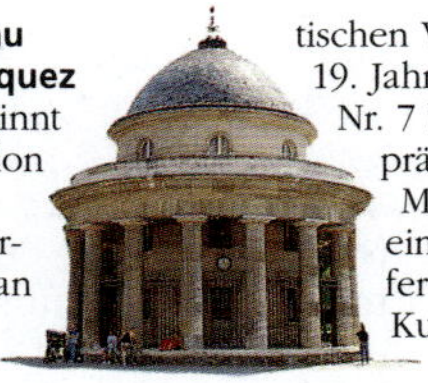

Zollhaus im Parc Monceau ②

Nehmen Sie den zweiten Weg auf der Linken, vorbei am Guy-de-Maupassant-Denkmal ③ (1897). Dies ist nur eines der sechs effektvoll über den Park verteilten, Schriftstellern und Musikern gewidmeten Denkmäler aus der Belle Époque. Fast alle zeigen Berühmtheiten mit einer niedersinkenden Muse.

Geradeaus befindet sich die bedeutendste der übrig gebliebenen Skurrilitäten: eine moosbedeckte korinthische Kolonnade ④, die sich am Ufer eines kleinen Sees mit Insel entlangzieht. Gehen Sie um die Kolonnade herum und unter einem Bogen aus dem 16. Jahrhundert hindurch ⑤, der vom Hôtel de Ville *(siehe S. 102)* hierherverpflanzt wurde.

Gehen Sie jetzt an der Allée de la Comtesse de Ségur links und in die Avenue Velasquez, eine breite Allee mit klassizistischen Villen aus dem 19. Jahrhundert. Im Haus Nr. 7 befindet sich das prächtige Cernuschi-Museum ⑥ mit einer Sammlung fernöstlicher Kunst.

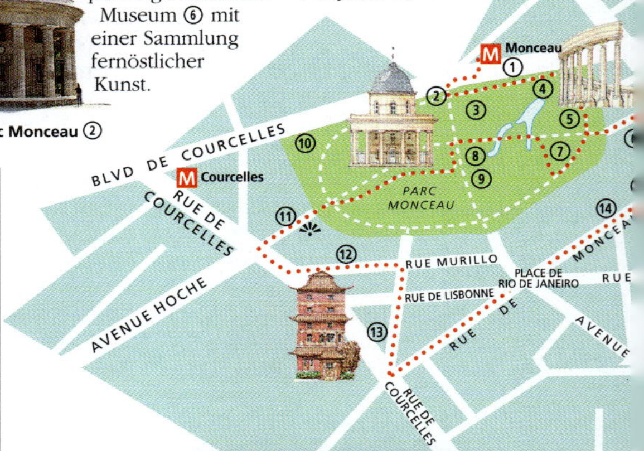

Kolonnade im Parc Monceau ④

Ambroise-Thomas-Statue ⑧

Von der Avenue Velasquez zur Avenue Van Dyck

Gehen Sie jetzt wieder zurück in den Park, nehmen Sie links den zweiten kleinen, gewundenen Weg. Sie kommen vorbei an einer bemoosten Pyramide aus dem 18. Jahrhundert ⑦, an antiken Gräbern, einer Steinarkade und einer chinesischen Pagode. Die romantisch-melancholische Stimmung dieser falschen Ruinen verleiht dem Ort den Geist des späten 18. Jahrhunderts.

Nehmen Sie hinter der Pyramide den ersten Weg rechts zurück zum Hauptweg. Geradeaus überquert eine Renaissancebrücke einen kleinen Bach. Gehen Sie nach links, vorbei am Denkmal des Musikers Ambroise Thomas ⑧. Gleich dahinter befindet sich ein künstlicher Hügel mit einem Wasserfall. Gehen Sie nun links bis zum Denkmal des Komponisten Charles Gounod ⑨. Von hier folgen Sie wieder dem gewundenen ersten Weg rechts zum Ausgang Avenue Van Dyck. Halbrechts voraus, in der Ecke des Parks, sehen Sie das Chopin-Denkmal ⑩ und an der Allée de la Comtesse de Ségur das Denkmal des Dichters Alfred de Musset.

Von der Avenue Van Dyck zur Rue de Monceau

Verlassen Sie nun den Park, und wenden Sie sich in die Avenue Van Dyck. Zunächst beeindruckt die neobarocke Villa des Schokoladenfabrikanten Émile Menier auf Nr. 5 ⑪. Das Haus Nr. 6 ist im französischen Renaissancestil gehalten. Geradeaus, jenseits der Ziergitter, hat man einen schönen Ausblick auf die Avenue Hoche und den Arc de Triomphe. Gehen Sie am Tor vorbei, und biegen Sie links in die Rue de Courcelles und noch einmal links in die Rue Murillo ein, an die Stadthäuser aus dem 18. Jahrhundert grenzen ⑫. An der Kreuzung der Rue Rembrandt führt auf der linken Seite ein weiteres Tor zum Park. Auf der rechten erheben sich ein Mietshaus von 1900 und ein elegantes Haus im Stil der französischen Renaissance mit meisterhaft geschnitzter Holztür (Nr. 1). Ecke Rue Rembrandt und Rue de Courcelles steht das seltsamste aller Häuser dieser Gegend: eine fünfstöckige, rote chinesische Pagode ⑬ – ein exklusives Handelszentrum für chinesische Kunst.

LEGENDE

- Routenempfehlung
- Aussichtspunkt
- Métro-Station

0 Meter 250

Chinesische Pagode ⑬

Hügel mit Wasserfall ⑧

Biegen Sie nun nach links in die Rue de Monceau, vorbei an der Avenue Ruysdaël und weiter zum Museum Nissim de Camondo, Rue de Monceau Nr. 63 ⑭. In der Nähe befinden sich Gebäude, die einen kleinen Abstecher lohnen: Nr. 52, 60 und 61 ⑮.

Boulevard Malesherbes

Wenden Sie sich von der Rue de Monceau rechts in den Boulevard Malesherbes, eine lange Straße mit sechsstöckigen Wohnhäusern, die typisch ist für die Avenuen, die Baron Haussmann – Präfekt des Seine-Bezirks während des Zweiten Kaiserreichs *(siehe S. 34f)* – schnurgerade durch Paris legen ließ. Sie entsprachen dem Geschmack der Bourgeoisie, stießen aber die Schriftsteller ab, die sie mit den Bauten New Yorks verglichen.

Hinter der Marmorfassade von Haus Nr. 75 ⑯ ließ das elegante Paris einst sein Briefpapier drucken. Nahe dem Boulevard Haussmann zeichnet sich links die größte Kirche von Paris ab: St-Augustin ⑰, im 19. Jahrhundert von Victor-Louis Baltard erbaut. Betreten Sie die Kirche durch das Seitenportal in der Rue de la Bienfaisance. Wenn Sie sie wieder durch das Hauptportal verlassen, sehen Sie links das Gebäude des französischen Offiziersclubs, das Cercle Militaire ⑱. Geradeaus erinnert eine Bronzestatue an Jeanne d'Arc ⑲. Gehen Sie nun weiter bis zur Métro-Station an der Place St-Augustin.

Statue der Jeanne d'Arc ⑲

ROUTENINFOS

Start: *Bd de Courcelles.*
Länge: *3 Kilometer.*
Anfahrt: *Die nächste Métro-Station ist Monceau (via Bus 30). Bus 84 fährt zur Métro-Station Courcelles, Bus 94 hält zwischen den Stationen Monceau und Villiers.* ***St-Augustin:*** *tägl. 8.30–19 Uhr. Feiertage 12.30–15.30 Uhr.*
Rasten: *Bei der Renaissancebrücke im Parc Monceau verkauft ein Kiosk im Sommer Kaffee und Sandwiches. An der Place de Rio de Janeiro gibt es eine Brasserie, um die Place St-Augustin mehrere Brasserien und Cafés. Der Square M Pagnol (an der Ave C Claire) ist ein schöner Ort, um nach dem Spaziergang und vor der Rückfahrt mit der Métro auszuruhen.*

Spaziergang am Canal St-Martin (1:30 Std.)

Der Weg am Canal St-Martin vermittelt einen Eindruck von Paris, der sich sehr von dem in gediegeneren Vierteln unterscheidet. Hier weisen die Zeugen der Vergangenheit – Fabriken, Lagerhäuser, Tavernen und Cafés – auf das Alltagsleben der Industriearbeiter im 19. Jahrhundert hin. Aber es gibt auch die romantischen Reize der alten eisernen Flussbrücken, der von Bäumen gesäumten Quais, es gibt Fischer, die flachen Kanalboote und die stillen Wasser der breiten Kanalbecken. Ein Spaziergang an diesem Kanal, der das Bassin de la Villette mit der Seine verbindet, ruft Erinnerungen wach an das Paris der Arbeiter, wie es Jean Gabin und Edith Piaf verkörperten.

Rotonde de la Villette (18. Jh.) ②

Blick vom Bassin de la Villette Richtung Norden ③

Von der Place de Stalingrad zur Avenue Jean Jaurès

Von der Métro-Station Stalingrad ① folgen Sie dem Boulevard de la Villette bis zu dem neuen Platz vor der Rotonde de la Villette ②, einem der wenigen Zollhäuser aus dem 18. Jahrhundert, das der Architekt Nicolas Ledoux nach 1780 im Stil des Klassizismus baute. Die Brunnen, Plätze und Terrassen wurden in den 1880er Jahren angelegt, um einen attraktiven Hintergrund für das Bassin de la Villette ③ in Richtung Norden zu schaffen. Gehen Sie in Richtung Avenue Jean Jaurès. Links ermöglicht die erste Schleuse den Abstieg zum Kanal ④. Hier sehen Sie auch den Komplex der Filmkunst-Kinokette MK2, deren Gebäude durch ein Boot miteinander verbunden sind.

ROUTENINFOS

Start: *Place de Stalingrad.*
Länge: *3,5 Kilometer.*
Anfahrt: *Die nächste Métro-Station ist Stalingrad: Bus 54 hält dort, Bus 26 fährt zur Métro-Station Jaurès.*
Hôpital St-Louis: *Kapelle ◯ Fr–So 14–17 Uhr; Innenhof ◯ tägl.*
Rasten: *Ausländische Restaurants und Lebensmittelläden finden Sie in der lebhaften Rue du Faubourg du Temple und in deren Umgebung. Auch in der Rue Beaurepaire und am Quai de Valmy liegen viele Restaurants und Bars (z. B. Le Point Éphémère, Hôtel du Nord ⑰ und Chez Prune). Auf den Bänken hier lässt es sich gut relaxen. Am Boulevard Jules Ferry gibt es einen schattigen öffentlichen Garten.*

Blick von der Brücke Rue E. Varlin ⑦

LEGENDE

- ••• Routenempfehlung
- Aussichtspunkt
- M Métro-Station

0 Meter 500

Garten im Innenhof des Hôpital St-Louis ⑭

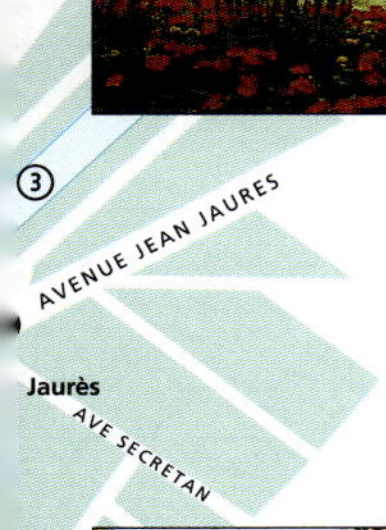

Eiserne Fußgängerbrücke ⑤

Vom Quai de Valmy zur Rue Bichat

Gehen Sie hinüber zum Quai de Jemmapes auf der östlichen Seite des Kanals bis hinunter zur ersten Brücke an der Rue Louis Blanc ⑤. Überqueren Sie die Brücke zum Quai de Valmy. Von der Ecke ergibt sich ein Blick auf die schräge Granit-und-Glas-Front des neuen Pariser Industrie-Gerichtshofs ⑥ in der Rue Louis Blanc.

Gehen Sie weiter am Quai de Valmy entlang. An der Rue E. Varlin überqueren Sie die Brücke ⑦, von der aus man die zweite Schleusenkammer, das Schleusenwärterhaus und einen Park sehen kann. Auf der anderen Seite der Brücke, Ecke Quai de Jemmapes, und entlang der Rue Haendel ist das hohe terrassierte Gebäude einer Sozialbausiedlung ⑧ zu sehen. In der Nähe liegt an der Place du Colonel Fabien der Hauptsitz der Kommunistischen Partei ⑨, erkennbar am geschwungenen, verglasten Turm.

Gehen Sie nun zurück zum Quai de Jemmapes, wo auf Nr. 134 ⑩ eines der wenigen erhalten gebliebenen Industriegebäude in Ziegel- und Eisenbauweise steht. Nr. 126 ⑪ ist ein anderes bemerkenswertes modernes Gebäude, ein Altenheim mit monumentalen Betonbogen und verglasten Erkern. Nr. 112 ⑫ ist ein Art-déco-Bau mit Eisenbalkonen und Fliesentäfelung. Im Erdgeschoss befindet sich ein ehemaliges Arbeitercafé der 1930er Jahre. Hier biegt der Kanal in die dritte Schleuse ein, überspannt von einer eisernen Fußgängerbrücke ⑬.

Vom Hôpital St-Louis zur Rue Léon Jouhaux

Biegen Sie nach links in die Rue Bichat, die zum Hôpital St-Louis ⑭ führt. Dort gehen Sie durch das alte Haupttor mit seinem hohen Dach und dem massiven Steinbogen hinein in den Innenhof. Das Hospital wurde 1607 von Henri IV, dem ersten König der Bourbonen, zur Pflege der Pestkranken gegründet. Verlassen Sie den Innenhof durch das Tor nach links. Sie kommen an der aus dem 17. Jahrhundert stammenden Kapelle ⑮ des Hospitals vorbei und gelangen in die Rue de la Grange aux Belles.

Wenden Sie sich nach links, und gehen Sie zurück zum Kanal, wo die Rue de la Grange-Batelière in den Quai de Jemmapes mündet. Hier, an einem der Haupthinrichtungsorte des mittelalterlichen Paris, stand bis 1627 der berüchtigte Montfaucon-Galgen ⑯. Wieder auf dem Quai de Jemmapes sehen Sie an Nr. 101 die Originalfront des Hôtel du Nord ⑰, das durch den gleichnamigen Film aus den 1930er Jahren berühmt wurde. Gegenüber liegen eine eiserne Fußgängerbrücke und eine Zugbrücke ⑱. Überqueren Sie die Brücke, und gehen Sie weiter den Quai de Valmy entlang bis zur letzten Fußgängerbrücke ⑲ an der Rue Léon Jouhaux. Von hier aus lässt sich verfolgen, wie der Kanal durch einen großen Steinbogen unter der Oberfläche verschwindet.

Eingang zum Hôpital St-Louis ⑭

Vom Square Frédéric Lemaître zur Place de la République

Gehen Sie am Square Frédéric Lemaître ⑳ entlang bis zum Boulevard Jules Ferry, in dessen Mitte sich ein Garten erstreckt, der in den 1860er Jahren über dem Kanal angelegt wurde. An seinem oberen Ende steht die reizende Statue eines Blumenmädchens, La Grisette ㉑. Hier kommt man auf eine lebhafte Straße, die Rue du Faubourg du Temple ㉒, mit ausländischen Läden und Restaurants. Folgen Sie der Straße nach rechts zur Métro-Station auf der Place de la République.

In der Rue du Faubourg du Temple ㉒

Spaziergang auf der Île St-Louis (1:30 Std.)

Der Rundweg auf der reizenden kleinen Insel führt an malerischen, von Bäumen gesäumten Quais entlang vom Pont Louis-Philippe zum Quai d'Anjou. Er bezieht die prächtigen *hôtels* aus dem 17. Jahrhundert mit ein, die die Atmosphäre dieser Epoche spürbar machen. Danach führt er ins Zentrum der Insel und die Rue St-Louis entlang – vorbei an schicken Restaurants, Cafés, Kunstgalerien und Boutiquen, bevor er zur Nordseite der Insel und zum Pont Marie zurückführt (Informationen über die Sehenswürdigkeiten *siehe S. 77* und *87*).

Blick vom linken Ufer auf die Île St-Louis

Angler am Ufer der Île St-Louis

Von der Métro Pont Marie zur Rue Jean du Bellay

Gehen Sie von der Métro-Station Pont Marie ① den Quai des Celestins hinunter, dann den Quai de l'Hôtel de Ville mit Buchständen und schöner Aussicht auf die Île St-Louis. Wenden Sie sich links zum Pont Louis-Philippe ②, den Sie überqueren. Gehen Sie rechts die Stufen hinunter, dann um die mit Bäumen bestandene Westspitze der Insel herum ③, schließlich die andere Seite wieder hinauf zum Pont St-Louis ④. Gegenüber der Brücke, an der Ecke der Rue Jean du Bellay, liegt das Café Le Flore en l'Île ⑤.

Quai d'Orléans

Die Ecke Rue Jean du Bellay und Quai d'Orléans bietet einen schönen Blick auf das Panthéon und Notre-Dame.

Das Hôtel Rolland (Nr. 18 bis 28) schmücken ungewöhnliche hispano-maurische Fenster. Haus Nr. 12 ⑥ ist eines von mehreren Gebäuden aus dem 17. Jahrhundert. Haus Nr. 6, die ehemalige Polnische Bücherei (1838), ist Sitz der Société Historique et Littéraire Polonaise ⑦ *(siehe S. 87)*, die sich dem polnischen Dichter Adam Mickiewicz widmet. Hier werden auch Chopin-Partituren und Manuskripte von Victor Hugo verwahrt. Rechts verbindet der Pont de la Tournelle ⑧ die Île St-Louis mit dem linken Seine-Ufer.

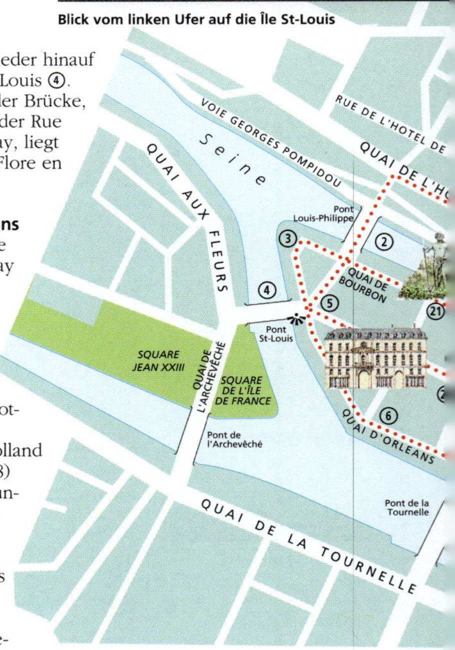

LEGENDE

- Routenempfehlung
- Aussichtspunkt
- Métro-Station

0 Meter 250

Ein Schiff auf der Seine passiert den Quai St-Louis

Vom Quai de Béthune zum Pont Marie

Gehen Sie weiter jenseits der Brücke auf den Quai de Béthune, wo in Nr. 36 ⑨ die Nobelpreisträgerin Marie Curie lebte. Nr. 34 und 30 haben schmiedeeiserne Balkone. Das Hôtel Richelieu ⑩, Nr. 18, ist eines der schönsten Häuser der Insel.

Biegen Sie dann links in die Rue de Bretonvilliers ein, dort gibt es ein imposantes Haus aus dem 17. Jahrhundert, das mit einem Bogen die Straße überspannt ⑪. Gehen Sie nun zurück zum Quai de Béthune und weiter zum Pont de Sully aus dem 19. Jahrhundert ⑫. Geradeaus liegt der reizvolle Square Barye ⑬, ein schattiger öffentlicher Garten an der Ostspitze der Insel.

Kirchentür St-Louis ⑰

Gehen Sie weiter zum Quai d'Anjou bis zur Ecke der Rue St-Louis-en-l'Île, wo Sie das berühmteste Haus der Insel, das Hôtel Lambert ⑭ *(siehe S. 26f)*, sehen. Folgen Sie dem Quai d'Anjou, um die klassische Front des Hôtel de Lauzun ⑮ in Nr. 17 und seine vergoldeten Balkone zu betrachten.

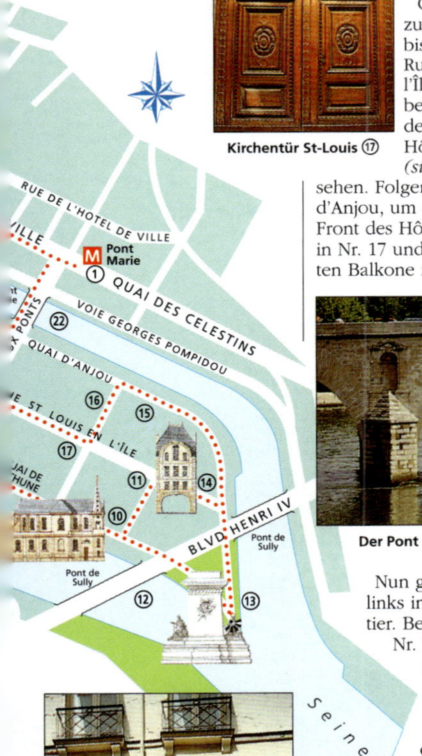

Nun geht es nach links in die Rue Poulletier. Beachten Sie Haus Nr. 5, den »Konvent der Töchter der Barmherzigkeit« ⑯. Ein Stück weiter, an der Ecke Rue Poulletier und Rue St-Louis-en-l'Île steht die Inselkirche St-Louis ⑰ *(siehe S. 87)* mit einem ungewöhnlichen Turm und einem schön geschnitzten Hauptportal.

Setzen Sie Ihren Rundgang fort entlang der Rue St-Louis-en-l'Île, die viele kleine, schicke Restaurants im Bistro-Stil aufweist. Im Haus Nr. 29 befindet sich der originale Berthillon-Eiscremeladen ⑱, in Nr. 60 ein reizvoller Antiquitätenladen ⑲. Nr. 51 ist eines der wenigen *hôtels* aus dem 18. Jahrhundert, das Hôtel Chernizot ⑳ mit einem sehr schönen Rokokobalkon.

Wasserspeier, Rue St-Louis-en-l'Île, Nr. 51 ⑳

Biegen Sie nun nach rechts in die Rue Jean Bellay, gehen Sie dort bis zum Pont Louis-Philippe. Wenden Sie sich nochmals nach rechts zum Quai de Bourbon, der von einer der feinsten Fluchten von *hôtels* auf der ganzen Insel gesäumt wird; das nobelste ist das Hôtel Jassaud, Haus Nr. 19 ㉑. Setzen Sie den Weg fort zum Pont Marie ㉒, der aus dem 17. Jahrhundert stammt. Überqueren Sie ihn in Richtung der Métro-Station Pont Marie auf der anderen Seite.

Der Pont Marie aus dem 17. Jahrhundert ㉒

Fenster des Hôtel Rolland

ROUTENINFOS

Start: *Métro-Station Pont Marie.*
Länge: *2,6 Kilometer.*
Anfahrt: *Der Weg beginnt an der Métro-Station Pont Marie. Bus 67 bringt Sie ebenfalls zur Rue du Pont Louis-Philippe, er überquert die Insel auf der Rue des Deux Ponts und dem Bd Pont de Sully; Bus 86 und Bus 87 fahren auf dem Bd Pont de Sully.*
Rasten: *Es gibt Cafés wie das Flore en l'Île und die Berthillon-Eisdiele* (siehe S. 317). *An der Rue St-Louis-en-l'Île liegen Restaurants wie Auberge de la Reine Blanche (Nr. 30) und Le Fin Gourmet (Nr. 42), eine Patisserie und ein Käseladen. Ausruhen kann man auch an den schattigen Quais und am Square Barye im Osten der Insel.*

Spaziergang in Auteuil (1:30 Std.)

Dieser faszinierende Spaziergang im Westen der Stadt führt durch eine Bastion bürgerlicher Lebensart mit reizvollen Kontrasten. Über der Rue d'Auteuil, wo der Rundgang beginnt, liegt das Flair der Provinz, während Meisterwerke eleganter Architektur der Moderne die Rue La Fontaine und die Rue du Docteur Blanche prägen. Der Spaziergang endet an der Métro-Station Jasmin (mehr über Auteuil *siehe S. 254*).

Rue d'Auteuil

Der Rundgang beginnt an der Place d'Auteuil ①, einem begrünten Stadtplatz mit auffälligem Métro-Eingang von Guimard, einem Obelisken und der neoromanischen Notre-Dame d'Auteuil aus dem 19. Jahrhundert. Schnuppern Sie in der Rue d'Auteuil, der Hauptstraße des Viertels, das Flair einer vergangenen Welt. In den Räumen der ältesten Taverne des Viertels, in der Molière und seine Schauspieltruppe im 17. Jahrhundert einkehrten, liegt heute in Nr. 40 die Brasserie L'Auberge du Mouton Blanc ②. Im Haus Nr. 45–47 ③ wohnte vormals der US-Präsident John Adams. An der angenehm schattigen Place Jean Lorrain ④, auf der ein örtlicher Markt abgehalten wird, kann man sich an dem Trinkbrunnen laben, den der englische Millionär Richard Wallace im 19. Jahrhundert stiftete. Über die Rue Donizetti geht es rechts weiter zur Villa Montmorency ⑤, einem privaten Ensemble eleganter Villen, errichtet auf dem früheren Landsitz der Comtesse de Boufflers.

Wallace-Brunnen ④

Rue La Fontaine

Setzen Sie Ihren Weg fort entlang der Rue La Fontaine, die berühmt ist für die Hector-Guimard-Architektur. Marcel Proust wurde in Nr. 96 geboren. Henri Sauvages Ensemble von Künstlerateliers (Nr. 65) ⑥ ist eines der original erhaltenen Art-déco-Gebäude in Paris. Haus Nr. 60 ⑦ ist ein Art-nouveau-Gebäude von Guimard, mit mittelalterlichen Türmchen und gusseisernen Balkonen. Etwas weiter (Nr. 40) ⑧ steht eine neogotische Kapelle, gegenüber sieht man Jugendstilhäuser ⑨. Beeindruckend ist Nr. 14: Guimards Castel Béranger ⑩.

Obelisk, Place d'Auteuil ①

Eingang zu Rue d'Auteuil Nr. 28

ROUTENINFOS

Start: *Place d'Auteuil.*
Länge: *3 Kilometer.*
Anfahrt: *Die nächste Métro-Station ist Église d'Auteuil. Hierher fahren auch die Buslinien 22, 52 und 62.*
Rasten: *Im Haus 40, rue d'Auteuil liegt die beliebte günstige Brasserie L'Auberge du Mouton Blanc mit Dekor aus den 1930er Jahren. Im Haus 35 bis, rue La Fontaine findet man das Acajou, dessen junger Chef innovative Küche serviert. Die Place Jean Lorrain ist ein hübscher schattiger Platz zum Ausruhen, an der Rue La Fontaine erstreckt sich vor der neugotischen Kapelle (Nr. 40) ein kleiner Park, und an der Place Rodin lädt ein öffentlicher Garten zu einer Pause ein.*

LEGENDE

- Routenempfehlung
- Aussichtspunkt
- Métro-Station

0 Meter 250

Von der Rue de l'Assomption zur Rue Mallet-Stevens

An der Ecke Rue de l'Assomption steht das mächtige, 1963 für das französische Radio und Fernsehen gebaute Gebäude von Radio France ⑪ *(siehe S. 202)*, einer der ersten modernen Nachkriegsbauten in Paris. Folgen Sie nun links der Rue de l'Assomption bis zum Apartmenthaus aus den 1920er Jahren (Nr. 18) ⑫. Weiter geht es links in die Rue du General Dubail bis zur Place Rodin, wo ein Bronzeakt des großen Bildhauers, *Das Eherne Zeitalter* (1877) ⑬, die Mitte des Runds beherrscht.

Erkerfenster mit Jalousien, Square Jasmin Nr. 3 ⑲

Nehmen Sie die Avenue Theodore Rousseau zurück zur Rue de l'Assomption, und folgen Sie dieser weiter in Richtung Avenue Mozart. Dies ist die Nord und Süd verbindende Hauptschlagader des 16. Arrondissements, gesäumt von typischen Bürgerhäusern aus dem späten 19. Jahrhundert. Überqueren Sie die Rue Mozart, und schlendern Sie weiter bis zur Avenue des Chalets, wo eine Anzahl typischer Wochenendvillen ⑭ an das ruhigere, vorstädtische Auteuil Mitte des 19. Jahrhunderts gemahnt. Weiter der Rue de l'Assomption folgend, stoßen Sie auf die im Stil der Neorenaissance gehaltene Notre-Dame de l'Assomption aus dem 19. Jahrhundert ⑮. Biegen Sie links in die Rue du Docteur Blanche ein. Haus Nr. 9 und weitere Häuser in der angrenzenden Rue Mallet-Stevens ⑯ sind Werke eines Architekten der 1930er Jahre, Robert Mallet-Stevens. In dieser teuren einstigen Avantgarde-Kolonie lebten Architekten, Designer, Künstler und ihre Kunden. Die ursprünglichen Proportionen wurden in den 1960er Jahren durch Hinzufügung eines dritten Stockwerks stark verändert.

Weiter auf der Rue du Docteur Blanche sieht man links die Villa du Docteur Blanche. Am Ende der Sackgasse steht das berühmteste Haus der Moderne in Auteuil, Le Corbusiers Villa La Roche ⑰. Wie die benachbarte Villa Jeanneret wird sie von der Corbusier-Gesellschaft *(siehe S. 38f)* verwaltet. Das 1924 für einen Kunstsammler in der damals neuen Stahlbetontechnik errichtete Gebäude ist in seiner schnörkellos geometrischen Form beispielhaft.

Detail, Rue de l'Assomption Nr. 18

Von der Rue du Docteur Blanche zur Rue Jasmin

Gehen Sie zurück zur Rue du Docteur Blanche und rechts in die Rue Henri Heine. Haus Nr. 18 ⑱ ist ein elegantes Mietshaus im neoklassizistischen Stil, daneben steht eine von Guimards letzten Schöpfungen von 1926: Die Art-nouveau-Fassade ist weniger gewagt als die des Castel Béranger, ihre Ziegelstruktur wird durch Erker gegliedert und von einem Terrassendach gekrönt. Biegen Sie links in die Rue Jasmin. Am Square Jasmin steht ein weiteres Haus von Guimard (Nr. 3) ⑲. Am Ende der Rue Jasmin ist die gleichnamige Métro-Station.

Innenhof, Rue La Fontaine Nr. 14

***Das Eherne Zeitalter* ⑬**

Spaziergang durch Montmartre (1:30 Std.)

Der Weg beginnt am Fuße des Sandsteinhügels *(butte)*, wo die alten Theater und Tanzhallen, die früher einmal Maler wie Renoir und Picasso besucht und gemalt haben, inzwischen Rockclubs geworden sind. Er führt über die Treppen den Hügel hinauf zum ursprünglichen Dorf, durch enge Gassen, bevor er wieder den Hang hinabführt und an der Place Blanche endet (mehr über die Hauptsehenswürdigkeiten von Montmartre *siehe S. 220–229*).

Montmartre aus der Ferne

Von der Place Pigalle zur Rue Ravignan

Nehmen Sie von der Place Pigalle ① aus die Rue Frochot zur Rue Victor Masse. An der Ecke liegt der Eingang zu einer exklusiven Privatstraße, die von Chalets aus dem späten 19. Jahrhundert gesäumt wird ②. Gegenüber, in der Rue Victor Masse Nr. 27, steht ein verziertes Mietshaus (19. Jh.), im Haus Nr. 25 soll Vincent van Gogh kurze Zeit gelebt haben ③; in Nr. 12 war Le Chat Noir ④ in den 1890er Jahren Montmartres berühmtestes Künstler-Cabaret. Am Ende der Straße beginnt die Avenue Trudaine. Biegen Sie links in die Rue Lallier, dann rechts in den Boulevard de Rochechouart. Im Haus Nr. 84 befand sich das erste Lokal namens Le Chat Noir; Nr. 80 beherbergte das Grand Trianon ⑤, das älteste erhaltene Pariser Kino aus den 1890er Jahren, das jetzt ein Theater ist. Ein paar Schritte weiter prangt die Originalfassade der ersten großen Cancan-Halle am Montmartre: Élysée-Montmartre ⑥, heute ein Nachtclub, in dem Live-Konzerte stattfinden. Biegen Sie links in die Rue du Steinkerque. Sie führt zu den Gärten von Sacré-Cœur, dort biegen Sie wieder links in die Rue d'Orsel, die zur begrünten Place Charles Dullin mit dem kleinen Théâtre de l'Atelier (19. Jh.) ⑦ führt. Sie gehen weiter auf der Rue des Trois Frères den Hügel hinauf, biegen links in die Rue Yvonne Le Tac, die in die Place des Abbesses ⑧ mündet, einer der lebendigsten Plätze des Viertels. Den überdachten Métro-Eingang im Jugendstil entwarf Hector Guimard.

Eingangstor zur Avenue Frochot

ROUTENINFOS

Start: *Place Pigalle.*

Länge: *2,3 Kilometer.*

Der Weg steigt teilweise sehr steil an; wenn Sie nicht gern »klettern«, nehmen Sie aufwärts den Montmartrobus, der an der Place Pigalle losfährt.

Anfahrt: *Die nächste Métro-Station ist Pigalle. Auch die Busse 30, 54 und 67 bringen Sie her.*

Rasten: *In der Rue Lepic und in der Rue des Abbesses finden Sie viele Cafés und Läden. Le Saint Jean (16, pl des Abbesses) ist mit seinem preiswerten Brasserie-Angebot auch bei den Einheimischen beliebt. Schattige Plätzchen für eine Pause finden Sie auf der Place Jean-Baptiste Clément und auf dem Square S Buisson an der Avenue Junot.*

Rue André Antoine ⑩

Gegenüber steht St-Jean l'Évangéliste ⑨, eine Backsteinkirche im Jugendstil. Rechts führt eine Treppenflucht zur Rue André Antoine, wo Georges Seurat in Nr. 39 lebte ⑩. Folgen Sie der Rue des Abbesses bis zur Rue Ravignan.

Rue Ravignan

Von hier aus öffnet sich ein überwältigender Blick über Paris. Steigen Sie die Stufen geradeaus hoch zur schattigen Place Émile Goudeau ⑪: Auf der linken Seite, am Haus Nr. 13, sehen Sie den Originaleingang zum Bateau-Lavoir, der wichtigsten Künstlerkolonie

St-Jean l'Évangéliste, Detail ⑨

auf dem Montmartre. Hier lebte Anfang des 20. Jahrhunderts Picasso. Weiter oben, an der Ecke Rue d'Orchampt und Rue Ravignan, sind weitere Ateliers (19. Jh.) ⑫.

Von der Rue Ravignan zur Rue Lepic

Gehen Sie weiter den Hügel hinauf über die Place Jean-Baptiste Clément ⑬. Auf der Höhe überqueren Sie die Rue Norvins. Gegenüber gibt es ein altes Restaurant, Auberge de la Bonne Franquette ⑭, das im 19. Jahrhundert wie Aux Billards en Bois ein beliebter Künstlertreff war. Folgen Sie der schmalen Rue St-Rustique mit Blick auf Sacré-Cœur. Am Ende liegt rechts die Place du Tertre ⑮. Der Weg führt nordwärts in die Rue du Mont Cenis, von der links die Rue Cortot abzweigt. In Haus Nr. 6 ⑯ lebte der Komponist Erik Satie, in Nr. 12 befindet sich das Montmartre-Museum ⑰. Gehen Sie rechts in die Rue des Saules, vorbei am Weinberg ⑱, zum Lapin Agile ⑲ Ecke Rue St-Vincent. Sie kommen durch die Rue des Saules zurück, biegen rechts in die Rue de l'Abreuvoir und gehen weiter durch die Allée des Brouillards. Nr. 6 ⑳ war das letzte Haus, das Renoir auf dem Montmartre bewohnte. Nehmen Sie die Treppe, die in die Rue Simon Dereure hinabführt, wenden Sie sich nach links in einen kleinen Park, um die Avenue Junot zu erreichen. Nr. 15 ㉑ war Anfang der 1920er Jahre das Haus des Dadaisten Tristan Tzara. Nun geht es die Avenue Junot hinauf, dann nach rechts in die Rue Girardon und wieder rechts in die Rue Lepic.

Au Lapin Agile ⑲

Von der Rue Lepic zur Place Blanche

An der Ecke steht eine Windmühle: Moulin du Radet ㉒, in der sich ein Restaurant namens »Moulin de la Galette« befindet. Weiter auf der Rue Lepic sehen Sie rechts die eigentliche Moulin de la Galette ㉓, heute eine Wohnung. Biegen Sie nach links in die Rue de l'Armée d'Orient ㉔, dann erneut nach links in die Rue Lepic. In Nr. 54 ㉕ wohnte 1886 van Gogh. Weiter geht es zur Place Blanche. Am Boulevard de Clichy liegt rechts das Moulin Rouge ㉖.

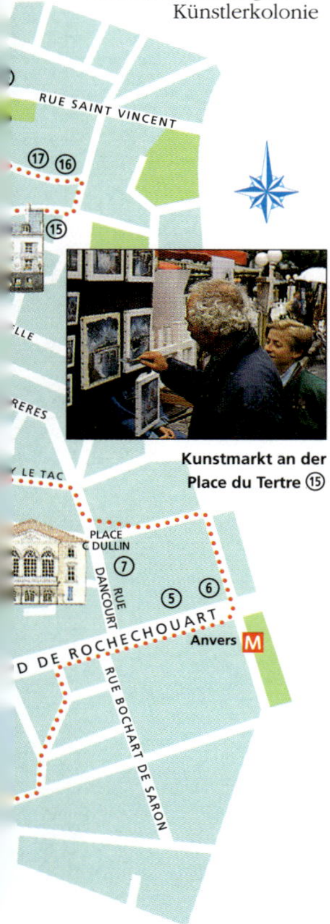

Kunstmarkt an der Place du Tertre ⑮

LEGENDE

- Routenempfehlung
- Aussichtspunkt
- Métro-Station

0 Meter 250

Das Moulin Rouge in der Nähe der Place Blanche ㉖

Spaziergang in Buttes-Chaumont (1:30 Std.)

Diese Gegend östlich der Innenstadt ist Besuchern kaum bekannt, obwohl es hier einen der größten und schönsten Parks von ganz Paris und interessante Bauwerke gibt. Auf dem relativ anstrengenden Spaziergang kommt man durch das malerische Dörfchen Butte Bergeyre hoch über der Stadt mit verschiedenartigen Häusern. Nach dem Abstieg geht es weiter in den Park Buttes-Chaumont, einen großen Hügel mit einem See samt Insel, Felsen und einer wunderbaren Vielfalt an Bäumen und anderen Pflanzen.

Blick über die Dächer der Stadt auf Sacré-Cœur ⑧

Butte Bergeyre

Von der Métro-Station Buttes-Chaumont ① nehmen Sie die Rue Botzaris, dann rechts die Avenue Simon Bolivar bis zu den Stufen bei Nr. 54 ②, die hoch zum Butte Bergeyre führen. Oben sollten Sie das zauberhafte Flair des Dörfchens aus fünf kleinen Straßen auf sich wirken lassen. Die Bebauung begann in den 1920er Jahren, es gibt aber auch neuere Häuser. Gehen Sie in die Rue Barrelet de Ricou ③, und bewundern das efeuberankte Haus Nr. 13 ④. Am Ende der Straße biegen Sie links in die Rue Philippe Hecht ⑤ ab, wo das Haus Nr. 7 ⑥ mit seinem Chalet-Stil mit dem überwucherten Art-déco-Juwel auf Nr. 13 ⑦ kontrastiert. Am Ende der Straße gehen Sie links hoch zur Ecke Rue Georges Lardennois und Rue Rémy de Gourmont: Hier genießen Sie einen herrlichen Blick über die Stadt ⑧ auf Montmartre mit der »Hochzeitstorte« Sacré-Cœur obenauf. Achten Sie auf die Weinstöcke ⑨ im Garten darunter. Nahe diesem Mini-Weinberg liegt ein kleiner Garten ⑩, der zwar der Stadt gehört, aber von den Anwohnern gepflegt wird.

Gehen Sie nun die Rue Georges Lardennois zurück zur Rue Michel Tagrine, und steigen Sie die efeubewachsene Treppe zur Hauptstraße hinab ⑪. Weiter geht es geradeaus, dann rechts in die Avenue Mathurin Moreau, wo das schöne Art-déco-Gebäude Nr. 42 ⑫ mit seinen glitzernden goldenen Details einen Blick lohnt. Am Ende der Straße gehen Sie über die Rue Manin zum Eingang des Parks.

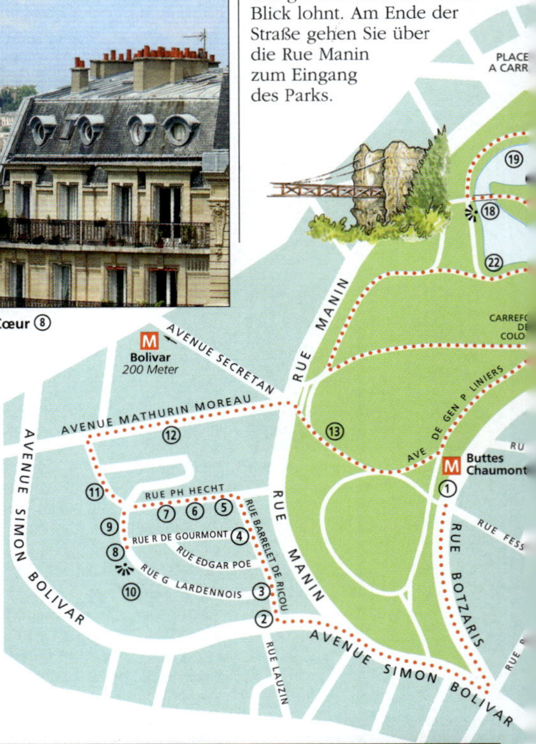

Herbstliche Laubbäume im Park

Von der Hängebrücke aus hat man eine schöne Sicht ⑱

Tempel auf der höchsten Stelle des Parks ⑰

Park Buttes-Chaumont
Napoléon III und Baron Haussmann gaben den Park 1864 in Auftrag. Es dauerte vier Jahre, bis die 25 Hektar angelegt waren. Verantwortlich waren der Ingenieur Adolphe Alphand und der Architekt Gabriel Davioud. Heute ist der hügelige Park bei Joggern beliebt. Hier wachsen Platanen, Pappeln, Eschen, Ahorn, Kastanien, Mammutbäume und herrlich blühende Magnolien.

Am Parkeingang befindet sich ein künstliches Felsenbauwerk ⑬ mit Stufen. Erklimmen Sie sie, und gehen Sie den baumgesäumten Weg zur Avenue du Général Puebla Liniers, auf der Sie zur Carrefour de la Colonne ⑭ gelangen, wo ein rotes Ziegelhaus steht. Gehen Sie von dort zu einer kleinen Brücke mit Terrakottafliesen. Überqueren Sie die Brücke ⑮, über die Stufen nach rechts erreichen Sie den Gipfel. Überqueren Sie einen Steg ⑯, und wenden Sie sich nach links zum Tempel ⑰, einer Kopie des Sibyllentempels bei Rom. Von hier hat man einen Blick über die Stadt bis zu Sacré-Cœur. Jetzt nehmen Sie den Weg rechts zurück zur Brücke mit den Terrakottafliesen. Die Stufen auf der rechten Seite führen Sie zwischen Felsen zu einer 63 Meter langen Hängebrücke ⑱ über den See. Von ihr blickt man über den Park. Überqueren Sie die Brücke, und folgen Sie dem Weg um den See ⑲ herum, vorbei an Trauerweiden und Bänken. Bei einer kleinen Rast können Sie die 164 Meter hohe künstliche Insel ⑳ bewundern. Gehen Sie am Ufer entlang, bis Sie Wasser plätschern hören: Eine der schönsten Stellen im Park ist der 32 Meter hohe Wasserfall ㉑, der in eine Grotte gehauen wurde. Blicken Sie nach oben auf die künstlichen Stalaktiten. Über Trittsteine gelangt man auf die andere Seite der Höhle und zum Ausgang. Gehen Sie weiter am Seeufer entlang. Steigen Sie einige Stufen hinauf, und gehen Sie links den Hügel hoch ㉒. Jetzt nehmen Sie den Weg zurück zum Carrefour de la Colonne. Biegen Sie links auf die Avenue de la Cascade ein, auf der Sie zum Ausgang ㉓ gelangen. Hier können Sie die Métro nehmen (Station Botzaris).

LEGENDE

•••	Routenempfehlung
✸	Aussichtspunkt
M	Métro-Station

0 Meter 200

ROUTENINFOS

Start: *Métro-Station Buttes-Chaumont.*
Länge: *2,5 Kilometer.*
Achtung: teilweise sehr steil, viele Stufen.
Anfahrt: *Fahren Sie mit der Métro bis zur Station Buttes-Chaumont (Linie 7 bis). Oder nehmen Sie Bus 26, 60 oder 75 zur Haltestelle Buttes-Chaumont-Park.*
Rasten: *Im Park gibt es viele nette Plätze für eine Pause, z. B. die Bänke am See. Das Café Le Kaskade gegenüber dem Park (2, place Armand Carrel) ist ideal für einen Imbiss und Erfrischungen – auf der Terrasse sitzt man an sonnigen Tagen besonders angenehm.*

Künstlicher Wasserfall in der Grotte ㉑

Spaziergang in Faubourg St-Antoine (1:30 Std.)

Östlich der Innenstadt, nur Schritte vom Trubel der Bastille entfernt, liegt Faubourg St-Antoine, ein traditionelles Arbeiterviertel mit vielen Möbelschreinern, Zimmerleuten und anderen Handwerkern. Von der Place de la Bastille führt unser Spaziergang zum Pariser Hafen für Ausflugsboote, in die Handwerkergegend um den Viaduc des Arts – einen alten Viadukt, in dessen Bogen sich Kunsthandwerker Ateliers eingerichtet haben – und auf die Promenade Plantée, wo es sich herrlich unter Bäumen bummeln lässt.

Les Grandes Marches, Place de la Bastille

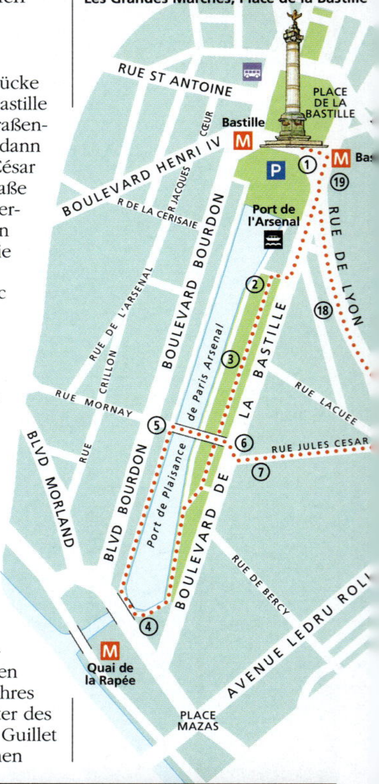

Im Port de Plaisance liegen viele Ausflugsboote ④

Port de Plaisance

Nicht weit von der verkehrsreichen Place de la Bastille ① entfernt erstreckt sich eine ruhige Gegend, die für Freizeitkapitäne und Landratten gleichermaßen interessant ist. Der Port de Plaisance und der Garten Paris-Arsenal ② wurden 1983 als Hafen für Vergnügungsboote eingerichtet. In dem Hafen, der die Seine mit dem Canal St-Martin verbindet, wurden einst Lastkähne be- und entladen. Heute legen hier Yachten und Dingis an, und auf dem Gelände bummeln die Pariser. Das Kopfsteinpflaster am Kai und die altmodischen Straßenlaternen tragen zum Flair bei. Die Grünflächen sind ideal fürs Picknick, die kleinen Spielplätze bieten Schaukeln, Rutschbahnen und Klettergerüste ③. Am Ende der Marina ④ hat man eine herrliche Aussicht. Gehen Sie über die Schleusenbrücke (auf die Ampel achten!) und auf der anderen Seite zurück Richtung Place de la Bastille. Kurz vor der grauen Stahlbrücke ⑤ steigen Sie die Stufen hoch und überqueren die Brücke zum Boulevard de la Bastille ⑥. Auf der anderen Straßenseite gehen Sie rechts, dann links in die Rue Jules César ⑦. Am Ende dieser Straße biegen Sie links ab, überqueren die Rue de Lyon und biegen rechts in die Avenue Daumesnil ein zum Anfang des Viaduc des Arts ⑧.

Viaduc des Arts

1859 baute man den Viadukt für eine Bahnlinie, die Faubourg St-Antoine mit den Vororten verband. 1994 wurde der restaurierte Viaduc des Arts mit 50 Läden und Ateliers in den rosa Brückenbogen eröffnet. Passend zur hiesigen Tradition haben die Studios alle mit Kunst oder Kunsthandwerk zu tun, in manchen wirken wahre Meister ihres Faches. Das Schaufenster des ersten Ateliers, Maison Guillet ⑨, vermittelt schon einen

Die Place de la Bastille mit der imposanten Opéra de Paris Bastille ①

Eindruck von der Qualität, die einen hier erwartet. Bei Guillet werden Seidenblumen für Pariser Theater- und Modehäuser angefertigt. In den Ateliers du Temps Passé ⑩ in Nr. 5 restauriert man Gemälde, bei Lorenove in Nr. 11 alte Glasobjekte. Nr. 13 ist Wirkungsstätte des Möbeldesigners Cherif, und im wunderbar schrulligen Laden Le Bonheur des Dames ⑪ in Nr. 17 bekommt man alles für Stickereien. Stärken können Sie sich im Viaduc Café ⑫, Nr. 43, mit einfachen Gerichten und Salaten. Die Avenue Daumesnil Nr. 97 ist der Sitz von Automates et Poupées ⑬, die Puppen und mechanisches Spielzeug reparieren. Gehen Sie weiter, vorbei am Metallmöbel-Hersteller Baguès (Nr. 73), an der Spitzen-Restauratorin Marie Lavande (Nr. 83), am Atelier Le Tallec (Nr. 93–95), das auf handbemaltes Porzellan spezialisiert ist – überall umweht einen das Flair des alten Handwerkerviertels. Allain Cadinot repariert und verkauft in Nr. 99 Blockflöten, während Roger Lanne (Nr. 103) ⑭ Geigen und Celli anfertigt. In Nr. 111 befindet sich ein Kupferschmied, in Nr. 113 ein Terrakottafliesen-Spezialist, und in Nr. 117 werden Bilderrahmen angefertigt.

Kunsthandwerksläden unter dem Viaduc des Arts ⑧

ROUTENINFOS

Start: *Métro-Station Bastille.*
Länge: *2,6 Kilometer.*
Anfahrt: *Die Station Bastille wird von den Métro-Linien 1, 5 und 8 bedient. Die Busse 29, 65, 69, 76, 86, 87, 91 und weitere fahren zur Haltestelle Place de la Bastille.*
Rasten: *In der Gegend gibt es zahlreiche Cafés, Bars und Restaurants. Mit Stil kann man in Les Grandes Marches an der Place de la Bastille speisen oder auch nur einen Kaffee trinken. Die nahe Rue de Charonne ist von witzigen Bars gesäumt. Unterwegs können Sie schön im Viaduc Café (43, Viaduc des Arts) einkehren.*

Das letzte Atelier im Viadukt gehört Jean-Charles Brosseau-Licences ⑮, der Hüte, Schmiedewaren und auch Parfums herstellt.

Promenade Plantée

Wenden Sie sich nach links, folgen Sie den Schildern eine Treppe hoch zur Promenade Plantée ⑯, einem Gehweg auf dem Viadukt. Er ist 4,5 Kilometer lang und führt zum Bois de Vincennes. Wenn Sie den Bummel ausweiten wollen, biegen Sie hier rechts ab und gehen durch Tunnels in den Wald. Oder Sie gehen links zurück gen Bastille. Auf diesem schmalen Weg mit Rosen, Lavendel und Ahornbäumen haben Sie eine schöne Sicht über die Dächer. Am Wegende ⑰ nehmen Sie die Stufen hinab zur Rue de Lyon ⑱, die zur Métro Bastille führt. Werfen Sie unterwegs einen Blick auf die Opéra de Paris Bastille ⑲ *(siehe S. 98)*.

Die Promenade Plantée ⑯

LEGENDE

- ••• Routenempfehlung
- ••• Abstecher
- Aussichtspunkt
- M Métro-Station

Spaziergang in Butte-aux-Cailles (1:30 Min)

Auf diesem Spaziergang lernen Sie Butte-aux-Cailles kennen, eine hügelige, fast dörfliche Gegend mit ruhigen Straßen, schattigen Plätzen und lebhaften Bistros. Die Gegend schrieb Geschichte, als hier 1783 die erste bemannte Ballonfahrt endete. Um 1800 wohnten hier Arbeiter der kleinen Fabriken, während der Pariser Kommune fanden hier die ersten Kämpfe statt. Bebauung setzte aber erst nach 1910 richtig ein, die Architektur spiegelt die Ansicht wider, dass individuelle Häuser und Grünflächen die Gesundheit fördern.

Steile Kopfsteinpflasterstraße in Butte-aux-Cailles ⑪

Butte-aux-Cailles
Verlassen Sie die Métro-Station Place d'Italie ① am Ausgang »Auguste Blanqui« – beachten Sie dabei die Guimard-Dekoration. Wenn Sie der trubeligen Rue Bobillot bis zur Rue Paulin-Méry ② folgen, betreten Sie das beschauliche Butte-aux-Cailles. Der Kontrast ist überraschend: Ruhige, schmale Pflasterstraßen und altmodische Straßenlaternen herrschen hier vor. Erfreuen Sie sich an den lila Fensterläden von Nr. 5 ③ und an den Bäumen im Gärtchen gegenüber. Gehen Sie geradeaus weiter, über die Rue du Moulin des Prés, und biegen Sie links in die Rue Gérard ein, an roten Ziegelterrassen und überwucherten Villen vorbei ④. Weiter geht es in die Rue Samson, dann rechts in die Rue Jonas und links in die Rue des Cinq Diamants ⑤. Le 43 in Nr. 43 ⑥ ist ein hippes Thai-Restaurant.

Wer an Geschichte interessiert ist, sollte die Association des Amis de la Commune de Paris im Haus Nr. 46 ⑦ besuchen, wo es Shirts, Bücher und Pamphlete über dieses blutige Kapitel in der Pariser Geschichte gibt. Biegen Sie rechts in die Passage Barrault ein, eine gepflasterte Gasse mit efeubedeckten Mauern ⑧. An ihrem Ende gehen Sie links in die Rue Barrault und die Straße hoch bis zum Abzweig in die Rue Daviel rechts. Die Häuschen mit der Nr. 10, bekannt als »Klein Elsass« ⑨, waren mit die ersten städtischen Wohnungen in Paris. Die reizenden kleinen Innenhöfe kann man tagsüber besichtigen. Schlendern Sie gegenüber die Villa Daviel ⑩ hinunter, eine kleine Terrassenstraße mit Vorgärten. Gehen Sie nun zurück zur Rue Barrault, dann links und gleich wieder rechts in die Hauptstraße der Gegend, die Rue de la Butte-aux-Cailles ⑪. Folgen Sie der Straße hoch bis zur Place de la Commune de Paris ⑫. Der Platz macht heute nicht viel her und ist nur erwähnenswert, weil hier im Mai 1871 eine wichtige Schlacht stattfand. Weiter geht es die Rue de la Butte-aux-Cailles hinauf. Les Abeilles in Nr. 21 ⑬ ist ein Laden, der sich der Bienenzucht widmet und eine Freude für Honigfans ist. Den kleinen Hunger können Sie in der altmodischen Crêperie Des Crêpes et des Cailles in Nr. 13 stillen, größeren in Nr. 18, dem bekanntesten Restaurant der Gegend: Les Temps des Cerises ⑭. Es liegt nahe der Place

Straßenschild in Butte-aux-Cailles

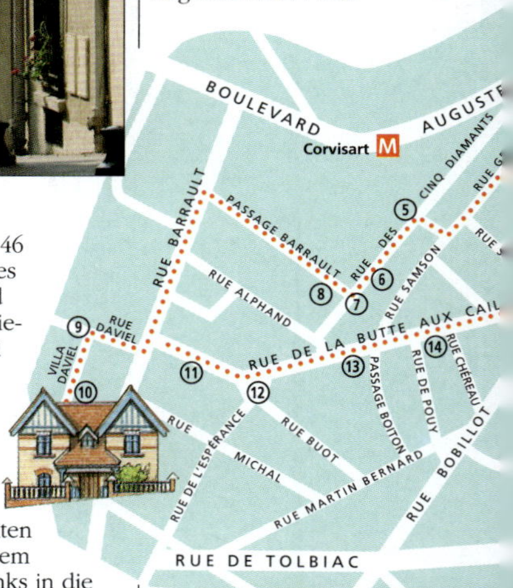

Honig in allen Formen: Les Abeilles ⑬

Le Temps des Cerises ist voller Boheme-Flair ⑭

LEGENDE

••• Routenempfehlung

M Métro-Station

0 Meter 200

de la Commune, wird als Kooperative betrieben und gilt als inoffizielles Zentrum des Viertels. Am Ende der Straße liegt die Place Paul Verlaine ⑮. Hier finden Sie ein rotes Jugendstilbad ⑯. Es wurde 1924 erbaut und bietet einen Pool innen und zwei draußen. Über die Treppe vor dem Bad gelangen Sie zu einem modernen Springbrunnen ⑰, der von einem 580 Meter tiefen Brunnen (1863 gegraben, 2000 restauriert) gespeist wird. Oft stehen hier Anwohner Schlange, die ihre Plastikflaschen füllen.

Vom Platz gehen Sie rechts, dann wieder rechts, vorbei am Restaurant Chez Nathalie mit seiner Blumenterrasse, in die Fußgängerstraße Rue Vandrezanne, von hier aus in die Passage Vandrezanne, eine steile gepflasterte Gasse mit alten Straßenlaternen ⑱. Überqueren Sie die Rue du Moulinet und kehren in die Rue Moulin des Prés ein, auf der Sie die Rue Tolbiac erreichen. Auch diese lebhafte Straße überqueren Sie, dann biegen Sie nach rechts in eine andere Zeit ab, auf den Square des Peupliers ⑲. Jedes Haus an dem 1926 angelegten Platz ist anders – was die Ideale jener Zeit reflektiert. Alle haben jedoch hübsche Gärtchen, die meisten Jugendstilveranden. Die verzierten goldenen Laternen sind etwas Besonderes.

ROUTENINFOS

Start: *Métro-Station Place d'Italie.*
Länge: *2,6 Kilometer.*
Anfahrt: *Fahren Sie mit der Métro 5, 6 oder 7 zur Place d'Italie. Oder nehmen Sie Bus 27, 47, 57, 67 oder 83 zur Haltestelle Place d'Italie.*
Rasten: *In der Rue de la Butte-aux-Cailles gibt es viele gute Cafés und Restaurants. Le Temps des Cerises (Nr. 18) hat eine nette Atmosphäre, Fusion (Nr. 12) serviert Fusionsküche. In der Rue des Cinq Diamants eignet sich Chez Gladines (Nr. 30) bestens zum Mittagessen, Cailloux (Nr. 58) ist eine schickere Alternative.*

Crêpes von Des Crêpes et des Cailles

Verlassen Sie den Square des Peupliers, biegen Sie rechts in die Rue du Moulin des Prés ein. Hier sehen Sie Häuser aus Naturstein ⑳ und ein ungewöhnliches Jugendstilhaus (Nr. 104) ㉑. Biegen Sie rechts in die Rue Damesme ein, wieder rechts in die Rue du Docteur Leray und abermals rechts in die Rue Dieulafoy ㉒, in der eine Reihe individueller bunter Häuschen stehen. Am Ende der Straße gehen Sie rechts durch die Rue Henri Pape, dann links durch die Rue Damesme zur Rue Tolbiac und zurück ins moderne Paris. Wenden Sie sich nach rechts zur Métro-Station Tolbiac ㉓.

Der Square des Peupliers mit seinen individuellen Häusern ⑲

Zu Gast in Paris

Hotels

Es gibt in Paris mehr Übernachtungsmöglichkeiten als in fast jeder anderen europäischen Stadt. Die Bandbreite der Hotels reicht vom superluxuriösen Ritz (in Frankreich nennt man solche Hotels *palaces*) und exklusiven Häusern wie L'Hôtel, in dem Oscar Wilde verarmt gestorben ist, bis hin zu einfachen Hotels in reizvollen älteren Teilen von Paris. Denken Sie daran, dass *hôtel* nicht immer ein Hotel in unserem Sinne meint,

sondern auch Rathaus *(hôtel de ville)*, Krankenhaus *(Hôtel-Dieu)* oder einfach Haus bedeuten kann. Für die Liste auf den Seiten 284–291 haben wir empfehlenswerte Hotels aus allen Preiskategorien ausgewählt, die Häuser sind nach Stadtteilen und Preisklassen geordnet. Andere Unterkünfte wie Pensionen, Ferienwohnungen und Hostels *(siehe S. 278f)* kommen besonders für preisbewusste Reisende oder Familien infrage.

Hotelsuche

Hotels ähnlicher Ausstattung sind meist in bestimmten Vierteln konzentriert, wobei die Seine eine simple Unterscheidung ermöglicht. Luxushotels befinden sich normalerweise auf der nördlichen, rechten Seite, besonders romantische Häuser auf der südlichen, linken.

In den eleganten Bezirken nahe den Champs-Élysées und um die Opéra Garnier liegen viele namhafte Hotels, darunter das Royal Monceau, Raffles Paris, Bristol, Four Seasons George V, Meurice und Plaza Athénée. Viele weniger bekannte, gleichwohl elegante Hotels finden sich im gepflegten Wohn- und Botschaftsviertel nahe dem Palais de Chaillot.

Weiter östlich auf dem rechten Ufer, im restaurierten Marais, wurden mehrere ältere Häuser und Palais in außerordentlich attraktive Hotels mit vernünftigen Preisen verwandelt. Allerdings ist die nahe gelegene Gegend um Les Halles und die Rue St-Denis ein Anziehungspunkt für Prostituierte und Drogenabhängige. Südlich des Marais erstrecken sich mitten in der Seine die Île St-Louis und die Île de la Cité mit mehreren hübschen Hotels.

Auf dem linken Ufer finden sich einige der populärsten touristischen Gebiete und eine große Anzahl kleiner, aber stilvoller Hotels. Die Atmosphäre wandelt sich allmählich vom bürgerlichen Quartier Latin über das schicke St-Germain-des-Prés und den Regierungs- und Verwaltungsbezirk bis zu Hôtel des Invalides und Tour Eiffel. Dieser Wandel spiegelt sich auch in den Hotels wider.

Weiter vom Zentrum entfernt liegen am Montparnasse mehrere große Business-Hotels. Im Bahnhofsviertel an der Gare du Nord und Gare

Hôtel de Crillon *(siehe S. 282)*

de Lyon findet sich eine Anzahl von einfachen, zum Teil recht schäbigen Hotels. Montmartre verfügt über ein bis zwei Hotels in Hügellage. Es gibt viele Hotels, die vorgeben, zu Montmartre zu gehören, in Wirklichkeit aber im Rotlichtbezirk Pigalle liegen.

Wenn Sie sich nach einem Hotel umsehen, ist der späte Vormittag bzw. der frühe Nachmittag die beste Zeit. Sollte ein bestimmtes Hotel ausgebucht sein, versuchen Sie es nochmals nach 18 Uhr, wenn nicht beanspruchte Reservierungen frei werden. Sehen Sie sich das angebotene Zimmer an. Flughafenhotels finden Sie unter *Anreise (siehe S. 377)*.

Hotelpreise

Die Hotelpreise sind außerhalb der Hochsaison (also von Mitte November bis März sowie im Juli und August) nicht unbedingt

Das Hôtel du Louvre *(siehe S. 285)* zwischen Louvre und Palais Royal

◁ Blick von der Seine auf Notre-Dame *(siehe S. 82–85)*

niedriger, weil Modeveranstaltungen und andere Ereignisse den Hotelbetrieb das ganze Jahr über in Gang halten. Allerdings finden Sie in älteren Hotels häufig beträchtliche Preisunterschiede, je nach Lage und Größe der Zimmer. Zimmer mit Verbindungstür sind etwas teurer als normale Doppelzimmer, die Kosten für eine Einzelbelegung sind ebenso oder zumindest fast so hoch wie die für zwei Personen (Preise werden fast immer pro Zimmer, nicht pro Person aufgeführt). Einzelzimmer sind selten, viele von ihnen eng und dürftig möbliert. Zimmer ohne Bad kosten in der Regel 20 Prozent weniger. Halbpension ist in Anbetracht der breiten Palette guter Restaurants nicht nötig.

Es lohnt sich, nach einem Preisnachlass zu fragen. Oft bekommt man auch Sonderkonditionen bei der Buchung im Internet.

Versteckte Kosten

Von Gesetz wegen sind Steuer und Bedienung im Preis enthalten, der an der Rezeption oder in den Zimmern angegeben ist. Trinkgelder sind nur für außergewöhnliche Leistungen nötig, etwa für eine Kartenbestellung durch die Rezeption. Bevor Sie ein Zimmer reservieren, sollten Sie sich allerdings erkundigen, ob das Frühstück im Preis enthalten ist – sonst kann Frühstücken im Hotel teuer sein. Seien Sie auch vorsichtig mit Getränken und Snacks aus der Minibar. Sie sind normalerweise teuer, ebenso wie die Wäschereinigung, die Hotelgarage oder Telefongespräche vom Zimmer aus, insbesondere wenn das Telefonat von der Rezeption vermittelt wird.

Das Plaza Athénée *(siehe S. 291)* an den Champs-Élysées

Four Seasons George V *(siehe S. 290)*

Hotelkategorien

Französische Hotels werden von den Tourismusbehörden relativ systematisch in fünf Kategorien unterteilt: ein Stern bis vier Sterne und – seit 2009 – eine Fünf-Sterne-Kategorie. Sehr einfache Hotels werden in diese Klassifizierung nicht aufgenommen. Die Sterne sind recht zuverlässige Indikatoren dafür, was Sie an Ausstattung und Komfort zu erwarten haben. Bedenken Sie jedoch: Diese offizielle Klassifizierung ist kein zuverlässiger Indikator für Freundlichkeit, Sauberkeit, Lärmbelästigung oder gar für den Geschmack bei Einrichtung und Dekor.

Statue im Relais Christine *(siehe S. 287)*

Ausstattung

Wenige Pariser Hotels unterhalb der Vier-Sterne-Kategorie haben ein Restaurant, aber fast alle einen Frühstücksraum. Viele Hotelrestaurants schließen im August. In den meisten älteren Hotels finden Sie kein Foyer vor. Modernere oder teurere Hotels bieten entsprechend größeren Komfort und haben in der Regel eine Bar. Günstige Hotels haben häufig keinen Aufzug, und nur die teureren Hotels haben eigene Parkplätze. Einige Ausnahmen hiervon sind auf den Seiten 284–291 aufgeführt.

Wenn Sie mit dem Auto anreisen, können Sie auf eines der motelähnlichen Hotels an der Peripherie ausweichen *(siehe S. 279f)*.

Außer in den allereinfachsten Innenstadthotels finden Sie in fast allen Hotelzimmern Telefon, Fernseher und WLAN-Internet-Anschluss vor. Breite Betten *(grands lits)* sind durchaus weitverbreitet – Sie sollten bei der Reservierung angeben, ob Sie ein *grand lit* oder lieber zwei Betten haben möchten.

Das Meurice *(siehe S. 285)* bei den Tuileries

Komfort

Einige Hotelbetten sind mit dem französischen Kopfpolster in Form einer Wurst ausgestattet. Wenn Sie Kissen bevorzugen, fragen Sie nach einem *oreiller*. Wenn Sie eine Toilette oder ein Bad im Zimmer haben wollen, fragen Sie nach einem *WC* bzw. einem *baignoire*. Ein *cabinet de toilette* besteht nur aus einem Waschbecken und Bidet, und *eau courante* bedeutet einfach ein Becken mit fließend heißem und kaltem Wasser. Ein Duplexzimmer ist eine Suite mit zwei Stockwerken.

Das traditionelle französische Hotelfrühstück mit frischem Kaffee, Croissants, Marmelade und Orangensaft ist auch in Paris weitgehend durch ein aufwendiges Frühstücksbüfett mit Wurst und Käse ersetzt worden. Fragen Sie, unabhängig von der Frühstücksart, nach *orange pressée* (frisch gepresster Orangensaft) statt *jus d'orange*, der gewöhnlich aus der Dose oder Flasche kommt. Einige Luxushotels sind mittlerweile beliebte Frühstücksorte, sodass es sich empfiehlt, einen Tisch zu reservieren. Eine angenehme Alternative sind die Cafés, in denen auch viele Franzosen frühstücken.

Man muss gewöhnlich das Zimmer bis Mittag verlassen, sonst zahlt man für einen weiteren Tag.

Sonderangebote

Da Paris sowohl bei Urlaubern als auch bei Geschäftsreisenden ein beliebtes Ziel ist, gibt es kaum Wochenendrabatte. Wenn keine größeren Veranstaltungen stattfinden, kann man bei Buchung über das Internet Sonderkonditionen bekommen.

Mit Kindern reisen

Familien mit kleinen Kindern erhalten oft entsprechend ausgestattete Zimmer ohne oder gegen geringen Aufpreis. In den meisten Hotels sind Kinder willkommen, auch wenn nicht alle Häuser auf junge Gäste eingestellt sind. Ein Babysitter-Dienst lässt sich oft anrangieren.

Behinderte Reisende

Unsere Informationen über die Barrierefreiheit beruhen auf der Selbstauskunft der Hotels. Nur wenige Häuser sind gut ausgestattet, was behinderte Gäste betrifft. **Jaccede** und **Groupement pour l'Insertion des Personnes Handicapées Physiques (GIHP)** nennen geeignete Hotels und geben andere nützliche Hinweise *(Adressen siehe S. 369)*.

Ferienwohnungen

Ferienwohnungen für Selbstversorger sind bei Besuchern von Paris sehr beliebt. Die Kette **Citadines Apart'hotel** bietet möblierte Studios und Apartments mit Küche in mehreren Vierteln der französischen Hauptstadt an. Diese Unterkünfte eignen sich sowohl für Kurztrips als auch für längere Aufenthalte. Daneben gibt es auch einige hotelähnliche Einrichtungen mit Wäsche- und Zimmerservice, Babysitter-Dienst und Lieferservice für Lebensmittel, wofür natürlich gesonderte Kosten anfallen.

Das Pariser **Office du Tourisme et des Congrès de Paris** hat eine vollständige Liste der *résidences*. Die Agenturen **Allo Logement Temporaire**, **At Home In Paris**, **ASLOM**, **Paris Appartements Services** und **France Appartements** vermitteln private Apartments für Aufenthalte von einer Woche bis zu sechs Monaten *(siehe S. 280)*. Einige dieser Apartments liegen ein wenig außerhalb des Stadtzentrums, wes-

Ruhig und komfortabel: Hôtel des Grands Hommes *(siehe S. 287)*

Begrünter Innenhof des Relais Christine *(siehe S. 287)*

halb man sich bereits vor der Buchung über die Lage des Objekts informieren sollte. Die angebotenen Preise sind mit denen anderer Apartment-Unterkünfte vergleichbar, mitunter, zumal bei größeren Objekten, liegen sie sogar ein wenig darunter.

Stilvoll eingerichteter Empfangsbereich des Atala *(siehe S. 290)*

Privatunterkünfte

Bed & Breakfast, eine ursprünglich britische Erfindung, nennt man in Paris auch *chambre d'hôtes*. Unterkünfte dieser Art bekommt man zu moderaten Preisen ab etwa 60 Euro pro Nacht und Doppelzimmer.

Es gibt in Deutschland mehrere Agenturen mit einem Angebot von Zimmern und Ferienwohnungen in Paris bis hin zu Gastgebern mit Deutschkenntnissen. Die französische Agentur **Alcôve & Agapes** bietet Zimmer in gehobenen Vierteln von Paris, von allen ist die Métro zu Fuß erreichbar. **France-Lodge** ist auf Langzeitvermietungen spezialisiert. Man muss eine jährliche Registrierungsgebühr von 15 Euro bezahlen, dafür sind die Wohnungen preiswerter als bei anderen Agenturen. Auch **Good Morning Paris** hat Zimmer im Angebot.

Für die meisten Privatunterkünfte gilt eine Mindestaufenthaltsdauer von zwei Nächten *(Adressen siehe S. 280)*.

Hotelketten

Motelähnliche Einrichtungen schießen am Stadtrand von Paris wie Pilze aus dem Boden. Zu den preiswerten Hotelketten gehören **Formule 1**, **Première Class** und **Fast Hotel**. Eine Stufe teurer sind die Hotels der Ketten **Campanile**, **Ibis** und **Choice Hotels**. Vor allem für Autobesitzer sind solche Hotels praktisch. Oft allerdings liegen sie an viel befahrenen Straßen. Die neueren Häuser sind besser ausgestattet und gemütlicher eingerichtet als die alten.

Mehrere Hotelketten (**Sofitel**, **Novotel** und **Mercure**) sind auf Geschäftsreisende eingestellt: Sie bieten mehr Komfort, allerdings auch zu höheren Preisen. Häufig lohnt es sich, die Wochenend-Offerten der Ketten zu nutzen. Viele Häuser haben ein eigenes Restaurant. Meist findet man eine präzise Lagebeschreibung im Internet *(Adressen siehe S. 280)*.

Viele Hotels bieten spezielle Weekend-Pauschalen an. Informieren Sie sich auch über Pauschalangebote, wenn Sie mit dem Flugzeug oder Zug anreisen oder einen Mietwagen nehmen – besonders außerhalb der Saison findet man nicht selten überraschend günstige Preise.

Jugendherbergen und Hostels

Es gibt mehrere Jugendherbergsnetze in Paris. **Maisons Internationales de la Jeunesse et des Étudiants (MIJE)** bietet Schlafsaal-Unterkünfte für 18- bis 30-Jährige in drei Häusern im Marais. Außer für Gruppen ist keine Vorausbuchung möglich. Man ruft einfach am gewünschten Tag bei der Zentrale an.

Das **Bureau des Voyages de la Jeunesse (BVJ)** hat in zwei Pariser Häusern Unterkünfte in Doppelzimmern oder in Schlafsälen zu erschwinglichen Preisen. Reservierungen können maximal 14 Tage im Voraus erfolgen.

La Maison de l'UCRIF verfügt in und um Paris über sechs Filialen mit Einzel- und Gemeinschaftsunterkünften. Ein Alterslimit gibt es hier nicht.

Die **Fédération Unie des Auberges de Jeunesse (FUAJ)** gehört dem internationalen Jugendherbergswerk an. In den drei Pariser Herbergen gibt es kein Alterslimit.

St Christopher's Paris ist ein Hostel unweit der Gare du Nord mit sehr guter Ausstattung. Die jungen Gäste schätzen hier Bar, Live-Musik und kostenlosen Internet-Zugang *(Adressen siehe S. 280)*.

Hotel Four Seasons George V *(siehe S. 290)*

AUF EINEN BLICK

Office du Tourisme

25, rue des Pyramides, 75001. ☎ *01 49 52 42 03. Weitere Informationsbüros siehe S. 367.*
www.parisinfo.com
http://de.parisinfo.com/paris-hotels.de/

Agenturen

Ely 12 12
182, rue du Faubourg-St-Honoré, 75008.
☎ *01 43 59 12 12.*
www.ely1212.com

Ferienwohnungen

Allo Logement Temporaire
64, rue du Temple, 75003.
☎ *01 42 72 00 06.*
www.allo-logement-temporaire.asso.fr

ASLOM
67, ave de la Bourdonnais, 75007. ☎ *01 43 49 67 79.* **www**.aslom.com

At Home In Paris
15, ave de Friedland, 75008.
☎ *01 42 12 40 40.*
www.athomeinparis.fr

Citadines Apart'hotel
☎ *0825 333 332.*
www.citadines.com

France Appartements
97, ave des Champs-Élysées, 75008.
☎ *01 56 89 31 00.*
www.rentapart.com

Paris Appartements Services
20, rue Bachaumont, 75002. ☎ *01 40 28 01 28.* **www**.paris-apts.com

Résidences de Tourisme

Pierre et Vacances
☎ *0892 70 21 80.*
www.pierre-vacances.fr

Résidence du Roy
8, rue François 1er, 75008.
☎ *01 42 89 59 59.*
www.residence-du-roy.com

Privatunterkünfte

Alcôve & Agapes
☎ *01 44 85 06 05.*
www.bed-and-breakfast-in-paris.com

France-Lodge
41, rue Meissonier, 75017.
☎ *01 56 33 85 85.*
www.apartments-in-paris.com

Good Morning Paris
43, rue Lacépède, 75005.
☎ *01 47 07 28 29.*
www.goodmorningparis.fr

Hotelketten

Campanile
☎ *08 25 00 30 03.*
www.campanile.fr

Choice Hotels
☎ *08 00 12 12 12.*
www.choicehotels.com

Hilton
18, ave de Suffren, 75015.
☎ *01 44 38 56 00.*
www.hilton.com

Holiday Inn République
10, pl de la République, 75011.
☎ *08 00 90 56 49.*
www.holidayinn.com

Holiday Inn St-Germain-des-Prés
92, rue de Vaugirard.
☎ *08 00 90 56 49.*
www.holidayinn.com

Hotel All Seasons Paris Bercy
77, rue de Bercy, 75012.
☎ *01 53 46 50 50.*
www.accorhotels.com

Ibis
☎ *08 92 68 66 86.*
www.ibishotel.com

Mercure Paris Austerlitz
6, bd Vincent Auriol, 75013.
☎ *01 45 82 48 00.*
www.mercure.com

Mercure Paris Montparnasse
20, rue de la Gaîté, 75014.
☎ *01 43 35 28 28.*
www.mercure.com

Mercure Paris Porte de Versailles
69, bd Victor, 75015.
☎ *01 44 19 03 03.*
www.mercure.com

Mercure Paris Tour Eiffel
64, bd de Grenelle, 75015.
☎ *01 45 78 90 90.*
www.mercure.com

Méridien Montparnasse
19, rue du Commandant René Mouchotte, 75014.
☎ *01 44 36 44 36.*
www.lemeridien-montparnasse.com

Novotel Paris Bercy
85, rue de Bercy, 75012.
☎ *01 43 42 30 00.*
www.novotel.com

Novotel Paris Les Halles
8, pl Marguerite de Navarre, 75001.
☎ *01 42 21 31 31.*
www.novotel.com

Novotel Tour Eiffel
61, quai de Grenelle, 75015. ☎ *01 40 58 20 00.* **www**.novotel.com

Paris Rive Gauche Hotel und Konferenzzentrum
17, bd St-Jacques, 75014.
☎ *01 40 78 79 80.*
www.marriott.com

Royal Garden St-Honoré
218, rue du Faubourg-St-Honoré, 75008.
☎ *01 49 53 03 03.*
www.royalgardenparis.com

Sofitel Le Faubourg
15, rue Boissy d'Anglas, 75008. ☎ *01 44 94 14 14.* **www**.sofitel.com

Sofitel Paris La Défense
33, voie des Sculpteurs, 92800.
☎ *01 47 76 44 43.*
www.sofitel.com

Sofitel Scribe
1, rue Scribe 75009.
☎ *01 44 71 24 24.*
www.sofitel.com

Warwick Champs-Élysées
5, rue de Berri, 75008.
☎ *01 45 63 14 11.*

Hostels

BVJ
20, rue Jean-Jacques Rousseau, 75001.
☎ *01 53 00 90 90.*
http://bvjhotel.com

FUAJ – Le d'Artegnan
80, rue Vitruve, 75010.
☎ *01 40 32 34 56.*
www.fuaj.org

La Maison de l'UCRIF
27, rue de Turbigo, 75002.
☎ *01 40 26 57 64.*
www.ethic-etapes.fr

MIJE
11, rue du Fauconnier, 75004.
☎ *01 42 74 23 45.*
www.mije.com

St Christopher's Paris
68–74, quai de Seine, 75019.
☎ *01 40 34 34 40.*
www.st-christophers.co.uk

Camping

Camping du Bois de Boulogne
2, allée du Bord de l'Eau, 75016.
☎ *01 45 24 30 00.*
www.campingparis.fr

Camping International de Jablines
Jablines-Annet, 77450.
☎ *01 60 26 09 37.*
www.camping-jablines.com

Camping International Maisons-Laffitte
1, rue Johnson, 78600.
☎ *01 39 12 21 91.*
www.campint.com

FFCC
78, rue de Rivoli, 75004.
☎ *01 42 72 84 08.*
www.ffcc.fr

Camping

Der einzige Campingplatz in Paris selbst ist **Camping du Bois de Boulogne** (ca. 15–40 Euro pro Nacht). Der gut ausgestattete Platz an der Seine ist ganzjährig geöffnet, im Sommer aber meist ausgebucht. Er bietet Stellplätze für Zelte und Wohnmobile sowie Wohnwagen-Verleih. In der Peripherie gibt es mehrere Campingplätze, einige nahe an RER-Bahnlinien.

Camping International de Jablines (ca. 25 Euro pro Nacht) liegt relativ günstig, nur neun Kilometer von Disneyland Resort Paris und eine 25-minütige Bahnfahrt von der Innenstadt entfernt. **Camping International Maisons-Laffitte** (ca. 25 Euro pro Nacht) liegt an der Seine und hat nur von April bis Oktober geöffnet. Die nächste RER-Station erreicht man zu Fuß in zehn Minuten. Die Fahrtzeit ins Zentrum beträgt 20 Minuten, nach Disneyland Resort Paris 50 Minuten. Nach Versailles braucht man mit dem Auto 20 Minuten.

Informationen über andere Plätze erteilt das Office du Tourisme. Die **Fédération Française de Camping-Caravaning (FFCC)** gibt jährlich eine Broschüre heraus.

Reservierung

Die touristische Hochsaison ist in Paris Mai, Juni, September und Oktober, aber große Veranstaltungen wie Modenschauen, Messen und Ausstellungen sorgen dafür, dass Zimmer stets gefragt sind. Disneyland Resort Paris hat zur Nachfrage nach Unterkünften noch zusätzlich beigetragen, da viele Besucher mit der RER zum Vergnügungspark fahren, aber in Paris wohnen. Im Juli und August ist es ruhiger, da dann viele Pariser im Urlaub sind. Im Gegensatz zu früher haben aber selbst im August rund die Hälfte der Hotels, Restaurants und Läden offen.

Wenn Sie ein Hotel buchen wollen, sollten Sie dies mindestens einen Monat im Voraus tun. Die aufgelisteten Hotels gehören zu den besten

Tourismus-Informationsschalter am Flughafen Charles de Gaulle

ihrer Kategorie und sind besonders schnell ausgebucht. Reservieren Sie zwischen Mai und Oktober sechs Wochen im Voraus, am besten direkt beim Hotel. Wenn Sie sich telefonisch erkundigen, tun Sie es möglichst tagsüber, damit autorisiertes Personal Ihre Buchung entgegennehmen kann. Telefonische Reservierungen in der Hochsaison sollten Sie sich immer per Fax oder E-Mail bestätigen lassen, auch bei der Buchung via Internet sollte eine Bestätigung erfolgen. Meist ist zum Buchen die Nummer Ihrer Kreditkarte erforderlich.

Am preiswertesten ist in der Regel eine Online-Buchung direkt über die Website des Hotels oder der Hotelkette. Wenn Sie zur Buchung eine Agentur bevorzugen, wenden Sie sich an **Ely 12 12**, die Hotels, Unterkünfte für längere Zeit und auch Hausboote auf der Seine vermittelt.

Wenn alle Hotels voll sind, haben Sie bei einer Buchung gegen Gebühr über das **Office du Tourisme et des Congrès de Paris** (Büros *siehe S. 367*) immer noch die besten Chancen.

Anzahlung

Wenn Sie eine telefonische Reservierung vornehmen, werden Sie entweder nach der Nummer Ihrer Kreditkarte gefragt (von der auch eventuell fällige Stornierungsgebühren abgebucht werden) oder nach einer Anzahlung *(arrhes)*. Die Anzahlung kann den Preis einer ganzen Nacht betragen, üblich sind jedoch nur 15 Prozent dieses Betrags. Wenn Sie nicht per Kreditkarte bezahlen wollen, gibt es die Möglichkeit der internationalen Standardüberweisung, für die Sie IBAN (internationale Kontonummer) und BIC (internationale Bankleitzahl) brauchen.

Es ist in der Regel kein Problem, bei frühzeitiger Buchung spezielle Zimmerwünsche zu äußern. Versuchen Sie, am Anreisetag bis spätestens 18 Uhr in Ihrem Hotel zu sein, oder rufen Sie an, wenn es später wird, da Sie andernfalls leicht das Zimmer verlieren können.

Ein Hotel, das eine bestätigte Buchung nicht erfüllt, wird vertragsbrüchig. Der Gast hat dann Anspruch auf wenigstens die doppelte Anzahlungssumme als Entschädigung, falls ihm das Hotel kein gleichwertiges Zimmer anderswo besorgen kann. Bei Problemen wenden Sie sich an das **Office du Tourisme**.

Informationsbüros

Sie können Hotelzimmer an jedem Pariser Flughafen-Informationsschalter buchen, aber nur persönlich und nur für denselben Tag. In den Büros in der Gare du Lyon und der Gare du Nord sowie bei der Métro-Station Pyramides sind ähnliche Arrangements möglich.

Die Pariser Informationsbüros halten vollständige Hotellisten für Sie bereit, einige buchen auf Wunsch auch Tickets für Veranstaltungen oder Ausflüge *(Adressen der Büros siehe* Praktische Hinweise *S. 367)*.

Idylle am Camping International Maisons-Laffitte

Highlights: Hotels

Paris ist berühmt für seine Hotels, man findet zahllose davon in jeder Kategorie – von den prächtigen *palaces*, absoluten Spitzenhotels, über die romantischen *hôtels de charme* bis hin zu den schlichteren Familienhotels in ruhigen Seitenstraßen. Als Mode- und Kulturzentrum ist die Stadt ein Mekka für die Schönen, Reichen und Berühmten aller Sparten. Kaum verwunderlich also, dass Paris sich einiger der glanzvollsten Hotels der Welt rühmen kann. Allein in der Innenstadt kann man mehr als tausend Hotels zählen. Wie unterschiedlich die Preise auch sein mögen – die von uns aufgelisteten Hotels *(siehe S. 284–291)* zeigen alle jenen unnachahmlichen Stil, der Paris auszeichnet. Hier sehen Sie eine Auswahl der allerbesten Häuser.

Bristol
Im schicken Kern von Paris – der Inbegriff des Luxus (siehe S. 290).

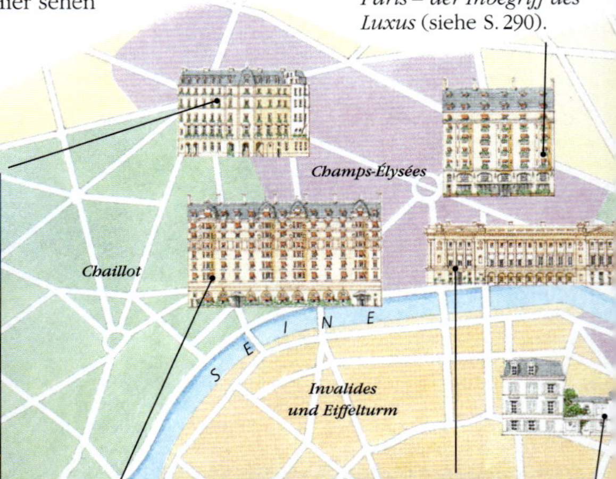

Balzac
Klein, aber fein, mit dem Charme vergangener Epochen und dem gepriesenen Restaurant Pierre Gagnaire (siehe S. 290).

Hôtel de Crillon
Eines der großen Luxushotels, ursprünglich für Louis XV gebaut (siehe S. 285).

Plaza Athénée
Im Herzen der Pariser Haute Couture ist das Hotel der Lieblingsort der Modewelt – mit prächtigem Dekor und einem ausgezeichneten Restaurant (siehe S. 291).

Duc de St-Simon
Ein friedliches und idyllisches hôtel de charme *(18. Jh.) südlich der Seine, mit Blick auf einen hübschen Park* (siehe S. 289).

Le Grand Hôtel Intercontinental
Gebaut 1862 für Napoléon III und regelmäßig besucht von Größen wie Mata Hari und Churchill (siehe S. 291).

L'Hôtel
Oscar Wildes letzter Wohnort beeindruckt mit ungewöhnlichen Zimmern, von denen eines von dem Varietéstar Mistinguett ausgestattet und bewohnt wurde (siehe S. 286).

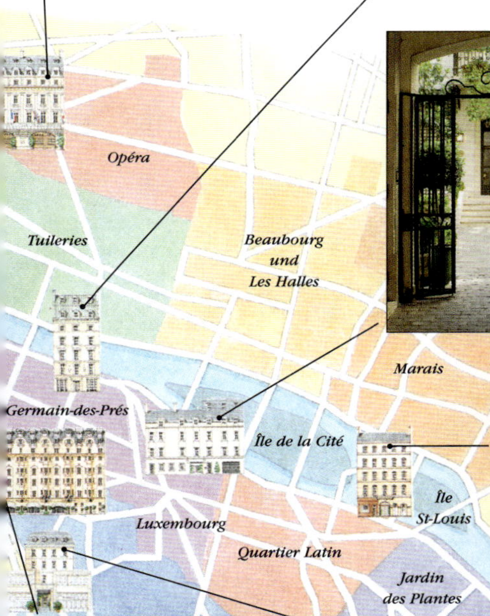

Relais Christine
Eine Oase der Ruhe im Herzen der Stadt mit traditionellem Komfort und Kaminfeuer im Salon (siehe S. 287).

Hôtel du Jeu de Paume
Das raffinierte Hotel steht dort, wo einst ein Sportplatz (jeu de paume) *war* (siehe S. 284).

Lutétia
Gestaltet von der Top-Designerin Sonia Rykiel (siehe S. 286).

Hotel de l'Abbaye
Ein kleines, verstecktes Hotel mit hübschem Garten, Hof und attraktiven Zimmern in der Nähe des Jardin du Luxembourg (siehe S. 286).

Hotelauswahl

Die Hotels auf den folgenden Seiten wurden nach Ausstattung, Lage und Preis-Leistungs-Verhältnis ausgewählt. Die Häuser decken alle Preiskategorien ab, innerhalb derselben Preiskategorie sind sie alphabetisch geordnet. In den meisten Hotels hat man Internet-Zugang. Kinderbetten sind fast in jedem Haus erhältlich.

PREISKATEGORIEN

Preise für ein Standard-Doppelzimmer pro Nacht, inklusive Frühstück, Steuer und Service:

€ unter 100 Euro
€€ 100–150 Euro
€€€ 150–190 Euro
€€€€ 190–280 Euro
€€€€€ über 280 Euro

Île de la Cité und Île St-Louis

Hôtel des Deux-Îles — €€€€

59, rue St-Louis-en-l'Île, 75004 ☎ *01 43 26 13 35* FAX *01 43 29 60 25* ***Zimmer*** *17* ***Stadtplan*** *13 C4* ***Karte*** *M8*

Nicht jeder kann es sich leisten, auf der Île St-Louis zu übernachten – dieses Hotel in einem umgebauten Herrenhaus aus dem 17. Jahrhundert gehört zu den erschwinglicheren. Die Atmosphäre ist ruhig, und die kleinen Gästezimmer sind hübsch möbliert. Frühstück wird im mittelalterlichen Gewölbe serviert. **www.deuxiles-paris-hotel.com**

Hôtel du Jeu de Paume — €€€€€

54, rue St-Louis-en-l'Île, 75004 ☎ *01 43 26 14 18* FAX *01 40 46 02 76* ***Zimmer*** *30* ***Stadtplan*** *13 C4* ***Karte*** *M8*

Das Haus an der Stelle eines ehemaligen Tennisplatzes wurde zu einem heimeligen, eleganten Hotel umgebaut. Es gibt einen gläsernen Aufzug, Holzbalken, alte Terrakottaböden, eine Sauna und mehrere zauberhafte Maisonette-Zimmer. **www.hoteljeudepaume.com**

Paris Yacht — €€€€€

11, quai St-Bernard, 75005 ☎ *06 88 70 26 36* ***Zimmer*** *2* ***Stadtplan*** *13 C5* ***Karte*** *N9*

Das gegenüber der Île St-Louis vertäute Hausboot ist eine einzigartige wie ruhige Unterkunft. Es bietet vier Personen Platz und verfügt über eine Küche, Internet-Zugang und Fernseher. Wenn die Schiffe vorbeifahren, schaukelt das Boot angenehm leicht. Mindestdauer bei Buchung: drei Nächte. **www.paris-yacht.com**

Marais

Hôtel de la Bretonnerie — €€

22, rue Ste-Croix de la Bretonnerie, 75004 ☎ *01 48 87 77 63* FAX *01 42 77 26 78* ***Zimmer*** *29* ***SP*** *13 C3* ***Karte*** *M7*

Behauene Steinwände und der Gewölbe-Speiseraum im Keller tragen zum Charme des Hôtel de la Bretonnerie in einem Gebäude aus dem 17. Jahrhundert bei. Es ist eines der komfortabelsten Hotels in der Gegend mit Holzbalken und Antiquitäten in den großen Zimmern. Freundliches Personal. **www.bretonnerie.com**

St-Merry — €€€

78, rue de la Verrerie, 75004 ☎ *01 42 78 14 15* FAX *01 40 29 06 82* ***Zimmer*** *12* ***Stadtplan*** *13 B3* ***Karte*** *L6*

Das Gebäude diente im 17. Jahrhundert als Presbyterium der Kirche daneben, später wurde es ein Bordell, heute ist es ein hübsches, kleines Hotel. Beachten Sie in dem gotisch ausgestatteten Haus die Strebebogen in Zimmer Nr. 9. **www.hotelmarais.com**

Hôtel du Bourg Tibourg — €€€€

19, rue du Bourg Tibourg, 75004 ☎ *01 42 78 47 39* FAX *01 40 29 07 00* ***Zimmer*** *30* ***Stadtplan*** *13 C3* ***Karte*** *M7*

Das stilvolle Hotel, das vom Top-Innenausstatter Jacques Garcia dekoriert wurde, ist bei Modeleuten sehr beliebt. Die Zimmer sind luxuriös, die Bäder in schwarzem Marmor gehalten. Der schöne Innenhof ist eine weitere angenehme Überraschung. **www.bourgtibourg.com**

Hôtel Duo — €€€€

11, rue du Temple, 75004 ☎ *01 42 72 72 22* FAX *01 42 72 03 53* ***Zimmer*** *58* ***Stadtplan*** *13 B3* ***Karte*** *M7*

Das ehemalige Hotel Axial Beaubourg ist in Familienhand und wurde komplett restauriert. Das schicke moderne Interieur weist viel Braun und Grün auf. Es gibt eine hübsche Bar und einen japanischen Garten – und das alles nur wenige Schritte vom Centre Pompidou entfernt. **www.duoparis.com**

St-Paul-le-Marais — €€€€

8, rue de Sévigné, 75004 ☎ *01 48 04 97 27* FAX *01 48 87 37 04* ***Zimmer*** *28* ***Stadtplan*** *14 D3* ***Karte*** *N7*

Das Hotel nahe der historischen Place des Vosges hat Holzbalken und alte Steinwände, die Einrichtung ist aber einfach und modern. Fragen Sie nach einem Zimmer zum Hof, dort hören Sie den Verkehrslärm von der Rue de Sévigné nicht. **www.hotel-paris-marais.com**

Zeichenerklärung *siehe hintere Umschlagklappe*

Pavillon de la Reine €€€€€

28, pl des Vosges, 75003 01 40 29 19 19 FAX 01 40 29 19 20 **Zimmer** 56 **Stadtplan** 14 D3 **Karte** N7

Das Pavillon de la Reine hinter der herrlichen Place des Vosges ist das beste Hotel im Marais. Es ist unglaublich romantisch, der Hof präsentiert sich als eine ruhige Oase, und die luxuriösen Zimmer sind mit hochwertigen Kopien von Antiquitäten eingerichtet. **www.pavillon-de-la-reine.com**

Beaubourg und Les Halles

Hôtel Britannique €€

20, avenue Victoria, 75001 01 42 33 74 59 FAX 01 42 33 83 65 **Zimmer** 40 **Stadtplan** 13 A3 **Karte** L7

Das Hôtel Britannique hat altmodischen Charme mit seinen hübschen, charaktervollen Räumen. Dies und die günstige Lage neben Châtelet schätzen die vielen Stammgäste, die zum Großteil aus dem englischsprachigen Raum kommen. Sehr zuvorkommendes Personal. **www.hotel-britannique.fr**

Tuileries

Hôtel Louvre Sainte-Anne €€

32, rue St-Anne, 75001 01 40 20 02 35 FAX 01 40 15 91 13 **Zimmer** 20 **Stadtplan** 12 E1 **Karte** J5

Zum Louvre und zur Opéra ist es nicht weit. Das kleine, freundliche Hotel bietet saubere Zimmer, die allerdings eine Renovierung vertragen könnten. Dafür präsentiert sich der Rezeptionsbereich prachtvoll mit Trompe-l'Œil-Malereien. Viele japanische Gäste und viele Sushi-Restaurants in der Straße. **www.paris-hotel-louvre.com**

Brighton €€€€

218, rue de Rivoli, 75001 01 47 03 61 61 FAX 01 42 60 41 78 **Zimmer** 65 **Stadtplan** 12 D1 **Karte** J5

Das Brighton ist ein echter Insider-Tipp: Das Haus hat eine hervorragende Lage ohne die sonst in der Gegend üblichen himmelhohen Preise. Die Gästezimmer weisen hohe Decken auf und große Fenster zum Jardin des Tuileries bzw. zum Innenhof. **www.paris-hotel-brighton.com**

Hôtel Costes €€€€€

239, rue St-Honoré, 75001 01 42 44 50 00 FAX 01 42 44 50 01 **Zimmer** 82 **Stadtplan** 12 D1 **Karte** H5

Das Costes, eines der angesagtesten Hotels der Stadt, wird von Models und Filmstars frequentiert. Hier herrscht Luxus pur – es wurde auch nach dem Vorbild eines Palastes aus dem Zweiten Kaiserreich gestaltet. Am beliebtesten sind die Balkonzimmer. Im Sommer speist man im italienisch angehauchten Innenhof. **www.hotelcostes.com**

Hôtel de Crillon €€€€€

10, pl de la Concorde, 75008 01 44 71 15 00 FAX 01 44 71 15 02 **Zimmer** 147 **Stadtplan** 11 C1 **Karte** H5

In wunderbarer Lage an der glitzernden Place de la Concorde bietet das Crillon unübertroffene Eleganz. Das Hotel hat eine schöne Royal Suite und eine Terrasse. Das Interieur des Restaurants Les Ambassadeurs ist atemberaubend schön. Einzigartig ist auch der Wintergarten des Hotels. **www.crillon.com**

Hôtel du Louvre €€€€€

Pl André Malraux, 75001 01 44 58 38 38 FAX 01 44 58 38 01 **Zimmer** 177 **Stadtplan** 12 E1 **Karte** J6

Das erste Luxushotel in Frankreich wurde 1855 auf Order von Napoléon III gebaut. Die opulenten Zimmer haben spektakuläre Aussicht: In der Pissarro Suite malte der Künstler die Place du Théâtre Français, und von Zimmer 551 blickt man vom Bad aus auf die Oper. **www.hoteldulouvre.com**

Meurice €€€€€

228, rue de Rivoli, 75001 01 44 58 10 10 FAX 01 44 58 10 15 **Zimmer** 160 **Stadtplan** 12 D1 **Karte** H5

Das Meurice ist ein Musterbeispiel gelungener Restaurierung mit hochwertigen Kopien der Originalgipsarbeiten und -möbelstücke. Das Personal ist äußerst zuvorkommend und bietet individuell zugeschnittene Führungen für den Kunstkauf an. Der Wellnessbereich ist erstklassig, Frankreichs einziges Valmont-Spa. **www.meuricehotel.fr**

Ritz Paris €€€€€

15, pl Vendôme, 75001 01 43 16 30 30 FAX 01 43 16 45 38 **Zimmer** 162 **Stadtplan** 6 D5 **Karte** J5

Das legendäre Ritz wird mit seiner Mischung aus Eleganz und Dekadenz seinem Ruf noch immer gerecht. Die Louis-XVI-Möbel und Kronleuchter sind Originale, die Blumenarrangements wahre Kunstwerke. In der Hemingway Bar geben sich Prominente die Ehre. **www.ritzparis.com**

Saint-James & Albany Hotel & Spa €€€€€

202, rue de Rivoli, 75001 01 44 58 43 21 FAX 01 44 58 43 11 **Zimmer** 195 **Stadtplan** 12 E1 **Karte** J5

Das ruhige, gediegene Hotel in einem Gebäude des 17. Jahrhunderts wurde 2009 renoviert. Es liegt mitten im Herzen von Paris, gegenüber den Tuilerien-Gärten, und rühmt sich eines bezaubernden Innenhofs sowie eines attraktiven Spa- und Poolbereichs. **www.clarionsaintjames.com**

Stadtplan *siehe Seiten 390–423*

The Westin Paris
€€€€€

3, rue de Castiglione, 75001 01 44 77 11 11 FAX 01 44 77 14 60 ***Zimmer*** *438* ***Stadtplan*** *12 D1* ***Karte*** *H5*

Das elegante Hotel zwischen Jardin des Tuileries und Place Vendôme entwarf Ende des 19. Jahrhunderts Charles Garnier, der Architekt des Pariser Opernhauses. Die Zimmer sind ruhig – die besten davon überblicken einen der Innenhöfe. Das von Jacques Garcia eingerichtete Restaurant ist hervorragend. **www.westin.com**

St-Germain-des-Prés

Grand Hôtel des Balcons
€€

3, rue Casimir Delavigne, 75006 01 46 34 78 50 FAX 01 46 34 06 27 ***Zimmer*** *50* ***Stadtplan*** *12 F5* ***Karte*** *K8*

Das Hotel mit Art-nouveau-Elementen hat einen schönen Saal mit Buntglasfenstern, wunderbaren Lampen im Stil des 19. Jahrhunderts und Holztäfelung. Die meisten der ruhigen, schön ausgestatteten Zimmer haben einen Balkon. Highspeed-Internet-Zugang mit WLAN. **www.hotelgrandsbalcons.com**

Hôtel du Quai Voltaire
€€

19, quai Voltaire, 75007 01 42 61 50 91 FAX 01 42 61 62 26 ***Zimmer*** *33* ***Stadtplan*** *12 D2* ***Karte*** *J7*

Das Hotel mit Blick auf die Seine, einst der Favorit von Blondin, Baudelaire und Pissarro, war Schauplatz mehrerer Filme. Die Gästezimmer am Quai sollte man wegen des Verkehrslärms lieber meiden. Die Zimmer weiter oben sind ruhiger – zudem bieten sie eine hervorragende Aussicht. **www.quaivoltaire.fr**

Hôtel Lenox
€€€

9, rue de l'Université, 75007 01 42 96 10 95 FAX 01 42 61 52 83 ***Zimmer*** *34* ***Stadtplan*** *12 D3* ***Karte*** *J7*

Den Charme des Lenox begründen seine Schlichtheit und seine literarische Vergangenheit – T. S. Eliot, Ezra Pound und James Joyce stiegen hier ab. Das Personal ist freundlich, die Cocktailbar hübsch, und die Zimmer sind makellos. Ein weiterer Pluspunkt: die Lage mitten in St-Germain-des-Prés. **www.hotelparislenoxsaintgermain.com**

Hôtel des Marronniers
€€€

21, rue Jacob, 75006 01 43 25 30 60 FAX 01 40 46 83 56 ***Zimmer*** *37* ***Stadtplan*** *12 E3* ***Karte*** *J7*

Absolute Ruhe ist eine Riesenplus dieses Hotels, das zwischen einem Innenhof und einem Garten liegt. Das Dekor vermittelt mit viel Stoff Behaglichkeit, von den Zimmern im vierten Stock hat man eine wunderbare Sicht über die Dächer der Stadt und auf den Kirchturm von St-Germain-des-Prés. **www.hotel-marronniers.com**

Hôtel des Sts-Pères
€€€

65, rue des Sts-Pères, 75006 01 45 44 50 00 FAX 01 45 44 90 83 ***Zimmer*** *39* ***Stadtplan*** *12 E3* ***Karte*** *J8*

In einer der alten Adelsresidenzen von St-Germain-des-Prés findet man ruhige, geräumige Zimmer – das beste hat ein wunderbares Deckenfresko. Die Lounge-Bar ist bei den Redakteuren der nahe gelegenen Verlage sehr beliebt. **www.paris-hotel-saints-peres.com**

Hôtel de l'Abbaye St-Germain
€€€€

10, rue Cassette, 75006 01 45 44 38 11 FAX 01 45 48 07 86 ***Zimmer*** *44* ***Stadtplan*** *12 D5* ***Karte*** *J8*

Das charmante Hotel in einer Abtei aus dem 17. Jahrhundert liegt nur ein paar Schritte vom Jardin du Luxembourg entfernt und war schon immer bei Künstlern und Schriftstellern beliebt. Die individuell möblierten Gästezimmer sind geschmackvoll dekoriert und haben moderne Ausstattung. **www.hotelabbayeparis.com**

Hôtel de Fleurie
€€€€

32/34, rue Grégoire de Tours, 75006 01 53 73 70 00 FAX 01 53 73 70 20 ***Zimmer*** *29* ***SP*** *12 F4* ***Karte*** *K8*

Schon die Fassade mit ihren vielen Statuen lockt einen in dieses einladende Hotel, das als Familienunternehmen geführt wird. Drinnen vermitteln Holz und weißer Stein eine angenehme Atmosphäre. Die Zimmer sind schön eingerichtet, die Bäder gut ausgestattet. **www.hoteldefleurieparis.com**

Le Bellechasse
€€€€€

8, rue de Bellechasse, 75007 01 45 50 22 31 FAX 01 45 51 52 36 ***Zimmer*** *34* ***Stadtplan*** *11 C2* ***Karte*** *H6*

Nur eine Minute vom Musée d'Orsay entfernt liegt dieses Boutique-Hotel. Es wurde von Christian Lacroix fantasievoll gestaltet: Mit riesigen Schmetterlingen, Fischen und gemalten Frauenfiguren verströmt es exotisches Flair. Die Zimmer um den kleinen Innenhof sind schlichter gehalten. **www.lebellechasse.com**

L'Hôtel
€€€€€

13, rue des Beaux-Arts, 75006 01 44 41 99 00 FAX 01 43 25 64 81 ***Zimmer*** *20* ***Stadtplan*** *12 E3* ***Karte*** *J7*

Jacques Garcia schuf hier eine Orgie des Luxus und der Dekadenz. Jedes Gästezimmer ist anders, das berühmteste ist die Oscar-Wilde-Suite, benannt nach dem Schriftsteller, der im Jahr 1900 im Hotel starb. Möbliert ist das Haus mit Antiquitäten. Der Spa-Bereich ist ungewöhnlich schön, das Restaurant hat einen Michelin-Stern. **www.l-hotel.com**

Lutétia
€€€€€

45, bd Raspail, 75006 01 49 54 46 46 FAX 01 49 54 46 00 ***Zimmer*** *230* ***Stadtplan*** *12 D4* ***Karte*** *H8*

Das Lutétia bietet Glamour am Südufer der Seine. Das Gebäude, teils Art nouveau, teils Art déco, wurde von Grund auf restauriert. Im Restaurant speisen Verleger und schicke Pariser. Auch die günstige Lage ist ein Pluspunkt dieses beliebten Hotels. **www.lutetia-paris.com**

Montalembert €€€€€

3, rue de Montalembert, 75007 ☎ *01 45 49 68 68* FAX *01 45 49 69 49* ***Zimmer*** *56* ***Stadtplan*** *12 D3* ***Karte*** *H7*

Im Herzen des Verlagsviertels liegt dieses Hotel, das Moderne und zeitlose Eleganz verbindet. Die Zimmer haben schöne Holzarbeiten und Designerstoffe, hochwertigste Leinentücher, Handtücher und Bademäntel. Von den Suiten im achten Stock genießt man eine schöne Aussicht. **www.montalembert.com**

Relais Christine €€€€€

3, rue Christine, 75006 ☎ *01 40 51 60 80* FAX *01 40 51 60 81* ***Zimmer*** *51* ***Stadtplan*** *12 F4* ***Karte*** *K7*

Das zumeist ausgebuchte Relais Christine ist der Inbegriff eines *hôtel de charme*. Es gehört zum Kreuzgang eines Klosters aus dem 16. Jahrhundert und ist eine romantische Oase. Die Gästezimmer sind hell und groß, vor allem die Maisonette-Zimmer. Es gibt einen Spa- und Saunabereich. **www.relais-christine.com**

Villa St-Germain €€€€€

29, rue Jacob, 75006 ☎ *01 43 26 60 00* FAX *01 46 34 63 63* ***Zimmer*** *31* ***Stadtplan*** *12 E3* ***Karte*** *J7*

Das Haus ist ebenso modern und chic wie das Montalembert *(siehe oben)*, aber deutlich preiswerter. Dunkles Holz und klare Farben prägen die Innenausstattung. Beim Frühstück kann man schlemmen oder sich fitnessbewusst ernähren – im schönen Speiseraum oder auf dem Zimmer. **www.villa-saintgermain.com**

Quartier Latin

Esmeralda €

4, rue St-Julien-le-Pauvre, 75005 ☎ *01 43 54 19 20* FAX *01 40 51 00 68* ***Zimmer*** *16* ***Stadtplan*** *13 A4* ***Karte*** *L8*

Das beliebte künstlerisch angehauchte Esmeralda liegt im Herzen des Quartier Latin. Mit seinem Charme – u. a. alte Steinwände und Balkendecken – verführte es schon Berühmtheiten wie Terence Stamp und Serge Gainsbourg. Die besten Gästezimmer haben Blick auf Notre-Dame. Frühstück gibt es hier nicht. **www.hotel-esmeralda.fr**

Hôtel du Collège de France €€

7, rue Thénard, 75005 ☎ *01 43 26 78 36* FAX *01 46 34 58 29* ***Zimmer*** *29* ***Stadtplan*** *13 A5* ***Karte*** *L8*

Das Hotel liegt in einer ruhigen Seitenstraße unweit des Musée National du Moyen Âge und bietet ein ausgezeichnetes Preis-Leistungs-Verhältnis. Hier wohnt man in freundlicher, charmanter Umgebung, das Personal ist zuvorkommend. Gleich gegenüber ist das empfehlenswerte Bistro Le Pré Verre. **www.hotel-collegedefrance.com**

Hôtel des Grandes Écoles €€

75, rue Cardinal Lemoine, 75005 ☎ *01 43 26 79 23* FAX *01 43 25 28 15* ***Zimmer*** *51* ***Stadtplan*** *13 B5* ***Karte*** *L9*

Dieses Hotel besteht aus drei kleinen Häusern um einen schönen Garten, in dem man bei gutem Wetter frühstücken kann. Die Zimmer – einige mit Türen zum Hof – sind komfortabel und haben traditionelle Tapeten im Stil des 18. Jahrhunderts. Internet-Zugang. **www.hotel-grandes-ecoles.com**

Hôtel des Grands Degrés de Notre Dame €€

10, rue des Grands Degrés, 75005 ☎ *01 55 42 88 88* FAX *01 40 46 95 34* ***Zimmer*** *10* ***SP*** *13 B4* ***Karte*** *L8*

Ein außergewöhnlich freundliches Haus. Das Personal ist ungemein hilfsbereit, und die Holztäfelungen und Eichenbalken machen das Hotel noch charmanter. Hübsche, makellos gepflegte Zimmer mit Internet-Zugang. Gutes Essen zu günstigen Preisen bietet das Bar-Restaurant mit Tea Room. **www.lesdegreshotel.com**

Hôtel des Grands Hommes €€€

17, pl du Panthéon, 75005 ☎ *01 46 34 19 60* FAX *01 43 26 67 32* ***Zimmer*** *31* ***Stadtplan*** *17 A1* ***Karte*** *L9*

Das kleine Familienhotel nahe dem Jardin du Luxembourg ist bei Dozenten der Sorbonne beliebt. Die Dachzimmer haben einen schönen Blick auf das Panthéon. Alle Zimmer sind komfortabel, die Einrichtung orientiert sich am Neo-Empire-Stil. WLAN in allen Zimmern. **www.hoteldesgrandshommes.com**

Hôtel de Notre-Dame €€€

19, rue Maître Albert, 75005 ☎ *01 43 26 79 00* FAX *01 46 33 50 11* ***Zimmer*** *34* ***Stadtplan*** *13 B5* ***Karte*** *L8*

Das malerische Hôtel de Notre-Dame überblickt die namengebende Kathedrale und die Seine auf der einen Seite, das Panthéon auf der anderen. Die Einrichtung ist funktionell, aber ein paar Zimmer haben Balken oder alte Steinwände. Der größte Pluspunkt ist die Lage. Sauna und WLAN-Anschluss. **www.hotel-paris-notredame.com**

Hôtel Résidence Henri IV €€€

50, rue des Bernadins, 75005 ☎ *01 44 41 31 81* FAX *01 46 33 93 22* ***Zimmer*** *14* ***Stadtplan*** *13 L9* ***Karte*** *L9*

Mit seinem hübschen Park und den Blumenkästen voller Geranien ist das Hotel ein echtes Schmuckstück. Die Gästezimmer sind hell und luftig, einige der größeren Zimmer haben Küchen, es gibt auch ein Apartment für vier Personen. WLAN-Anschluss. Für die Lage sehr ruhig. **www.residencehenri4.com**

Hôtel Sorbonne €€€

6, rue Victor Cousin, 75005 ☎ *01 43 54 58 08* FAX *01 40 51 05 18* ***Zimmer*** *38* ***Stadtplan*** *12 F5* ***Karte*** *K9*

Das Hotel wurde in harmonischen leuchtenden Türkis-, Grün- und Orangetönen gestaltet. Entsprechend modern sind auch die Badezimmer. Zum kostenlosen WLAN-Anschluss stehen in allen Räumen iMacs zur Benutzung bereit. Es liegt unweit vieler Boutiquen und Nachtclubs. **www.hotelsorbonne.com**

Stadtplan *siehe Seiten 390–423*

Luxembourg

Aviatic
€€

105, rue de Vaugirard, 75006 *01 53 63 25 50* FAX *01 53 63 25 55* ***Zimmer*** *43* ***Stadtplan*** *12 E5* ***Karte*** *H9*

Das sehr beliebte Aviatic vereint Boheme-Stil mit modernem Komfort. Die Zimmer sind mit Fundstücken vom Flohmarkt und hellen Stoffen individuell eingerichtet. Abends wird hier ein kostenloser Aperitif angeboten. Für 30 Euro am Tag kann man sein Auto parken. **www.aviatic.fr**

Hôtel Louis II
€€€€

2, rue de St-Sulpice, 75006 *01 46 33 13 80* FAX *01 46 33 17 29* ***Zimmer*** *22* ***Stadtplan*** *12 E4* ***Karte*** *K8*

Das Louis II ist liebevoll eingerichtet – allerdings muss man den rustikalen Charme freiliegender Balken und schiefer Wände mögen. Die Zimmer sind hell und gehen entweder zur Rue St-Sulpice oder zur Rue de Condé, die Suiten im obersten Stock sind besonders reizvoll. Der Jardin du Luxembourg ist nicht weit. **www.hotel-louis2.com**

Montparnasse

Hôtel Apollon Montparnasse
€€

91, rue de l'Ouest, 75014 *01 43 95 62 00* FAX *01 43 95 62 10* ***Zimmer*** *33* ***Stadtplan*** *15 C3*

Das Apollon Montparnasse verfügt über saubere, stilvolle und gut ausgestattete Zimmer unweit der Métro-Station Pernety. In der Nähe verkehren auch Busse ins Stadtzentrum. Das Frühstück kostet extra, als Alternative bieten sich die vielen Cafés in der Gegend an. Im Hotel gibt es kostenloses WLAN. **www.paris-hotel-paris.net**

Hôtel Delambre
€€

35, rue Delambre, 75014 *01 43 20 66 31* FAX *01 45 38 91 76* ***Zimmer*** *30* ***Stadtplan*** *16 D2* ***Karte*** *H10*

Nur ein paar Schritte vom Friedhof Montparnasse entfernt, nahe dem Jardin du Luxembourg und Quartier Latin bietet dieses Hotel eine Mischung aus zeitgenössischem und klassischem Stil. Die Zimmer sind schlicht möbliert, haben aber alle erforderlichen Annehmlichkeiten. **www.delambre-paris-hotel.com**

Ferrandi
€€€

92, rue du Cherche Midi, 75006 *01 42 22 97 40* FAX *01 45 44 89 97* ***Zimmer*** *42* ***Stadtplan*** *15 C1* ***Karte*** *H9*

Die Rue du Cherche Midi ist allen Antiquitätenliebhabern bekannt. Das Hôtel Ferrandi bietet Ruhe, eine Lounge mit offenem Kamin und komfortable Gästezimmer mit dunklem Holz und warmen Farben. Einige Zimmer haben Himmelbetten. **www.hotel-ferrandi-paris.com**

Ste-Beuve
€€€

9, rue Ste-Beuve, 75006 *01 45 48 20 07* FAX *01 45 48 67 52* ***Zimmer*** *22* ***Stadtplan*** *16 D1* ***Karte*** *J9*

Das Ste-Beuve ist ein kleines, sorgfältig restauriertes Hotel für Ästheten und Besucher der Rive-Gauche-Galerien. In der Halle gibt es einen offenen Kamin, in den Zimmern herrschen Pastelltöne vor. An den Wänden hängen moderne Gemälde. **www.hotel-sainte-beuve.fr**

Villa des Artistes
€€€

9, rue de la Grande Chaumière, 75006 *01 43 26 60 86* FAX *01 43 54 73 70* ***Zimmer*** *59* ***SP*** *16 D2* ***Karte*** *J10*

Die Villa des Artistes will die künstlerische Blütezeit des Viertels wiederbeleben, als Modigliani, Beckett und Fitzgerald hier abstiegen. Die Gästezimmer sind tadellos, der größte Pluspunkt aber ist der große Patio mit Springbrunnen. Hier lässt es sich geruhsam frühstücken. **www.villa-artistes.com**

Le Saint-Grégoire
€€€€

43, rue de l'Abbé Grégoire, 75006 *01 45 48 23 23* FAX *01 45 48 33 95* ***Zimmer*** *20* ***SP*** *11 C5* ***Karte*** *H9*

Le Saint-Grégoire ist ein elegantes Stadthaus-Hotel mit makellosen Zimmern und Möbeln aus dem 19. Jahrhundert. Mitten im Gesellschaftszimmer steht ein offener Kamin. Reservieren Sie ein Zimmer mit schöner eigener Terrasse. Kleine Haustiere sind erlaubt. **www.lesaintgregoire.com**

Invalides und Eiffelturm

Grand Hôtel Levêque
€€

29, rue Cler, 75007 *01 47 05 49 15* FAX *01 45 50 49 36* ***Zimmer*** *50* ***Stadtplan*** *10 F3* ***Karte*** *E7*

Zwischen Eiffelturm und Invalides, an einer Straße mit einem Obst- und Gemüsemarkt, steht dieses Hotel. Diese famose Lage ist nicht die einzige Attraktion: Die Gästezimmer sind sehr gepflegt, allerdings haben nicht alle eine eigene Toilette. Das Hotel bietet seinen Gästen auch Internet-Zugang. **www.hotel-leveque.com**

Preiskategorien *siehe Seite 284* **Zeichenerklärung** *siehe hintere Umschlagklappe*

Eiffel Park Hôtel €€€

17 bis, rue Amélie, 75007 01 45 55 10 01 FAX 01 47 05 28 68 **Zimmer** 36 **Stadtplan** 10 F3 **Karte** F7

Mitten im Champ-de-Mars steht das renovierte charmante Eiffel Park Hôtel mit individuell gestalteten Gästezimmern, die zum Teil interessante Tapeten oder exotische Möbel haben. Ganz oben befindet sich eine Frühstücksterrasse. WLAN-Anschluss wird angeboten. **www.eiffelpark.com**

Hôtel de Varenne €€€

44, rue de Bourgogne, 75007 01 45 51 45 55 FAX 01 45 51 86 63 **Zimmer** 25 **Stadtplan** 11 B2 **Karte** G7

Hinter der nüchternen Fassade versteckt sich ein Hotel mit kleinem Garten, in dem im Sommer gefrühstückt wird. Die Zimmer, frisch aufgemöbelt im eleganten Louis-XVI- oder Empire-Stil, sind makellos. Das Hotel ist bei Regierungsbeamten beliebt. **www.varenne-hotel-paris.com**

Hôtel Bourgogne & Montana €€€€

3, rue de Bourgogne, 75007 01 45 51 20 22 FAX 01 45 56 11 98 **Zimmer** 32 **Stadtplan** 11 B2 **Karte** G6

Das Hotel vor der Assemblée Nationale verströmt Seriosität. Dazu trägt auch der alte Aufzug bei und der weiße, runde Saal mit den intensivfarbigen Sofas. Die hellen Zimmer wurden stilvoll renoviert, alles ist sehr chic. **www.bourgogne-montana.com**

Hôtel de Suède St-Germain €€€€

31, rue Vaneau, 75007 01 47 05 00 08 FAX 01 47 05 69 27 **Zimmer** 40 **Stadtplan** 11 B4 **Karte** G8

Dieses Hotel in der Nähe der Museen Orsay und Rodin hat elegante Zimmer, die in sanften Farben im Stil des 18. Jahrhunderts eingerichtet sind. Die Besitzer sind überaus freundlich. Von den De-luxe-Zimmern blickt man in einen Park. Ein hübscher kleiner Garten zum Frühstücken macht das Bild komplett. **www.hoteldesuede.com**

Duc de St-Simon €€€€€

14, rue de St-Simon, 75007 01 44 39 20 20 FAX 01 45 48 68 25 **Zimmer** 34 **Stadtplan** 11 C3 **Karte** H7

Das Hôtel Duc de St-Simon ist zu Recht eines der beliebtesten Hotels auf der Südseite der Seine. Das zauberhafte Herrenhaus aus dem 18. Jahrhundert ist mit Antiquitäten eingerichtet und wird dem aristokratischen Anspruch seines Namens gerecht. **www.hotelducdesaintsimon.com**

Chaillot

Hameau de Passy €€

48, rue de Passy, 75016 01 42 88 47 55 FAX 01 42 30 83 72 **Zimmer** 32 **Stadtplan** 9 B3 **Karte** B7

Mitten im Wohnviertel Passy, einen Steinwurf vom Eiffelturm und vom Trocadéro entfernt, steht an einer Privatstraße dieses Hotel, eine grüne Oase. Von den einfachen, aber bequemen Zimmern überblickt man den Garten. Das Frühstück wird auf Wunsch im Zimmer serviert. **www.paris-hotel-hameaudepassy.com**

Hôtel du Bois €€€

11, rue du Dôme, 75016 01 45 00 31 96 FAX 01 45 00 90 05 **Zimmer** 41 **Stadtplan** 4 D5 **Karte** C4

Zwei Minuten von Arc de Triomphe und Champs-Élysées ist das Hôtel du Bois ideal fürs Shopping in den Haute-Couture-Boutiquen. Hinter der typischen Pariser Fassade findet man modernes Design in Schokoladenbraun, Pistaziengrün und Fuchsia vor. Die Kunstwerke im Haus sind verkäuflich. **www.hoteldubois.com**

Hôtel Élysées Regencia €€€€

41, ave Marceau, 75016 01 47 20 42 65 FAX 01 49 52 03 42 **Zimmer** 43 **Stadtplan** 4 E4 **Karte** D5

Farbe ist das zentrale Thema in diesem schicken Haus mitten im Shopping-Viertel der Designer. Bei den Zimmern hat man die Wahl zwischen Blautönen, Fuchsia, Limettengrün oder Lavendel. In der Lobby steht ein Flügel, entspannen kann man im Massage-Bereich oder in der Bar. **www.regencia.com**

Concorde La Fayette €€€€€

3, pl du Général Koenig, 75017 01 40 68 50 68 FAX 01 40 68 50 43 **Zimmer** 950 **Stadtplan** 3 C2 **Karte** C2

Das Concorde La Fayette mit seinem faszinierenden ovalen Turm ist durch und durch Hightech. Zu den Einrichtungen gehören ein Fitness-Center, eine Bar im 33. Stock, Restaurants, eine Ladengalerie und gleichförmige Zimmer, von denen einige eine herrliche Aussicht bieten. **www.concorde-lafayette.com**

Costes K €€€€€

81, ave Kléber, 75016 01 44 05 75 75 FAX 01 44 05 74 74 **Zimmer** 83 **Stadtplan** 4 D5 **Karte** C5

Dieses Haus liegt ganz in der Nähe des Eiffelturms. Es ist ein modernes Kunstwerk des spanischen Architekten Ricardo Bofill, der viel Ahornholz, Stuck, Marmor und Stahl einsetzte. Die Zimmer sind in kühlem asiatischem Stil gehalten. Unbeheizter Pool. **www.hotelcostes.com**

Hôtel Square €€€€€

3, rue de Boulainvilliers, 75016 01 44 14 91 90 FAX 01 44 14 91 99 **Zimmer** 22 **Stadtplan** 9 A4 **Karte** B8

Ein ganz besonderes Hotel: Die geschwungene Granitfassade verbirgt 22 Gästezimmer und Suiten mit exotischen Stoffen und Hölzern. Es gibt ein elegantes Restaurant, einen Nachtclub und – ungewöhnlich für ein Hotel – eine moderne Kunstgalerie. **www.hotelsquare.com**

Stadtplan *siehe Seiten 390–423*

St-James Paris

€€€€€

43, ave Bugeaud, 75016 01 44 05 81 81 FAX 01 44 05 81 82 **Zimmer** 48 **Stadtplan** 3 B5 **Karte** B4

Das St-James befindet sich in einer Villa mit kleinem Park in der Nähe von Avenue Foch und Bois de Boulogne. Wie in einem Herrenclub werden die Gäste hier »Mitglieder auf Zeit« (die »Gebühr« ist im Zimmerpreis enthalten). Gediegene, aristokratisch wirkende Atmosphäre. **www.saint-james-paris.com**

Champs-Élysées

Royal Magda Étoile

€€€

7, rue Troyon, 75017 01 47 64 10 19 FAX 01 47 64 02 12 **Zimmer** 37 **Stadtplan** 4 D3 **Karte** D3

Unweit Étoile und Champs-Élysées steht dieses Hotel in einer ruhigen, gepflasterten Straße. 2008 wurde es renoviert und glänzt nun in hellen, warmen Farben. Die Zimmer sind eher klein, aber das Personal ist sehr hilfsbereit, besonders wenn Sie als Familie hier wohnen. **www.paris-hotel-magda.com**

Atala

€€€€

10, rue Chateaubriand, 75008 01 45 62 01 62 FAX 01 42 25 66 38 **Zimmer** 48 **Stadtplan** 4 E4 **Karte** E4

Das Boutique-Hotel liegt in einer ruhigen Straße unweit der Champs-Élysées. Die komfortablen und geräumigen Zimmer blicken auf einen friedlichen Garten. Reservieren Sie nach Möglichkeit ein Zimmer im achten Stockwerk mit einzigartiger Aussicht auf den Eiffelturm. **www.hotelatala.com**

Balzac

€€€€€

6, rue Balzac, 75008 01 44 35 18 00 FAX 01 44 35 18 05 **Zimmer** 70 **Stadtplan** 4 F4 **Karte** E4

In einem für Paris typischen Haus der Belle Époque findet man das ruhige Luxushotel, das 2007 renoviert wurde. Die Adresse zählt zu den angesagtesten, im Penthouse genießt man einen Blick über ganz Paris. Die hoteleigene Bar ist bei den Reichen und Schönen angesagt. **www.hotelbalzac.com**

Four Seasons George V

€€€€€

31, ave George V, 75008 01 49 52 70 00 FAX 01 49 52 70 10 **Zimmer** 246 **Stadtplan** 4 E5 **Karte** E5

Das legendäre Hotel mit Salons, Antiquitäten und Kunstwerken hat durch die Renovierung etwas von seinem Charme eingebüßt. Aber noch immer hat es ein hervorragendes Restaurant, Le Cinq, das sich des weltbesten Sommeliers und eines preisgekrönten Küchenchefs rühmt. Großartiges Spa. **www.fourseasons.com/paris**

Hôtel Bristol

€€€€€

112, rue du Faubourg-St-Honoré, 75008 01 53 43 43 00 FAX 01 53 43 43 01 **Zimmer** 188 **SP** 5 A4 **Karte** G4

Das Bristol, eines der besten Hotels der Stadt, bietet große Zimmer, die mit Antiquitäten und herrlichen Marmorbädern ausgestattet sind. Das stilvolle Restaurant mit flämischen Gobelins und glitzernden Kristallleuchtern wird von der Kritik hochgelobt. Auch der Swimmingpool ist wunderbar. **www.hotel-bristol.com**

Hôtel Claridge Paris

€€€€€

37, rue François 1er, 75008 01 47 23 54 42 FAX 01 47 23 08 84 **Zimmer** 42 **Stadtplan** 4 F5 **Karte** E5

Das Claridge, eine Miniaturversion des alten Claridge Hotel, wird von dessen ehemaligen Managern geleitet. Es verströmt noch das Flair vergangener Zeiten. Das Haus ist ruhig, makellos und mit Wandbehängen und Antiquitäten stilvoll bestückt. **www.hotelclaridgeparis.com**

Hôtel Fouquet's Barrière

€€€€€

46, ave George V, 75008 01 40 69 60 00 **Zimmer** 107 **Stadtplan** 4 E5 **Karte** E4

Das *hôtel palace* liegt direkt an den Champs-Élysées. Die Zimmer und Suiten sind ultrachic, an Materialien dominieren Mahagoni, Samt und Seide. Hinter der Eleganz der Ausstattung verbergen sich technische Einrichtungen, die auf dem allerneuesten Stand sind. **www.fouquets-barriere.com**

Hôtel de Sers

€€€€€

41, ave Pierre 1er de Serbie, 75008 01 53 23 75 75 FAX 01 53 23 75 76 **Zimmer** 52 **Stadtplan** 4 E5 **Karte** E5

Das Luxushotel kombiniert modernes Design und neueste technische Annehmlichkeiten mit riesigen Porträtgemälden im Stil der Alten Meister. Die Zimmer sind groß und hell, vom oberen Stockwerk bietet sich eine prachtvolle Aussicht. Die Restaurantterrasse ist perfekt für einen Brunch. **www.hoteldesers.com**

Hôtel de la Trémoille

€€€€€

14, rue de la Trémoille, 75008 01 56 52 14 00 FAX 01 40 70 01 08 **Zimmer** 93 **Stadtplan** 10 F1 **Karte** E5

Das Hôtel de la Trémoille ist ein imposantes, aber auch entspanntes Etablissement. Die Zimmer sind mit Antiquitäten eingerichtet, die Bäder sind besonders luxuriös. Das stilvolle Restaurant Senso unter Leitung von Terence Conran ist bei den Schönen und Reichen der Stadt angesagt. **www.hotel-tremoille.com**

Hôtel Vernet

€€€€€

25, rue Vernet, 75008 01 44 31 98 00 FAX 01 44 31 85 69 **Zimmer** 51 **Stadtplan** 4 E4 **Karte** D4

Gustave Eiffel, der Erbauer des Eiffelturms, schuf das Glasdach, das den Speisesaal überspannt. Die Lobby imponiert mit weiß-goldenen Paneelen und drapierten Stoffen. Die großen, ruhigen Zimmer sind ebenfalls gediegen klassisch eingerichtet, weisen aber natürlich auch alle modernen Annehmlichkeiten auf. **www.hotelvernet.com**

Plaza Athénée €€€€€

25, ave Montaigne, 75008 *01 53 67 66 65* FAX *01 53 67 66 66* **Zimmer** *188* **Stadtplan** *10 F1* **Karte** *E5*

Das legendäre Plaza Athénée ist bei Flitterwöchnern, Adeligen und Haute-Couture-Shoppern beliebt. Das Restaurant von Alain Ducasse ist wunderbar romantisch, während Le Bar du Plaza derzeit eine der trendigsten Adressen der Stadt zur Cocktailstunde ist. Das letzte Wort in Sachen Luxus. **www.plaza-athenee-paris.com**

San Régis €€€€€

12, rue Jean Goujon, 75008 *01 44 95 16 16* FAX *01 45 61 05 48* **Zimmer** *44* **Stadtplan** *11 A1* **Karte** *F5*

Seit der Eröffnung im Jahr 1923 ist das San Régis beim Jetset beliebt, der die ruhige, aber zentrale Lage zu schätzen weiß. Das einladende Hotel der Luxusklasse ist voller Antiquitäten und üppig gepolsterter Sofas. Alles hier atmet nobles Flair. **www.hotel-sanregis.fr**

Opéra

Hôtel Chopin €

46, passage Jouffroy, 75009 *01 47 70 58 10* FAX *01 42 47 00 70* **Zimmer** *36* **Stadtplan** *6 F4* **Karte** *K4*

Die tolle Lage in einer historischen Passage, der angenehme Empfang und nicht zuletzt die sehr günstigen Preise sorgen dafür, dass das Chopin oft ausgebucht ist. Nachts ist es so ruhig hier, dass man mit offenen Fenstern schlafen kann. Von den oberen Zimmern blickt man über die Dächer von Paris. **http://hotelbretonnierie.com**

Edouard VII €€€€€

39, ave de l'Opéra, 75002 *01 42 61 56 90* FAX *01 42 61 47 73* **Zimmer** *69* **Stadtplan** *6 E5* **Karte** *J5*

Das einzige Hotel an der beeindruckenden Avenue de l'Opéra liegt zentral zwischen Louvre und Opéra Garnier, was es ideal fürs Sightseeing macht. Fragen Sie nach einem Zimmer nach vorne hinaus, um den atemberaubenden Blick auf die Oper zu genießen. **www.edouard7hotel.com**

Le Grand Hôtel Intercontinental €€€€€

2, rue Scribe, 75009 *01 40 07 32 32* FAX *01 40 07 32 02* **Zimmer** *470* **Stadtplan** *6 D5* **Karte** *J4*

Das Hotel gleich neben der Opéra Garnier ist ein Musterbeispiel des guten Geschmacks. In den Gästezimmern hängen Bilder mit musikalischer Thematik – passend zur Lage des Hotels. Das bekannte Nobelrestaurant Café de la Paix ist eines der besten im Viertel. **www.ichotelsgroup.com**

Montmartre

Regyn's Montmartre €

18, pl des Abbesses, 75018 *01 42 54 45 21* FAX *01 42 23 76 69* **Zimmer** *22* **Stadtplan** *6 E1* **Karte** *K1*

Makellos geführtes Hotel nahe Sacré-Cœur. Die Zimmer ganz oben bieten Blick auf den Eiffelturm. Um die Ecke befindet sich das Tabac des Deux Moulins (15, rue le Pic), in dem Amélie im Film *Die wunderbare Welt der Amélie* (2001) arbeitet. **www.paris-hotels-montmartre.com**

Le Relais Montmartre €€€

6, rue Constance, 75018 *01 64 25 25* FAX *01 70 64 25 00* **Zimmer** *26* **Stadtplan** *6 E1* **Karte** *J1*

Mitten im Gewirr der steilen Straßen, die zu Sacré-Cœur hinaufführen, liegt dieses Hotel, das mit vielen floralen Stoffen, alten Möbeln und Bemalungen sehr liebevoll eingerichtet wurde. Hier übernachtet man ruhig und romantisch. Ganz in der Nähe gibt es viele Restaurants. **www.relaismontmartre.fr**

Hôtel Particulier Montmartre €€€€€

23, ave Junot, 75018 *01 53 41 81 40* **Zimmer** *5* **Stadtplan** *2 E5* **Karte** *K1*

Hinter Bäumen in einer kleinen Straße versteckt sich das dreistöckige Haus. Es gibt zwar nur fünf Zimmer, dafür ist jedes so groß wie ein Apartment. Die individuell eingerichteten Räume kombinieren Stilvolles und Kunst mit modernem Design. Der Garten ist ein kleines Paradies. **www.hotel-particulier-montmartre.com**

Abstecher

Mama Shelter €€

109, rue Bagnolet, 75020 *01 43 48 48 48* FAX *01 43 48 49 49* **Zimmer** *172*

Philippe Starck entwarf die Einrichtung dieses Hotels, das sehr preiswert sein kann, wenn man länger im Voraus verbindlich reserviert. In jedem der Design-geprägten Räume stehen – neben vielen anderen Annehmlichkeiten – ein iMac und eine Mikrowelle. Es gibt auch eine trendige Lounge-Bar und ein Restaurant. **www.mamashelter.com**

Restaurants

Die Franzosen haben eine Passion für gute Küche – kein Wunder also, dass Essen zu den größten Vergnügen eines Paris-Besuchs gehört. Überall in der Stadt sieht man Einheimische, die auswärts essen – in Restaurants, Bistros, Cafés und Bars. Die meisten Restaurants bieten französische Gaumenfreuden, aber es gibt auch eine reiche Auswahl italienischer, griechischer, indischer, chinesischer, vietnamesischer und

afrikanischer Lokale. Im Restaurantverzeichnis *(siehe S. 300–315)* finden Sie in jeder Preisklasse das Beste, was Paris zu bieten hat. Die Auswahl ist nach Stadtteilen und Preiskategorien geordnet. Die meisten Lokale servieren Mittagessen zwischen 12 und 14 Uhr, oft als Menü zu festem Preis. Abends füllen sich die Restaurants gegen 20.30 Uhr, Essen wird meist bis 23 Uhr serviert *(siehe auch* Cafés und Bars *S. 316–319)*.

Spezialitäten

Pariser Köche halten ein reiches Angebot an Speisen bereit, von Fleischgerichten und vollendeten Backwaren, für die Frankreich besonders berühmt ist, bis zur einfacheren regionalen französischen Küche *(siehe S. 296f)*. Letztere bekommt man meist in Brasserien und Bistros, sie unterscheidet sich je nach Herkunft des Kochs. In Cafés, Bars und Bierkneipen werden zu jeder Tageszeit einfache warme Gerichte serviert. Brasserien, Bistros und Patisserien gibt es im Überfluss.

Die beste Ethno-Küche kommt aus Frankreichs ehemaligen Kolonien. Nordafrikanische Lokale sind bekannt als *Couscous*-Restaurants, man isst dort scharf und preiswert. Vietnamesische Restaurants bieten gute Alternativen. Gute japanische Restaurants findet man vor allem um die Rue Monsieur le Prince (6. Arrondissement), aber auch in der Rue Ste-Anne (2. Arrondissement) und in der Avenue de Choisy (13. Arrondissement).

Restaurants und Cafés

Fast überall in Paris kann man gut essen. Als Faustregel gilt: Die besten Lokale sind diejenigen mit einer vorrangig französischen Klientel.

Am linken Seine-Ufer haben sich die meisten Restaurants angesiedelt, vor allem in touristischen Gegenden wie St-Germain-des-Prés und dem Quartier Latin. Die Qualität des Essens variiert, aber es gibt viele empfehlenswerte Bistros, Cafés und Weinstuben. Eine Auswahl der besten Lokale für einen kleinen Imbiss zwischendurch finden Sie auf den Seiten 316–319.

Im Quartier Latin sind viele chinesische, griechische und türkische Restaurants zu finden, vor allem in der Gegend um die Rue de Huchette.

Le Pré Verre *(siehe S. 306)*

In gut besuchten Vierteln wie dem Marais und Bastille gibt es kleine Bistros und Cafés zuhauf, viele modisch und neu, aber auch viele gute, alteingesessene Bistros und Brasserien.

In der Gegend um die Champs-Élysées und Madeleine findet man alles, von netten traditionsreichen Cafés über kleine Bistros bis zu Fast-Food-Lokalen. Zudem sind hier einige sehr gute, allerdings hochpreisige Restaurants ansässig.

Einige der großen Cafés der 1920er Jahre sind noch in Montparnasse zu finden, so Le Sélect und La Rotonde *(siehe S. 319)* auf dem Boulevard Montparnasse. Vieles von ihrer alten Pracht konnte durch Renovierungen wiederhergestellt werden. In dieser Gegend gibt es jede Menge *crêperies*, die eine gute Auswahl zwischen pikanten

Mariage Frères – Laden und Teesalon *(siehe S. 318)*

Galettes und süßen Crêpes anbieten und dazu Cidre aus der Normandie servieren.

Zahlreiche bemerkenswerte Restaurants, Bistros und Cafés befinden sich in der Louvre-Tivoli-Gegend. Sie konkurrieren hier mit touristischen und überteuerten Cafés. Etwas weiter nach Osten, bei Les Halles, häufen sich mittelmäßige Lokale und Fast-Food-Restaurants.

Im Viertel rund um die Opéra findet man gute japanische Restaurants und einige ausgezeichnete Brasserien. Um die Grands Boulevards hingegen sind gute Restaurants rar. In der Nähe der Bourse zieht eine Anzahl namhafter Restaurants und Bistros vor allem die Börsenmakler an.

Das beliebte Viertel Montmartre beherbergt eine Anzahl von Touristen-Restaurants, aber daneben gibt es einige sehr angenehme kleine Bistros mit zum Teil langer Tradition. Eines davon ist Un Zèbre à Montmartre *(siehe S. 312)*, in dem man sehr gut, dabei preiswert essen kann.

In der Umgebung des Hôtel des Invalides, des Eiffelturms und des Palais de Chaillot ist es nachts ruhiger, die Restaurants sind seriöser und meist weniger laut. Die Preise können allerdings hoch sein.

In den beiden Chinesenvierteln von Paris, in der Gegend südlich der Place d'Italie und im traditionellen Arbeiterviertel Belleville, findet man geballt vietnamesische und preiswerte chinesische Restaurants. Belleville ist eine Hochburg nordafrikanischer Lokale.

La Tour d'Argent *(siehe S. 306)*

Le Grand Véfour im Palais Royal *(siehe S. 304)*

Kleine Restaurant- und Café-Kunde

Einer der vergnüglichsten Aspekte der Pariser Esskultur ist die Vielfalt der Lokalitäten, in denen man essen kann. Bistros sind kleine, oft nicht zu teure Restaurants mit einer beschränkten Speisekarte. Die schönsten Bistros sind aus der Belle Époque, mit verzinkten Bars, Spiegeln und schönen Fliesen. Die Küche ist meist, aber nicht immer, regional und traditionell. Viele Köche bekannter Restaurants haben eigene Bistros eröffnet, die meist sehr gut sind.

Brasserien sind in der Regel große, geschäftige Lokale. Ursprünglich waren sie elsässisch geprägt und servierten u.a. elsässischen Wein in Karaffen und Sauerkraut mit Würsten. Heute ist die Auswahl an Gerichten meist groß, in der Regel ist die Küche den ganzen Tag über bis spät in die Nacht geöffnet. Draußen kann man die eindrucksvollen Auslagen bewundern, hinter denen beschürzte Männer bis spät mit Austern hantieren.

Cafés (und manche Bars) haben schon sehr früh geöffnet und schließen, sieht man von großen Touristencafés ab, etwa um 22 Uhr. Kleine Gerichte wie Salate, Sandwiches oder Omeletts kann man den ganzen Tag bestellen. Daneben bieten viele Cafés mittags eine Auswahl an Tagesgerichten an.

Die Preise unterscheiden sich je nach der Gegend und proportional zur Anzahl der Touristen. In feineren Cafés wie Café de Flore und Les Deux Magots kann man auch spätabends noch essen. In Cafés bekommt man fast immer auch Muscheln, Pommes frites und Zwiebelkuchen. Meistens gibt es Brunch für etwa 17 Euro.

Typische Bistro-Speisekarte

Weinstuben sind zwanglos und servieren meist preiswerte Gerichte und offenen Wein. Bis 21 Uhr kann man einen Imbiss bekommen – etwa *tartines* mit Käse, Wurst oder Pâté. Wenige Weinstuben bieten komplette Mahlzeiten an.

Teesalons öffnen am Morgen bzw. Vormittag und schließen am frühen Abend. Viele bieten Mittagessen an, am besten besucht man sie jedoch nachmittags zu Kaffee oder heißer Schokolade. Einige, beispielsweise Le Loir dans la Théière, geben sich ungezwungen mit Sofas und großen Tischen, während es im Mariage Frères förmlicher zugeht. Angélina in der Rue de Rivoli ist berühmt für die heiße Schokolade, Ladurée für seine feinen Makronen *(Adressen siehe S. 318f)*.

Vegetarische Gerichte

Rein vegetarische Restaurants sind rar in Paris. Die meisten Lokale bieten jedoch ein paar vegetarische Optionen an. Salat bekommen Sie fast überall, Sie können auch zwei *entrées* bestellen. In nordafrikanischen Restaurants gibt es *couscous* nur mit Gemüse, das allerdings oft zusammen mit dem Fleisch gegart wird.

Äußern Sie unbesorgt Sonderwünsche. Wenn Sie einen Salat mit Schinken, Speck oder *foie gras* sehen, bestellen Sie ihn ohne Fleisch. Erkundigen Sie sich, ob man Ihnen ein besonderes Gericht zubereitet. Die meisten Restaurants werden Ihnen gern entgegenkommen. Mehr und mehr verwenden die Köche heute Bioprodukte oder kochen glutenfrei.

Preise

Die Preise für Essen in Paris bewegen sich zwischen sehr billig und astronomisch. Einige Restaurants bieten mittags zweigängige Menüs für unter 15 Euro an. Wein und Kaffee werden dabei extra berechnet. Für 18 Euro können Sie in Cafés und Bistros ein herzhaftes Mittagessen bekommen, aber in der Regel kostet gutes Essen in einer Brasserie oder einem Restaurant im Zentrum von Paris zwischen 30 und 40 Euro mit *vin de table*. Denken Sie daran, dass bessere Weine die Rechnung merklich nach oben treiben.

Le Carré des Feuillants

Teurere Restaurants beginnen bei 45 Euro (mit Wein), Menüs in den Gourmettempeln können aber leicht auch bis 200 Euro und mehr (ohne Wein) kosten. Oft gibt es jedoch, vor allem zur Mittagszeit, Festpreismenüs (*menu formule* oder *prix fix*) – fast immer ein vorteilhaftes Angebot.

Alle französischen Restaurants sind gesetzlich verpflichtet, ihre Speisekarte draußen auszuhängen. Die Preise gelten einschließlich Service, aber ein Trinkgeld ist immer gern gesehen (fünf bis zehn Prozent des Gesamtbetrags).

Die verbreitetste Kreditkarte ist Visa. Nur wenige Restaurants akzeptieren American Express, einige Bistros nehmen keine Karten. Reiseschecks werden so gut wie nie angenommen. In Cafés zahlt man fast ausnahmslos mit Bargeld.

Das Restaurant Senderens *(siehe S. 312)*

Reservierung

Es empfiehlt sich, in begehrten Restaurants, vor allem in den Gourmettempeln, zu reservieren. Normalerweise ist jedoch in Brasserien und Bistros Reservierung nicht üblich oder auch gar nicht möglich. Hier wartet man – falls alles besetzt ist – an der Bar auf den nächsten freien Tisch.

Kleidung

Nur einige Sterne-Restaurants sind sehr förmlich, ansonsten können Sie innerhalb eines bestimmten Rahmens anziehen, was Sie wollen. Bedenken Sie aber, dass sich die Pariser eher chic kleiden. In der Restaurantauswahl *(siehe S. 300–315)* wird auf Lokale mit spezieller Kleiderordnung hingewiesen.

Speisekarte und Bestellung

Oft sind in Restaurants, Bistros und selbst in großen Brasserien die Speisekarten von Hand geschrieben und mühsam zu entziffern. Bitten Sie, wenn nötig, einfach um Hilfe. In der Regel wird der Kellner die Bestellungen für das *entrée* (erster Gang) und für das Hauptgericht *(plat)* aufnehmen, Desserts werden nach der Mahlzeit bestellt, es sei denn, es handelt sich um einen heiß servierten Nachtisch. Der Kellner wird Sie darauf aufmerksam machen, oder Sie werden den Hinweis *à commander avant le repas* auf der Speisekarte finden.

Der Teesalon Angélina *(siehe S. 318)*

Der erste Gang besteht meist aus frischen Salaten, *pâté* und Gemüse oder *tartes*. Daneben werden oft Tatar und kleine Fischgerichte angeboten: geräucherter Lachs, gegrillte Sardinen, Hering und Fischsalate. In Brasserien gibt es Schaltiere und Austern (nur in Monaten mit einem »r«

Le Train Bleu – Bahnhofsrestaurant in der Gare de Lyon *(siehe S. 315)*

zu empfehlen). Der zweite Gang besteht in der Regel aus Fisch, Fleisch oder Geflügel, in besseren Lokalen im Herbst auch aus Wild. Die meisten Restaurants haben Tagesgerichte *(plat du jour)*, je nachdem, was die Jahreszeit bietet, und in der Regel zu günstigen Preisen.

Käse gibt es als Vor- oder Nachspeise. Manche bevorzugen grünen Salat dazu. Kaffee wird nach dem Dessert serviert, nicht dazu. Auch wenn eigentlich ein *café* üblich ist – bestellen Sie *café au lait*, wenn Sie viel Milch möchten. Auch koffeinfreier Kaffee *(décaféiné)* und selbst Kräutertees *(tisanes)* werden serviert.

In besseren Restaurants wird man Sie fragen, ob Sie einen Drink vor dem Essen nehmen wollen. Typische

Typisches Pariser Restaurant

Aperitifs sind *kir* (Weißwein mit einem Schuss Crème de Cassis) oder *kir royal* (Champagner mit einem Schuss Crème de Cassis).

In Bistros und Brasserien finden Sie das Weinangebot meist auf der Speisekarte. In edleren Restaurants wird eine separate Weinkarte vom Sommelier gebracht, nachdem Sie einen Blick auf die Speisekarte geworfen haben. Natürlich können Sie vom Sommelier auch individuelle Beratung erwarten.

Service

In Frankreich nimmt man sich Zeit zum Essen. Mittags allerdings kann es ziemlich hektisch zugehen, die Gerichte kommen schneller auf den Tisch, als einem lieb ist – was angesichts der Schlangen, die sich vor so manchem Lokal bilden, kaum verwundert. Abends dagegen geht es deutlich ruhiger zu.

Rauchen

Nach einem Dekret vom 15. November 2006 ist Rauchen in Frankreich seit Anfang 2008 in Restaurants, Cafés, Bars und Diskotheken nicht mehr erlaubt. Geraucht werden darf nur noch in separaten Raucherräumen oder auf offenen Terrassen.

Mit Kindern essen

Kinder sind in der Regel sehr willkommen, aber man ist es gewöhnt, dass sie sich zu benehmen wissen. In vielen Restaurants gibt es wenig Platz für Kinderwagen. Mit einem Hochstuhl oder Babysitz können Sie nur in Ausnahmefällen rechnen.

Behinderte Gäste

Der Zugang mit dem Rollstuhl ist in immer mehr Lokalen möglich, aber in vielen Restaurants stehen die Tische sehr eng beieinander. Weisen Sie beim Reservieren darauf hin, dass Sie auf den Rollstuhl angewiesen sind – dann wird man Ihnen einen günstig stehenden Tisch zuweisen. Erkundigen Sie sich auch nach der Zugänglichkeit der Toiletten – die liegen oft im Untergeschoss.

Picknick

Paris hat viele Lebensmittelmärkte, viele Delikatessenläden und viele Parks – eine Kombination, die förmlich dazu einlädt, sich bei schönem Wetter mit einer Stange Baguette, Käse, *charcuterie*, Pasteten, etwas frischem Gemüse und Obst einzudecken und dies alles in der frischen Luft zu genießen.

Pariser Spezialitäten

Von den noblen Haute-Cuisine-Tempeln bis zu den einfachsten Bistros – Paris ist ein Paradies für Gourmets, ob man nun *foie gras* und Trüffel oder *steak-frîtes* und marokkanischen Couscous verspeisen möchte. Frankreich ist stolz auf seine Küche, von der klassischen gehobenen bis zur rustikalen regionalen, und in der Hauptstadt kann man all das probieren. Die Franzosen selbst diskutieren gern endlos darüber, welche Sauce bzw. welcher Wein besser zu diesem oder jenem Fleisch passt – dass ihre Küche aber die beste der Welt ist, darüber herrscht Einigkeit.

Feingebäck aus der Patisserie

***Girolles* (Pfifferlinge) auf dem Markt in der Rue Mouffetard**

Für alle französischen Küchenchefs selbstverständlich ist die Verwendung erstklassiger Zutaten. Nirgendwo kann man die Qualität französischer Produkte besser einschätzen als auf den Pariser Märkten. Hier sieht man Top-Chefköche frühmorgens neben Hausfrauen, wie sie sich vom Angebot der Saison inspirieren lassen. Auch wenn Sie keine Lebensmittel einkaufen wollen, sollten Sie durch einen Markt schlendern – allerdings werden Sie nach spätestens einer Stunde in den engen, vollgestellten Marktgassen der Rue de Buci oder der Rue Mouffetard hungrig sein.

Die Küchen der französischen Provinzen, einst wegen ihrer Rustikalität eher verschmäht, werden inzwischen verehrt. In der Hauptstadt ist nahezu jede Region vertreten – von der reichhaltigen, bürgerlichen Küche Lyons und des Burgund bis zur bekömmlichen, gesunden Mittelmeerküche der Provence. Paris selbst ist von Anbauflächen umgeben, in denen Erbsen, Karotten und Kartoffeln wachsen. Lachs, Spargel und Wildpilze kommen von

Auswahl feiner französischer Käsesorten

Klassische französische Küche

Die klassische französische Küche entstand in Königsschlössern und Adelspalästen. Das Augenmerk lag auf wertvollen Zutaten und schöner Präsentation, weniger auf Bekömmlichkeit. Die Gerichte baden oft in üppigen Saucen aus Butter oder Sahne und bestehen aus luxuriösen Ingredienzien wie Trüffeln, *foie gras*, seltenen Pilzen und Alkohol. Fleisch wird geradezu verehrt, und meist wird man gefragt, ob man sein Rind-, Lamm- oder Entenfleisch blutig (*bleu* oder *saignant*), medium *(rose)* oder durchgebraten *(bien cuit)* möchte. Zu den berühmtesten Regionalgerichten gehören langsam geschmorte Kasserollen wie *coq au vin*, *bœuf à la bourguignonne* und *cassoulet* (ein Eintopf aus weißen Bohnen, Speck, Wurst und Ente oder Gans, der aus dem Südwesten des Landes kommt).

Escargots à la bourguignonne *sind Burgunderschnecken in ihren Häusern mit Butter, Knoblauch und Petersilie.*

der Loire, die Normandie liefert Lamm, Äpfel und Camembert, die Auvergne Salers-Rind und Linsen, das Burgund Bresse-Geflügel und Rind. Bekannt und beliebt sind auch baskischer Schinken, Collioure-Sardellen, Pyrenäen-Lamm und provenzalische Melonen.

Verlockendes Angebot in einer Pariser Patisserie

Neue Küche

Erfinderische Küchenchefs entwickeln ständig neue Methoden, um die üppigen traditionellen Gerichte leich-

Einmachgläser mit Entenleber *(foie gras)* – eine Köstlichkeit

ter zu machen. Sie garen frische Zutaten nur leicht, um ihr Aroma zu erhalten. Saucen werden aus leichten Reduktionen gemacht, um den Eigengeschmack des Gerichts zu betonen statt zu übertönen. Zu den Neuerungen gehört auch, dass bislang ungewöhnliche Zutaten verarbeitet werden und neue Kombinationen entstehen, etwa Wolfsbarsch mit Bohnenpüree und Rotweinsauce, Seezunge mit Quittensaft und Estragon, Garnelen-Tempura mit Zimtbutter oder Rosmarineis und Basilikumsorbet.

Internationale Küche

Paris bietet eine große Auswahl ausländischer Restaurants, besonders aus alten Kolonien wie Marokko und Kambodscha. Es ist faszinierend, wie sich diese Kochstile weiterentwickeln. Besonders junge Köche kombinieren die traditionellen Zutaten und Zubereitungsarten ihres Heimatlands fantasievoll mit den in Frankreich gebräuchlichen frischen Lebensmitteln.

Auf der Speisekarte

Andouillettes Würste aus Schweineinnereien

Blanquette de veau Kalbfleischeintopf, meist gebunden mit Ei und Sahne

Crottin chaud en salade Ziegenkäse auf Toast mit Salat

Cuisses de grenouille Froschschenkel in Knoblauchbutter

Îles flottantes Eischnee in Vanillesauce

Plateau de fruits de mer Platte mit rohen und gegarten Meeresfrüchten

Ris de veau Kalbsbries

Rognons à la moutarde Nierchen in Senfsauce

Salade frisée aux lardons Endiviensalat mit Speck

Sole meunière Gebratene Seezunge mit Buttersauce

Moules marinières – *in einer Sauce aus Weißwein, Knoblauch, Petersilie und Sahne gegarte Muscheln.*

Coq au vin *ist mit Rotwein, Kräutern, Knoblauch, Zwiebeln und Champignons gegartes Hähnchen.*

Tarte tatin *ist ein karamellisierter umgedrehter Apfelkuchen, der im Hotel Tatin im Loire-Tal kreiert wurde.*

Getränke

In Paris finden Sie die größte Auswahl an französischen Weinen. Am preiswertesten ist es, eine Karaffe zu bestellen: 250 ml *(un quart)*, 330 ml *(une fillette)*, 500 ml *(un demi)* oder 750 ml *(un pichet)*. In Cafés und Weinstuben gibt es den Wein meist glasweise: *un petit blanc*, ein kleines Glas Weißwein; ein größeres Glas Rotwein heißt *un ballon de rouge*. Hauswein ist fast immer eine gute Wahl.

Letzter Weinberg in Paris bei Sacré-Cœur *(siehe S. 222)*

Rotwein

Einige Bordeaux-Weine und Burgunder gehören zu den erlesensten Rotweinen der Welt. Für den täglichen Bedarf steht aber eine Riesenauswahl an guten südfranzösischen oder Côtes-du-Rhône-Weinen zur Verfügung, ebenso viele Beaujolais Crus aus dem südlichen Burgund oder solche aus dem Loire-Tal.

Typische Flaschenformen: Bordeaux und Burgunder

Unter den Bordeaux-Château-Weinen zählen die Margaux zu den exklusivsten Rotweinen der Welt.

Große, starke Burgunder-Weine kommen aus dem Dorf Gevrey-Chambertin, das in der Côte de Nuits liegt.

Der neue, fruchtige Beaujolais wird ab dem 15. November in ganz Frankreich in den Cafés angeboten.

Von der Loire, aus der Gegend um Chinon, kommen sehr gute Rotweine. Sie sind meist leicht und trocken.

Das südliche Rhône-Tal ist bekannt für die dunklen, gehaltvollen Rotweine aus Châteauneuf-du-Pape.

Von der nördlichen Rhône um Vienne kommt der würzige, dunkle Côte-Rôtie (nach 10 Jahren reif).

Weinsorten

Weinsorten	2005	2004	2003	2002	2001	2000	1999	1998	1997
Bordeaux									
Margaux, St-Julien, Pauillac, St-Estèphe	9	7	8	6	7	8	7	7	7
Graves, Pessac-Léognan (rot)	9	7	6	6	7	8	7	8	7
Graves, Pessac-Léognan (weiß)	9	8	7	6	7	8	8	7	8
St-Émilion, Pomerol	9	7	6	5	8	8	7	7	7
Burgund									
Chablis	9	8	7	8	8	8	8	8	9
Côte de Nuits (rot)	9	7	7	6	7	7	7	7	8
Côte de Beaune (weiß)	9	8	7	8	8	7	7	8	9
Loire									
Bourgueil, Chinon	9	7	7	8	7	8	8	7	9
Sancerre (weiß)	9	8	7	7	8	8	8	7	9
Rhône									
Hermitage (rot)	9	7	7	4	7	7	8	8	7
Hermitage (weiß)	9	7	6	4	8	9	7	8	8
Côte-Rôtie	9	7	6	4	7	8	9	8	7
Châteauneuf-du-Pape	9	7	6	3	7	8	7	8	7

Die Qualitätsskala von 1 bis 10 beruht auf einer pauschalen Jahresbewertung und ist nur allgemeine Richtlinie

Weißwein

Die feinsten weißen Bordeaux- und Burgunder-Weine schmecken am besten zum Essen. Ansonsten versuche man einen leichten, trockenen Wein (z. B. Entre-Deux-Mers aus Bordeaux, Anjou Blanc oder Sauvignon de Touraine von der Loire). Dessertweine wie Sauternes, Barsac oder Coteaux du Layon sind ein Genuss.

Elsässer Riesling und Burgunder

Elsässer Weine werden meist nach der Traubenart bezeichnet. Gewürztraminer gehört zu den bekanntesten.

Von der östlichen Loire kommt der Pouilly-Fumé. Er ist sehr trocken, oft ein wenig rauchig.

Ein Burgunder ist auch der Chablis, ein frischer, trockener Wein aus dem Norden mit vollem Bukett.

Von der Loire kommt der Muscadet, ein trockener Wein von der Atlantikküste. Hervorragend zu Seefisch.

Moussierende Weine

Bei festlichen Anlässen ist Champagner (jeder Kategorie) in Frankreich die erste Wahl. *Crémants*, moussierende Weine nach Champagner-Art, kommen auch aus anderen Anbaugebieten und sind erheblich preisgünstiger. Fragen Sie nach Crémant de Loire, Crémant de Bourgogne, Vouvray Mousseux, Saumur Mousseux oder Blanquette de Limoux.

Champagner

In der Champagne, östlich von Paris, wird der berühmte Schaumwein erzeugt. Leicht ist der Billecart-Salmon.

Süßer Bordeaux ist ein köstlicher, goldfarbener Dessertwein. Besonders bekannt: Barsac und Sauternes.

Aperitifs und Digestifs

Der gebräuchlichste Aperitif ist *kir*, ein Weißwein mit einem Schuss Johannisbeerlikör *(crème de cassis)*. Sehr verbreitet ist auch der erfrischende *pastis* mit Anisgeschmack, mit Eiswürfeln und einem Krug Wasser serviert. Aber auch ein Wermut, etwa Noilly-Prat, ist als Aperitif beliebt. *Digestifs* oder Verdauungsgetränke werden oft zu Kaffee getrunken: *eaux-de-vie*, starke Spirituosen mit Fruchtgehalt, oder Branntweine wie Cognac, Armagnac oder Calvados.

Kir: Weißwein mit *cassis*

Biere

Bier wird in Frankreich in der Flasche oder (preiswerter) vom Zapfhahn im Glas bestellt, meist als *un demi*. Am billigsten ist *bière française*: Die besten Sorten sind Meteor und Mutzig, dann »33« und Kronenbourg. Größeren Malzgehalt hat das Leffe, als *blonde* (Helles) oder *brune* (dunkler und würziger) erhältlich. Pelforth ist ein sehr gutes Bier (hell und dunkel). Einige Kneipen und Cafés sind auf ausländische, vor allem belgische Biere spezialisiert. Eine Auswahl von Bierkneipen finden Sie unter *Cafés und Bars (siehe S. 317)*.

Andere Getränke

Die farbenfrohen Drinks, die man in Paris in allen Cafés sieht, sind eine Mischung aus aromatischen Sirupen und Mineralwasser, *sirops à l'eau*. Smaragdgrün ist der Pfefferminzsirup, rot der Granatapfelsirup. Fruchtsäfte erhält man in der Flasche, sofern man nicht *citron pressé* (frisch gepresste Zitrone) oder *orange pressée* (frisch gepresste Orange) verlangt. Gepresster Fruchtsaft wird mit einem Krug Wasser und mit Zucker serviert. Leitungswasser *(eau de robinet)* ist problemlos trinkbar, Mineralwasser (mit oder ohne Kohlensäure – *l'eau gazeuse* oder *l'eau naturelle*) gibt es überall.

Frischer Zitronensaft, mit Wasser und Zucker serviert

Restaurantauswahl

Die Restaurants auf den folgenden Seiten wurden aufgrund ihrer hohen Qualität oder des guten Preis-Leistungs-Verhältnisses ausgewählt. Die Restaurants sind nach Stadtteilen und Preiskategorien angeordnet. Informationen zu Cafés, Bars und Imbissstuben finden Sie auf den Seiten 316–319.

PREISKATEGORIEN
Preise für ein Drei-Gänge-Menü pro Person mit einer halben Flasche Wein, inklusive Steuer und Service:

€ unter 25 Euro
€€ 25–35 Euro
€€€ 35–50 Euro
€€€€ 50–75 Euro
€€€€€ über 75 Euro

Île de la Cité und Île St-Louis

La Charlotte de l'Isle — €

24, rue St-Louis-en-l'Île, 75004 ☎ *01 43 54 25 83* — **Stadtplan** *13 C4* **Karte** *M8*

In dieser kleinen Teestube aus dem Jahr 1972 bekommt man die kräftigste heiße Schokolade von ganz Paris. Mitserviert wird ein Kännchen Milch, damit man sie »verdünnen« kann. Sehr lecker sind auch die Kuchen und die verschiedenen Tees. Mittwochs finden hier Puppentheatervorstellungen statt.

Le Fin Gourmet — €€€

42, rue St-Louis-en-l'Île, 75004 ☎ *01 43 26 79 27* — **Stadtplan** *13 C4* **Karte** *M8*

Holzbalken an der Decke und ein Gewölbe aus dem 18. Jahrhundert sorgen hier für Atmosphäre. Die Küche ist gut, angeboten werden auch Menüs für 20, 25 und 35 Euro. Auf der Karte stehen Gerichte wie Lammkeule mit einer Sauce aus schwarzem Trüffel.

Isami — €€€

4, quai Orléans, 75004 ☎ *01 40 46 06 97* — **Stadtplan** *13 C4* **Karte** *M8*

Schon beim Eintreten wird man in diesem kleinen Lokal an der Seine gewarnt, dass hier ausschließlich roher Fisch serviert wird. Genau das ist der Grund, warum das Isami bei vielen Menschen so beliebt ist, nicht nur bei Japanern, die in der Stadt leben. Das Sushi ist von einer Qualität, wie man sie in Paris selten findet.

Mon Vieil Ami — €€€

69, rue St-Louis-en-l'Île, 75004 ☎ *01 40 46 01 35* — **Stadtplan** *13 C4* **Karte** *M8*

Die Einrichtung dieses Lokals ist minimalistisch chic, die Küche sehr um Frische bemüht. Dabei spielt Gemüse eine zentrale Rolle. Rehschulter mit Sellerie, Quitten und Pflaumen oder elsässische Kasserolle mit Tintenfisch, weißen Bohnen und Tomaten sind typische Gerichte. Geschlossen: Mo, Di; drei Wochen im Jan und Aug.

Nos Ancêtres les Gaulois — €€€

39, rue St-Louis-en-l'Île, 75004 ☎ *01 46 33 66 07* — **Stadtplan** *13 C4* **Karte** *M8*

In dem lebhaften Restaurant werden auch die Hungrigsten satt. Es gibt nur ein Menü aus Salat, Braten vom Büfett, einem Grillgericht, Käseauswahl, Obst, Dessert und viel Wein. Für zehn Euro gibt es ein Kindermenü. Alles in allem ein wohlschmeckend-unterhaltsames Vergnügen.

Marais

Chez Hannah — €

54, rue des Rosiers, 75004 ☎ *01 42 74 74 99* — **Stadtplan** *13 C3* **Karte** *N7*

Bekannter ist sicherlich L'As du Fallafel in derselben Straße, aber die Falafel-Sandwiches, die man bei Hannah bekommt, nehmen es locker damit auf. Zu den Kichererbsen-Bällchen gibt es leckerste Tahini-Paste, aromatische Auberginen und Chili. Man isst im lebhaften Speiseraum oder auch einfach vor dem Lokal auf der Straße.

Caves St-Gilles — €€

4, rue St-Gilles, 75003 ☎ *01 48 87 22 62* — **Stadtplan** *14 D3* **Karte** *P7*

In diesem lebhaften Lokal steht man zwischen Parisern an der Bar und wartet auf einen freien Tisch, während die Kellner mit lauten »*Chaud devant*«-Rufen Teller mit spanischen Tapas oder Paella mit Meeresfrüchten vorbeibalancieren. Es gibt auch *brochettes* (Spießchen) mit Schwein, Lamm oder Huhn, gefüllte Paprika und gefüllte Zucchini.

Chez Jenny — €€

39, bd du Temple, 75003 ☎ *01 44 54 39 00* — **Stadtplan** *14 D1* **Karte** *N5*

Diese riesige Brasserie an der Place de la République ist seit der Gründung vor über 60 Jahren eine Bastion Elsässer Küche. Die Bedienungen in elsässischer Tracht tragen zum Charme bei. Das *choucroute spéciale Jenny* ist eine herzhafte Angelegenheit. Als Nachtisch empfiehlt sich Früchtetarte oder Sorbet und Obstlikör.

Zeichenerklärung *siehe hintere Umschlagklappe*

Le Colimaçon €€

44, rue Vieille du Temple, 75004 *01 48 87 12 01* **Stadtplan** *13 C3* **Karte** *N7*

Der Name Colimaçon (Schnecke) bezieht sich auf die Wendeltreppe mitten im Restaurant. Das Gebäude (1732) steht unter Denkmalschutz, nicht zuletzt wegen der Holzbalken in den Decken. Auf der Karte findet man Schnecken, daneben auch Froschschenkel in Petersilien-Tomaten-Sauce und *gigot de sept heures* (langsam geschmortes Lamm).

Le Petit Marché €€

9, rue de Béarn, 75003 *01 42 72 06 67* **Stadtplan** *14 D3* **Karte** *P7*

Gleich um die Ecke von der Place des Vosges liegt dieses Bistro, das verlässlich sieben Tage die Woche geöffnet hat (eine Seltenheit in Paris). Es gibt Tische an der Straße und eine gemütliche, marokkanisch gestaltete Lounge im Untergeschoss. Serviert wird modernes Bistro-Essen, es gibt auch glutenfreie Gerichte.

Les Philosophes €€

28, rue Vieille du Temple, 75003 *01 48 87 49 64* **Stadtplan** *13 C3* **Karte** *M7*

Xavier Denamour betreibt mehrere Cafés in dieser Straße, Les Philosophes ist das beliebteste für ein Mittagessen. Das *steak-frites* ist einfach perfekt und die Tomaten-*tarte tatin* ein Spezialität. Auf der Terrasse kann man gut Leute beobachten und als Dessert einen Espresso-Kuchen genießen.

Le Potager du Marais €€

22, rue Rambuteau, 75003 *01 42 72 17 79* **Stadtplan** *13 C3* **Karte** *M6*

Das beliebte Restaurant kocht vegetarisch und setzt dabei neben Bioprodukten so viel Fantasie und Können ein, dass die großzügigen Portionen selbst Fleischliebhaber überzeugen. Vielleicht haben Sie Lust auf Auberginen-Curry oder Lauch-Gratin? Es gibt auch glutenfreie Gerichte, und die Weine kommen aus biologischem Anbau.

Bistro de l'Oulette €€€

38, rue des Tournelles, 75004 *01 42 71 43 33* **Stadtplan** *14 E3* **Karte** *P7*

Kleines Lokal mit guter Küche zu vernünftigen Preisen. Das Festpreismenü ist besonders günstig. Serviert werden vor allem Gerichte aus Südwestfrankreich, etwa ein hervorragendes *cassoulet* oder gedünsteter Ochsenschwanz. Als Dessert locken karamellisierte Birne mit Gewürzgebäck oder Fondant aus Schokolade und Himbeeren.

Brasserie Bofinger €€€

3, rue de la Bastille, 75004 *01 42 72 87 82* **Stadtplan** *14 E4* **Karte** *P7*

Das 1864 gegründete Bofinger ist angeblich die älteste Brasserie der Stadt. Auf jeden Fall ist es eine der schönsten, mit Buntglas, Lederbänken, Messing und Wandgemälden des Elsässer Künstlers Hansi. Serviert werden gute Meeresfrüchte, Grillfleisch und respektables *choucroute* (Sauerkraut).

Chez Cham €€€

3, rue du Roi Doré, 75003 *01 42 74 31 22* **Stadtplan** *14 D2* **Karte** *N6*

Das Chez Cham liegt abseits des Besucherrummels in einem mittelalterlichen Gebäude. Es serviert in einem sehr gemütlichen Speiseraum zeitgenössische französische Küche. Die verwendeten Zutaten sind großteils Bio-Erzeugnisse. Vegetarische und glutenfreie Gerichte finden sich ebenfalls auf der Karte. Auch die Weinliste ist exzellent.

Le Dôme du Marais €€€

53 bis, rue des Francs-Bourgeois, 75004 *01 42 74 54 17* **Stadtplan** *14 D3* **Karte** *N6*

Hier bekommt man traditionelle französische Küche – neben Delikatessen wie Seebrasse in Kräuterkruste oder Kabeljau in Champagner auch Wildschwein, Kalbsbries oder *tête de veau*. Der Service ist dezent und aufmerksam, das Gebäude hat eine bemerkenswerte Kuppel. Tischreservierung empfohlen.

Le Gaigne €€€

12, rue Pecquay, 75004 *01 44 59 86 72* **Stadtplan** *13 C2* **Karte** *M6*

Michaël Gaignon arbeitete jahrelang als Koch in Sterne-Restaurants, bevor er hier sein eigenes Restaurant eröffnete. Warme Farbtöne sorgen für eine angenehme Atmosphäre, der Küchenchef konzentriert sich darauf, nur die besten, frischesten Zutaten für seine fantasievollen Gerichte zu verwenden. Günstig ist das Menu dégustation.

La Guirlande de Julie €€€

25, pl des Vosges, 75003 *01 48 87 94 07* **Stadtplan** *14 D3* **Karte** *N7*

Der angesehene Gastwirt Claude Terrail vom Tour d'Argent *(siehe S. 306)* hat für La Guirlande de Julie einen guten Küchenchef engagiert, dessen Kreationen in frischem, angenehmem Ambiente kredenzt werden. Die beste Aussicht hat man von Tischen am Fenster des ersten Speiseraums. Bei gutem Wetter kann man draußen unter Arkaden essen.

Le Repaire de Cartouche €€€€

8, bd des Filles du Calvaire, 75011 *01 47 00 25 86* **Stadtplan** *14 D2* **Karte** *P6*

Wie sein Schwester-Etablissement Le Villaret *(siehe S. 315)* wird dieses Restaurant von früheren Angestellten des Astier *(siehe S. 313)* geführt. Wie jenes hat es ein jahreszeitlich wechselndes Speisenangebot, z. B. gebratene Taube mit Lauch in Balsamico-Sauce oder Kaninchen-Terrine mit Schokolade. Das Dekor ist beruhigend traditionell.

L'Ambroisie €€€€€

9, pl des Vosges, 75004 *01 42 78 51 45* **Stadtplan** *14 D3* **Karte** *N7*

Küchenchef Monsieur Pacaud restaurierte ein ehemaliges Juweliergeschäft zu einem von zehn Drei-Sterne-Restaurants der Stadt. Zu den Spezialitäten gehören Mousse aus süßen Paprikaschoten, *truffle feuilleté* (Blätterteiggebäck mit Trüffel) und Langustinen. Reservierung bis vier Wochen im Voraus.

Bastille

Bistrot du Peintre
€€

116, ave Ledru Rollin, 75011 01 47 00 34 39 **Stadtplan** 14 F5 **Karte** Q8

Art déco prägt das Bistro, in dem Künstler aus dem Viertel und Medienleute Stammgäste sind. Die Preise sind niedrig, die Terrasse ist besonders beliebt. Serviert werden relativ schlichte, aber leckere Gerichte wie Steak oder Fisch vom Grill, alles mit Pommes frites und Gemüse kombiniert.

L'Encrier
€€

55, rue Traversière, 75012 01 44 68 08 16 **Stadtplan** 14 F5 **Karte** Q8

Als Spezialität gilt in diesem Lokal Birne, die mit Roquefort und einem Glas süßem Jurançon-Wein serviert wird. Tradition pflegt die Küche mit ihren anderen Gerichten: Lammbraten in Kräutern, Lachs mit pochierten Eiern und Linsen. L'Encrier ist beliebt, die Tische stehen eng und sind immer besetzt. Am besten reservieren Sie vorher.

Le Souk
€€

1, rue Keller, 75011 01 49 29 05 08 **Stadtplan** 14 F4 **Karte** Q8

In Paris gibt es viele nordafrikanische Restaurants, aber nur wenige bieten die Atmosphäre dieses geschäftigen Marokkaners mit seinen ockerfarbenen Wänden, Mosaiktischen und Kissenbänken. Das Essen ist nicht ganz billig und sehr lecker: Versuchen Sie das Lamm-Tagine mit Mandeln und Pflaumen oder das gemischte Couscous.

Le Bistrot Paul Bert
€€€

18, rue Paul Bert, 75011 01 43 72 24 01 **Stadtplan** 14 F3

Eine stilvolle traditionelle Einrichtung mit langer Bar und klassisches Bistro-Essen machen die Beliebtheit dieses Lokals aus, das von Parisern geschätzt und von vielen Gästen besucht wird. Das *steak-frites* zählt zu den besten der Stadt. Auch die Weinkarte ist außergewöhnlich.

Beaubourg und Les Halles

Café Beaubourg
€€

43, rue St-Merri, 75004 01 48 87 63 96 **Stadtplan** 13 B2 **Karte** M6

Das Café Beaubourg mit Blick auf die lebhafte Piazza des Centre Pompidou hat elegant-modernes Dekor und bietet einfache, verlässliche Kost – wenn auch zu etwas überhöhten Preisen: Tatar, Grillfleisch und -fisch. Auf der Karte findet man aber auch einen thailändischen Salat.

La Fresque
€€

100, rue Rambuteau, 75001 01 42 33 17 56 **Stadtplan** 13 A2 **Karte** L6

Das Mittagsmenü (14 Euro für zwei Gänge und Kaffee) hat eines der besten Preis-Leistungs-Verhältnisse in Les Halles. Das Lokal ist stets voll, das freundliche Personal bringt französische Gerichte wie Lachstatar oder Lamm mit Ratatouille und Kartoffeln schnell und gut gelaunt zu den Tischen. Die Abendkarte ist ein wenig teurer.

Les Fines Gueules
€€

43, rue Croix des Petits Champs, 75001 01 42 61 35 41 **Stadtplan** 12 F1 **Karte** K5

Seit Arnaud Bradol das Bistro 2007 übernahm, ist es *das* Lokal, um handgeschabtes *steak tartare* zu essen. Das edle Fleisch, das Hugo Desnoyer liefert, wird mit kleinen gebratenen Kartöffelchen und einem Salat mit Trüffel-Dressing serviert. Die biologischen Weine kommen von kleinen Erzeugern.

Le Hangar
€€

12, impasse Berthaud, 75003 01 42 74 55 44 **Stadtplan** 13 B2 **Karte** M6

Wer einmal in diesem Lokal war, wird bestimmt ebenso sicher wiederkommen wie die Pariser, die es gern besuchen. Beliebte Klassiker sind hier *foie gras* aus der Pfanne auf Kartoffelpüree mit Olivenöl und der cremige Schokoladenkuchen. Da macht es nicht viel aus, dass das Ambiente eher schlicht ist.

Le Tambour
€€

41, rue Montmartre, 75002 01 42 33 06 90 **Stadtplan** 13 A1 **Karte** L5

Le Tambour gilt als Institution von Les Halles. Hier bekommt man bis 3.30 Uhr (sonntags und montags bis 1 Uhr) anständiges warmes Essen – kein Wunder, dass sich in diesem Bistro die unterschiedlichsten Nachtschwärmer bei Klassikern wie *steak-frites* begegnen.

Le Tir Bouchon
€€

22, rue Tiquetonne, 75002 01 42 21 95 51 **Stadtplan** 13 A1 **Karte** L5

Der Küchenchef gibt verschiedenen Regionalgerichten einen Gourmet-Schliff: *confit de canard*, Garnelen in Blätterteig mit Safransauce und gebratene Taube mit Morcheln. Eines der beliebtesten Gerichte hier ist die mit Honig gebratene Entenbrust *(magret de canard au miel)*.

Preiskategorien *siehe Seite 300* **Zeichenerklärung** *siehe hintere Umschlagklappe*

Le 404 €€€

69, rue Gravilliers, 75003 01 42 74 57 81 **Stadtplan** 13 B1 **Karte** M5

Le 404 in dem 1737 für Gabrielle d'Estrées (die Geliebte von Henri IV) erbauten *hôtel particulier* wird vom marokkanischen Schauspieler Smaïn geführt, der auch das Momo in London betreibt. Das Essen ist denn auch marokkanisch: authentisches Couscous, Tajine und vegetarische Köstlichkeiten. Mittags ist es preiswerter.

Deda €€€

8–10, rue Coquillère, 75001 01 53 40 82 40 **Stadtplan** 12 F1 **Karte** L6

Georgische Küche war in Paris fast unbekannt, bevor dieses Restaurant mit Weinkeller und *épicerie* 2008 eröffnete. Ein guter Weg, sich der Küche Vorderasiens anzunähern, ist das »Supra«, eine Menüfolge aus vielerlei Gerichten, die man sich mit allen am Tisch teilt. Versuchen Sie auch die Weine aus Georgien.

Le Grizzli €€€

7, rue St-Martin, 75004 01 48 87 77 56 **Stadtplan** 13 B3 **Karte** L6

Ein Besitzerwechsel hat dem Grizzli neues Leben eingehaucht. 1903 war es eines der letzten Pariser Lokale mit echten Tanzbären! Der heutige Gastwirt lässt viele Produkte aus seiner Heimat in Südwestfrankreich liefern, darunter Schinken, Lammkoteletts, Käse und Wein. Letzterer wird von seiner eigenen Familie produziert.

Le Pharamond €€€

24, rue de la Grande Truanderie, 75001 01 40 28 45 18 **Stadtplan** 13 A1 **Karte** L6

Das 1870 eröffnete Bistro erinnert noch an damals, mit Fliesen und Mosaiken, schönen Schnitzereien und Spiegeln. Zu den Spezialitäten gehören *tripes à la mode de Caen* (Kutteln mit Zwiebeln, Lauch, Cidre und Calvados) und *bœuf en daube* (Rindfleischeintopf). Sehr zu empfehlen ist der Cidre aus der Normandie.

Au Pied de Cochon €€€

6, rue Coquillière, 75001 01 40 13 77 00 **Stadtplan** 12 F1 **Karte** L6

Die farbenfroh restaurierte Brasserie war einst bei der High Society beliebt, die hier die Arbeiter auf dem alten Markt beobachtete, während sie sich ihre Zwiebelsuppe schmecken ließ. Heute ist das Lokal zwar touristisch, aber vergnüglich und bietet für jeden etwas (u. a. tolle Meeresfrüchte). Noch immer ideal nach einer durchgemachten Nacht.

Chez La Vieille »Adrienne« €€€€

1, rue de Bailleul, 75001 01 42 60 15 78 **Stadtplan** 12 F2 **Karte** K6

In Pariser Edellokalen werden die Portionen immer kleiner – das hübsch altmodische Restaurant wirkt dem entgegen, indem es seine Gäste auffordert, sich selbst von den *pâtés*, Salaten und Desserts zu bedienen. Die Hauptgerichte sind herzhaft, etwa Kutteln oder *blanquette de veau* (Kalb in weißer Sauce).

Benoît €€€€€

20, rue St-Martin, 75004 01 42 72 25 76 **Stadtplan** 13 B2 **Karte** L7

Ein Juwel unter den Pariser Bistros. Starkoch Alain Ducasse hat das Dekor aus falschem Marmor, poliertem Messing und Spitzenvorhängen so belassen, wie es schon 1912 war. Unter den besonderen Gerichten finden sich *foie gras*, *riz de veau* (Kalbsbries) und *cassoulet* (Eintopf aus weißen Bohnen und Fleisch). Hervorragende Weinauswahl.

Georges €€€€€

19, rue Beaubourg, 75004 01 44 78 47 99 **Stadtplan** 13 B2 **Karte** M6

Das Georges im obersten Stock des Centre Pompidou bietet tolle Aussicht und leichte, raffinierte Gerichte wie Kirschtomaten-Ziegenkäse-Kuchen, *sole meunière*, Lamm mit Chutney und Makronen sowie gebratene Muscheln mit Zitronenbutter. Tische auch auf der Terrasse. Das Dekor ist minimalistisch-kühl. Reservierung erforderlich.

Tuileries

Salon de Thé Angélina €

226, rue de Rivoli, 75001 01 42 60 82 00 **Stadtplan** 11 C1 **Karte** H5

Spezialität in diesem Teesalon ist der *Mont Blanc*, ein weiches Zuckergebäck mit Maronencreme und Schlagsahne. Die heiße Schokolade zählt zu den besten der Stadt, und das Belle-Époque-Ambiente macht das Ganze perfekt. Hier bekommt man auch ein kleines Mittagessen.

Le Fumoir €€

6, rue de l'Amiral Coligny, 75001 01 42 92 00 24 **Stadtplan** 12 F2 **Karte** K6

Le Fumoir ist tagsüber Café und abends Restaurant mit Bar. Hier orientiert sich die Küche an skandinavischen Rezepten, bei denen oft Cranberries und Meerrettich Verwendung finden. Die Cocktails sind gut, die Gäste chic. Im Hinterzimmer gibt es eine kleine Bibliothek und dicke Ledersessel.

La Muscade €€

36, rue Montpensier, 75001 01 42 97 51 36 **Stadtplan** 12 E1 **Karte** K5

Der Inbegriff französischer Klassik: ein Speisesaal im Regency-Stil im Herzen der Palais-Royal-Gärten. Mediterran inspirierte Küche wie Orangen-Tomaten-Kalbfleisch-Tagine. Nachmittags wird Tee mit Gebäck (z. B. Blätterteig mit Feigenfüllung) serviert.

Stadtplan *siehe Seiten 390–423*

1 Place Vendôme
€€€€

1, place Vendôme, 75001 01 55 04 55 00 **Stadtplan** 12 D1 **Karte** J5

Das 1 Place Vendôme an einem der exklusivsten Plätze der Welt ist für jeden Feinschmecker ein himmlisches Vergnügen. Der junge Küchenchef Nicolas Rucheton kreiert Köstlichkeiten wie Trüffel-Risotto mit reifem Parmigiano und ein zartes Kalbsfilet mit Cannelloni. An der Bar findet man die wohl größte Whiskey-Sammlung in Paris.

Café Marly
€€€€

93, rue de Rivoli, 75001 01 49 26 06 60 **Stadtplan** 12 E2 **Karte** K6

Wunderbare Sicht auf den Louvre und innovative französische Küche: *carpaccio*, Karamell-Kokos-Ente, Lachs mit Spinatcreme und Himbeermakronen. Rindfleisch mit Roquefortsauce gehört zu den Favoriten, und Liebhaber rohen Fischs mögen das scharfe Avocado-Thunfisch-Tatar.

Goumard
€€€€

9, rue Duphot, 75001 01 42 60 36 07 **Stadtplan** 5 C5 **Karte** H5

Das 1872 eröffnete Lokal hat noch viele Originalelemente wie Glaslüster und Holzpaneele mit Einlegearbeiten. Zum hervorragenden Seafood gehören *bouillabaisse* und Wolfsbarsch mit Austernsauce sowie viele Sorten von Champagner (mehr als 150 Jahrgänge).

Le Grand Louvre
€€€€

Le Louvre, 75001 01 40 20 53 41 **Stadtplan** 12 F2 **Karte** J6

Das wirklich gute Restaurant liegt unter der Glaspyramide des Louvre. Das Speisenangebot ist von der südwestfranzösischen Küche inspiriert – gefüllter Gänsehals, *foie gras*, *bœuf en daube* (Rindfleischeintopf), Backpflaumeneis mit Armagnac – und wurde von André Daguin, einem der Sterneköche dieser Region, kreiert.

Restaurant du Palais Royal
€€€€

110, galerie de Valois, 75001 01 40 20 00 27 **Stadtplan** 12 F1 **Karte** K5

Das einladende, moderne Bistro mit Tischen im Garten des Palais Royal ist im Sommer sehr gefragt. Doch auch der Speiseraum innen ist angenehm, und das Essen schmeckt lecker. Klassiker sind Steak mit *pommes Pont Neuf* (dicker geschnittene Pommes frites), die Risottos und *Baba au rhum* zum Dessert.

Le Grand Véfour
€€€€€

17, rue de Beaujolais, 75001 01 42 96 56 27 **Stadtplan** 12 F1 **Karte** K5

Dieses Restaurant aus dem 18. Jahrhundert ist für viele das schönste der ganzen Stadt. Küchenchef Guy Martin sorgt mit Leichtigkeit dafür, dass er seine drei Michelin-Sterne behält – mit Gerichten wie Muscheln mit Beaufort-Käse, Kohl-Ravioli mit Trüffelcreme und Endivien-*galette* (Pfannkuchen).

Le Meurice
€€€€€

228, rue de Rivoli, 75001 01 44 58 10 55 **Stadtplan** 12 D1 **Karte** J5

Yannick Alleno hat sich als Spitzenkoch in Paris einen Namen gemacht. Seine Menüs sind sorgfältig choreografiert. Die elegant-leichte Handschrift Allenos zeigt sich etwa an seinen Krabben in Zitrus-Dressing an Kräutercreme und Kaviar. Das prächtige Ambiente von Le Meurice wird den edlen Gerichten mehr als gerecht.

St-Germain-des-Prés

Coco & Co
€

11, rue Bernard Palissy, 75006 01 45 44 02 52 **Stadtplan** 12 E4 **Karte** J8

Hier serviert man Eier, Eiergerichte und wieder Eier. Es gibt gekochte Eier, pochierte Eier, gebratene Eier, als Spiegeleier und Rühreier … aber auch 22 Variationen von Omeletts oder beispielsweise *œuf-en-cocotte* (in Sahne oder Wein gebackene Eier). Natürlich stehen im Mittelpunkt der Dekoration Eier – was sonst.

La Crèmerie
€

9, rue des Quatre Vents, 75006 01 43 54 99 30 **Stadtplan** 12 F4 **Karte** K8

1880 wurde der Raum mit der schönen Glasdecke als Molkereiladen genutzt, seit den 1950er Jahren ist er eine Weinbar. Hier serviert man »natürliche« Weine mit Brot und Butter aus der Bretagne, Schinken aus Spanien, Wurst von der Ardèche und Burrata-Käse aus Apulien.

Le Petit Saint-Benoît
€

4, rue St-Benoît, 75006 01 42 60 27 92 **Stadtplan** 12 E3 **Karte** J7

Hier kann man sich unter die Anwohner mischen – tatsächlich setzen einen die Bedienungen gern an einen Tisch zu anderen Leuten. Aufs Dekor legt man nicht viel Wert, aber das einfache, rustikale Essen ist gut und günstig. Die *cuisine du marché* bietet sechs *plats du jour*, die täglich wechseln.

Aux Charpentiers
€€

10, rue Mabillon, 75006 01 43 26 30 05 **Stadtplan** 12 E4 **Karte** J8

Das renommierte Bistro, beliebt bei Gäste aus dem Viertel, bietet keine Überraschungen. Das Angebot wechselt täglich, man kann aber damit rechnen, dass Standards wie Marengo-Kalb, *bœuf à la mode* und Selbstgebackenes auf der Karte stehen – alles zu vernünftigen Preisen. Abends ist es etwas teurer.

Preiskategorien *siehe Seite 300* **Zeichenerklärung** *siehe hintere Umschlagklappe*

L'Épigramme €€
9, rue de l'Éperon, 75006 01 44 41 00 09 **Stadtplan** 12 F4 **Karte** K8

Terrakottafliesen, Holzbalken und der Blick in einen grünen Innenhof machen den *Rive-Gauche*-Charme des Lokals aus. In der offenen, von Glaswänden umgebenen Küche werden moderne Bistro-Gerichte zubereitet, etwa baskisches Schweinefleisch auf Rübenkraut. In der richtigen Saison gibt es auch Wild.

Polidor €€
41, rue Monsieur le Prince, 75006 01 43 26 95 34 **Stadtplan** 12 F5 **Karte** K8

Einst speisten hier, im In-Lokal der Pariser Boheme, Verlaine und Rimbaud. Das Lokal bietet nach wie vor traditionelle Gerichte zu sagenhaft günstigen Preisen. Grillsteak, *daube de bœuf* und Marengo-Kalb (mit Tomaten langsam gegart). Schokoladen-, Zitronen-, Apfel- und andere Kuchen.

Alcazar €€€
62, rue Mazarine, 75006 01 53 10 19 99 **Stadtplan** 12 F4 **Karte** K7

1999 kaufte Sir Terence Conran den eleganten Club aus den 1970er Jahren und verwandelte ihn in eine Brasserie-Bar: eine riesige, stilvolle, durch und durch moderne Angelegenheit. Zu essen gibt es einfache, aber gut zubereitete Gerichte. Mittags ist es billiger.

Bouillon Racine €€€
3, rue Racine, 75006 01 44 32 15 60 **Stadtplan** 12 F5 **Karte** K8

Gefülltes Spanferkel, Lamm mit Lakritzegeschmack und Seafood-Risotto gibt es im Bouillon Racine. Hier wurde die *bouillon*, die bekannte Suppe mit Fleischaroma, erfunden. Das Gebäude von 1906, ein Meisterwerk des Art nouveau, steht unter Denkmalschutz.

J'Go €€€
3, rue Clément, 75006 01 43 26 19 02 **Stadtplan** 12 E4 **Karte** J8

Das Toulouser Lokal J'Go ist Weinbar und *rôtisserie* zugleich. Hier bekommt man saftiges Lamm aus Quercy ebenso wie Hähnchen oder Braten vom Schwein aus Bigorre. Besonders günstig ist das Menü mit Pâté, Salat, Lammbraten und weißen Bohnen. Es gibt auch Tapas. Weine werden glas- und flaschenweise angeboten.

Rôtisserie d'en Face €€€
2, rue Christine, 75006 01 43 26 40 98 **Stadtplan** 12 F4 **Karte** K7

Jacques Cagnas *rôtisserie* gegenüber seinem Restaurant *(siehe unten)* bietet perfekt zubereitete traditionelle Gerichte wie Kalbskotelett mit Morchelsauce und Kartoffelpüree oder Seebarbe mit Kapern, Zitronen und karamellisiertem Chicorée.

Tan Dinh €€€
60, rue de Verneuil, 75007 01 45 44 04 84 **Stadtplan** 12 D3 **Karte** H7

Die recht hohen Preise in diesem französisch-vietnamesischen Restaurant der Vifian-Familie sind durch die hohe Qualität der Küche und die herausragende Weinkarte (mit einer sehr großen Auswahl an Pomerols) zu begründen. Erwarten Sie keinen orientalischen Schnickschnack – das Interieur ist sehr nüchtern.

Le Timbre €€€
3, rue Ste-Beuve, 75006 01 45 49 10 40 **Stadtplan** 16 D1 **Karte** J9

Der Brite Chris Wright leitet dieses reizende kleine Restaurant in einer ruhigen Straße unweit des Jardin du Luxembourg. In seiner Küche werden nur feinste Produkte aus der Region zu Gerichten wie Andouillette mit Linsen, gebratene Reizker und Schnitzel mit Pastinakenpüree verarbeitet. Auch die Weinkarte kann sich sehen lassen.

Joséphine Chez Dumonet €€€€
117, rue du Cherche Midi, 75006 01 45 48 52 40 **Stadtplan** 11 C5 **Karte** G9

Alte Bistros mit traditionellen Gerichten sind in Paris eine Seltenheit geworden. Eine dieser Raritäten ist Joséphine. Hier kann man beispielsweise mit eingelegten Heringen beginnen und sich über das ausgezeichnete *steak tartare* oder ein herzhaftes *cassoulet* zu den üppigen Nachspeisen vorarbeiten. Große Weinkarte mit teuren Weinen.

Le Procope €€€€
13, rue de l'Ancienne Comédie, 75006 01 40 46 79 00 **Stadtplan** 12 F4 **Karte** K8

Im 1686 eröffneten und somit ältesten Café in Paris wurden einst literarische und politische Größen wie Voltaire und Diderot bedient. Heute trifft sich hier noch immer die Intelligenzia, daneben freilich auch Neugierige, die dieses historische Etablissement einmal sehen wollen. *Coq au vin* ist die Spezialität des Hauses.

Jacques Cagna €€€€€
14, rue des Grands Augustins, 75006 01 43 26 49 39 **Stadtplan** 12 F4 **Karte** K7

In diesem eleganten Haus aus dem 17. Jahrhundert werden Nippes des Wirts und Küchenchefs Jacques Cagna und seine exzellente klassische Küche mit modernem Touch präsentiert. Probieren Sie Seebarbensalat mit *foie gras* und Tauben-*confit* mit Rübchen. Das Weinangebot ist schlicht anbetungswürdig.

Lapérouse €€€€€
51, quai des Grands Augustins, 75006 01 43 26 68 04 **Stadtplan** 12 F4 **Karte** K7

Das berühmte Etablissement aus dem 19. Jahrhundert war einst eines der Pariser Glanzstücke. Dank der gewissenhaften Leitung des Besitzers und Küchenchefs Alain Hacquard ist das immer noch der Fall. Die Salons haben noch das Dekor der 1850er Jahre. Die besten Tische sind die am Fenster. Es gibt sogar Parkplätze für die Gäste.

Stadtplan *siehe Seiten 390–423*

Quartier Latin

Breakfast In America
€

17, rue des Écoles, 75005 *01 43 54 50 28* **Stadtplan** *13 A5* **Karte** *M9*

In diesem US-amerikanischen Diner wird den ganzen Tag über Frühstück serviert – bzw. das, was in angelsächsischen Ländern zu einem Frühstück gehört: Eier, knuspriger Speck, Würstchen, Burger, Steaks, Pommes frites und Pancakes mit Ahornsirup. Das Lokal ist bei Parisern so beliebt, dass man fast immer Schlange stehen muss.

Le Grenier de Notre Dame
€

18, rue de la Bûcherie, 75005 *01 43 29 98 29* **Stadtplan** *13 A4* **Karte** *L8*

Le Grenier de Notre Dame wurde in den 1970er Jahren eröffnet und hat noch immer das Hippie-Flair von damals. Für die sättigenden Gerichte wie Fischgratin oder Gemüsekasserolle werden hauptsächlich organische Zutaten verwendet. Die Weinkarte bietet eine gute Auswahl günstiger Tropfen, darunter Château Chavrignac Bordeaux.

Itinéraires
€€

5, rue de Pontoise, 75005 *01 46 33 60 11* **Stadtplan** *13 B5* **Karte** *M8*

Als Sylvain Sendra 2008 dieses moderne Bistro eröffnete, stand er vor einer Herausforderung: Wie konnte er den Erfolg seines Lokals Le Temps au Temps bei der Bastille wiederholen? Inzwischen ist ihm dies spielend gelungen. Itinéraires gilt als eines der besten Esslokale im Viertel. An der langen Bar kann man auch allein gut speisen.

Loubnane
€€

29, rue Galande, 75005 *01 43 26 70 60 oder 01 43 54 21 27* **Stadtplan** *13 A4* **Karte** *L8*

Ein libanesisches Restaurant, in dem Spezialitäten wie köstliche und großzügige *mezzes* serviert werden – unter dem wachsamen Auge eines Wirts, dessen Lebensziel es zu sein scheint, seine Gäste glücklich zu machen. Libanesische Live-Musik ist oft im Keller zu hören.

Perraudin
€€

157, rue St-Jacques, 75005 *01 46 33 15 75* **Stadtplan** *16 F1* **Karte** *L9*

In diesem Bistro fühlt man sich ins frühe 20. Jahrhundert zurückversetzt. Rot-weiße Tischdecken, die lange Bar und auch die Küche sind grundsolide. Serviert wird etwa Lammkarree, aber auch Carpaccio mit Parmesan und ein cremiger Milchreis. Reservieren kann man nur zwischen 19 und 20 Uhr, ansonsten muss man an der Bar warten.

Le Pré Verre
€€

19, rue de Sommerard, 75005 *01 43 54 59 47* **Stadtplan** *13 A5* **Karte** *L8*

Die Brüder Marc und Philippe Delacourcelle betreiben dieses beliebte Bistro mit Leidenschaft und mit einer Küche, die freizügig Ingredienzien aus Asien und aller Welt kombiniert. So ist die Chef-Empfehlung etwa *Côte de bœuf, purée fumée et sauce wasabi*. Die Weine kommen von kleinen Erzeugern.

Christophe
€€€

8, rue de Descartes, 75005 *01 43 26 72 49* **Stadtplan** *13 A4* **Karte** *L9*

Lassen Sie sich von dem eher glanzlosen Dekor nicht abschrecken: Was bei Christophe serviert wird, hat durchaus Glanz. Auf der Karte findet man viele einfallsreiche Kreationen, darunter sautierte Langustinen in Blätterteig sowie wunderbare *moelleux au chocolat*.

Le Petit Pontoise
€€€

9, rue Pontoise, 75005 *01 43 29 25 20* **Stadtplan** *13 B5* **Karte** *M8*

Populäres Ecklokal. Kräuter und Gewürze werden innovativ verwendet: gebratene Wachtel mit Honig, Trockenfrüchten und Nüssen oder Garnelen auf provenzalische Art. Das perfekte Menü: *risotto à la truffe*, danach Enten-*parmentier* und gebratener *foie gras* und zum Schluss heißes Vanillesoufflé. Reservierung ist empfehlenswert.

Rôtisserie du Beaujolais
€€€

19, quai de la Tournelle, 75005 *01 43 54 17 47* **Stadtplan** *13 B5* **Karte** *M8*

Claude Terrail vom Tour d'Argent nebenan besitzt auch dieses Restaurant an der Seine. Es hat einen großen Rôtisserie-Ofen, in dem Geflügel und Fleisch gebraten werden. Viele Fleisch- und Käsesorten stammen von den besten Lieferanten in Lyon. Hier trinkt man freilich Beaujolais.

Brasserie Le Balzar
€€€€

49, rue des Écoles, 75005 *01 43 54 13 67* **Stadtplan** *13 A5* **Karte** *L8*

In dieser Brasserie im Herzen des Quartier Latin mischen sich Leute aus der Nachbarschaft und Studenten mit Besuchern. Die Wände sind holzvertäfelt, es gibt große Spiegel und Sitzbänke. Ebenso klassisch ist die Speisekarte mit Zwiebelsuppe, Pfeffersteak, Sauerkraut und *tarte tatin*.

La Tour d'Argent
€€€€€

15–17, quai de la Tournelle, 75005 *01 43 54 23 31* **Stadtplan** *13 B5* **Karte** *M8*

Das 1582 gegründete Restaurant scheint es schon ewig zu geben. Der Besitzer André Terrail hat junge Köche engagiert, die die klassische Küche modernisiert haben. Die Bar im Erdgeschoss ist zugleich Gastronomie-Museum. Von hier bringt Sie ein Aufzug zum Panorama-Restaurant mit superbem Weinangebot. Mittags isst man hier günstiger.

Jardin des Plantes

Café Maure de la Mosquée de Paris €€

39, rue Geoffroy-St-Hillaire, 75005 01 43 31 18 14 **Stadtplan** *17 B2* **Karte** *M10*

An heißen Tagen spendet ein Feigenbaum angenehmen Schatten, in dem man an Minztee nippt und honigsüßes Gebäck isst. Der Innenraum des maurischen Cafés eröffnet eine orientalische Welt. Auch das Restaurant hat einen schattigen Innenhof, in dem man arabische Küche kennenlernen kann.

Marty Restaurant €€€

20, ave des Gobelins, 75005 01 43 31 39 51 **Stadtplan** *17 B3*

Das von E. Marty 1913 gegründete Restaurant ist noch immer in Familienhand. Die Küche stiehlt sogar dem authentischen Art-déco-Interieur die Show. Es gibt herzhafte Gerichte wie Entenbraten oder Kaninchen-Kasserolle. Bestellen Sie saisonale Gerichte wie Gazpacho. Die *crème brûlée* ist exzellent.

Mavrommatis €€€€

42, rue Daubenton, 75005 01 43 31 17 17 **Stadtplan** *17 B2* **Karte** *M10*

Das elegante Restaurant wird von den Brüdern Mavrommatis geführt: Einer arbeitet in der Küche, einer begrüßt die Gäste. Zu den griechischen Spezialitäten gehören Lammbraten und Moussaka. Auch beim Dessert geht die Hellas-Reise weiter, mit griechischem Joghurt und *baklava*.

Montparnasse

La Cantine du Troquet €€

101, rue de l'Ouest, 75014 **Stadtplan** *15 B4*

Dies ist das dritte Restaurant des Basken Christian Etchebest, der vor allem für sein Lokal Le Troquet im 15. Arrondissement *(siehe S. 308)* hochgepriesen wird. Hier in der »Kantinen«-Variante gibt es lange Tische und einfachere Gerichte. Dennoch schmeckt man die Handschrift des Spitzenkochs. Reservierungen werden nicht angenommen.

La Cerisaie €€

70, bd Edgar Quinet, 75014 01 43 20 98 98 **Stadtplan** *16 D2* **Karte** *H10*

Die Tour de Montparnasse ragt nicht weit von diesem Restaurant auf – vor oder nach dem Rundblick vom Turm kann man sich bei großzügigen Portionen stärken. Die Küche arbeitet eher traditionell, typisch sind etwa Makrele mit Kartoffelpüree oder Schweinesteak mit Spargel. Ausgezeichnete Weinkarte mit Produkten kleiner Erzeuger.

La Cagouille €€€

10–12, pl Constantin Brancusi, 75014 01 43 22 09 01 **Stadtplan** *15 C3*

Das große Lokal an der neuen Place Brancusi im neu gestalteten Montparnasse-Viertel gehört zu den besten Fischrestaurants der Stadt. Große Fische werden mit verschiedenen Saucen und Garnitur serviert. Es gibt auch ungewöhnliche saisonale Delikatessen wie schwarze Muscheln und *vendangeurs* (winzige Seebarben). Cognac-Keller.

La Coupole €€€

102, bd du Montparnasse, 75014 01 43 20 14 20 **Stadtplan** *16 D2* **Karte** *H10*

Die berühmte Brasserie ist seit der Gründung 1927 bei Modeleuten, Künstlern und Denkern beliebt. Sie hat dieselben Besitzer wie die Brasserie Flo *(siehe S. 314)* und ein ähnliches Angebot: Krustentiere, Räucherlachs und gute Desserts. Die Spezialität ist Lammcurry. Geöffnet von mittags bis 1 Uhr nachts (Fr, Sa bis 1.30 Uhr).

Le Jeu de Quilles €€€

45, rue Boulard, 75014 01 53 90 76 22 **Stadtplan** *16 D4*

Vorne ist Le Jeu de Quilles eine *épicerie*, hinten ein Restaurant, das nur mittags geöffnet hat. Hier zeigt sich der neueste Trend in Paris: Hochwertigste Zutaten finden Verwendung in relativ schlichten Gerichten. So bereitet die Küche beispielsweise Kalbfleisch von Hugo Desnoyer als Schnitzel mit frischen Pilzen und Kartöffelchen zu.

Le Parc aux Cerfs €€€

50, rue Vavin, 75006 01 43 54 87 83 **Stadtplan** *15 C3* **Karte** *J10*

Seinem Namen »Hirschpark« wird dieses Bistro zwar nicht ganz gerecht, aber der Innenhof lädt dazu ein, im Freien zu essen. Die Küche geht fantasievoll mit traditionellen französischen Gerichten um und überrascht mit kreativen Variationen. Gutes Preis-Leistungs-Verhältnis.

Restaurant l'Assiette €€€

181, rue du Château, 75014 01 43 22 64 86 **Stadtplan** *15 C4*

2008 übernahm David Rathgeber, ein Schüler von Alain Ducasse, das Restaurant. Er serviert in geschmackvoll schlichtem Ambiente Bistro-Klassiker, etwa marinierte Heringe mit warmem Kartoffelsalat und danach Crème Caramel. Die Qualität der Gerichte aber lockt viele, auch jüngere und prominente Pariser an.

Wadja
€€€

10, rue de la Grande Chaumière, 75006 *01 46 33 02 02* **Stadtplan** *16 E2* **Karte** *J10*

Hierher kommen viele Familien und Künstler aus dem Viertel, denn das *menu du jour* ist wirklich seinen Preis wert. Neben Fleisch und Fisch findet man auch Wild auf der Karte. Die Weinauswahl ist groß, und die Kellner beraten kompetent, welcher Wein zum jeweiligen Gericht passt.

Invalides und Eiffelturm

Sip Babylone
€

46, bd Raspail, 75007 *01 45 48 87 17* **Stadtplan** *12 D4* **Karte** *H8*

Das Sip Babylone, eher eine Snackbar als ein Restaurant, liegt nahe Le Bon Marché und ist ein idealer Stopp beim Einkaufsbummel. Den ganzen Tag gibt es Tee und Gebäck. Zum Mittagessen sollten Sie die Käseplatten, den Speck-Parmesan-Salat oder die Platte mit geräuchertem Lachs, *taramasalata* und Aubergine probieren.

La Billebaude
€€

29, rue de l'Exposition, 75007 *01 45 55 20 96* **Stadtplan** *10 F3* **Karte** *E7*

Das freundliche Restaurant bietet gute Hausmannskost aus den frischesten Zutaten zu vernünftigen Preisen an. Zu den Spezialitäten aus dem Burgund gehören ausgezeichneter hausgemachter *foie gras*, Kaninchen und Muscheln sowie eine perfekt gebratene Kalbsleber mit *confiture d'oignons*.

Les Cocottes de Christian Constant
€€

135, rue St-Dominique, 75007 *01 45 50 10 31* **Stadtplan** *10 F3* **Karte** *E7*

Hier kann man nicht reservieren und isst an einer langen Theke. Entsprechend »schnell« ist der Service – ideal für alle, die danach noch etwas vorhaben und dennoch gut essen möchten. Der mit Michelin-Sternen verwöhnte Starkoch Christian Constant serviert *cocottes* (Gerichte im Schmortopf), Suppen und Salate vom Feinsten.

L'Ami Jean
€€€

27, rue Malar, 75007 *01 47 05 86 89* **Stadtplan** *10 F2* **Karte** *E6*

Das baskische Restaurant hat sich zu einem der beliebtesten Bistros in Paris entwickelt. Zu verdanken ist dies Stéphane Jego, der Rezepte aus dem Südwesten Frankreichs innovativ variiert, etwa das Kalbsbries vom Lamm mit hauchdünnen Chorizo-Scheiben. Hier muss man unbedingt reservieren, am besten etwa zehn Tage vorher.

Au Bon Accueil
€€€

14, rue Monttessuy, 75007 *01 47 05 46 11* **Stadtplan** *10 E2* **Karte** *E6*

Außen wirkt es wie ein normales Bistro, von dessen Terrasse man auf den Eiffelturm blickt. Innen überrascht dann die schicke, moderne Einrichtung, aber überall überzeugt die Qualität des Essens, die nicht weit von edelster *haute cuisine* entfernt ist. Ein preisgünstiges Angebot ist mittags wie abends das Menü.

Le Troquet
€€€

21, rue François Bonvin, 75015 *01 45 66 89 00* **Stadtplan** *10 F5* **Karte** *E9*

Das Restaurant liegt in einer ruhigen Wohnstraße, von der aus man den Eiffelturm sieht. Hierher kommen viele Leute aus dem Viertel – wegen der freundlichen Atmosphäre, aber vor allem wegen der Kochkünste des baskischen Kochs Christian Etchebest. Erwarten Sie ungewöhnliche Gerichte wie Tarte mit geräuchertem Aal und Avocadocreme.

La Villa Corse
€€€

164, bd de Grenelle, 75015 *01 53 86 70 81* **Stadtplan** *10 E5* **Karte** *E9*

La Villa Corse in einem hübschen Viertel gilt als eines der besten Restaurants in Paris. Serviert wird frische, stark gewürzte korsisch-mediterrane Küche, z. B. Wildschweineintopf, Olivenkalbfleisch, Brocciu-Käse und Kastanienbrot, eine Spezialität aus der Stadt Bonifacio. Gute Auswahl an korsischen Weinen.

Thoumieux
€€€€

79, rue St-Dominique, 75007 *01 47 05 49 75* **Stadtplan** *11 A2* **Karte** *F6*

Das gut besuchte französische Bistro mit Art-déco-Spiegeln, Kristalllüstern und edel gepolsterten Stühlen wird vom Starkoch Jean-François Piège geleitet. Die Speisekarte ist kreativ und äußerst raffiniert. Das Chateaubriand schmilzt förmlich im Mund. Das Thoumieux ist zweifellos eines der besten Restaurants der Stadt.

L'Arpège
€€€€€

84, rue de Varenne, 75007 *01 45 51 47 33* **Stadtplan** *11 B3* **Karte** *G7*

Alain Passards Drei-Sterne-Restaurant nahe dem Musée Rodin genießt einen hervorragenden Ruf. Es hat ein auffälliges Dekor aus hellem Holz, flotte junge Bedienungen und Essen, das als Choreografie der Aromen verstanden werden muss. Passards Hummer-Rüben-Vinaigrette und Ente »Louise Passard« sind Klassiker.

Le Jules Verne
€€€€€

2. Ebene, Eiffelturm, 75007 *01 45 55 61 44* **Stadtplan** *10 D3* **Karte** *D7*

Dies ist keine Touristenfalle: Einen Tisch im Jules Verne direkt auf dem Eiffelturm zu ergattern, ist ein schwieriges Unterfangen. Das elegante schwarze Dekor passt perfekt zum Monument, und die aromatischen, ansprechend präsentierten Kreationen des Küchenchefs sind in der Tat zu empfehlen. Reservierung drei Monate im Voraus.

Preiskategorien *siehe Seite 300* **Zeichenerklärung** *siehe hintere Umschlagklappe*

Vin sur Vin ©©©©©

20, rue de Monttessuy, 75007 *01 47 05 14 20* **Stadtplan** 10 E2 **Karte** D6

Patrice Vidal ist zu Recht stolz auf sein Restaurant mit gerade mal acht Tischen. Das saisonale Speisenangebot – z. B. *pot-au-feu de foie gras, salade folle* und *côte de veau de Cantal* – ist originell, die Weinkarte ist fabelhaft mit interessanten Tropfen zu guten Preisen.

Chaillot und Porte Maillot

6 New York ©©©

6, ave de New York, 75116 *01 40 70 03 30* **Stadtplan** 10 E1 **Karte** E5

Trendiges Restaurant mit beeindruckendem minimalistischem Interieur aus hellem Holz und sanften Grautönen. Obwohl es als topmodisches Lokal gilt, stehen doch überraschend traditionelle Gerichte wie z. B. Schweinsfüße, Seezunge Niçoise und Gemüserisotto auf der Karte.

Chez Géraud ©©©

31, rue Vital, 75016 *01 45 20 33 00* **Stadtplan** 9 B3 **Karte** B7

Der fröhliche Gastwirt und Küchenchef Géraud Rongier verwendet nur das Allerfrischeste vom Markt für seine Gerichte wie Lammschulter am Spieß, *Sabodet*-Wurst in Rotweinsauce, Rochen mit Senf, gebratene Taube mit Portsauce und Bitterschokoladenkuchen. Das Wandgemälde wurde speziell fürs Chez Géraud kreiert.

La Grande Armée ©©©

3, ave de la Grande Armée, 75016 *01 45 00 24 77* **Stadtplan** 4 D4 **Karte** D3

Arc de Triomphe und Champs-Élysées sind nicht weit von dieser Brasserie, die die Brüder Costes betreiben. Das Dekor nimmt das Thema »napoleonische Armee« auf, die Speisekarte ist umfangreich und den vielen internationalen Gästen angepasst: Von Cesar's Salad bis zum argentinischen Steak ist hier alles zu bekommen.

L'Huîtrier ©©©

16, rue Saussier Leroy, 75017 *01 40 54 83 44* **Stadtplan** 4 E2 **Karte** D2

Das frisch dekorierte Restaurant ist auf Meeresfrüchte, vor allem Austern, spezialisiert, die Sie im halben oder ganzen Dutzend bestellen können. Es eignet sich für einen stärkenden Stopp vor oder nach dem Besuch des lebhaften Marktes in der nahe gelegenen Rue Poncelet.

La Plage ©©©

Port de Javel, 75015 *01 40 59 41 00* **Stadtplan** 9 B5 **Karte** B8

In spektakulärer Lage gegenüber der Freiheitsstatue auf der Île aux Cignes genießt man bei hervorragender Aussicht ebensolche Küche. Auf der großen Terrasse sitzt man im Sommer zum Mittagessen ebenso wie beim Candle-Light-Dinner. Das Dekor ist eine schöne Mixtur aus Holz und Pastelltönen.

Prunier ©©©©

16, ave Victor Hugo, 75116 *01 44 17 35 85* **Stadtplan** 4 D4 **Karte** D4

Das Prunier, eines der hübschesten Seafood-Restaurants, wurde 1925 eröffnet. Zum wunderbaren Art-déco-Interieur gehören Holzpaneele im oberen Speiseraum. Zu essen gibt es hervorragende Meeresfrüchte wie geräucherten Lachs und mehrere Kaviarsorten. Das Angebot wechselt mit den Jahreszeiten. Parkplätze für Gäste sind vorhanden.

Le Timgad ©©©©

21, rue Brunel, 75017 *01 45 74 23 70* **Stadtplan** 3 C3 **Karte** C3

Seit Jahren das bekannteste Maghreb-Restaurant in Paris – reservieren Sie einige Zeit im Voraus! Auf der Karte stehen verschiedene *briks*, Tagines und Couscous sowie Spezialitäten wie gegrillte Taube, *pastilla* und *méchoui* (ein im Ganzen gebratenes Lamm), das man vorbestellen muss.

Zebra Square ©©©©

3, pl Clément Ader, 75016 *01 44 14 91 91* **Stadtplan** 9 B4 **Karte** B8

Das moderne Gebäude, Teil des Hotel-Square-Komplexes, hat minimalistisches Dekor mit Zebramuster hie und da. Ähnlich modern ist die Küche: Krabbenkuchen, Auberginen-Carpaccio und Lachstatar. Am Sonntag gibt es Brunch. Sehr beliebt bei Mode- und Medienleuten.

Antoine ©©©©©

10, ave de New York, 75116 *01 40 70 19 28* **Stadtplan** 10 E1 **Karte** D6

Vom schicken Fischrestaurant blickt man über die Seine auf den Eiffelturm. Feinschmecker schätzen die Langusten im Tempuramantel auf Mangodressing, die Rotbarbe mit Thymianrisotto und die Bouillabaisse mit Safran aus Quercy. Auch die Desserts sind köstlich, allen voran der *baba au rhum* mit gerösteten Pinienkernen.

L'Astrance ©©©©©

4, rue de Beethoven, 75016 *01 40 50 84 40* **Stadtplan** 9 C3 **Karte** C7

Die Erfindungsgabe der zwei Küchenchefs macht das L'Astrance so beliebt, dass man vier Wochen im Voraus reservieren muss. Sautierte Taube mit karamellisierter Haselnuss-Sauce und Apfel-Sellerie-Minestrone mit Eis aus gerösteten Gewürzen. Das Überraschungsmenü ist so verlockend wie die Blume, deren Namen das Restaurant trägt.

Stadtplan *siehe Seiten 390–423*

Le Relais du Parc

€€€€€

55–59, ave Raymond Poincaré, 75016 *01 44 05 66 10* **Stadtplan** *9 C1* **Karte** *C5*

In dem historischen Stadthaus kreieren Alain Ducasse und Joël Robuchon französische Klassiker neu. Jede kulinarische Region wird berücksichtigt: Zu *turbot de Bretagne*, *chevreuil* (Wild) *d'Alsace* und *foie gras de canard des Landes* gibt es vielerlei Weine, vor allem aus Bordeaux. Das Restaurant kann sich mit einem Michelin-Stern schmücken.

Champs-Élysées

Grandterrois

€

30, rue Miromesnil, 75008 *01 47 42 18 18* **Stadtplan** *5 B4* **Karte** *G4*

In dem schicken, teuren Viertel ist dieses preiswerte Feinkostladen-Restaurant ein Juwel. Es ist wie eine Landküche mit langen Holztischen eingerichtet. Angeboten werden Salate, Sandwiches und jeden Tag ein anderes warmes Gericht. Viele Zutaten kann man auch mitnehmen. Nur mittags geöffnet.

Ladurée

€

75, ave des Champs-Élysées, 75008 *01 40 75 08 75* **Stadtplan** *4 F5* **Karte** *E4*

Das Ladurée gilt seit 1862 als einer der besten Teesalons der Stadt und hat noch immer die Klasse von einst. In dem eleganten Raum, berühmt für sein Renaissance-Interieur, werden noch immer die berühmten Makronen serviert, die es in allen möglichen Geschmackssorten gibt, ob Anis, Karamell, Kastanie, Zitrone oder Basilikum.

Atelier Renault

€€

52, ave des Champs-Élysées, 75008 *08 11 88 28 11* **Stadtplan** *4 F5* **Karte** *F4*

Über dem Showroom von Renault befindet sich das futuristisch eingerichtete Café, in dem man recht preisgünstig essen kann. Es gibt Sandwiches, Pasta und Drei-Gänge-Menüs, die fantasievoll französische Esskultur mit Rezepten und Zutaten aus aller Welt mischen, etwa bei Tagine von Jakobsmuscheln mit Zitronen-Aroma.

Bistrot Napolitain

€€

18, ave Franklin D. Roosevelt, 75008 *01 45 62 08 37* **Stadtplan** *5 A5* **Karte** *F4*

Man sagt, hier gebe es die beste Pizza der Stadt. Serviert wird sie auf Tischen mit Papiertischdecken in einem Speisesaal, der immer voll und laut ist. Dies ist so ungewöhnlich im Edelviertel, dass selbst Pariser hierherkommen und nicht mit der Wimper zucken, wenn der Service etwas brüsk ist.

Les Saveurs de Flora

€€€

36, ave George V, 75008 *01 40 70 10 49* **Stadtplan** *4 E5* **Karte** *E4*

Flora Mikulas Kreationen spiegeln ihre Heimat Provence ebenso wider wie ihre vielen Reisen um die Welt. In liebevoll gestaltetem rosa Ambiente genießt man schön angerichtete Köstlichkeiten, die immer eine besondere Note haben. Das Menü ist ein besonders günstiges Angebot.

Chez Savy

€€€

23, rue Bayard, 75008 *01 47 23 46 98* **Stadtplan** *10 F1* **Karte** *F5*

Das 1923 eröffnete Art-déco-Restaurant hat sich der herzhaften Küche aus dem Département Aveyron in Zentralfrankreich verschrieben. In gemütlichen Essecken kann man hier beispielsweise exzellent zubereitete Lammschulter genießen. Dazu passt einer der vielen kräftigen Weine hervorragend.

L'Avenue

€€€€

41, ave Montaigne, 75008 *01 40 70 14 91* **Stadtplan** *10 F1* **Karte** *F5*

Mitten in der Modeszene gelegen, zieht das L'Avenue eine elegant gewandete Kundschaft an. Das ungewöhnliche 1950er-Jahre-Dekor ist frisch und farbenfroh. Die Bedienung ist mitunter etwas hektisch – aber schließlich ist es auch eine Brasserie. Die Küche ist vielfältig, und man bekommt auch spätabends noch etwas zu essen.

La Fermette Marbeuf 1900

€€€€

5, rue Marbeuf, 75008 *01 53 23 08 00* **Stadtplan** *4 F5* **Karte** *E5*

Hinter den Formica-Wänden dieses Bistros entdeckte man herrliche Belle-Époque-Mosaiken, Fliesen und Schmiedeeisenarbeiten. La Fermette Marbeuf serviert gute Brasserie-Kost wie ein sehr empfehlenswertes Festpreismenü mit mehreren hochwertigen *Appellation-contrôlée*-Weinen.

Flora Danica

€€€€

142, ave des Champs-Elysées, 75008 *01 44 13 86 26* **Stadtplan** *4 E4* **Karte** *D4*

Das Lokal im Erdgeschoss des Dänischen Hauses ist relaxter und günstiger als das Copenhague oben. Echt skandinavische Küche mit französischem Touch. Zu den Spezialitäten gehören gegrillter Lachs und Erdbeeren mit Glühwein. Das Interieur ist in hübschem dänischem Stil gehalten. Parkplätze für Gäste sind vorhanden.

Le Cinq

€€€€€

31, ave George V, 75008 *01 49 52 70 00* **Stadtplan** *4 E5* **Karte** *E4*

Le Cinq, das Hotelrestaurant des Four Seasons George V *(siehe S. 290)*, ist Luxus – sowohl was das Ambiente betrifft als auch in Bezug auf die Gaumenfreuden. Die Zutaten sind vom Feinsten, frische Waren werden aus der ganzen Welt eingeflogen, und Starköche kreieren raffinierte Kompositionen. Mittags gibt es ein Menü schon für 85 Euro.

Guy Savoy
€€€€€

18, rue Troyon, 75017 *01 43 80 40 61* **Stadtplan** *4 D3* **Karte** *D3*

In einem hübschen Speiseraum wird von hochprofessionellen Obern die hervorragende Küche von Guy Savoy daselbst serviert. Die Drei-Sterne-Küche bietet z. B. geeiste pochierte Austern, gedämpftes Bresse-Huhn mit Zitronengras, gefüllte Taubenbrust an schwarzem Rettich und einfach himmlische Desserts.

Lasserre
€€€€€

17, ave Franklin D. Roosevelt, 75008 *01 43 59 02 13* **Stadtplan** *11 A1* **Karte** *F5*

Das Restaurant wurde für die Weltausstellung 1937 gebaut und sollte das Innere eines Luxusliners nachbilden. Chagall und Dalí waren hier Stammgäste. Der Küchenchef Jean-Louis Nomicos lässt sich von Rezepten aus dem 19. Jahrhundert inspirieren und wurde dafür mit einem Michelin-Stern ausgezeichnet.

La Maison Blanche
€€€€€

15, ave Montaigne, 75008 *01 47 23 55 99* **Stadtplan** *10 F1* **Karte** *E5*

Das beliebte Restaurant hängte nach dem Umzug seine neue Adresse, 15, avenue Montaigne, an seinen Namen. Das Dekor des riesigen Lokals ist modern gehalten. Die Küche mit provenzalischen und südwestfranzösischen Anklängen ist aromatisch und zieht eine internationale Gästeschar an.

Pavillon Ledoyen
€€€€€

1, ave Dutuit, 75008 *01 53 05 10 02* **Stadtplan** *11 B1* **Karte** *G5*

Die raffinierte Küche des Pavillon Ledoyen bietet Spezialitäten wie Steinbuttfilet an Kartoffelpüree mit Trüffel-*butte* oder *mille-feuilles de Krampouz croustillante avec crème de citron*. Reservieren Sie einen Tisch im Speiseraum – einer nachgebauten Grillstube aus den 1950er Jahren – oder auf der Terrasse.

Opéra

Chartier
€

7, rue du Faubourg Montmartre, 75009 *01 47 70 86 29* **Stadtplan** *6 F4* **Karte** *K4*

Trotz des denkmalgeschützten Dekors serviert man hier noch immer preiswertes Essen. Hauptsächlich kommen Studenten und Urlauber, aber auch viele Stammgäste – wegen der guten, einfachen Küche (hart gekochte Eier mit Mayonnaise, gebratenes Hühnchen oder Pfeffersteak). Rechnen Sie mit Wartezeit – hier ist immer viel los.

Les Alchimistes
€€€

16, rue Favart, 75002 *01 42 96 69 86* **Stadtplan** *6 F5* **Karte** *K4*

Im Schatten der Opéra Comique bietet dieses freundliche Restaurant Gerichte wie Kartoffelgratin mit Kalb und Austernpilzen oder Desserts wie warme Schokotarte mit Eiscreme aus weißer Schokolade an. Das Dekor mischt Altes und Neues, man sitzt zwischen roten Wänden und viel dunklem Holz.

Le Grand Colbert
€€€

2–4, rue Vivienne, 75002 *01 42 86 87 88* **Stadtplan** *6 F5* **Karte** *K5*

Die Brasserie in der restaurierten Galerie Colbert, die zur Bibliothèque Nationale gehört, ist sicherlich eine der schönsten in Paris. Auf der Karte steht klassische Brasserie-Kost – Heringsfilets mit Kartoffeln auf Sahnesauce, Schnecken, Zwiebelsuppe, der Klassiker Weißling Colbert (panierter Fisch) und Grillfleisch.

Les Noces de Jeannette
€€€

14, rue Favart, 75002 *01 42 96 36 89* **Stadtplan** *6 F5* **Karte** *K4*

Das typische Pariser Bistro ist nach der einaktigen Oper benannt, die in der Opéra Comique gegenüber aufgeführt wurde. Im reich verzierten Interieur herrscht eine gemütliche Atmosphäre. Das Festpreismenü bietet eine breite Auswahl klassischer Gerichte. Probieren Sie Vichyssoise oder *terrine de crustacés à la crème d'Oseille*.

Le Vaudeville
€€€

29, rue Vivienne, 75002 *01 40 20 04 62* **Stadtplan** *6 F5* **Karte** *K5*

Eine von sieben Brasserien des Pariser Brasserie-Königs Jean-Paul Bucher. Gute Krustentiere, Buchers berühmter Räucherlachs, viele verschiedene Fischgerichte sowie klassische Brasserie-Kost wie Schweinefüße und *andouillette*. Der schnelle, freundliche Service und die lärmige Atmosphäre tragen zum Spaß bei.

Willi's Wine Bar
€€€

13, rue des Petits Champs, 75001 *01 42 61 05 09* **Stadtplan** *12 F1* **Karte** *K5*

Weinposter bedecken die Wände, und im Keller von Willi's Wine Bar lagern mehr als 250 Jahrgänge. Zu essen gibt es Zwiebelkuchen, dazu Salat mit Pinienkernen, Rinderfrikassee mit gedünstetem Chicorée und Rosmarinsauce sowie Bitterschokoladenterrine.

La Fontaine Gaillon
€€€€€

1, rue de la Michodière, 75002 *01 47 42 63 22* **Stadtplan** *6 E5* **Karte** *J4*

Das Fontaine Gaillon in einem Haus aus dem 17. Jahrhundert gehört zum Teil dem großartigen Schauspieler Gérard Depardieu. Das Speisenangebot reicht von sautiertem Petersfisch über Merlan Colbert mit Sauerampferpüree und *confit de canard* bis zu Lammkoteletts. Komfortables Interieur, gute Weinkarte.

Stadtplan *siehe Seiten 390–423*

Senderens €€€€€

9, pl de la Madeleine, 75008 01 42 65 22 90 **Stadtplan** *5 C5* **Karte** *H4*

Vor Kurzem gab der Starkoch Alain Senderens die Michelin-Sterne seines Lucas Carton ab – nur um am selben Ort ein ungezwungeneres Restaurant zu eröffnen. Einige seiner legendären Kreationen: *foie gras* mit Kohl, scharfe Ente Apicius und Mango-*mille-feuille vanille*. Das Belle-Époque-Interieur ist erstaunlich und die Gästeschar glamourös.

Montmartre

Musée de la Halle St-Pierre €

2, rue Ronsard, 75018 01 42 58 72 89 **Stadtplan** *7 A1* **Karte** *L1*

In einer alten Markthalle sind eine Bibliothek, ein Museum für Art Brut (Halle Saint Pierre; *siehe S. 225*) und ein Café untergebracht. Letzteres ist für den Nachmittagstee (mit gutem Gebäck) beliebt. Zu Mittag besteht das Angebot aus sättigenden Snacks wie Quiches, Pasteten und Tartes. Kinder werden hier gut unterhalten.

Rose Bakery €

46, rue des Martyrs, 75009 01 42 82 12 80 **Stadtplan** *6 F3* **Karte** *K2*

Rose und Jean-Charles Carrarini eröffneten ihr Lokal 2004 und setzten – neben den köstlichen, aber bekannten Salaten, Suppen, Quiches und Risottos – auf englisches Gebäck, etwa einen Karottenkuchen. Jetzt kommen die Pariser aus allen Stadtteilen in das Café im Industrie-Design. Am Wochenende besonders beliebt zum Brunch.

Un Zèbre à Montmartre €

38, rue Lepic, 75018 01 42 23 97 80 **Stadtplan** *6 E1* **Karte** *J1*

Das »Zebra« ist ein traditionelles Café mit langer Bar und vielen Stammgästen, zugleich aber auch eines der günstigen, anständigen Esslokale am Montmartre. Für rund 15 Euro (mittags) bzw. 17 Euro (abends) bekommt man ein schlichtes, aber sehr gutes zweigängiges Menü. Empfehlenswert sind auch die Cocktails.

La Bourse ou la Vie €€

12, rue Vivienne, 75002 01 42 60 08 83 **Stadtplan** *6 F5* **Karte** *K5*

Im Restaurant nahe der alten Börse soll es in den Augen von vielen das beste *steak-frites* von Paris geben. Das Geheimnis liegt wohl in der Fleischqualität, die sich auch dann bemerkbar macht, wenn man sein Steak in Pfeffer-Sahne-Sauce bevorzugt. Zum Dekor der 1940er Jahre passen die Chansons, die hier ertönen.

Le Ch'ti Catalan €€

4, rue Navarin, 75009 01 44 63 04 33 **Stadtplan** *6 F2* **Karte** *K2*

Im Vernügungsviertel Pigalle wird das Restaurant von zwei Freunden betrieben, wobei der eine aus Nordfrankreich, der andere aus Nordspanien stammt. Diese Mischung macht sich nicht nur im Namen bemerkbar, sondern auch in Gerichten wie *endives gratiné* mit Manchego-Käse.

Un Jour à Peyrassol €€€

13, rue Vivienne, 75002 01 42 60 12 92 **Stadtplan** *6 F5* **Karte** *K5*

Die Commanderie de Peyrassol zählt zu den besten Weingütern der Provence und betreibt in Paris ein Restaurant, das neben Wein auch Trüffeln und andere typische Produkte der Provence vermarktet. Schon die Atmosphäre in den zwei Speisesälen erinnert an den warmen Süden und ergänzt das Aroma der Gerichte perfekt.

Le Wepler €€€

14, pl de Clichy, 75018 01 45 22 53 24 **Stadtplan** *6 D1* **Karte** *K2*

Die Brasserie im Retro-Stil – eine 1892 gegründete Institution – hat bis spät in die Nacht geöffnet. Hier kann man nachmittags Tee trinken, am frühen Abend Cocktails schlürfen und vor oder nach dem Theater dinieren. Große Meeresfrüchteplatten, Sauerkraut, *andouillette* und *confit de canard*.

Drouant €€€€

16–18, pl Gaillon, 75002 01 42 65 15 16 **Stadtplan** *6 E5* **Karte** *J5*

Die ehemalige, 1880 gegründete Elsässer Brasserie wurde von Antoine Westermann übernommen, der auch hinter dem Bistro Mon Vieil Ami *(siehe S. 300)* steht. Hier lohnt es sich, à la carte zu bestellen, um sich durch die reichhaltige Auswahl der Horsd'œuvre zu kosten, die in kleinen Schälchen den ganzen Tisch füllen.

Abstecher

Le Baron Rouge €

1, rue Théophile Roussel, 75012 01 43 43 14 32 **Stadtplan** *14 F5* **Karte** *Q8*

Am Wochenende kommen viele Pariser in dieses Restaurant gleich neben dem turbulenten Marché d'Aligre *(siehe S. 338)*, um die göttlichen Austern zu schlemmen, die direkt vom Cap Ferret an der Atlantikküste kommen. Man kann sie draußen auf dem Gehsteig an großen Weinfässern im Stehen genießen. Unter der Woche gute Weinbar.

Beyrouth €

16, rue de la Vacquerie, 75011 01 43 79 27 46

In einer Wohnstraße unweit des Friedhofs Père Lachaise findet man das wunderbare libanesische Restaurant, in dem viele Anwohner, Schauspielschüler und Medienleute aus dem TV-Studio nebenan sitzen. Das Essen schmeckt lecker, wird in reichlichen Portionen serviert und ist preisgünstig. Freundlicher Service.

Chez Gladines €

30, rue des Cinq Diamantes, 75013 01 45 80 70 10 **Stadtplan** 17 C4

In diesem einzigartigen Restaurant im Keller des Filmstudios Kiron Espace kommen Showbusiness und gute italienische Küche zusammen. Das Angebot wechselt regelmäßig, probieren Sie aber unbedingt Cappelletti-Pasta mit Parmaschinken und das geschichtete Ricotta-Sahne-Dessert mit Feigen und Biskuit.

Au Pied de Fouet €

96, rue Oberkampf, 75011 01 48 06 46 98 **Stadtplan** 14 F1 **Karte** Q5

Die jüngste der drei Filialen des Bistros (die beiden anderen finden sich in der Rue de Babylone im 7. und in der Rue Saint-Benoît im 6. Arrondissement) bietet die typische Bar und Tische mit rot-weiß karierten Decken, ein herzhaftes Tagesangebot und freundliches Personal. Der Aperitif geht aufs Haus.

Astier €€

44, rue Jean-Pierre Timbaud, 75011 01 43 57 16 35 **Stadtplan** 14 E1 **Karte** P5

Für diese Preise bekommen Sie in Paris kaum bessere Qualität, und so sind die Räume des ausgesprochen beliebten Bistros immer voll. Das Essen ist ausgezeichnet, darunter Muschelsuppe mit Safran, Kaninchen in Senfsauce, Entenbrust mit Honig sowie gute Käse- und Weinsorten.

Le Baratin €€

3, rue Jouye Rouve, 75020 01 43 49 39 70

In diese Weinbar mit Bistro in Belleville kommen auch französische Starköche wie Pierre Hermé, wenn sie guten Wein von kleinen Erzeugern kosten und leckere Kleinigkeiten probieren wollen. Der in Argentinien geborene Küchenchef Raquel Carena kreiert Gerichte wie *pollack tartare* mit Seegurke oder baskisches Lamm mit Kartöffelchen und Spinat.

Le Clocher Péreire €€

42, bd Pereire, 75017 01 44 40 04 15

Zwei Köche mit viel Erfahrung in der *haute cuisine* betreiben dieses Restaurant am Rand von Paris. Der etwas altmodische Speisesaal ist immer voller Einheimischer, die das raffinierte, exzellente, je nach Jahreszeit wechselnde und sehr günstige Menü (meist um 30 Euro) zu schätzen wissen.

Le Clos Morillons €€

50, rue des Morillons, 75015 01 48 28 04 37

Die Karte des Restaurants in Familienhand wechselt ständig. Die Reisen des Küchenchefs Philippe Delacourcelle in den Fernen Osten schlagen sich in Kreationen wie Kabeljau mit Zimt, Taube mit Sesam sowie Mönchsfisch und Hummer mit Ingwer nieder. Andere Gerichte sind französischer. Zum Tagesmenü gibt es respektable Loire-Weine.

Favela Chic €€

18, rue Faubourg du Temple, 75011 01 40 21 38 14 **Stadtplan** 8 D5 **Karte** P5

In dem lebhaften Restaurant fühlt man sich wie in Brasilien: Die Musik ist animierend, es wird getanzt, der Caipirinha (frische Limonen, Zuckerrohrschnaps und viel gecrushtes Eis) ist stark, und die *feijoada* schmeckt genauso wie in Salvador de Bahia. Je später der Abend, umso lauter wird es hier.

Ma Pomme/Colimaçon €€

107, rue de Ménilmontant, 75020 01 40 33 10 40

Um zu diesem Geheimtipp zu gelangen, muss man zehn Minuten die steile Rue de Ménilmontant hinaufgehen, aber der Fußweg lohnt sich. Hier serviert man ausgezeichnetes Essen, teils aus eher ungewöhnlichen Zutaten wie Strauß oder Känguru, in einem leuchtend gelb gestrichenen Raum. An den Wänden hängt zeitgenössische Kunst.

La Marine €€

55, quai Valmy, 75010 01 42 39 69 81 **Stadtplan** 8 D5 **Karte** N4

Seit einigen Jahren ist dieses Lokal ein beliebter Treffpunkt des Canal-St-Martin-Viertels – reservieren Sie im Voraus. Die Hauptgerichte – hauptsächlich Fisch – sind gut, bodenständig und preiswert, z. B. Seebarbe in Blätterteig, Fischsteak mit Sahnesauce oder Fischeintopf.

La Maroquinerie €€

23, rue Boyer, 75020 01 40 33 35 05

1997 eröffnete La Maroquinerie als Konzertsaal (500 Plätze), Club, Café littéraire und Kulturzentrum. Einen Teil des ehemaligen Fabrikgeländes nimmt das Restaurant ein, das sehr gut zubereitete moderne französische Gerichte in großzügigen Portionen und zu günstigen Preisen anbietet. Schön ist auch die schattige Terrasse.

La Mère Lachaise €€

78, bd de Ménilmontant, 75020 01 47 97 61 60

Freundliches Bistro mit variablem Ambiente: Neben der großartigen Terrasse gibt es zwei Speiseräume, von denen einer traditionell dekoriert, der andere mit Aluminium ausgekleidet ist. Zum unkomplizierten Speisenangebot gehören Spargel-Zitrus-Salat, Rindfleisch mit Kartoffelgratin, *charcuterie* und Crumble mit Obst der Saison.

Stadtplan *siehe Seiten 390–423*

L'Ourcine

€€

92, rue Broca, 75013 *01 47 07 13 65* **Stadtplan** *17 A3*

Das rot-cremefarbene Dekor dieses kleinen Bistros ist einladend, im Hintergrund kann man dem jungen Küchenchef bei der Arbeit zusehen. Angeboten werden typische südfranzösische Bistro-Gerichte, etwa Schweinebäckchen mit Linsen und *foie gras*. Auch die Weine kommen aus dem Südwesten Frankreichs.

Pause Café

€€

41, rue de Charonne, 75011 *01 48 06 80 33* **Stadtplan** *14 F4* **Karte** *Q8*

Seit den Dreharbeiten für den Film *Chacun cherche son chat* (dt. Titel: *Und jeder sucht sein Kätzchen*, 1996) ist dieses rustikal-elegante Lokal total angesagt. Zum Glück hat das weder dem freundlichen Flair noch der guten Küche etwas anhaben können: leichte Gerichte wie Tatar, Tartes mit Salaten und hervorragende hausgebackene Kuchen.

Chez Prune

€€

36, rue Beaurepaire, 75010 *01 42 41 30 47* **Stadtplan** *8 D4* **Karte** *N4*

Chez Prune mit wunderbarem Blick auf den Canal St-Martin ist für den Sonntagsbrunch beliebt – mit geräuchertem Lachs, Schinken und Croissants. Mittags gibt es gehobene Küche, z. B. Safran-Zitronen-Fisch und Drei-Käse-Ravioli, am Abend Wurst- und Käseplatten. Das Essen orientiert sich an der *cuisine du marché*.

Le Volant Basque

€€

13, rue Beatrix Dussane, 75015 *01 45 75 27 67* **Stadtplan** *10 D5* **Karte** *C8*

Der Besitzer des Volant Basque (»Steuerrad«) ist Fan von Autorennen. Die Küche jedoch ist nicht im Mindesten rasant, sondern einfach und traditionell im besten Sinne – *bœuf bourguignon*, verführerische selbst gemachte Obstkuchen und eine unvergessliche Mousse au Chocolat.

Le 20ème Art

€€€

46, rue des Vignoles, 75020 *01 43 67 22 29*

Lassen Sie sich von der Umgebung dieses Lokals nicht abschrecken: Die Gegend ist zwar etwas heruntergekommen, aber der Platz, an dem Le 20ème Art liegt, ist hübsch und das Interieur attraktiv mit Bildern lokaler Künster an den Steinwänden. Essen kann man hier sehr gut, die Küche bemüht sich um ausgefallene Kombinationen und Rezepte.

Le Bistro d'à Côté Flaubert

€€€

10, rue Gustave Flaubert, 75017 *01 42 67 05 81* **Stadtplan** *4 E2* **Karte** *D2*

Dies war das erste und ist noch immer das schönste der Boutiquen-Restaurants des Sternekochs Michel Rostang. Hier gibt es viele Gerichte aus Lyon, darunter Linsensalat, *Cervelas*- oder *Sabodet*-Wurst, *andouillette* sowie Makkaroni-Gratin. Mittags von Büroangestellten frequentiert, abends von der bürgerlichen Oberschicht.

Le Bistro des Deux Théâtres

€€€

18, rue Blanche, 75009 *01 45 26 41 43* **Stadtplan** *6 D3* **Karte** *J3*

Wenn Sie aufs Geld schauen müssen, sind Sie in diesem Restaurant im Theaterviertel richtig. Das preiswerte Festpreismenü besteht aus Aperitif, einer Auswahl an Vor- und Hauptspeisen, Käse oder Dessert und einer halben Flasche Wein. Es gibt auch Enten-*foie gras* und geräucherten Lachs mit *blinis* (kleine deftige Pfannkuchen).

Brasserie Flo

€€€

7, cour des Petites Écuries, 75010 *01 47 70 13 59* **Stadtplan** *7 B4* **Karte** *M4*

Die authentische Elsässer Brasserie liegt in einer Passage in einer etwas zwielichtigen Gegend. Doch die Suche danach lohnt sich: Das Dekor mit Holz und Buntglas ist einzigartig, und auf der typischen Brasserie-Speisekarte stehen z. B. gute Krustentiere und *choucroute* (Sauerkraut).

Brasserie Julien

€€€

16, rue du Faubourg St-Denis, 75010 *01 47 70 12 06* **Stadtplan** *7 B5* **Karte** *M4*

Das Lokal mit dem herrlichen 1880er-Dekor serviert gutes Essen zu vernünftigen Preisen. Es hat dieselben Besitzer wie die Brasserie Flo *(siehe oben)*, ebenso freundliche Kellner und die gleiche große Dessertauswahl. Zur einfallsreichen Brasserie-Kost gehören *foie gras* mit Linsen, panierte Schweinsfüße und eine eigene *Cassoulet*-Version.

Le Chardenoux

€€€

1, rue Jules Vallès, 75011 *01 43 71 49 52*

Das klassische Bistro unter Leitung des bekannten Fernsehkochs Cyril Lignac gehört zu den schönsten der Stadt. Es gibt sowohl Fisch- als auch Fleischgerichte, z. B. gebratenen Kabeljau, eingemachtes Entenfleisch und Nierenfrikassee. Die Speisekarte wechselt je nach Marktangebot. Auf der Weinkarte findet man jedes Anbaugebiet Frankreichs.

Le Paprika

€€€

28, ave Trudaine, 75009 *01 44 63 02 91* **Stadtplan** *6 F2* **Karte** *K2*

Ungarische Gourmetküche und fröhliche Zigeunermusik (von Oktober bis April und im Juni). Als Hauptgerichte gibt es typisch ungarische Gerichte wie *csáky bélszin* (Rindfleisch mit Morcheln und *foie gras*), danach lässt man sich Desserts wie Apfel-Zimt-Strudel schmecken.

Villa Pereire

€€€

116, bd Pereire, 75017 *01 43 80 88 68* **Stadtplan** *4 E1* **Karte** *D1*

Hierher kommen zahlreiche schicke Besucher aus der Gegend, teils schon zum Frühstücken. Die Küche mischt vielerlei Stile, bleibt aber dennoch französisch orientiert. So serviert man Krebse ebenso wie Frühlingsrollen in süßsaurer Sauce oder *confit de canard* mit Trüffelöl und Kartoffelpüree.

Preiskategorien *siehe Seite 300* **Zeichenerklärung** *siehe hintere Umschlagklappe*

Le Villaret €€€

13, rue Ternaux, 75011 01 43 57 89 76 **Stadtplan** 14 E2 **Karte** P5

Am Nordrand des Oberkampf-Viertels liegt dieses Restaurant, das das ehemalige Personal des nahe gelegenen Astier *(siehe S. 313)* betreibt. Es ist bekannt für seine *cuisine du marché* (aus den frischesten Produkten des Tagesmarkts), sorgfältig ausgesuchtes und zubereitetes Fleisch und die große Käseauswahl. Am Wochenende meist überlaufen.

Les Zygomates €€€

7, rue Capri, 75012 01 40 19 93 04

Zugegeben, das Lokal liegt nicht gerade zentral, dafür ist es extrem beliebt, und auch die Pariser pilgern hierher. Im interessanten Ambiente eines ehemaligen Fleischerladens serviert man innovative Küche in reichlichen Portionen, etwa Truthahn in Salz-Rosmarin-Kruste oder Ravioli mit Schnecken und Pilzen.

Le Chalet des Îles €€€€

14, chemin de Ceinture du Lac Inférieur du Bois de Boulogne, 75116 01 42 88 04 69 **Stadtplan** 3 A4

Idyllisch gelegenes Restaurant auf einer Insel in einem See. Das ländliche Interieur passt zur Umgebung, die Küche jedoch ist recht modern: in der Pfanne gebratene Seezunge mit kreolischer Sauce, Kokos-Limonen-Hühnchen mit rotem Reis sowie als Nachtisch Schokoladenkuchen mit Beeren-*coulis*.

La Gazzetta €€€€

29, rue de Cotte, 75012 01 43 47 47 05 **Stadtplan** 14 F5 **Karte** Q8

Petter Nilsson ist der junge Küchenchef dieses Restaurants. Er kreiert rundum harmonische Gerichte in modernen Zusammenstellungen, etwa Wild mit Polenta, getrockneten Feigen und Löwenzahnblättern. Die Atmosphäre ist entspannt, die Einrichtung orientiert sich an Art déco.

Murano Urbano Hotel Restaurant €€€€

13, bvd du Temple, 75003 01 42 71 20 00 **Stadtplan** 14 D1 **Karte** P5

Das trendige Restaurant mit seinem fast ganz in Weiß (mit Akzenten aus dunklem Kastanienrot) gehaltenen Speiseraum passt zum ebenso schicken Hotel. Hier – oder auf der stilvollen Terrasse – genießt man hervorragende Mittelmeerküche. In der Lounge-Bar des Hotels werden von 7 Uhr morgens bis 2 Uhr nachts leichte Mahlzeiten serviert.

L'Oulette €€€€

15, pl Lachambeaudie, 75012 01 40 02 02 12

Die neue, riesige Heimat des L'Oulette ist nicht sehr heimelig, aber die Küche von Marcel Baudis, die von der Küche seiner Heimat Quercy beeinflusst ist, ist nach wie vor exzellent. Es gibt Gerichte wie Enten-*foie gras en terrine* mit Jurançon-Sauce, Lamm aus den Pyrenäen und *pain d'épices* (eine Art Gewürzkuchen).

Le Pavillon Montsouris €€€€

20, rue Gazan, 75014 01 43 13 29 00

Das restaurierte Restaurant zählte einst Trotzki, Mata Hari und Lenin zu seinen Gästen. Heute bilden das schöne Interieur und die Terrasse das wunderbare Ambiente für ein gutes Menü. Zu den Spezialitäten gehören Fischtatar, Wildschwein mit Speck und Weinsauce sowie *crème brûlée à la vanille Bourbon*.

Le Train Bleu €€€€

Pl Louis Armand, 75012 01 43 43 09 06 **Stadtplan** 18 E1 **Karte** P9

Einst waren Bahnhofsrestaurants großartige Orte zum Essen. Heute ist das meist nicht mehr der Fall – die Ausnahme ist das Train Bleu (benannt nach dem ersten Schnellzug, der die Oberschicht an die Riviera chauffierte) in der Gare de Lyon. Gehobene Brasserie-Kost wie warme Lyoner Wurst und exzellentes Gebäck. Wunderbares Belle-Époque-Dekor.

Augusta €€€€€

98, rue de Tocqueville, 75017 01 47 63 39 97 **Stadtplan** 5 A1 **Karte** F1

Das verlässliche Restaurant serviert hervorragende Fisch- und ein paar Fleischgerichte. Die *salade augusta* wird mit vielen Schaltieren garniert, und die Spezialität des Hauses, *bouillabaise* mit Kartoffeln, ist bestimmt eine der besten in ganz Paris. Ungewöhnlich sind die Shrimps mit Estragon und Safran.

Dessirier €€€€€

9, pl du Maréchal Juin, 75017 01 42 27 82 14 **Stadtplan** 4 E1 **Karte** D1

Hier, in einem der bekanntesten Fischlokale der Stadt, widmet man sich seit 1883 dem Seafood. Austernrisotto, im Ganzen gegrillter Wolfsbarsch und Krabbensalat stehen auf der Karte. Die Kombination aus Fischbrasserie und -markt bietet eine Vielfalt an Fischen der Saison. Die Weine sind erschwinglich. Es gibt Parkplätze für Gäste.

Le Pré Catelan €€€€€

Route de Suresnes, Bois de Boulogne, 75016 01 44 14 41 14

Das elegante Belle-Époque-Restaurant im Bois ist immer eine Freude – im Sommer speist man auf der Terrasse, im Winter sorgen die Lichter drinnen für zauberhafte Stimmung. Luxuriöses Speisenangebot, z. B. Riesengarnelen, Duclair-Ente mit Gewürzen, Seeigel-Soufflé und himmlische Desserts. Das Mittagsmenü ist preisgünstiger.

Au Trou Gascon €€€€€

40, rue Taine, 75012 01 43 44 34 26

Dieses authentische Bistro aus der Zeit um 1900 gehört dem Sternekoch Alain Dutournier und ist eines der beliebtesten der Stadt. Auf den Tisch kommen Köstlichkeiten wie Chalosse-Schinken, großartiger *foie gras*, Lamm aus den Pyrenäen, Geflügel aus der Region und leckere Desserts.

Cafés und Bars

Gut essen und trinken gehört in Paris so sehr zum Alltag, dass Sie vielerlei Gaumenfreuden erfahren können, ohne je ein Restaurant zu betreten. Sie haben die Möglichkeit, in einem Café, einer Wein- oder Teestube zu essen, an der Straßenecke eine Quiche, Crêpe oder Pizza zu kaufen oder sich aus Käse, verschiedenen Brotsorten, Salaten und Backwaren ein Picknick selbst zusammenzustellen und ganz zwanglos in einem Park zu verzehren. Natürlich kann man in Paris auch herrlich trinken. In Weinbars wird Wein glasweise serviert. Bierlokale bieten eine Auswahl verschiedener Sorten an, und in irischen Pubs wird Guinness ausgeschenkt. Eine andere Möglichkeit, sich mit Getränken zu versorgen, sind natürlich die Hotel- und Nachtbars.

Cafés

Paris ist zu Recht für seine Cafés berühmt. Überall in der Stadt kommt man an Cafés vorbei, von winzigen bis riesigen, einige mit Spielautomaten, *Tabacs*-Verkaufsstand und Wettbüros, andere mit elegantem Belle-Époque-Dekor und nobel ausstaffierten Kellnern. Jeder Pariser hat sein Stammcafé, in dem man sich trifft. Zu jeder Tageszeit ist es faszinierend, hier die Anwohner zu beobachten: beim Morgen-Espresso oder *café au lait*, beim Mittagessen oder beim Feierabend-Aperitif. In den meisten Cafés bekommt man den ganzen Tag eine leichte Mahlzeit.

Das Frühstück ist eine der Hauptbetriebszeiten, und frische Croissants oder *pains au chocolat* (Gebäck mit Schokoladenfüllung) stehen schnell auf dem Tisch. Franzosen tunken ihr Gebäck gern in Milchkaffee oder heiße Schokolade. Auswärts zu frühstücken – oder zumindest für einen morgendlichen Koffeinschub zu sorgen – gehört fest zum französischen Lebensstil.

Zu Mittag servieren Cafés normalerweise *plats du jour* (Tagesgerichte), die vor allem in kleineren Cafés wirklich preisgünstig sind – oft kosten zwei Gänge inklusive Wasser und einem Glas Wein nicht mehr als 16 Euro. Als Hauptgericht gibt es häufig Fleisch, z. B. *sauté d'agneau* (sautiertes Lamm) oder *blanquette de veau* (Kalbfleisch mit weißer Sauce), als Dessert Obstkuchen. Einfachere Mahlzeiten, Salate, Sandwiches und Omeletts kann man in der Regel den ganzen Tag über bestellen.

Eines der besten Lokale dieser Art ist die **Bar du Marché** in St-Germain-des-Prés. **Le Rostand** beim Jardin du Luxembourg und das **Café Constant** im Invalides-Viertel sind auch zu empfehlen.

Die meisten Museen haben gute Cafés, hervorzuheben sind jedoch jene im Centre Pompidou *(siehe S. 110f)* und im Musée d'Orsay *(siehe S. 144f)*. Im Louvre lohnt es sich, mit der Einkehr zu warten, bis Sie wieder draußen sind: Das **Café Marly** unter den Arkaden vor der Glaspyramide ist zwar teuer, aber fabelhaft. Wenn Sie auf Shopping-Tour in den **Galeries Lafayette** *(siehe S. 321)* sind, sollten Sie schon wegen der Aussicht über Paris das Café im obersten Stock aufsuchen.

Cafés in den Gegenden mit vielen Besuchern und Nachtschwärmern (etwas Boulevard St-Germain, Avenue des Champs-Élysées, Les Halles, Boulevard Montparnasse, Opéra und Bastille) haben bis spät in der Nacht geöffnet – einige bis 2 Uhr.

Unbedingt wissen sollten Sie, dass die Preise innerhalb eines Cafés schwanken – je nachdem, wo man isst und trinkt: Ein Glas im Stehen an der Bar ist normalerweise deutlich billiger, als wenn Sie es an einem Tisch im Café trinken – und draußen auf der Terrasse serviert wird dieselbe Bestellung noch einmal um einiges teurer.

Teesalons

Teesalons wurden in den letzten Jahren immer beliebter, und die Auswahl an Tees ist meist enorm. In einigen Salons bekommt man leichte Mahlzeiten, Frühstück und Nachmittagstee, so auch bei **Angélina**, wo man im Belle-Époque-Dekor sitzt. **Mariage Frères** im Marais ist für die riesige Getränkekarte bekannt und bietet auch Tee und Teekannen zum Kauf an. **Ladurée** an den Champs-Élysées ist eine Pariser Institution, in der Damen der Gesellschaft ihren Tee und Makronen (die Hausspezialität) einnehmen. Eine andere Sorte Tee bietet das **Café Maure de la Mosquée de Paris** *(siehe S. 307)* am Jardin des Plantes. Hier gibt es Minztee und klebrigsüßes Gebäck.

Weinbars

Die meisten Pariser Weinbars sind kleine, gesellige Lokale. Sie öffnen recht früh, viele dienen auch als Café und bieten Frühstück und eine gute Mittagskarte. Am besten kommt man morgens oder nach 13.30 Uhr, um Wartezeiten zu vermeiden. Die meisten Weinbars schließen um 21 Uhr.

Die Besitzer sind meist leidenschaftliche Weinkenner und kaufen direkt bei den Erzeugern ein. Junge Bordeaux-Weine und Rebensäfte von Loire, Rhône und Jura können überraschend gut sein, und die Wirte der Weinbars suchen meist interessante Tropfen aus. Die **L'Écluse**-Kette ist auf Bordeaux spezialisiert, man bekommt hauptsächlich unbekanntere Weine zu vernünftigen Preisen.

Weinkenner suchen Weinbars auf, die zu Läden gehören, um interessante Jahrgänge zu probieren, ehe sie sie kaufen und daheim genießen. In Paris gibt es mehrere solcher Lokale – **Juveniles** bei den Tuileries sowie **Lavinia** und **Legrand Filles et Fils** im Opéra-Viertel gehören zu den besten. Juveniles ist ein kleiner Laden, der von einem

Schotten betrieben wird. Die Auswahl ist sehr gut, besonders in Bezug auf Weine aus der Neuen Welt, und man kann auch gut essen. Lavinia ist Europas größte Weinhandlung mit riesigem Sortiment. Hier finden regelmäßig Weinproben statt, und an der Bar werden offene Weine ausgeschenkt. Legrand ist eine alteingesessene Weinhandlung und Bar, die bei Pariser Weinliebhabern sehr beliebt ist. Die eleganteste Weinbar dieses Typs ist **Wine and Bubbles** im Viertel Beaubourg und Les Halles. In **Rouge Passion** unterhalb von Montmartre finden regelmäßig Verkostungen und Seminare mit verschiedenen Gast-Sommeliers statt.

Kneipen und Bierlokale

Während man in kleinen Kneipen nur trinken kann, serviert man in den größeren Bierlokalen auch Essen, z. B. *moules-frîtes* (eine Schüssel mit gedämpften Muscheln mit Pommes frites), *tarte aux poireaux* (Lauchkuchen) oder *tarte aux oignons* (Zwiebelkuchen). Hauptsächlich geht man aber auch hier des Bieres wegen her. Die Auswahl ist häufig enorm, einige Lokale sind auf belgisches *gueuze* (starkes, malziges Bier) spezialisiert, andere bieten Biere aus aller Herren Länder an.

Einige Bierlokale öffnen mittags, Kneipen jedoch erst am Nachmittag. Letztere sind normalerweise täglich geöffnet, oft bis 1 oder 2 Uhr nachts. Die Gästeschar ist bunt zusammengewürfelt. Ein paar Kneipen sind zugleich Mikrobrauereien, die ihr eigenes Bier servieren, **Frog and Princess** und **Frog and Rosbif** sind gute Beispiele. Beide bieten mehrere selbst gebraute Biere an. Das Personal ist freundlich und hilft bei der Auswahl des Hopfensafts.

Neben traditionell englischen Pubs wie **The Bombardier** im Quartier Latin gibt es in Paris Dutzende von irischen und ein paar schottische Pubs. Zu den besten irischen gehören **Coolin** und **Corcoran's** in St-Germain-des-Prés, **Kitty O'Sheas** und **Carr's** im Tuileries-Viertel sowie **O'Sullivans by the Mill** in Montmartre. Guten Whisky bekommt man im **Highlander** in St-Germain-des-Prés und in **The Auld Alliance** im Marais.

Bars

In einer eleganten Stadt wie Paris überrascht es nicht, dass man überproportional viele Cocktail- und Nachtbars findet. Einige schöne Brasserien wie **La Coupole**, **La Rotonde** und **La Closerie des Lilas** haben lange Tresen, professionelle Barkeeper und ein glamouröses Ambiente. Sie erinnern ein bisschen an die alten Zeiten.

Einige Hotelbars gehören zu den schönsten Plätzen für den Cocktail. **The Hemingway Bar** im Ritz *(siehe S. 285)* ist die berühmteste Hotelbar in Paris. Die kleine Bar ist mit viel Holz eingerichtet, präsentiert sich voller Nostalgie und wird von einem der besten Barkeeper der ganzen Welt, Colin Peter Field, geleitet. Die Cocktails sind allesamt wunderbar, die Damen bekommen hier zu jedem Drink eine Blume serviert. Besonders zu erwähnen sind auch die Hotelbar im Four Seasons George V *(siehe S. 290)*, wo die Barkeeper Ihren Martini im Silbershaker präsentieren, die Bar des Hôtel Balzac *(siehe S. 290)* und die elegante Bar im Plaza Athénée *(siehe S. 291)*.

La Mezzanine de l'Alcazar ist eine der nobelsten Bars der Stadt, **Yono** ist dagegen eher trendig mit einem jungen Publikum. Weitere angesagte Bars sind **Le Fumoir** neben dem Louvre, mit langem, elegantem Tresen und exzellenten Cocktails, **Andy Wahloo** mit seinem marokkanischen Dekor, **Le China** mit einer vielseitigen Cocktail-Auswahl und **The Lizard Lounge**, die eher von jungen, extrovertierten Gästen besucht wird.

Die von Philippe Starck konzipierte und eingerichtete Bar **Kong** im Obergeschoss des Kaufhauses Kenzo beim Pont Neuf gehört zum gleichnamigen Restaurant und ist eine der schicksten Bars von ganz Paris.

Zu den Bars, die vielleicht weniger in Mode, aber ideal für einen geruhsamen Drink sind, gehören das winzige **Stolly's** im Marais und **Harry's Bar**, eine legendäre amerikanische Bar, die für sich beansprucht, die Bloody Mary erfunden zu haben.

Essen zum Mitnehmen

Crêpes sind immer noch das traditionelle Pariser Essen für unterwegs, auch wenn die Zahl der guten Crêpes-Stände eher rückläufig ist. Sandwichbars bieten Baguettes mit einer Vielzahl an Belägen an. Ein *parisien* ist normalerweise mit Emmentaler und Schinken belegt. Sandwiches mit Camembert sind eine Köstlichkeit. Lassen Sie sich vom Namen *crudités* (eigentlich Rohkostsalat) nicht in die Irre führen: Meist gehören dazu auch Thunfisch und Mayonnaise. Das beste Fast Food in Paris ist das frisch gebackene, pikant gewürzte Fladenbrot *focaccia*. Es wird frisch aus dem Holzofen serviert, gefüllt mit Zutaten Ihrer Wahl. Man bekommt es z. B. im **Cosi** in der Rue de Seine. Daneben gibt es für den schnellen Hunger auch Kebab-Stände.

Eisstände sind im Sommer von mittags bis spät am Abend geöffnet. Es lohnt sich, sich in die Warteschlange vor der Eisdiele **Maison Berthillon** einzureihen, denn hier gibt es das beste Eis von Paris, für das Kenner des kalten Genusses aus der ganzen Stadt hierherkommen. Schokoladen-Liebhaber etwa werden begeistert sein von dem intensiven Kakaogeschmack ihres Lieblingseises, wer's lieber fruchtig mag, kommt bei diversen Sorten ebenfalls auf seine Kosten. Berthillon hat in der Stadt mehrere Niederlassungen, aber jene auf der Île St-Louis ist besonders zu empfehlen: Ein Spaziergang an der Seine mit einer himmlischen Eiswaffel in der Hand ist einfach unschlagbar. Italienisches *gelato* bietet **Amorino**. Probieren Sie hier unbedingt das *amaretto gelato*, in dem zerstoßene *Amaretti*-Kekse verarbeitet sind.

AUF EINEN BLICK

Île de la Cité und Île St-Louis

TEESALONS

Le Flore en l'Isle
42, quai d'Orléans, 75004.
Stadtplan 13 B4.

EISDIELEN

Amorino
47, rue St-Louis-en-l'Île,
75004. **Stadtplan** 13 C4.

Maison Berthillon
29–31, rue St-Louis-en-l'Île, 75004.
Stadtplan 13 C4.

Tuileries

CAFÉS

Café Marly
93, rue de Rivoli, Cour Napoléon du Louvre, 75001.
Stadtplan 12 F1.

WEINBARS

La Cloche des Halles
28, rue Coquillière, 75001.
Stadtplan 12 E2.

Juvenile's
47, rue de Richelieu,
75001. **Stadtplan** 12 E1.

Le Rubis
10, rue du Marché St-Honoré, 75001.
Stadtplan 12 D1.

TEESALONS

Angélina
226, rue de Rivoli, 75001.
Stadtplan 12 D1.

Ladurée
16, rue Royale, 75008.
Stadtplan 5 C5.

KNEIPEN

Carr's
1, rue Mont Thabor,
75001. **Stadtplan** 12 D1.

Kitty O'Sheas
10, rue des Capucines,
75002. **Stadtplan** 6 D5.

BARS

Bars du Ritz
15, pl Vendôme, 75001.
Stadtplan 6 D5.

Harry's Bar
5, rue Daunou, 75002.
Stadtplan 6 E5.

Marais

CAFÉS

Au Petit Fer à Cheval
30, rue Vielle du Temple,
75004. **Stadtplan** 13 C3.

L'Étoile Manquante
34, rue Vieille du Temple,
75004. **Stadtplan** 13 C3.

Ma Bourgogne
19, pl des Vosges, 75004.
Stadtplan 14 D3.

Le Trésor
5, rue du Trésor, 75004.
Stadtplan 13 C3.

TEESALONS

Le Loir dans la Théière
3, rue des Rosiers, 75004.
Stadtplan 13 C3.

Mariage Frères
30–32, rue du Bourg Tibourg, 75004.
Stadtplan 13 C3.

BIERLOKALE

Café des Musées
49, rue de Turenne,
75003. **Stadtplan** 14 D3.

WEINBARS

La Belle Hortense
31, rue Vieille du Temple,
75004. **Stadtplan** 13 C3.

Le Coude Fou
12, rue du Bourg Tibourg,
75004. **Stadtplan** 13 C3.

Le Temps des Cerises
31, rue de la Cerisaie,
75004. **Stadtplan** 14 D4.

KNEIPEN

The Auld Alliance
80, rue François Miron,
75004. **Stadtplan** 13 C3.

Stolly's
16, rue Cloche Perce,
75004. **Stadtplan** 13 C3.

BARS

L'Apparement Café
18, rue des Coutures St-Gervais, 75003.
Stadtplan 14 D2.

The Lizard Lounge
18, rue du Bourg Tibourg,
75004. **Stadtplan** 13 C3.

Les Philosophes
28, rue Vieille du Temple, 75004.
Stadtplan 13 C3.

Yono
37, rue Vieille du Temple, 75004.
Stadtplan 13 C3.

Beaubourg und Les Halles

CAFÉS

Café Beaubourg
100, rue St-Martin, 75004.
Stadtplan 13 B2.

WEINBARS

La Garde Robe
41, rue de l'Arbre Sec, 75001.
Stadtplan 12 E2.

Wine and Bubbles
3, rue Français, 75001.
Stadtplan 13 A1.

KNEIPEN

Frog and Rosbif
116, rue Saint-Denis, 75002.
Stadtplan 13 B1.

Quigley's Point
5, rue du Jour, 75001.
Stadtplan 13 A2.

BARS

Andy Wahloo
69, rue des Gravilliers, 75003.
Stadtplan 13 B1.

Le Comptoir
37, rue Berger, 75001.
Stadtplan 12 F2.

Le Fumoir
6, rue de l'Amiral-de-Coligny, 75001.
Stadtplan 12 F2.

Kong
1, rue du Pont Neuf, 75001.
Stadtplan 13 A2.

St-Germain-des-Prés

CAFES

Bar du Marché
75, rue de Seine, 75006.
Stadtplan 12 E4.

Café de Flore
Siehe S. 139.

Café de la Mairie
8, pl St-Sulpice, 75006.
Stadtplan 12 E4.

Les Deux Magots
Siehe S. 138.

La Palette
43, rue de Seine, 75006.
Stadtplan 12 E4.

SANDWICHBARS

Cosi
54, rue de Seine, 75006.
Stadtplan 12 E4.

WEINBARS

Au Sauvignon
80, rue des Sts-Pères, 75007.
Stadtplan 12 D4.

Bistro des Augustins
39, quai des Grands-Augustins, 75006.
Stadtplan 12 F4.

KNEIPEN

Coolin
15, rue Clément, 75006.
Stadtplan 12 E4.

Corcoran's
28, rue Saint-André des Arts, 75006.
Stadtplan 12 F4.

Frog and Princess
9, rue Princesse, 75006.
Stadtplan 12 E4.

Highlander
8, rue de Nevers, 75006.
Stadtplan 12 F3.

The Moosehead
16, rue des Quatre Vents, 75006.
Stadtplan 12 F4.

BARS

Le Bar Dix
10, rue de l'Odéon, 75006.
Stadtplan 12 F4.

Birdland
8, rue Guisarde, 75006.
Stadtplan 12 E4.

Café Mabillon
164, bd St-Germain, 75006.
Stadtplan 12 E4.

Don Carlos
66, rue Mazarine, 75006.
Stadtplan 12 F4.

AUF EINEN BLICK

Fubar
5, rue St-Sulpice, 75006.
Stadtplan 12 F4.

La Mezzanine de l'Alcazar
62, rue Mazarine, 75006.
Stadtplan 12 F4.

Zéro de Conduite
14, rue Jacob, 75006.
Stadtplan 12 E3.

Quartier Latin

CAFÉS

Panis
21, quai Montebello, 75005.
Stadtplan 13 A4.

WEINBARS

Les Pipos
2, rue de l'École Polytechnique, 75005.
Stadtplan 13 A5.

Le Vin qui Danse
4, rue des Fossés-St-Jacques, 75005.
Stadtplan 17 A1.

KNEIPEN

The Bombardier
2, pl du Panthéon, 75005.
Stadtplan 17 A1.

La Gueuze
19, rue Soufflot, 75005.
Stadtplan 12 F5.

BARS

Le Caveau des Oubliettes
52, rue Galande, 75005.
Stadtplan 13 A4.

Jardin des Plantes

CAFÉS

Café Littéraire de l'Institut du Monde Arabe
1, rue des Fossés-St-Bernard, 75005.
Stadtplan 13 C5.

TEESALONS

Café Maure de la Mosquée de Paris
39, rue Geoffroy St-Hilaire, 75005.
Stadtplan 17 C2.

KNEIPEN

Bière Academy
7, rue des Écoles, 75005.
Stadtplan 13 B5.

EISDIELEN

Häagen-Dazs
3, pl de la Contrescarpe, 75005. **Stadtplan** 17 A1.

Luxembourg

CAFÉS

Au Petit Suisse
16, rue de Vaugirard, 75006. **Stadtplan** 12 F5.

Le Rostand
6, pl Edmond Rostand, 75006. **Stadtplan** 12 F5.

BIERBARS

L'Académie de la Bière
88, bd de Port-Royal, 75005. **Stadtplan** 17 B3.

Montparnasse

CAFÉS

Café de la Place
23, rue d'Odessa, 75014.
Stadtplan 15 C2.

La Rotonde
7, pl 25 Août 1944, 75014. **Stadtplan** 16 D2.

Le Sélect Montparnasse
99, bd du Montparnasse, 75006. **Stadtplan** 16 D2.

WEINBARS

Le Rallye Peret
6, rue Daguerre, 75014.
Stadtplan 16 D4.

TEESALONS

Justine
96, rue Oberkampf, 75011.
Stadtplan 14 E1.

BARS

Le Café Tournesol
9, rue de la Gaîté, 75014.
Stadtplan 2 E2.

La Closerie des Lilas
171, bd du Montparnasse, 75006.
Stadtplan 16 D2.

La Coupole (Café Bar)
102, bd du Montparnasse, 75014.
Stadtplan 16 D2.
Siehe S. 178.

Cubana Café
45, rue Vavin, 75006.
Stadtplan 12 F5.

Invalides und Eiffelturm

CAFÉS

Café Constant
139, rue St-Dominique, 75007. **Stadtplan** 11 B2.

KNEIPEN

O'Brien's
77, rue St-Dominique, 75007. **Stadtplan** 10 F3.

BARS

Café Thoumieux
4, rue de la Comète, 75007. **Stadtplan** 11 A3.

Champs-Élysées

WEINBARS

L'Écluse
64, rue François 1er, 75008. **Stadtplan** 4 F5.

Ma Bourgogne
133, bd Haussmann, 75008. **Stadtplan** 5 B4.

TEESALONS

Ladurée
75, ave des Champs-Élysées, 75008.
Stadtplan 4 F5.

BARS

Le Bar du Plaza im Plaza Athénée
Siehe S. 291.

Hôtel Raphaël
17, ave Kléber, 75016.
Stadtplan 4 D5.

Le Cinq im Four Seasons George V
Siehe S. 290.

Opéra

CAFÉS

Café de la Paix
12, bd des Capucines, 75009. **Stadtplan** 6 E5.
Siehe S. 215.

WEINBARS

Bistro du Sommelier
97, bd Haussmann, 75001. **Stadtplan** 5 C4.

Lavinia
3–5, bd de la Madeleine, 75001.
Stadtplan 6 D5.

Legrand Filles et Fils
1, rue de la Banque, 75002. **Stadtplan** 12 F1.

Montmartre

CAFÉS

Le Saint Jean
16, pl des Abbesses, 75018. **Stadtplan** 6 E1.

Le Sancerre
35, rue des Abbesses, 75018. **Stadtplan** 6 E1.

KNEIPEN

O'Sullivans by the Mill
92, bd de Clichy, 75018.
Stadtplan 6 E2.

Rouge Passion
14, rue Jean Baptiste Pigalle, 75009.

Abstecher

CAFÉS UND BARS

L'Autre Café
62, rue Jean-Pierre Timbaud, 75011.
Stadtplan 8 F5.

Café Charbon
109, rue Oberkampf, 75011. **Stadtplan** 14 E1.

Le China
50, rue de Charenton, 75012. **Stadtplan** 14 F5.

Pause Café
41, rue de Charonne, 75011. **Stadtplan** 14 F4.

Chez Prune
36, rue Beaurepaire, 75010. **Stadtplan** 8 D4.

Des Si et des Mets
63, rue Lepic, 75018.
Stadtplan 6 E1.
(Restaurant und Café mit glutenfreiem Essen).

WEINBARS

Le Verre Volé
67, rue de Lancry, 75010.
Stadtplan 8 D4.

Shopping

Paris ist der Inbegriff von Luxus und Lebensart. Das nicht ganz falsche Klischee: Elegante Paare sitzen nach dem Shopping in kleinen, exquisiten Läden mit einem Glas Wein am Seine-Ufer vor einem der vielen Prachtstücke Pariser Architektur. Wenn Sie es ihnen gleichtun wollen, ohne sich in den Ruin zu stürzen, suchen Sie nach Mode-Accessoires. Wer mehr Geld zur Verfügung hat, leistet sich ein Kleidungsstück aus einem der weltbekannten Modehäuser, kulinarische Spezialitäten oder auch gediegenes Porzellan. Hier gilt es nicht einzukaufen, sondern zu shoppen. Oberstes Motto dabei ist: sehen und gesehen werden. In der Avenue Montaigne reihen sich die Auslagen der großen Modehäuser. Vielleicht besuchen Sie lieber die Buchstände an der Seine. Nachfolgend finden Sie die bekanntesten Shopping-Adressen.

Öffnungszeiten

Allgemeine Öffnungszeiten für Läden sind Montag bis Samstag von 10 bis 19 Uhr; beträchtliche Abweichungen sind möglich. Boutiquen können mittags ein bis zwei Stunden schließen. Märkte und Läden haben oft montags zu. Viele Läden schließen im Sommer, meist im August. Manchmal finden Sie dann an der Tür einen Hinweis auf ein anderes offenes Geschäft.

Bezahlung

Am einfachsten ist es, sich das benötigte Bargeld aus einem Geldautomaten zu ziehen. Die meisten Automaten akzeptieren sowohl Kreditkarten als auch die Maestro-/EC-Karte. Informieren Sie sich vor Antritt der Reise, bei welcher ausländischen Bank oder bei welcher Gruppe welche Gebühren anfallen. Die gebräuchlichsten Kreditkarten, mit denen Sie in vielen Läden bezahlen können, sind Visa und MasterCard. American Express und Diners Club werden wegen der höheren Gebühren seltener akzeptiert.

Mehrwertsteuer

In Frankreich wird auf die meisten Güter und Dienstleistungen eine Umsatzsteuer (TVA) zwischen 5,5 und 19,6 Prozent erhoben. Wer seinen ständigen Wohnsitz nicht in der EU hat, kann diese Steuer rückerstattet bekommen, wenn er in einem Laden für mindestens 175 Euro einkauft.

Größere Geschäfte haben meist ein Formular parat *(bordereau de détaxe* oder *bordereau de vente)* und helfen beim Ausfüllen. Bei der Ausreise legen Sie das Formular mit den Waren dem Zoll vor und senden dieses dann an das Geschäft zurück, das schließlich die TVA-Summe in Euro erstattet. Auf Lebensmittel, Wein und Tabak gibt es keine Steuererstattung.

Au Printemps, eine Institution unter den Pariser Kaufhäusern

Shopping in der Avenue Montaigne

Schlussverkäufe

Schlussverkäufe *(soldes)* finden vor allem im Januar und im Juli statt, manchmal gibt es auch vor Weihnachten Artikel im Ausverkauf. Waren mit der Aufschrift *stock* sind Lagerbestände, *dégriffé* bezeichnet Markenprodukte mit herabgesetzten Preisen, *fripes* sind Secondhand-Artikel. Die Ausverkaufsartikel werden die ersten Wochen meist vorne im Geschäft präsentiert, später wandern sie in den Hintergrund.

Kaufhäuser

Seinen besonderen Reiz bekommt Shopping in Paris eigentlich erst, wenn man Fachgeschäfte und kleinere Läden aufsucht. Aber wenn die Zeit drängt und Sie alles unter einem Dach erledigen wollen, dann können auch die *grands magasins* (Kaufhäuser) das Richtige sein.

Manche Kaufhäuser arbeiten noch nach dem Bon-System. Von Ihrem Verkäufer bzw. Ihrer Verkäuferin erhalten Sie einen Bon, mit dem Sie erst an der Kasse zahlen müssen. Den Kassenbeleg bringen Sie zurück und bekommen dafür Ihren Einkauf ausgehändigt. Das kann Zeit und Nerven kosten. Nutzen Sie daher die frühen Morgenstunden, und gehen Sie möglichst nicht am Samstag auf Shopping-Tour. Schlangestehen wird übrigens in Frankreich nicht geschätzt: Wenn alle kreuz und quer agieren, müssen Sie sich bemerkbar machen. Eine Besonderheit französischer Kaufhäuser sind Stichproben der Taschen der Kunden durch das Sicherheitspersonal.

Die Kaufhäuser der Stadt führen im Wesentlichen alle ähnliche Waren, es gibt jedoch unterschiedliche Schwerpunkte.

Das Kaufhaus **Au Printemps** ist für seine Haushaltswaren und seine umfangreichen Modeabteilungen bekannt. Die Kosmetikabteilung bietet eine Spitzenauswahl an Parfums. Das Kuppelrestaurant ist legendär und schon wegen der wunderbaren Aussicht lohnenswert. Abends wird es oft für private Partys gebucht.

Kenzo-Konfektion an der Place des Victoires ***(siehe S. 324f)***

Schnecken aus der *Charcuterie*-Abteilung

Die Brote von Poilâne ***(siehe S. 333, 335)*** **ziert ein »P«**

BHV (Le Bazar de l'Hôtel de Ville) ist ein Paradies für Bastler, Heimwerker und Innenausstatter. Das Restaurant bietet eine herrliche Aussicht über die Seine.

Das von Gustave Eiffel entworfene Kaufhaus **Le Bon Marché** am linken Seine-Ufer wurde vor dem jetzt geschlossenen La Samaritaine als das erste Kaufhaus in Paris gegründet. Heute ist es das eleganteste und ein Paradies für Leute, die sich für Mode interessieren. Fast alle großen Marken sind vertreten, außerdem junge Designer. Es gibt auch eine exzellente Feinkostabteilung (La Grande Épicerie) und ein gutes Restaurant.

In den **Galeries Lafayette** findet man eine große Auswahl an Mode in allen Preislagen und viele junge Designer. Nachdem sie die ehemaligen Räume von Marks & Spencer übernommen haben, betreiben die Galeries Lafayette auch eine Delikatessen-Abteilung: Lafayette Gourmet.

Virgin Megastore hat abends lange geöffnet und bietet eine große Auswahl an Musik-CDs und Büchern. **FNAC** ist führend in Elektronik, Musik und Büchern. Die Filiale an den Champs-Élysées hat ein breites Sortiment an CDs und DVDs und verkauft auch Konzert-Tickets. Nichtfranzösischsprachige Bücher findet man eher in Les Halles. **FNAC Digitale** führt ein breites Sortiment technischer Geräte.

Adressen

Au Printemps
64, bd Haussmann, 75009.
Stadtplan 6 D4. *01 42 82 50 00.*

BHV
52–64, rue de Rivoli, 75004. **Stadtplan** 13 B3. *01 42 74 90 00.*

Le Bon Marché
24, rue de Sèvres, 75007.
Stadtplan 11 C5.
01 44 39 80 00.

Bücher, Porte de Vanves ***(S. 339)***

FNAC
74, ave des Champs-Élysées, 75008.
Stadtplan 4 F5.
Forum des Halles, 1, rue Pierre Lescot, 75001. **Stadtplan** 13 A2.
08 25 02 00 20.

FNAC Digitale
77–81, bd St-Germain, 75006.
Stadtplan 13 A5.
08 25 02 00 20.

Galeries Lafayette
40, bd Haussmann, 75009. **Stadtplan** 6 E4. *01 42 82 34 56.*

Virgin Megastore
52–60, ave des Champs-Élysées, 75008. **Stadtplan** 4 F5.
01 49 53 50 00.

Highlights: Shopping

Konservativ und doch voller Überraschungen – das ist Paris: eine Fundgrube von Spezialitätengeschäften und Boutiquen. Neben ehrwürdigen Etablissements stehen moderne Komplexe. Die Stadt ist lebendig – nicht zuletzt dank ihrer Märkte. Hier können Sie alles erstehen: exotische Früchte, Porzellan, Antiquitäten, handgearbeitete Schuhe, maßgeschneiderte Kleidung oder auch Käse aus traditioneller Herstellung. Ob Sie kaufen oder nur das Treiben genießen wollen – anregend ist beides.

Place de la Madeleine
Feinste Delikatessen werden an der Nordseite des Platzes angeboten (siehe S. 214).

Zentrum der Pariser Modewelt

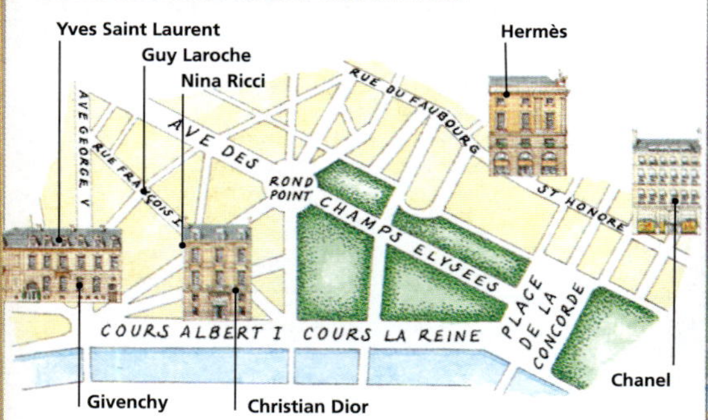

Chanel
Coco Chanel (1883–1971) regierte von 31, rue Cambon aus die Modewelt. Die Hauptboutique ist in der Avenue Montaigne (siehe S. 325).

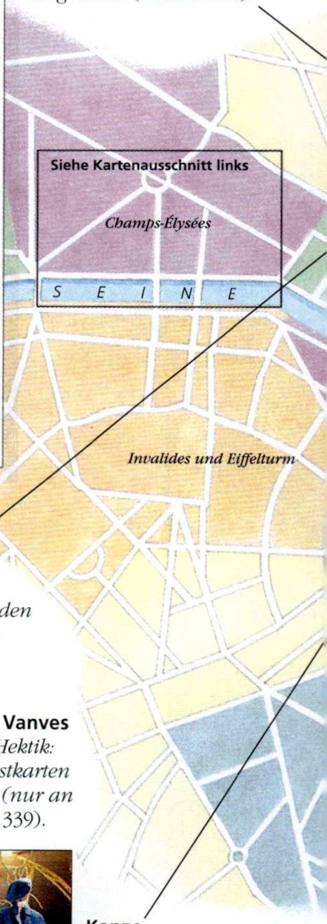

Rue de Rivoli
Preiswerte Souvenirs finden Sie an der Rue de Rivoli (siehe S. 130).

Marché de la Porte de Vanves
Reizvoller Markt ohne Hektik: alte Bücher, Leinen, Postkarten und Musikinstrumente (nur an Wochenenden; siehe S. 339).

Kenzo
Die Shops des japanischen Designers führen Herren-, Damen- und Kinderkleidung (siehe S. 324f).

Cartier
Cartiers frühe Schmuckdesigns mit den geschliffenen Steinen sind immer noch begehrt. Das Geschäft in der Rue de la Paix führt das gesamte Sortiment (siehe S. 329).

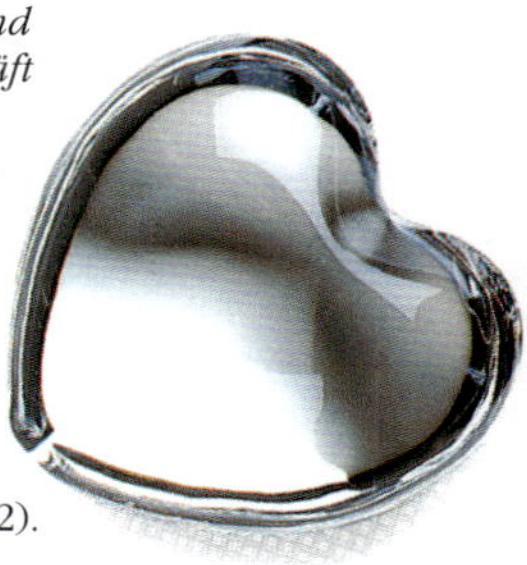

Rue de Paradis
In dieser Straße findet man Porzellan und Kristall zu herabgesetzten Preisen. Bei Lumicristal gibt es Artikel von Baccarat und Bernardaud (siehe S. 330, 332).

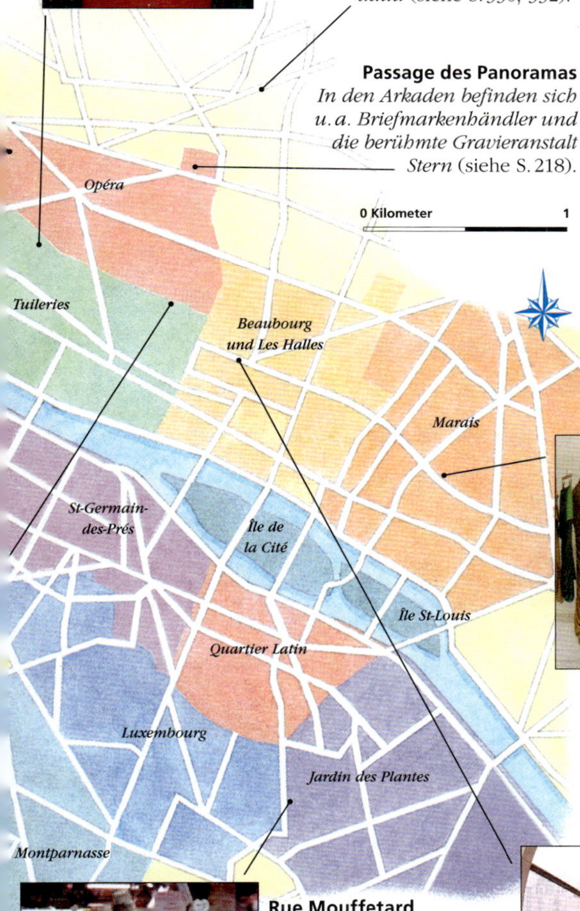

Passage des Panoramas
In den Arkaden befinden sich u. a. Briefmarkenhändler und die berühmte Gravieranstalt Stern (siehe S. 218).

Rue des Francs-Bourgeois
Topmodische Läden (siehe S. 324f) *säumen die Durchfahrtsstraße im Marais.*

Rue Mouffetard
Hier werden vor allem Lebensmittel verkauft (siehe S. 339).

Forum des Halles
Glasarkaden mit vielen Geschäften (siehe S. 109).

Mode und Accessoires

Paris ist für viele der Inbegriff der Mode: Pariser Chic ist sprichwörtlich. In der Hauptstadt sind die Frauen offenbar noch mehr als irgendwo sonst auf den aktuellen Trend eingestellt, und rechtzeitig zur neuen Saison präsentieren sie sich im richtigen Look. Die Männer sind nicht ganz so modebewusst, aber auch sie achten sehr auf Stil, Farben und Formen. Wer die richtige Kleidung zum richtigen Preis sucht, muss wissen, wo er sie bekommt. Auf eine Luxusboutique an der Avenue Montaigne kommen zehn junge Shops junger Designer, die gern ein Jean-Paul Gaultier werden möchten, und Hunderte mit Imitationsware.

Haute Couture und Prêt-à-Porter-Mode

Paris ist die Heimat der Haute Couture. Im Unterschied zur Prêt-à-Porter-Mode sind originale Stücke der Haute Couture Unikate. Entworfen werden sie in einem der Haute-Couture-Häuser, die die Fédération Française de la Couture listet. Deren Website (www.modeaparis.com mit Fotos und Videos) ist für Modebegeisterte eine gute Einstimmung auf Paris – und auf die Trends des nächsten Jahres.

Die Modesaison beginnt jeweils im Januar und Juli mit den Haute-Couture-Schauen, über einen Monat später folgen die Prêt-à-Porter-Schauen. Leider sind die Hauptpräsentationen vor allem für Berühmtheiten, für die Presse und bestenfalls noch für finanzkräftige Einkäufer bestimmt – wenn Sie zu keiner dieser Gruppen gehören, werden Sie wenig Chancen haben, eine der begehrten Eintrittskarten zu bekommen. Ohnehin werden Haute-Couture-Modelle nur noch in Ausnahmefällen getragen, sie gelten eher als Kunstwerke und können später in Museen bewundert werden.

Alle Design-Häuser stellen auch Prêt-à-Porter-Kollektionen vor – Konfektionskleidung, die allerdings nicht Massenware ist, sondern oft in streng limitierter Stückzahl ausschließlich in den Pariser Flagship-Stores angeboten wird. Selbstverständlich sind diese Modelle nicht gerade billig, dafür aber etwas ganz Besonderes.

Damenmode

Die meisten Couture-Häuser konzentrieren sich am rechten Seine-Ufer (Rive Droite), vor allem um die noble Rue du Faubourg-St-Honoré und die noch noblere Avenue Montaigne: **Christian Dior**, **Pierre Cardin**, **Chanel**, **Gianni Versace**, **Givenchy**, Valentino, Emanuel Ungaro, **Louis Féraud**, **Nina Ricci** und **Yves Saint Laurent**. Hier treffen sich die Reichen und Schönen. **Hermès** führt klassische Mode, bei **MaxMara** ist italienische Eleganz zu Hause, die in Frankreich sehr beliebt ist, und den Kreationen von **Giorgio Armani** ist sowieso schwer zu widerstehen. **Karl Lagerfeld** vertreibt die neuesten Modelle seiner Linie u.a. in den Galeries Lafayette. Auch der theatralische **Paco Rabanne** und der schicke **Prada**-Shop sind am rechten Seine-Ufer zu finden.

Zahlreiche Mode-Shops haben sich inzwischen am linken Seine-Ufer (Rive Gauche) angesiedelt: Bei **Sonia Rykiel** findet man Strickwaren, bei **Junko Shimada** sportliche Mode und bei **Barbara Bui** fließende feminine Kleider.

Viele Designer haben am rechten Seine-Ufer ihre »Bastion« und eine Niederlassung jenseits des Flusses. Gute Qualität führt etwa **Georges Rech**, aber auch **Yves Saint Laurent** und **Jil Sander** sind für ihre hervorragend gearbeiteten Kollektionen bekannt. Besuchen Sie auch Armanis Tempel in St-Germain oder die vergleichsweise günstige Boutique **Miu Miu** in der Rue St-Honoré.

Joseph ist mit seiner gut geschnittenen Mode Kult, und bei **Irié** bekommt man erschwingliche modische Kleidung, die in der nächsten Saison nicht gleich »out« ist. Ebenfalls in St-Germain-des-Prés liegt **Comptoir des Cotonniers** mit hochwertigen Basics. Bei **Maje** findet man ein breites Spektrum von ausgefallen bis edel, **Vanessa Bruno** ist für ihr feminines Flair bekannt. Schlichte Schnitte mit pfiffigen Details sind das Markenzeichen von **Zadig et Voltaire**, die in der Szene viele Anhänger haben.

Konfektionsläden gibt es in Paris überall. Gute Plätze zum Schlendern sind die Place des Victoires und die Rue du Faubourg-St-Honoré. Die Boutique **Victoire** bietet eine der besten Kollektionen angesagter Designer wie Michael Klein, Helmut Lang und Thierry Mugler. Auch **Kenzo** hat hier einen Laden (die neue Hauptfiliale befindet sich allerdings beim Pont Neuf), ebenso die japanischen Avantgarde-Designer **Comme des Garçons**, die Mode für Damen und Herren machen, und **Y-3** gleich neben **Ventilo**. Die Rue Jean-Jacques Rousseau ganz in der Nähe ist heute eine der wichtigsten Shopping-Straßen der Stadt.

Östlich der Rue du Jour findet man **Agnès B** und **Claudie Pierlot** mit ihrer fast zeitlos eleganten Mode. Viele Läden verkaufen hier auch preiswerte Kopien neuer Designs. Bei **Martin Margiela** sind exzellente Basics mit Raffinesse zu finden.

Im Marais haben sich junge Nachwuchsdesigner niedergelassen. Besonders samstags herrscht hier Hochbetrieb. Eine der besten Straßen zum Shoppen ist die Rue des Rosiers mit einem exklusiven Laden von **Zadig et Voltaire** sowie **L'Eclaireur**. **Nina Jacob** findet man in der benachbarten Rue des Francs-Bourgeois, um die Ecke hat die unkonventionelle **Azzedine Alaïa** ihren Shop. Im **Abou d'Abi Bazar** (im Marais und im Quartier Latin) sind mehrere Designer vertreten.

AUF EINEN BLICK

Damenmode

Abou d'Abi Bazar
10, rue Vielle du Temple, 75003. **Stadtplan** 13 C3.
01 42 71 13 26.

Agnès B
2–19, rue du Jour, 75001. **Stadtplan** 13 A1.
01 45 08 56 56.
Mehrere Filialen.
www.agnesb.com

Azzedine Alaïa
7, rue de Moussy, 75004. **Stadtplan** 13 C3.
01 42 72 19 19.

Barbara Bui
23, rue Étienne Marcel, 75001. **Stadtplan** 13 A1.
01 40 26 43 65.
www.barbarabui.com
Mehrere Filialen.

Chanel
42, ave Montaigne, 75008. **Stadtplan** 5 A5.
01 47 23 47 12.
www.chanel.com
Mehrere Filialen.

Christian Dior
30, ave Montaigne, 75008. **Stadtplan** 10 F1.
01 40 73 73 73.
www.dior.com

Claudie Pierlot
1, rue Montmartre, 75001. **Stadtplan** 13 A1.
01 42 21 38 38.
www.claudie-pierlot.com
Eine von drei Filialen.

Colette
213, rue St-Honoré, 75001. **Stadtplan** 12 D1.
01 55 35 33 90.
www.colette.fr

Comme des Garçons
54, rue du Faubourg-St-Honoré, 75008. **Stadtplan** 4 E3.
01 53 30 27 27.

Comptoir des Cotonniers
33, rue des Francs-Bourgeois, 75004. **Stadtplan** 13 C3.
01 42 76 95 33.

L'Eclaireur
3ter, rue des Rosiers, 75004. **Stadtplan** 13 C3.
01 48 87 10 22.

Eres
2, rue Tronchet, 75008. **Stadtplan** 5 C5.
01 47 42 28 82.
Eine von zwei Filialen.

Gaëlle Barré
17, rue Keller, 75011. **Stadtplan** 14 F4.
01 43 14 63 02.

Georges Rech
54, rue Bonaparte, 75006. **Stadtplan** 12 E3.
01 43 26 84 11.
www.georges-rech.fr
Mehrere Filialen.

Gianni Versace
41, rue François 1er, 75008. **Stadtplan** 10 F1.
01 47 42 88 02.
www.versace.com

Giorgio Armani
18, ave Montaigne, 75008. **Stadtplan** 10 F1.
01 42 61 55 09.
www.giorgioarmani.com

Givenchy
3, ave Georges V, 75008. **Stadtplan** 4 E5.
01 44 31 50 00.
www.givenchy.com

H&M
15, rue du Commerce, 75015. **Stadtplan** 10 E5.
01 40 57 24 60.
Mehrere Filialen.

Hermès
24, rue du Faubourg-St-Honoré, 75008. **Stadtplan** 5 C5.
01 40 17 46 00.
www.hermes.com
Mehrere Filialen.

Irié
8, rue du Pré-aux-Clercs, 75007. **Stadtplan** 12 D3.
01 42 61 18 28.

Isabel Marant
16, rue de Charonne, 75011. **Stadtplan** 14 F4.
01 49 29 71 55.

Jay Ahr
2, rue du 29 Juillet, 75001. **Stadtplan** 12 D1.
01 42 96 95 23.

Jean-Paul Gaultier
6, rue Vivienne, 75002. **Stadtplan** 12 F1.
01 42 86 05 05.
Mehrere Filialen.

Jil Sander
56, ave Montaigne, 75008. **Stadtplan** 10 F1.
01 44 95 06 70.

Joseph
147, bd St-Germain, 75006. **Stadtplan** 12 E4.
01 55 42 77 55.

Junko Shimada
13, rue St-Florentin, 75008. **Stadtplan** 11 C1.
01 42 60 94 12.
Eine von zwei Filialen.

Kenzo
3, pl des Victoires, 75001. **Stadtplan** 12 F1.
01 40 39 72 03.
Mehrere Filialen.

Kookaï
82, rue Réaumur, 75002. **Stadtplan** 13 B1.
01 45 08 93 69.
Mehrere Filialen.

La City
141, rue de Rennes, 75006. **Stadtplan** 16 D1.
01 45 44 71 18.
Mehrere Filialen.

Les Petites
10, rue du Four, 75006. **Stadtplan** 13 A1.
01 55 42 98 78.

Louis Féraud
90, rue du Faubourg-St-Honoré, 75008. **Stadtplan** 4 E3.
01 44 71 03 86.

Mac Douglas
9, rue de Sèvres, 75006. **Stadtplan** 12 D4.
01 45 48 14 09.
Mehrere Filialen.

Maje
42, rue du Four, 75006. **Stadtplan** 12 E4.
01 42 22 43 69.

Maje
6, bd ces Capucines, 75009. **Stadtplan** 6 E5.
01 53 30 82 70.
Mehrere Filialen.

Martin Margiela
25, rue de Montpensier, 75001. **Stadtplan** 12 E1.
01 40 15 07 55.

MaxMara
31, ave Montaigne, 75008. **Stadtplan** 5 A5.
01 47 20 61 13.
Mehrere Filialen.

Miu Miu
219, rue St-Honoré, 75001. **Stadtplan** 5 C5.
01 58 62 53 20.
www.miumiu.com

Muji
47, rue des Francs-Bourgeois, 75004. **Stadtplan** 14 D3.
01 49 96 41 41.

Nina Jacob
23, rue des Francs-Bourgeois, 75004. **Stadtplan** 14 D3.
01 42 77 41 20.

Nina Ricci
39, ave Montaigne, 75008. **Stadtplan** 10 F1.
01 40 88 67 60.
www.ninaricci.fr

Pierre Cardin
27, ave de Marigny, 75008. **Stadtplan** 5 B5.
01 42 66 68 98.
Eine von zwei Filialen.
www.pierrecardin.com

Prada
10, ave Montaigne, 75008. **Stadtplan** 3 C5.
01 53 23 99 40.

Promod
60, rue de Caumartin, 75009. **Stadtplan** 6 D4.
01 45 26 01 11.
Mehrere Filialen.

Ragtime
23, rue de l'Echaudé, 75006. **Stadtplan** 12 E4.
01 56 24 00 36.

Sinéquanone
16, rue du Four, 75006. **Stadtplan** 12 E4.
01 56 24 27 74.
Mehrere Filialen.

Sonia Rykiel
175, bd St-Germain, 75006. **Stadtplan** 12 D4.
01 49 54 60 60.
www.soniarykiel.com
Mehrere Filialen.

Das japanische Lifestyle-Unternehmen **Muji** bietet trendige Entwürfe für relativ wenig Geld an.

Im Bastille-Viertel gibt es ebenfalls trendige Boutiquen wie auch renommierte Modenamen. Der Designer **Jean-Paul Gaultier** hat einen Shop in der Rue du Faubourg St-Antoine. Seine Kollektionen »Senior« und »Junior« unterscheiden weniger nach Altersgruppen als nach Preis und Habitus. **Isabel Marants** Boutique ist für originelle Modelle bekannt, **Gaëlle Barré** ist eine Stilistin mit schnell wachsender Fangemeinde. Ihre Modelle sind feminin und verspielt zugleich.

Die passende Lingerie zu all alle diesen Kreationen bekommt man – zusammen mit vorteilhaft geschnittener Bademode – bei **Eres**. Mit Lederwaren für Damen und Herren hat sich **Mac Douglas** weltweit einen Namen gemacht.

Kreationen junger Designer führen **Colette**, **Stella Cadente** und **Jay Ahr**, wo Sie wunderbare Abendkleider bekommen. **Zucca** hat mehrere Boutiquen. Fabelhafte, wenn auch nicht billige Kleidung aus den 1920er bis 1950er Jahren ist bei **Ragtime** auf Lager.

Nicht alle Pariser können es sich leisten, an der Avenue Montaigne zu shoppen, für die weniger Begüterten gibt es jedoch viele große Niederlassungen von Ketten. Hier richtet sich das Sortiment nach den Wünschen und Vorlieben der Kundschaft. So ist es möglich, echt französische Mode in großen Ketten wie **Zara** zu bekommen, vor allem in den Stores an der Rue de Rennes und bei der Oper.

Das schwedische Modehaus **H&M** hat im 15. Arrondissement einen »Konzeptladen« für junge Mode, und in einigen größeren Filialen führt es Modelle von Sonia Rykiel. Auch französische Marken sind in vielen Läden zu bekommen, darunter bekannte Namen wie **Kookaï** und **Mango** mit modischen, frechen Klamotten. **Sinéquanone** und **La City** dagegen verkaufen eher klassische Modelle. Bei **Promod** kann man sehr günstige Fummel finden.

Kindermode

Kleidung für Kinder findet man in Paris in diversen Stilen und Preisklassen. Viele Top-Designer für Erwachsenenmode haben auch Boutiquen für die Kleinen, dazu gehören **Kenzo**, **Baby Dior**, **Agnès B**, **Sonia Rykiel** und **Teddy's**. Konfektionsläden wie **Jacadi** und **Du Pareil au Même** haben ein breites Sortiment. **Tartine et Chocolat** bietet Klassisches mit zeitgenössischem Touch. **Bonpoint** führt fantastische, schicke Mode für die kleinen Pariser und Pariserinnen. Bei **Petit Bateau** werden Große und Kleine eingekleidet. Das Angebot von **Bonton** umfasst Mode, Spielzeug und Möbel.

Für Kinderfüße führt man bei **Froment-Leroyer** hochwertige Klassiker, während man bei **Six Pieds Trois Pouces** unter vielen verschiedenen Stilen wählen kann.

Herrenmode

Für Männer gibt es sowohl maßgeschneiderte Anzüge als auch legere Alltagsmode. Die Herren-Kollektionen der Pariser Top-Designer sind genauso begehrt wie die für die Damen. Die Preise richten sich neben der Qualität der Ware auch nach dem Namen.

Am rechten Seine-Ufer findet man **Giorgio Armani**, **Pierre Cardin**, **Kenzo**, **Lanvin** (der auch Accessoires führt) und **Yves Saint Laurent**. Auf der linken Seine-Seite sind **Michel Axael** und **Jean-Charles de Castelbajac** für Krawatten und **Francesco Smalto** für elegante Kreationen bekannt, die gern von Filmstars getragen werden. Yohji Yamamotos ungewöhnliche Entwürfe, die man im **Y-3** bekommt, überzeugen mit ihren klaren Linien. Bei **Gianni Versace** findet man klassischen italienischen Chic. **APC**, **Paul Smith** und **Ron Orb** führen modischere Kleidung. **Olivier Strelli** und **Loft Design By** konzentrieren sich auf schicke, aber nicht übertriebene modische Entwürfe.

Die ultimative Pariser Eleganz für den Herrn sind Anzüge, maßgeschneiderte Hemden und Seidenkrawatten von **Charvet**. Ein Besuch im Shop an der Place Vendôme ist ein ganz besonderes Vergnügen. Bitten Sie die Verkäufer ruhig, Sie durch das Atelier zu führen, um mit eigenen Augen zu sehen, wie die exquisiten Kreationen geschneidert werden.

Madelios ist ein großes Einkaufszentrum, in dem man verschiedene Modemarken speziell für Herren findet.

Lifestyle

Seit **Colette** in den späten 1990er Jahren in der Pariser Shopping-Szene auftauchte, hält der Trend zu immer mehr Lifestyle-Läden an. Die noblen Läden sind vollgestopft mit Designer-Labels – manche davon unbekannt –, die Sie mit allem versorgen möchten, was Sie vielleicht begehren könnten. Von Büchern bis zu Schuhen, von Pflegeprodukten bis Haushaltswaren, von Möbeln bis Handtaschen, von Fitnessgeräten bis zum Designer-Mineralwasser und zu CDs – in dieser Art von Läden findet man einfach alles.

Spree in Montmartre-Viertel kombiniert Mode, Kunst und Design – man kann sich also entscheiden, ob man sein Geld für ein tolles Outfit oder ein interessantes Kunstwerk ausgeben will. Im Konzeptstore **Montaigne Market** findet man die Entwürfe der arrivierten Haute-Couture-Götter ebenso wie die der jungen Designer.

Vintage- und Secondhand-Mode

Vor einiger Zeit wurde Vintage-Mode auch in Paris der Hit, mittlerweile gibt es einige wunderbare Läden für den Retro-Look. Der beste ist wohl **Didier Ludot**, wo schicke Haute Couture entsprechend elegant präsentiert wird: von alten Courrèges-Kleidern bis hervorragend erhaltenen Chanel-Kostümen. **Depôt-Vente de Buci-Bourbon** ist ein weiterer Ort für Schnäppchenjäger.

Noch günstigere modische Kleidung bekommt man in

AUF EINEN BLICK

Stella Cadente
93, quai de Valmy, 75010.
Stadtplan 13 C4.
01 42 09 66 60.
Eine von zwei Filialen.
www.stella-cadente.com

Vanessa Bruno
25, rue St-Sulpice, 75006.
Stadtplan 12 E5.
01 43 54 41 04.
www.vanessabruno.com

Ventilo
27 bis, rue du Louvre, 75002. **Stadtplan** 12 F2.
01 44 76 83 00.
www.ventilo.fr
Eine von sechs Filialen.

Victoire
12, place des Victoires, 75002. **Stadtplan** 12 F1.
01 42 86 92 51.
Mehrere Filialen.
www.victoire-paris.com

Yohji Yamamoto
25, rue du Louvre, 75001.
Stadtplan 12 F1.
01 42 21 42 93.

Yves Saint Laurent
38, rue du Faubourg-St-Honoré, 75008.
Stadtplan 5 C5.
01 42 65 74 59.
Mehrere Filialen.
www.ysl.com

Zadig et Voltaire
3, rue des Rosiers, 75004.
Stadtplan 13 C3.
01 44 59 39 06.
Mehrere Filialen.

Zara
45, rue de Rennes, 75006.
Stadtplan 16 D1.
01 44 39 03 50.
Mehrere Filialen.
www.zara.fr

Zucca
8, rue St-Roch, 75001.
Stadtplan 12 E1.
01 44 58 98 88.

Kindermode

Agnès B
Siehe S. 325.

Baby Dior
Siehe S. 325: Christian Dior.

Bonpoint
320, rue St-Honoré, 75001. **Stadtplan** 13 A2.
01 49 27 94 82.
Mehrere Filialen.

Bonton
82, rue de Grenelle, 75007. **Stadtplan** 10 F3.
01 44 39 09 20.
www.bonton.fr

Du Pareil au Même
1, rue St-Denis, 75001.
Stadtplan 13 A3.
01 42 36 07 57.
www.dpam.fr
Mehrere Filialen.

Froment-Leroyer
7, rue Vavin, 75006.
Stadtplan 16 E1.
01 43 54 33 15.
www.froment-leroyer.fr
Mehrere Filialen.

Jacadi
17, rue Tronchet, 75008.
Stadtplan 5 C5.
01 42 65 84 98.
www.jacadi.fr

Kenzo
Siehe S. 325.

Petit Bateau
116, ave des Champs-Élysées, 75008.
Stadtplan 4 E4.
01 40 74 02 03.
www.petit-bateau.com

Six Pieds Trois Pouces
78, ave de Wagram, 75017. **Stadtplan** 4 E2.
01 46 22 81 64.
Mehrere Filialen.

Sonia Rykiel
Siehe S. 325.

Tartine et Chocolat
84, rue du Faubourg-St-Honoré, 75008.
Stadtplan 5 B5.
01 45 62 44 04.

Teddy's
38, rue François 1er, 75008. **Stadtplan** 10 F1.
01 47 20 79 79.

Herrenmode

APC
38, rue Madame, 75006.
Stadtplan 12 E5.
01 42 22 12 77.
www.apc.fr

Celio
26, rue du Faubourg St-Antoine, 75012.
Stadtplan 14 E4.
01 43 42 31 68.

Charvet
28, pl Vendôme, 75001.
Stadtplan 6 D5.
01 42 60 30 70.

Francesco Smalto
44, rue François Premier, 75008. **Stadtplan** 4 F5.
01 47 20 70 63.
www.smalto.com

Gianni Versace
Siehe S. 325.

Giorgio Armani
Siehe S. 325.

Jean-Charles de Castelbajac
10, rue de Vauvilliers, 75001.
01 55 34 10 10.
www.jc-de-castelbajac.com

Kenzo
Siehe S. 325.

Lanvin
22, rue du Faubourg-St-Honoré, 75008.
Stadtplan 14 F4.
01 44 71 31 33.
Mehrere Filialen.
www.lanvin.com

Loft Design By
175, bd Pereire, 75017.
Stadtplan 3 C3.
01 46 22 44 20.
Mehrere Filialen.

Michel Axael
121, bd St-Germain, 75006. **Stadtplan** 12 E4.
01 43 26 01 96.

Olivier Strelli
7, bd Raspail, 75007.
Stadtplan 12 D4.
01 45 44 62 21.
www.strelli.be
Eine von zwei Filialen.

Paul Smith
22, bd Raspail, 75007.
Stadtplan 12 D4.
01 42 84 15 30.

Pierre Cardin
Siehe S. 325.

Ron Orb
147, rue du Temple, 75003.
Stadtplan 13 B2.
01 40 28 09 33.

Y-3
47, rue Étienne Marcel, 75001.
Stadtplan 12 F1.
01 45 08 82 45.

Yves Saint Laurent
12, pl St-Sulpice 75006.
Stadtplan 12 D4.
01 42 65 74 59.

Lifestyle

Colette
Siehe S. 325.

Montaigne Market
57, av Montaigne, 75008.
Stadtplan 5 A5.
01 42 56 5 58.

Spree
16, rue de La Vieuville, 75018.
Stadtplan 6 F1.
01 42 23 41 40.

Vintage- und Secondhand-Mode

Alternatives
18, rue du Roi de Sicile, 75004.
Stadtplan 13 C3.
01 42 78 31 50.

Depôt-Vente de Buci-Bourbon
6, rue de Bourbon-le-Château, 75006.
Stadtplan 12 E4.
01 46 34 45 05.

Didier Ludot
19–24, galerie Montpensier, 75001.
Stadtplan 12 E1.
01 42 96 06 56.

Le Mouton à Cinq Pattes
8, rue St-Placide, 75006.
Stadtplan 11 C5.
01 45 48 86 26.
Mehrere Filialen.

Réciproque
95, rue de la Pompe, 75016.
Stadtplan 9 A1.
01 47 04 30 28.

den vielen Secondhand- oder Consignment-Läden der Stadt. Nicht wenige schicke Pariserinnen sortieren nach jeder Saison ihren Kleiderschrank aus, sodass man aus zweiter Hand wirklich hochwertige, fast neuwertige Stücke finden kann. Stöbern Sie beispielsweise bei **Réciproque** in Passy oder bei **Alternatives** im Marais. Preiswerte Sammlerstücke in Sachen Mode und Modelle der letzten Saison führt man auch bei **Le Mouton à Cinq Pattes**.

Schmuck

Die Modehäuser führen zum Teil hochwertigen Schmuck und Accessoires. **Chanels** Schmuckstücke sind ohne Zweifel begehrte Klassiker. In den Boutiquen von **Hermès** findet man edles Design und feinste Materialien. In der **Boutique YSL** gibt es vielerlei klassische Accessoires, die länger als eine Saison Bestand haben.

Zu den wichtigsten (und teuersten) Pariser Juwelieren gehören **Boucheron**, **Mauboussin** und **Poiray**. Weitere noble Schmuckläden sind z. B. **Harry Winston** und **Cartier**. **Dinh Van** führt ausgefallene Stücke, während man bei **Mikimoto** Perlen und bei **H Stern** topmodische Entwürfe aus Halbedel- und Edelsteinen findet. Etwas ungewöhnlicheren und derzeit total angesagten Schmuck und Modezubehör führt die **Daniel Swarovski Boutique**, die der bekannten Kristall-Familie gehört.

Trends und Imitationen sind im Marais, im Bastille-Viertel und in Les Halles zu finden, etwa im **Scooter**, wo schicke, junge Pariserinnen einkaufen, oder bei **Métal Pointu's**, das fantasievollen Schmuck anbietet. Chanel-Kopien kann man bei **Agatha** finden.

Imitationen aus Edelmetallen bietet **Verlor**, ein preiswerter Schmuckladen, der nachgemachte Designerstücke mit echten Steinen verkauft. Erschwingliche Preise hat auch **Pietra Dura**, Spezialität sind hier sehr schöne handgearbeitete Einzelstücke mit Halbedelsteinen.

Schuhe, Taschen und Gürtel

Baumwolle aus ökologischem Anbau und Kautschuk sind die Materialien für die Sneakers von Veja, die **Le Bon Marché** führt. Eine große Auswahl an Farben und Modellen findet man bei **Repetto**. Aktuelle Favoriten der Modewelt sind z. B. **Michel Perry**, **Bruno Frisoni** und **Robert Clergerie**. **Christian Louboutin** hat sexy Stilettos im Angebot, **Carel** elegante Basics, **Cosmo Paris** trendiges Schuhwerk. Bei **Jonak** findet man sehr gut Imitate von Designerschuhen.

Bowen hat eine überzeugende Auswahl traditioneller Herrenschuhe, und **Fenestrier** kreiert schicke Versionen von Schuhklassikern. **J M Weston** und **Berluti** sind unübertreffbar, wenn es um Schuhe für den Pariser Herrn geht.

Hervorragend verarbeitete, schöne Lederwaren bekommt man auch bei **Longchamp**, **Gucci** und **Hermès** – einige Taschen haben bereits Kultstatus erhalten. Hermès stellt auf Wunsch auch Spezialanfertigungen her.

In Bezug auf klassische Damenhandtaschen unschlagbar sind **Chanel** und **Dior** am oberen Ende der Messlatte. **Goyard** führt in seinem mit viel Traditionsbewusstsein ausgestatteten Laden Reisegepäck. Seine Spezialanfertigungen sind für Gutbetuchte das Nonplusultra. Übrigens bekommt man bei Goyard auch alles für den feinen Hund – von Halsbändern über ein Reiseset mit Näpfen, Bürsten und Spielzeug bis hin zur Kaschmirdecke.

Taschen der mittleren Preiskategorie bekommt man bei **Furla**, auch die farbenfrohen Taschen von **Karine Dupont** kann man sich leisten. Stofftaschen von **Jamin Puech**, **Vanessa Bruno** oder **Hervé Chapelier** gehören eigentlich zu jeder modebewussten Pariserin. Eine große Auswahl an preiswerten, originellen und damit sehr trendigen Taschen, Schuhen und Stiefeln finden Sie bei **Lollipops**. Die Marke ist in Paris mit einigen Boutiquen vertreten.

Hüte

Eine der beliebtesten Putzmacherinnen der Stadt ist **Marie Mercié**, die in ihre fantasievollen Kreationen viele Anklänge an die Natur einfließen lässt. **Anthony Peto** entwirft und verkauft heute vor allem Herrenhüte in Marie Merciés altem Laden in der Rue Tiquetonne. Er hat sich international einen Namen gemacht, seine Schöpfungen findet man in Läden in aller Welt. Ausgefallene Kopfbedeckungen, die genau Ihrem Typ entsprechen, bekommen Sie bei **Grevi**, der ursprünglich in Florenz beheimatet ist und dort auch noch einen Laden hat. Hier können Sie die passenden Schals und Handschuhe zu Ihrem neuen Hut erwerben.

Dessous

Eine verführerische Auswahl an perfekt gearbeiten Dessous hat **Fifi Chachnil**, die auch ein eigenes Parfum entwickelt hat. **La Boîte à Bas** bringt nicht nur Lingerie, sondern auch Bademode und Strümpfe an die Frau. **Princesse Tam Tam** hat hochwertige Stücke zu guten Preisen im Angebot. Himmlische Designerwäsche findet man im Shop **Sabbia Rosa**, der Kultstatus genießt. Den letzten Schrei in Sachen Pariser Lingerie – nach Maß angefertigt oder von der Stange – bietet **Cadolle**. Besonders erotische Dessous sind der Hit bei **Yoba** in der Rue du Marché St-Honoré.

Konfektionsgrößen

Ein Tipp für die Damen: Lassen Sie sich nicht irritieren, wenn Sie beim Anprobieren von Kleidern, Blusen, Jacken oder Mänteln feststellen, dass Sie eine größere Konfektionsgröße brauchen. Sie haben nicht zugenommen, sondern die französischen Größen sind kleiner geschnitten. Die französische Konfektionsgröße 38 entspricht in etwa der deutschen, österreichischen und Schweizer 36, eine französische Größe 40 der deutschen 38 usw.

AUF EINEN BLICK

Schmuck

Agatha
97, rue de Rennes, 75006. **Stadtplan** 12 D5. *01 45 48 92 57. Mehrere Filialen.* **www**.agatha.fr

Boucheron
26, pl Vendôme, 75001. **Stadtplan** 6 D5. *01 42 61 58 16.* **www**.boucheron.com

Boutique YSL
38, rue du Faubourg-St-Honoré, 75008. **Stadtplan** 5 C5. *01 42 65 74 59.*

Cartier
13, rue de la Paix, 75002. **Stadtplan** 6 D5. *01 58 18 23 00. Mehrere Filialen.* **www**.cartier.fr

Chanel
Siehe S. 325.

Daniel Swarovski Boutique
52, rue Bonaparte 75006. **Stadtplan** 12 E3. *01 56 24 15 60.* **www**.daniel-swarovski.com

Dinh Van
16, rue de la Paix, 75002. **Stadtplan** 6 D5. *01 42 86 02 66.* **www**.dinhvan.com

H Stern
3, rue Castiglione, 75001. **Stadtplan** 12 D1. *01 42 60 22 27.* **www**.hstern.net

Harry Winston
29, ave Montaigne, 75008. **Stadtplan** 10 F1. *01 47 20 03 09.* **www**.harrywinston.com

Hermès
Siehe S. 325.

Mauboussin
20, pl Vendôme, 75001. **Stadtplan** 6 D5. *01 44 55 10 00.* **www**.mauboussin.com

Métal Pointu's
2, rue du Marché St-Honoré, 75001. **Stadtplan** 12 D1. *01 42 60 01 42.* **www**.metalpointus.com

Mikimoto
8, pl Vendôme, 75001. **Stadtplan** 6 D5. *01 42 60 33 55.* **www**.mikimoto.com

Pietra Dura
6, rue Deponthieu, 75008. **Stadtplan** 5 A5. *01 45 63 18 18.*

Poiray
1, rue de la Paix, 75002. **Stadtplan** 6 D5. *01 42 61 70 58.* **www**.poiray.com

Scooter
10, rue de Turbigo, 75001. **Stadtplan** 13 A1. *01 45 08 50 54. Mehrere Filialen.*

Verlor
57, rue de Rivoli, 75001. **Stadtplan** 13 A1. *01 40 41 03 26.*

Schuhe, Taschen und Gürtel

Berluti
26, rue Marbeuf, 75008. **Stadtplan** 4 F5. *01 53 93 97 97.* **www**.berluti.com

Le Bon Marché
24, rue de Sèvres, 75007. **Stadtplan** 11 C5. *01 44 39 80 00.*

Bowen
46, rue Pierre Charon, 75008. **Stadtplan** 4 F5. *01 47 20 45 90.*

Bruno Frisoni
34, rue de Grenelle, 75007. **Stadtplan** 12 D4. *01 42 84 12 30.*

Carel
4, rue Tronchet, 75008. **Stadtplan** 6 D4. *01 43 66 21 58. Mehrere Filialen.*

Christian Louboutin
38–40, rue de Grenelle, 75007. **Stadtplan** 10 F3. *01 42 22 33 07.*

Cosmo Paris
25, rue du Four, 75006. **Stadtplan** 12 E4. *01 56 24 15 49.*

Eden Shoes
71, ave des Champs-Élysées, 75008. **Stadtplan** 4 F5. *01 43 59 98 86.*

Fenestrier
23, rue du Cherche Midi, 75006. **Stadtplan** 12 D5. *01 42 22 66 02.* **www**.jfenestrier.com

Furla
8, rue de Sèvres, 75006. **Stadtplan** 11 C5. *01 40 49 06 44. Mehrere Filialen.* **www**.furla.com

Goyard
233, rue St-Honoré, 75001. **Stadtplan** 5 C5. *01 42 60 57 04.* **www**.goyard.com

Gucci
23, rue Royale, 75001. **Stadtplan** 5 C5. *01 44 94 14 70.* **www**.gucci.com

Hermès
Siehe S. 325.

Hervé Chapelier
1 bis, rue du Vieux Colombier, 75006. **Stadtplan** 12 D4. *01 44 07 06 50.*

Jamin Puech
61, rue de Hauteville, 75010. **Stadtplan** 7 B4. *01 40 22 08 32.*

Jonak
70, rue de Rennes, 75006. **Stadtplan** 16 D1. *01 45 48 27 11.*

Karine Dupont
16, rue du Cherche Midi, 75006. **Stadtplan** 12 D4. *01 42 84 06 30.*

Lollipops
60, rue Tiquetonne, 75002. **Stadtplan** 13 A1. *01 42 33 15 72.* **www**.lollipops.fr

Longchamp
21, rue du Vieux Colombier, 75006. **Stadtplan** 12 D4. *01 42 22 74 75.* **www**.longchamp.com

Michel Perry
243, rue de Grenelle, 75007. **Stadtplan** 10 F3. *01 42 84 12 45.*

Repetto
22, rue de la Paix, 75002. **Stadtplan** 6 D5. *01 44 71 83 12.*

Robert Clergerie
5, rue du Cherche Midi, 75006. **Stadtplan** 12 D1. *01 42 84 03 14.* **www**.robertclergerie.com

Vanessa Bruno
Siehe S. 327.

Hüte

Anthony Peto
56, rue Tiquetonne, 75002. **Stadtplan** 13 A1. *01 40 26 60 68.*

Grevi
1, pl Alphonse Deville, 75006. **Stadtplan** 14 D3. *01 42 22 02 49.* **www**.grevi.com

Marie Mercié
23, rue St-Sulpice, 75006. **Stadtplan** 12 E4. *01 43 26 45 83.*

Dessous

La Boîte à Bas
27, rue Boissy d'Anglas, 75008. **Stadtplan** 5 C5. *01 42 66 26 85.*

Cadolle
4, rue Cambon, 75001. **Stadtplan** 6 D5. *01 42 60 94 20.*

Fifi Chachnil
68, rue Jean-Jacques Rousseau, 75001. **Stadtplan** 12 F2. *01 42 21 19 93. Eine von zwei Filialen.*

Princesse Tam Tam
5, rue Montmartre, 75001. **Stadtplan** 13 A1. *01 45 08 50 69.*

Sabbia Rosa
73, rue des Sts-Pères, 75006. **Stadtplan** 12 D4. *01 45 48 88 37.*

Yoba
11, rue du Marché St-Honoré, 75001. **Stadtplan** 12 D1. *01 40 41 04 06.*

Geschenke und Souvenirs

Sie finden in Paris eine Riesenauswahl an stilvollen Geschenken und Reisesouvenirs, von Accessoires der Modehäuser über Parfums bis zum Touristenkitsch wie dem Eiffelturm als Briefbeschwerer. Viel Preiswertes gibt es an der Rue de Rivoli. **Les Drapeaux de France** verkauft Figurinen in historischen Uniformen und Kostümen. Hochwertige Mitbringsel, z.B. Reproduktionen von Exponaten, findet man in den Museumsshops, beispielsweise im **Musée des Arts Décoratifs**, **Musée du Louvre**, **Musée d'Orsay** oder **Musée Carnavalet**.

Geschenke

Im Kaufhaus **Au Printemps** bekommt man sehr schicke Accessoires, die unter dem eigenen Printemps-Label vertrieben werden, v.a. Handtaschen sind hier ein guter Kauf. Auf der Luxus-Etage kann man einen Shopping-Bummel der Edelklasse unternehmen – hier sind Tiffany-Schmuck und Cartier-Uhren zu bestaunen, aber auch deutlich preiswertere exklusive Stücke zu haben.

Wenn Sie Kulinarisches mit nach Hause nehmen wollen, sind Sie in der Lebensmittelhalle von **Le Bon Marché**, La Grande Épicerie, richtig.

Ein Tipp für sexy Mitbringsel aus der »Stadt der Liebe«: Die **Galeries Lafayette** haben die größte Dessous-Abteilung der Welt.

Parfum und Kosmetik

Viele Läden bieten Düfte und Make-up zu guten Preisen. Manche haben sogar für Reisende aus Nicht-EU-Ländern Duty-free-Angebote (nur gegen Vorlage des Ausweises). Dazu gehört **Eiffel Shopping** beim Eiffelturm. Die **Sephora**-Kette hat eine große Auswahl, und die großen Kaufhäuser führen häufig vielerlei Designer-Parfums. Die Kosmetikabteilung bei **Au Printemps** hat eine der größten Parfumabteilungen in ganz Europa. Hier bekommt man viele Marken, die man andernorts kaum findet.

Für Nostalgiker beispielsweise ist **Détaille 1905** der richtige Ort. Hier wirken die Einrichtung und ein Teil der Produkte, als stammen sie direkt aus dem frühen 20. Jahrhundert. Erhältlich sind u.a. sechs verschiedene exklusive Düfte aus dieser Zeit – drei für Damen und drei für Herren. Auch **Parfums Caron** führt viele Düfte, die um 1900 herum kreiert wurden und nirgendwo sonst erhältlich sind. Die hier gekauften exklusiven Präsente möchte man am liebsten selbst behalten und nicht verschenken.

Wunderschön verpackte Parfums aus natürlichen Essenzen verkauft **Annick Goutal**. **Guerlain** ist der ultimative Laden für Kosmetika, während die eleganten Geschäfte des **L'Artisan Parfumeur** auf exquisit präsentierte Düfte spezialisiert sind, die ganz bestimmte Erinnerungen wachrufen. Sie führen auch berühmte Duftwässerchen nach alten Rezepten, darunter ein Parfum, das am Hof von Versailles benutzt wurde.

Frédéric Malle ist ein weiterer großer Name unter den Parfumanbietern. Exklusive Düfte findet man aber auch in den **Salons du Palais Royal**, einem noblen Shiseido-Shop. Serge Lutens, Kreativdirektor des Unternehmens und Parfumeur, stellt superbe und exotische Düfte her, die ausschließlich hier erworben werden können.

Analog zur *haute couture* findet man in Paris natürlich auch Designer der *haute cosmétique*. Der bekannteste ist Terry de Gunzberg, dessen Shop **By Terry** fantastische Produkte führt.

Wohnaccessoires

Manche Artikel sind einfach zu zerbrechlich, um sie mit nach Hause zu nehmen, aber ignorieren kann man die wunderschönen, eleganten Porzellan- und Glaswaren in den Pariser Nobelläden auch nicht. Luxuriöse Objekte fürs eigene Heim findet man in der Rue Royale, in der einige der besten Geschäfte dieser Art angesiedelt sind. Sie verkaufen Sachen wie rustikales Porzellan oder Silberwaren in modernen wie auch traditionellen Entwürfen. **Laliques** Art-nouveau- und Art-déco-Glasskulpturen sind bei Sammlern in der ganzen Welt begehrt. Wunderschöne Silberobjekte wie Bilderrahmen oder sogar Ess-Stäbchen erhält man bei **Christofle**.

Besonders günstige Porzellan- und Kristallwaren führt der Laden **Lumicristal**, der Baccarat-, Daum- und Limoges-Kristall im Sortiment hat. **Baccarat** selbst hat eine Boutique an der Place de la Madeleine. Der Innenausstatter **Pierre Frey** betreibt einen Showroom, in dem er Stoffe ausstellt, die zu fabelhaften Kissen, Decken und Tischdecken verarbeitet wurden. Absolut hochwertige Bettwäsche findet man auch bei **Yves Delorme**.

La Chaise Longue hat neben lustigen Geschenkideen auch eine Auswahl an schön gearbeiteten *objets* für den gehobenen Geschmack. **Ekobo** verkauft geschmackvolles Geschirr aus Fair-Trade- und ökologischer Produktion sowie Accessoires. Bei **DOM** und **Muskhane** findet man jeweils ein exzellentes Sortiment an Wohnaccessoires für moderne Apartments.

Ein Interieurladen in den **Galeries Lafayette** führt alles Mögliche an topmodernen Teilen fürs Heim. Die Läden von **Sentou** präsentieren eine Fülle von schicken Designerstücken für das anspruchsvolle Heim. Sentou Raspail am linken Seine-Ufer ist die Hauptfiliale mit dem kompletten Angebot, während sich Sentou Marais auf Lichtdesign und Möbel spezialisiert hat.

Unschlagbare Küchenausrüstung bietet **E. Dehillerin**. Ein Muss in vielen Pariser Haushalten sind die Duftkerzen von **Diptyque**. »Feige« ist die bekannteste Duftmarke.

Im Untergeschoss von **BHV** *(siehe S. 321)* gibt es alle möglichen Geräte und Werkzeuge für Haushalt und Garten.

Bücher, Magazine und Zeitungen

Eine ganze Reihe deutschsprachiger Publikationen ist an den größeren Zeitungskiosken und in Buchhandlungen erhältlich. Wer Französisch versteht, kann sich in den Wochenzeitungen *Pariscope*, *L'Officiel des Spectacles* und in der Beilage *Sortir* von *Télérama* über Neuigkeiten informieren.

Ohne Schwierigkeiten lassen sich deutsche überregionale Tageszeitungen wie *Süddeutsche Zeitung* oder *Frankfurter Allgemeine*, Boulevardblätter wie *Bild* sowie Wochenzeitungen wie *Die Zeit* erwerben, ebenso deutsche Magazine aller Art. Manchmal bekommt man sie allerdings einen Tag später als zu Hause.

Einige große Kaufhäuser haben eine Buchabteilung *(siehe S. 321)*. Es gibt eine große Filiale von **W H Smith** und eine von **Galignani**. Legendär ist der 1951 gegründete Buchladen **Shakespeare & Co**. Über gute Literatur- und Fachbuchabteilungen verfügt **Village Voice**.

Deutschsprachige Literatur im Original sowie CDs und DVDs findet man bei **Marissal** im Marais sowie in der kleinen **Librairie Buchladen** in Montmartre.

Buchhandlungen mit französischen Publikationen sind z. B. **La Hune** (auf Kunst, Design, Architektur, Fotografie, Mode und Kino spezialisiert), **Gibert Joseph** (Belletristik, Fachbücher und Lehrbücher) und **Le Divan** (Sozialwissenschaft, Psychologie, Literatur und Poesie).

In **The Red Wheelbarrow Bookstore** findet man ein großes Angebot an zweisprachigen Büchern in Französisch und Englisch. **I Love My Blender** in der Rue du Temple hat neben Büchern auch wundervolle kleine Geschenke im Sortiment.

Blumen

Einige Pariser Floristen wie z. B. **Pascal Mutel** sind sehr bekannt, und ihre Vasen erweisen sich als schöne, ganz spezifische Mitbringsel. **Art Nature Harmonie** und **Monceau Fleurs** bieten eine gute Auswahl an immer geschickt zusammengestellten Blumen zu adäquaten Preisen. Herrliche Seidenblumen findet man im eleganten Laden **Hervé Gambs**.

Fachgeschäfte

Zigarren kauft man am besten bei **A La Civette**, dem wohl schönsten Tabakladen der Stadt. Hier werden die Zigarren hinter Glas befeuchtet, um sie frisch zu halten.

Eine wunderbare Auswahl an exotischen Ölen und Essigen bietet **A L'Olivier** in der Rue de Rivoli. Wenn Sie Honig bevorzugen, gehen Sie in **La Maison du Miel**, wo Sie alle möglichen Honigsorten finden, u. a. aus Lavendel- und Akazienblüten. Daneben gibt es hier auch Bienenwachsseife und -kerzen.

Mariage Frères hat mit seinen 350 Teesorten Kultstatus erreicht. Auch hübsche Teekannen bereichern hier das Angebot.

Couture-Stoffe, aber auch Schals, Tücher und andere Stoff-Accessoires, bei deren Anblick Frauenherzen höherschlagen, führt man bei **Wolff et Descourtis**.

Französische Kartenspiele oder Tarotkarten sind ausgefallene Geschenke – Sie können Sie bei **Jeux Descartes** kaufen. Einer der weltweit bekanntesten und auch schönsten Spielwarenläden ist **Au Nain Bleu**; hier schlagen nicht nur Kinderherzen höher. Der Name **Cassegrain** steht für hochwertige Papierwaren aller Art und Zubehör. Auch **Calligrane** bietet eine Auswahl an exklusiven Schreib- und Papiermaterialen.

Etwas versteckt in einer schönen Passage liegt **Pep's**, der alte, kaputte Schirme repariert und sie als Schutz gegen Regen und Sonne auch verkauft.

Das exzentrischste Einkaufserlebnis bietet jedoch ein Besuch bei **Deyrolle**, dem berühmten Pariser Tierpräparator. Hier findet man garantiert ein Präsent für Leute, die schon alles haben.

AUF EINEN BLICK

Souvenir- und Museumsshops

Les Drapeaux de France
1, pl Colette, 75001.
Stadtplan 12 E2.
01 40 20 00 11.

Musée des Arts Décoratifs
107, rue de Rivoli, 75001.
Stadtplan 12 D1.
01 44 55 57 50.

Musée Carnavalet
Siehe S. 97.

Le Musée du Louvre
Siehe S. 123.

Musée d'Orsay
Siehe S. 145.

Geschenke

Galeries Lafayette
40, bd Haussmann, 75009.
Stadtplan 6 E4.
01 42 82 34 56.
Eine von zwei Filialen.

Le Bon Marché
24, rue de Sèvres, 75007.
Stadtplan 11 C5.
01 44 39 80 00.

Au Printemps
64, bd Haussmann, 75009. **Stadtplan** 6 D4.
01 42 82 50 00.

Parfum und Kosmetik

Annick Goutal
16, rue de Bellechasse, 75007. **Stadtplan** 11 C3.
01 45 51 36 13.
Mehrere Filialen.

L'Artisan Parfumeur
24, bd Raspail, 75007.
Stadtplan 16 D1.
01 42 22 23 32.
Mehrere Filialen.

By Terry
36, passage Vérot-Dodat, 75001.
Stadtplan 12 F2.
01 44 76 00 76.

Détaille 1905
10, rue St-Lazare, 75009.
Stadtplan 6 D3.
01 48 78 68 50.

AUF EINEN BLICK

Eiffel Shopping
9, ave de Suffren, 75007. **Stadtplan** 10 D3. *01 45 66 55 30.*

Frédéric Malle
21, rue du Mont Thabor, 75001. **Stadtplan** 12 D1. *01 42 22 77 22.*

Guerlain
68, ave des Champs-Élysées, 75008. **Stadtplan** 4 F5. *01 45 62 52 57.* *Mehrere Filialen.* **www**.guerlain.com

Parfums Caron
34, ave Montaigne, 75008. **Stadtplan** 10 F1. *01 47 23 40 82.*

Salons du Palais Royal Shiseido
142, galerie de Valois, 75001. **Stadtplan** 12 F1. *01 49 27 09 09.*

Sephora
70, ave des Champs-Élysées, 75008. **Stadtplan** 11 B1. *01 53 93 22 50.* *Mehrere Filialen.* **www**.sephora.fr

Wohnaccessoires

Baccarat
11, pl de la Madeleine, 75008. **Stadtplan** 5 C5. *01 42 65 36 26.* **www**.baccarat.com *(siehe auch S. 202).*

La Chaise Longue
30, rue Croix des Petits Champs, 75001. **Stadtplan** 12 F1. *01 42 96 32 14.* *Mehrere Filialen.*

Christofle
24, rue de la Paix, 75002. **Stadtplan** 6 D5. *01 42 65 62 43.* *Mehrere Filialen.* **www**.christofle.com

Diptyque
34, bd St-Germain, 75006. **Stadtplan** 13 B5. *01 43 26 77 44.* **www**.diptyqueparis.com

DOM
21, rue Ste-Croix de la Bretonnerie, 75004. **Stadtplan** 13 B3. *01 42 71 08 00.*

E. Dehillerin
18, rue Coquillière, 75001. **Stadtplan** 12 F1. *01 42 36 53 13.* **www**.e-dehillerin.com

Ekobo
4, rue Hérold, 75001. **Stadtplan** 12 F1. *01 45 08 47 43.*

Lalique
11, rue Royale, 75008. **Stadtplan** 5 C5. *01 53 05 12 12.* **www**.cristallalique.com

Lumicristal
29, rue de Paradis, 75010. **Stadtplan** 7 B4. *01 45 23 23 73.*

Muskhane
3, rue Pastourelle, 75003. **Stadtplan** 13 C2. *01 42 71 07 00.*

Pierre Frey
22, rue des Petits Champs, 75001. **Stadtplan** 5 C5. *01 44 77 36 00.* **www**.pierre frey.com

Point à la Ligne
67, ave Victor Hugo, 75116. **Stadtplan** 3 B5. *01 45 00 87 01.*

Sentou
26, bd Raspail, 75007. **Stadtplan** 12 D4. *01 45 49 00 05.* 29, rue François Miron, 75004. **Stadtplan** 13 C3. *01 42 78 50 60.*

Yves Delorme
8, rue Vavin, 75006. **Stadtplan** 16 D1. *01 44 07 23 14.*

Bücher, Magazine und Zeitungen

Le Divan
203, rue de la Convention, 75015. **Stadtplan** 12 E3. *01 53 68 90 68.*

Galignani
224, rue de Rivoli, 75001. **Stadtplan** 13 A2. *01 42 60 76 07.*

Gibert Joseph
26, bd St-Michel, 75006. **Stadtplan** 12 F5. *01 44 41 88 88.*

La Hune
170, bd St-Germain, 75006. **Stadtplan** 12 D4. *01 45 48 35 85.*

I Love My Blender
36, rue de Temple, 75004. **Stadtplan** 13 C2. *01 42 77 50 32.*

Librairie Buchladen
3, rue Burq, 75018. **Stadtplan** 6 E1. *01 42 55 42 13.*

Marissal
42, rue Rambuteau, 75003. **Stadtplan** 13 B2. *01 42 74 37 47.*

The Red Wheelbarrow Bookstore
22, rue St-Paul, 75004. **Stadtplan** 14 D4. *01 48 04 75 08.* **www**.theredwheel barrow.com

Shakespeare & Co
37, rue de la Bûcherie, 75005. **Stadtplan** 13 A4. *01 43 25 40 93.*

Village Voice
6, rue Princesse, 75006. **Stadtplan** 12 E4. *01 46 33 36 47.* **www**. villagevoicebookshop. com

W H Smith
248, rue de Rivoli, 75001. **Stadtplan** 11 C1. *01 44 77 88 99.*

Blumen

Art Nature Harmonie
1, rue de l'Epée de Bois, 75005. **Stadtplan** 16 F1. *08 99 65 15 45.*

Hervé Gambs
9 bis, rue des Blancs-Manteaux, 75004. **Stadtplan** 13 C3. *01 44 59 88 88.*

Monceau Fleurs
84, bd Raspail, 75006. **Stadtplan** 12 D4. *01 45 48 70 10.* *Mehrere Filialen.*

Pascal Mutel
6, carrefour de l'Odéon, 75006. **Stadtplan** 12 F4. *01 43 26 02 56.*

Fachgeschäfte

A La Civette
157, rue St-Honoré, 75001. **Stadtplan** 12 F2. *01 42 96 04 99.*

A L'Olivier
23, rue de Rivoli, 75004. **Stadtplan** 13 C3. *01 48 04 86 59.* **www**.alolivier.com

Au Nain Bleu
5, bd Malesherbes, 75008. **Stadtplan** 5 B3. *01 42 65 20 00.* **www**.aunainbleu.com *Mehrere Filialen.*

Calligrane
6, rue du Pont Louis-Philippe, 75004. **Stadtplan** 13 B4. *01 48 04 09 00.*

Cassegrain
422, rue St-Honoré, 75008. **Stadtplan** 5 C5. *01 42 60 20 08.* **www**.cassegrain.fr

Deyrolle
46, rue du Bac, 75007. **Stadtplan** 12 D3. *01 42 22 30 07.*

Jeux Descartes
52, rue des Écoles, 75005. **Stadtplan** 13 A5. *01 43 26 79 83.* *Eine von drei Filialen.*

La Maison du Miel
24, rue Vignon, 75009. **Stadtplan** 6 D5. *01 47 42 26 70.* **www**.maisondumiel.com

Mariage Frères
30, rue du Bourg Tibourg, 75004. **Stadtplan** 13 C3. *01 42 72 28 11.* *Mehrere Filialen.*

Pep's
223, rue St-Martin 75003. **Stadtplan** 8 E4. *01 42 78 11 67.*

Wolff et Descourtis
18, galerie Vivienne, 75002. **Stadtplan** 12 F1. *01 42 61 80 84.*

Delikatessen

Paris ist ebenso bekannt für Essen und Trinken wie für Mode. Zu den Leckerbissen gehören *foie gras*, kaltes Fleisch aus der *charcuterie*, Käse und Wein. In manchen Straßen reiht sich ein Lebensmittelladen an den anderen; eine solche Straße ist etwa die Rue Montorgueil *(siehe S. 339)*. Die Rue Rambuteau, die beiderseits des Centre Pompidou verläuft, hat viele schöne Fischläden sowie Spezialgeschäfte für Käse und Imbissläden *(siehe auch* Pariser Spezialitäten *S. 296–299 und* Cafés und Bars *S. 316–319)*.

Brot und Gebäck

Paris hat ein breites Angebot an Broten und Backwaren. Die *baguette* gilt als das französiche Brot schlechthin. Ein *bâtard* ist etwas dicker, eine *ficelle* etwas dünner. Eine *fougasse* ist ein knuspriges, flaches Brot aus hellem Teig, häufig mit Zwiebeln, Kräutern oder Gewürzen gefüllt. Da französisches Brot kein Fett enthält, wird es schnell alt. Man sollte es also noch am selben Tag aufbrauchen. Franzosen vermeiden es, Brot vom Vortag zu essen, und gehen jeden Tag in die Bäckerei einkaufen.

Croissants gibt es *ordinaire* oder *au beurre* – Letztere sind lockerer und buttriger. *Pain au chocolat* ist Frühstücksgebäck mit Schokofüllung, *chausson aux pommes* ist mit Äpfeln gefüllt; es gibt auch Varianten mit Birnen, Pflaumen und Rhabarber. *Pain aux raisins* ist ein brotähnlicher Kringel mit Pudding-Rosinen-Füllung.

Das Haus **Poilâne** führt das wohl einzige Brot in Paris, das unter dem Namen des Bäckers (des verstorbenen Lionel, Bruder von Max) bekannt ist. Das herzhafte Vollkornbrot ist sehr beliebt – die frisch gebackenen Laibe werden auf Bestellung in alle Welt transportiert. Um 16 Uhr, wenn das Brot aus dem Ofen kommt, gibt es hier lange Warteschlangen.

Viele halten das Brot von **Ganachaud** für das beste in der Stadt. In altmodischen Öfen werden hier 30 Sorten, mit Walnüssen, Früchten etc., gebacken.

Obwohl **Les Panetons** zu einer Kette gehört, ist dies doch eine der besten Bäckereien ihrer Art mit einer großen Auswahl. Zu den Favoriten gehören Fünfkornbrot, Sesambrötchen und *mouchoir aux pommes*, eine Abart des traditionellen *chausson*.

Jeder Pariser hat seine Lieblingsbäckerei – ein Qualitätsmerkmal ist eine lange Warteschlange davor.

Jüdische Feinkostläden führen die besten Roggenbrote und den einzigen Pumpernickel in Paris. Einer der bekanntesten koscheren Bäcker ist **Sacha Finkelsztajn**.

Le Moulin de la Vierge bäckt Vollwertbrot und reichhaltiges Gebäck im Holzofen. Die **Maison Meli** wird am Montparnasse nur von **Max Poilâne** übertroffen, was die Qualität der *baguettes*, *fougasses* und Kuchen angeht. Die **Pâtisserie Secco** bietet eine große Auswahl an belegten Baguettes, Salaten und köstlichen Kuchen. **Pierre Hermé** ist für Kuchen das, was Chanel für die Mode ist, während **Ladurée**-Makronen legendär sind.

Schokolade

Wie alles Essbare muss man sich die Schokolade und die Pralinen in Frankreich langsam auf der Zunge zergehen lassen. **Christian Constants** Kreationen – ein Tipp unter Kennern – werden mit wenig Zucker und extrem hohem Kakaoanteil hergestellt. **Dalloyau** produziert alle Arten von Schokolade und ist nicht zu teuer (dort gibt es auch Backwaren und Wurst).

Fauchon ist weltberühmt für seine Delikatessen. Die Schokolade ist exzellent, ebenso das Gebäck. **Lenôtre** stellt Trüffel und Pralinen her. Robert Linxe kreiert in **La Maison du Chocolat** ständig neue Schokoladensorten mit exotischen Zutaten. **Richart** rühmt sich seiner schön präsentierten, aber auch teuren Pralinen; meist sind sie mit Likör gefüllt und mit Zartbitterschokolade überzogen. **Debauve & Gallais** sind für ihre wunderbaren glasierten *marrons glacés* bekannt.

Charcuterie und Foie gras

In *charcuteries* bekommt man neben kaltem Fleisch oft auch Käse, Schnecken, Trüffeln, Räucherlachs, Kaviar und Wein. **Fauchon** hat eine gute Lebensmittelabteilung, ebenso das Kaufhaus **Le Bon Marché**. **Hédiard** ist wie Fauchon ein luxuriöser Laden, und die **Maison de la Truffe** bietet *foie gras*, Wurst und Trüffeln. Beluga-Kaviar, georgischen Tee und russischen Wodka kauft man im **Petrossian**.

Die bekanntesten *Charcuterie*-Produkte kommen aus den Regionen Lyon und Auvergne. Sie bekommen sie bei **C G Traiteur**. **Aux Vrais Produits d'Auvergne** hat einige Filialen, in denen Sie sich mit geräucherten und frischen Würsten und köstlichem Cantal-Käse (ähnlich dem Cheddar) eindecken können. **Pou** ist ein blitzsauberer, beliebter Laden für *pâté en croute* (Pâté im Teig), *boudins* (Blutwurst), Lyoner Wurst, Schinken und *foie gras*. Nahe den Champs-Élysées bietet **Vignon** ausgezeichneten *foie gras*, Lyoner Wurst und Fertiggerichte.

Neben Trüffeln und Kaviar gilt *foie gras* (Leberpastete) als Luxusdelikatesse, von der preiswerteren *paté de foie gras* bis zum Produkt aus der ganzen Leber. Erstklassigen *foie gras* bekommen Sie in den sechs Niederlassungen von **Comtesse du Barry**. **Divay** ist relativ preiswert und liefert seine Ware auch ins Ausland. Bei **Labeyrie** kann man *foie gras* in schönen Geschenkpackungen erstehen.

Käse

Camembert ist zweifellos der absolute Favorit, doch es gibt eine unüberschaubare Menge anderer Käsesorten. Ein netter *fromager* hilft gern bei der Auswahl. **Marie-Anne Cantin** ist eine Verfechterin alter Produktionsmethoden. Ihr guter Käse ist in dem Laden erhältlich, den sie von ihrem Vater geerbt hat. Für viele ist **Alléosse** der beste Käseladen in Paris. Hier erhält man nach traditioneller Art hergestellten Käse in hervorragender Qualität aus allen Regionen Frankreichs. Die **Crèmerie Quatrehomme** bietet von Bauern produzierte Käsesorten, von denen viele vom Aussterben bedroht sind, z. B. einen köstlichen Trüffel-Brie. **Le Jardin Fromager** ist einer der besten Läden der Stadt für alle Arten von Käse – besonders gut ist der *chèvre* (Ziegenkäse); draußen auf dem Bürgersteig werden Tagesspezialitäten zu erstaunlich günstigen Preisen serviert.

Barthelemy in der Rue de Grenelle hat einen hervorragenden Roquefort. **Androuët** ist eine Pariser Institution mit Filialen in der ganzen Stadt. Probieren Sie würzigen Münster oder einen wirklich reifen Brie. Ein zauberhafter Käseladen in der Marktstraße Rue Montorgeuil, **La Fermette**, bietet eine schwindelerregende Auswahl an Milchprodukten, die die netten Verkäuferinnen auf Wunsch vakuumverpackt für die Heimreise verkaufen. Gut betuchte Pariser stehen Schlange, um in **La Fromagerie d'Auteuil** stark riechenden *livarot* und scharfen *chèvre* zu kaufen.

Wein

Die Ladenkette **Nicolas** hat den täglichen Weinmarkt inzwischen vertrieben. In der ganzen Stadt gibt es Nicolas-Filialen mit Weinen für jeden Geldbeutel. Die Verkäufer sind meist gut informiert und hilfsbereit. Die zauberhafte Weinhandlung **Legrand Filles et Fils** *(siehe S. 319)* führt erlesene Tröpfchen.

Es lohnt sich, an einer Besichtigung der **Caves Taillevent** in der Rue du Faubourg-St-Honoré teilzunehmen. In dem riesigen Keller lagern einige der teuersten Jahrgänge. Eine große Auswahl an Weinen und professionelle Beratung bietet man Ihnen bei **Cave Péret** in der Rue Daguerre.

In dem schönen Laden **Ryst-Dupeyron** in St-Germain werden Whiskys, Weine und Monsieur Rysts eigener Armagnac präsentiert. Der Besitzer etikettiert für seine Kunden gern eine Flasche für besondere Anlässe.

Gute Weinhandlungen sind auch **Lavinia** *(siehe S. 319)* – die größte in ganz Europa – und **Renaud Michel**, der in seinem kleinen Laden ebenfalls ein riesiges Angebot hat. Das Personal von **Les Caves Augé** ist überaus weinkundig und freundlich.

Champagner

Die meisten Weinhandlungen führen auch berühmte Champagnersorten, aber einige kennen ihre spritzige Ware besser als andere. Die oben erwähnte **Nicolas**-Kette hat häufig tolle Angebote bekannter Marken; man kann sich hier also gut mit seinem Lieblings-Champagner eindecken. **La Cave des Martyrs** in der Rue des Martyrs ist ein freundlicher, gut sortierter Weinladen mit charmantem Personal, das einen bei der Auswahl nicht alleine lässt.

Die fast 40 Filialen von **Repaire de Bacchus** führen auch ansonsten schwer aufzutreibende Jahrgänge. Die Sommeliers verstehen etwas von ihrem Fach und können Ihnen Alternativen anbieten, falls Ihre Lieblingssorte gerade vergriffen ist. **Legrand Filles et Fils** in der Rue de la Banque ist eines der wenigen Geschäfte in Paris, die den höchst seltenen, kostbaren Champagner »Salon« im Angebot haben. Hier bekommt man auch Jacques Selosses Champagner, der zwar weniger bekannt, aber unter Kennern sehr beliebt ist. **Les Caves du Panthéon**, Rue Saint Jacques, ist eine kleine, aber schöne Weinhandlung, die eine besonders interessante Auswahl an Champagnern bietet. Ganz in der Nähe liegt der Eckladen **Ex Cellar France** mit charmantem Verkaufspersonal und häufigen Champagner-Sonderangeboten. Die klimakontrollierte Abteilung bei **Hédiard** an der Place de la Madeleine ist der Ort, an dem man seltene, feine Schaumweine findet. **Caprices de l'Instant** ist eine elegante Weinhandlung mit hochwertigem Champagner-Sortiment, darunter Flaschen kaum bekannter Produzenten.

Bei einem Bummel über den Boulevard St-Germain sollten Sie **La Maison des Millésimes** aufsuchen. Das wunderbare Geschäft führt exzellente Jahrgänge bekannter Champagner-Marken.

Austern

Für den einen sind sie das ultimative Aphrodisiakum, für den anderen einfach glitschige Meerestiere – zweifellos gehen die Geschmäcker bei Austern auseinander. In Paris streitet man jedoch eher darüber, wo man die besten Austern bekommt. Jeder Seafood-Fan hat seinen Lieblingsladen. Ausschlaggebend ist für einige die Gnade des Fischhändlers, für den Kunden die Austern zu öffnen. Meist wird einer höflichen Anfrage entsprochen, manchmal jedoch muss man auf seine vorbereiteten Picknick-Austern längere Zeit warten.

Die Fischhandlung in der Marktstraße Rue Cler, **La Sablaise**, genießt einen hervorragenden Ruf, ebenso die **Poissonnerie du Dôme** im 14. Arrondissement. In der eher rauen Gegend um die Rue Oberkampf bekommt man ebenfalls exzellente Austern, und zwar in der **Poissonnerie Lacroix**.

Wenn Sie die Austern lieber vor Ort verzehren möchten, statt sie mitzunehmen, sollten Sie in eine *huîtrerie* (Austernladen) wie **L'Écume St-Honoré** in der Nähe der schicken Rue St-Honoré gehen. An einem der Tische in der Ecke des Ladens machen Sie die Erfahrung, dass die Leckerbissen in Paris durchaus auch als Alltagsessen genossen werden.

AUF EINEN BLICK

Brot und Gebäck

Boulangerie de l'Ouest
4, pl Constantin Brancusi, 75014. **Stadtplan** 15 C3.
01 43 21 76 18.

Ganachaud
226, rue des Pyrénées, 75020.
01 43 58 42 62.

Jo Goldenberg
15, rue des Rosiers, 75004. **Stadtplan** 13 C3.
01 48 87 70 39.

Max Poilâne
87, rue Brancion, 75015.
01 48 28 45 90.

Le Moulin de la Vierge
105, rue Vercingétorix, 75014. **Stadtplan** 15 A4.
01 45 43 09 84.
Mehrere Filialen.

Les Panetons
113, rue Mouffetard, 75005. **Stadtplan** 17 B2.
01 47 07 12 08.

Pâtisserie Secco
20, rue Jean Nicot, 75007. **Stadtplan** 10 F2.
01 43 17 35 20.

Pierre Hermé
72, rue Bonaparte, 75006. **Stadtplan** 12 E4.
01 43 54 47 77.

Poilâne
8, rue du Cherche Midi, 75006. **Stadtplan** 12 D4.
01 45 48 42 59.

Sacha Finkelsztajn
27, rue des Rosiers, 75004. **Stadtplan** 13 C3.
01 42 72 78 91.

Schokolade

Christian Constant
37, rue d'Assas, 75006. **Stadtplan** 16 E1.
01 53 63 15 15.

Dalloyau
101, rue du Faubourg-St-Honoré, 75008. **Stadtplan** 5 B5.
01 42 99 90 00.

Debauve & Gallais
30, rue des Sts-Pères, 75007. **Stadtplan** 12 D4.
01 45 48 54 67.

Fauchon
26, pl de la Madeleine, 75008. **Stadtplan** 5 C5.
01 70 39 38 00.
www.fauchon.fr

Lenôtre
36, ave de la Motte Picquet, 75007. **Stadtplan** 10 F4.
01 45 55 71 25.
Mehrere Filialen.

La Maison du Chocolat
225, rue du Faubourg-St-Honoré, 75008. **Stadtplan** 4 E3. *01 42 27 39 44.* **www.**maisonduchocolat.com

Richart
258, bd St-Germain, 75007. **Stadtplan** 11 C2.
01 45 55 66 00.

Charcuterie und Foie gras

C G Traiteur
58, rue des Martyrs, 75009. **Stadtplan** 6 F2.
01 48 78 96 45.

Comtesse du Barry
1, rue de Sèvres, 75006. **Stadtplan** 12 D4. *01 45 48 32 04.* **www.**comtessedubarry.com
Mehrere Filialen.

Divay
4, rue Bayen, 75017. **Stadtplan** 4 D2.
01 43 80 16 97.

Fauchon
(siehe oben).

Hédiard
21, pl de la Madeleine, 75008. **Stadtplan** 5 C5.
01 43 12 88 88.

Labeyrie
11, rue d'Auteuil, 75016.
01 42 24 17 62.

Maison de la Truffe
19, pl de la Madeleine, 75008. **Stadtplan** 5 C5.
01 42 65 53 22.

Petrossian
18, bd Latour-Maubourg, 75007. **Stadtplan** 11 A2.
01 44 11 32 22.

Pou
16, ave des Ternes, 75017. **Stadtplan** 4 D3.
01 43 80 19 24.

Vignon
14, rue Marbeuf, 75008. **Stadtplan** 4 F5.
01 47 20 24 26.

Käse

Alléosse
13, rue Poncelet, 75017. **Stadtplan** 4 E3.
01 46 22 50 45.

Androuët
134, rue Mouffetard, 75005. **Stadtplan** 17 B1.
01 45 87 88 05.
www.androuet.com

Barthelemy
51, rue de Grenelle, 75007. **Stadtplan** 12 D4.
01 45 48 56 75.

Crèmerie Quatrehomme
62, rue de Sèvres, 75007. **Stadtplan** 11 C5.
01 47 34 33 45.

La Fermette
86, rue Montorgeuil, 75002. **Stadtplan** 13 A1.
01 42 36 70 96.

La Fromagerie d'Auteuil
58, rue d'Auteuil, 75016.
01 45 25 07 10.

Le Jardin Fromager
53, rue Oberkampf, 75011. **Stadtplan** 14 E1.
01 48 05 19 96.

Marie-Anne Cantin
12, rue du Champ de Mars, 75007. **Stadtplan** 10 F3.
01 45 50 43 94.

Wein

Cave Péret
6, rue Daguerre, 75014. **Stadtplan** 16 D4.
01 43 22 08 64.

Les Caves Augé
116, bd Haussmann, 75008. **Stadtplan** 5 C4.
01 45 22 16 97.

Caves Taillevent
199, rue du Faubourg-St-Honoré, 75008. **Stadtplan** 4 F3.
01 45 61 14 09.

Nicolas
35, bd Malesherbes, 75008. **Stadtplan** 5 C5.
01 42 65 00 85.

Renaud Michel
12, pl de la Nation, 75012. **Stadtplan** 9 A3.
01 43 07 98 93.

Ryst-Dupeyron
79, rue du Bac, 75007. **Stadtplan** 12 D3.
01 45 48 80 93.

Champagner

Caprices de l'Instant
12, rue Jacques Cœur, 75004. **Stadtplan** 14 E4.
01 40 27 89 00.

Ex Cellar France
25, rue des Écoles, 75005. **Stadtplan** 13 A5.
01 43 26 99 43.

Hédiard
21, pl de la Madeleine, 75008. **Stadtplan** 5 C5.
01 43 12 88 88.

La Maison des Millésimes
137, bd St-Germain, 75006. **Stadtplan** 12 F4.
01 40 46 80 01.

Repaire de Bacchus
11, rue des Martyrs, 75009. **Stadtplan** 6 F3.
01 42 85 56 81.
Mehrere Filialen.

Austern

L'Écume St-Honoré
6, rue du Marché St-Honoré, 75001. **Stadtplan** 12 D1.
01 42 61 93 87.

Poissonnerie du Dôme
4, rue Delambre, 75014. **Stadtplan** 16 D2.
01 43 35 23 95.

Poissonnerie Lacroix
44, rue Oberkampf, 75011. **Stadtplan** 14 E1.
01 47 00 93 13.

La Sablaise
28, rue Cler, 75007. **Stadtplan** 10 F3.
01 45 51 61 78.

Stadtplan *siehe Seiten 390–423*

Kunst und Antiquitäten

Kunstgegenstände und Antiquitäten kauft man entweder in renommierten Geschäften und Galerien – oder aber auf Flohmärkten. Viele Prestigeläden und herausragende Galerien befinden sich um die Rue du Faubourg-St-Honoré. Links der Seine sitzt die Organisation Carré Rive Gauche, in der sich 30 Antiquitätenhändler zusammengeschlossen haben. Um ausgewiesene *objets d'art* zu exportieren, die über 50 Jahre alt sind und deren Wert einen bestimmten Betrag übersteigt (individuell beim Zollamt zu erfragen), benötigen Sie ein *certificat pour un bien culturel*, das Sie beim Verkäufer erhalten. Für den Export in Nicht-EU-Länder benötigen Sie zudem eine Exportlizenz.

Ausfuhr von Kunst

Das Kultusministerium weist *objets d'art* aus. Ausfuhrgenehmigungen erteilt das **Comité National des Conseillers du Commerce Extérieur de la France**. Einzelheiten findet man im *Bulletin Officiel des Douanes*, erhältlich beim **Centre des Renseignements des Douanes**.

Wohndesign

Eine schöne Auswahl neuester Designermöbel, *objets d'art* und Stoffe bietet **Sentou** an. Ein interessanter Laden für italienisches Design ist **Giulio Cappellini**.

An **Le Viaduc des Arts** *(siehe S. 270f)* wurde jeder Bogen der ehemaligen Bahnüberführung in eine Ladenfassade und eine Werkstatt umgewandelt. Sie können an dieser Straße zeitgenössische Metallarbeiten, Wandteppiche, Skulpturen, Keramiken und vieles mehr erwerben.

Antiquitäten und Objets d'art

Viele Antiquitätenläden sind im Carré Rive Gauche um den Quai Malaquais zu finden. Wenn Sie dort bummeln gehen, besuchen Sie vielleicht **L'Arc en Seine** oder **Anne-Sophie Duval**, wo Sie viel Jugendstil und Art déco finden. Die Rue Jacob ist immer noch eine der besten Adressen für die Suche nach schönen alten oder neuen Dingen.

Der **Louvre des Antiquaires** (neben dem Louvre, *siehe S. 120)* verkauft Qualitätsmöbel, allerdings zu recht hohen Preisen. Auf der Rue du Faubourg-St-Honoré finden Sie **Didier Aaron**, den Experten für das 17. und 18. Jahrhundert. Das **Village St-Paul** bietet sicherlich die bezauberndste Anhäufung von Antikgeschäften in ganz Paris und hat auch sonntags geöffnet.

Objets d'art in großer Auswahl gibt es bei **La Calinière**. Glaswaren aus dem 19. Jahrhundert bis in die 1960er Jahre findet man bei **Verreglass**. **Le Village Suisse** im Süden von Paris ist die Adresse vieler Kunst- und Antiquitätenhändler.

Reproduktionen, Poster und Drucke

Die wunderschöne Galerie **Artcurial** für zeitgenössische Kunst bietet eine hervorragende Auswahl an internationalen Kunstjournalen, Büchern und Drucken an. Die Buchhandlung **La Hune** am Boulevard St-Germain ist auf Kunst spezialisiert. Auch an den Buchständen der meisten Museen gibt es Bücher und Drucke. Hier wären besonders zu nennen das Palais de Tokyo *(siehe S. 203)*, der Louvre *(siehe S. 123)*, das Musée d'Orsay *(siehe S. 145)* sowie das Centre Pompidou *(siehe S. 111)*.

In der **Galerie Documents** verkauft man alte Originalposter aller Art. Wer gern alte Postkarten, Poster und Drucke durchblättert, ist bei den *bouquinistes* am Ufer der Seine genau richtig.

Kunstgalerien

Renommierte Kunstgalerien finden sich in oder in der Nähe der Avenue Montaigne. **Artcurial** im Erdgeschoss des Hôtel Dassault zeigt in seinen Räumlichkeiten viele Ausstellungen und eine ständige Kollektion mit Werken des 20. Jahrhunderts, darunter Joan Miró, Max Ernst, Picasso und Alberto Giacometti. Die Galerie ist zudem auf limitierte Auflagen von zeitgenössischer Fotografie und Drucken spezialisiert. Die einflussreiche **Galerie Lelong** präsentiert zeitgenössische Kunst in der Rue de Téhéran.

Am linken Seine-Ufer unterhält **Adrian Maeght** eine umfangreiche Sammlung von Bildern und veröffentlicht eigene Publikationen über Kunst. Die **Galerie 1900–2000** ist auf Surrealisten spezialisiert, die **Galerie Jeanne Bucher** auf abstrakte Künstler der Nachkriegszeit, etwa Nicolas de Staël und Vieira da Silva. **Dina Vierny** ist eine Galerie, die von einem Modell des Bildhauers Aristide Maillol gegründet wurde und sich seither zur Bastion der Moderne entwickelt hat.

Die **Rue Louise Weiss** ist zu einem Zentrum der Avantgarde, zum Synonym für Kreativität und Innovation geworden und zur »Scène Est« avanciert. Eine der bekannten Galerien hier ist **Air de Paris**.

Zu den führenden Galerien im Marais zählen **Yvon Lambert**, die **Galerie Templon**, die sich auf amerikanische Kunst spezialisiert hat, die **Galerie Sit Down** und die **Galerie du Jour Agnès B**. Im Bereich der Bastille gehören **Lavignes-Bastille** und **L et M Durand-Dessert** zu den besten Galerien für junge Künstler. Viele Pariser erwerben hier bei Einzelausstellungen zumindest einen Katalog.

Auktionshäuser

Das große Pariser Auktionszentrum ist **Drouot-Richelieu** *(siehe S. 218)*, ein seit 1858 bestehendes Haus. Wenn Sie nicht fließend Französisch sprechen, ist es allerdings schwierig, den sehr schnell sprechenden Auktionator zu verstehen. In *La Gazette de l'Hôtel Drouot* werden alle Auktionen angekündigt, Drouot-Richelieu hat auch einen eigenen Katalog. Das Haus akzeptiert nur Bargeld und französische Schecks. Auf jeden Zuschlag wird eine Hausprovision von 10 bis 15 Prozent erhoben. Die Besichtigung ist am Vortag von 11 bis 18 Uhr, am Auktionstag von 11 bis 12 Uhr möglich.

Weniger wertvolle Objekte versteigert **Drouot-Nord**, die Auktionen finden von 9 bis 12 Uhr statt; die Besichtigung ist erst fünf Minuten vor Auktionsbeginn möglich.

Die renommiertesten Objekte kommen bei **Drouot-Montaigne** unter den Hammer.

Etwa zwölf Auktionen monatlich finden bei **Crédit Municipal** statt. Hier handelt es sich fast ausschließlich um kleinere Gegenstände oder Pelze. Auch diese Auktionen sind in *La Gazette de l'Hôtel Drouot* angekündigt.

Der **Service des Domaines** versteigert alles Mögliche, hier winken oft Schnäppchen. Viele Gegenstände wurden von Gerichtsvollziehern oder beim Zoll konfisziert. Besichtigung ist von 10 bis 11.30 Uhr am Tag der Auktion in St-Maurice im Südosten von Paris.

AUF EINEN BLICK

Ausfuhr von Kunst

Centre des Renseignements des Douanes
08 11 20 44 44.
www.douane.gouv.fr

Comité National des Conseillers du Commerce Extérieur de la France
10, ave Franklin Roosevelt, 75008. **Stadtplan** 5 A4.
01 53 83 92 92.
www.cnccef.org

Wohndesign

Giulio Cappellini
4, rue des Rosiers, 75004. **Stadtplan** 13 C3.
01 42 78 39 39.
www.cappellini.it

Sentou
26, bd Raspail, 75007. **Stadtplan** 12 D4.
01 45 49 00 05.
Eine von zwei Filialen.

Le Viaduc des Arts
Ave Daumesnil, 75012. **Stadtplan** 14 F5.
01 43 40 75 75.
Mehrere einzelne Läden.

Antiquitäten und Objets d'art

Anne-Sophie Duval
5, quai Malaquais, 75006. **Stadtplan** 12 E3.
01 43 54 51 16.

L'Arc en Seine
31, rue de Seine, 75006. **Stadtplan** 12 E3.
01 43 29 11 02.

La Calinière
68, rue Vieille du Temple, 75003. **Stadtplan** 13 C3.
01 42 77 40 46.

Didier Aaron
118, rue du Faubourg-St-Honoré, 75008. **Stadtplan** 5 C5.
01 47 42 47 34.
www.didieraaron-cie.com

Louvre des Antiquaires
2, pl du Palais Royal, 75001. **Stadtplan** 12 E2.
01 42 97 27 27.

Verreglass
32, rue de Charonne, 75011. **Stadtplan** 14 F4
01 48 05 78 43.

Village St-Paul
Gegend zwischen Quai des Célestins, Rue St-Paul und Rue Charlemagne, 75004. **Stadtplan** 13 C4.

Le Village Suisse
78, ave de Suffren, 75015. **Stadtplan** 10 E4. **www**.levillagesuisseparis.com

Reproduktionen, Poster und Drucke

Artcurial
7, Rond Point des Champs-Élysées, 75008. **Stadtplan** 5 A5.
01 42 99 16 16.

Galerie Documents
53, rue de Seine, 75006. **Stadtplan** 12 E4.
01 43 54 50 68.

La Hune
170, bd St-Germain, 75006. **Stadtplan** 12 D4.
01 45 48 35 85.

Kunstgalerien

Adrian Maeght
42, rue du Bac, 75007. **Stadtplan** 12 D3.
01 45 48 45 15.

Air de Paris
32, rue Louise Weiss, 75013. **Stadtplan** 18 E4.
01 44 23 02 77.

Dina Vierny
36, rue Jacob, 75006. **Stadtplan** 12 E3.
01 42 60 23 18.
www.galeriedinavierny.com

Galerie 1900–2000
8, rue Bonaparte, 75006. **Stadtplan** 12 E3.
01 43 25 84 20.

Galerie Jeanne Bucher
53, rue de Seine, 75006. **Stadtplan** 12 E4.
01 44 41 69 55.

Galerie du Jour Agnès B
44, rue Quincampoix, 75004. **Stadtplan** 13 B2.
01 44 54 55 65.

Galerie Lelong
13, rue de Téhéran, 75008. **Stadtplan** 5 A3.
01 45 63 13 19.

Galerie Sit Down
4, rue Ste-Anastase, 75003. **Stadtplan** 14 D2.
01 42 78 08 07.

Galerie Templon
30, rue Beaubourg, 75003. **Stadtplan** 13 B1.
01 42 72 14 10.
Nur nach Vereinbarung.

L et M Durand-Dessert
28, rue de Lappe, 75011. **Stadtplan** 14 F4.
01 48 06 92 23.

Lavignes-Bastille
27, rue de Charonne, 75011. **Stadtplan** 14 F4.
01 47 00 88 18.

Yvon Lambert
108, rue Vieille du Temple, 75003. **Stadtplan** 14 D2.
01 42 71 09 33.

Auktionshäuser

Crédit Municipal
55, rue des Francs-Bourgeois, 75004. **Stadtplan** 13 C3.
01 44 61 64 00.
www.creditmunicipal.fr

Drouot-Montaigne
15, ave Montaigne, 75008. **Stadtplan** 10 F1.
01 48 00 20 80.
www.drouot.fr

Drouot-Nord
64, rue Doudeauville, 75018.
01 48 00 20 20.

Drouot-Richelieu
9, rue Drouot, 75009. **Stadtplan** 6 F4.
01 48 00 20 20.

Service des Domaines
3, av du Chemin de Presles, 94410 St-Maurice.
01 45 11 64 64.

Stadtplan *siehe Seiten 390–423*

Märkte

Appetitliche Lebensmittel, verlockend präsentiert, und eine betriebsame Marktatmosphäre – das findet man nirgendwo besser als auf einem Pariser Markt. Neben den großen überdachten Lebensmittelmärkten gibt es Märkte mit wechselnden Ständen und ständige Straßenmärkte, die jeden Tag geöffnet haben. Jeder hat seinen eigenen Charakter, dem jeweiligen Stadtviertel angepasst. Im Folgenden sind einige der bekanntesten dieser Märkte aufgeführt, mit den ungefähren Öffnungszeiten. Eine vollständige Liste hält das Pariser Office du Tourisme *(siehe S. 280)* bereit. Behalten Sie beim Rundgang Ihren Geldbeutel im Auge, da die Märkte auch gerne von Taschendieben aufgesucht werden.

Obst- und Gemüsemärkte

Gutem Essen bringen die Franzosen eine fast religiöse Verehrung entgegen. Die meisten machen immer noch den täglichen Einkauf, um sicherzugehen, dass die Erzeugnisse wirklich frisch sind. Daher ist auch auf den Lebensmittelmärkten immer Betrieb. Die meisten Obst- und Gemüsemärkte sind dienstags bis samstags von 8 bis 13 Uhr und von 16 bis 19 Uhr in Betrieb, sonntags von 9 bis 13 Uhr.

Haben Sie ein Auge darauf, was der Händler in Ihre Einkaufstasche packt. Meist lässt man Sie nicht selbst nach der Ware greifen, sondern nur durch Fingerzeig angeben, was Sie haben wollen. In der Regel wird man Ihrer Wahl natürlich entsprechen. Ein wenig Französisch sollten Sie hier beherrschen, um sich verständlich zu machen: *pas trop mûr* (nicht zu reif), *pour manger ce soir* (für heute Abend bestimmt). Wenn Sie öfter zum selben Markt gehen, lernen Sie die Marktleute kennen, und man übervorteilt Sie nicht so leicht. Wie überall können Sie auch durch die Art Ihres Auftretens und vor allen durch Kommunikation steuern, wie man Sie bedient. Bei mehrmaligen Besuchen finden Sie auch heraus, wo Sie am besten einkaufen. Am günstigsten sind natürlich Obst und Gemüse der Saison. Am besten geht man gleich am Morgen zum Markt, wenn er noch nicht zu voll und die Ware noch frisch ist.

Flohmärkte

Man hört oft, dass auf den Pariser Flohmärkten keine guten Geschäfte mehr zu machen sind. Dennoch macht ein Flohmarkt Spaß, schon weil das Stöbern interessant ist. Sie sollten auch bedenken, dass der angezeigte Preis nicht unbedingt der ist, der erwartet wird. Meist rechnen die Verkäufer damit, dass gehandelt wird. Die meisten Flohmärkte sind am Stadtrand angesiedelt. Ob Sie ein gutes Geschäft machen, hängt sicher nicht nur vom Glück, sondern auch vom eigenen Urteilsvermögen ab. Oft haben die Verkäufer keine genaue Vorstellung vom Wert ihrer Sachen – was Ihnen zum Vorteil, aber auch zum Nachteil gereichen kann. Der größte und berühmteste Pariser Flohmarkt ist der Marché aux Puces de St-Ouen.

Marché d'Aligre

(siehe S. 235)

Der 1779 erbaute, überdachte Markt ist wohl der preiswerteste und lebhafteste in ganz Paris. Man findet von Oliven über Erdnüsse bis zu Pfeffer aus Nordafrika die exotischsten Dinge, sogar Halal-Schlachter sind zur Stelle. An Wochenenden wird es besonders laut, wenn sich die Schreie der Händler mit Rufen von Protestlern aller Schattierungen mischen, die auf der Place d'Aligre demonstrieren. In diesem ärmeren Stadtteil sieht man wenige Besucher.

Rue Cler

(siehe S. 190)

Diesen anspruchsvollen Lebensmittelmarkt besuchen Politiker und Geschäftsleute aus der Nachbarschaft. Die Produkte sind ausgezeichnet. Sie finden unter anderem einen bretonischen Delikatessenstand und einige sehr empfehlenswerte Käsestände.

Marché Enfants Rouges

39, rue de Bretagne, 75003. **Stadtplan** 14 D2. M *Temple, Filles du Calvaire.* ◯ *Di–Sa 8.30–13, 16–19.30 (Fr, Sa bis 20), So 8.30–14 Uhr.*

Der alte Obst- und Gemüsemarkt an der Rue de Bretagne existiert seit 1620. Die Stände sind teils überdacht, teils unter freiem Himmel. Die Produkte werden hier besonders frisch angeboten, man kann auch preisgünstig essen. An Sonntagvormittagen sieht man hier häufig Straßenmusikanten und Straßentheater.

Spezialmärkte

Frische Blumen gibt es auf dem Marché aux Fleurs Madeleine im Bezirk Opéra, auf dem Marché aux Fleurs auf der Île de la Cité *(siehe S. 81)* oder auf dem Marché aux Fleurs Ternes im Bezirk Champs-Élysées. Der Blumenmarkt auf der Île de la Cité wird sonntags durch den Vogelmarkt (Marché aux Oiseaux) abgelöst. Briefmarkensammler gehen zum Marché aux Timbres; dort gibt es auch alte Postkarten. Am Montmartre findet man auf dem Marché de St-Pierre billige Textilien.

Marché aux Fleurs Madeleine
Place de la Madeleine, 75008. **Stadtplan** 5 C5. M *Madeleine.* ◯ *Mo–Sa 8–19.30 Uhr.*

Marché aux Fleurs Ternes
Place des Ternes, 75017. **Stadtplan** 4 E3. M *Ternes.* ◯ *Di–So 8–19.30 Uhr.*

Marché de St-Pierre
Place St-Pierre, 75018. **Stadtplan** 6 F1. M *Anvers.* ◯ *Mo 14–19, Di–Sa 9–19 Uhr.*

Marché aux Timbres
Cour Marigny, 75008. **Stadtplan** 5 B5. M *Champs-Élysées.* ◯ *Do, Sa, So, Feiertage 8–19 Uhr.*

Marché Joinville

Ecke Rue Jornard und Rue de Joinville, 75019. *Di, So 7–14.30 Uhr.*

Der Lebensmittelmarkt wird nicht weit vom Parc de la Villette entfernt am Kanal abgehalten. Hier ist immer viel los, da Obst und Gemüse sehr preiswert sind.

Rue de Lévis

Bd des Batignolles, 75017. **Stadtplan** 5 B2. M *Villiers.* *Di–Sa 8–13, 16–19, So 9–14 Uhr.*

Ein beliebter Lebensmittelmarkt in der Nähe des Parc Monceau, mit vielen guten Patisserien und ausgezeichneten Käsedelikatessen. Die *charcuterie* hat leckere Pasteten. In dem Teil der Straße, der zur Rue Legendre führt, wird mit Stoffen und Textilien gehandelt. Auch die angrenzenden Läden haben ihre Waren zum Teil in der Fußgängerzone ausgestellt.

Rue Montorgueil

75001 und 75002. **Stadtplan** 13 A1. M *Les Halles.* *normalerweise Di–So 9–19 Uhr.*

Die Rue Montorgueil ist das Überbleibsel von Les Halles. Die Straße wurde neu gepflastert und hat ihr früheres Aussehen wiedererhalten. An den Ständen gibt es exotische Früchte und Gemüsesorten, z. B. grüne Bananen und Yamswurzel, interessante Delikatessen und leckeres Gebäck bei Stohrer.

Rue Mouffetard

(siehe S. 166)

Eine der ältesten Marktstraßen in Paris. Hier trifft man auf viele Besucher, und die Preise sind etwas zu hoch, aber die gewundene Straße ist immer noch bezaubernd, und man findet auch heute noch Qualität. Bei Les Panetons (Nr. 113; *siehe S. 333, 335*) steht man für das ofenfrische Brot an. In der Seitenstraße Rue Daubenton wird ein lebhafter afrikanischer Markt abgehalten.

Rue Poncelet

75017. **Stadtplan** 4 E3. M *Ternes.* *Di–Sa 8–12, 16–19.30, So 8–12.30 Uhr.*

Der etwas abgelegene Lebensmittelmarkt in der Rue Poncelet lohnt den Besuch wegen seiner echt französischen Atmosphäre. Bäckereien, Patisserien, *charcuteries* – alles ist vorhanden, für jeden Geschmack etwas. Echte Spezialitäten der Auvergne gibt es bei Aux Fermes d'Auvergnes.

Marché de la Porte de Vanves

Ave Georges Lafenestre und Ave Marc Sangnier, 75014. M *Porte de Vanves.* *Sa, So 7–19.30 Uhr.*

Kleiner Trödelmarkt mit guten Sachen und Gebrauchtmöbeln. Wenn man am frühen Samstagmorgen hierherkommt, hat man die beste Auswahl. In der Nähe, auf der Place des Artistes, haben Künstler ihre Arbeiten ausgestellt.

Marché Président Wilson

Ave du Président-Wilson, zwischen Pl d'Iéna und Rue Debrousse, 75016. **Stadtplan** 10 D1. M *Alma-Marceau.* *Mi 7–14.30, Sa 7–15 Uhr.*

Ein eleganter Lebensmittelmarkt unweit des Musée d'Art Moderne und des Modemuseums im Palais Galliera. Dieser Markt ist ziemlich wichtig geworden, weil es in der Nähe kaum andere Lebensmittelgeschäfte gibt. Fleisch kauft man hier besonders gut.

Marché aux Puces de Montreuil

Porte de Montreuil, Montreuil, 75020. M *Porte de Montreuil.* *Sa, So, Mo 7–19.30 Uhr.*

Zu diesem Flohmarkt müssen Sie früh gehen, wenn Sie ein Schnäppchen erhaschen wollen. Denn das gute Angebot an Gebrauchtkleidung lockt viele junge Leute an. Es gibt aber auch gebrauchte Fahrräder, exotische Gewürze und viel Krimskrams.

Marché aux Puces de St-Ouen

(siehe S. 233)

Der bekannteste Pariser Flohmarkt liegt am nördlichen Stadtrand. In dieser wenig attraktiven Gegend sind mehrere Märkte vereint. Einheimische handeln in kleinem Rahmen vom Kofferraum ihres Autos aus, aber es gibt auch einige gigantische Hallen mit Verkaufsständen von Händlern, die ganz unterschiedliche Dinge in unterschiedlicher Qualität anbieten. Sie erreichen den Flohmarkt zu Fuß in 10 bis 15 Minuten von der Métro-Station Clignancourt – lassen Sie sich dabei von dem einfachen Marché Malik, den Sie passieren müssen, nicht beirren.

Einen *Guide des Puces* (Führer durch die Flohmärkte) erhalten Sie am Informationskiosk im Marché Biron an der Rue des Rosiers. Die exklusiveren Märkte akzeptieren auch Kreditkarten und übernehmen den Versand an die Heimatadresse. Neue Warenlieferungen kommen immer freitags – dann wird der Markt von professionellen Einkäufern aus aller Welt abgeklappert.

Der Marché Jules Vallès ist bekannt für *objets d'art* der Zeit um 1900. Teurer und reizvoller ist der Marché Paul-Bert, auf dem man gut Möbel, Bücher und Drucke kauft. Hier wie dort gibt es allerdings eher Secondhand-Ware als Antiquitäten.

Der Marché Biron bietet hochwertige antike Möbel. Der älteste und größte Markt ist der Marché Vernaison mit Schmuck, Lampen und Textilien. Dieser Teil des Flohmarkts trägt den Namen seines Gründers und hat bis heute seine gewundene Linienführung behalten. Er ist ein beliebter Filmdrehort. Erwähnenswert ist auch Chez Louisette, das Café im Marché Vernaison, wo man Lieder von Edith Piaf spielt.

Auf dem kleinen Marché Cambo werden antike Möbel sehr schön präsentiert. Professionelle Händler schätzen besonders den Marché Serpette, wo alle Waren in hervorragendem Zustand sind.

Marché Raspail

Bd Raspail zwischen Rue du Cherche Midi und Rue de Rennes, 75006. **Stadtplan** 12 D5. M *Rennes.* *Di, Fr 7–14.30, So 9–15 Uhr.*

Dieser Markt bietet typisch französische, aber auch portugiesische Lebensmittel an. Berühmt ist der Marché Raspail wegen der Bioprodukte, die zwar nicht billig, dafür aber sehr gut sind. Besonders sonntags machen sich viele Pariser hierher auf.

Rue de Seine und Rue de Buci

75006. **Stadtplan** 12 E4. M *Odéon.* *Di–Sa 8–13, 16–19, So 9–13 Uhr.*

Die Stände an der Rue de Seine und der Rue de Buci sind nicht billig, aber dennoch eine begehrte Einkaufsquelle. Hier gibt es hochwertiges Obst und Gemüse. Man findet auch einen großen Blumenstand und zwei gute Patisserien.

Marché St-Germain

4–6, rue Lobineau, 75006. **Stadtplan** 12 E4. M *Mabillon.* *Di–Fr 8–13, 16–20, Sa 8–13.30, 15.30–20, So 8.30–13.30 Uhr.*

Dank stetiger Renovierung ist St-Germain eine der wenigen überdachten Pariser Markthallen, die erhalten wurden. An den Ständen kann man italienische, mexikanische, griechische, asiatische und Bioprodukte kaufen, aber auch andere Waren.

Unterhaltung

Ob Sie klassisches Theater lieben oder Cabaret, Ballett oder Shows, Oper oder Jazz, Kino oder Discos – in Paris gibt es alles. Dazu bietet die Stadt viel Unterhaltung gratis: die Straßenkünstler vor dem Centre Pompidou, Musikanten in den Métro-Stationen und überall in der Stadt. Eines der Hauptvergnügen der Pariser ist es, über die Boulevards zu bummeln, danach in einem Straßencafé zu sitzen und die Welt (in Form von Passanten) zu betrachten. Wenn Sie dagegen ein »Oh là là«-Erlebnis mitnehmen wollen, dann gehen Sie zu den Showgirls in den bekannten Nachtclubs. Für Sportfreunde sind Tennisturniere, Pferderennen oder die Tour de France geboten, Aktivere können sich in Fitness-Centern austoben. Umsonst gibt es Boule, das Spiel mit den Kugeln, in den Parks der Stadt zum Zusehen und Mitmachen.

Praktische Hinweise

Über das Spektrum an Veranstaltungen in der Stadt können sich Paris-Besucher leicht informieren. Das umfassendste Angebot an Faltblättern, Veranstaltungshinweisen und -programmen bekommt man beim **Office du Tourisme**, das in der Nähe von Tuileries und Opéra zu finden ist.

Das Büro unterhält einen automatischen telefonischen Ansagedienst, der aktuelle Auskunft über Konzerte und Ausstellungen sowie über die entsprechenden Verkehrsverbindungen erteilt. Auch die offizielle Website (**www**.parisinfo.com) ist äußerst informativ.

An der Rezeption Ihres Hotels können Sie ebenfalls nachfragen, oft erledigt man dort auch die Reservierung von Eintrittskarten für Sie.

Tickets

Für viele Veranstaltungen können Sie Tickets direkt beim Eintritt kaufen, für Star-Konzerte sind Vorausbuchungen erforderlich. Für die meisten Großveranstaltungen, einschließlich klassischer Konzerte und Museumsvorführungen, bekommt man Karten in den **FNAC**-Filialen oder im **Virgin Megastore**. Für Theater, Oper oder Ballett sind oft kurz vor Beginn noch sehr preiswerte Karten zu haben. Wenn sie die Aufschrift *sans visibilité* tragen, werden Sie die Bühne nur zum Teil oder vielleicht gar nicht sehen können. Oft gibt Ihnen eine Platzanweiserin einen besseren Platz, falls vorhanden. Vergessen Sie dann aber nicht, sich mit einem oder zwei Euro Trinkgeld zu bedanken.

Ballerina des Ballet d'Opéra

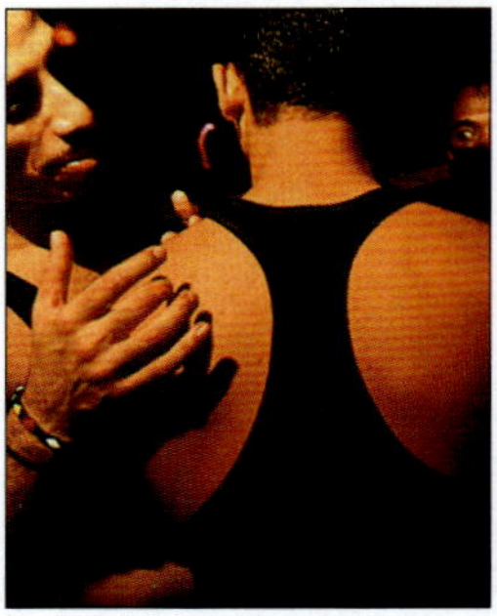

Nachtclub-Leben in Paris

Die Theaterkassen sind täglich etwa zwischen 11 und 19 Uhr geöffnet. Meist werden im Vorverkauf – telefonisch oder persönlich – Kreditkarten akzeptiert. Vorbestellte Karten sind in der Regel bis eine Stunde vor Vorstellungsbeginn abzuholen – danach werden sie vergeben. Sie

Konzert in der Opéra de Paris Garnier *(siehe S. 348)*

Veranstaltungsmagazine

Es gibt mehrere Veranstaltungsmagazine, am übersichtlichsten sind *Pariscope* und *L'Officiel des Spectacles*, die beide mittwochs erscheinen. *Le Figaro* hat in der Mittwochsausgabe ebenfalls Veranstaltungshinweise. Die Beilage *Sortir* von *Télérama*, Frankreichs führendem Wochenmagazin, informiert über alle Events in Paris. *À Nous Paris* gibt es kostenlos in der Métro.

Das Théâtre de l'Odéon wurde 1782 eröffnet und ist eines der sechs Nationaltheater Frankreichs

haben also gute Chancen, wenn Sie abends an der Kasse nach vorbestellten und nicht abgeholten Karten fragen.

Schwarzhändler

Wenn Sie eine Eintrittskarte für eine ausverkaufte Vorstellung erwerben möchten, machen Sie es am besten wie die Franzosen: Stellen Sie sich an den Eingang mit einem Schild »Cherche une place« (bzw. »deux« oder mehr). Viele Leute haben eine Karte übrig (etwa weil jemand aus ihrer Gruppe absagen musste) und wollen sie zum aufgedruckten Preis verkaufen. Solche Geschäfte sind in Ordnung, aber achten Sie darauf, dass Ihnen Schwarzhändler keine gefälschten Karten andrehen.

***Boule*-Spieler**

Verbilligte Karten

Theaterkarten zum halben Preis gibt es am Tag der Aufführung am **Kiosque Théâtre**. Ein solcher »Kiosk« steht an der Place de la Madeleine, ein weiterer auf dem Vorplatz der Gare Montparnasse sowie einer an der Place des Ternes (alle: Di–Sa 12.30–20 Uhr, So 12.30–16 Uhr; **www**.kiosquetheatre.com). Für den Verkauf wird eine kleine Provision erhoben, Kreditkarten werden nicht akzeptiert. Wer ein wenig spontan ist, kann auf diese Art sehr gute Tickets zu einem guten Preis für Theater und Cabarets bekommen, ohne sie Wochen oder gar Monate im Voraus zu buchen.

Behinderte Reisende

Die entsprechenden Einrichtungen sind in der Regel sehr gut – in manchen Fällen jedoch komplett unbrauchbar. An vielen Veranstaltungsorten gibt es offiziell einen barrierefreien Eingang, vergewissern Sie sich als Rollstuhlfahrer trotzdem telefonisch, ob er für Sie tauglich ist. Die Métro mit ihren langen Treppen ist für Rollstuhlfahrer gänzlich ungeeignet. Einige Busse haben absenkbare Rampen, informieren Sie sich bei der RATP, auf welchen Linien sie fahren.

Nützliche Adressen

FNAC
26, ave des Ternes, 75017.
Stadtplan 4 D3.

Das Grand Rex *(siehe S. 354)*

FNAC
Forum des Halles, 1, rue Pierre Lescot, 75001. **Stadtplan** 13 A2.
08 25 02 00 20.

Virgin Megastore
52–60, ave Champs-Élysées, 75008.
Stadtplan 4 F5.
01 49 53 50 00.

Office du Tourisme
25, rue des Pyramides, 75001.
Stadtplan 12 E1.
08 92 68 30 00.
www.parisinfo.com

G7 Taxis
01 47 39 47 39.

Taxis Bleus
08 91 70 10 10.

Theater

Von der seriösen Comédie Française über Klamaukkomödien bis zur Avantgarde – im Pariser Zentrum und in den Vorstädten blüht das Bühnenleben. Es hat lange Tradition, dass Gastspieltruppen von überall her in die Stadt kommen. Viele ausländische Produktionen werden in der Originalsprache gespielt. Die Theatersaison dauert von September bis Juli, im August sind die Staatstheater geschlossen, doch viele private Bühnen spielen auch in den Ferien. Vollständige Programmvorschauen finden Sie in *Pariscope* oder in *L'Officiel des Spectacles* *(siehe S. 340)*.

Staatstheater

Die 1680 durch königliche Order gegründete **Comédie Française** *(siehe S. 120)* ist mit ihren strengen Regeln bezüglich des Aufführungs- und Darstellungsstils die Gralsburg des französischen Theaters. Sie will das klassische Drama lebendig halten.

Als ältestes Staatstheater der Welt ist die Comédie Française eine der wenigen Institutionen des *ancien régime*, die die Revolution überlebt haben. Ihr gegenwärtiges Haus bezog sie während der Französischen Revolution, nachdem Schauspieler das benachbarte Palais Royal besetzt hatten. Der Zuschauerraum ist – wie sollte es anders sein – traditionell in rotem Samt gehalten, die Mammutbühne verfügt über modernste Technik. Das Repertoire des Hauses ist überwiegend klassisch mit Corneille, Racine und Molière, in zweiter Linie mit Marivaux, Alfred de Musset und Victor Hugo. Relativ selten werden aber auch Dramen der klassischen Moderne gespielt.

Das **Odéon Théâtre de l'Europe**, auch als Théâtre National de l'Odéon bekannt *(siehe S. 140)*, war früher die zweite Bühne der Comédie Française. Heute hat es zwei eigene Spielstätten. Eine Besonderheit des Hauses sind fremdsprachige Stücke, die im Original gespielt werden.

Die Studiobühne des **Petit Odéon** gleich nebenan zeigt neue Stücke junger Autoren.

Das **Théâtre National de Chaillot** ist ein riesiges unterirdisches Auditorium im Art-déco-Palast Palais de Chaillot *(siehe S. 200)*. Auf dem Spielplan stehen europäische Klassiker, zeitgenössische und experimentelle Stücke, gelegentlich auch musikalische Revuen.

Im **Théâtre National de la Colline** werden auf zwei Bühnen Stücke zeitgenössischer Autoren gespielt.

Außerhalb des Zentrums

In der **Cartoucherie** im Bois de Vincennes sind nicht weniger als acht verschiedene Avantgarde-Theater zu Hause, darunter das international berühmte **Théâtre du Soleil**, das unter der Leitung von Ariane Mnouchkine seit mehr als 30 Jahren innovative Inszenierungen spielt, zahlreiche Preise bekam und in vielen Ländern gastierte.

Freie Theatergruppen

Die wichtigsten unabhängigen Theater sind die **Comédie des Champs-Élysées**, das **Hébertot** und das **Atelier**, das sich als experimentelles Theater versteht. Bemerkenswert sind auch das **Théâtre Marigny** für modernes französisches Theater, das **Montparnasse** und das **Théâtre Antoine**, Pionier in Sachen Realismus auf der Bühne. Das **Madeleine** spielt durchgängig auf hohem Niveau, das **Huchette** ist auf Ionesco spezialisiert. Der englische Theaterleiter und Regisseur Peter Brook hat im **Bouffes-du-Nord** eine loyale Anhängerschaft.

Das **Palais Royal** ist seit über hundert Jahren ein Tempel der satirischen Farce. Da es heute nicht mehr so viele französische Autoren gibt, die Slapstick-Komödien à la Feydeau schreiben, werden auch englische und amerikanische Komödien in Übersetzung gespielt. Weitere erwähnenswerte Bühnen sind das **Bouffes-Parisiens**, **La Bruyère**, das **Michel** und das **St-Georges**. Das **Théâtre du Gymnase** zeigt Ein-Personen-Komödien.

Café-Theater und Chansonniers

Veranstaltungen in Cafés haben eine lange Tradition, doch die Café-Theater von heute haben mit den »Café-Konzerten« des späten 19. Jahrhunderts nichts gemeinsam. Diese moderne Variante entstand, weil junge Schauspieler und Bühnenautoren keine Arbeit fanden und Theaterstudenten nicht in der Lage waren, etablierte Bühnen anzumieten.

Die Vorführungen beziehen häufig das Publikum mit ein, in kleinen Cafés agieren die Schauspieler auch sehr nah an den Zuschauern. Diese Art von Theater ist in Paris so populär, dass man sehr oft Werbeplakate für Café-Theater-Kurse oder Suchanzeigen für neue Truppenmitglieder sieht.

Das Café-Theater erlebte in den 1960er und 1970er Jahren seine Blütezeit, als damals noch unbekannte Darsteller wie Coluche, Gérard Depardieu und Miou-Miou im **Café de la Gare** debütierten, bevor sie zu Stars wurden. Neue Talente sind im **Théâtre d'Edgar** und in **Le Point Virgule** zu sehen. Das **Cabaret Michou** ist ein hübsch altmodisch wirkendes Lokal, das sich auf Comedy spezialisiert hat.

Zu den traditionellen *chansonniers* – Cabarets mit Balladen, Folk und viel Humor – gehört **Au Lapin Agile** *(siehe S. 225)* in Montmartre. Politisches Kabarett bieten **Caveau de la République** und **Deux Ânes**, beide ebenfalls im Montmartre-Viertel.

Eine andere Form der Café-Unterhaltung, die auch oft in Richtung Drama tendiert, ist Café-Philosophie: Bei Diskussionen über Themen wie Recht, Krieg oder Liebe ergreifen gewandte Redner das Wort, um ihren Standpunkt klarzumachen, und das Publikum mischt sich engagiert ein. Solche Abende finden z. B. in **Les Éditeurs** statt. Die Debatten werden auf Französisch gehalten. Die monatliche Dramenlesung im **Café de Flore** ist auf Englisch.

Kindertheater

Manche Pariser Theater, etwa das **Théâtre du Gymnase**, das **Porte St-Martin** und das **Théâtre d'Edgar**, geben mittwochs und am Wochenende Matineen für Kinder. In den Stadtparks sieht man oft kleine Marionettentheater, die Kinder und Erwachsene gleichermaßen begeistern *(Adressen siehe* Freie Theatergruppen *und* Café-Theater *S. 344)*.

Open-Air-Theater

Im Sommer finden bei gutem Wetter Freilichtaufführungen von Shakespeare (in französischer Sprache) und französischen Klassikern im Jardin Shakespeare des Bois de Boulogne statt. Gelegentlich gibt es im Rahmen von Sommerfestivals auch in den Tuileries und in Montmartre Open-Air-Theater.

Englischsprachiges Theater

Die Improfessionals und Mondays at 7 sind Pariser Theatertruppen, die auf Englisch spielen. Es gibt auch mehrere englischsprachige Gesellschaften, die Dichter- und Dramenlesungen veranstalten, darunter die Live Poets Society. **Kilomètre Zero** ist eine englische Kunstkollektive, die Dramen aufführt, ein Magazin herausgibt und »Open Mike«-Abende veranstaltet. In **La Java** gibt es einmal im Monat Stand-up-Comedy auf Englisch.

Straßentheater

Das Straßentheater blüht in den Sommermonaten. Besonders an touristischen Zentren wie dem Centre Pompidou *(siehe S. 110f)*, in St-Germain-des-Prés und Les Halles zeigen Jongleure, Pantomimen, Feuerschlucker und Musikanten ihre Kunst.

Cabaret

Um 1900 war die Musikrevue die typischste Pariser Unterhaltungsveranstaltung. Man erinnert sich an Boheme-Künstler und Absinth-Orgien. Heute kommen die meisten Mädchen auf der Bühne aus dem Ausland, während das Publikum hauptsächlich aus ausländischen Geschäftsleuten und Reisegruppen besteht.

Bei der Wahl des Cabarets gilt die Daumenregel: Je bekannter eine Show ist, umso besser ist sie auch. Weniger bekannte ähneln gar zu oft eher zweitklassigen Striptease-Shows. Die unten aufgeführten Cabarets bieten Oben-ohne-Damen mit fabelhaften Feder- und Paillettengebilden auf dem Kopf, die dem Publikum Varieté-Einlagen und – je nach Ansichtsweise – spektakuläre Abendunterhaltung oder eine Lektion in Top-Kitsch bieten.

Das **Lido** mit seinen legendären Blueball Girls ähnelt unter den Cabarets am meisten den Etablissements in Las Vegas. Das **Folies Bergère** ist für lebhaftes Entertainment berühmt. Dies ist die älteste Musikhalle der Stadt und in aller Welt bekannt.

Im **Crazy Horse** kann man die gewagtesten Kostüme und Darbietungen sehen, von Showstars wie Betty Buttocks, Fila Volcana und Nouka Bazooka. Seine Wildwest-Bar wurde in ein Schmuckkästchen-Theater verwandelt – mit einem Champagnerkühler an jedem Sitzplatz. Striptease- und Burlesken-Shows untermalen jetzt nur noch die Comedy-Sketche und die Auftritte internationaler Schönheiten.

Paradis Latin ist die »französischste« aller Cabaret-Shows in Paris. Geboten werden vielerlei Varieté-Acts mit erstaunlichen Spezialeffekten. Das Ambiente in dem schönen, teils von Gustave Eiffel entworfenen Theater am linken Seine-Ufer ist wunderbar.

Das **Moulin Rouge** *(siehe S. 228)*, einst das Lieblingslokal von Toulouse-Lautrec, ist die Geburtsstätte des Cancan. Heute ist das Moulin Rouge weniger extravagant als die Version in dem berühmten Kinofilm, aber den Cabaret-Fans wird hier noch immer ein Abend voller Glamour, Glitter und Spaß geboten. Zügellose Transvestiten-Parodien dieser Showgirl-Revuen gibt es bei **Chez Madame Arthur**.

Bobino ist eine Music Hall mit über 100-jähriger Geschichte. Hier stehen Konzerte französischer und internationaler Künstler auf dem Spielplan, aber auch Varieté-Shows, teilweise mit Dinner.

Tickets

Eintrittskarten bekommt man direkt am Kartenschalter – oder man bestellt sie telefonisch oder durch eine Agentur. Vorverkaufsstellen haben täglich von 11 bis 19 Uhr geöffnet. Für viele Theater kann man Tickets auch online bestellen.

Eintrittspreise

Der Eintritt für die Staatstheater kostet zwischen 10 und 30 Euro, für die freien Bühnen zwischen 10 und 40 Euro. Bei manchen Bühnen gibt es 15 Minuten vor der Vorstellung ermäßigte Karten. In Cabarets zahlt man zwischen 25 und 60 Euro, mit Essen bis 110 Euro und mehr.

Beim **Kiosque Théâtre** kann man am Tag der Vorstellung Karten zum halben Preis erwerben, Kreditkarten werden nicht akzeptiert, außerdem wird eine kleine Gebühr erhoben. Die Kioske findet man an der Place de la Madeleine, vor der Gare Montparnasse und an der Place des Ternes.

Garderobe

Abendroben sieht man nur noch bei Galavorstellungen der Opéra National de Paris Garnier, der Comédie Française oder bei Premieren in anderen großen Häusern.

AUF EINEN BLICK

Staatstheater

Comédie Française
Salle Richelieu, 1, pl Colette, 75001. **Stadtplan** 12 E1.
01 44 58 15 15.
www.comedie-francaise.fr

Odéon Théâtre de l'Europe
Ateliers Berthier
8, bd Berthier, 75017.
Stadtplan 12 F5.
Théâtre de l'Odéon
Place de l'Odéon, 75006.
Stadtplan 12 F4.
01 44 85 40 40.
www.theatre-odeon.fr

Théâtre National de Chaillot
Pl du Trocadéro, 75016.
Stadtplan 9 C2.
01 53 65 31 00.
www.theatre-chaillot.fr

Théâtre National de la Colline
15, rue Malte Brun, 75020.
01 44 62 52 52.
www.colline.fr

Außerhalb des Zentrums

Cartoucherie
Route du Champ-de-Manœuvre, 75012.
www.cartoucherie.com

Théâtre de l'Aquarium
01 43 74 99 61.

Théâtre du Chaudron
01 43 28 97 04.

Théâtre de l'Épée de Bois
Bois de Vincennes.
01 48 08 39 74.

Théâtre du Soleil
01 43 74 24 08.
www.theatre-du-soleil.fr

Théâtre de la Tempête
01 43 28 36 36.

Freie Theatergruppen

Bouffes-du-Nord
37 bis, bd de la Chapelle, 75010. **Stadtplan** 7 C1.
01 46 07 34 50.
www.bouffesdunord.com

Bouffes-Parisiens
4, rue Monsigny, 75002.
Stadtplan 6 E5.
01 42 96 92 42.
www.bouffesparisens.com

La Bruyère
5, rue La Bruyère, 75009.
Stadtplan 6 E3.
01 48 74 76 99.
www.canaltheatre.com

Comédie des Champs-Élysées
15, ave Montaigne, 75008. **Stadtplan** 10 F1.
01 53 23 99 19.
www.comediedeschamps elysees.com

Gaîté Montparnasse
26, rue de la Gaîté, 75014.
Stadtplan 15 C2.
01 43 20 60 56.

Hébertot
78 bis, bd des Batignolles, 75017. **Stadtplan** 5 B2.
01 43 87 23 23.

Madeleine
19, rue de Surène, 75008.
Stadtplan 5 C5.
01 42 65 07 09.

Marigny
7, ave de Marigny, 75008.
Stadtplan 5 A5.
08 92 22 23 33.

Michel
38, rue des Mathurins, 75008. **Stadtplan** 5 C4.
01 42 65 35 02.

Montparnasse
31, rue de la Gaîté, 75014. **Stadtplan** 15 C2.
01 43 22 77 30.

Palais Royal
38, rue Montpensier, 75001. **Stadtplan** 12 E1.
01 42 97 40 00.

Porte St-Martin
16, bd St-Martin, 75010.
Stadtplan 7 C5.
01 42 08 00 32.

St-Georges
51, rue St-Georges, 75009. **Stadtplan** 6 E3.
01 48 78 63 47.

Théâtre Antoine
14, bd de Strasbourg, 75010. **Stadtplan** 7 B5.
01 42 08 77 71 und 01 42 08 76 58.
www.theatre-antoine.com

Théâtre de l'Atelier
Pl Charles Dullin, 75018.
Stadtplan 6 F2.
01 46 06 49 24.
www.theatre-atelier.com

Théâtre du Gymnase
38, bd Bonne Nouvelle, 75010. **Stadtplan** 7 A5.
01 42 46 79 79.
www.theatredugymnase.com

Théâtre de la Huchette
23, rue de la Huchette, 75005. **Stadtplan** 13 A4.
01 43 26 38 99.
www.theatre-huchette.com

Théâtre Sudden
14 bis, rue Sainte-Isaure, 75018. **Stadtplan** 2 F4.
01 42 62 35 00.
www.suddentheatre.fr

Café-Theater und Chansonniers

Au Lapin Agile
22, rue des Saules, 75018.
Stadtplan 2 F5.
01 46 06 85 87.
www.au-lapin-agile.com

Cabaret Michou
80, rue des Martyrs, 75018. **Stadtplan** 6 F3.
01 46 06 16 04.
www.michou.com

Café de Flore
Siehe S. 139.

Café de la Gare
41, rue du Temple, 75004.
Stadtplan 13 B2.
01 42 78 52 51.
www.cdlg.org

Caveau de la République
23, pl République, 75003.
Stadtplan 8 D5.
01 42 78 44 45.
www.caveau.fr

Deux Ânes
100, bd de Clichy, 75018.
Stadtplan 6 D1.
01 46 06 10 26.
www.2anes.com

Les Éditeurs
Carrefour de l'Odéon, 75006. **Stadtplan** 12 F4.
01 43 26 67 76.
www.lesediteurs.fr

La Java
105, rue du Faubourg du Temple, 75010.
Stadtplan 8 E5.
01 42 02 20 52.
www.anythingmatters.com

Le Point Virgule
7, rue St-Croix de la Bretonnerie, 75004.
Stadtplan 13 C3.
01 42 78 67 03.

Théâtre d'Edgar
58, bd Edgar Quinet, 75014.
Stadtplan 16 D2.
01 42 79 97 97.

Cabaret

Bobino
14–20, rue de la Gaîté, 75014. **Stadtplan** 15 C3.
08 20 00 90 00 oder 01 43 27 24 24.
www.bobino.fr

Chez Madame Arthur
75 bis, rue des Martyrs, 75018. **Stadtplan** 6 F2.
01 42 55 63 88.
www.madamearthur.com

Crazy Horse
12, ave George V, 75008.
Stadtplan 10 E1.
01 47 23 32 32.
www.lecrazyhorseparis.com

Folies Bergère
32, rue Richer, 75009.
Stadtplan 7 A4.
08 92 68 16 50.
www.foliesbergere.com

Lido
116bis, ave des Champs-Élysées, 75008.
Stadtplan 4 E4.
01 40 76 56 10
www.lido.fr

Moulin Rouge
82, bd de Clichy, 75018.
Stadtplan 6 E1.
01 53 09 82 82.
www.moulinrouge.fr

Paradis Latin
28, rue du Cardinal Lemoine, 75005.
Stadtplan 13 B5.
01 43 25 28 28.
www.paradislatin.com

Klassische Musik

Das Musikleben in Paris ist rege und spannend. In den vielen erstklassigen Konzertsälen gibt es hervorragende Opernaufführungen sowie Darbietungen klassischer wie zeitgenössischer Musik. Hinzu kommen zahlreiche Kirchenkonzerte (einige davon kostenlos) und – vor allem in den Sommermonaten – Musikfestivals. Informationen findet man in *Pariscope* und *L'Officiel des Spectacles* veröffentlicht. An den Kassen der Konzertsäle liegt meist ein kostenloses monatliches Veranstaltungsverzeichnis aus. Außerdem informiert das *Office du Tourisme et des Congrès de Paris* *(siehe S. 340f)* über kostenlose klassische Konzerte.

Oper

Opernliebhaber kommen in Paris auf ihre Kosten. Das ultramoderne Haus der Pariser Oper, die **Opéra National de Paris – Opéra Bastille** *(siehe S. 98)*, setzt die Möglichkeiten seiner hochtechnologisierten Bühnentechnik bei den Inszenierungen voll ein. Von allen 2700 Sitzplätzen hat man eine hervorragende Sicht auf die Bühne, die Akustik des Saals ist ausgezeichnet. Aufgeführt werden in der Opéra Bastille klassische und moderne Opern, oft in avantgardistischen Inszenierungen. Philippe Mamourys *K...* ist eine davon, Robert Wilsons *Zauberflöte* wurde im Stil des japanischen No-Theaters aufgeführt. Bei Messiaens *Franz von Assisi* arbeitete man mit Videofilm und Neon.

Ballettabende finden statt, wenn das Ballettensemble der Opéra National de Paris Garnier *(siehe S. 217)* an der Bastille gastiert. An Donnerstagen gibt es im Rahmen des Programms »Casse-Croûte à l'Opéra« um die Mittagszeit oft kostenlose Konzerte, Lesungen und Filmvorführungen.

Das Haus hat auch zwei kleinere Bühnen: das **Auditorium** (500 Plätze) und das **Studio** (200 Plätze) für Kammermusik, Solistenkonzerte und Begleitprogramme.

Klassisch sind die Aufführungen in der schön renovierten **Opéra National de Paris Garnier**. Auch auf dem Spielplan des **Théâtre du Châtelet** ist die Oper gut vertreten. Kleinere Theater bieten gelegentlich Opernaufführungen, manchmal gibt es aufwendige Produktionen im **Palais Omnisports de Bercy** *(siehe S. 359)*.

Die **Opéra Comique** (auch als Salle Favart bekannt) ist kein traditionelles Opernhaus mehr. Unter der Leitung von Jérôme Deschamps werden hier musicalähnliche Inszenierungen und Revuetheater gespielt.

Konzerte

In Paris sind drei große Symphonieorchester zu Hause, außerdem finden viele Gastkonzerte europäischer und amerikanischer Orchester statt. Auch die Kammermusik ist gut vertreten, sowohl im Programm der großen Konzertsäle als auch in kleineren Sälen und Kirchen.

Die **Salle Pleyel** ist in Paris der Konzertsaal Nummer eins. Nach umfangreichen Renovierungsarbeiten wird die Stätte nun als Filiale der öffentlichen Cité de la Musique betrieben. Das Orchestre de Paris unter der Leitung von Paavo Järvi ist hier zu Hause. Der Konzertsaal ist auch ständige Spielstätte des Orchestre Philharmonique de Radio France unter der Leitung von Myung-Whun Chung.

Die Salle Pleyel verfügt über eine einzigartige Akustik und ist der ideale Aufführungsort für das klassische und das zeitgenössische Orchesterrepertoire. Neben der Salle Pleyel gehören zur Cité de la Musique auch andere Aufführungsorte im Parc de la Villette. Alle diese Konzertsäle bieten ein abwechslungsreiches Programm mit Musik aus verschiedensten Epochen und Kulturen.

Das **Théâtre du Châtelet** ist zu einem der wichtigsten Pariser Veranstaltungssäle für Konzerte, Oper und Ballett geworden. Auf dem Programm stehen klassische Opern wie Mozarts *Così fan tutte* und Verdis *La Traviata* ebenso wie modernere Werke, etwa Boessmans *Contes d'Hiver*, außerdem Konzerte international bekannter Opernsänger. Besonders widmet man sich hier musikalischen Werken des 20. Jahrhunderts. Während der ganzen Saison finden auch Mittagskonzerte und Rezitationen im Foyer statt.

Das schöne Art-déco-Haus des **Théâtre des Champs-Élysées** ist ein renommierter Veranstaltungsort für klassische Musik, aber auch für Oper und Ballett. Ein Mitinhaber des Theaters ist Radio France, dessen Orchestre National de France hier mehrere Konzerte in der Saison gibt. Ansonsten wird es von Gastorchestern bespielt, ist aber auch Stammsitz des Orchestre de Champs-Élysées, das unter der Leitung von Philippe Herreweghe Konzerte mit alten Instrumenten spielt.

Radio France ist der größte Konzertveranstalter in Paris. Ihm gehören zwei große Symphonieorchester: das Orchestre National de France und das Orchestre Philharmonique. Deren Konzerte finden in Paris in verschiedenen Sälen statt. Auch die **Maison de Radio France** *(siehe S. 202)* besitzt einen eigenen Konzertsaal, außerdem mehrere kleinere Studios, die Konzerte live ausstrahlen.

Die **Cité de la Musique** ist ein großes Kulturzentrum, das sich Musik aus allen Gattungen und Zeiten widmet. Klassische Musik ist ein Schwerpunkt im Programm, hier finden Orchester- und Kammerkonzerte sowie Rezitationen statt.

Das **Auditorium du Louvre** ist im Rahmen des Projekts »Grand-Louvre« *(siehe auch S. 122–129)* als Konzertsaal entstanden, der v. a. für Kammermusik genutzt wird.

Das **Auditorium du Musée d'Orsay** ist ein Konzertsaal im Musée d'Orsay *(siehe S. 144–147)*. Hier finden zwei- bis dreimal pro Woche Konzerte statt. Andere Pariser Museen, etwa das Musée National du Moyen Âge *(siehe S. 154–157)*, veranstalten oft Konzerte, die sich in den thematischen Rahmen einer Ausstellung fügen.

Die Gesellschaft Musique à la Sorbonne veranstaltet eine Reihe von Konzerten im **Grand Amphithéâtre de la Sorbonne** und im **Amphithéâtre Richelieu de la Sorbonne**. In diesen Rahmen fallen beispielsweise Ereignisse wie das Festival für slawische Musik, bei dem neue Werke osteuropäischer Komponisten vorgestellt wurden.

Manchmal findet ein Konzert im **Conservatoire d'Art Dramatique** statt, wo Ludwig van Beethoven im Jahr 1828 dem Pariser Publikum vorgestellt und Hector Berlioz' *Symphonie Fantastique* uraufgeführt wurde. In der Regel ist der Saal jedoch für die Allgemeinheit nicht zugänglich.

Zeitgenössische Musik

Zeitgenössische Musik steht in Paris hoch im Kurs. Eine Schlüsselfigur der Pariser Szene ist immer noch Pierre Boulez, obwohl er inzwischen keinem Orchester mehr vorsteht. Das experimentelle Ensemble InterContemporain, in der Cité de la Musique *(siehe S. 236f)* beheimatet, wird derzeit von Susanna Mälkki geleitet. Das von Pierre Boulez gegründete Klanglaboratorium **IRCAM** *(siehe S. 108)* mit Sitz unterhalb des Centre Pompidou setzt immer noch weltweite Maßstäbe.

Berühmtheiten unter den zeitgenössischen französischen Komponisten sind Pascal Dusapin, Philippe Fénelon, Philippe Manoury und der gebürtige Grieche Georges Aperghis, der sich vor allem mit Musiktheater beschäftigt.

Der wunderbar gestaltete Komplex der **Cité de la Musique** am Parc de la Villette beherbergt die Salle de Concerts mit einer spektakulären Kuppel und gläsernen Arkadengängen sowie das **Conservatoire National de Musique** mit einem Opernhaus und zwei Konzertsälen. Hier ist der Sitz des Chamber Orchestra of Europe, es finden Aufführungen aller Musikrichtungen statt – von alter Musik über zeitgenössische Musik bis hin zu Jazz und Chanson-Abenden.

Interessenten zeitgenössischer Musik sei das vierteljährlich erscheinende Magazin *Résonance* empfohlen, das von IRCAM im Centre Pompidou herausgegeben wird.

Festivals

Viele bedeutende Musikfestivals kommen zustande über die Arbeit des **Festival d'Automne à Paris**. Durch diese Veranstalter werden neue Werke in Auftrag gegeben und andere subventioniert, die Pariser Musik-, Tanz- und Theaterszene erhält in der Zeit von September bis Dezember neue Impulse.

Das **Festival St-Denis** findet während der Monate Juni und Juli statt. Der Schwerpunkt der Konzerte liegt in der Aufführung umfangreicher Chorwerke. Die meisten Konzerte werden in der Basilique St-Denis gegeben.

Von Oktober bis Mitte Juni gibt es immer wieder Aufführungen barocker Musik in Versailles. Der Ableger des 1988 in Versailles gegründeten **Centre de Musique Baroque de Versailles** organisiert im Schloss von Versailles *(siehe S. 248–253)* Opern, Konzerte, Solokonzerte, Kammermusik, Tanz und Theater.

Weitere Festivals sind das Chopin-Festival in der Orangerie im Bois de Boulogne (Mitte Juni–Mitte Juli) und das Festival Paris Quartier d'Été mit vielen Open-Air-Konzerten.

Eintrittskarten bekommt man in der Regel an der Vorverkaufskasse des betreffenden Saales oder Theaters, für manche Festivals kann man auch vorbestellen.

Kirchenmusik

In den Kirchen von Paris wird fast immer Musik geboten, sei es in Form von klassischen oder Orgelkonzerten oder während des Gottesdienstes. Die wichtigsten Kirchen, in denen regelmäßig Konzerte stattfinden, sind **La Madeleine** *(siehe S. 216)*, **St-Germain-des-Prés** *(siehe S. 138)*, **St-Julien-le-Pauvre** *(siehe S. 152)* und **St-Roch** *(siehe S. 121)*. Auch in der **Église des Billettes**, in **St-Sulpice** *(siehe S. 172)*, **St-Gervais-St-Protais** *(siehe S. 99)*, **Notre-Dame** *(siehe S. 82–85)*, **St-Louis-en-l'Île** *(siehe S. 87)* und **Sainte-Chapelle** *(siehe S. 88f)* gibt es oft Musik. Bei einigen Konzerten ist der Eintritt frei. Informationen über Konzertveranstaltungen sind bei den Kirchen selbst oder beim Office du Tourisme *(siehe S. 340f)* zu erhalten.

Alte Musik

Einige Ensembles für Alte Musik treten regelmäßig in Paris auf. Im **Théâtre des Champs-Élysées** veranstaltet die Chapelle Royale Konzertreihen, in deren Rahmen Werke von der Vokalmusik der Renaissance bis zu Mozart zur Aufführung kommen. Kirchenmusik mit dem Schwerpunkt auf Bach wird von dieser Gruppe in **Notre-Dame-des-Blancs-Manteaux** *(siehe S. 102)* dargeboten, besonders das Programm mit den Bach-Kantaten ist sehr zu empfehlen.

Die Barockoper ist Schwerpunkt der Gruppe Les Arts Florissants, die von William Christie gegründet wurde und unter seiner Leitung Werke von Rossi bis Rameau spielt. Auch Les Musiciens du Louvre unter Marc Minkowski widmen sich barocker Musik, beide Gruppen spielen regelmäßig im Théâtre du Châtelet und in der Opéra de Paris Garnier. Das **Théâtre de la Ville** und die hübsche **Église Saint-Germain l'Auxerrois** bieten den Rahmen für barocke Kammermusik.

Tickets

Karten sind am leichtesten direkt bei den zuständigen Vorverkaufskassen zu bekommen. Für die großen Konzertsäle kann man auf dem Postweg oder online bis zu zwei Monate im Voraus, telefonisch zwei Wochen bis zu einem Monat vorher Karten reservieren. Wenn Sie sichergehen wollen, dass Sie einen guten Platz bekommen, sollten Sie auf jeden Fall im Voraus bestellen, denn die Karten gehen schnell weg.

Aber selbst wenn Sie sich spontan entscheiden: Oft sind auch noch vor dem Konzert Karten an der Kasse zu bekommen. An manchen Aufführungsorten, etwa bei der Opéra de Paris Bastille, werden zu diesem Zweck sogar einige Karten zurückgelegt.

Die Kartenvorverkaufsstellen, vor allem die in den **FNAC**-Läden *(siehe S. 341)*, nehmen auch Bestellungen auf Kreditkarte an, was bei den Konzertkassen nicht gewährleistet ist. Und falls alles nichts hilft, wird Ihnen eine gute Hotelrezeption in der Regel auch weiterhelfen.

Karten zum halben Preis gibt es am Tag der Aufführung am **Kiosque Théâtre** *(siehe S. 341)* an der Place de la Madeleine, vor der Gare Montparnasse und an der Place des Ternes. Dies betrifft aber in der Regel nur Veranstaltungen in privaten Theatern. Im Ferienmonat August sind viele Theater und Konzertsäle geschlossen, auf jeden Fall alle staatlich subventionierten. Sie sollten sich zuvor erkundigen.

Eintrittspreise

Die Eintrittspreise für die Opéra de Paris Bastille und die anderen großen Bühnen für klassische Musik liegen zwischen 10 und 90 Euro. Für kleinere Säle und für Konzerte in Kirchen bezahlt man zwischen 5 und 25 Euro.

AUF EINEN BLICK

Klassische Musik

Amphithéâtre Richelieu de la Sorbonne
17, rue de la Sorbonne, 75005. **Stadtplan** 12 F5.
☎ *01 42 62 71 71.*

Auditorium
Siehe Opéra National de Paris Bastille.

Auditorium du Louvre
Musée du Louvre, Rue de Rivoli, 75001.
Stadtplan 12 E2.
☎ *01 40 20 84 00.*

Auditorium du Musée d'Orsay
102, rue de Lille, 75007.
Stadtplan 12 D2.
☎ *01 40 49 55 66.*

Centre de Musique Baroque de Versailles
22, ave de Paris, Versailles.
☎ *01 39 20 78 10.*

Centre Pompidou
19, rue Beaubourg, 75004. **Stadtplan** 13 B2.
☎ *01 44 78 12 33.*

Cité de la Musique
Parc de la Villette, 221, ave Jean Jaurès, 75019.
☎ *01 44 84 44 84.*
www.cite-musique.fr

Conservatoire d'Art Dramatique
2bis, rue du Conservatoire, 75009.
Stadtplan 7 A4.
☎ *01 42 46 12 91.*

Église de la Madeleine
Pl de la Madeleine, 75008.
Stadtplan 5 C5.
☎ *01 42 50 96 18.*

Église des Billettes
24, rue des Archives, 75004. **Stadtplan** 13 C2.
☎ *01 42 72 38 79.*

Église St-Germain l'Auxerrois
2, pl du Louvre, 75001.
Stadtplan 12 F2.
☎ *01 42 60 13 96.*

Festival d'Automne
156, rue de Rivoli, 75001.
Stadtplan 12 F2.
☎ *01 53 45 17 00.*

Festival Chopin
Orangerie de Bagatelle, Bois de Boulogne, 75016.
Stadtplan 3 A4.
☎ *01 45 00 22 19.*

Grand Amphithéâtre de la Sorbonne
45, rue des Écoles, 75005.
Stadtplan 13 A5.
☎ *01 42 62 71 71.*

IRCAM
1, pl Igor Stravinsky, 75004. **Stadtplan** 13 B2.
☎ *01 44 78 48 43.*

Maison de Radio France
116, ave du Président-Kennedy, 75016.
Stadtplan 9 B4.
☎ *01 42 20 42 20.*

Notre-Dame
Pl du Parvis Notre-Dame.
Stadtplan 13 A4.
☎ *01 42 34 56 10.*

Notre-Dame-des Blancs-Manteaux
12, rue des Blancs-Manteaux, 75004.
Stadtplan 13 C3.
☎ *01 42 72 09 37.*

Opéra Comique
Salle Favart, 5, rue Favart, 75002.
Stadtplan 6 F5.
☎ *08 25 00 00 58.*

Opéra National de Paris Bastille
120, rue de Lyon, 75012.
Stadtplan 14 E4.
☎ *08 92 89 90 90.*
www.operadeparis.fr

Opéra National de Paris Garnier
Pl de l'Opéra, 75009.
Stadtplan 6 E4.
☎ *08 92 89 90 90.*

Quartier d'Été Festival
Verschiedene Orte.
☎ *01 44 94 98 00.*

Sainte-Chapelle
4, bd du Palais.
Stadtplan 13 A3.
☎ *01 53 40 60 80.*

St-Germain-des-Prés
Pl St-Germain-des Prés, 75006. **Stadtplan** 12 E4.
☎ *01 55 42 81 33.*

St-Gervais-St-Protais
Pl St-Gervais, 75004.
Stadtplan 13 B3.
☎ *01 48 87 32 02.*

St-Julien-le-Pauvre
1, rue St-Julien-le-Pauvre, 75005. **Stadtplan** 13 A4.
☎ *01 42 26 00 00.*

St-Louis-en-l'Île
19bis, rue St-Louis-en-l'Île, 75004. **Stadtplan** 13 C5.
☎ *01 46 34 11 60.*

St-Roch
296, rue St-Honoré, 75001. **Stadtplan** 12 D1.
☎ *01 42 44 13 20.*

St-Sulpice
Pl St-Sulpice, 75006.
Stadtplan 12 E4.
☎ *01 46 33 21 78.*

Salle Pleyel
252, rue du Faubourg-St-Honoré, 75008.
Stadtplan 4 E3.
☎ *01 42 56 13 13.*
www.sallepleyel.fr

Studio
Siehe Opéra National de Paris Bastille.

Théâtre de la Ville
2, pl du Châtelet, 75004.
Stadtplan 13 A3.
☎ *01 42 74 22 77.*

Théâtre des Champs-Élysées
15, ave Montaigne, 75008. **Stadtplan** 10 F1.
☎ *01 49 52 50 50.*

Théâtre du Châtelet
1, pl du Châtelet, 75001.
Stadtplan 13 A3.
☎ *01 40 28 28 40.*

Tanz

Wenn es um Tanz geht, ist Paris eher kultureller Begegnungsort als kulturelles Zentrum. Eine bewusste staatliche Dezentralisierungspolitik hat dazu geführt, dass viele französische Tanztruppen in der Provinz stationiert sind. Die meisten von ihnen gastieren aber oft in der Hauptstadt, außerdem geben die größten Tanzensembles der Welt in Paris Gastspiele. Außerhalb des klassischen Balletts hat sich Paris einen guten Ruf als Stätte für modernen, experimentellen Tanz und neues Tanztheater erworben.

Klassisches Ballett

Die prunkvolle **Opéra National de Paris – Palais Garnier** *(siehe S. 217)* ist der Stammsitz des Ballet de l'Opéra de Paris, das als eines der besten Tanzensembles der Welt gilt. Seit der Eröffnung der **Opéra de Paris Bastille** im Jahr 1989 wird die umfassend renovierte Opéra de Paris Garnier fast ausschließlich für Ballettaufführungen genutzt. Sie ist mit einer Bühnenfläche für 450 darbietende Künstler und mit 2200 Sitzplätzen bis heute eines der größten und auch schönsten Theater Europas. Hier treten auch moderne Tanzensembles regelmäßig auf, etwa die Truppen Martha Graham, Paul Taylor, Merce Cunningham, Alvin Ailey, Jerome Robbins und das von Roland Petit gegründete Ballet de Marseille.

Die Opéra de Paris Garnier organisiert regelmäßig Koproduktionen mit der Opéra de Paris Bastille.

Moderner Tanz

Das **Théâtre de la Ville** (das einmal Sarah Bernhardt leitete) ist seit vielen Jahren die wichtigste Pariser Bühne für modernen Tanz. Dank staatlicher Subventionierung konnten sich die Eintrittspreise in Grenzen halten. Mit Aufführungen am Théâtre de la Ville haben sich moderne Choreografen wie Jean-Claude Gallotta, Regine Chopinot, Maguy Marin und Anne Teresa de Keersmaeker einen internationalen Ruf erworben. Hier sieht man auch Kompanien wie das lange Jahre von Pina Bausch geleitete Wuppertaler Tanztheater. Während der ganzen Saison finden auch interessante Musikaufführungen statt, von Kammermusik bis zu Folk und Jazz.

Die **Maison des Arts de Créteil** zeigt mit die interessantesten Tanzaufführungen in Paris. Das Kulturzentrum befindet sich in dem modernen Vorort Créteil, zwölf Kilometer südöstlich des Pariser Zentrums. Unter dem künstlerischen Leiter Didier Fusillier wurde der zeitgenössische Tanz zu einem Schwerpunkt des MAC, das auch modernes Theater, Installationen und Performances zeigt. Zudem ist es Austragungsort des alljährlich im März stattfindenden Tanzfestivals EXIT.

Der von feudalen Mode-Shops und Botschaften umgebene Art-déco-Bau des **Théâtre des Champs-Élysées** ist mit seinen 1900 Sitzplätzen ein eleganter Schauplatz für den Tanz. Hier verfolgt ein anspruchsvolles Publikum die Darbietungen der großen internationalen Truppen. In diesem Theater fand 1913 die Uraufführung von Nijinskys ikonoklastischem Ballett *Sacre du Printemps* zu Strawinskys Musik statt und löste im Publikum Proteststürme aus. In jüngster Zeit gastierten hier u. a. die Harlem Dance Company und das Londoner Royal Ballet. Entsprechend der langen Tradition des Theaters liegt ein weiterer Schwerpunkt der Aufführungspraxis beim russischen Tanz.

Das **Théâtre du Châtelet** ist für Oper und klassische Musik berühmt, aber hier gastieren auch moderne Ensembles wie das Tokyo Ballet und das Birmingham Royal Ballet.

Junges, experimentelles Tanztheater zeigt das **Théâtre de la Bastille**, in dem auch das innovative Sprechtheater seinen Platz hat. Viele Regisseure und Truppen beginnen hier ihren Weg zu internationalem Ruhm.

Das **Centre National de la Danse** in Pantin, nordöstlich von Paris, ist das Nationalkonservatorium für klassisches Ballett und zeitgenössischen Tanz. Hier finden Workshops und Performances statt.

Veranstaltungsmagazine

Programminformationen können Sie den preiswerten wöchentlichen Veranstaltungsführern *Pariscope* und *L'Officiel des Spectacles* entnehmen. In den Métro-Stationen und auf der Straße finden Sie Plakate mit Ankündigungen. Achten Sie auf die grünen Plakatsäulen, *colonnes Morris* genannt.

Eintrittspreise

Bei der Opéra de Paris Garnier liegen die Preise etwa zwischen 10 und 100 Euro (weniger für Ballett), beim Théâtre des Champs-Élysées zwischen 10 und 75 Euro, in kleineren Häusern zwischen 10 und 30 Euro.

Adressen

Centre National de la Dance
1, rue Victor Hugo, 93507 Pantin.
01 41 83 98 98.

Maison des Arts et de la Culture de Créteil
Pl Salvador Allende, 94000 Créteil.
01 45 13 19 19.

Opéra National de Paris Garnier
Siehe S. 216 f.

Opéra National de Paris Bastille
Siehe S. 98.

Théâtre de la Bastille
76, rue de la Roquette, 75011.
Stadtplan 14 F3.
01 43 57 42 14.

Théâtre des Champs-Élysées
Siehe S. 347.

Théâtre du Châtelet
Siehe S. 347.

Théâtre de la Ville
Siehe S. 347.

Rock, Jazz und World Music

Wer ein Faible für Musik hat, findet in und um Paris sein Paradies und alles, was das Ohr begehrt – von internationalen Popstars in großen Konzerthallen bis zu guten Straßenmusikanten in der Métro. Dazwischen tut sich ein breit gefächertes Spektrum auf: Reggae, Hip-Hop, Blues, Rock und Jazz. Es heißt, dass Paris bei der Anzahl der Jazzclubs und -aufnahmen »Weltranglistenzweiter« ist – nur New York hat mehr.

Jedes Jahr am Tag der Sommersonnwende (21. Juni) steigt in Paris (so wie in vielen anderen Orten in ganz Europa) die Fête de la Musique. Dann feiert die Stadt die ganze Nacht lang, ob vor Bühnen im Freien oder in Clubs und Cafés, in den Straßen und Parks, zur Musik von Top-Bands oder von unbekannten Straßenmusikern. Informieren Sie sich in *Pariscope* (erscheint mittwochs, erhältlich an jedem Kiosk) über das vollständige Veranstaltungsprogramm für die Zeit Ihres Besuches. Für Jazzfreunde gibt es das monatliche Magazin *Jazz* mit Terminen und Rezensionen.

Konzerthallen

Für internationale Spitzenereignisse stehen riesige Arenen zur Verfügung – **Palais Omnisports** in Bercy, **Stade de France** bei St-Denis oder **Zénith**. Kleinere Hallen wie das legendäre **Olympia** oder das **Grand Rex** (das auch als Kino dient) bieten nummerierte Plätze, eine intimere Atmosphäre und gute Akustik. Hier treten alle auf – von den First Ladys des Country bis zu extravaganten Jazz-Stars *(Adressen siehe S. 350 und 359)*.

Rock und Pop

Bis vor einiger Zeit genossen französische Rockgruppen vor allem deshalb eine gewisse Popularität, weil es so wenige davon gab. Lange Zeit spielte man vor allem Cover-Versionen amerikanischer und englischer Hits; Johnny Hallyday und Serge Gainsbourg bildeten da die Ausnahme.

Die Zeiten haben sich geändert: Gruppen wie Daft Punk, Phoenix und Air werden auch international ernst genommen, der Produzent Bertrand Burgalat hat viel zur Pariser Rockszene beigetragen. Die multiethnische Jugend aus den Vorstädten formiert sich zu Rap- oder Reggae-Gruppen, die mittlerweile nicht nur US-Songs kopieren, sondern durchaus einen eigenen Stil finden.

Veranstaltungsorte gibt es genug: In **La Cigale** mit seinem Keller **La Boule Noire**, im **Divan du Monde** und **Élysée-Montmartre** hört man die neueren Gruppen. **Bataclan** und der **Rex Club** sind die besten Orte für Rhythm & Blues. Das **Olympia** ist bekannt für große Rockkonzerte, hier traten schon die Beatles, Jimi Hendrix und Nirvana auf.

Auch viele Pariser Nachtclubs haben interessante Live-Musik in ihrem Programm *(siehe S. 351f)*.

Jazz

Viele Pariser sind verrückt nach Jazz, allabendlich sind Stars und Talente in überfüllten Clubs zu hören – von Dixie über Swing bis zu Free Jazz. Zahlreiche amerikanische Jazzmusiker haben sich wegen des Publikums in Paris angesiedelt.

Die Clubs sind sehr unterschiedlich: von Pubs über Piano-Bars bis zu kleinen Konzertsälen. Zu den beliebtesten Clubs gehört **New Morning** – nicht wegen der Räumlichkeit, sondern wegen der guten Musik. Es ist heiß und stickig, die Bedienung ist schwierig, aber alle großen Jazzmusiker traten und treten hier auf. Sie sollten zeitig da sein, um einen guten Platz zu bekommen. Das **Duc des Lombards** ist ein flotter Jazzclub in Les Halles, in dem auch Salsa gespielt wird.

Viele Jazzclubs sind zugleich Cafés oder Restaurants. Eines davon ist **Autour de Midi ... et Minuit** am Montmartre mit seiner Gewölbe-»Höhle«. Erkundigen Sie sich, ob Speisezwang besteht.

Weitere Jazzlokale sind **Le Petit Journal Montparnasse** mit modernem Jazz, **Le Petit Journal St-Michel** mit Dixieland und das **Sunset**. Im Viertel Ménilmontant zieht der Jazz-Brunch im **La Bellevilloise** überwiegend ein schickes Publikum an. Das **Caveau de la Huchette** sieht aus wie ein typischer Jazzkeller, ist aber nicht mehr Vorreiter der Jazz-Szene. Es ist sehr beliebt bei Studenten, hauptsächlich wird hier Swing und Big-Band-Musik gespielt. Das **Caveau des Oubliettes** dagegen hat sich einen Ruf für innovativen Jazz erworben.

Wer Abwechslung von der typischen Club-Atmosphäre sucht, kann sich für weit weniger Geld in freundlichen kleinen Bars wie dem **Bistro d'Eustache** einheimische Talente anhören. Oder er besucht **La Flêche d'Or** in einem alten Bahnhof, das viel Atmosphäre hat.

Der **Jazz Club Étoile** im Hotel Méridien ist bekannt für seine sonntäglichen Jazz-Matineen. Auf der anderen Seite der Stadt kann man im **Trabendo** sein Glück versuchen. Hier spielen manchmal die internationalen Stars von morgen, manchmal allerdings auch die von gestern.

Für Freunde des Blues finden im bekannten **Quai du Blues** in Neuilly-sur-Seine viele Konzerte renommierter Künstler statt.

Im Sommer hat Paris zwei Jazzfestivals zu bieten: Von Mai bis Juli läuft das **Paris Jazz Festival** im Parc Floral, in den ersten zwei Septemberwochen **Jazz à la Villette** mit Jazzfilmen, Gesprächen und *bœufs* (Jam-Sessions).

World Music

Traditionell leben in Paris viele Menschen aus dem Maghreb und aus Westafrika, von den Antillen und aus Lateinamerika. Da ist es nicht verwunderlich, dass sich hier die Musikstile der Welt mischen. In der **Chapelle des Lombards** finden Top-Auftritte aller Stilrichtungen statt, hier werden oft auch Jazz, Salsa und brasilianische Musik gespielt. **Aux Trois Maillets** in einem alten Kellergewölbe ist ein guter Ort für Musik aus aller Welt – von Blues über Tango bis hin zu Rock 'n' Roll. Im **Kibélé** hat man sich dem nordafrikanischen Sound verschrieben.

In vielen Jazzclubs wird auch Ethno-Beat gespielt. So hört man im **New Morning** afrikanische und südamerikanische Klänge, im **Baiser Salé** ein Spektrum von Blues bis zu brasilianischer Musik. Besonderer Beliebtheit erfreuen sich Makossa, Kassav, Malavoi und Manu Dibango. Im Konzertsaal des **Institut du Monde Arabe** *(siehe S. 164)* treten Stars der arabischen Musikszene auf.

Tickets

Karten für größere Veranstaltungen gibt es im Internet und bei den Vorverkaufsstellen von FNAC und des Virgin Megastore *(siehe S. 341)*. Karten für Konzerte in Clubs bestellen Sie direkt bei den Veranstaltungsorten bzw. über deren Website.

AUF EINEN BLICK

Konzerthallen

Grand Rex
1, bd Poissonnière, 75002.
Stadtplan 7 A5.
01 42 36 83 93.
www.legrandrex.com

Olympia
28, bd des Capucines, 75009.
Stadtplan 6 D5.
08 92 68 33 68.
www.olympiahall.com

Palais Omnisports de Paris-Bercy
8, bd de Bercy, 75012.
Stadtplan 18 F2.
08 92 39 01 00.
www.bercy.fr

Zénith
211, ave de Jean Jaurès, 75019.
08 90 71 02 07.
www.le-zenith.com/paris

Rock und Pop

Bataclan
50, bd Voltaire, 75011.
Stadtplan 14 E1.
01 43 14 00 30.

La Cigale/ La Boule Noire
120, bd Rochechouart, 75018. **Stadtplan** 6 F2.
01 49 25 81 75.

Divan du Monde
75, rue des Martyrs, 75018.
Stadtplan 6 F2.
01 40 05 06 99.

Élysée-Montmartre
72, bd Rochechouart, 75018. **Stadtplan** 6 F2.
01 44 92 45 36.

Rex Club
5, bd Poissonnière, 75002.
Stadtplan 7 A5. *01 42 36 10 96.*

Jazz

Autour de Midi ... et Minuit
11, rue Lepic, 75018.
Stadtplan 6 E1.
01 55 79 16 48.

Baiser Salé
58, rue des Lombards, 75001.
Stadtplan 13 A2.
01 42 33 37 71.

La Bellevilloise
19, rue Boyer, 75020.
01 46 36 07 07.
www.labellevilloise.com

Bistrot d'Eustache
37, rue Berger, Carré des Halles, 75001.
Stadtplan 13 A2.
01 40 26 23 20.

Caveau de la Huchette
5, rue de la Huchette, 75005.
Stadtplan 13 A4.
01 43 26 65 05.

Caveau des Oubliettes
52, rue Galande, 75005.
Stadtplan 13 A4.
01 46 34 23 09.

Duc des Lombards
42, rue des Lombards, 75001.
Stadtplan 13 A2.
01 42 33 22 88.
www.ducdes lombards.com

La Flêche d'Or
102 bis, rue de Bagnolet, 75020. **Stadtplan** 8 F1.
01 44 64 01 02.
www.flechedor.fr

Jazz á la Villette
211, ave Jean Jaurès, 75019. **Stadtplan** 8 F1.
01 40 03 75 75.
www.jazzalavillette.com

Jazz Club Étoile
Hôtel Méridien, 81, bd Gouvion-St-Cyr, 75017.
Stadtplan 3 C3.
01 40 68 30 42.
www.jazzclub-paris.com

New Morning
79, rue des Petites-Écuries, 75010. **Stadtplan** 7 B4.
01 45 23 51 41.
www.newmorning.com

Paris Jazz Festival
Parc Floral Bois de Vincennes, 75012.
www.parcfloraldeparis. com

Le Petit Journal Montparnasse
13, rue du Commandant-Mouchotte, 75014.
Stadtplan 15 C2.
01 43 21 56 70.
http://petitjournal montparnasse.com

Le Petit Journal St-Michel
71, bd St-Michel, 75005.
Stadtplan 16 F1.
01 43 26 28 59.
http://pagesperso-orange. fr/claude.philips

Quai du Blues
17, bd Vital-Bouhot, 92200 Neuilly-sur-Seine.
01 46 40 04 34.

Sunset
60, rue des Lombards, 75001.
Stadtplan 13 A2.
01 40 26 46 60.

Trabendo
211, ave Jean Jaurès, 75019.
Stadtplan 8 F1.
01 42 01 12 12.

World Music

Aux Trois Maillets
56, rue Galande, 75005.
Stadtplan 13 A4.
01 43 54 42 94.

Baiser Salé
Siehe Jazz.

Chapelle des Lombards
19, rue de Lappe, 75011. **Stadtplan** 14 F4.
01 43 57 24 24.

Institut du Monde Arabe
Siehe S. 164.

Kibélé
12, rue de l'Échiquier, 75010.
Stadtplan 7 B5.
01 48 24 57 74.
www.kibele.fr

New Morning
7, rue des Petites-Écuries, 75010. **Stadtplan** 7 B4.
01 45 23 51 41.
www.newmorning.com

Discos und Nachtclubs

Die Pariser Popmusik-Szene hat zwar in der letzten Zeit einen eigenen Stil entwickelt, trotzdem folgt sie im Großen und Ganzen den Trends, die aus den USA kommen. Da jedoch in Frankreich der Gesetzgeber die maximale Lautstärke in Clubs und Discos vorschreibt, werden Sie hier weniger Dezibel um die Ohren geblasen bekommen. Die Musik in den Clubs ist oft innovativ, hier finden Sie alles, was das Herz begehrt. Und bei Türstehern haben Sie als Ausländer gelegentlich bessere Chancen. Aktuelle Programminformationen mit einer Kurzbeschreibung der Clubnächte veröffentlicht das Magazin *Pariscope*. Auf der englischsprachigen Website www.gogoparis.com werden die trendigsten Clubs besprochen. Hilfreich ist es auch, die Plakate an der Métro-Station Bastille zu studieren. Radio NOVA sendet auf 101,5 FM ebenfalls aktuelle Veranstaltungshinweise.

Ein guter Tipp für nicht mehr ganz Junge sind Ballhaus-Tanzveranstaltungen oder Piano-Bars. Was die Garderobe dafür betrifft: Die meisten Pariser, auch junge, ziehen sich für den abendlichen Ausgang chic an. Was man für den Besuch in einem Nachtclub trägt, hängt davon ab, ob es sich um einen »Nobelschuppen« oder einen relaxteren Laden handelt. Für Ersteren sollten Sie sich in Designermode werfen, für Letzteren tut es legere Kleidung. In den allermeisten Lokalen sind Jeans und Turnschuhe allerdings verpönt. So gekleidet kommen nur sehr junge Frauen am Türsteher vorbei.

Mainstream

Samstags wird **Le Bataclan** zur heißesten Disco in Paris. Erst spielt eine Band, dann legt der DJ eine gelungene Mischung aus Funk, Soul und New Jack Swing auf. Wer auf Salsa steht, kann sich am Sonntag im **Barrio Latino** zeigen lassen, wie man dabei eine gute Figur macht. Der Club nimmt drei Stockwerke eines Gebäudes ein, das Gustav Eiffel entwarf. Neben Latin Music sorgen die Cocktails und die Tapas, die auf Servierwagen herumgefahren werden, für gute Stimmung.

Le Baron ist teuer und zieht ein entsprechend schickes Publikum an. Dagegen tummeln sich im **Alcazar** vorwiegend junge Gäste. Die ans Alcazar angeschlossene Restaurant-Bar von Terence Conran ist beliebt für eine Mahlzeit oder einen Drink, ehe man in die Clubs aufbricht. Im **WAGG** gleich nebenan kann man sich hemmungslos dem Tanzen hingeben. Die Türsteher sind zwar brüsk, aber das unprätentiöse Ambiente sowie die Disco- und Soulmusik sorgen dafür, dass man sich in dem alten Kellergewölbe wirklich wohlfühlt.

Les Bains-Douches, ein ehemaliges türkisches Bad, hat vielleicht etwas von seinem Glitzerflair verloren, zieht aber immer noch Gäste aus der Showbranche an. Das thailändische Restaurant im ersten Stock ist für private Partys beliebt. Da es immer gut besucht ist, sollte man auf jeden Fall einen Tisch reservieren. In der Disco wird meist House-Musik gespielt, montags 1970er- und 1980er-Jahre-Disco, mittwochs Rhythm & Blues. Unter dem Motto »Café con Leche« ist samstags Schwulennacht. Zwar haben die ehemaligen Besitzer, David und Cathy Guetta, viele Stammgäste mit in ihr neues Lokal Red Light *(siehe S. 352)* mitgenommen, aber noch immer stehen Les Bains-Douches hoch im Kurs.

Im **Rex Club** sind die Gäste sehr gemischt. Hier geht es eher konservativ zu, die Musikstile wechseln von Abend zu Abend: von Glam Rock über House bis »exotisch« (Funk, Reggae, World). Im **Zed Club** wird Rock 'n' Roll gespielt.

Die riesige Disco **La Machine** hat ein gemischtes Publikum. Auf drei verschiedenen Etagen ist für jeden was dabei, denn hier kann man sich zwischen Rock, House, Dance und Groove entscheiden.

Exklusiv

Wer nicht gerade reich, wunderschön oder zumindest unglaublich *hip* ist oder aber auf der Gästeliste steht, dem bleiben die exklusivsten Clubs der Metropole vermutlich verschlossen. Die Reichen und Schönen treffen sich gern im **Castel's**. Die wenigen Auserwählten, die hier verkehren, speisen zuerst in einem der beiden Restaurants, bevor sie die Tanzfläche aufsuchen. **Regine's** ist der Ort, wo elegante Geschäftsleute und wohlhabende ausländische Besucher speisen und tanzen. Zurzeit erlebt der Club eine Art Renaissance, besonders durch die Ladies Night, bei der nur die bestaussehenden Damen eingelassen werden, um sich einen Männerstrip anzusehen. Später am Abend finden dann auch Herren Zutritt. Dies ist eines der In-Lokale zum Sehen und Gesehenwerden.

Im legendären Ritz steht der **Ritz Club** eigentlich nur Mitgliedern und Hotelgästen offen – aber mit Chic und Eleganz findet man auch hier Einlass. Das Ambiente ist anspruchsvoll, die Musik dezentes Easy Listening.

Le World Place mit seinem gestylten Dekor ist hip, unter den Gästen sind Filmstars, Models und gebräunte Jetsetter. Reservieren Sie einen Tisch im teuren, aber guten Lobster Café – so kommen Sie auch leichter in den Club. Ähnlich luxuriös geht es im **VIP** zu, in dem sich allerdings hauptsächlich Möchtegern-Promis tummeln. Hier finden häufig private Partys statt.

Bar, Nachtclub und Konzertraum in einem ist das **Showcase**. Auf mehr als 3000 Quadratmetern unter dem Pont Alexandre III trifft sich hier die trendige Pariser Nachtszene. Ebenfalls sehr trendig, aber exklusiver ist **L'Étoile** beim Arc de Triomphe: Um hier am Türsteher vorbeizukommen, sollten Sie so chic und so solvent wie irgend möglich aussehen.

Der populärste unter den Nobelclubs und der freundlichste unter ihnen ist **Le Cab** (ehemals Cabaret). Das Interieur wurde von Ora-Ïto umgestaltet. Seitdem kommt jeder, der etwas auf sich hält, hierher zum Abtanzen oder Abhängen auf den Polstern in der Chill-out-Lounge.

Trendy

Für mitreißende Late-Night-Sessions ist **MadaM** bekannt, wo sich die Schönen und Reichen treffen. Die Musik ist sehr französisch mit viel Electro. Das stilvolle Interieur schafft eine exklusive Club-Atmosphäre. Junge, hippe Gäste hat **I Love Opera**. Es ist Restaurant, Lounge und Club zugleich, Happy Hour ist zwischen 18 und 22 Uhr. Im **Élysée-Montmartre** findet alle 14 Tage »Le Bal« statt – stilvoll und mit Big-Band-Sound.

Die trendigen Clubs scheinen in Paris eine längere Überlebensdauer zu haben als in anderen Metropolen. So erfreut sich ein Club, den es schon lange Zeit gibt, **Le Gibus**, noch immer größter Beliebtheit. An jedem Tag der Woche wird hier eine andere Musikrichtung gespielt – entsprechend ist das Publikum immer etwas anders.

Das **Batofar**, ein rotes Schiff, das am Seine-Ufer im 13. Arrondissement vor Anker liegt, ist heute beliebter Treff der Pariser Clubszene. Die Musik reicht von Underground-Techno bis Reggae, das Publikum ist immer relaxt und gut drauf. Im Sommer finden am Quai wunderbare Nachmittags-Sessions statt – wenn Sie die nicht versäumen möchten, sollten Sie sich in den Veranstaltungsmagazinen informieren.

Das **Nouveau Casino** hinter dem immer angesagten Café Charbon *(siehe S. 319)* in Oberkampf zieht mit Veranstaltungen wie Luftgitarren-Wettbewerben eine große Gästeschar an. Der Newcomer **Le Social Club** hat mit seinem gemischten Programm und exzellenter Live-Musik in der Clubszene schon großen Eindruck geschunden.

La Flèche d'Or dagegen ist schon lange etabliert und veranstaltet Konzerte aller Art, DJ-Nights und Themenabende. Wenn Sie vor allem eine große Tanzfläche zum Austoben suchen, sind Sie im **Mix Club** genau richtig.

Das **Red Light** wurde von David und Cathy Guetta im ehemaligen Gebäude der Disco L'Enfer gegründet. Ein gemischtes Publikum und viele Gays tanzen hier zu House und Techno.

World Music

Für Unterhaltung ist in **Le Cabaret Sauvage** mit einem bunten Programm von World über Chanson und Reggae bis Jazz und Funk gesorgt. **Le Casbah** ist exklusiv, jazzig und eine Erweiterung der Pariser Musikszene. Das afrikanisch-nahöstliche Dekor lockt Models und In-People an. In der Boutique im Untergeschoss kann man auch nachts shoppen. Zurzeit erlebt Le Casbah eine Art Renaissance seines Rufs als schickster Club der Stadt.

Wenn Ihr Nervensystem am besten auf die stampfenden Rhythmen und den pochenden Beat authentischer Latin-Klänge anspringt, sollten Sie unbedingt **La Java** aufsuchen, wo man tollen Sound mit dem Flair einer Belleville-Tanzhalle kombiniert. Das **Barrio Latino** ist einer der angesagtesten Orte für Salsa. Der Club erstreckt sich über vier Ebenen. Auf Ebene zwei findet sich ein Restaurant, die übrigen Ebenen gehören ganz den Tänzern. **La Bellevilloise** spielt oft gute World Music *(siehe S. 350)*.

Eine weitere Adresse für gute World Music mit Rock, Jazz und Soul ist das **Satellit Café**, das sich selbst als »Ambassadeur Parisien des musiques du monde« bezeichnet. **La Maroquinerie** hat einen Saal für 500 Konzertbesucher, ist aber zugleich auch Restaurant, Bar und Club.

Schwul und lesbisch

Die Schwulenszene ist in Paris lebendiger denn je. **Le Queen** kann sich einer Reihe berühmter DJs rühmen. Montags ist Disco-Nacht, freitags und samstags werden Garage und Soul gespielt, den Rest der Woche sind Drum & Bass sowie House angesagt. Einige Events sind Männern vorbehalten. Ansonsten kommen Frauen auf jeden Fall in männlicher Begleitung rein.

An einigen Abenden trifft sich in **La Loco** die Schwulenszene. Das Motto am Mittwoch heißt »Respect«, gemeint ist damit der Respekt vor der Queen des Abends. »Scream« heißt die Gay-Night im **Elysée-Montmartre**. Der älteste Schwulenclub von Paris ist **Le Club 18**. Junge schöne Männer genießen hier die Musik und die entspannte Atmosphäre. Am Wochenende wird es besonders voll. Der Eintritt beinhaltet ein Getränk, unter der Woche ist der Eintritt kostenlos.

Le Champmeslé ist einer der etablierten Clubs der selbstbewussten Pariser Lesbenszene. **Le Tango** führt in einem ehemaligen Tanzsaal die Tradition gepflegter Musik aller Richtungen fort. Freitags und samstags heißt das Motto »Le bal gay et lesbien«. Von den lesbischen Bars ist **Le Troisième Lieu** die hippeste. Auf einen Drink nach der Arbeit treffen sich die Ladys in **Le Day Off**.

Eintrittspreise

Nur wenige Clubs sind streng privat, bei den anderen liegen die Eintrittspreise zwischen 15 und 30 Euro, oft auch darüber. Am Wochenende und nach Mitternacht wird es teurer. Frauen zahlen oftmals weniger. Meist ist im Eintritt ein Drink *(une consommation)* eingeschlossen; alle weiteren Drinks sind dann jedoch sündhaft teuer.

AUF EINEN BLICK

Discos und Clubs

Alcazar
62, rue Mazarine, 75006.
Stadtplan 12 F4.
01 53 10 19 99.
www.alcazar.fr

Les Bains-Douches
7, rue du Bourg l'Abbé, 75003.
Stadtplan 13 B1.
01 53 01 40 60.
www.lesbainsdouches.net

Le Baron
6, ave Marceau, 75008.
Stadtplan 10 E1.
01 47 20 04 01.
www.clublebaron.com

Barrio Latino
46–48, rue du Faubourg St-Antoine, 75012.
Stadtplan 14 F4.
01 55 78 84 75.

Le Bataclan
50, bd Voltaire, 75011.
Stadtplan 13 E1.
01 43 14 00 30.
www.le-bataclan.com

Batofar
Gegenüber von 11, quai François Mauriac, 75013.
01 53 60 17 30.
www.batofar.org

Le Cab
2, pl de Palais Royal, 75001.
Stadtplan 12 E1.
01 58 62 56 25.
www.cabaret.fr

Castel's
15, rue Princesse, 75006.
Stadtplan 12 E4.
01 40 51 52 80.

Le Duplex
2 bis, ave Foch, 75016.
Stadtplan 4 D4.
01 45 00 45 00.
www.leduplex.fr

Élysée-Montmartre
72, bd Rochechouart, 75018.
Stadtplan 6 F2.
01 44 92 45 36.
www.elysees montmartre.com

L'Étoile
12, rue de Presbourg, 75016.
Stadtplan 4 D4.
01 45 00 78 70.
www.letoileparis.com

La Flèche d'Or
102 bis, rue de Bagnolet, 75002.
01 44 64 01 02.
www.flechedor.fr

Le Gibus
18, rue du Faubourg du Temple, 75011.
Stadtplan 8 E5.
01 47 00 78 88.
www.gibus.fr

Hammam Club
94, rue d'Amsterdam, 75009.
Stadtplan 6 D2.
01 55 07 80 00.
www.hammamclub.com

I Love Opera
29–31, ave de l'Opéra, 75001.
Stadtplan 12 E1.
01 45 26 24 72.
www.iloveopera.fr

La Machine
90, bd de Clichy, 75018.
Stadtplan 4 E4.
01 53 41 88 88.
www.lamachine dumoulinrouge.com

MadaM
128, rue de la Boétie, 75008.
Stadtplan 4 F5.
01 58 76 02 11.
www.madam.fr

Mix Club
24, rue de l'Arrivée, 75015.
Stadtplan 15 C1.
01 56 80 37 37.

Nouveau Casino
109, rue Oberkampf, 75011.
Stadtplan 14 E1.
01 43 57 57 40.

Les Planches
40, rue Colisée, 75008.
Stadtplan 5 A4.
01 42 25 11 68.

Red Light
34, rue du Départ, 75015.
Stadtplan 15 C2.
01 42 79 94 53.
www.leredlight.com

Regine's
49–51, rue Ponthieu, 75008.
Stadtplan 5 A5.
01 43 59 21 13.

Rex Club
5, bd Poissonnière, 75002.
Stadtplan 7 A5.
01 42 36 10 96.

Ritz Club
Hôtel Ritz,
15, pl Vendôme, 75001.
Stadtplan 6 D5.
01 43 16 30 30.
www.ritzparis.com

Showcase
Port des Champs-Élysées, 75008.
Stadtplan 11 A1.
01 45 61 09 76.

Le Social Club
142, rue Montmartre, 75002.
Stadtplan 13 A1.
01 40 28 05 55.

La Suite
40, ave George V, 75008.
Stadtplan 4 E5.
01 53 5 49 49.

Le Tango
13, rue au Maire, 75003.
Stadtplan 13 C1.
01 42 72 17 78.

VIP
76, ave des Champs-Élysées, 75008.
Stadtplan 4 E4.
01 56 69 16 66.

WAGG
62, rue Mazarine, 75006.
Stadtplan 12 F4.
01 55 42 22 00.

Le World Place
32–34, rue du Marbeuf, 75008. **Stadtplan** 4 F5.
01 56 88 36 36.
www.worldplace-paris.com

Zed Club
2, rue des Anglais, 75005.
Stadtplan 13 A5.
01 43 54 93 78.

Le Casbah
18–20, rue de la Forge Royale, 75011.
01 43 71 04 39.
www.casbah.fr

La Java
105, rue du Faubourg du Temple, 75010.
Stadtplan 8 E5.
01 42 02 20 52.

La Maroquinerie
23, rue Boyer, 75020.
Stadtplan 15 B4.
01 40 33 35 05.
www.myspace.com/maroquinerie

Satellit Café
44 rue Folie Méricourt, 75011.
Stadtplan 14 E1.
01 47 00 48 87.
www.satellit-cafe.com

World Music

Le Cabaret Sauvage
59, bd Macdonald, 75019.
01 42 09 03 09.
www.cabaretsauvage.com

Schwul und lesbisch

La Champmeslé
4, rue Chabanais, 75002.
Stadtplan 12 E1.
01 42 96 85 20.

Le Club 18
18, rue de Beaujolais, 75001.
Stadtplan 12 F1.
01 42 97 52 13.

Le Day Off
10, rue de l'Islay, 75008.
Stadtplan 5 C4.
01 45 22 87 90.

Le Queen
102, ave des Champs-Élysées, 75008.
Stadtplan 4 E4.
01 53 89 08 90.
www.queen.fr

Le Troisième Lieu
62, rue Quincampoix, 75004.
Stadtplan 13 B2.
01 48 04 85 64.
www.letroisiemelieu.abcsalles.com

Stadtplan *siehe Seiten 390–423*

Kino

Man sagt, in Paris sei der Filmverstand zu Hause. Im Stadtgebiet gibt es über 100 Kinos – kleine und Multiplex-Filmpaläste – mit insgesamt über 370 Leinwänden. Alle zusammen präsentieren sie eine erstaunliche Auswahl an Filmen – Mainstream aus Hollywood ebenso wie Filmklassiker und wahre, selten gespielte Funde. Am Mittwoch ist in den Kinos Programmwechsel. Die schnellste und umfassendste Orientierung über das Angebot geben *Pariscope* und *L'Officiel des Spectacles* *(siehe S. 340)*, in denen alle Spielstätten und Anfangszeiten aufgeführt sind.

Filme im Original mit Untertiteln sind mit »VO« *(version originale)*, französisch synchronisierte Filme mit »VF« *(version française)* bezeichnet.

Jedes Jahr Ende Juni ist drei Tage lang »Fête du Cinéma«. An diesen Tagen zahlen Sie den vollen Eintrittspreis für den ersten Film, dann aber nur drei Euro für jeden weiteren Film. So mancher hat es schon auf sieben Filme pro Tag gebracht.

Filmgeschichte

Paris war vor über 100 Jahren die Wiege des Kinematografen: Auguste und Louis Lumière erfanden damals diesen Vorläufer des Filmprojektors. Die Vorführung ihres Films *L'Arrivée d'un Train en Gare de la Ciotat* (Ankunft eines Zuges im Bahnhof Ciotat) 1895 in Paris gilt als Geburtsdatum des Mediums Film. In Frankreich betrachtet man den Film als echte Kunstform. Diese Haltung basiert auf einer Theorie eines der ersten Filmkritikers der Welt, Ricciotto Canudo. Der in Frankreich lebende italienische Intellektuelle nannte die Kinematografie 1922 »die siebte Kunst«.

In Paris entstand auch die Nouvelle Vague, eine sehr pariserische, avantgardistische Bewegung Ende der 1950er, Anfang der 1960er Jahre, als Regisseure wie Claude Chabrol, François Truffaut, Jean-Luc Godard und Eric Rohmer die Filmproduktion und das Filmgefühl revolutionierten. Die Beschäftigung mit existenziellen Thematiken, lange Kameraeinstellungen und die Ablehnung, Szenen im Studio zu drehen, gehören zu den Kennzeichen der Nouvelle Vague.

2001 brachte der weltweite Erfolg von *Die fabelhafte Welt der Amélie* der Pariser Filmszene neuen Aufschwung. Bei einem Stadtbummel stoßen Sie auf so manche Location dieses Films. 2006 kam der Film *The Da Vinci Code* mit derselben Hauptdarstellerin, Audrey Tautou, in die Kinos – ebenfalls mit vielen Orten zum Wiedererkennen.

Kinos

Die meisten Pariser Kinos konzentrieren sich in den Straßen und Vierteln, wo sich auch Läden und Restaurants befinden.

Die Champs-Élysées sind nach wie vor die wichtigste Kinogegend der Stadt. Dort kann man das Neueste aus Hollywood sehen, aber auch französische Autorenfilme und Wiederauflagen von Klassikern mit Untertiteln. Die Kinos an den großen Boulevards nahe der Opéra de Paris Garnier zeigen Filme mit Untertiteln oder in synchronisierter Fassung. Am Boulevard de Clichy gibt es zwei Pathé-Multiplexe mit insgesamt 12 Sälen, in denen synchronisierte und untertitelte Filme gezeigt werden. Ein weiteres großes Kinozentrum findet man im Forum des Halles.

Das linke Seine-Ufer, von jeher das intellektuelle Zentrum der Stadt, ist weiterhin der Ort des künstlerischen und Programmkinos, hat jedoch ebenso viele reißerische Produktionen aufzuweisen. In den letzten zehn Jahren mussten viele Kinos im Quartier Latin schließen; der Schwerpunkt auf dem linken Ufer liegt heute um Odéon und St-Germain-des-Prés. Eine Ausnahme bildet die Rue Champollion, wo ein kleines Zentrum des Programmkinos entstanden ist.

Weiter nach Süden gibt es um Montparnasse viele Kinos, die neue Filme entweder in synchronisierter Fassung oder mit Untertiteln zeigen.

Großleinwände und Kinopaläste

Zwei traditionelle Pariser Großkinos befinden sich an den großen Boulevards: das **Grand Rex** mit seiner barocken Ausstattung und 2800 Plätzen und das **Max Linder Panorama**, das in den 1980er Jahren von Filmfreunden von Grund auf restauriert wurde und den populären ebenso wie den künstlerischen Film pflegt.

Im 13. Arrondissement liegt das große Kinozentrum **MK2 Bibliothèque** mit 14 Sälen, Läden, Bars und Ausstellungsfläche. Am anderen Flussufer liegt der Kinokomplex **Bercy Village**.

Wissenschaftliche, spektakuläre Dokus zeigt **La Géode** *(siehe S. 237f)* in der Cité des Sciences et de l'Industrie (in La Villette) mit einer riesigen halbrunden Leinwand (einst der größten der Welt) und einem »Omnimax«-Projektor, der 70-mm-Aufnahmen neunmal größer projiziert als das 35-mm-Standardbild.

Am Canal St-Martin sind die zwei Kinokomplexe des **MK2**, Quai de Loire und Quai de Seine, durch ein Boot miteinander verbunden.

Revival- und Programmkinos

Alte Hollywood-Streifen zeigt die unabhängige Minikette **Grand Action**. Weitere Kinos mit durchdachtem, engagiertem Programm sind z. B. das exzellente **Reflets Médicis** in der Rue Champollion und das **Pagode**. Letzteres, eine orientalische Pagode, wurde 1895 errichtet.

Das in den 1920er Jahren eröffnete **Studio 28** in Montmartre ist ein altes Lichtspielhaus mit Cocteau-Lampen im Vorführraum und einer Gartenbar voller bunter Lichter und Standbildern einstiger Filmstars. Es nimmt für sich in Anspruch, das erste Avantgarde-Kino gewesen zu sein. Einst gingen hier Filmgrößen wie Luis Buñuel und Abel Gance ein und aus. Gezeigt wird eine breite Palette – von Neuheiten über Kunstfilmklassiker bis zu Dokus. Jede Woche laufen mindestens zehn Filme. Außerdem finden hier auch Diskussionen mit Regisseuren und Schauspielern statt. Eine Pariser Institution ist auch das **Cinéma Studio Galande**, in dem seit über 30 Jahren freitags die *Rocky Horror Picture Show* läuft.

Cinémathèque Française

Das berühmte Filmarchiv und Programmkino war die private »Schule« der Nouvelle-Vague-Generation. Es wurde 1936 von Henri Langlois gegründet. Zwar hat es heute nicht mehr das Monopol für klassische Filme, aber immer noch pilgern Cineasten hierher, wenn sie nach seltenen Filmen suchen.

Die Institution ist seit dem Jahr 2005 im futuristischen Frank-Gehry-Bau in Bercy zu Hause. Die Cinemathek besitzt über 18 000 digitalisierte Filme zum Ausleihen. Neben den Filmvorführungen und Retrospektiven finden in der Cinémathèque Française regelmäßig Ausstellungen, Vorträge und Workshops statt. Im angeschlossenen Museum sind zahlreiche Objekte (Kameras, Requisiten, Kostüme und Plakate) um die großen Namen der internationalen Kinogeschichte zu sehen.

Andere Spielstätten

Nicht nur in der Cinémathèque Française, sondern auch in zwei großen, beliebten Pariser Kulturinstitutionen finden verschiedene Retrospektiven und Festivals statt: im Musée d'Orsay *(siehe S. 144f)* und im Centre Pompidou *(siehe S. 110f)* mit seinen zwei Kinos. Das Musée d'Orsay zeigt regelmäßig Begleitfilme zu den jeweils aktuellen Kunstausstellungen, in der Regel sind es Stummfilme. Das Centre Pompidou veranstaltet große Retrospektiven, die einen ganzen Monat dauern und der nationalen Filmindustrie oder gelegentlich auch einer der großen Filmgesellschaften gewidmet sind.

Im neu renovierten **Forum des Images** *(siehe S. 109)* im Herzen von Les Halles befindet sich eine Bibliothek mit einem umfangreichen Bestand an Filmen (auch Dokumentarfilme) zum Thema »Paris vom Ende des 19. Jahrhunderts bis heute«. In der Cinemathek kann man – auch im Internet – nach einem bestimmten Film suchen. Im Forum gibt es drei Kinos nebeneinander, in denen ab mittags Filme zu sehen sind. Die Eintrittskarte gilt für die Bibliothek und für alle Kinos. Häufig laufen mehrere Filme zu einem Thema oder von einem speziellen Regisseur, oft wird eine Art Mini-Retrospektive veranstaltet. Im Rahmen der Académie finden Vorlesungen und Diskussionen zur Filmanalyse statt. Nachmittags werden oft Kinderfilme gezeigt.

Eintrittspreise

In Kinos mit Erstaufführungen bezahlt man etwa neun Euro oder auch mehr, wenn der Film Überlänge hat oder von den Medien mit Aufmerksamkeit bedacht wird. Dafür werden aber auch vielerlei Ermäßigungen angeboten. Weniger bezahlen Studenten, Arbeitslose, Senioren und Großfamilien. Mittwochs ist in allen Pariser Kinos der Eintritt günstiger – die Preise sinken dann bis auf vier Euro.

Die drei Kino-Giganten Frankreichs – Gaumont, UGC und MK2 – verkaufen auch ermäßigte Abonnementkarten und akzeptieren Reservierungen auf Kreditkarte. Manche Programmkinos geben »Treuebons« aus.

Filme mit Bezug auf Paris

Historisches Paris (Studioproduktionen)

Der italienische Strohhut
(René Clair, 1927)
Unter den Dächern von Paris
(René Clair, 1930)
Die Verdammten
(Raymond Bernard, 1934)
Hôtel du Nord
(Marcel Carné, 1937)
Kinder des Olymp
(Marcel Carné, 1945)
Goldhelm
(Jacques Becker, 1952)
Zwei Mann, ein Schwein und die Nacht von Paris
(Claude Autant-Lara, 1956)
Playtime
(Jacques Tati, 1967)

Nouvelle-Vague-Paris (Produktion vor Ort)

Außer Atem
(Jean-Luc Godard, 1959)
Sie küssten und sie schlugen ihn
(François Truffaut, 1959)

Paris-Dokumentationen

Paris 1900
(Nicole Védrès, 1948)
La Seine a rencontré Paris
(Joris Ivens, 1957)

Hollywood-Filme, in und über Paris

Der siebente Himmel
(Frank Borzage, 1927)
Die Kameliendame
(George Cukor, 1936)
Ein Amerikaner in Paris
(Vincente Minnelli, 1951)
Gigi
(Vincente Minnelli, 1958)
Irma La Douce
(Billy Wilder, 1963)
Frantic
(Roman Polanski, 1988)
French Kiss
(Lawrence Kasdan, 1995)
Die neun Pforten
(Roman Polanski, 1999)
Moulin Rouge
(Baz Luhrmann, 2001)
Die Bourne Identität
(Doug Liman, 2002)
Eine Affäre in Paris
(James Ivory, 2003)
Before Sunset
(Richard Linklater, 2004)
The Da Vinci Code
(Ron Howard, 2006)

Filmfestivals

Filmfestivals gehören zum Leben eines Pariser Cineasten einfach dazu – rund ums Jahr finden neben den großen Festivals auch zahlreiche kleinere thematisch orientierte Veranstaltungsreihen statt. Das jährliche Paris Film Festival Ende März ist vielleicht nicht ganz so glamourös wie der Event in Cannes, dafür ist das Ganze deutlich publikumsfreundlicher – und Gelegenheiten, Stars zu sichten, gibt es hier mehr als genug.

Open-Air-Festivals

Während der Sommermonate finden mehrere Filmfestivals unter freiem Himmel statt, eines davon ist das Festival Silhouette, bei dem im hübschen Buttes-Chaumont *(siehe S. 234)* Kurzfilme gezeigt werden. Beim Festival Cinéma au Clair du Lune stellt man Leinwände an den Orten auf, die im Film eine Rolle spielen. Beim Cinéma en Plein Air laufen in La Villette *(siehe S. 236f)* alte und zeitgenössische Klassiker auf riesigen aufblasbaren Leinwänden. Letzteres ist der beliebteste Sommerevent in Paris – seien Sie also rechtzeitig da, und nehmen Sie sich etwas zu trinken und zu knabbern mit.

Indoor-Festivals

Beim alljährlichen Paris Film Festival Ende März laufen mehr als 100 Filme im **Gaumont Marignan** an den Champs-Élysées. Im November findet das Schwulen- und Lesben-Filmfestival im Forum des Images statt. Paris Tout Court ist ein Kurzfilmfestival, das im **Arlequin** in St-Germain läuft; in seinem Rahmen kann man auch Vorträge und Diskussionen mit bekannten Filmregisseuren und Schauspielern besuchen. Ein besonderer Event ist das L'Étrange Festival, bei dem schräge, ungewöhnliche Filme aus aller Welt einem begeisterten Publikum präsentiert werden.

AUF EINEN BLICK

Kinos

Action Christine
4, rue Christine, 75006.
Stadtplan 12 F4.
☎ *08 43 25 85 78.*

Action Écoles
23, rue des Écoles, 75005.
Stadtplan 13 A5.
☎ *08 43 25 72 07.*

Arlequin
76, rue de Rennes, 75006.
Stadtplan 12 E4.
☎ *01 45 44 28 80.*

Le Balzac
1, rue Balzac, 75008.
Stadtplan 4 E4.
☎ *08 92 68 31 23.*

Centre Georges Pompidou
19, rue Beaubourg, 75004.
Stadtplan 13 B2.

Le Champo
51, rue des Écoles, 75005.
Stadtplan 13 A5.
☎ *01 43 54 51 60.*

Cine Sorbonne
9, rue Champollion, 75005. **Stadtplan** 13 A5.
☎ *01 43 26 84 65.*

Cinéma Studio Galande
42, rue Galande, 75005.
Stadtplan 13 A4.
☎ *08 43 54 72 71.*

Cinémathèque Française
51, rue de Bercy, 75113.
☎ *01 71 19 33 33.*
www.cinemateque.fr

Forum des Images
Porte St-Eustache, Forum des Halles, 75001.
Stadtplan 13 A2.
☎ *01 44 76 63 00.*
www.forumdesimages.fr

Gaumont Marignan
27, ave Champs-Élysées, 75008.
Stadtplan 5 A5.
☎ *08 92 696 696*

La Géode
26, ave Corentin-Cariou, 75019.
☎ *08 92 68 45 40.*
www.lageode.fr

Goethe-Institut
17, ave d'Iéna, 75016.
Stadtplan 10 D1.
☎ *01 44 43 92 30.*

Grand Action
Action Rive Gauche, 5, rue des Écoles, 75005.
Stadtplan 13 B5.
☎ *01 43 54 47 62.*

Le Grand Rex
1, bd Poissonnière, 75002.
Stadtplan 7 A5.
☎ *08 92 68 05 96.*

Latina
20, rue du Temple, 75004.
Stadtplan 7 C2.
☎ *01 42 78 47 86.*

Lucernaire
53, rue Notre-Dame des Champs, 75006.
Stadtplan 16 E2.
☎ *01 42 22 26 50.*

Majestic Bastille
4, bd Richard Lenoir, 75011.
Stadtplan 14 E4.
☎ *01 47 00 02 48.*

Max Linder Panorama
24, bd Poissonnière, 75009.
Stadtplan 7 A5.
☎ *08 92 68 00 31.*

MK2 Beaubourg
50, rue Rambuteau, 75003.
Stadtplan 7 B2.
☎ *08 92 69 84 84.*

MK2 Bibliothèque
128–162, ave de France, 75013.
Stadtplan 18 F4.
☎ *08 92 69 84 84.*

MK2 Quai de Seine Quai de Loire
75019. **Stadtplan** 8 F1.
☎ *08 92 69 84 84.*

Pagode
57 bis, rue de Babylone, 75007. **Stadtplan** 11 C4.
☎ *01 45 55 48 48.*

Racine Odéon
6, rue de l'École de Médecine, 75006.
Stadtplan 12 F4.
☎ *01 46 33 43 71.*

Reflets Médicis
3–7, rue Champollion, 75005. **Stadtplan** 12 F5.
☎ *01 46 33 25 97.*

St-André des Arts
30, rue St-André des Arts, 75006.
Stadtplan 12 F4.
☎ *01 43 26 48 18.*

Studio 28
10, rue Tholozé, 75018.
Stadtplan 6 E1.
☎ *01 46 06 36 07.*

UGC Ciné Cité Bercy
2, cour St-Émilion, 75012.
☎ *08 92 70 00 00.*

UGC Ciné Cité Les Halles
7, place de la Rotonde, 75001. **Stadtplan** 7 A2.
☎ *08 92 70 00 00.*

Sport und Aktivurlaub

Sportveranstaltungen gibt es in Paris am laufenden Band. Manche sind schon zur nationalen Institution geworden, so etwa die French Open im Stade Roland-Garros und die Tour de France. Der einzige Nachteil ist, dass die meisten Sportplätze am Stadtrand liegen.

Aktuelle Informationen über Sportveranstaltungen erhalten Sie von Office du Tourisme et des Congrès de Paris *(siehe S. 366)*. Auch die wöchentlichen Veranstaltungsführer *L'Officiel des Spectacles*, *Pariscope* und die Mittwochsausgabe von *Le Figaro* informieren ausführlich über das Sportprogramm der Woche *(siehe S. 340)*. Genauere Berichte erscheinen täglich in *L'Équipe*. Sehen Sie auch *Paris mit Kindern* auf S. 362.

Outdoor-Sport

Das jährliche Radrennen Tour de France endet im Juli in Paris in einer Begeisterung, die die ganze Stadt erfasst. Der französische Präsident verleiht am Schluss dem Sieger das *maillot jaune* (Gelbes Trikot). Seit über 20 Jahren bilden die Champs-Élysées die letzte Etappe des Rennens. In der ganzen Stadt kommt der Verkehr zum Erliegen, und die Fans feuern die Fahrer an. Um einen Platz an der Avenue zu kriegen, muss man schon Stunden vorher hier sein.

Wenn Sie selbst Rad fahren wollen, können Sie in der ganzen Stadt Fahrräder ausleihen, z.B. bei **Vélo Paris** im Viertel Montmartre oder bei einer der rund 1500 **Vélib'**-Stationen, die in der ganzen Stadt verteilt sind. Hier erwerben Sie mit Ihrer Maestro-/EC-Karte oder mit einer Kreditkarte einen Pass für einen Tag (1 Euro) oder für sieben Tage (5 Euro). Damit können Sie kostenlos 30 Minuten lang ein Fahrrad ausleihen. Falls Sie das Rad länger benötigen, kosten die nächsten 30 Minuten wieder einen Euro, danach wird es teurer.

Die **Fédération Française de Cyclotourisme** in der Rue Louis Bertrand erteilt Informationen über die mehr als 300 Radclubs in und um Paris. Die Bedingungen fürs Radfahren werden zum Glück besser, da die Stadt an Sonn- und Feiertagen einige Uferstraßen für den Autoverkehr schließt – Radler haben dann freie Fahrt. Außerdem wurde ein Programm zur Ausweitung der Radwege *(pistes cyclables)* angekurbelt. Die Pariser Autofahrer sind mit der wachsenden Zahl von Radfahrern erfreulicherweise auch respektvoller diesen gegenüber geworden.

Wenn Sie nicht warten wollen, bis die Uferstraßen an der Seine am Sonntag autofrei sind, können Sie im Bois de Vincennes oder im Bois de Boulogne eine Radtour im Wald unternehmen. Wagemutigere erhalten im Office du Tourisme die kostenlose Wegekarte »Paris à Vélo«.

Wer organisierte Radausflüge bevorzugt, kann sich an mehrere Organisationen wenden, die schöne Touren anbieten. **Fat Tire Bike Tours** ist teuer, aber hat im Frühling und Sommer täglich Fahrten durch die Stadt mit erfahrenen Führern im Programm. Ihr Partner **Segway Tours** bietet dasselbe auf den motorisierten Rollern zum Stehen an. **Paris à Vélo c'est Sympa!** organisiert Radtouren in bekannte und unbekanntere Teile der Stadt.

Inlineskater treffen sich am Freitagabend zu Fahrten durch die Stadt. Die Polizei sperrt bestimmte Boulevards für Autos, damit die Teilnehmer ungestört durch die Stadt fahren können. Die Tour beginnt meist um 22 Uhr an der Place de la Bastille, man kann aber überall an der Strecke »einsteigen«, wenn man nicht die ganze Rundfahrt mitmachen will. Details finden Sie im Internet unter der Adresse **www**.pari-roller.com. Anfänger bekommen vor der Tour kostenlosen Unterricht, wenn sie bis 20 Uhr am Startpunkt eintreffen. In Paris gibt es viele gute Inliner-Verleihe. Auf der erwähnten Website finden Sie Links dazu. Als Sicherheitsmaßnahme wird die Rundfahrt abgesagt, wenn das Wetter schlecht ist und die Straßen nass sind.

Viele Pariser fahren am Sonntagnachmittag Boot im Bois de Vincennes *(siehe S. 235)*, im Bois de Boulogne *(siehe S. 254f)* und im Parc des Buttes-Chaumont *(siehe S. 234f)*. Reihen Sie sich ruhig in die Warteschlangen vor den Bootsverleihen ein.

Golfplätze gibt es nur außerhalb der Stadt. Viele davon sind Privatclubs, einige lassen aber auch Nichtmitglieder spielen. Informationen bekommen Sie bei der **Fédération Française du Golf** in der Rue Anatole France. Oder Sie wenden sich einfach direkt an **Golf de Chevry**, **Golf de Villeray**, **Golf de St-Quentin en Yvelines** oder **Golf de Villennes**. Die Greenfee beträgt allerdings mindestens 25 Euro.

Reiten kann man sowohl im Bois de Boulogne als auch im Bois de Vincennes. Details erfahren Sie beim **Comité Départemental d'Équitation de Paris** in der Rue Laugier.

Für Tennisspieler gibt es mehrere städtische Plätze, darunter **Tennis Luxembourg** im Jardin du Luxembourg. Die Plätze können hier nicht reserviert werden – wer zuerst kommt, spielt zuerst. **Tennis de la Faluère** im Bois de Vincennes hat gute Plätze, die 24 Stunden im Voraus reserviert werden müssen.

Indoor-Sport

Paris hat eine Vielzahl an Fitness-Centern, die ab 20 Euro Tageskarten anbieten. Der Preis hängt von den Einrichtungen und Geräten ab.

Club Med Gym ist eine gut ausgerüstete, beliebte Fitness-Kette mit über 20 Filialen in Paris und Umgebung, u.a. in der Rue de Berri und in der Rue de Rennes. **Club Jean de Beauvais**, Rue Jean de Beauvais, ist ein topmodernes

Fitness-Center, in dem Ihnen Ihr persönliches Workout-Programm erstellt wird. Der **Ken Club** in der Avenue Président-Kennedy ist ein gehobenes Zentrum mit Pool und Sauna im schicken 16. Arrondissement. Es liegt bei einem großen Radiosender – oft sieht man hier bekannte Persönlichkeiten trainieren.

Eigentlich dürfen im **Ritz Gym**, das das schönste Hallenbad der Stadt sein Eigen nennt, nur Hotelgäste und Personal schwimmen, aber wenn das Hotel nicht ausgebucht ist, kann man sich einen Tagespass kaufen.

Eislaufen ist ein relativ preiswertes Vergnügen, das man das ganze Jahr hindurch im **Patinoire d'Asnières-sur-Seine** am Boulevard Pierre de Coubertin ausüben kann.

Squash-Spieler können im **Squash Club Quartier Latin** in der Rue de Pontoise ihrem Sport nachgehen. Hier findet man auch Billardtische, Fitness-Einrichtungen und eine Sauna vor. Weitere Clubs sind z. B. **Squash Montmartre** und **Jeu de Paume et de Squash**.

Sportveranstaltungen

Ende Juli endet auf den Champs-Élysées – von der Stadt bejubelt und im Fernsehen übertragen – die Tour de France *(siehe S. 357)*.

Der ebenfalls in der ganzen Welt bekannte Prix de l'Arc de Triomphe wird am ersten Sonntag im Oktober im **Hippodrome de Longchamp** ausgetragen. Weitere Galopprennbahnen sind das **Hippodrome de St-Cloud** und **Maisons-Laffitte** – alle drei liegen westlich von Paris und sind leicht zu erreichen.

Hindernisrennen finden im **Hippodrome d'Auteuil** im Bois de Boulogne, Trabrennen im **Hippodrome de Vincennes** in der Rue de la Ferne statt. Näheres erfährt man telefonisch bei **France Galop** oder auf deren aktueller Internet-Seite.

Weltbekannt ist das 24-Stunden-Rennen von Le Mans, 185 Kilometer südwestlich von Paris. Es findet alljährlich Mitte Juni statt. Einzelheiten sind beim **Automobile Club de l'Ouest** zu erfragen.

Großveranstaltungen aller Art finden im **Palais Omnisports de Paris-Bercy** statt, darunter die BNP Paribas Masters, das Sechs-Tage-Radrennen, Springturniere, Kampfsportturniere der Weltklasse und Rockkonzerte.

Der **Parc des Princes** fasst 50 000 Zuschauer. Er ist das Heimstadion von Paris St-Germain, dem wichtigsten Pariser Fußballclub. Neben Fußballspielen werden hier auch andere sportliche Großveranstaltungen ausgetragen.

Auch nachdem Frankreich 1998 hier Fußballweltmeister wurde – im **Stade de France** hat sich bis heute kein örtlicher Fußballclub angesiedelt. Dennoch füllen sich die Ränge für Fußball- und Rugby-Spiele sowie für Pop- und Rockkonzerte. Es gibt auch Führungen durch das Stadion.

Das **Stade Roland-Garros** ist berühmt für sein internationales Tennisturnier. Von Ende Mai bis Mitte Juni liegt ganz Paris im Tennisfieber, sogar Geschäftstermine werden ins Stadion verlegt. Um Eintrittskarten muss man sich Monate im Voraus bemühen. Statten Sie auch dem hervorragenden Tennismuseum im Stadion einen Besuch ab. Die Exponate reichen von Schläger-Prototypen bis zu einem Stirnband von Björn Borg. In einem der Restaurants sollten Sie außerdem einen Tisch reservieren. Während des Turniers verwandeln sie sich in Plätze zum Sehen und Gesehenwerden. Tennisfans können im November auch das Herren-Masters-Turnier im Palais Omnisports de Paris-Bercy und im März das Damenturnier Open Gaz de France im **Stade Pierre de Coubertin** besuchen.

Schwimmen

Im Süden der Stadt befindet sich der riesige Wasser-Vergnügungspark **Aquaboulevard** *(siehe S. 362)*. Neben einem künstlichen exotischen Strand, mehreren Schwimmbecken, Wasserrutschen und Stromschnellen gibt es im Park auch ein Fitness-Center, Bars und Läden. Hier kann man auch Tennis, Squash, Golf, Bowling, Tischtennis und Billard spielen.

Eines der besten städtischen Hallenbäder ist **Piscine des Halles**, Place de la Rotonde, mit einem Pool in Wettkampfgröße in dem unterirdischen Einkaufszentrum. Hübsches Mosaikdekor aus den 1930er Jahren, private Umkleidekabinen auf zwei Ebenen, Whirlpool, Sauna und Wasserdüsen findet man in der **Piscine Pontoise-Quartier Latin**. Zu dem Komplex gehört auch ein Fitness-Club mit Poolblick. Die **Piscine Henry de Montherlant** ist Teil einer städtischen Sportanlage mit Tennisplätzen und Fitness-Center. Der schöne Art-nouveau-Pool in Butte-aux-Cailles *(siehe S. 272f)* ist eine Freude für Schwimmer und Sonnenanbeter: Im Hallenbad kann man seine Bahnen ziehen, es gibt zwei Becken im Freien, und die dörfliche Umgebung trägt zur entspannenden Atmosphäre bei. Relativ neu ist die **Piscine Josephine Baker** in der Nähe der Bibliothèque F. Mitterand an der Seine. Auf der Dachterrasse kann man wunderbar sonnenbaden.

Einige der besseren Hotels haben ebenfalls Swimmingpools. Mit einer Tageskarte kommen auch Nichtgäste ins **Sofitel Paris Club Med Gym** in der Rue Louis Armand und können im 15 Meter langen Pool schwimmen. Ähnlich ist es im **Novotel Tour Eiffel**: Auch hier sind Nichthotelgäste im Wellness-Club und Poolbereich willkommen. Das Dach darüber kann geöffnet werden. Beachten Sie, dass städtische Bäder und auch ein paar private auf das Tragen von Bademützen bestehen.

Verschiedenes

Baseball, Fechten, Joggen, Volleyball, Surfen in La Villette *(siehe S. 236–239)* – all das sind weitere Sportangebote, mit denen Sie Ihren Pariser Aufenthalt vervollkommnen können. In letzter Zeit erfreut sich bei den Parisern das Fischen immer größerer Beliebtheit – tatsächlich sind in der Seine wieder verschiedene Süßwasserfische heimisch geworden.

AUF EINEN BLICK

Outdoor-Sport

Comité Départemental d'Équitation de Paris
69, rue Laugier 75017.
☎ *01 42 12 03 43.*

Fat Tire Bike Tours & City Segway Tours
24, rue Edgar Faure, 75015. **Stadtplan** 10 D4.
☎ *01 56 58 10 54.*
www.fattirebiketours.com/paris
www.citysegwaytours.com

Fédération Française de Cyclotourisme
12, rue Louis Bertrand, 94200 Ivry-sur-Seine.
☎ *01 56 20 88 88.*
www.ffct.org

Fédération Française du Golf
68, rue Anatole France, 92300 Levallois Perret.
☎ *01 41 49 77 00.*
www.ffgolf.org

France Galop
☎ *01 49 10 20 30.*
www.france-galop.com

Golf de Chevry
91190 Gif-sur-Yvette.
☎ *01 60 12 40 33.*

Golf de St-Quentin en Yvelines
78190 Trappes.
☎ *01 30 50 86 40.*

Golf de Villennes
Route d'Orgeval, 78670 Villennes-sur-Seine.
☎ *01 39 08 18 18.*

Golf de Villeray
91380 St-Pierre du Perray.
☎ *01 60 75 17 47.*
www.bluegreen.com

Paris à Vélo c'est Sympa!
22, rue Alphonse Baudin, 75011.
Stadtplan 14 E2.
☎ *01 48 87 60 01.*

Tennis de la Faluère Route de la Pyramide
Bois de Vincennes, 75012.
☎ *01 43 74 40 93.*

Tennis Luxembourg Jardins du Luxembourg
Bd St-Michel, 75006.
Stadtplan 12 E5.
☎ *01 43 25 79 18.*

Vélib'
www.velib.paris.fr

Vélo Paris
44, rue d'Orsel, 75018.
Stadtplan 7 A1.
☎ *01 42 64 97 39.*

Indoor-Sport

Club Jean de Beauvais
5, rue Jean de Beauvais, 75005. **Stadtplan** 13 A5.
☎ *01 46 33 16 80.*

Club Med Gym
26, rue de Berri, 75008.
Stadtplan 4 F4.
☎ *01 43 59 04 58.*
149, rue de Rennes, 75006. **Stadtplan** 15 C1.
☎ *01 45 44 24 35.*
www.clubmedgym.com

Jeu de Paume et de Squash
7 ter, rue Lausiston, 75016. **Stadtplan** 4 D4
☎ *01 47 27 46 86.*

Ken Club
100 Ave Président-Kennedy, 75016.
☎ *01 46 47 41 41.*

Patinoire d'Asnières-sur-Seine
Bd Pierre de Coubertin, 92600 Asnières.
☎ *01 47 99 96 06.*

Ritz Gym
Ritz Hotel, Pl Vendôme, 75001. **Stadtplan** 6 D5.
☎ *01 43 16 30 30.*

Squash Club Quartier Latin
19, rue de Pontoise, 75005.
Stadtplan 13 B5.
☎ *01 55 42 77 88.*

Squash Montmartre
14, rue Achille Martinet, 75018.
Stadtplan 2 E4.
☎ *01 42 55 38 30.*

Sportveranstaltungen

Automobile Club de l'Ouest
☎ *02 43 40 24 24.*
www.lemans.org

Hippodrome d'Auteuil
Bois de Boulogne, 75016.
☎ *01 42 88 85 30.*
www.france-galop.com/les-hippodromes.7.0.html

Hippodrome de Longchamp
Bois de Boulogne, 75016.
☎ *01 44 30 75 00.*
www.france-galop.com/hippodrome-longchamps.30.0.html

Hippodrome Maisons-Laffitte
1, ave de la Pelouze, 78600 Maisons-Laffitte.
☎ *01 39 62 06 77.*
www.maisonslaffitte.net/citeducheval.htm

Hippodrome de St-Cloud
1, rue de Camp Canadien, 92210 St-Cloud.
☎ *01 47 71 69 26.*
www.france-galop.com/hippodrome-saint-cloud.28.0.html

Hippodrome de Vincennes
2, route de la Ferme, 75012 Vincennes.
☎ *01 49 77 17 17.*
www.hippodrome-vincennes.com

Palais Omnisports de Paris-Bercy
8, bd Bercy 75012.
Stadtplan 18 F2.
☎ *08 43 07 53 58.*
www.bercy.fr

Parc des Princes
24, rue du Commandant Guilbaud, 75016.
☎ *08 25 07 50 77.*

Stade de France
93210 La Plaine St-Denis.
☎ *08 92 70 09 00.*
www.stadedefrance.com

Stade Pierre de Coubertin
82, ave Georges Lafont, 75016.
☎ *01 45 27 79 12.*

Stade Roland-Garros
2, ave Gordon Bennett, 75016.
☎ *01 47 43 48 00.*
www.fft.fr

Schwimmen

Aquaboulevard
4, rue Louis Armand, 75015.
☎ *01 40 60 10 00.*

Novotel Tour Eiffel
61, quai de Grenelle, 75015. **Stadtplan** 9 B5.
☎ *01 40 58 20 00.*

Piscine Butte-aux-Cailles
5, pl Paul Verlaine, 75013.
Stadtplan 17 A5.
☎ *01 45 89 60 05.*

Piscine des Amiraux
6, rue Hermann Lachapelle, 75018.
☎ *01 46 06 46 47.*

Piscine des Halles
10, pl de la Rotonde, Niveau 3, Eingang Porte St-Eustache, Les Halles, 75001. **Stadtplan** 13 A2.
☎ *01 42 36 98 44.*

Piscine Henry de Montherlant
32, bd de Lannes, 75016.
☎ *01 40 72 28 30.*

Piscine Josephine Baker
Quai François Mauriac, 75013.
☎ *01 56 61 96 50.*

Piscine Pontoise-Quartier Latin
19, rue de Pontoise, 75005. **Stadtplan** 13 B5.
☎ *01 55 42 77 88.*

Piscine St-Germain
12, rue Lobineau, 75006.
Stadtplan 12 E4.
☎ *01 56 81 25 40.*

Piscine Saint-Merri
16, rue de Renard, 75004.
Stadtplan 13 B3.
☎ *01 42 72 29 45.*

Sofitel Paris Club Med Gym
8, rue Louis Armand, 75015.
☎ *01 45 54 79 00.*

Stadtplan *siehe Seiten 390–423*

Paris mit Kindern

Es ist nie zu früh, Ihre Kinder für Paris zu begeistern. Ein Ausflug ins Disneyland Resort Paris *(siehe S. 242–245)* oder eine Bootsfahrt auf der Seine *(siehe S. 72f)*, der Blick vom Eiffelturm aus schwindelerregender Höhe *(siehe S. 194f)* oder ein Besuch von Notre-Dame *(siehe S. 82–85)* sind für Große und Kleine ein Erlebnis. Zusammen mit Kindern sehen Sie manche

Stätten ganz neu. Gepflegte Parkanlagen ziehen wohl eher Erwachsene an, aber die technischen Wunder in La Villette sind etwas für alle. Im Sommer gibt es Zirkus, Kirmes und alle Arten von Spaß, vor allem im Bois de Boulogne *(siehe S. 254f)*. Sie können mit Ihren Kindern ein Museum oder einen Abenteuerspielplatz besuchen, aber auch einen Tag im Zirkus in einem nahen Vorort verbringen.

La Cité des Enfants in La Villette

Praktische Infos

Pariser Hotels und die meisten Restaurants heißen Familien mit Kindern willkommen. Sehenswürdigkeiten und Attraktionen sind für Kinder meist billiger. Das gilt für Kinder bis zu zwölf Jahren, Kinder unter drei oder vier Jahren haben in der Regel freien Eintritt. Jugendliche unter 18 Jahren haben in fast allen staatlichen Museen Frankreichs freien Eintritt. Mit näheren Informationen versorgen Sie das Office du Tourisme *(siehe S. 367)* und Veranstaltungsführer wie *Pariscope*, *L'Officiel des Spectacles* oder *Paris Mômes*.

Viele Veranstaltungen für Kinder finden in der Zeit nach Schulschluss und am Mittwochnachmittag statt, an dem Pariser Kinder schulfrei haben. **Babychou** und **Kidizen** sind Organisationen, die Babysitter vermitteln und eine Reihe anderer Service-Leistungen für Eltern anbieten.

Museen

Hauptattraktion für Kinder ist zweifellos die Cité des Sciences et de l'Industrie im Parc de la Villette *(siehe S. 236–239)*. In dem riesigen Komplex illustrieren interaktive Exponate und Wechselausstellungen viele Aspekte der Wissenschaft und der modernen Technik. Es gibt besondere Abteilungen für Kinder: La Cité des Enfants und Techno Cité. Besonderes Interesse findet auch die riesige Hightech-Kinoleinwand La Géode.

Im Zentrum von Paris gibt es im Grand Palais *(siehe S. 208)* das Palais de la Découverte, ein etwas altmodisches, aber sehr lebendiges Wissenschaftsmuseum, in dem Angestellte in die Rollen von Erfindern schlüpfen.

Der Louvre *(siehe S. 122–129)* organisiert eigene Ausstellungen, um Kinder mit der Welt der Kunst in Kontakt zu bringen. Das Musée d'Orsay *(siehe S. 144f)* bietet interaktive Museumsführungen für Kinder zwischen fünf und zwölf Jahren an. Auch die Galerie des Enfants im Centre Pompidou *(siehe S. 110–113)* ist bemüht, Kindern moderne Kunst nahezubringen.

Ebenfalls interessant für Kinder ist das Musée de la Marine *(siehe S. 201)*, in dem die Geschichte der französischen Seefahrt mit Schlachtschiffen und U-Booten anhand von Modellen dargestellt wird. Im Musée de la Poupée *(siehe S. 114)* kann man Spielzeug und Puppen sehen, die ab der Mitte des 19. Jahrhunderts hergestellt wurden, und in Kursen (für Kinder und Erwachsene) lernen, wie man selbst Puppen fertigt.

Über besondere Aktivitäten in den Museen finden Sie Informationen auf den jeweiligen Websites.

Theater Café d'Edgar

Nützliche Adressen

Babychou
01 43 13 33 23.
www.babychou.com

Kidizen
01 40 26 24 59.
www.kidizen.fr

Guignol-Marionetten

Parks, Zoos und Abenteuerspielplätze

Der beste Park für Kinder in Paris ist der Jardin d'Acclimatation im Bois de Boulogne *(siehe S. 254f)*. Hier gibt es ein Kindertheater und einen Zirkus, eine Mini-Eisenbahn und Boote. Das Musée en Herbe bietet Kindern unterhaltsame Möglichkeiten, sich auf eigene Faust zu betätigen. **France Miniature** in Élancourt, ca. 40 Kilometer südöstlich von Paris, präsentiert die Sehenswürdigkeiten Frankreichs im Kleinformat.

Ponyreiten im Jardin d'Acclimatation

Der Parc Floral im Bois de Vincennes *(siehe S. 235)* bietet preiswerte Vergnügungsangebote. Hier findet von Palmsonntag bis Ende Mai auch das größte Volksfest Frankreichs statt. Der interessanteste Zoo für Kinder ist die kleine Ménagerie im Jardin des Plantes *(siehe S. 164)*.

Aktivitäten

In Paris gibt es viele Aktivitäten, bei denen sich Kinder unter Aufsicht vergnügen können. Das Atelier des Enfants im Centre Pompidou *(siehe S. 110f)* bietet mittwochs und samstags von 14.30 bis 16 Uhr Kinder-Workshops an. Es wird zwar französisch gesprochen, aber bei den Zirkusdarbietungen, Marionettenspielen oder Bastelstunden stehen ja Action und Spiele, nicht Worte im Vordergrund.

Einige Café-Theater, darunter das Café d'Edgar *(siehe S. 343)*, sowie die auf einem Schiff am Canal de l'Ourcq arbeitende Theatertruppe **Abricadabra** spielen Shows für Kinder, bei denen Mimik, Tanz und Musik im Mittelpunkt stehen.

Une Journée au Cirque: Akrobaten beim Training

France Miniature

Das spektakulärste Kinoerlebnis ist La Géode in der Cité des Sciences et de l'Industrie *(siehe S. 237)*. Das Kino **Le Saint Lambert** ist auf Kinder- und Trickfilme spezialisiert. Kinokarten sind mittwochs billiger.

Une Journée au Cirque lässt Kinder die Tiere aus der Nähe erleben, sich als Clowns schminken und akrobatische Übungen machen. Nach einem Lunch mit den Artisten geht es in die Nachmittagsvorstellung.

Die Guignol-Marionettenspiele sind eine Sommerattraktion mit Themen wie im Kasperltheater. Vorführungen finden meist am Mittwochnachmittag und an Wochenenden statt. Informationen liefern *Pariscope*, *L'Officiel des Spectacles* und *Paris Mômes*.

Adressen

Abricadabra
01 42 03 39 07.
www.abricadabra.fr

France Miniature
25, route du Mesnil, 78990 Élancourt.
01 30 16 16 30.
www.franceminiature.com

Une Journée au Cirque
115, bd Charles de Gaulle, 92390 Villeneuve-la-Garenne.
01 47 99 40 40.
www.journeeaucirque.com

Le Saint Lambert
6, rue Peclet, 75015.
08 92 68 96 99.

Feuerwerk über dem Dornröschenschloss in Disneyland Resort Paris

Themenparks

Unter den Pariser Themenparks sind der Disneyland Park und der Walt Disney Studios Park sicher die spektakulärsten *(siehe S. 242–245)*. Sieben Hotels und ein Campingplatz bieten Unterkunft. Restaurants, Läden und ein Golfplatz sind ebenfalls vorhanden.

Der französische Themenpark **Parc Asterix** hat die Welt der Gallier zum Mittelpunkt. Sechs verschiedene »Welten« zeigen Gladiatoren und Sklavenversteigerungen, es gibt auch viele Fahrattraktionen. Der Park liegt 38 Kilometer nordöstlich von Paris. Man fährt mit der RER-Linie B zum Flugplatz Charles de Gaulle, von dort bringt Sie ein Shuttle-Bus zum Parc Asterix.

Donald Duck

Sport und Erholung

Der riesige Wasserpark **Aquaboulevard** ist genau das Richtige für sportliche Kids. Außerdem gibt es das neue Hallenbad im **Forum des Halles**. Weitere Hallen- und Freibäder in und um Paris finden Sie auf Seite 358f und im Magazin *Pariscope*.

Routinierte Inline-skater und Skateboarder tummeln sich vor dem Palais de Chaillot *(siehe S. 200)*. An Sonntagen kann man auf den für Autos gesperrten Straßen entlang der Seine (zwischen Châtelet und Bercy) skaten und Rad fahren.

Auf dem Gelände von Disneyland Resort Paris *(siehe S. 242–245)* gibt es eine Eislaufbahn und viele weitere Sportangebote.

Nostalgische Kirmes-Karussells findet man unweit Sacré-Cœur *(siehe S. 226f)* und beim Forum Les Halles *(siehe S. 109)*. Spaß macht auch eine Bootsfahrt. Verschiedene Gesellschaften bieten Rundfahrten an *(siehe S. 72f)*, die Boote legen an verschiedenen Stellen ab, aber die meisten passieren die Hauptsehenswürdigkeiten. Andere Touren starten bei La Villette und befahren das Kanalsystem.

Ferngesteuerte Modellboote sind eine Attraktion im Jardin du Luxembourg *(siehe S. 172)*. Ruder- und Tretboote kann man im Bois de Boulogne *(siehe S. 254f)* und im Bois de Vincennes *(siehe S. 235)* mieten. In diesen beiden Parks ist es auch möglich zu reiten *(siehe S. 357)*.

Läden für Kinder

Schicke Kindermode gibt es in ganz Paris genug. Die meisten Kinderboutiquen finden Sie in der Rue du Jour in Beaubourg und Les Halles. Es gibt auch viele gute Spielwarenläden wie **Au Nain Bleu** *(siehe S. 331)* oder die Filialen von **Apache** – leider nicht gerade preiswert *(siehe auch* Kindermode *S. 326)*.

Figuren aus *Tim und Struppi* (franz.: *Les aventures de Tintin*)

Adressen

Apache
46, rue du Commerce, 75015.
Stadtplan 10 E5.
01 40 43 10 04.
Eine von mehreren Filialen.

Aquaboulevard
4, rue Louis Armand, 75015.
01 40 60 10 00.
Mo–Fr 9–21, Sa, So 8–21 Uhr.

Parc Asterix
60128 Plailly. *08 26 30 10 40.*
Apr–Mitte Okt: Mo–Fr 10–18 Uhr, Sa, So, Feiertage 9.30–19 Uhr. **www**.parcasterix.fr

La Piscine des Halles
Forum des Halles, 10, pl de la Rotonde, 75001. **Stadtplan** 12 F2.
01 42 36 98 44. *Mo, Di, Do, Fr 11.30–22, Mi 10–23, Sa, So 9–19 Uhr.*

Skateboarder am Eiffelturm

Karussell bei Sacré-Cœur

Straßenleben und Märkte

An sonnigen Nachmittagen sind die Straßenkünstler vor dem Centre Pompidou *(siehe S. 110f)* eine Attraktion. Hier treten Musiker, Zauberer, Feuerschlucker und andere Artisten auf. Am Montmartre hat die Straßenmalerei lange Tradition, vor allem auf der Place du Tertre *(siehe S. 224)*.

Vermietung von Modellbooten im Jardin du Luxembourg

Dort können Sie Ihre Kinder porträtieren lassen. Es macht auch Spaß, mit der Standseilbahn zu Sacré-Cœur *(siehe S. 226f)* hinaufzufahren und dann durch die malerischen Straßen abwärtszuwandern.

Pariser Märkte sind farbenfroh und lebendig. Kinder mögen den Marché aux Fleurs auf der Île de la Cité *(siehe S. 81)*. Vielleicht finden sie auch den Lebensmittelmarkt in der Rue Mouffetard *(siehe S. 166 und 339)* verlockend. Der größte Flohmarkt ist der Marché aux Puces de St-Ouen an der Place Clignancourt *(siehe S. 233 und 339)*.

Andere beliebte Orte für Kinder sind die ruhigen Inseln in der Seine, die Île de la Cité oder die Île St-Louis.

Aussichtspunkte und Sehenswürdigkeiten

An erster Stelle auf der Kinder-Hitliste steht eine Fahrt auf den Eiffelturm *(siehe S. 194f)*. An klaren Tagen hat man eine großartige Aussicht über Paris und kann viele markante Gebäude und Punkte ausfindig machen, bei Nacht ist die Stadt ein magisches Lichtermeer. Die Fahrstühle verkehren bis 23 oder 24 Uhr. Für Eltern mit Kinderwagen: Die Auffahrt verläuft in drei Etappen, man muss zwischendurch umsteigen.

Weitere interessante Sehenswürdigkeiten für Kinder sind Sacré-Cœur *(siehe S. 226f)* mit der eiförmigen Kuppel – nach dem Eiffelturm der zweithöchste Punkt in Paris – und Notre-Dame *(siehe S. 82f)* auf der Île de la Cité. Kinder füttern gern die Tauben auf dem Platz an der Kathedrale und lauschen gebannt der Geschichte vom Glöckner von Notre-Dame. Kinder und Erwachsene gleichermaßen bewundern die ebenfalls auf der Île de la Cité gelegene, bezaubernde Sainte-Chapelle *(siehe S. 88f)*; für Jugendliche unter 18 Jahren gilt immer freier Eintritt.

Ein Kontrast zum alten Paris ist ein Besuch des imposanten Centre Pompidou *(siehe S. 110f)*. Man kann dort die raupenartigen Rolltreppen an der Außenseite hinauffahren und vom Café auf der Dachterrasse den Rundblick genießen.

Der 56-stöckige Montparnasse-Turm *(siehe S. 178)* bietet einen großartigen Ausblick, auf der obersten Terrasse stehen Fernrohre. Auch der riesige Torbogen in La Défense *(siehe S. 255)* hat Fahrstühle zu den Ausstellungsebenen, von denen aus man weit sehen kann.

Andere Interessen

Kinder gewinnen Neuem schnell die lustige Seite ab. Man kann Les Égouts, die Kläranlage der Stadt Paris, besuchen und einen kurzen

Rolltreppen am Centre Pompidou

Rundgang durch das Kanalsystem machen *(siehe S. 190)*. Auf Informationstafeln wird der Klärprozess in vielen Sprachen erläutert. Die Catacombes *(siehe S. 179)* sind spannende unterirdische Gänge, in denen uralte Schädel bewahrt sind.

Auf der Île de la Cité befindet sich die Conciergerie *(siehe S. 81)*, wo viele Aristokraten ihre letzten Tage verbrachten. Die Wachsfiguren des Grévin am Boulevard Montmartre *(siehe S. 218)* faszinieren mit Geräuscheffekten, sind aber auch recht realitätsnah und gruselig.

Notfälle

Im Notfall kann man die Kinderhilfsorganisation **Enfance et Partage** rund um die Uhr kostenlos anrufen. Eine der größten Kinderkliniken mit Notaufnahme ist das **Hôpital Necker**.

Enfance et Partage
08 00 05 12 34.
www.enfance-et-partage.org

Hôpital Necker
149, rue de Sèvres, 75015. **Stadtplan** 15 B1.
01 44 49 40 00.
www.aphp.fr

Grund-
informationen

Praktische Hinweise

Es gibt unglaublich viel zu erleben und zu entdecken in Paris. Ein wenig Planung im Voraus kann Zeit sparen und helfen, Enttäuschungen zu vermeiden. Nutzen Sie das Angebot der Informationsbüros, und erkundigen Sie sich nach aktuellen Öffnungszeiten der Sehenswürdigkeiten. Eine Führung bringt Sie zuverlässig zu den Highlights *(siehe S. 383)*. Mit dem *Paris Museum Pass* haben Sie freien Eintritt ohne Wartezeit zu vielen Museen und Sehenswürdigkeiten *(siehe S. 367)*. Zu bestimmten Tageszeiten und an Sonntagen sind Eintrittspreise bisweilen reduziert. Beachten Sie, dass einige Läden und Museen montags geschlossen bleiben. Studenten und Senioren erhalten fast überall Ermäßigungen *(siehe S. 368)*. Mit dem Kauf eines *carnet* oder einer Zeitkarte vereinfacht und verbilligt man die Nutzung der öffentlichen Verkehrsmittel *(siehe S. 382 und 384–387)*.

Logo des Informationsbüros

Einreise

Frankreich ist Teilnehmer des Schengener Abkommens. Für Bürger aus EU-Staaten entfallen Grenzkontrollen bei der Einreise in der Regel praktisch ganz. Der Reisepass bzw. Personalausweis muss natürlich trotzdem mitgeführt werden.

Ausländer, die legal in Deutschland leben und einen Pass sowie einen Aufenthaltstitel haben, dürfen sich für einen touristischen Aufenthalt mit einer Dauer von maximal drei Monaten in Frankreich ohne Visum aufhalten.

Wer mit dem eigenen Fahrzeug aus dem Ausland nach Frankreich einreist, muss Führerschein und Fahrzeugschein mit sich führen.

Zoll

Zwischen den EU-Staaten sind die Beschränkungen bezüglich Mehrwertsteuer und zollpflichtiger Waren weggefallen, sofern diese Waren für den persönlichen Gebrauch und nicht für den Verkauf bestimmt sind. Sollten die mitgeführten Warenmengen die von der EU festgelegten Grenzen übersteigen, kann es sein, dass man nachweisen muss, dass diese Waren trotzdem ausschließlich für den persönlichen Gebrauch bestimmt sind. Kann man das nicht belegen, dann wird die Gesamtmenge der Waren unter Umständen beschlagnahmt. Jugendliche unter 18 Jahren dürfen keinen Alkohol und keine Zigaretten einführen.

Information

Der Hauptsitz des Pariser Fremdenverkehrsbüros **Office du Tourisme et des Congrès de Paris** liegt in der Nähe des Jardin des Tuileries *(siehe S. 130)*. Hier erhalten Sie aktuelle Stadtpläne, den *Paris Museum Pass* sowie Broschüren und Informationen aller Art.

Filialen gibt es an der Gare du Nord, der Gare de l'Est und der Gare de Lyon, an der Métro-Station Anvers, an der Place du Tertre in Montmartre und während Messen im Messezentrum Paris Expo an der Porte de Versailles. Info-Kioske finden Sie in den Sommermonaten bei Sehenswürdigkeiten wie Notre-Dame und dem Hôtel de Ville.

Eintritt

Sie können in Paris mehr als 170 Museen und Denkmäler besichtigen. In der Regel wird Eintritt verlangt (meist zwischen 6 und 10 €), einige staatliche Museen zeigen ihre ständigen Ausstellungen am ersten Sonntag im Monat kostenlos, die städtischen Museen an allen Sonntagen. Einige Museen bieten reduzierte Eintrittspreise zu ihrer Abendöffnung. So gelten im Louvre mittwochs und freitags von 18 bis 22 Uhr ermäßigte Tarife. Jugendliche unter 18 Jahren haben in vielen Einrichtungen – z.B. in praktisch allen staatlichen Museen – freien Eintritt. Schüler, Studenten und alle zwischen 18 und 26 sowie über 60 Jahre bekommen oft Ermäßigungen. Zum Nachweis ist die Vorlage des Personalausweises oder des Reisepasses erforderlich.

Der *Paris Museum Pass* gilt für über 60 Museen und Denkmäler (einschließlich Louvre und Centre Pompidou). Er berechtigt zu einer unbegrenzten Anzahl von Besichtigungen innerhalb von

Der Eintritt zum Musée d'Orsay ist an jedem ersten Sonntag des Monats frei

◁ **Blick auf den Pont Neuf *(siehe S. 86)* und die Île de la Cité** zwei (32 €), vier (48 €) oder sechs Tagen (64 €) – ohne Wartezeiten an den Kassen. Der Pass ist in Museen erhältlich, in großen Métro- und RER-Stationen, bei FNAC-Ticketstellen, in den Filialen des **Office du Tourisme et des Congrès de Paris** und im Internet (**www**.parismuseumpass.com).

Informationen zum praktischen Pass *Paris Visite*, der neben der Nutzung aller öffentlichen Verkehrsmittel den reduzierten oder kostenlosen Eintritt zu einigen Kultureinrichtungen einschließt, finden Sie auf Seite 382.

Öffnungszeiten

Die Öffnungszeiten für Museen sind im jeweiligen Abschnitt dieses Buchs angegeben. Die meisten Museen haben zwischen 10 und 17 oder 18 Uhr geöffnet. Städtische Museen bleiben in der Regel montags geschlossen. Die Nationalmuseen, z. B. der Louvre, sind täglich außer dienstags geöffnet. Zu den Ausnahmen zählen Versailles und das Musée d'Orsay, die beide montags Ruhetag haben. Die Ticketschalter schließen meist 30 bis 45 Minuten vor Schließung des Museums. Um lange Schlangen vor den Toren der Museen und das Gedränge vor den Exponaten zu vermeiden, sollte man gleich morgens kommen oder die verlängerten Abendöffnungszeiten der großen Museen (meist bis 18 bis 22 Uhr an einem oder zwei Tagen unter der Woche) nutzen.

Die meisten Pariser Läden und Unternehmen haben montags bis freitags von 9 oder 10 Uhr bis 19 oder 20 Uhr geöffnet, im Sommer oder vor Feiertagen auch länger. Kleinere Läden öffnen meist früher und schließen oft mittags gegen 13 Uhr für eine oder zwei Stunden. In den Sommermonaten (meist im August) machen vielen Läden und Restaurants einen Monat lang Urlaub. Restaurants haben in der Regel einen Ruhetag pro Woche.

Kartenvorverkauf: Kiosque Théâtre

Infos und Tickets

Die wichtigsten Info-Magazine für Paris sind *Pariscope* und *L'Officiel des Spectacles (siehe S. 340)*. Sie erscheinen wöchentlich am Mittwoch und geben einen umfassenden Überblick über Veranstaltungen (auch Kino), Ausstellungen, Clubs, Cabarets und Restaurants. Man erhält die Magazine an jedem Zeitungskiosk in der Stadt. FNAC-Agenturen gibt es einige in Paris. Sie erledigen Vorbestellungen sowie den Kartenvorverkauf für viele der Veranstaltungen. Informationen können hier auch telefonisch erfragt werden *(siehe S. 341)*.

Die Kiosques Théâtre verkaufen Theaterkarten für denselben Tag zum Teil mit 50 Prozent Nachlass. Man findet die Kioske an der Place de la Madeleine, am Vorplatz der Gare Montparnasse und an der Place des Ternes *(siehe S. 341)*.

AUF EINEN BLICK

Zoll

Centre des Renseignements des Douanes
08 11 20 44 44.
Mo–Fr 8.30–18 Uhr.
www.douane.gouv.fr

Informationsbüros

Office du Tourisme et des Congrès de Paris
Hauptbüro
25, rue des Pyramides, 75001. **Stadtplan** 12 E1.
08 92 68 30 00.
Juni–Okt: tägl. 9–19 Uhr; Nov–Mai: Mo–Sa 10–19, So 11–19 Uhr. *1. Mai.*
www.parisinfo.com; **http**://de.parisinfo.com

Büro Anvers
72, bd Rochechouart, 75018. **Stadtplan** 7 A2.
tägl. 10–18 Uhr.

Büro Gare de l'Est
Place du 11 novembre 1918, 75010.
Stadtplan 7 C3.
Mo–Sa 8–19 Uhr.

Büro Gare de Lyon
20, bd Diderot, 75012.
Stadtplan 18 F1.
Mo–Sa 8–18 Uhr.

Büro Gare du Nord
18, rue de Dunkerque, 75010. **Stadtplan** 7 B2.
tägl. 7–18 Uhr.

Büro Paris Expo
1, pl de la Porte de Versailles, 75015. *während Messen: 11–19 Uhr.*

Kiosque Clemenceau
Ecke Champs-Élysées und Ave Marigny, 75008.
Stadtplan 5 B5. *Sommer: 10–19 Uhr.*

Kiosque Notre-Dame
Parvis de Notre-Dame, 75004. **Stadtplan** 13 A4.
Sommer: 10–19 Uhr.

Infos im Ausland

Atout France
www.franceguide.com

Atout France Deutschland
Zeppelinallee 37, 60325 Frankfurt am Main.
0900 157 00 25.
www.de.franceguide.com

Atout France Schweiz
Rennweg 42, 8023 Zürich.
044 217 46 00.
www.ch-de.franceguide.com

Botschaften

Deutschland
13–15, ave Franklin D. Roosevelt, 75008.
Stadtplan 11 A1.
01 53 83 45 00.
FAX *01 43 59 74 18.*
www.paris.diplo.de
info@paris.diplo.de

Österreich
6, rue Fabert, 75007.
Stadtplan 11 A2.
01 40 63 30 63.
FAX *01 45 55 63 65.*
www.amb-autriche.fr

Schweiz
142, rue de Grenelle, 75007. **Stadtplan** 10 F3.
01 49 55 67 00.
FAX *01 49 55 67 67.*
www.eda.admin.ch/paris

Französische Botschaften
In Deutschland
Pariser Platz 5, 10117 Berlin. *030-590 03 90 00.* **www**.botschaft-frankreich.de

In Österreich
Technikerstraße 2, 1040 Wien. *01-50 27 50.*
www.ambafrance-at.org

In der Schweiz
Schlosshaldenstrasse 46, 3006 Bern.
031 359 21 91.
www.ambafrance-ch.org

Behinderte Reisende

Die Einrichtungen für behinderte Reisende in Paris haben sich deutlich verbessert. So wurden für Rollstuhlfahrer und Gehbehinderte die Gehwegkanten an Kreuzungen abgesenkt. Viele Restaurants, Hotels und öffentliche Gebäude wie Museen haben entsprechende Umbauten vorgenommen und u. a. Rampen eingebaut. Die erste und zweite Ebene des Eiffelturms ist für Rollstuhlfahrer zugänglich, zudem wurde für sie der Tarif gesenkt. Rollstuhlfahrer und ihre Begleiter haben freien Zugang zu Musée d'Orsay und Louvre.

Das Logo von Tourisme & Handicap an immer mehr Sehenswürdigkeiten signalisiert den barrierefreien Zugang für Menschen mit körperlicher oder geistiger Behinderung. Das Office du Tourisme et des Congrès *(siehe S. 367)* hält ein Merkblatt *(Les Sites Labellisés »Tourisme & Handicap« à Paris et en Ile-de-France)* bereit, das entsprechende Einrichtungen auflistet. Auch der Verband **Jaccede** bietet detaillierte Informationen (auf Französisch) zu barrierefreien Museen, Hotels, Bars, Restaurants und Kinos in ganz Frankreich.

Métro-Stationen und Buslinien mit barrierefreiem Zugang sind auf den ausgehängten Plänen mit einem Rollstuhl-Symbol gekennzeichnet. Die Website **www.infomobi.com** der RATP informiert detailliert über Stationen und Verkehrsmittel mit barrierefreiem Zugang. Die großen Bahnhöfe und neuere Fernstreckenzüge verfügen über Rampen und Aufzüge für Rollstuhlfahrer, Auszeichnungen in Brailleschrift und Induktionsverstärker für Hörbehinderte. **Accès Plus** ist ein kostenfreies Begleitangebot für behinderte Reisende in Frankreich. **Les Compagnons du Voyage** stellt behinderten Reisenden gegen eine geringe Gebühr eine Begleitung im öffentlichen Verkehr.

Logo von Tourisme & Handicap

Einige Pariser Taxifirmen (wie G7, *siehe S. 389)* haben Fahrzeuge speziell für behinderte Fahrgäste ausgestattet. Taxifahrer sind gesetzlich verpflichtet, behinderte Fahrgäste zu befördern.

Weitere Informationen zu öffentlichen Verkehrsmitteln für Behinderte bietet **GIHP**.

Der Eiffelturm ist für Rollstuhlfahrer zugänglich

Studenten

Studenten mit gültigem Studentenausweis erhalten in Theatern, Museen, Kinos und vielen Sehenswürdigkeiten Ermäßigungen zwischen 25 und 50 Prozent. Eine *Carte Jeune*, die französische Variante des Studentenausweises, gibt es beim **CIDJ** (Centre d'Information et de Documentation Jeunesse), ein internationaler Studentenausweis leistet dieselben Dienste.

Das **BVJ** (Bureau des Voyages de la Jeunesse) verfügt in Paris über zwei Hostels *(siehe S. 279)*.

Senioren

Einige Museen, Denkmäler, Theater und Kinos gewähren Besuchern ab 60 Jahren vergünstigten Eintritt. Im Théâtre du Châtelet *(siehe S. 347)* erhalten Gäste ab 65 Jahren bei Vorlage eines Lichtbildausweises 15 Minuten vor Vorstellungsbeginn reduzierte Tickets. Die Reedereien Canauxrama und Paris Canal bieten ebenfalls reduzierte Tickets für Senioren.

Außerhalb der Hauptverkehrszeiten reisen Senioren über 60 Jahre in den Zügen der **SNCF** mit 25 Prozent Ermäßigung auf das Ticket.

Etikette und Rauchen

In Paris wird auf gepflegte Umgangsformen sehr viel Wert gelegt. Beim Betreten eines Ladens oder eines Cafés sollte man die anwesenden Besitzer bzw. das Personal mit »Bonjour Madame« oder »Bonjour Monsieur« grüßen, beim Verlassen mit »Au revoir« (»Auf Wiedersehen!«). Beim Bestellen sollte das »s'il vous plaît« (»Bitte!«) nicht fehlen. Mit »pardon« (»Verzeihung!«) entschuldigt man einen Rempler oder eine andere Unachtsamkeit.

In Frankreich reicht man Fremden, Arbeitskollegen und entfernt Bekannten die Hand. Freunde und gute Bekannte begrüßen sich mit einem (vagen) Kuss auf beide Wangen. Ist man sich unsicher, sollte man das Verhalten seines Gegenübers abwarten.

Rauchen ist seit 2008 in allen öffentlichen Gebäuden verboten. Auf offenen Terrassen von Restaurants und Cafés ist Rauchen gestattet.

Toiletten

Automatische, selbstreinigende Toiletten findet man im gesamten Stadtgebiet von Paris. Die zum Teil kostenlosen Kabinen sind behindertengerecht ausgestattet. Kinder unter zehn Jahren dürfen die Toiletten nicht ohne Begleitung eines Erwachsenen benutzen. Im Pariser Stadtgebiet gibt es zudem über 30 kostenlose öffentliche Bedürfnisanstalten. Ihren genauen Standort erfahren Sie auf der Website des Pariser Rathauses (Mairie de Paris).

Zeitzone

Frankreich, Deutschland, Österreich und die Schweiz liegen alle in der Mitteleuropäischen Zeitzone (MEZ). Die Sommerzeit gilt von Ende März bis Ende Oktober.

Elektrizität

In Frankreich beträgt die Stromspannung wie überall in Europa 230 Volt, 50 Hz. Flache, zweipolige Stecker passen immer. Ein Adapter ist nicht erforderlich.

Mit Haustieren reisen

Ihren Hund oder Ihre Katze können Sie auch nach Frankreich mitnehmen, wenn das Tier älter als drei Monate und gegen Tollwut geimpft ist. Pflicht ist der EU-Heimtierausweis (nur mit Chip oder Tätowierung gültig).

Umweltbewusst reisen

Ein breites Bewusstsein für ökologische Notwendigkeiten zum Schutz der Umwelt hat sich in Frankreich relativ spät, dafür aber mit Nachdruck entwickelt. Kompost-Boxen stehen plötzlich auf allen noch so schmalen Balkonen, Bio-Märkte liegen voll im Trend, Wertstofftonnen werden an Bahnhöfen und in Métro-Stationen montiert, Hotels setzen umweltfreundliche Produkte ein, und die pflegebewussten Franzosen setzen verstärkt auf Kosmetikprodukte ohne chemische Zusätze.

Mehr als 400 Parks und Gärten im Pariser Stadtgebiet versorgen die Metropole mit frischer Luft. Nachhaltige Stadtplanung hat heute Priorität. »Écoquartiers« schießen aus dem Boden. Ein Beispiel hierfür ist die ZAC Gare de Rungis im 13. Arrondissement: Hier wird Solarenergie für die Warmwasser- und Stromerzeugung genutzt, Wasserkollektoren werden für die Bewässerung der Grünflächen eingesetzt, Recycling ist allgegenwärtig, Fußgänger und Radfahrer sowie öffentliche Verkehrsmittel haben Vorrang vor motorisiertem Individualverkehr. Selbst der riesige Eiffelturm bezieht seine Energie zu 100 Prozent aus erneuerbaren Quellen.

Frische Erzeugnisse auf einem Bio-Markt in Paris

Viele Pariser Hotels tragen mittlerweile das Europäische Ecolabel bzw. den *Clef Verte* als Beleg für verantwortungsvollen Gebrauch von Wasser und Strom sowie für Müllvermeidung und geringen Einsatz chemischer Stoffe.

Beliebt sind »Bio«-Cafés und Restaurants wie das **97 Bio**, die **Phyto Bar** mit makrobiotischen Speisen oder **Le Petit Bazaar**, das Kaffee aus fairem Handel und Spielzeug aus Recycling-Materialien verkauft.

Bio-Wochenmärkte findet man am Boulevard Raspail, an der Place Brancusi und am Boulevard Batignolles. Bio-Supermärkte wie Naturalia und Biocoop gibt es überall in der Stadt. **Le Marché des Gastronomes** verkauft Erzeugnisse aus Bio-Anbau und solche aus fairem Handel.

AUF EINEN BLICK

Behinderte Reisende

Accès Plus
08 90 64 06 50, dann die 1 (Terminvereinbarung zwei Tage im Voraus).
www.accesplus.sncf.fr

Groupement pour l'Insertion des Personnes Handicapées Physiques (GIHP)
32, rue de Paradis, 75010.
Stadtplan 7 B4.
01 43 95 66 36.
www.gihpnational.org

Infomobi
08 10 64 64 64.
www.infomobi.com

Jaccede
10, passage Turquetil, 75011.
09 50 76 75 36.
www.jaccede.com

Les Compagnons du Voyage
163 bis, ave de Clichy, 75017.
01 58 76 08 33.
www.compagnons.com

Studenten

BVJ
20, rue Jean-Jacques Rousseau, 75001.
Stadtplan 12 F2.
01 53 00 90 90.
44, rue des Bernardins, 75005.
Stadtplan 13 B5.
01 43 29 34 80.

CIDJ
101, quai Branly, 75015.
Stadtplan 10 E2.
01 44 49 12 00.
www.cidj.com

Senioren

Canauxrama
13, quai de la Loire, 75019.
Stadtplan 8 F1.
01 42 39 15 00.
www.canauxrama.com

Paris Canal
21, quai de la Loire, 75019.
Stadtplan 8 F1.
01 42 40 96 97.
www.pariscanal.com

SNCF
36 35.
www.voyages-sncf.com

Toiletten

Mairie de Paris
Sanisettes Parisiennes
www.paris.fr

Umweltbewusst reisen

97 Bio
97, rue Jouffroy d'Abbans, 75017.
Stadtplan 4 F2.
01 42 27 06 67.

Le Marché des Gastronomes
9, pl Pigalle, 75009.
Stadtplan 6 E2.
01 80 06 85 56.

Le Petit Bazaar
128, ave Émile Zola, 75015.
01 76 90 73 17.

Phyto Bar
47, bd St-Germain, 75005.
Stadtplan 13 B5.
01 44 07 36 99.
www.chatelet-theatre.com

Stadtplan *siehe Seiten 390–423*

Sicherheit und Notfälle

Ganz allgemein gilt: Paris bietet so viel Sicherheit und birgt so viele Gefahren wie jede andere Stadt dieser Größenordnung auch – mit gesundem Menschenverstand hält man sich in der Regel Ärger vom Hals. Sollten Sie krank werden, so werden Sie zunächst in einer der vielen Apotheken der Stadt immer Rat und Hilfe finden. Bei ernsthaften Erkrankungen finden Sie Hilfe bei einer der unten aufgeführten Notrufnummern. Darüber hinaus gibt es – zum Teil auch in deutscher Sprache – eine Reihe von Einrichtungen für Notfälle verschiedenster Art, an die Sie sich wenden können.

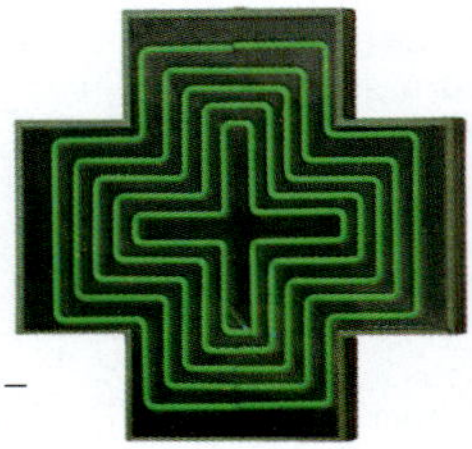

Apothekenschild

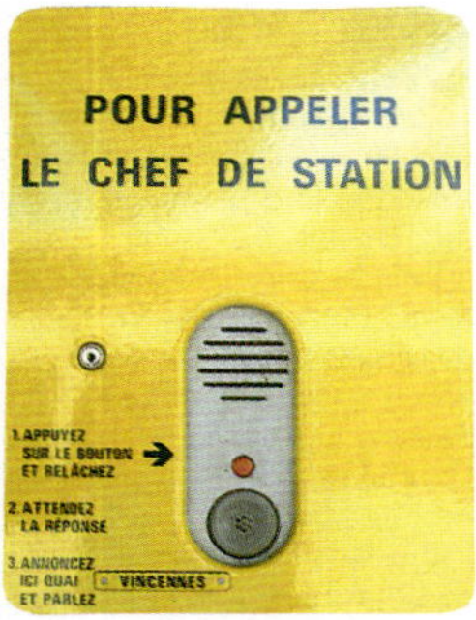

Notfall-Knopf in der Métro-Station

Notruf, Notdienste

SAMU (Rettungsdienst)
15 oder 112 (kostenlos).

Polizei
17 oder 112 (kostenlos).

Pompiers (Feuerwehr)
18 oder 112 (kostenlos).

Europäische Notrufnummer
112 (kostenlos).

SOS Médecins (Notarzt)
36 24.
www.sosmedecins-france.fr

SOS Dentaire (Zahnarzt)
01 43 37 51 00.

Brandverletzungen
Hôpital Cochin, 75014.
01 58 41 41 41.

SOS Help (englischsprachige Hilfe)
01 46 21 46 46.

SOS Psychiatrie
01 47 07 24 24.

Geschlechtskrankheiten
01 40 78 26 00.

Giftnotruf
01 40 05 48 48.

Polizei

Die Pariser Polizisten sind im Umgang mit ausländischen Besuchern sehr erfahren. Viele Polizeibeamte tragen an ihrer Uniform einen Aufnäher, der sie als mehrsprachig ausweist – anhand des Aufnähers kann man leicht erkennen, welche Sprachen der Beamte spricht. Ein Diebstahl, ein Überfall, der Verlust von Eigentum sowie vermisste Personen müssen persönlich bei einer Polizeidienststelle gemeldet werden. Die zentralen Dienststellen *(Commissariat de Police)* sind rund um die Uhr besetzt. Dort gibt es auch die Software SAVE (Système d'Accueil des Victimes Etrangères) in 20 Sprachen, mit der man eine Anzeige aufgeben kann. Bei Verlust des Passes oder Personalausweises wenden Sie sich an Ihre Botschaft *(siehe S. 367)*.

Vorsichtsmaßnahmen

Paris ist eine überraschend sichere Stadt. Vor allem im Zentrum sind wirklich gefährliche Übergriffe relativ selten, auch wenn Raubüberfälle und Schlägereien vorkommen. Dennoch sollten Sie nachts schlecht beleuchtete Straßen und abgelegene Gegenden meiden. Achten Sie vor allem in der Métro und im Bus während der Hauptverkehrszeiten auf Taschendiebe. Handtaschen sollte man verschlossen und dicht am Körper tragen. Nehmen Sie nur so viel Bargeld mit, wie Sie wirklich benötigen – zumal Kreditkarten fast überall in Paris akzeptiert werden.

Wenn Sie spätnachts unterwegs sind, tun Sie – vor allem als Frau – gut daran, lange Gänge in den Métro-Stationen zu vermeiden, z. B. in den Stationen Châtelet-Les Halles und Montparnasse. Vor allem

Feuerwehrmann

Polizistin

Polizist

Pariser Polizeiauto

Löschwagen der Feuerwehr

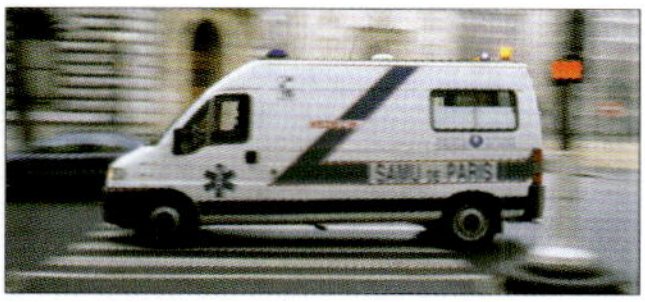

Krankenwagen

die RER-Stationen sind Treffpunkte von Jugendlichen, die sich in Paris vergnügen, aber hin und wieder auch randalieren. Sie sollten es zudem vermeiden, mit der letzten RER-Bahn hinaus in die Vorstädte zu fahren.

Eine Rechtsschutz- und Reiseversicherung kann im Ausland nützlich sein. Während des Aufenthalts auf Bahnhöfen oder in Métro-Stationen sollte man sein Gepäck niemals unbeaufsichtigt lassen, um nicht einen Bombenalarm auszulösen.

Im Notfall

Geraten Sie in einer Métro-Station in Schwierigkeiten, wenden Sie sich über das gelbe Telefon mit der Aufschrift *Chef de Station* an den Stationsleiter oder gehen Sie zum Fahrkartenschalter am Eingang. In den Zügen und in den Bahnhöfen gibt es Alarmvorrichtungen. Sollte Ihnen auf der Straße etwas zustoßen, wenden Sie sich an einen Polizeibeamten oder wählen Sie von jedem (Mobil-)Telefon die 112 (Europäische Notrufnummer).

Die RATP, die für den öffentlichen Personennahverkehr zuständig ist, verbessert ihre Sicherheitsstandards kontinuierlich. So wurden Kameras an Bahnhöfen, in Stationen sowie in Zügen und Bussen installiert. In den stark frequentierten Bezirken sollte man sich vor Taschendieben in Acht nehmen. In der Gegend um Les Halles sollte man nachts und an Wochenenden vorsichtig sein.

Bei einem medizinischen Notfall rufen Sie SAMU (Rettungsdienst) oder die Feuerwehr (Sapeurs-Pompiers), die ausgesprochen effizient organisiert ist.

Sind Sie Opfer eines Verkehrsunfalls geworden, wird Sie die Polizei zur medizinischen Untersuchung zur Notaufnahme unweit von Notre-Dame bringen.

Krankenhäuser und Apotheken

Gesetzlich versicherte Bürger der EU-Staaten und der Schweiz haben ein Anrecht auf notwendige medizinische Behandlung in Frankreich. Bei der Abwicklung der Formalitäten hilft Ihre EHIC-Karte (European Health Insurance Card), die mit der normalen Krankenversichertenkarte einer (gesetzlichen) Krankenversicherung identisch ist. Einige Leistungen, darunter der Krankenrücktransport, sind damit allerdings nicht abgedeckt. Wer ganz sicher sein will, schließt am besten vorher eine zusätzliche Reiseversicherung ab.

Krankenhäuser mit Notaufnahme sind im Stadtplan *(siehe S. 390–423)* eingetragen. Im **Hôpital Américain de Paris** und im **Institut Hospitalier Franco-Britannique** findet man englischsprachige Ärzte. Das **Centre Médical Europe** ist eine relativ preiswerte Privatklinik mit einer zahnmedizinischen Ambulanz.

Apotheken gibt es in Paris reichlich, einige mit langen Öffnungszeiten finden Sie rechts aufgeführt. Man erkennt Apotheken am grünen Kreuz an der Hausfront. Schilder verweisen auf die aktuellen Notapotheken.

AUF EINEN BLICK

Krankenhäuser

Centre Médical Europe
44, rue d'Amsterdam, 75009.
Stadtplan 6 D3.
01 42 81 93 33.
Mo–Sa 8–20 Uhr.
Privatklinik.

Hôpital Américain de Paris
63, bd Victor-Hugo,
92200 Neuilly-sur-Seine.
Stadtplan 1 A3.
01 46 41 25 25.
Privatklinik.

Institut Hospitalier Franco-Britannique
3, rue Barbès,
92300 Levallois-Perret.
Stadtplan 7 A1.
01 46 39 22 22.
Privatklinik.

Apotheken

British and American Pharmacy
1, rue Auber, 75009.
Stadtplan 6 D4.
01 42 65 88 29.
Mo–Fr 8.30–20.30 Uhr, Sa 10–20 Uhr.

Pharmacie Anglo-Americaine
37, ave Marceau, 75016.
Stadtplan 10 E1.
01 47 20 57 37.
Mo–Fr 8.30–19.30 Uhr, Sa 9–17 Uhr.

Pharmacie Bader
12, bd St-Michel, 75005.
Stadtplan 12 F5.
01 43 26 92 66.
Mo–Sa 9–21 Uhr, So 11–21 Uhr.

Pharmacie des Halles
10, bd Sébastopol, 75004.
Stadtplan 13 A3.
01 42 72 03 23.
Mo–Sa 9–24 Uhr, So 9–22 Uhr.

Pharmacie Les Champs
84, ave des Champs-Élysées, 75008.
Stadtplan 4 F5.
01 45 62 02 41.
tägl. 24 Stunden.

Banken und Währung

In Frankreich macht man ausgiebig Gebrauch von der Kreditkarte. Fast alle Hotels und Restaurants sowie viele Läden akzeptieren diese praktische Methode der bargeldlosen Bezahlung. Geldautomaten findet man überall in der Stadt. Für Besucher aus der Schweiz empfiehlt sich der Geldwechsel bei einer Bank.

Stammsitz der Société Générale

Banken und Geldwechsel

Für die Ein- und Ausfuhr von Bargeld gibt es – sowohl was die Höhe als auch was die Währung betrifft – keine Beschränkungen.

Wechselstuben *(bureaux de change)* finden Sie am Flughafen und an allen großen Bahnhöfen. Banken bieten gute Kurse, erheben aber eine Umtauschgebühr. Wechselstuben verlangen zwar keine Gebühr, tauschen jedoch oft zu ungünstigeren Kursen. Die größten französischen Banken sind BNP Paribas, Société Générale, Crédit Agricole und Crédit Mutuel (CIC).

Banken in und um Paris haben in der Regel montags bis freitags von 9.15 bis 16.15 Uhr geöffnet, Wechselstuben im Zentrum montags bis samstags zwischen 9 und 19 Uhr. Die Wechselstuben an den Bahnhöfen sind oft auch sonntags offen, die an den Flughäfen meist täglich von 7 bis 23 Uhr. Am Tag vor einem Feiertag schließen Banken bereits um 12 Uhr.

Fast alle Banken haben Geldautomaten, bei den meisten stehen sie rund um die Uhr zur Verfügung.

Kreditkarten

Aufgrund der hohen Gebühren werden Kreditkarten von **American Express** und **Diners Club** nicht überall angenommen. Vorteilhafter sind deshalb **Visa** und **MasterCard**.

Viele französische Kreditkarten sind inzwischen mit Mikrochips *(puce)* anstelle von Magnetstreifen ausgestattet. Bei der Bezahlung mit solchen Karte muss man die entsprechende PIN eingeben. In der Regel funktionieren jedoch auch Magnetstreifen-Karten problemlos.

Geldautomaten

Wenn Ihre Bankkarte das **Maestro-/EC-**Zeichen trägt, können Sie jederzeit an Geldautomaten Geld abheben. Fast alle Automaten akzeptieren auch Visa-Karten oder MasterCard, wenn sie mit einer PIN gekoppelt sind. Die meisten Geldautomaten

Lesegerät für Kredit- und Bankkarten

bieten die Anweisungen in mehreren Sprachen. Die Gebühren für eine Abhebung mit Kredit- oder Debitkarte sind von Anbieter zu Anbieter unterschiedlich.

Mit der EU-Standardüberweisung und dem SEPA-Lastschriftverfahren können Sie kostengünstig Beträge bis zu 50 000 Euro innerhalb der EU überweisen. Dafür brauchen Sie IBAN (International Bank Account Number) und BIC (Bank Identifier Code, Bankleitzahl) des Empfängers.

Geldanweisung

Über Firmen wie Western Union oder **MoneyGram** kann man Geld ins Ausland anweisen. Die **Banque Postale** vertritt Western Union in Frankreich. Eine Anweisung lässt sich über das Internet in Verbindung mit einer Kreditkarte vornehmen oder in einer Filiale der genannten Firmen. Um das angewiesene Geld abzuholen, benötigt man Reisepass bzw. Personalausweis und eine Referenznummer.

AUF EINEN BLICK

Wechselstuben

Le Comptoir des Tuileries
27, rue de l'Arbre Sec, 75001.
Stadtplan 12 F2.

Global Change
134, bd St-Germain, 75006.
Stadtplan 12 F4.
49, ave de l'Opéra, 75002.
Stadtplan 6 E5.

Travelex
45, ave de l'Opéra, 75001.
Stadtplan 6 E5.
Gare du Nord
(gegenüber Eurostar-Terminal).
Stadtplan 7 B2.

Kartenverlust

Allgemeine Notrufnummer
00 49 116 116.
www.116116.eu

American Express
01 47 77 70 00.

Diners Club
0810 31 41 59.

MasterCard
0800 90 13 87.

Visa (Carte Bleue)
0800 90 11 79.

Maestro-/EC-Karte
0049 69 740 987.

Geldanweisung

Banque Postale (Western Union)
11, rue des Sèvres, 75006.
Stadtplan 15 B1.
www.labanquepostale.fr

MoneyGram
29, bd de la Chapelle, 75010.
Stadtplan 7 C1.
www.moneygram.com

Währung

Die europäische Gemeinschaftswährung Euro (€) gilt in 17 EU-Staaten: Belgien, Deutschland, Estland, Finnland, Frankreich, Griechenland, Irland, Italien, Luxemburg, Malta, Niederlande, Österreich, Portugal, Slowakei, Slowenien, Spanien und in der Republik Zypern. Alte Francs-Scheine und -Münzen sind ungültig. Scheine können bis 17. 2. 2012 bei der Banque de France umgetauscht werden (**www**.banque-france.fr). Alle Euroscheine sind einheitlich gestaltet, bei den Münzen prägt jedes Land unterschiedliche Rückseiten. Seit 2004 kann jeder Eurostaat einmal jährlich eine Zwei-Euro-Gedenkmünze bedeutender Ereignisse herausgeben. Alle diese Münzen gelten in jedem Staat der Eurozone.

Euro-Banknoten

Euro-Banknoten gibt es in sieben Werten (5, 10, 20, 50, 100, 200 und 500 €). Die unterschiedlich großen Scheine wurden vom Österreicher Robert Kalina entworfen und zeigen Architekturelemente und Baustile verschiedener Epochen, eine Europakarte und die EU-Flagge mit den zwölf Sternen.

5-Euro-Schein
(Baustil: Klassik)

10-Euro-Schein (Baustil: Romanik)

20-Euro-Schein
(Baustil: Gotik)

50-Euro-Schein
(Baustil: Renaissance)

100-Euro-Schein (Baustil: Barock & Rokoko)

200-Euro-Schein
(Eisen- und Glasarchitektur)

500-Euro-Schein (Moderne Architektur des 20. Jhs.)

2-Euro-Münze

1-Euro-Münze

50-Cent-Münze

20-Cent-Münze

10-Cent-Münze

Euromünzen

Euromünzen gibt es in acht Werten (2 €, 1 € sowie 50, 20, 10, 5, 2 und 1 Cent). Die einheitlichen Vorderseiten entwarf der Belgier Luc Luycx; die Rückseiten sind in jedem Land anders gestaltet. Auch San Marino, der Vatikanstaat und Monaco prägen eigene Münzen.

5-Cent-Münze

2-Cent-Münze

1-Cent-Münze

Kommunikation und Medien

Logo der Post

Die französische Telefongesellschaft heißt France Télécom, der allgemeine Postdienst La Poste. Auf dem Postamt sollten Sie sich auf lange Warteschlangen einstellen, obwohl zahlreiche *bureaux de poste* überall in der Stadt verteilt sind – man erkennt sie am La-Poste-Symbol: blau auf gelbem Untergrund. Kartentelefone finden Sie auf den meisten öffentlichen Plätzen, in Bahnhöfen und Métro-Stationen. Alle in Europa gängigen GSM-Handys funktionieren auch in Paris problemlos, Gespräche sind erschwinglich, seit die EU die Roaming-Gebühren in den Mitgliedsstaaten begrenzt. Aktuelle Tageszeitungen erhält man an vielen *kiosques* in der Innenstadt.

Französische Telefonnummern

Alle französischen Telefonnummern haben zehn Ziffern. Die ersten zwei Ziffern stehen für die Region: **01** Paris und Île-de-France; **02** Nordwesten; **03** Nordosten; **04** Südosten; **05** Südwesten. Französische Mobilfunknummern beginnen mit **06**, die **08** zeigt eine Sondernummer an. Gebührenfreie Nummern *(numéro vert)* beginnen mit **0800**. Nützliche Rufnummern finden Sie im Kasten unten.

Kartentelefone

Öffentliche Telefone finden Sie in Paris fast an jeder Ecke. Für die Benutzung benötigen Sie eine Telefonkarte *(télécarte)*, einige funktionieren auch mit Kreditkarte. *Télécartes* gibt es in zwei Varianten: Entweder handelt es sich um Chipkarten mit 50 oder 120 Einheiten oder um Karten mit Code, den man vor dem Telefonieren eingeben muss. Man erhält die Karten bei der Post, in Tabakläden *(tabacs)*, in Läden von France Télécom und in einigen Zeitschriftenläden. Auch mit der Telefonkarte Comfort der Deutschen Telekom können Sie von öffentlichen Telefonen oder im Hotel bequem telefonieren. An den meisten öffentlichen Telefonen kann man sich auch anrufen lassen – die Nummer wird am Gerät deutlich sichtbar angezeigt.

Mobiltelefone

Die EU begrenzt seit 2007 die Roaming-Gebühren in den Mitgliedsstaaten. Aktuell beträgt der Minutenpreis für ein Telefonat 0,39 Euro (2011: 0,35 Euro), für ein ankommendes Gespräch 0,15 Euro (2011: 0,11 Euro). Eine SMS kostet maximal 0,11 Euro, Datenübertragung pro MB 0,80 Euro (2011: 0,50 Euro). Stichtag ist jeweils der 1. Juli. Alle Preise gelten zuzüglich Mehrwertsteuer. Mit einer CallingCard können Sie sich oft auch vom Handy gebührenfrei einwählen.

Mit einem entsperrten Mobiltelefon können Sie in Frankreich auch die Karte eines regionalen Anbieters wie **Orange**, **Bouygues Télécom** oder **SFR** verwenden. Mit der Karte erhalten Sie eine französische Nummer und zahlen die hiesigen Gebühren.

Internet

In Paris haben Sie vielerorts Zugang zum Internet. Überall in der Stadt finden Sie ein Internet-Café. Auch in öffentlichen Bibliotheken gibt es entweder ein offenes WLAN oder Internet-Terminals. Selbst in Parks und in der Umgebung öffentlicher Gebäude finden Sie einen WLAN-Hotspot. *Pass Paris-Wi-Fi* ist ein kostenloses, von der Stadt Paris in Zusammenarbeit mit Orange eingerichtetes WLAN-Breitband-Netz, über das man zwischen 7 und 23 Uhr jeweils für die Dauer von zwei Stunden direkt ins Internet kommt. (Passwort: Paris wi-fi 2h). Im Stadtgebiet gibt es 260 dieser Hotspots, eine Liste *(Localisation des points Wi-Fi)* finden Sie auf der Website: **www**.paris.fr; unter **www**.cafes-wifi.com findet man Pariser Cafés mit kostenlosem WLAN.

Internet-Zugang in einer Bibliothek

Nützliche Nummern

- **Landesvorwahl von Frankreich**: 33. Danach die Anfangsnull der Vorwahl weglassen. Beispiel: Paris: 00 33 1.
- **Notrufnummer:** 17 oder 112 *(kostenlos)*.
- **Nationale Telefonauskunft:** 11 87 12.
- **Internationale Telefonauskunft**: 11 87 00.
- **Internationale Telegramme:** 0800 33 44 11.
- **Deutschland Direkt und Zugangscode der Telefonkarte Comfort aus Frankreich:** 0800 99 00 49.
- Für Auslandsgespräche wählen Sie 00 und warten auf das Tonzeichen. Dann wählen Sie die Ländervorwahl, danach die Ortsvorwahl (ohne 0) und die Teilnehmernummer.
- **Ländervorwahlen:**
  Deutschland: 49.
  Österreich: 43.
  Schweiz: 41.
- **Günstigere Telefontarife:**
  Mo–Fr 19–8 Uhr, So, Feiertage ganztags.
- **Notrufnummern für Handy-Sperrung:**
  E-Plus: +49 177 10 00.
  O_2: +49 179 55 222.
  T-Mobile: +49 1803 30 22 02.
  Vodafone: +49 172 12 12.

Auch zahlreiche Hotels gewähren ihren Gästen kostenlosen Zugang ins Internet meist über einWLAN-Netz. Internet-Terminals bieten die Flughäfen Charles de Gaulle und Orly. Eine Zugangsberechtigung kann man vorab auf der Website www.adp.fr (Stichwort: *Session Wifi)* per Kreditkarte kaufen.

Postdienste

Die französische Post arbeit schnell und zuverlässig. Briefmarken *(timbres)* werden einzeln oder in *carnets* zu zehn Stück verkauft. Es gibt sie auch an *Tabac*-Ständen, oder man kauft sie im Internet (www.poste.fr) und druckt sie dann selbst aus. Ein Standardbrief (bis 20 g) innerhalb Frankreichs kostet 0,58 Euro, ein Standardbrief oder eine Postkarte innerhalb der EU oder in die Schweiz 0,75 Euro. Ausländische Euro-Briefmarken sind ungültig. In Postämtern gibt es Selbstbedienungs-Frankierautomaten: Diese wiegen die Postsendung und geben die entsprechende Briefmarke aus. Briefe und Postkarten werfen Sie in die gelben Postkästen. *Autre destinations* bezeichnet den Schlitz für Adressen außerhalb von Paris. Öffnungszeiten der Postämter sind montags bis freitags 8 bis 19 Uhr, samstags 9 bis 13 Uhr.

Postlagernde Sendungen *(poste restante)* lassen Sie sich an eines der großen Postämter schicken. Auf den Namen des Empfängers folgt *poste restante* und die Adresse des Postamts, z. B. Paris-Louvre *(siehe auch Kasten rechts)*.

Französischer Briefkasten

Pariser Arrondissements

Die Arrondissements (Stadtbezirke) von Paris sind von 1 bis 20 nummeriert *(siehe S. 390)*. Die ersten drei Ziffern der Postleitzahl – 750 (und zum Teil 751) – stehen für Paris, die letzten beiden für die Nummer des Arrondissements. Das erste Arrondissement hat den Code 75001.

Fernsehen und Radio

Von den französischen Fernsehsendern bieten *TF1* und *France 2* beide den üblichen Mix, *France 3* hat sich auf Dokumentationen und klassische Filme spezialisiert. *La Cinquième* gilt als Filmsender, und ARTE, das französisch-deutsche Gemeinschaftsprojekt, bietet ein anspruchsvolleres Programm. Unter den Kabel- und Satellitenprogrammen sind *CNN* und *Sky* sowie einige deutschsprachige TV-Sender zu empfangen.

Radio France Internationale (**www**.rfi.fr) sendet zwischen 16 und 17 Uhr Nachrichten auch auf Deutsch (auf 738 MW). Weitere Stationen sind Fréquence Juive (94,8 MHz) für die jüdische, Radio Notre Dame (100,7 MHz) für die christliche und France Maghreb (94,2 MHz) für die nordafrikanische Zuhörerschaft.

Zeitungen und Zeitschriften

An nahezu allen Zeitungskiosken in der Innenstadt von Paris erhalten Sie die wichtigsten deutschsprachigen Tages- und Wochenzeitungen, z. B. die *Süddeutsche Zeitung*, die *Frankfurter Allgemeine Zeitung* oder die *Frankfurter Rundschau*, die *Neue Zürcher Zeitung* sowie *Die Zeit* oder den *Spiegel*.

Wichtige französische Tageszeitungen sind – von rechts nach links im politischen Spektrum aufgezählt – *Le Figaro*, *Le Monde*, *Libération* und *L'Humanité*. Unter den französischen Wochenmagazinen sind die politischen Zeitschriften *Le Nouvel Observateur*, *Marianne* und *L'Express* ebenso vertreten wie das satirische Blatt *Le Canard Enchaîné*.

Aktuelle Zeitungen und Magazine bekommt man am *kiosque*

AUF EINEN BLICK

Mobiltelefone

Bouygues Télécom
3106.
www.bouyguestelecom.fr

Orange
09 69 36 39 00 (englisch).
www.orange.com

SFR
08 05 70 18 01.
www.sfr.fr

Internet

Cyber Cube
5, rue Mignon, 75006.
Stadtplan 12 F4.
01 53 10 30 50.
Rue d'Odessa, 75014.
Stadtplan 15 C2.
01 56 80 08 08.
www.cybercube.fr

Milk
13, rue Soufflot, 75005.
Stadtplan 17 B1.
01 43 54 55 55.
www.milklub.com/v3/

Postdienste

La Poste
www.laposte.fr

Champs-Élysées
71, ave des Champs-Élysées, 75008. **Stadtplan** 4 F5. *3631.*

Forum des Halles
1, rue Pierre Lescot, Forum des Halles, 75001.
Stadtplan 13 A2. *3631.*

Louvre
52, rue du Louvre, 75001.
Stadtplan 12 F1. *3631.*

Kurierdienste

Chronopost
08 25 80 18 01.
www.chronopost.fr

DHL
08 20 20 25 25.
www.dhl.fr

FedEx
08 20 12 38 00.
www.sfr.com

Anreise

Boeing-737-Passagierjet

Paris gilt als einer der wichtigsten europäischen Verkehrsknotenpunkte. Von allen großen Flughäfen Europas gehen Direktflüge nach Paris, ebenso gibt es Direktflüge in alle Metropolen der Welt. Was die Straßenverbindungen anbelangt, kann man von jeher behaupten: »Alle Wege führen nach Paris.« Auch die Eisenbahnverbindungen könnten nicht besser sein: Der Hochgeschwindigkeitszug Thalys verbindet Paris mit Brüssel und Köln, der Eurostar Paris mit London, ICE-Züge fahren direkt von Stuttgart und Frankfurt nach Paris.

Mit dem Flugzeug

Von verschiedenen deutschen Flughäfen bietet **Lufthansa** Linienflüge direkt nach Paris, ebenso **Austrian** von Österreich und **Swiss** aus der Schweiz. Umgekehrt verkehren auch Linienmaschinen der **Air France** zwischen Paris und fast allen europäischen Flughäfen.

Die Flugzeiten sind kurz: Man erreicht Paris von Frankfurt am Main in einer Stunde. Von Zürich fliegt man eine Stunde zehn Minuten, von München eineinhalb Stunden, von Berlin und Wien gut zwei Stunden.

Die Monate Juli bis September gelten als Hochsaison für Paris-Flüge, das heißt, die Preise sind in dieser Zeit am höchsten. Jedoch variiert dieser Zeitraum bei den verschiedenen Fluggesellschaften. Es lohnt also, sich bei den Linien zu erkundigen, wann genau Hochsaison-Preise verlangt werden.

Vor dem Hintergrund des harten Konkurrenzkampfes zwischen den verschiedenen Fluglinien bieten sich zudem immer wieder Vergünstigungen und sensationell niedrige Sonderangebote. Allerdings muss man bei solchen Flügen oft frühzeitig buchen (zum Teil einen Monat, manchmal aber auch nur sieben bis 14 Tage im Voraus). Man ist an feste Hin- und Rückflugzeiten gebunden und kann den Flug nicht stornieren. Schließen Sie daher im Zweifelsfall immer eine Reiserücktrittsversicherung ab, aber behalten Sie im Auge: Meist müssen Sie einen triftigen Grund nachweisen können, wenn Sie von der Reise zurücktreten.

Auch Pauschalpakete, die den Flug mit Übernachtung anbieten, können eine preiswerte Alternative sein. Achten Sie in diesem Fall darauf, wo das Hotel liegt, damit Sie nicht weit draußen in einem Vorort landen. Kinder fliegen meist zu günstigeren Tarifen als Erwachsene.

Die Adressen einiger Reisebüros in Paris finden Sie auf Seite 379. Natürlich finden Sie auch im Internet bei den bekannten Anbietern zahlreiche, zum Teil äußert attraktive Angebote für Städtereisen in die französische Hauptstadt.

Wartebereich am Flughafen Charles de Gaulle

RER-Station am Flughafen CDG

Aéroport Roissy-Charles de Gaulle (CDG)

Der größte Flughafen der Hauptstadt liegt 30 Kilometer nordöstlich von Paris und hat die Terminals CDG1 und CDG2 (Air France vorbehalten, mit TGV-Bahnhof) sowie T3 (für Charterflüge). Der kostenlose Shuttle-Zug CDGVAL verbindet die drei Terminals miteinander.

Wer am Flughafen CDG ankommt, kann mit Bus, Zug oder Taxi in die Innenstadt gelangen. **Air France** betreibt zwei Buslinien von CDG1 und CDG2: Eine fährt zur Porte Maillot und Charles de Gaulle-Étoile (alle 12 Min., Fahrzeit ca. 40 Min.), die andere zur Gare de Lyon und zur Gare Montparnasse (alle 30 Min., Fahrzeit ca. 50 Min.).

Der **RATP Roissybus** bedient alle drei Terminals und bringt Sie zur Opéra (von 6 bis 23 Uhr alle 20 Min., Fahrzeit ca. 50 Min.).

Der **VEA-Bus** fährt von CDG1 und CDG2 zum Disneyland Resort Paris (tägl. von 8.30 bis 19.45 Uhr alle 30 bis 45 Min., Fr bis 22 Uhr, So bis 21.30 Uhr).

Der **TGV-Bahnhof** liegt in CDG2, RER-Stationen der Linie B in CDG2 und CDG1. Von T3 fahren Shuttle-Busse und der CDGVAL-Zug zur RER-Station. Züge der Linie B verkehren alle 5 bis 15 Minuten, die Fahrzeit beträgt 35 Minuten ins Zentrum (Haltestellen: Gare du Nord, Châtelet, St-Michel, Luxembourg und Port Royal).

Airport-Shuttles bieten einen Tür-zu-Tür-Service in einem Minibus, der für Einzelpersonen 40 Euro, für zwei oder mehr 21 bis 25 Euro pro Person kostet (48 Std. vorher buchen und nach der Landung telefonisch bestätigen).

Mit dem Taxi kostet die Fahrt ins Zentrum zwischen 45 Euro (tags) und 55 Euro (nachts). Rechnen Sie mit Warteschlangen am Taxistand.

Aéroport d'Orly (ORY)

Orly liegt 15 Kilometer südlich von Paris und verfügt über zwei Terminals, Orly Sud und Orly Ouest.

In den südlichen Teil von Paris können Sie von Orly mit Bus, Zug oder Taxi fahren. Buslinien werden von **Air France** und **RATP** (Orlybus) betrieben. Von Orly zum Disneyland Resort Paris fährt ein **VEA-Bus** (tägl. von 8.30 bis 19.30 Uhr alle 45 Min.).

Orlyval-Zug am Flughafen Orly

Air-France-Busse fahren in etwa 30 Minuten zu den Stationen Les Invalides und Montparnasse. Der Orlybus fährt alle 12 bis 20 Minuten ab Orly in etwa 25 Minuten zur Station Denfert-Rochereau. Der Jetbus bringt Reisende alle 15 bis 20 Minuten vom Flughafen zur Métro-Station Villejuif-Louis Aragon.

Ein Bus, der verwirrenderweise **Orlyrail** heißt, verbindet den Flughafen mit der RER-Linie C bei Pont de Rungis. Von dort fahren Züge alle 15 Minuten (nach 21 Uhr alle 30 Min.) zur Gare d'Austerlitz, Fahrzeit 25 Minuten.

Der Zug **Orlyval** fährt alle 15 Minuten zur RER-Linie B, Station Antony. Von dort verkehren alle 4 bis 8 Minuten Züge ins Zentrum (Fahrzeit bis Châtelet: ca. 35 Min.).

Ein Taxi braucht von Orly ins Zentrum 25 bis 45 Minuten und kostet 25 bis 30 Euro.

Aéroport Beauvais-Tillé

Der Flughafen liegt 70 Kilometer nördlich von Paris und wird ausschließlich von Billigfluglinien angesteuert. Ein Shuttle-Bus fährt jeweils 20 Minuten nach der Landung nach Paris, Porte Maillot. Vom Bahnhof Beauvais fahren Züge zur Gare du Nord, den Bahnhof erreicht man vom Flughafen per Taxi. Die Zugfahrt nach Paris dauert etwa 75 Minuten.

AUF EINEN BLICK

Fluglinien

Air Berlin
08 26 96 73 78 (in Frankreich).
01805 737 800 (in Deutschland).
www.airberlin.com

Air France
09 69 39 02 15 oder 08 20 32 08 20 (Information und Reservierung in Frankreich).
36 54 (telefonischer Ticketkauf in Frankreich).
01805 830 830 (in Deutschland).
www.airfrance.com

Austrian
08 20 816 816 (in Frankreich).
05 1766 1061 (in Österreich).
www.austrian.com

KLM
01 71 23 00 17 (in Frankreich).
01805 254 750 (in Deutschland).
www.klm.com

Lufthansa
1076, bd Haussmann, 75008.
Stadtplan 6 D4.
08 92 23 16 90 (Flughafenschalter Charles de Gaulle, tägl. 24 Std. besetzt).
01805 805 805 (in Deutschland).
www.lufthansa.com

Swiss
82 00 405 06 (in Frankreich).
08 48 700 700 (in der Schweiz).
www.swiss.com

Flughafeninformation

www.aeroportsdeparis.fr

Auskunft
39 50.
0033 170 36 39 50 (von außerhalb Frankreichs).

Air-France-Busse
08 92 35 08 20.
www.cars-airfrance.com

Airport-Shuttle
08 25 09 20 92.
www.parishuttle.fr

Hilfe für Behinderte
39 50.
0033 170 36 39 50 (von außerhalb Frankreichs).

RATP (Roissybus/Orlybus)
3246 (Information auf Französisch).
08 92 69 32 46 (Hilfe in mehreren Sprachen).
www.ratp.fr

RER-Züge
3246.
www.ratp.fr

Airport-Hotels CDG

Holiday Inn
01 34 29 30 00.
www.ichotelsgroup.com

Ibis
01 49 19 19 19.
www.ibishotel.com

Millennium Hotel
01 34 29 33 33.
www.millenniumhotels.com

Novotel
01 49 19 27 27.
www.novotel.com

Pullman
08 10 51 50 15.
www.pullmanhotels.com

Sheraton
01 49 19 70 70.
www.starwoodhotels.com

Airport-Hotels Orly

Hilton Hotel
01 45 12 45 12.
www.hilton.com

Ibis
01 56 70 50 50.
www.accorhotels.com

Mercure
01 49 75 15 50.
www.mercure.com

Mit dem Zug

Paris ist für Frankreich und ganz Europa einer der wichtigsten Eisenbahnknoten und verfügt über sechs Kopfbahnhöfe, die alle von der SNCF betrieben werden. Von der Gare de Lyon im Osten der Stadt verkehren Züge nach Südfrankreich, Italien und in die Schweiz. Die Gare de l'Est ist für den Zugverkehr mit Strasbourg, Deutschland und Österreich bestimmt, hier kommen der **TGV** aus Stuttgart (ca. 3:40 Std.) und der **ICE** aus Frankfurt am Main (ca. 4 Std.) an. Die Gare du Nord ist der Bahnhof für den **Eurostar** nach London (ca. 2:15 Std.), für Verbindungen in die Niederlande, nach Belgien sowie nach Deutschland. Hier fährt auch der Hochgeschwindigkeitszug **Thalys** (Köln unter 4 Std., Brüssel ca. 1:30 Std.).

Andere Kopfbahnhöfe in Paris sind Gare d'Austerlitz, Gare Montparnasse und Gare St-Lazare. TGV-Umsteigebahnhöfe außerhalb von Paris sind Massy-Palaiseau im Südwesten, Marne-la-Vallée im Osten (für das Disneyland Resort Paris) und der Bahnhof am Flughafen Charles de Gaulle.

In den Informationsbüros an der Gare du Lyon, du Nord und de l'Est *(siehe S. 367)* kann man auch Übernachtungen buchen. Alle Bahnhöfe haben Métro- und RER-Stationen sowie Busverbindungen ins Zentrum.

Denken Sie daran: Fahrten mit dem TGV muss man unbedingt vorher reservieren, selbst wenn dies erst kurz vor Fahrtantritt geschieht.

Mit dem Auto

Wollen Sie mit dem Auto nach Paris fahren, sollten Sie Folgendes beachten: Nehmen Sie, auch wenn es für Frankreich nicht verpflichtend vorgeschrieben ist, die grüne Versicherungskarte mit, die Sie kostenlos von Ihrer Versicherung bekommen.

Gleishalle der Gare du Nord

Fahren Sie mit einem Auto, das nicht auf Ihren Namen zugelassen ist, müssen Sie eine Vollmacht des Eigentümers vorweisen können. Neben Erste-Hilfe-Kasten und Warndreieck ist in Frankreich das Mitführen mindestens einer Warnweste Pflicht.

Bei der Routenplanung können Internet-Seiten wie **www**.falk.de oder **www**.viamichelin.com hilfreich sein.

Diesel *(gazole)*, bleifreies Benzin *(essence sans plomb)* und Super gibt es an allen Tankstellen – zu ähnlichen Preisen wie in Deutschland.

In Frankreich gelten recht ähnliche Verkehrsbestimmungen wie in Deutschland. Die Höchstgeschwindigkeit innerorts beträgt 50 km/h, außerhalb Ortschaften 90 km/h (bei Nässe 80 km/h), auf Straßen mit zwei Fahrspuren in jeder Richtung 110 km/h (bei Nässe 100 km/h), auf Autobahnen 130 km/h (bei Nässe 110 km/h).

Wer seinen Führerschein noch keine zwei Jahre hat, darf höchstens 80 km/h, auf Schnellstraßen 100 km/h und auf Autobahnen 110 km/h fahren.

Besondere Verkehrsschilder sind u.a.: *Toutes Directions* = Alle Richtungen, *Déviation* = Umleitung, *Serrez à droit* = Rechts halten, *Passage interdit* = Durchfahrt verboten.

Die Alkoholgrenze liegt in Frankreich – wie in Deutschland – bei 0,5 Promille. Es besteht Gurtanlegepflicht, auch auf den Rücksitzen.

Im Fall einer Autopanne erreichen Sie rund um die Uhr einen Deutsch sprechenden Mitarbeiter der ADAC-Notrufstation.

Gare du Nord, einer der verkehrsreichsten Bahnhöfe Europas

Hochgeschwindigkeitszug TGV

TGV

Trains à grande vitesse (Hochgeschwindigkeitszüge) erreichen über 300 km/h. Die Züge in den Norden Frankreichs fahren von der Gare du Nord ab, die an den Atlantik und in die Bretagne von der Gare Montparnasse, die in die Provence und den Südosten Frankreichs von der Gare du Lyon. Die Zahl der Bahnhöfe, die der TGV anfährt, ist groß und wächst stetig, sodass Zugfahren in Frankreich auch über weitere Distanzen immer attraktiver wird. TGV-Bahnhöfe in Paris *siehe S. 380f.*

Autobahngebühren

Die meisten Autobahnen in Frankreich sind gebührenpflichtig. Die Website **www**.viamichelin.com gibt zur Routenempfehlung auch die jeweiligen Gebühren an.

Fahren Sie auf eine Autobahn, müssen Sie meist an der Mautstelle per Knopfdruck ein Ticket ziehen. Bei Verlassen der Autobahn zahlen Sie dann die Gebühren entsprechend der Strecke, die Sie gefahren sind. Kreditkarten wie Visa oder MasterCard werden akzeptiert.

Straßen nach Paris

Von Westen her führt eine Autobahn über Kehl/Strasbourg oder Saarbrücken, von Norden über Belgien und Luxemburg nach Metz und von hier aus weiter über Verdun und Reims nach Paris. Vier weitere Autobahnen treffen aus allen Himmelsrichtungen in Paris zusammen, sie münden in den Autobahnring rund um die Hauptstadt, den Boulevard Périphérique. In diesen münden auch alle anderen Straßen nach Paris, der Boulevard Périphérique trennt zudem die Stadt von ihren Vororten (Banlieue).

Die Zufahrtsstraßen vom Boulevard Périphérique nach Paris hinein werden heute noch nach den ehemaligen Pariser Stadttoren benannt, z. B. Porte de Bercy oder Porte Dorée. Bevor Sie den Autobahnring verlassen, sollten Sie sich genau orientieren, in welchen Teil von Paris Sie fahren wollen.

Mit dem Bus

Das größte Busunternehmen, das Fahrten aus vielen europäischen Städten nach Paris anbietet, ist **Eurolines**. Die Busse kommen an der Gare Routière Internationale de Paris-Gallieni im Osten (Bagnolet, Métro-Linie 3, Gallieni) an. Die Fahrzeit ins Zentrum beträgt etwa eine halbe Stunde.

Moderner Langstreckenbus von Eurolines

AUF EINEN BLICK

Bahngesellschaften

Deutsche Bahn
☎ *01805 99 66 33 (Deutschland).*
www.bahn.de

Eurostar
☎ *08432 186 186 (Großbritannien).*
www.eurostar.com

SNCF
☎ *3635.*
www.sncf.com
www.voyages-sncf.com

Thalys
☎ *01805 99 66 33 (Deutschland).*
☎ *3635 (Frankreich).*
www.thalys.com

TGV
www.tgv-europe.com

Reisebusse

Eurolines/Deutsche Touring GmbH
☎ *08 92 89 90 91 (Frankreich).*
www.eurolines.fr
☎ *069-790 35 01 (Deutschland).*
www.touring.de

Reisebüros

Carlson Wagonlit
☎ *08 26 82 48 26.*
www.carlsonwagonlitvoyages.fr

Directours
☎ *01 45 62 62 62.*
www.directours.com

Jet Tours
☎ *08 20 83 08 80.*
www.jettours.com

Nouvelles Frontières
☎ *08 25 00 07 47.*
www.nouvelles-frontieres.fr

Pannenhilfe

ADAC
☎ *08 25 80 08 22.*
Mit Handy:
☎ *0033 825 80 08 22.*

Information

Michelin-Routenplaner
www.viamichelin.de
www.viamichelin.fr

Verkehrsmeldungen (Paris)
www.sytadin.fr

Ankunft in Paris

Die Karte zeigt die Bus- und Bahnverbindungen zwischen den Flughäfen und Paris, wichtige Zugverbindungen mit anderen Teilen Frankreichs und die Fähr-/Zugverbindungen mit Großbritannien sowie internationale Reisebusverbindungen, weiterhin die wichtigsten Zug- und Bus-Endbahnhöfe sowie die Pendelverbindungen zu den Flughäfen samt Bushaltestellen und Bahnhöfen. Abfahrtszeiten und Fahrtdauer der Flughafenzubringer werden ebenso angegeben wie die Fahrzeiten der Züge aus anderen Städten. Die Métro- und RER-Linien sind an den Endbahnhöfen und Haltestellen angezeigt.

Calais
Fähren und Eurotunnel nach Dover und Folkestone.
*Der **Eurostar** zwischen London **St Pancras** und Paris **Gare du Nord** (2:15 Std.) fährt durch.*
***SNCF**-Zug zur **Gare du Nord** (1:30–3:30 Std.).*

Le Havre
***Fähren nach Portsmouth**. **SNCF**-Zug zur **Gare St-Lazare** (2:10 Std.).*

Dieppe
***Fähren nach Newhaven (Sommer)**. **SNCF**-Zug zur **Gare St-Lazare** (2:30 Std.).*

Caen
***Fähren nach Portsmouth**. **SNCF**-Zug zur **Gare St-Lazare** (1:50 Std.).*

Cherbourg
***Fähren nach Portsmouth und Poole**. **SNCF**-Zug zur **Gare St-Lazare** (3 Std.).*

Gare St-Lazare
***Rouen** (1:30 Std.).*

Gare Montparnasse
***Bordeaux** (3:30 Std.)*
***Brest** (4:30 Std.)*
***Lissabon** (19:40 Std.)*
***Madrid** (12:25 Std.)*
***Nantes** (2:15 Std.)*
***Rennes** (2:15 Std.)*

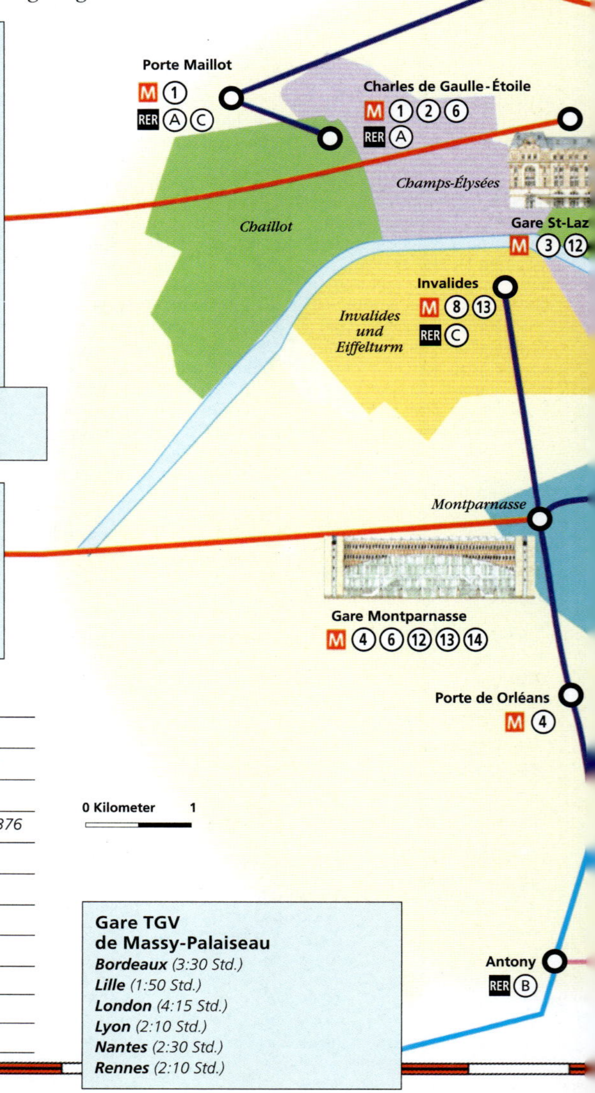

LEGENDE

- SNCF *siehe S. 378 f*
- Reisebusse *siehe S. 379*
- Roissybus *siehe S. 376*
- Air-France-Bus *siehe S. 376*
- RER B *siehe S. 377*
- Orlyrail *siehe S. 377*
- Orlyval *siehe S. 377*
- Orlybus *siehe S. 377*
- Jetbus *siehe S. 377*
- M Métro-Station
- RER RER-Station

Gare TGV de Massy-Palaiseau
***Bordeaux** (3:30 Std.)*
***Lille** (1:50 Std.)*
***London** (4:15 Std.)*
***Lyon** (2:10 Std.)*
***Nantes** (2:30 Std.)*
***Rennes** (2:10 Std.)*

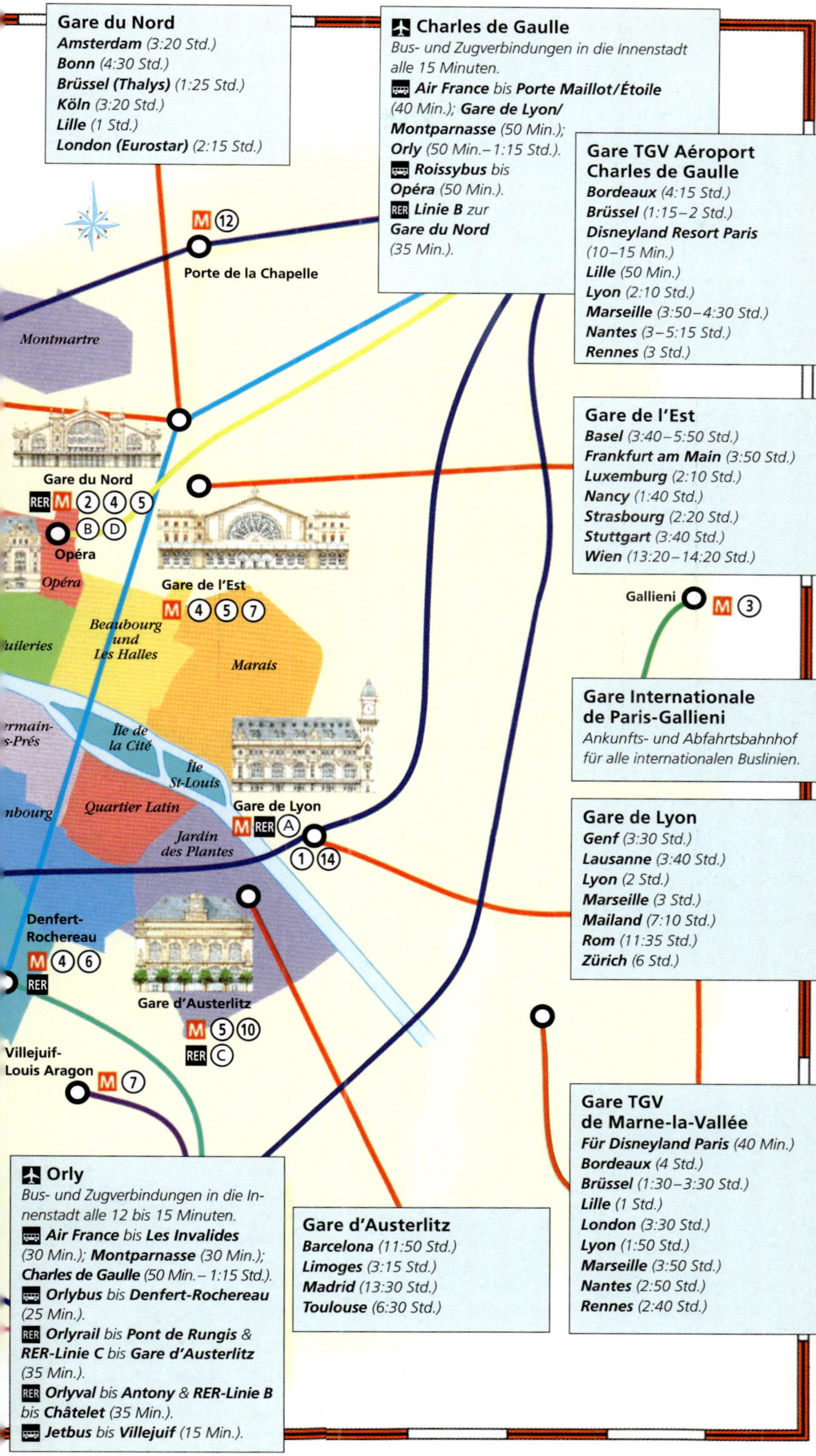

Gare du Nord

Amsterdam *(3:20 Std.)*
Bonn *(4:30 Std.)*
Brüssel (Thalys) *(1:25 Std.)*
Köln *(3:20 Std.)*
Lille *(1 Std.)*
London (Eurostar) *(2:15 Std.)*

Charles de Gaulle

Bus- und Zugverbindungen in die Innenstadt alle 15 Minuten.
Air France *bis* **Porte Maillot/Étoile** *(40 Min.);* **Gare de Lyon/ Montparnasse** *(50 Min.);* **Orly** *(50 Min.–1:15 Std.).*
Roissybus *bis* **Opéra** *(50 Min.).*
RER **Linie B** *zur* **Gare du Nord** *(35 Min.).*

Gare TGV Aéroport Charles de Gaulle

Bordeaux *(4:15 Std.)*
Brüssel *(1:15–2 Std.)*
Disneyland Resort Paris *(10–15 Min.)*
Lille *(50 Min.)*
Lyon *(2:10 Std.)*
Marseille *(3:50–4:30 Std.)*
Nantes *(3–5:15 Std.)*
Rennes *(3 Std.)*

Gare de l'Est

Basel *(3:40–5:50 Std.)*
Frankfurt am Main *(3:50 Std.)*
Luxemburg *(2:10 Std.)*
Nancy *(1:40 Std.)*
Strasbourg *(2:20 Std.)*
Stuttgart *(3:40 Std.)*
Wien *(13:20–14:20 Std.)*

Gare Internationale de Paris-Gallieni

Ankunfts- und Abfahrtsbahnhof für alle internationalen Buslinien.

Gare de Lyon

Genf *(3:30 Std.)*
Lausanne *(3:40 Std.)*
Lyon *(2 Std.)*
Marseille *(3 Std.)*
Mailand *(7:10 Std.)*
Rom *(11:35 Std.)*
Zürich *(6 Std.)*

Orly

Bus- und Zugverbindungen in die Innenstadt alle 12 bis 15 Minuten.
Air France *bis* **Les Invalides** *(30 Min.);* **Montparnasse** *(30 Min.);* **Charles de Gaulle** *(50 Min.– 1:15 Std.).*
Orlybus *bis* **Denfert-Rochereau** *(25 Min.).*
RER **Orlyrail** *bis* **Pont de Rungis** *&* **RER-Linie C** *bis* **Gare d'Austerlitz** *(35 Min.).*
RER **Orlyval** *bis* **Antony** *&* **RER-Linie B** *bis* **Châtelet** *(35 Min.).*
Jetbus *bis* **Villejuif** *(15 Min.).*

Gare d'Austerlitz

Barcelona *(11:50 Std.)*
Limoges *(3:15 Std.)*
Madrid *(13:30 Std.)*
Toulouse *(6:30 Std.)*

Gare TGV de Marne-la-Vallée

Für Disneyland Paris *(40 Min.)*
Bordeaux *(4 Std.)*
Brüssel *(1:30–3:30 Std.)*
Lille *(1 Std.)*
London *(3:30 Std.)*
Lyon *(1:50 Std.)*
Marseille *(3:50 Std.)*
Nantes *(2:50 Std.)*
Rennes *(2:40 Std.)*

In Paris unterwegs

Die Innenstadt von Paris konzentriert sich auf relativ kleinem Raum. Das öffentliche Transportsystem ist überaus effizient. Métro, RER und Busse sind bequem und preiswert. Die Stadtverwaltung födert die Entwicklung umweltschonender Technologien. Der öffentliche Nahverkehr gliedert Paris in fünf Zonen: 1 und 2 für das Zentrum sowie 3, 4 und 5 für die Vororte und die Flughäfen. In einigen Vororten verkehren Straßenbahnen. Die auf der Seine verkehrenden Boote sind reizvolle Verkehrsmittel. Autofahren ist in der Innenstadt nicht empfehlenswert: Der Verkehr ist sehr dicht, Parkplätze sind schwer zu finden, die vielen Einbahnstraßen sind verwirrend. Radfahren ist auch für Urlauber eine attraktive Alternative.

Umweltbewusst reisen

Die öffentlichen Verkehrsmittel von Paris zählen weltweit zu den effizientesten und zuverlässigsten. Die Stadtverwaltung verbessert und erweitert das System beständig und zielstrebig.

Einheimische wie Besucher werden dazu angehalten, das Auto stehen zu lassen und stattdessen mit dem Rad zu fahren, die öffentlichen Verkehrsmittel zu nutzen und kürzere Strecken zu Fuß zurückzulegen. Im Rahmen der Umweltinitiative *Paris Respire* (»Paris atmet auf«) werden an einigen Wochenenden besonders stark befahrene Hauptstraßen für den Autoverkehr gesperrt. Die Stadt verbreitert Gehwege, erweitert das Radwegnetz, pflanzt Bäume an der Stelle von Parkplätzen und widmet Straßen in Fußgängerzonen um. Heute besitzt mehr als die Hälfte der Pariser Bevölkerung kein eigenes Auto.

Um den Individualverkehr und die Schadstoffemission einzudämmen, plant die Stadt die Bereitstellung von 4000 Elektroautos *(Autolib')*, die

Umweltfreundlich: Vélo taxi

man im gesamten Stadtgebiet ausleihen kann.

RATP testet mit Biokraftstoff angetriebene Busse und plant die Anschaffung von Hybrid-Fahrzeugen, die nicht nur umweltfreundlicher, sondern auch deutlich leiser sind. Die Straßenbahn ist pünktlich, leise und zudem umweltfreundlich: Für je drei während des Schienenausbaus gefällte Bäume wurden vier neue gepflanzt.

Die auf einigen Linien eingesetzten Métro-Züge des Typs MF01 können zwei Drittel der bei Bremsvorgängen aufgewendeten Energie rückgewinnen. Ein gewisser Anteil des im U-Bahn-Netzwerk angesammelten Wassers wird wieder der Natur zugeführt, statt in die Kanalisation abzufließen. Wertstofftonnen findet man mittlerweile in zahlreichen Bahnhöfen.

Taxis G7 hat seine Flotte um Hybrid-Autos erweitert und schickt seine Fahrer in Umweltkurse. Taxis Bleus hat seine Fahrzeuge zum Teil umgerüstet und schult ebenfalls seine Fahrer. Die Flotte von Verture besteht komplett aus Hybrid-Fahrzeugen, zudem unterstützt der Unternehmer Forschungseinrichtungen im Bereich des Umweltschutzes *(siehe S. 389)*.

Seine eigene CO_2-Bilanz kann man mit dem *ecocomparateur* auf einer SNCF-Website (http://ecocomparateur.voyages-sncf.com) berechnen. Man erfährt, wie viel Kohlendioxid man bei seiner Reise produziert.

Motorisierte *vélo taxis* (Fahrradtaxis) sind langsamer als traditionelle Taxis, dafür aber viel umweltfreundlicher.

Die überaus erfolgreiche Einführung des Fahrrad-Mietsystems **Vélib'** in Paris hat eine neue Generation von begeisterten Fahrradfahrern hervorgebracht.

Fahrscheine und Zeitkarten

An allen großen Métro- und RER-Stationen, an Bahnhöfen und in einigen Fremdenverkehrsbüros kann man Fahrscheine kaufen. Einzelfahrscheine *(Ticket t+)* sind relativ preiswert *(siehe S. 384)*, noch günstiger ist ein Zehnerblock *(carnet)*. Den Pass *Paris Visite* gibt es für einen, zwei, drei oder fünf Tage. Er beinhaltet ermäßigte Eintrittsgebühren für einige Museen, ist aber relativ teuer *(siehe S. 386)*. Eine Alternative ist die Zeitkarte *(Passe Navigo Découverte)*, für deren Ausstellung man eine Passfoto benötigt und die fünf Euro Grundgebühr kostet. Die Karte wird für einen wählbaren Zeitraum (eine Woche oder einen Monat) aufgeladen.

Pass *Paris Visite*

Tageskarte *Mobilis*

Passe Navigo

Passe Navigo Découverte

Paris zu Fuß

Zu Fuß ist man in der Pariser Innenstadt, vor allem in den kleinen Straßen im Marais und Quartier Latin, am besten unterwegs. Die großen Boulevards der Innenstadt sind oft nur in zwei Etappen zu überqueren: von der einen Straßenseite bis zu einer Fußgängerinsel in der Mitte und dort warten, bevor man weitergehen kann. Diese Überwege heißen *piétons traversez en deux temps*.

Paris mit dem Fahrrad

Paris ist keine schlechte Stadt für Radfahrer: Die Straßen verlaufen flach, es gibt zahlreiche Seitenstraßen mit wenig Autoverkehr und rund 370 Kilometer Fahrradwege *(pistes cyclables)*.

Eine relativ neue Institution in Paris ist **Vélib'**. An über 1500 Stationen in der ganzen Stadt kann man sich ein Rad ausleihen und dann an einer beliebigen Station wieder abstellen. Innerhalb von 300 Metern befindet sich jeweils die nächste Station. Die Anleitungen gibt es in acht Sprachen, die Bezahlung erfolgt mit Kredit- bzw. Maestro-/EC-Karte *(siehe S. 357)*.

Es gibt zahlreiche Fahrradläden in Paris, die Räder stunden- oder tageweise verleihen. Geführte Radtouren sind eine schöne Möglichkeit der Stadterkundung. Fahrräder können in SNCF-Zügen mitgenommen werden.

Miet-Fahrräder an einer der zahlreichen Vélib'-Stationen

Batobus-Fahrten

Die Boote von **Batobus** verkehren alle 15 bis 30 Minuten. Sie halten unweit von acht der wichtigsten Pariser Attraktionen: dem Eiffelturm, dem Musée d'Orsay, St-Germain-des-Prés, dem Louvre, dem Hôtel de Ville, den Champs-Élysées, dem Jardin des Plantes und Notre-Dame. Tickets kauft man an den Batobus-Anlegestellen und in den Informationsbüros. Von Januar bis Anfang Februar stellt Batobus den Verkehr ein *(siehe S. 72f)*.

Bus von Paris Vision

Führungen

Doppeldeckerbusse mit begleitendem Kommentar auf Deutsch und Englisch werden von **France Tourisme**, **Cityrama** und **Paris Vision** betrieben. Die Touren starten im Stadtzentrum und dauern etwa zwei Stunden. Sie fahren ohne Halt an den wichtigsten Sehenswürdigkeiten der Stadt vorbei. Die Busse von **Cars Rouges** dagegen legen Zwischenstopps ein. Die Tickets sind zwei Tage gültig und erlauben Ein- und Aussteigen an jeder Station.

Die Touren auf Elektro-Rädern von **Paris Charms and Secrets** mit deutschsprachigem Führer starten an der Place Vendôme und dauern vier Stunden. **Paris Bike Tour** beginnt im Marais, **Paris à Vélo c'est Sympa!** unweit von Bastille.

Auch Führungen zu Fuß, wie sie viele Anbieter im Programm haben, machen großen Spaß. **Paris Walks** kommentiert in Englisch. Das **Comité Départemental de la Randonée Pédestre de Paris** bietet kostenlose Führungen.

Weitere Informationen zu Führungen hält das Office du Tourisme bereit *(siehe S. 367)*.

AUF EINEN BLICK

Batobus-Fahrten

Batobus
Port de la Bourdonnais, 75001.
Stadtplan 10 D2.
☎ *08 25 05 01 01.*
www.batobus.com

Bustouren

Cityrama
2, place des Pyramides, 75001.
Stadtplan 12 E1.
☎ *01 44 55 61 00.*
www.pariscityrama.com

France Tourisme
33, quai des Grands Augustins, 75006. **Stadtplan** 12 F4.
☎ *01 53 10 35 35.*
www.francetourisme.fr

Les Cars Rouges
17, quai de Grenelle, 75015.
Stadtplan 9 C4.
☎ *01 53 95 39 53.*
www.carsrouges.com

Paris Vision
214, rue de Rivoli, 75001.
Stadtplan 12 D1.
☎ *01 42 60 30 01.*
www.parisvision.com

Fahrradverleih und -touren

Paris à Vélo c'est Sympa!
22, rue Alphonse Baudin, 75011.
Stadtplan 14 E2.
☎ *01 48 87 60 01.*
www.parisvelosympa.com

Paris Bike Tour
38, rue de Saintonge, 75003.
Stadtplan 14 D2.
☎ *01 42 74 22 14.*
www.parisbiketour.net

Paris Charms and Secrets
106, rue Vielle du Temple, 75003.
Stadtplan 14 D2.
☎ *01 42 29 00 00.*
www.parischarmssecrets.com

Vélib'
www.velib.paris.fr

Führungen zu Fuß

Comité Départemental de la Randonée Pédestre de Paris
35, rue Piat, 75020.
☎ *01 46 36 95 70.*
www.rando-paris.org

Paris Walks
12, passage Meunier, 9320 St-Denis.
Stadtplan 17 B5.
☎ *01 48 09 21 40.*
www.paris-walks.com

Mit der Métro unterwegs

RATP-Logo

Die RATP (Régie autonome des transports Parisiens) unterhält in Paris 14 Métro-Linien – gekennzeichnet durch eine Zahl und den Namen der Endstation. Es gibt zudem zwei kleine Linien: 3bis (Gambetta–Porte des Lilas) und 7bis (Louis Blanc–Pré-St-Garvais). Die Métro ist die schnellste und preiswerteste Art, durch die Stadt zu kommen. Stationen sind an einem »M« zu erkennen, bisweilen haben sie Jugendstil-Eingänge. Métro und RER (Réseau Express Régional, eine Art S-Bahn) befahren teilweise dieselben Gleise. Die ersten Züge fahren ab 4.45 Uhr, die letzten zwischen 0.40 und 1.30 Uhr (freitags, samstags und vor Feiertagen eine Stunde länger).

Métro-Schild im Jugendstil

Modernes Métro-Zeichen

Métro-Plan

Auf dem Plan auf den hinteren Umschlaginnenseiten sind die Linien der Métro und der RER-Züge durch verschiedene Farben und durch eine Zahl bzw. einen Buchstaben an beiden Enden der Linien gekennzeichnet. Einige Métro-Stationen werden von mehreren Linien bedient bzw. sind durch Passagen mit einer RER-Station verbunden.

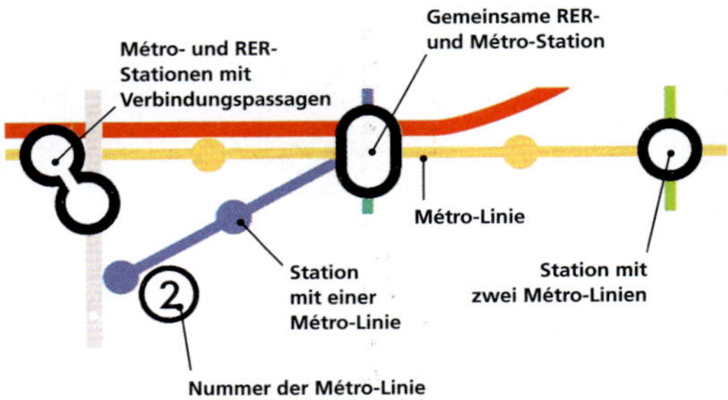

RER

Der RER ist eine S-Bahn, er hat weniger Haltestellen und fährt im Zentrum unter-, in den Vororten oberirdisch. Es gibt fünf Linien, die mit den Buchstaben A, B, C, D und E gekennzeichnet sind. Jede Linie hat mehrere Seitenlinien, die Linie C hat z. B. sechs: C1, C2 etc. Alle RER-Linien tragen zusätzlich Namen. Anzeigen an allen Stationen geben Auskunft über die Ausgangs- und Zielbahnhöfe.

RER-Bahnhöfe sind an dem Schild mit großem Kreis erkennbar. Die größten sind: Charles de Gaulle-Étoile, Châtelet-Les Halles, Gare de Lyon, Nation, St-Michel-Notre-Dame, Haussmann-St-Lazare und Gare du Nord-Magenta.

Im Zentrum von Paris befahren RER-Züge und Métro dieselben Strecken. Auf längeren Strecken ist man mit einem RER-Zug schneller, z. B. nach La Défense oder zum Bahnhof Nation. Allerdings ist es beim Umsteigen oft zeitraubend, durch die langen Passagen von der Métro zum RER zu laufen.

Zu Sehenswürdigkeiten in der Banlieue oder zu einem der Flughäfen gelangt man nur mit einem RER-Zug: mit der Linie A kommt man zum Disneyland Resort Paris, mit der Linie B zum Flughafen Roissy-Charles de Gaulle und (in der anderen Richtung) zum Flughafen Orly, mit der Linie C nach Versailles und auch zum Flughafen Orly.

RER-Logo

Fahrscheine

Métro-Einzelfahrscheine *(ticket t+)* gelten im Innenstadtbereich auch für den RER (sowie für Busse und Trams, *siehe S. 386f*, und für den Funiculaire Montmartre, *siehe S. 223*). In allen Métro- und RER-Stationen kann man Einzelfahrscheine oder einen Zehnerblock *(carnet)* kaufen, oft an Automaten. Das Ticket bleibt 90 Minuten ab Entwertung gültig – auch wenn man umsteigt. Es kostet einzeln 1,70 Euro, das *carnet* (zehn Tickets) 12 Euro. Für Kinder zwischen vier und zehn Jahren empfiehlt sich das *carnet* zum reduzierten Tarif von 6 Euro. Den Fahrschein muss man bis nach Verlassen des Bahnhofs behalten.

Zeitkarten *(siehe S. 382)* gibt es für die Zonen 1 und 2 (Zentrum, Tageskarte *Mobilis* 6,10 €), aber auch für die Zonen 1–3 (8,20 €), 1–4 (10,15 €), 1–5 (13,65 €) und 1–6 (17,30 €; Stand 2011).

Fahrt mit der Métro

1 Um herauszufinden, welche Métro-Linie Sie nehmen müssen, schauen Sie auf den Métro-Plan (z. B. in allen Métro-Stationen und auf den hinteren Umschlaginnenseiten dieses Buches). Sie finden die richtige Métro-Linie, indem Sie der jeweiligen Farbmarkierung folgen, an deren Ende die Nummer der Linie sowie die Endstation vermerkt sind. Beides brauchen Sie, um den richtigen Zug zu nehmen.

2 Métro-Fahrscheine können in allen Stationen gelöst werden; in manchen Bahnhöfen gibt es Fahrschein-Automaten. Die Fahrscheine sind alle zweiter Klasse und gelten für eine Fahrt mit Umsteigen innerhalb des Métro-Systems und für die RER-Züge im Stadtzentrum.

Stecken Sie den Fahrschein in den ersten Schlitz

Entnehmen Sie den Fahrschein aus dem zweiten Schlitz

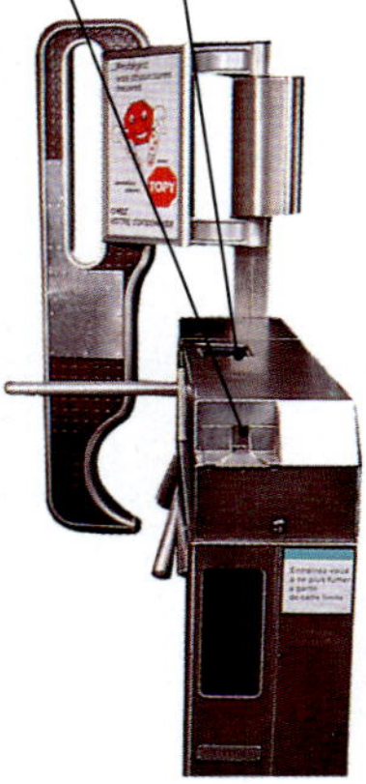

3 Um zum Bahnsteig zu gelangen, stecken Sie das Ticket mit dem Magnetstreifen nach unten in die Schranke und nehmen es weiter hinten wieder heraus. Alternativ halten Sie den Pass *Navigo Découverte* gegen den Kartenleser. Dann drücken Sie gegen die Sperre – nicht alle Sperren öffnen sich automatisch.

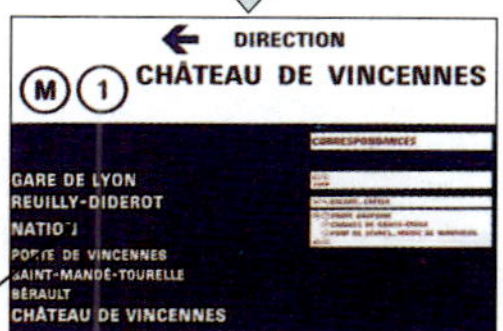

4 In allen Bahnhöfen hängen Fahrpläne mit dem Streckenverlauf und den Zielbahnhöfen der Züge sowie Umsteigemöglichkeiten aus. Achten Sie auch auf die Anzeigetafeln auf dem Bahnsteig, die die Endstation der einfahrenden Métro angeben.

5 Wollen Sie umsteigen, so verlassen Sie an der entsprechenden Station den Zug und folgen dem Wegweiser *Correspondance*. So kommen Sie zu Ihrem Anschlusszug.

6 Die Türen öffnen sich auf Knopfdruck. Bevor die Türen auf- oder zugehen, ertönt ein akustisches Zeichen.

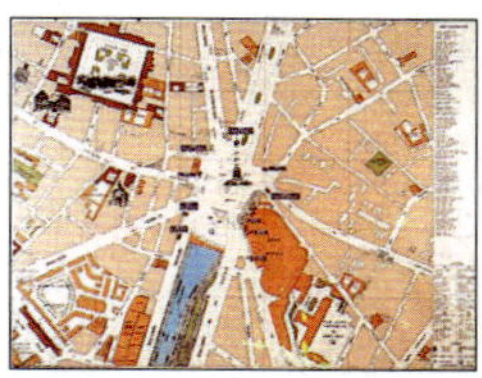

7 In jedem Wagen hängt ein Linienplan, auf dem der gesamte Streckenverlauf mit allen Stationen eingezeichnet ist. So können Sie sich auch während der Fahrt noch jederzeit orientieren.

8 Folgen Sie dem Schild *Sortie* (Ausgang). Am Ausgang hängt ein Plan der näheren Umgebung.

Mit dem Bus unterwegs

Mit dem Bus kann man die wichtigsten Sehenswürdigkeiten von Paris hervorragend kennenlernen. Die Busse werden wie die Métro von der RATP betrieben, das heißt, für beide gelten dieselben Fahrscheine. Auf insgesamt über 200 Strecken im Großraum Paris verkehren täglich etwa 3500 Busse – für kurze Strecken oft das schnellste Verkehrsmittel, zumal es mittlerweile mehr Bussen vorbehaltene Spuren gibt. Dennoch kann es im Berufsverkehr stockend vorwärtsgehen. Man sollte sich vorab über die aktuellen Abfahrtszeiten informieren, die zum Teil erheblich variieren. Auf einigen der wichtigsten Strecken verkehren auch Nachtbusse.

Bushaltestelle

Bus-Endhaltestelle

Nachtbus

Bushaltestellen
Die Schilder zeigen die Nummern der Buslinie: mit weißem Hintergrund, falls der Bus täglich fährt, mit schwarzem Hintergrund, wenn er nur an Werktagen verkehrt.

Fahrscheine für Busse

Man kann im Bus beim Fahrer einen Fahrschein lösen und dann entwerten, dieser berechtigt aber nur zu einer Busfahrt auf nur einer Linie. Wenn Sie umsteigen, benötigen Sie eine weitere Fahrkarte. (Ausnahmen sind die Busse Balabus, Noctilien, Orlybus und Roissybus sowie die Linien 221, 297, 299, 350 und 351.) Im Bus kann man keine *carnets*, sondern nur Einzelfahrkarten kaufen. Kinder unter vier Jahren werden kostenlos befördert, Kinder im Alter zwischen vier und zehn Jahren fahren zum halben Preis.

Wenn Sie vorher einen Fahrschein *(ticket t+)* oder ein *carnet* am Automaten oder bei der Verkaufsstelle einer Métro-Station erworben haben *(siehe S. 384)*, müssen Sie das Ticket im Bus entwerten. Mit einem bereits für eine Métro-Fahrt entwerteten Ticket können Sie nicht von der Métro in Bus/Straßenbahn oder von der RER in Bus/Straßenbahn umsteigen.

Natürlich gelten auch Tageskarten *(Mobilis, siehe S. 384)* und Wochen- bzw. Monatskarten *(Passe Navigo Découverte, siehe S. 382)* in Bussen. Bei häufigen Fahrten rechnet sich der Pass *Paris Visite (siehe S. 382)*. Versuchen Sie nie, einen dieser Pässe zu entwerten – sie werden dadurch ungültig. Man zeigt sie beim Zusteigen unaufgefordert dem Busfahrer.

Fahrscheine müssen bei Fahrtantritt entwertet werden, damit sie gültig sind. Die Entwerter finden Sie bei den Türen. Bewahren Sie das Ticket bis zum Ende der Fahrt auf.

Fahrkartenentwerter

Fahrscheine entwerten
Fahrschein in den Schlitz des Automaten stecken.

Mit dem Bus fahren

Bushaltestellen erkennt man an Schildern mit den Nummern der Busse, die dort halten, sowie an dem RATP-Logo. An den Haltestellen geben Pläne Auskunft über Abfahrtszeiten und Anschlussverbindungen. Auch findet man hier Pläne der näheren Umgebung mit den Métro- und RER-Stationen.

Die meisten Busse müssen an der Haltestelle per Handzeichen angehalten werden. Per Knopfdruck zeigt man auch in den Bussen an, dass der Bus an der nächsten Station halten soll. Die Türen las-

Pariser Busse
Die Nummer der Buslinie und das Fahrtziel werden auf Schildern über der Windschutzscheibe angezeigt. Bei einigen Bussen kann man auch über die mittlere Tür zusteigen, dies wird an der Außenseite des Busses angezeigt.

Informationen vorne am Bus

sen sich per Knopfdruck öffnen, sofern sie nicht vom Busfahrer geöffnet werden. Nicht alle Busse fahren bis zur Endhaltestelle. Man erkennt dies daran, dass das Fahrtziel auf der Richtungsanzeige vorne durchgestrichen ist. In diesem Fall fragt man am besten den Busfahrer, bis wohin der Bus fährt.

Alle 60 Buslinien der Innenstadt sind für den barrierefreien Zugang ausgestattet. Dies gilt auch für die Bushaltestellen an diesen Strecken. In allen Bussen gibt es für behinderte oder ältere Fahrgäste reservierte Plätze. Sie sind entsprechend gekennzeichnet.

Nacht- und Sommerbusse

In Paris und den Vorstädten verkehren 45 Nachtbus-Linien, *Noctilien* genannt. Sie werden montags bis donnerstags zwischen 0.30 und 5.30 sowie freitags und samstags zwischen ein Uhr und 5.30 Uhr eingesetzt. Das *Noctilien*-Netzwerk konzentriert sich um die fünf großen Bahnhöfe bzw. Métro-Stationen Gare de Lyon, Gare de l'Est, St-Lazare, Montparnasse und Châtelet. Die Endstationen vieler Nachtbusse sind Châtelet, Avenue Victoria oder Rue St-Martin. *Noctilien*-Haltestellen sind am Buchstaben »N« in einem weißen Kreis mit blauem Hintergrund zu erkennen. Die Busse müssen herangewunken werden. Die normalen Fahr- und Zeitkarten sind auch in den Nachtbussen gültig.

In den Sommermonaten betreibt RATP auch Buslinien in den Bois de Boulogne und den Bois de Vincennes. Hilfreich für Fahrpläne und Tarife ist die **RATP Information**.

RATP Information
54, quai de la Rapée, 75012.
☎ *32 46.* **www**.ratp.fr;
www.noctilien.fr

Tram

Seit Ende 2006 hat Paris wieder drei Tramlinien: T1 (Gare St-Denis – Noisy-le-Sec), T2 (La Défense – Porte de Versailles) und T3 (Pont du Garigliano – Porte d'Ivry). Das Netz soll in den nächsten Jahren noch ausgebaut werden. Die T3 wird auch *Tramway des Maréchaux Sud* genannt. Mit der Linien kann man das 13., 14. und 15. Arrondissement gut erkunden.

Die T4 (Aulnay-sous-Bois – Bondy) der SNCF ist ein »Tram-Train«, eine Zweisystem-Stadtbahn.

RATP-Tickets und Bustickets sind auch auf allen vier Tramlinien gültig.

Einer der modernen Tramzüge an einer Haltestelle

Interessante Buslinien

Nebenstehend finden Sie Linienbusse, die sich besonders für eine »Stadtrundfahrt« in Paris eignen. Im Plan eingetragen sind die wichtigsten Haltestellen, die nächstgelegenen Métro-Stationen sowie einige Sehenswürdigkeiten.

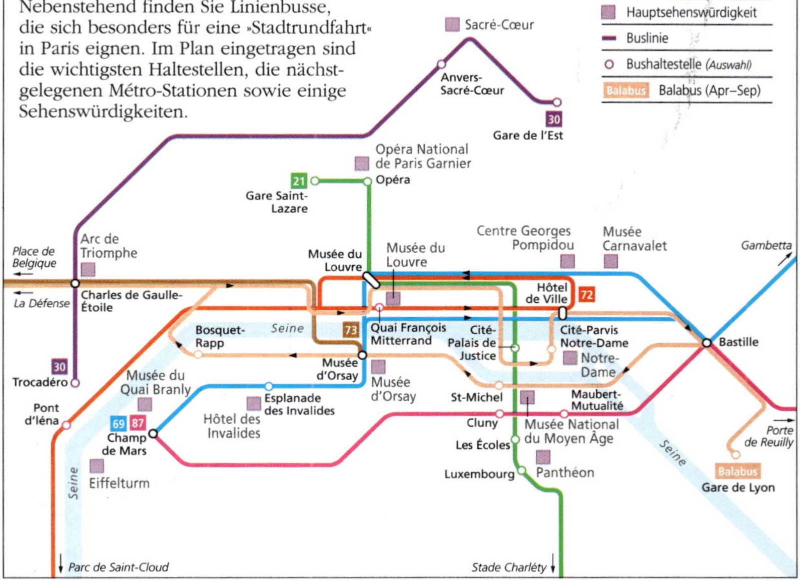

Mit SNCF-Zügen unterwegs

Die staatliche französische Eisenbahn, Société Nationale des Chemins de Fer Français (SNCF), betreibt zwei Verkehrssysteme: regionale Vorortzüge *(trains de banlieue)* und Fernzüge *(grandes lignes)*, die Paris weiträumig mit den umliegenden Städten verbinden. Für Erstere gelten sechs Tarifzonen. Die Regionalbahn, die es in ganz Frankreich gibt, eignet sich ideal für Tagesausflüge rund um Paris. TGV-Züge *(trains à grande vitesse)* bieten sich für längere Strecken an, da sie doppelt so schnell fahren wie die normalen Züge *(siehe S. 378f)*.

Gare de l'Est im Jahr 1920

Bahnhöfe

Als Eisenbahnknotenpunkt für ganz Frankreich und das westliche Europa verfügt Paris über sechs Kopfbahnhöfe, die alle von der SNCF unterhalten werden: die Gare du Nord, Gare de l'Est, Gare de Lyon, Gare d'Austerlitz, Gare Montparnasse und Gare St-Lazare *(siehe S. 378)*. Von jedem Bahnhof verkehren sowohl Vorort- als auch Fernzüge. Zu wichtigen Zielen wie Versailles oder Chantilly fahren beide Zugarten.

An den Bahnsteigen gibt es Anzeigetafeln mit der Nummer bzw. dem Buchstaben des Gleises, der Zugnummer, den Ankunfts- und Abfahrtszeiten, möglichen Verspätungen, dem Zielbahnhof sowie den wichtigsten Haltebahnhöfen. Überall findet man Kofferkulis, die man gegen Pfand (Ein-Euro-Münze) benutzen kann. An der Gare du Nord, Gare de l'Est, Gare de Lyon, Gare d'Austerlitz und Gare Montparnasse stehen auch Schließfächer zur Verfügung.

Fahrkarten

Oftmals kann man in Bahnhöfen Fahrkarten für Vorortzüge *(trains de banlieue)* an Automaten lösen. Die Maschinen geben Wechselgeld zurück, die meisten akzeptieren Münzen, Scheine und Kreditkarten.

Kartenschalter sind getrennt nach der Art der Fahrscheine: *banlieue* für Vorortzüge, *grandes lignes* für Fernzüge und *internationale* für Auslandszüge.

Fahrkarten kann man unter **www**.voyages-sncf.com auch online buchen, mit Kreditkarte bezahlen und selbst ausdrucken. Die preiswertesten Angebote *(PREMs)* sind nur einige Zeit vorher zu buchen, man kann sie weder umbuchen noch zurückgeben. Auch günstige Wochenend- und Last-Minute-Tarife werden als *PREMs* bezeichnet.

Bei manchen Zügen hängt der Preis davon ab, ob man während der *périodes bleues* oder der *périodes blanches* (Spitzenverkehrszeiten; Mo 5 bis 10 Uhr, Fr und So 15 bis 20 Uhr) fahren will.

Ermäßigungen von 25 bis 50 Prozent gibt es für Senioren über 60 Jahren *(Carte Senior)*, für junge Leute unter 26 *(Carte 12–25)*, für Reisende bis zu vier Personen, wenn ein Kind unter zwölf Jahren dabei ist *(Carte Enfant Plus)* sowie für Vielreisende *(Carte Escapades)*. Unter **www**.voyages-sncf.com findet man eine Reihe von Sonder- und Last-Minute-Angeboten *(siehe S. 379)*.

Beachten Sie, dass Sie Ihren Fahrschein *(billet)* und gegebenenfalls die Platzkarte selbst am Entwerter abstempeln *(composter)* müssen, und zwar bevor Sie in den Zug einsteigen. Dies wird im Zug kontrolliert. Ohne gültigen, entwerteten Fahrausweis zahlen Sie eine Strafe.

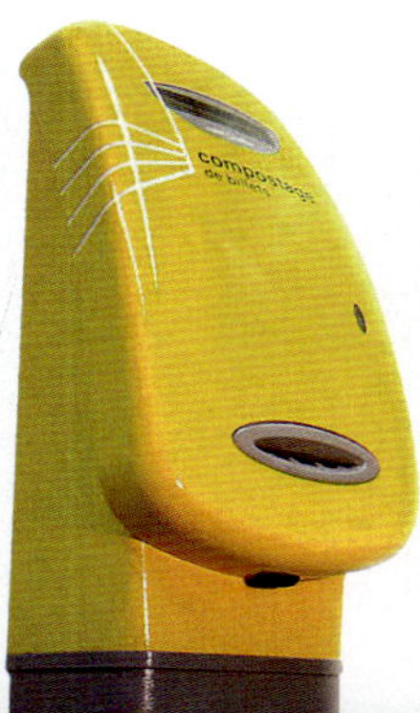

Entwerter

Fahrscheine und Platzkarten müssen vor Fahrtantritt mit der Beschriftung nach oben abgestempelt werden.

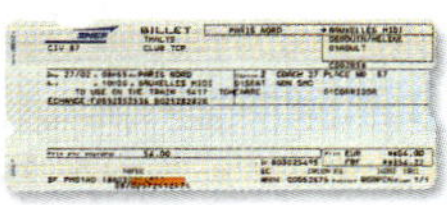

Abgestempelter Fahrschein

Doppelstöckiger Vorortzug

Vorortzüge

Vorortzüge, als *banlieue* gekennzeichnet, fahren von allen großen Pariser Bahnhöfen ab. Métro- und RER-Tickets gelten nicht für die Vorortzüge, außer wenn Sie Bahnhöfe ansteuern, die von SNCF und RER zugleich bedient werden.

Auch zu einigen touristisch interessanten Zielen wie Chantilly, Chartres, Fontainebleau, Giverny und Versailles *(siehe S. 248–253)* fahren Vorortzüge.

Mit dem Auto unterwegs

Wenn man Ziele außerhalb von Paris besuchen will, kann sich ein Mietwagen als nützlich erweisen – sobald man den Pariser Berufsverkehr hinter sich gelassen hat. Taxis sind teurer als Züge und Busse, sind aber spätnachts eine Alternative. Es gibt rund 800 Taxistände *(station de taxis)* in Paris.

Autofahren

Um ein Auto zu mieten, benötigt man einen Führerschein und einen Reisepass bzw. Personalausweis. Die meisten Mietwagenfirmen verlangen als Sicherheit die Vorlage einer Kreditkarte. Der Besitz eines internationalen Führerscheins ist für Besucher aus EU-Ländern und der Schweiz nicht notwendig.

Die Promillegrenze liegt in Frankreich bei 0,5. Die Höchstgeschwindigkeit beträgt innerorts 50 km/h, außerorts 90 km/h und auf Autobahnen 130 km/h. Wer dichten Stadtverkehr nicht gewohnt ist, sollte das sechsspurige Rondell um den Arc de Triomphe tunlichst meiden.

Parken

Parkplätze sind in Paris rar und teuer. Niemals sollte man sein Auto in Parkverbotszonen *(Parking Stationnement interdit)* abstellen. Parken erlaubt ist in mit einem großen »P« oder dem Schild *Parking Payant* gekennzeichneten Zonen. Den Parkschein löst man am *horodateur*. Für längere Parkzeiten kauft man eine *carte de stationnement* für 10 oder 30 Euro im *Tabacs*-Laden und platziert sie gut sichtbar hinter der Windschutzscheibe. Parkuhren *(horodateurs)* gelten montags bis freitags von 9 bis 19 Uhr. Am Wochenende und an Feiertagen kann man meist kostenlos in den erlaubten Zonen parken.

Frei: leuchtendes Taxischild

Abbiegen verboten

Eingeschränktes Halteverbot

Absolutes Halteverbot

Geschwindigkeitsbegrenzung

Taxis

Mehr als 15 000 Taxis sind im Pariser Stadtgebiet angemeldet, und doch scheint es noch immer zu wenig zu geben, besonders während der Hauptverkehrszeiten sowie freitag- und samstagabends. Bis 2012 soll die Zahl der gemeldeten Taxis auf 20 000 anwachsen.

Ein Taxi kann man an der Straße heranwinken, sofern es sich nicht weniger als 50 Meter von einem Taxistand entfernt befindet. Am schnellsten ergattert man ein Taxi, indem man einen Taxistand sucht und sich dort in die Schlange der Wartenden einreiht. Taxistände findet man an großen Kreuzungen, vor großen Métro- und RER-Stationen, vor Krankenhäusern, Bahnhöfen und Flughäfen. Ein erleuchtetes weißes Schild auf dem Dach des Fahrzeugs signalisiert, dass das Taxi frei ist. Eine kleine Leuchte unter dem Schild zeigt an, dass das Taxi besetzt ist.

Das Taxameter sollte beim Einsteigen des Fahrgasts den Grundbetrag anzeigen. In einem bestellten Taxi zeigt das Taxameter den Betrag für die Anfahrt an, der je nach Entfernung der zurückgelegten Strecke bis zum angegebenen Ort höchst unterschiedlich ausfallen kann.

Der Fahrpreis variiert je nach Einsatzgebiet und Tageszeit. Rate A gilt für das Stadtzentrum und richtet sich nach der zurückgelegten Strecke. Die höhere Rate B gilt für das Stadtzentrum sonntags, feiertags und nachts (19–7 Uhr) bzw. bei Fahrten in die Vororte oder an einen Flughafen je nach Tageszeit (nachts gilt dann Rate C). Gepäck und ein vierter Fahrgast kosten extra. Taxifahrer erwarten ein kleines Trinkgeld – runden Sie den Betrag auf.

AUF EINEN BLICK

Mietwagen

Die hier gelisteten Mietwagenfirmen haben Niederlassungen an den Flughäfen Charles de Gaulle und Orly sowie an den großen Bahnhöfen und im Stadtzentrum.

Avis
08 20 05 05 05.

Budget
08 25 00 35 64.

Europcar
08 25 35 83 58.

Hertz
08 25 86 18 61.

National Citer
08 25 16 12 12.

Sixt
08 20 00 74 98.

Taxis

Taxis G7
01 47 39 47 39 oder 01 47 39 00 91 (für behinderte Fahrgäste).
www.taxisg7.fr
(Buchung online möglich).

Les Taxis Bleus
08 91 70 10 10.
www.taxis-bleus.com
(Buchung online möglich).

Neocab
08 10 04 73 36. (umweltfreundliches Unternehmen mit kostenlosem WLAN und TV im Fahrzeug).
http://neo-cab.com
(Buchung online möglich).

Stadtplan

Alle Sehenswürdigkeiten, Hotels, Restaurants, Läden, Straßen etc. in den 14 in diesem Buch besprochenen Stadtteilen sind mit Koordinaten für den Stadtplan auf den folgenden Seiten versehen und größtenteils im Kartenregister auf den Seiten 392–405 mit entsprechenden Koordinaten aufgeführt. Das erlaubt ein rasches Auffinden der Sehenswürdigkeiten im Stadtplan (Erläuterungen siehe nebenstehend). Die Übersichtskarte unten zeigt, welches Stadtgebiet von welchen Karten abgedeckt wird: Über die 14 besprochenen Stadtteile hinaus sind weitere Viertel von Paris dargestellt, die für Besucher von Interesse sein können.

Kartenverweise *beziehen sich auf die Extrakarte zum Herausnehmen.*

Paris ist in 20 Arrondissements eingeteilt. Ihre Grenzen und ihre Nummerierung sind in der Übersichtskarte orange eingetragen.

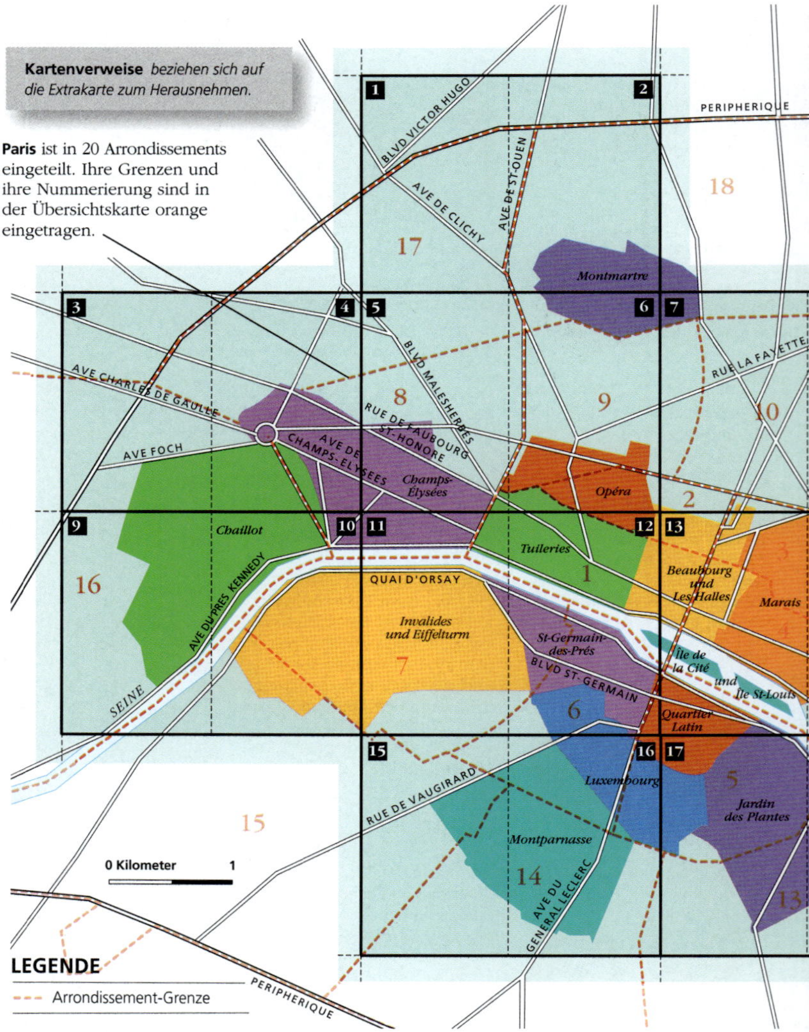

LEGENDE

- - - Arrondissement-Grenze

So funktioniert das Verweissystem

Die erste Zahl gibt an, welche Seite des Stadtplans aufzuschlagen ist.

Hôtel de Ville ⑲

4, pl de l'Hôtel de Ville, 75004. **Stadtplan** 13 B3. **Karte** M7. *01 42 76 40 40.* Hôtel de Ville. *für Gruppen nach tel. Anmeldung; teilweise für Wechselausstellungen.* *Feiertage, offizielle Anlässe.*

Buchstabe und Zahl bezeichnen das Planquadrat bzw. geben die horizontale und vertikale Koordinate an.

Zahlen mit Pfeil verweisen auf die Anschlusskarte.

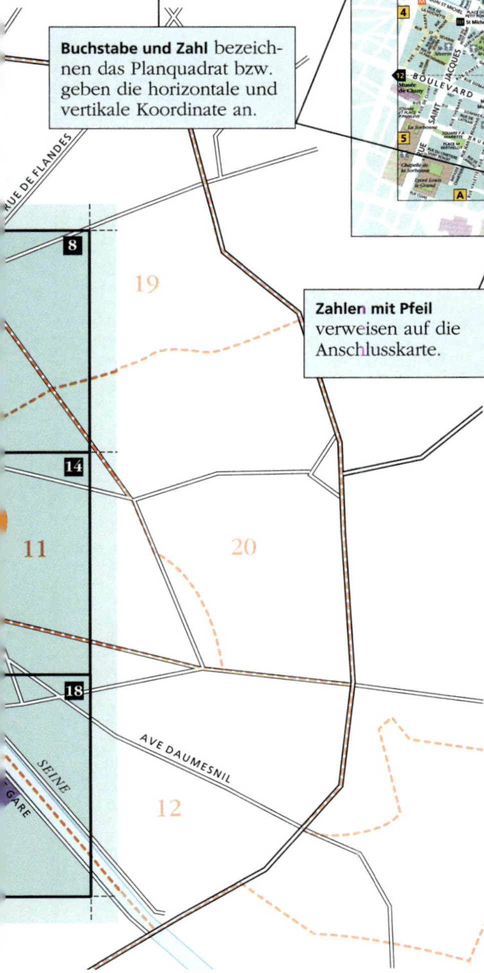

LEGENDE

- Hauptsehenswürdigkeit
- Sehenswürdigkeit
- Anderes Gebäude
- Métro-Station
- RER-Station
- Wichtige Bushaltestelle
- Bootsanlegestelle
- Parken
- Information
- Krankenhaus mit Notaufnahme
- Polizei
- Kirche
- Synagoge
- Post
- Eisenbahn
- Autobahn
- Fußgängerzone
- «130 Hausnummer

Maßstab der Karten

0 Meter 200 1:11000

Kartenregister

Hinter jedem Eintrag steht das Arrondissement in Klammern, gefolgt von der Seite des **Stadtplans** und den **Koordinaten**

D

G

K

L

N

O

P

Hinter jedem Eintrag steht das Arrondissement in Klammern, gefolgt von der Seite des **Stadtplans** und den **Koordinaten**

S

1
A
B
C
1
2
3
4
5
CLICHY
Boulevard Victor Hugo
Parc Municipal
Place de la Republique
St-Ouen RER
Boulevard Victor Hugo
Rue Madame de Sanzillon
Rue Villeneuve
Rue du General Roguet
Boulevard du General Leclerc
Rue Georges Boisseau
Rue Martre
Rue du 8 Mai 1945
N410
N310
Boulevard Peripherique
Cimetiere Parisien des Batignolles
Porte de Clichy
Porte Pouchet
Boulevard Bessieres
Boulevard Berthier
Avenue de Clichy
Avenue de la Porte de Clichy
Rue de la Jonquiere
Rue Fructidor
Blvd du Bois le Pretre
Place Arnault-Tzanck
Rue Pierre Rebiere
Rue St Just
Rue Ernest Roche
Rue Guy Moquet
Rue Cardinet
Brochant
Rue Brochant
Rue Lemercier
Rue Nollet
Rue Truffaut
Rue des Moines
Rue Legendre
Rue de Saussure
Rue Davy
Station Pont Cardinet
Place C. Fillion
La Fourche
A
B
C
5

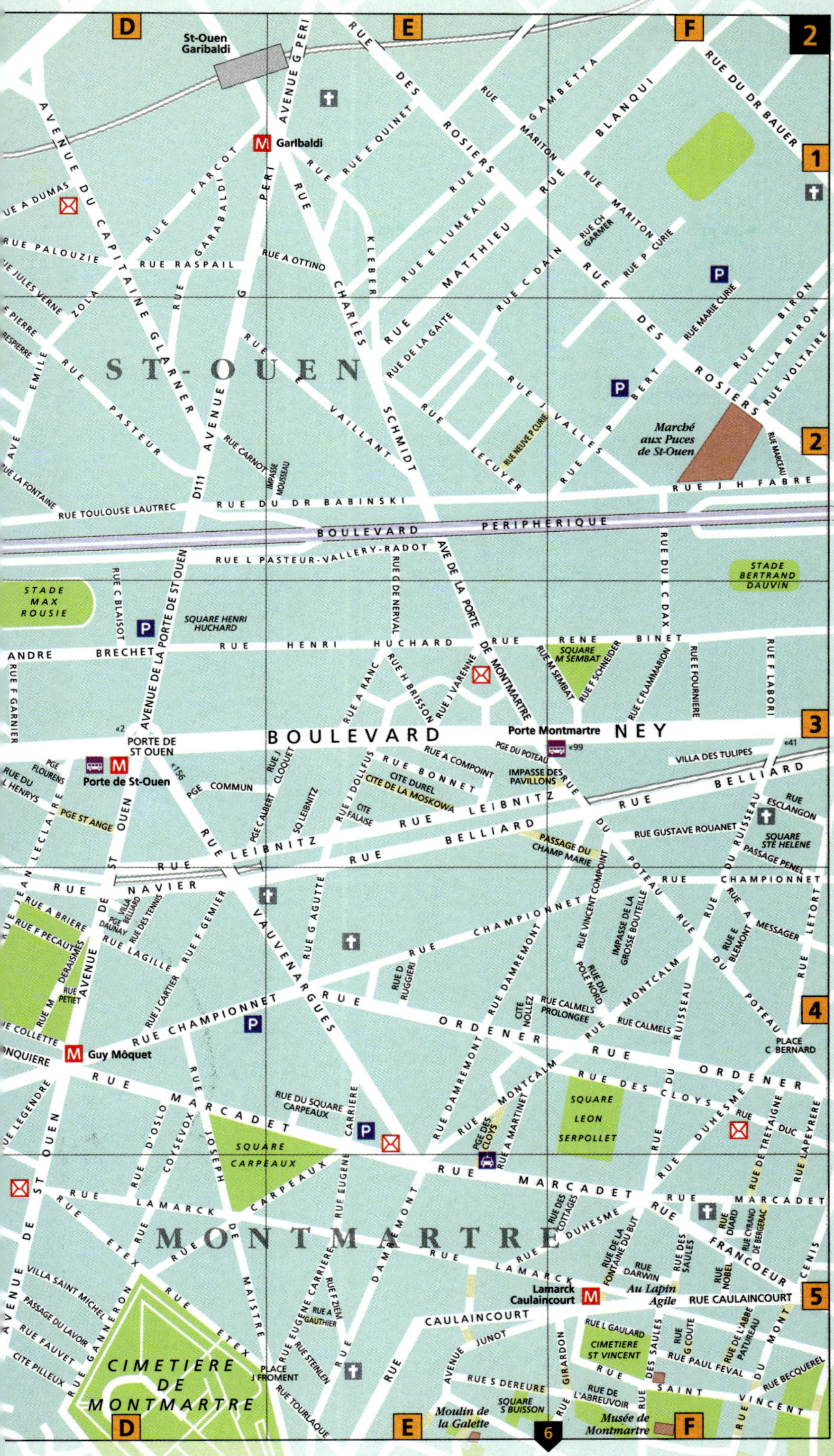
2
D
E
F
1
2
3
4
5
6
St-Ouen Garibaldi
Garibaldi
ST-OUEN
MONTMARTRE
BOULEVARD PERIPHERIQUE
BOULEVARD NEY
Marché aux Puces de St-Ouen
STADE MAX ROUSIE
STADE BERTRAND DAUVIN
SQUARE HENRI HUCHARD
SQUARE M SEMBAT
PORTE DE ST OUEN
Porte de St-Ouen
Porte Montmartre
Guy Môquet
SQUARE CARPEAUX
SQUARE LEON SERPOLLET
CIMETIERE DE MONTMARTRE
CIMETIERE ST VINCENT
Lamarck Caulaincourt
Au Lapin Agile
Moulin de la Galette
Musée de Montmartre
SQUARE S BUISSON
AVENUE GABRIEL PERI
AVENUE DU CAPITAINE GLARNER
RUE DES ROSIERS
RUE GAMBETTA
RUE BLANQUI
RUE DU DR BAUER
RUE CHARLES SCHMIDT
RUE VAILLANT
RUE MATTHIEU
RUE RASPAIL
RUE PALOUZIE
RUE A DUMAS
RUE PASTEUR
RUE TOULOUSE LAUTREC
RUE DU DR BABINSKI
RUE J H FABRE
RUE L PASTEUR-VALLERY-RADOT
AVE DE LA PORTE DE MONTMARTRE
AVENUE DE LA PORTE DE ST OUEN
RUE HENRI HUCHARD
RUE RENE BINET
RUE LEIBNITZ
RUE BELLIARD
RUE NAVIER
RUE CHAMPIONNET
RUE ORDENER
RUE MARCADET
RUE LAMARCK
RUE CAULAINCOURT
AVENUE DE ST OUEN
RUE VAUVENARGUES
RUE DAMREMONT
RUE DU POTEAU
RUE DUHESME
RUE DES CLOYS
RUE CARPEAUX
RUE ETEX
RUE JOSEPH DE MAISTRE
AVENUE JUNOT
RUE LEPIC
RUE SAINT VINCENT
RUE DES SAULES
RUE FRANCOEUR
RUE DU MONT CENIS
RUE LETORT
RUE DU RUISSEAU
RUE MONTCALM
RUE LEGENDRE
RUE GUSTAVE ROUANET
SQUARE STE HELENE
VILLA DES TULIPES
PASSAGE DU CHAMP MARIE
RUE ORDENER
RUE A COMPOINT
IMPASSE DES PAVILLONS
CITE DE LA MOSKOWA
RUE DU SQUARE CARPEAUX
RUE GIRARDON
RUE DE L'ABREUVOIR
RUE S DEREURE
VILLA SAINT MICHEL
PASSAGE DU LAVOIR
RUE FAUVET
CITE PILLEUX
RUE GANNERON
RUE TOURLAQUE
RUE STEINLEN
PLACE J FROMENT
D111

3
A
B
C
1
2
3
4
5
9
BOULEVARD BINEAU
AVENUE DE LA PORTE DE CHAMPERRET
RUE PAULINE BORGHESE
RUE D'INKERMANN
RUE PIERRARD
RUE PERRONET
SQUARE PERRONET
BOULEVARD VICTOR HUGO
RUE DES DAMES AUGUSTINES
RUE PARMENTIER
RUE CINO DEL DUCA
AVENUE DE LA PORTE DE VILLIERS
RUE VERGNIAUD
RUE LOUISE MICHEL
RUE DANTON
RUE JACQUES IBERT
RUE DU CDT PEUGEOT
JARDIN DE L'AMERIQUE LATINE
PORTE DE CHAMPERRET
BOULEVARD DE L'YSER
RUE C DEBUSSY
RUE A CHARPENTIER
PLACE J RENARD
SQUARE DU GRAISIVAUDAN
SQ DU VIVARAIS
Stade Paul Faber
BOULEVARD DE DIXMUDE
RUE DU DOBROPOL
RUE DES DARDANELLES
PORTE DE VILLIERS
BOULEVARD GOUVION ST
RUE AUMONT THIEVILLE
RUE E ALLEZ
SQUARE G ST CYR
RUE ROGER BACON
AVE DES PAVILLONS
AVENUE DU MANOIR
AVENUE DE VERZY
RUE GUERSANT
RUE DES TERNES
RUE RUHMKORFF
AVE DE LA CHAPELLE
PLACE WINSTON CHURCHILL
BOULEVARD D'INKERMANN
RUE DU GENERAL CORDONNIER
VILLA DU ROULE
AVE PHILIP LE BOUCHER
RUE MADELEINE MICHELIS
SQ DU ROULE
RUE P CHEREST
BOULEVARD D'AURELLE DE PALADINES
AVENUE DE SALONIQUE
AVENUE DU ROULE
RUE D'ORLEANS
VILLA DES SABLONS
RUE A VERIEN
RUE DUMAS
RUE BERTEAUX
RUE DE L'ECOLE DE MARS
RUE BELLANGER
VILLA E BERGERAT
VILLA BLANCHE
RUE DU CDT PILOT
AVENUE DE LA PORTE DES TERNES
PLACE DU GENERAL KOENIG
Porte des Ternes
RUE D'ARMENONVILLE
RUE MONTROSIER
PLACE PARMENTIER
RUE DE SABLONVILLE
RUE G CHARPENTIER
PORTE DES TERNES
BOULEVARD PERSHING
AVENUE CHARLES DE GAULLE
PLACE DU MARCHE
RUE JACQUES DULUD
RUE DE CHARTRES
RUE DU MIDI
RUE CHARLES LAFFITTE
RUE P DEROULEDE
RUE NORDLING
BOULEVARD MAILLOT
PLACE DE VERDUN
Porte Maillot
AVENUE DE NEUILLY
BLVD ANDRE MAUROIS
RUE JEAN HACKIN
Palais des Congrès
PLACE DE LA PORTE MAILLOT
RER Neuilly Porte Maillot
Porte Maillot
PORTE MAILLOT
RUE BELIDOR
AVENUE DES TERNES
RUE WALDECK ROUSSEAU
BOULEVARD PEREIRE (NORD)
BOULEVARD PEREIRE (SUD)
RUE LABIE
RUE DU DEBARCADERE
PLACE ST FERDINAND
RUE ST FERDINAND
RUE BRUNEL
RUE DENIS POISSON
AVENUE DE LA GRANDE ARMEE
PLACE Y ET C MORANDAT
ROUTE DES ERABLES
BOIS DE BOULOGNE
ROUTE DE LA PORTE DES SABLONS A LA PORTE MAILLOT
ALLEE DE LONGCHAMP
RUE DU GENERAL ANSELIN
BOULEVARD THIERRY DE MARTEL
SQUARE DE L'AMIRAL BRUIX
BOULEVARD DE L'AMIRAL BRUIX
IMP DE MALAKOFF
RUE DU CDT MARCHAND
AVENUE DE MALAKOFF
CITE DUPLAN
RUE PERGOLESE
Argentine
CHEMIN DU PAVILLON D'ARMENONVILLE
ALLEE CAVALIERE ST DENIS
FORTUNEE
ROUTE DE L'ETOILE
ALLEE CAVALIERE
BOULEVARD PERIPHERIQUE
RUE WEBER
RUE BERLIOZ
VILLA DUPONT
RUE MARBEAU
RUE LALO
VILLA SAID
RUE L PICHAT
AVENUE ALPHAND
RUE DU BOIS DE BOULOGNE
RUE LE SUEUR
RUE CHALGRIN
RUE PICCINI
RUE DURET
SQUARE DE L'AVENUE FOCH
AVENUE FOCH
PLACE DU MARECHAL DE LATTRE DE TASSIGNY
PLACE DU PARAGUAY
Musée Arménien
Musée d'Ennery
Porte Dauphine
RUE CREVAUX
RUE PICOT
RUE DE LASTEYRIE
AVENUE RAYMOND POINCARE
PLACE DU VENEZUELA
RUE LEROUX
RUE PAUL VALERY
AVENUE VICTOR HUGO
RUE L DE VINCI
RUE GEORGES VILLE
Avenue Foch
Musée de la Contrefaçon
PLACE DU CHANCELIER ADENAUER
AVENUE BUGEAUD
RUE DE LA POMPE
RUE DE SFAX
RUE DE SONTAY
Victor Hugo
AVENUE DU MARECHAL FAYOLLE
BOULEVARD LANNES
BOULEVARD FLANDRIN
RUE COTHENET
RUE DE LA FAISANDERIE
RUE SPONTINI
RUE DES BELLES FEUILLES
RUE DOSNE
RUE DU GAL CLERGERIE
RUE DE L'AMIRAL COURBET
Musée Dapper
PLACE VICTOR HUGO
RUE COPERNIC
AVENUE DE POLOGNE
RUE J HUGUES
RUE GEN. APPERT
RUE BENOUVILLE
RUE DE NOISIEL
RUE E MENIER
RUE CLAMOUREUX
RUE MERIMEE
VILLA SPONTINI
RUE DE POMEREU
VILLA VICTOR HUGO
RUE YVON VILLARCEAU
RUE BOISSIERE
RUE LAURISTON
RUE DE MONTEVIDEO
RUE DE LONGCHAMP
PLACE JEAN MONNET
RUE MESNIL

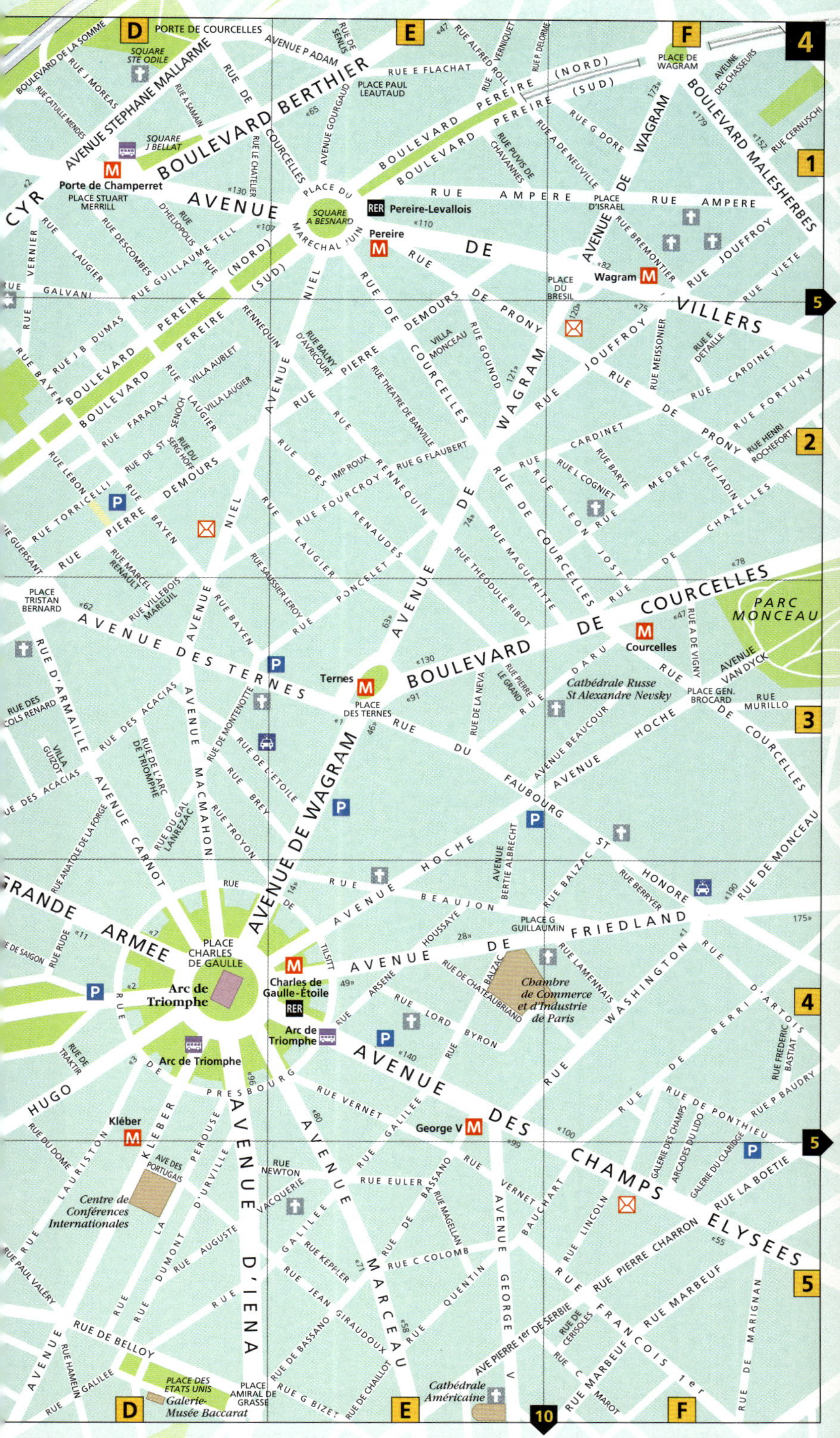
D
E
F
4
1
2
3
4
5
5
5
10
PORTE DE COURCELLES
AVENUE P ADAM
SQUARE STE ODILE
BOULEVARD DE LA SOMME
RUE J MOREAS
RUE CATULLE MENDES
AVENUE STEPHANE MALLARME
RUE A SAMAIN
SQUARE J BELLAT
Porte de Champerret
PLACE STUART MERRILL
BOULEVARD BERTHIER
RUE DE SENLIS
RUE E FLACHAT
PLACE PAUL LEAUTAUD
RUE ALFRED ROLL
RUE VERNIQUET
RUE P. DELORME
AVENUE GOURGAUD
RUE LE CHATELIER
RUE DE COURCELLES
PLACE DU MARECHAL JUIN
SQUARE A BESNARD
Pereire-Levallois
Pereire
BOULEVARD PEREIRE (NORD)
BOULEVARD PEREIRE (SUD)
RUE PUVIS DE CHAVANNES
RUE A DE NEUVILLE
RUE G DORE
PLACE DE WAGRAM
AVENUE DES CHASSEURS
BOULEVARD MALESHERBES
RUE CERNUSCHI
RUE AMPERE
PLACE D'ISRAEL
AVENUE DE WAGRAM
RUE BREMONTIER
RUE JOUFFROY
Wagram
PLACE DU BRESIL
AVENUE DE VILLIERS
RUE VIETE
CYR
RUE VERNIER
RUE LAUGIER
RUE DESCOMBES
RUE D'HELIOPOLIS
RUE GUILLAUME TELL
RUE GALVANI
RUE DE PRONY
RUE DEMOURS
VILLA MONCEAU
RUE GOUNOD
RUE MEISSONIER
RUE E DETAILLE
RUE CARDINET
RUE FORTUNY
RUE HENRI ROCHEFORT
RUE J B DUMAS
RUE BAYEN
RUE RENNEQUIN
RUE BALNY D'AVRICOURT
RUE PIERRE DEMOURS
RUE THEATRE DE BANVILLE
VILLA AUBLET
VILLA LAUGIER
RUE FARADAY
RUE SENOCH
RUE DU SERGT HOFF
RUE DE ST SENOCH
AVENUE NIEL
RUE DES IMP ROUX
RUE G FLAUBERT
RUE FOURCROY
RUE L COGNIET
RUE BARYE
RUE MEDERIC
RUE JADIN
RUE DE CHAZELLES
RUE LEBON
RUE TORRICELLI
RUE GUERSANT
RUE MARCEL RENAULT
RUE VILLEBOIS MAREUIL
RUE SAUSSIER LEROY
RUE PONCELET
RUE DES RENAUDES
RUE THEODULE RIBOT
RUE MAGUERITTE
RUE LEON JOST
PLACE TRISTAN BERNARD
AVENUE DES TERNES
RUE D'ARMAILLE
RUE DES COLS RENARD
VILLA GUIZOT
RUE DES ACACIAS
RUE DE L'ARC DE TRIOMPHE
AVENUE MACMAHON
RUE DE MONTENOTTE
RUE DE L'ETOILE
RUE BREY
RUE TROYON
RUE DU GAL LANREZAC
AVENUE CARNOT
RUE ANATOLE DE LA FORGE
Ternes
PLACE DES TERNES
BOULEVARD DE COURCELLES
Courcelles
PARC MONCEAU
RUE A DE VIGNY
AVENUE VAN DYCK
RUE DARU
Cathédrale Russe St Alexandre Nevsky
PLACE GEN. BROCARD
RUE MURILLO
RUE DE LA NEVA
RUE PIERRE LE GRAND
AVENUE BEAUCOUR
AVENUE HOCHE
RUE DU FAUBOURG ST HONORE
AVENUE BERTIE ALBRECHT
RUE BALZAC
RUE BERRYER
RUE DE MONCEAU
AVENUE DE LA GRANDE ARMEE
RUE DE PRESBOURG
PLACE CHARLES DE GAULLE
Arc de Triomphe
Charles de Gaulle-Étoile
Arc de Triomphe
RUE BEAUJON
PLACE G GUILLAUMIN
AVENUE DE FRIEDLAND
RUE TILSITT
RUE ARSENE HOUSSAYE
RUE DE CHATEAUBRIAND
Chambre de Commerce et d'Industrie de Paris
RUE LAMENNAIS
RUE WASHINGTON
RUE D'ARTOIS
RUE LORD BYRON
RUE DE SAIGON
RUE RUDE
RUE DE TRAKTIR
AVENUE VICTOR HUGO
AVENUE KLEBER
Kléber
RUE LAURISTON
RUE DU DOME
AVE DES PORTUGAIS
RUE LA PEROUSE
RUE D'URVILLE
Centre de Conférences Internationales
AVENUE D'IENA
RUE VERNET
RUE GALILEE
George V
AVENUE DES CHAMPS ELYSEES
RUE DE BERRI
RUE FREDERIC BASTIAT
RUE DE PONTHIEU
RUE P BAUDRY
GALERIE DES CHAMPS
ARCADES DU LIDO
GALERIE DU CLARIDGE
RUE LA BOETIE
RUE NEWTON
RUE VACQUERIE
RUE EULER
RUE BASSANO
RUE MAGELLAN
AVENUE GEORGE V
RUE BAUCHART
RUE LINCOLN
RUE PIERRE CHARRON
RUE MARBEUF
AVENUE MARCEAU
RUE KEPPLER
RUE C COLOMB
RUE QUENTIN BAUCHART
RUE JEAN GIRAUDOUX
RUE DUMONT D'URVILLE
RUE AUGUSTE VACQUERIE
RUE PAUL VALERY
RUE DE BELLOY
RUE HAMELIN
AVENUE KLEBER
RUE GALILEE
PLACE DES ETATS UNIS
Galerie-Musée Baccarat
PLACE AMIRAL DE GRASSE
RUE G BIZET
RUE DE BASSANO
RUE DE CHAILLOT
Cathédrale Américaine
AVE PIERRE 1er DE SERBIE
RUE DE CERISOLES
RUE C MAROT
RUE FRANCOIS 1er
RUE DE MARIGNAN

5
A
B
C
1
2
3
4
5
Station Pont Cardinet
Square des Batignolles
Square Nicolay
Wagram
Rue du Printemps
Cité de Pusy
Rue de la Félicité
Rue des Fermiers
Rue Jouffroy
Rue Déodat de Séverac
Passage Cardinet
Rue Cardinet
Impasse Léger
Rue de Tocqueville
Rue de Lévis
Rue Daubigny
Square F de la Tombelle
Sq H Duparc
Sq E Chabrier
Sq G Fauré
Sq C Debussy
Rue Léon Cosnard
Rue Tarbé
Rue Salneuve
Rue de Saussure
Rue Legendre
Rue Dulong
Rue Cl Pouillet
Rue Lebouteux
Rue de Rome
Passage du Cdt C Martel
Rue Boursault
Rue Lamandé
Rue Truffaut
Rue Bridaine
Rue Condamine
Cité Lemercier
Rue Lemercier
Rue Hélène
Rue Nollet
Rue de Bizerte
Place R Baret
Rue Mariotte
Rue des Dames
Rue Lécluse
Rue Darcet
Rue Caroline
Rue La Truchet
Rue du Mont Dore
Rue Puteaux
Boulevard des Batignolles
Rome
Malesherbes
Boulevard Malesherbes
Avenue de Villiers
Rue J Bingen
Place du Général Catroux
La Terrasse
Rue de Lévis
Rue des Dames
Passage Geffroy Didelot
Rue de Chéroy
Rue Beudant
Rue L Droux
Villiers
Place P Goubaux
Boulevard des Batignolles
Rue de Moscou
Rue Clapeyron
Rue de Berne
Place de Dublin
Rue de Turin
Rue de Phalsbourg
Rue de Thann
Rue de Logelbach
Rue G Berger
Place de la République Dominicaine
Blvd de Courcelles
Monceau
Parc Monceau
Allée Comtesse
Avenue Ferdousi
Musée Cernuschi
Musée Nissim de Camondo
Ave Velasquez
Pge Commun
Avenue Ruysdael
Rue Pelouze
Rue Andrieux
Rue Larribe
Rue Bernouilli
Rue de Copenhague
Rue de Constantinople
Rue du Rocher
Rue de Naples
Rue d'Edimbourg
Rue de Monceau
Place de l'Europe
Europe
Rue de Madrid
Rue de Vienne
Rue Murillo
Rue de Lisbonne
Place de Rio de Janeiro
Avenue de Messine
Rue de Vézelay
Rue Maleville
Rue Corvetto
Rue Treilhard
Rue Mollien
Rue de Miromesnil
Lisbonne
Rue du Général Foy
Rue Portalis
Rue de Stockholm
Place du Guatemala
Rue de la Bienfaisance
Ave César Caire
Square M Pagnol
Rue de Laborde
Gare St-Lazare
Cour de Rome
Rue Jansseboeuf
Rue L Murat
Rue du Docteur Lancereaux
Rue de Messine
Place de Narvik
Rue de Téhéran
Musée Jacquemart-André
Boulevard Haussmann
Rue de Courcelles
Rue de Rigny
Place St Augustin
Rue de la Pépinière
Place G Péri
Rue d'Anjou
Rue Pasquier
Rue de l'Arcade
Rue P Cézanne
Rue de la Baume
Passage Commun
Avenue Percier
Rue d'Argenson
Rue Roy
Rue La Boétie
St-Augustin
Boulevard Malesherbes
Square Louis XVI
Rue Lavoisier
Miromesnil
Rue d'Astorg
Rue Roquépine
Rue des Mathurins
Rue Tronson du Coudray
Rue Greffulhe
Rue de Castellane
Avenue Myron T Herrick
Place Chassaigne-Goyon
Avenue Delcassé
Rue de Penthièvre
Rue Cambacérès
Ministère de l'Intérieur
Rue St Philippe du Roule
Rue du Colonel Rivière
Rue d'Artois
St-Philippe-du-Roule
Rue du Faubourg St Honoré
Rue du Colisée
Rue Jean Mermoz
Rue Rabelais
Avenue Matignon
Rue des Saussaies
Place des Saussaies
Rue de la Ville l'Évêque
Rue de Surène
Rue Chauveau Lagarde
Rue Montalivet
Rue de Duras
Rue d'Aguesseau
Palais de l'Élysée
Rue du Cirque
Avenue de Marigny
Rue de Ponthieu
Avenue Franklin D Roosevelt
Franklin D. Roosevelt
Avenue Gabriel
Avenue de l'Élysée
Rue du Faubourg St Honoré
Cité du Retiro
Rue Boissy d'Anglas
Galerie de la Madeleine
Village Royale
Place de la Madeleine
Madeleine
Rue Royale
Rue Richepance
Rue Saint Honoré
Musée Bouilhet-Christofle
Avenue des Champs Elysées
Rond Point des Champs-Élysées
Avenue Montaigne
Champs-Élysées Clemenceau
Espace Pierre Cardin
11

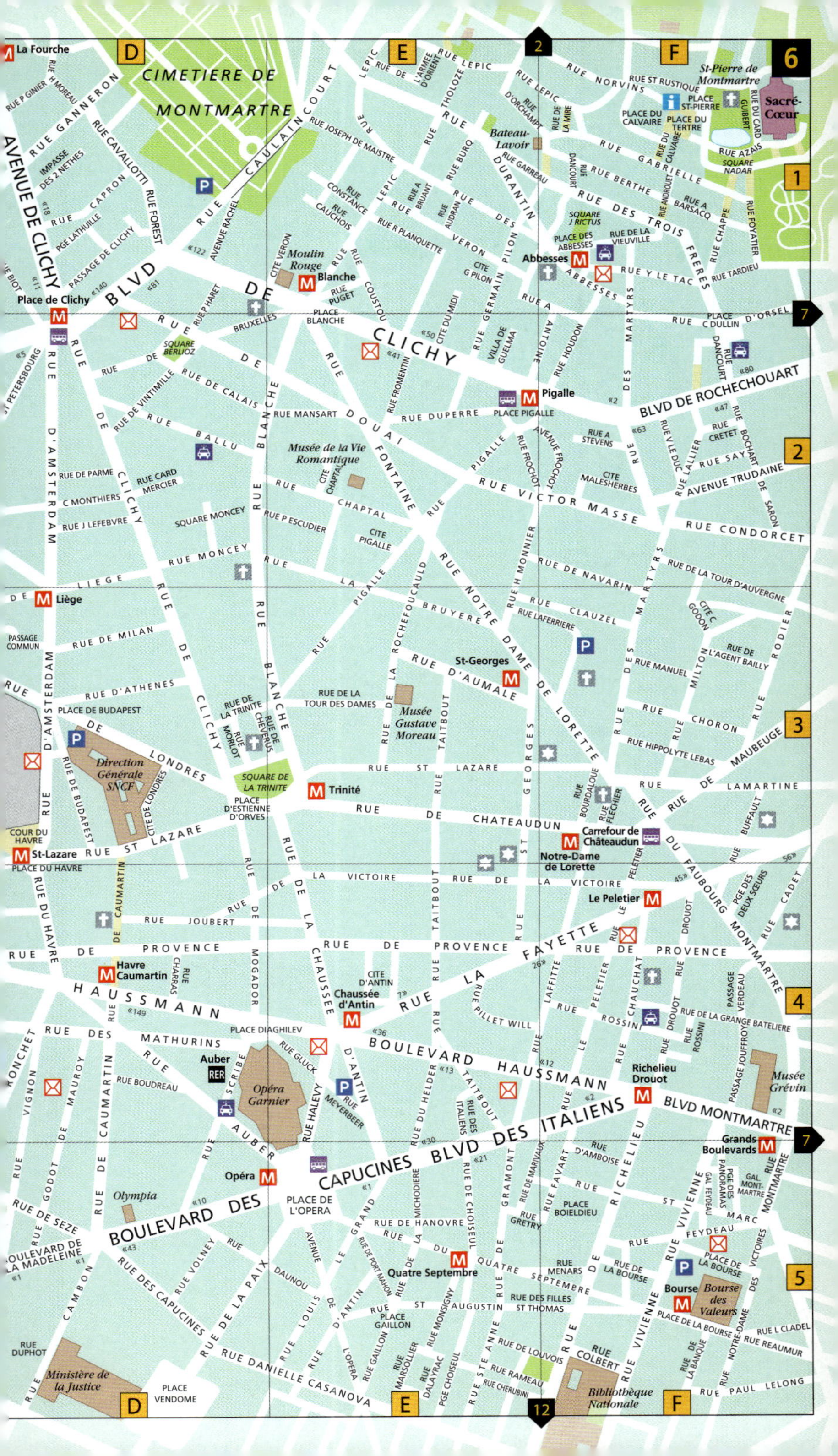
6
D
E
F
2
7
1
2
3
4
5
7
12
La Fourche
CIMETIERE DE MONTMARTRE
AVENUE DE CLICHY
RUE GANNERON
RUE CAVALLOTTI
RUE FOREST
IMPASSE DES 2 NETHES
RUE CAPRON
PGE LATHUILLE
PASSAGE DE CLICHY
RUE P GINIER
RUE H MOREAU
RUE CAULAINCOURT
AVENUE RACHEL
Place de Clichy
BLVD DE CLICHY
Moulin Rouge
Blanche
CITE VERON
PLACE BLANCHE
RUE PUGET
RUE COUSTOU
RUE LEPIC
RUE DE L'ARMEE D'ORIENT
RUE THOLOZE
RUE JOSEPH DE MAISTRE
RUE CONSTANCE
RUE CAUCHOIS
RUE R PLANQUETTE
RUE A BRUANT
RUE AUDRAN
RUE BURQ
RUE VERON
CITE G PILON
RUE GERMAIN PILON
RUE DURANTIN
RUE GARREAU
Bateau-Lavoir
RUE D'ORCHAMPT
RUE DE LA MIRE
RUE NORVINS
RUE ST RUSTIQUE
PLACE ST-PIERRE
PLACE DU CALVAIRE
PLACE DU TERTRE
St-Pierre de Montmartre
Sacré-Cœur
RUE DU CARD GUIBERT
RUE AZAIS
SQUARE NADAR
RUE GABRIELLE
RUE DU CALVAIRE
RUE ANDRE BARSACQ
RUE ANDROUET
RUE BERTHE
RUE DES TROIS FRERES
RUE DANCOURT
SQUARE J RICTUS
PLACE DES ABBESSES
RUE DE LA VIEUVILLE
Abbesses
RUE DES ABBESSES
RUE Y LE TAC
RUE CHAPPE
RUE FOYATIER
RUE TARDIEU
PLACE C DULLIN
RUE D'ORSEL
RUE A ANTOINE
RUE HOUDON
RUE DES MARTYRS
VILLA DE GUELMA
CITE DU MIDI
RUE FROMENTIN
Pigalle
PLACE PIGALLE
BLVD DE ROCHECHOUART
RUE DUPERRE
RUE MANSART
RUE DE DOUAI
RUE FONTAINE
RUE DE BRUXELLES
SQUARE BERLIOZ
RUE DE CALAIS
RUE DE VINTIMILLE
RUE BALLU
RUE BLANCHE
Musée de la Vie Romantique
CITE CHAPTAL
RUE CHAPTAL
CITE PIGALLE
RUE P ESCUDIER
RUE PIGALLE
AVENUE FROCHOT
RUE FROCHOT
RUE A STEVENS
CITE MALESHERBES
RUE LE DUC
RUE LALLIER
RUE CRETET
RUE SAY
RUE BOCHART DE SARON
AVENUE TRUDAINE
RUE VICTOR MASSE
RUE CONDORCET
RUE DE NAVARIN
RUE H MONNIER
RUE DE LA TOUR D'AUVERGNE
RUE DE PARME
RUE CARD MERCIER
C MONTHIERS
RUE J LEFEBVRE
SQUARE MONCEY
RUE MONCEY
RUE DE CLICHY
RUE D'AMSTERDAM
RUE DE ST PETERSBOURG
RUE DE LIEGE
Liège
PASSAGE COMMUN
RUE DE MILAN
RUE D'ATHENES
PLACE DE BUDAPEST
RUE DE LONDRES
Direction Générale SNCF
RUE DE BUDAPEST
CITE DE LONDRES
COUR DU HAVRE
St-Lazare
PLACE DU HAVRE
RUE ST LAZARE
RUE DE LA TRINITE
RUE MORLOT
RUE DE CHATEAUDUN
SQUARE DE LA TRINITE
Trinité
PLACE D'ESTIENNE D'ORVES
RUE DE LA BRUYERE
RUE LA ROCHEFOUCAULD
RUE DE LA TOUR DES DAMES
Musée Gustave Moreau
RUE TAITBOUT
St-Georges
RUE D'AUMALE
RUE NOTRE DAME DE LORETTE
RUE LAFERRIERE
RUE CLAUZEL
RUE MANUEL
CITE C GODON
RUE MILTON
RUE DE L'AGENT BAILLY
RUE RODIER
RUE CHORON
RUE HIPPOLYTE LEBAS
RUE DE MAUBEUGE
RUE DE LAMARTINE
RUE BOURDALOUE
RUE FLECHIER
Carrefour de Châteaudun
Notre-Dame de Lorette
RUE ST GEORGES
RUE BUFFAULT
RUE DU FAUBOURG MONTMARTRE
PGE DES DEUX SŒURS
RUE CADET
RUE DE LA VICTOIRE
RUE LE PELETIER
Le Peletier
RUE DROUOT
RUE DU HAVRE
RUE DE CAUMARTIN
RUE JOUBERT
RUE DE MOGADOR
RUE DE LA CHAUSSEE D'ANTIN
RUE DE PROVENCE
Havre Caumartin
RUE CHARRAS
CITE D'ANTIN
Chaussée d'Antin
RUE LA FAYETTE
RUE PILLET WILL
RUE LAFFITTE
RUE CHAUCHAT
RUE ROSSINI
RUE DE LA GRANGE BATELIERE
PASSAGE VERDEAU
PASSAGE JOUFFROY
Musée Grévin
HAUSSMANN
RUE DES MATHURINS
PLACE DIAGHILEV
Auber
RER
RUE SCRIBE
RUE GLUCK
RUE BOUDREAU
Opéra Garnier
RUE HALEVY
RUE MEYERBEER
BOULEVARD HAUSSMANN
RUE DU HELDER
RUE DES ITALIENS
Richelieu Drouot
BLVD MONTMARTRE
Grands Boulevards
RUE TRONCHET
RUE VIGNON
RUE DE MAUROY
RUE GODOT DE MAUROY
RUE AUBER
Opéra
PLACE DE L'OPERA
BLVD DES CAPUCINES
BLVD DES ITALIENS
Olympia
RUE DE SEZE
BOULEVARD DES CAPUCINES
BOULEVARD DE LA MADELEINE
RUE VOLNEY
RUE DES CAPUCINES
RUE DE LA PAIX
RUE DAUNOU
AVENUE DE L'OPERA
RUE LOUIS LE GRAND
RUE DE PORT MAHON
RUE DE LA MICHODIERE
RUE DE CHOISEUL
RUE DE GRAMONT
RUE DE MARIVAUX
RUE FAVART
RUE D'AMBOISE
PLACE BOIELDIEU
RUE GRETRY
RUE DE RICHELIEU
RUE VIVIENNE
GAL FEYDEAU
PGE DES PANORAMAS
GAL MONTMARTRE
RUE MONTMARTRE
RUE ST MARC
RUE FEYDEAU
PLACE DE LA BOURSE
RUE DES VICTOIRES
RUE DE HANOVRE
Quatre Septembre
RUE DU QUATRE SEPTEMBRE
RUE MENARS
RUE DE LA BOURSE
Bourse
Bourse des Valeurs
RUE NOTRE DAME DES VICTOIRES
RUE L CLADEL
RUE REAUMUR
RUE DE LA BANQUE
RUE ST AUGUSTIN
RUE DES FILLES ST THOMAS
PLACE GAILLON
RUE GAILLON
RUE MONSIGNY
RUE MARSOLLIER
RUE DALAYRAC
PGE CHOISEUL
RUE STE ANNE
RUE DE LOUVOIS
RUE RAMEAU
RUE CHERUBINI
RUE COLBERT
Bibliothèque Nationale
RUE PAUL LELONG
RUE DUPHOT
RUE CAMBON
Ministère de la Justice
PLACE VENDOME
RUE DANIELLE CASANOVA
RUE D'ANTIN
RUE DE L'OPERA

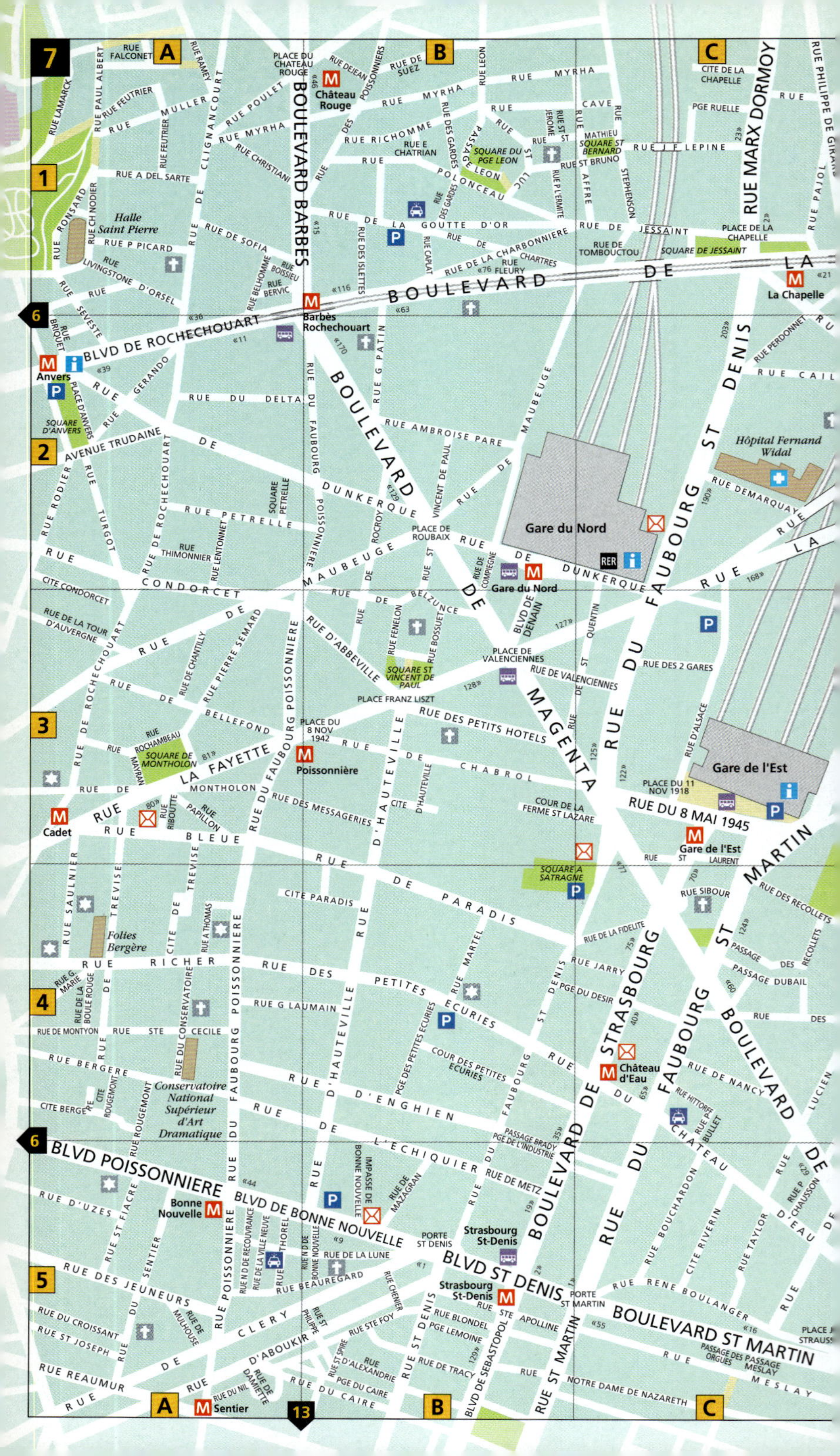

7
A
B
C
1
2
3
4
5
6
13
BOULEVARD BARBES
BOULEVARD DE LA CHAPELLE
BLVD DE ROCHECHOUART
BOULEVARD DE MAGENTA
RUE DU FAUBOURG ST DENIS
RUE MARX DORMOY
BOULEVARD DE STRASBOURG
RUE DU FAUBOURG POISSONNIERE
RUE LA FAYETTE
RUE DE MAUBEUGE
RUE DE DUNKERQUE
AVENUE TRUDAINE
RUE CONDORCET
RUE DU 8 MAI 1945
RUE DE PARADIS
RUE DES PETITES ECURIES
RUE RICHER
RUE BLEUE
RUE D'HAUTEVILLE
RUE DE CHABROL
RUE DU FAUBOURG ST MARTIN
BOULEVARD DE MAGENTA
BLVD POISSONNIERE
BLVD DE BONNE NOUVELLE
BLVD ST DENIS
BOULEVARD ST MARTIN
BLVD DE SEBASTOPOL
RUE ST MARTIN
RUE D'ABOUKIR
RUE DE CLERY
RUE REAUMUR
RUE DU CAIRE
RUE MYRHA
RUE POULET
RUE CLIGNANCOURT
RUE MULLER
RUE FEUTRIER
RUE PAUL ALBERT
RUE LAMARCK
RUE RAMEY
RUE FALCONET
RUE DEJEAN
RUE DES POISSONNIERS
RUE DE SUEZ
RUE LEON
RUE RICHOMME
RUE CAVE
RUE POLONCEAU
RUE DE LA GOUTTE D'OR
RUE DE JESSAINT
RUE DE TOMBOUCTOU
RUE DE LA CHARBONNIERE
RUE DE CHARTRES
RUE FLEURY
RUE J F LEPINE
RUE PHILIPPE DE GIRARD
RUE PAJOL
RUE DE SOFIA
RUE CHRISTIANI
RUE P PICARD
RUE D'ORSEL
RUE RONSARD
RUE CH NODIER
RUE A DEL SARTE
Halle Saint Pierre
SQUARE DU PGE LEON
SQUARE ST BERNARD
SQUARE DE JESSAINT
PLACE DE LA CHAPELLE
PLACE DU CHATEAU ROUGE
CITE DE LA CHAPELLE
Château Rouge
Barbès Rochechouart
La Chapelle
Anvers
SQUARE D'ANVERS
PLACE D'ANVERS
RUE GERANDO
RUE DU DELTA
RUE AMBROISE PARE
RUE G PATIN
RUE PETRELLE
RUE TURGOT
RUE RODIER
RUE DE ROCHECHOUART
RUE THIMONNIER
RUE LENTONNET
PLACE DE ROUBAIX
RUE DE ROCROY
Hôpital Fernand Widal
RUE DEMARQUAY
RUE PERDONNET
Gare du Nord
RER
CITE CONDORCET
RUE DE LA TOUR D'AUVERGNE
RUE DE BELLEFOND
RUE PIERRE SEMARD
RUE DE CHANTILLY
RUE DE MONTHOLON
SQUARE DE MONTHOLON
RUE D'ABBEVILLE
RUE DE BELZUNCE
RUE FENELON
SQUARE ST VINCENT DE PAUL
PLACE DE VALENCIENNES
RUE DE VALENCIENNES
PLACE FRANZ LISZT
PLACE DU 8 NOV 1942
RUE DES PETITS HOTELS
RUE DES 2 GARES
RUE D'ALSACE
Gare de l'Est
PLACE DU 11 NOV 1918
Poissonnière
Cadet
RUE DES MESSAGERIES
COUR DE LA FERME ST LAZARE
Gare de l'Est
SQUARE A SATRAGNE
RUE SIBOUR
RUE DES RECOLLETS
PASSAGE DUBAIL
CITE PARADIS
RUE TREVISE
RUE SAULNIER
Folies Bergère
RUE MARTEL
RUE DE LA FIDELITE
RUE JARRY
PGE DU DESIR
RUE G LAUMAIN
RUE DE MONTYON
RUE STE CECILE
RUE BERGERE
CITE BERGERE
RUE DU CONSERVATOIRE
Conservatoire National Supérieur d'Art Dramatique
RUE D'ENGHIEN
COUR DES PETITES ECURIES
Château d'Eau
RUE DE NANCY
RUE DU CHATEAU D'EAU
RUE DE L'ECHIQUIER
RUE DE METZ
RUE D'UZES
RUE ST FIACRE
Bonne Nouvelle
RUE DE LA LUNE
RUE BEAUREGARD
PORTE ST DENIS
Strasbourg St-Denis
PORTE ST MARTIN
RUE RENE BOULANGER
RUE DES JEUNEURS
RUE DU CROISSANT
RUE ST JOSEPH
RUE DU SENTIER
RUE BLONDEL
PGE LEMOINE
RUE DE TRACY
RUE D'ALEXANDRIE
RUE STE FOY
RUE NOTRE DAME DE NAZARETH
RUE MESLAY
Sentier

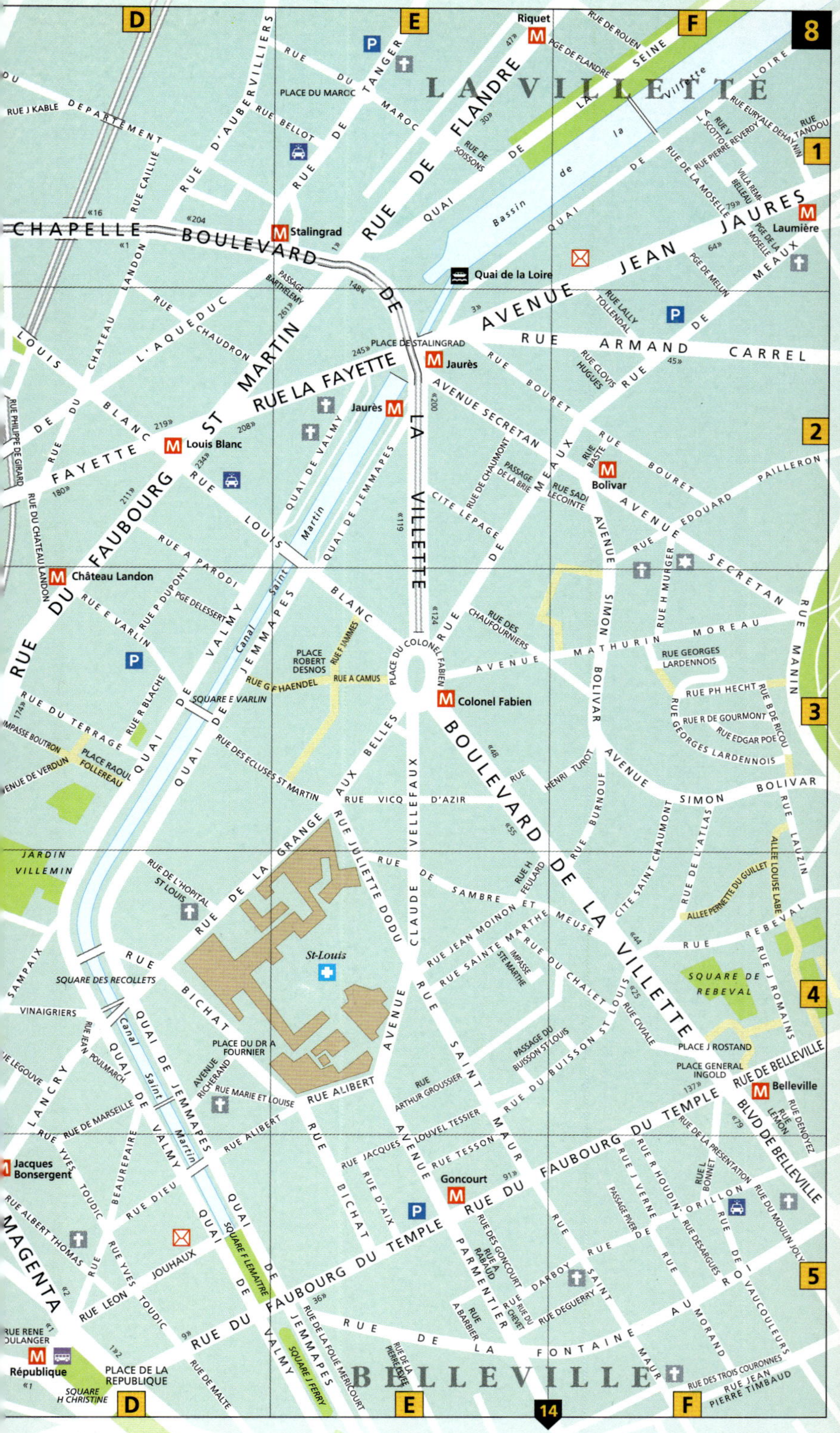
D
E
F
8
1
2
3
4
5
LA VILLETTE
BELLEVILLE
Riquet
Stalingrad
Laumière
Quai de la Loire
Jaurès
Louis Blanc
Bolivar
Château Landon
Colonel Fabien
St-Louis
Belleville
Goncourt
Jacques Bonsergent
République
BOULEVARD DE LA CHAPELLE
RUE DE FLANDRE
AVENUE JEAN JAURES
RUE ARMAND CARREL
BOULEVARD DE LA VILLETTE
RUE LA FAYETTE
RUE DU FAUBOURG ST MARTIN
RUE LOUIS BLANC
AVENUE SECRETAN
AVENUE SIMON BOLIVAR
RUE DE MEAUX
RUE MANIN
AVENUE MATHURIN MOREAU
QUAI DE VALMY
QUAI DE JEMMAPES
Canal Saint Martin
Bassin de la Villette
QUAI DE LA SEINE
QUAI DE LA LOIRE
RUE DU FAUBOURG DU TEMPLE
RUE DE LA FONTAINE AU ROI
RUE SAINT MAUR
AVENUE PARMENTIER
AVENUE CLAUDE VELLEFAUX
RUE BICHAT
RUE ALIBERT
RUE DE LA GRANGE AUX BELLES
RUE JULIETTE DODU
RUE VICQ D'AZIR
RUE DE SAMBRE ET MEUSE
RUE REBEVAL
RUE JEAN MOINON
RUE SAINTE MARTHE
RUE DU CHALET
RUE DU BUISSON ST LOUIS
RUE DE L'HOPITAL ST LOUIS
RUE DES ECLUSES ST MARTIN
RUE DU TERRAGE
RUE E VARLIN
RUE PH HECHT
RUE R DE GOURMONT
RUE EDGAR POE
RUE GEORGES LARDENNOIS
RUE DE L'ATLAS
RUE LAUZIN
ALLEE LOUISE LABE
ALLEE PERNETTE DU GUILLET
RUE J ROMAINS
CITE SAINT CHAUMONT
RUE BURNOUF
RUE HENRI TUROT
RUE DE MAROC
PLACE DU MAROC
RUE DE TANGER
RUE BELLOT
RUE D'AUBERVILLIERS
RUE DU DEPARTEMENT
RUE J KABLE
RUE CAILLIE
RUE DE L'AQUEDUC
RUE CHAUDRON
RUE DU CHATEAU LANDON
RUE PHILIPPE DE GIRARD
RUE DE LA MOSELLE
RUE EURYALE DEHAYNIN
RUE DE TANDOU
RUE DE ROUEN
PGE DE FLANDRE
RUE DE SOISSONS
RUE BOURET
RUE CLOVIS HUGUES
RUE LALLY TOLLENDAL
RUE EDOUARD PAILLERON
RUE H MURGER
RUE DE CHAUMONT
CITE LEPAGE
RUE DES CHAUFOURNIERS
PLACE DU COLONEL FABIEN
PLACE ROBERT DESNOS
RUE G F HAENDEL
RUE A CAMUS
SQUARE E VARLIN
RUE A PARODI
RUE P DUPONT
PGE DELESSERT
RUE R BLACHE
PLACE RAOUL FOLLEREAU
AVENUE DE VERDUN
JARDIN VILLEMIN
SQUARE DES RECOLLETS
RUE DES VINAIGRIERS
RUE DE LANCRY
RUE SAMPAIX
PLACE DU DR A FOURNIER
AVENUE RICHERAND
RUE MARIE ET LOUISE
RUE DE MARSEILLE
RUE YVES TOUDIC
RUE BEAUREPAIRE
RUE DIEU
RUE ALBERT THOMAS
RUE LEON JOUHAUX
BOULEVARD MAGENTA
PLACE DE LA REPUBLIQUE
SQUARE H CHRISTINE
RUE DE MALTE
SQUARE F LEMAITRE
SQUARE J FERRY
RUE DE LA FOLIE MERICOURT
RUE JACQUES LOUVEL TESSIER
RUE TESSON
RUE D'AIX
RUE DES GONCOURT
RUE A RABAUD
RUE A BARBIER
RUE DARBOY
RUE DEGUERRY
RUE J VERNE
RUE R HOUDIN
RUE DE L'ORILLON
RUE DESARGUES
RUE MORAND
RUE DE VAUCOULEURS
RUE DES TROIS COURONNES
RUE JEAN PIERRE TIMBAUD
RUE DU MOULIN JOLY
RUE DE LA PRESENTATION
RUE L BONNET
BLVD DE BELLEVILLE
RUE DE BELLEVILLE
PLACE J ROSTAND
PLACE GENERAL INGOLD
SQUARE DE REBEVAL
RUE CIVIALE
RUE ARTHUR GROUSSIER
PASSAGE DU BUISSON ST LOUIS
14

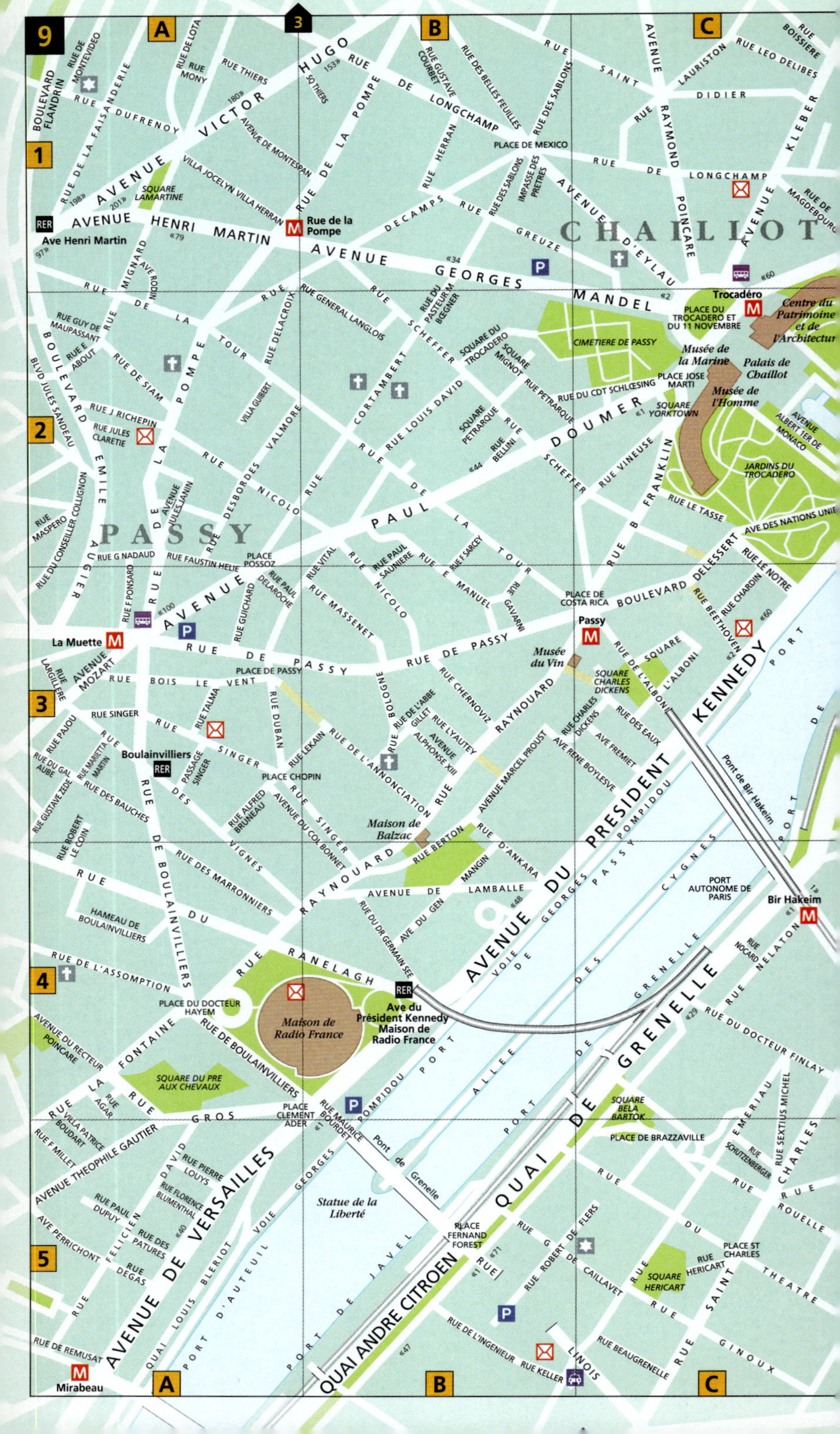
9
A
3
B
C
1
2
3
4
5
BOULEVARD FLANDRIN
RUE DE MONTEVIDEO
RUE DE LA FAISANDERIE
RUE DUFRENOY
RUE DE LOTA
RUE MONY
RUE THIERS
AVENUE VICTOR HUGO
SO THIERS
RUE DE LA POMPE
AVENUE DE MONTESPAN
VILLA JOCELYN VILLA HERRAN
SQUARE LAMARTINE
AVENUE HENRI MARTIN
Ave Henri Martin
Rue de la Pompe
RUE GUSTAVE COURBET
RUE DES BELLES FEUILLES
RUE DES SABLONS
RUE DE LONGCHAMP
RUE HERRAN
PLACE DE MEXICO
IMPASSE DES PRETRES
RUE DECAMPS
RUE GREUZE
AVENUE D'EYLAU
RUE SAINT DIDIER
AVENUE RAYMOND POINCARE
RUE LAURISTON
RUE LEO DELIBES
RUE BOISSIERE
AVENUE KLEBER
RUE DE MAGDEBOURG
CHAILLOT
AVENUE GEORGES MANDEL
RUE MIGNARD
AVE RODIN
RUE DE LA TOUR
RUE GUY DE MAUPASSANT
RUE E ABOUT
RUE DE SIAM
BOULEVARD EMILE AUGIER
BLVD JULES SANDEAU
RUE J RICHEPIN
RUE JULES CLARETIE
RUE DELACROIX
RUE GENERAL LANGLOIS
RUE DU PASTEUR M BOEGNER
RUE SCHEFFER
RUE CORTAMBERT
VILLA GUIBERT
RUE VALMORE
RUE LOUIS DAVID
SQUARE DU TROCADERO
SQUARE MIGNOT
RUE PETRARQUE
SQUARE PETRARQUE
RUE BELLINI
RUE DU CDT SCHLŒSING
CIMETIERE DE PASSY
Trocadéro
PLACE DU TROCADERO ET DU 11 NOVEMBRE
Centre du Patrimoine et de l'Architecture
Musée de la Marine
Palais de Chaillot
PLACE JOSE MARTI
Musée de l'Homme
SQUARE YORKTOWN
AVENUE PAUL DOUMER
AVENUE ALBERT 1ER DE MONACO
JARDINS DU TROCADERO
RUE VINEUSE
RUE FRANKLIN
RUE B FRANKLIN
RUE LE TASSE
AVE DES NATIONS UNIES
RUE DESBORDES VALMORE
RUE NICOLO
AVENUE JULES JANIN
PASSY
RUE MASPERO
RUE DU CONSEILLER COLLIGNON
RUE G NADAUD
RUE FAUSTIN HELIE
PLACE POSSOZ
RUE PAUL DELAROCHE
RUE VITAL
RUE PAUL SAUNIERE
RUE E MANUEL
RUE F SARCEY
RUE GAVARNI
PLACE DE COSTA RICA
BOULEVARD DELESSERT
RUE LE NOTRE
RUE CHARDIN
RUE BEETHOVEN
RUE F PONSARD
AVENUE MOZART
RUE GUICHARD
RUE MASSENET
La Muette
RUE DE PASSY
PLACE DE PASSY
Passy
Musée du Vin
RUE LARGILLIERE
RUE BOIS LE VENT
RUE SINGER
RUE TALMA
RUE DUBAN
RUE BOLOGNE
RUE CHERNOVIZ
RUE DE L'ABBE GILLET
RUE LYAUTEY
AVENUE ALPHONSE XIII
RUE RAYNOUARD
RUE CHARLES DICKENS
SQUARE CHARLES DICKENS
RUE DE L'ALBONI
SQUARE DE L'ALBONI
RUE DES EAUX
AVE FREMIET
AVE RENE BOYLESVE
AVENUE MARCEL PROUST
AVENUE DU PRESIDENT KENNEDY
Pont de Bir Hakeim
PORT DE PASSY
RUE PAJOU
RUE DU GAL AUBE
RUE MARIETTA MARTIN
Boulainvilliers
PASSAGE SINGER
RUE LEKAIN
RUE DE L'ANNONCIATION
PLACE CHOPIN
RUE GUSTAVE ZEDE
RUE DES BAUCHES
RUE ALFRED BRUNEAU
AVENUE DU COL BONNET
RUE DES VIGNES
Maison de Balzac
RUE BERTON
RUE D'ANKARA
RUE ROBERT LE COIN
RUE DES MARRONNIERS
RUE DE BOULAINVILLIERS
RUE DU RANELAGH
HAMEAU DE BOULAINVILLIERS
AVENUE DE LAMBALLE
RUE MANGIN
AVE DU GEN MANGIN
RUE DU DR GERMAIN SEE
VOIE GEORGES POMPIDOU
PORT DE PASSY
ALLEE DES CYGNES
PORT AUTONOME DE PARIS
Bir Hakeim
RUE NOCARD
RUE NELATON
RUE DE L'ASSOMPTION
PLACE DU DOCTEUR HAYEM
Ave du Président Kennedy Maison de Radio France
Maison de Radio France
AVENUE DU RECTEUR POINCARE
RUE LA FONTAINE
SQUARE DU PRE AUX CHEVAUX
RUE AGAR
RUE GROS
PLACE CLEMENT ADER
RUE MAURICE BOURDET
PORT DE GRENELLE
QUAI DE GRENELLE
RUE DU DOCTEUR FINLAY
SQUARE BELA BARTOK
PLACE DE BRAZZAVILLE
RUE EMERIAU
RUE SCHUTZENBERGER
RUE SEXTIUS MICHEL
RUE CHARLES
RUE ROUELLE
VILLA PATRICE BOUDART
RUE F MILLET
AVENUE THEOPHILE GAUTIER
RUE DAVID
RUE PIERRE LOUYS
RUE FLORENCE BLUMENTHAL
Pont de Grenelle
Statue de la Liberté
PLACE FERNAND FOREST
RUE DE FLERS
RUE DU THEATRE
PLACE ST CHARLES
RUE HERICART
SQUARE HERICART
RUE PAUL DUPUY
RUE FELICIEN DAVID
RUE DES PATURES
AVE PERRICHONT
RUE DEGAS
AVENUE DE VERSAILLES
VOIE GEORGES POMPIDOU
QUAI LOUIS BLERIOT
PORT D'AUTEUIL
PORT DE JAVEL
QUAI ANDRE CITROEN
RUE ROBERT DE FLERS
RUE G DE CAILLAVET
RUE SAINT CHARLES
RUE GINOUX
RUE BEAUGRENELLE
RUE LINOIS
RUE DE L'INGENIEUR RUE KELLER
RUE DE REMUSAT
Mirabeau

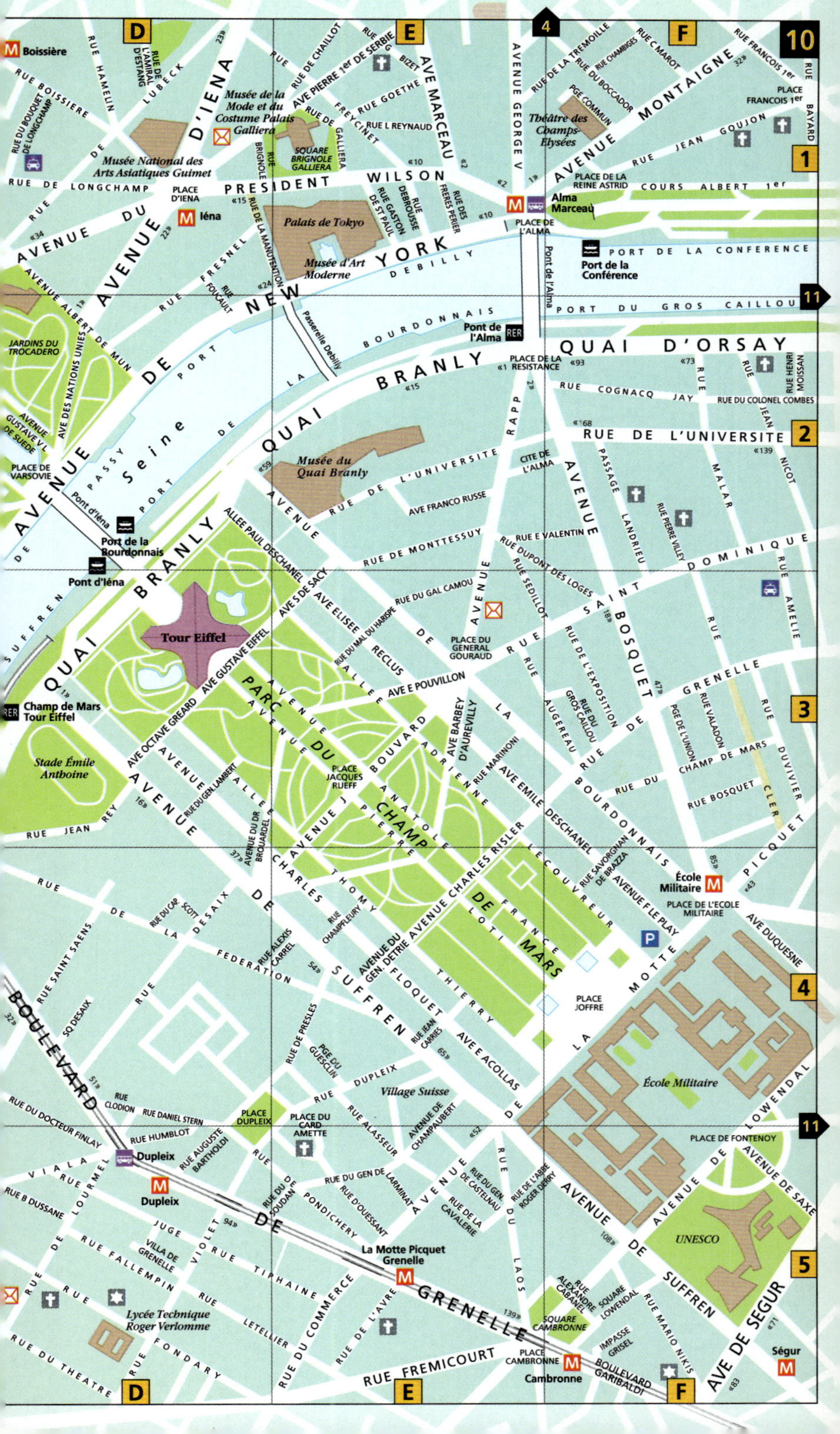

10
D
E
F
4
11
1
2
3
4
5
Boissière
Rue Hamelin
Rue Boissière
Rue du Bouquet de Longchamp
Rue de l'Amiral d'Estaing
Rue de Lubeck
Avenue d'Iéna
Musée de la Mode et du Costume Palais Galliera
Musée National des Arts Asiatiques Guimet
Square Brignole Galliera
Rue Brignole
Rue de Galliera
Rue de Chaillot
Ave Pierre 1er de Serbie
Rue Bizet
Rue Goethe
Freycinet
Rue L Reynaud
Ave Marceau
Avenue George V
Rue de la Tremoille
Rue du Boccador
Rue Chambiges
Rue C Marot
Pge Commun
Théâtre des Champs-Elysées
Avenue Montaigne
Rue Jean Goujon
Rue François 1er
Place François 1er
Rue Bayard
Place de la Reine Astrid
Cours Albert 1er
Rue de Longchamp
Place d'Iéna
Iéna
Avenue du Président Wilson
Rue de la Manutention
Palais de Tokyo
Rue Gaston de St Paul
Rue Debrousse
Rue des Frères Périer
Alma Marceau
Place de l'Alma
Musée d'Art Moderne
Avenue de New York
Rue Debilly
Port de la Conférence
Port de la Conférence
Pont de l'Alma
Port du Gros Caillou
Rue Fresnel
Rue Foucault
Avenue Albert de Mun
Jardins du Trocadéro
Ave des Nations Unies
Avenue Gustave V de Suède
Place de Varsovie
Passerelle Debilly
Port Bourdonnais
Pont de l'Alma
Place de la Résistance
Quai d'Orsay
Rue Cognacq Jay
Rue du Colonel Combes
Rue Henri Moissan
Quai Branly
Seine
Port de Passy
Port de la
Rue de l'Université
Rue Jean Nicot
Avenue Rapp
Cité de l'Alma
Musée du Quai Branly
Ave Franco Russe
Passage Landrieu
Rue Pierre Villey
Rue Malar
Pont d'Iéna
Port de la Bourdonnais
Pont d'Iéna
Allée Paul Deschanel
Rue de Monttessuy
Rue E Valentin
Rue Dupont des Loges
Rue Sédillot
Rue Saint Dominique
Rue Amélie
Ave S de Sacy
Ave Elisée Reclus
Rue du Gal Camou
Avenue Bosquet
Rue du Mal du Harispe
Place du Général Gouraud
Tour Eiffel
Ave Gustave Eiffel
Avenue de Suffren
Quai Branly
Champ de Mars Tour Eiffel
Parc du Champ de Mars
Ave E Pouvillon
Ave Barbey d'Aurevilly
Rue de l'Exposition
Rue du Gros Caillou
Rue Augereau
Rue de Grenelle
Pge de l'Union
Rue Valadon
Rue Cler
Champ de Mars
Rue Bosquet
Rue Duvivier
Stade Émile Anthoine
Ave Octave Gréard
Avenue de la Bourdonnais
Allée Adrienne Lecouvreur
Place Jacques Rueff
Rue Marinoni
Ave Emile Deschanel
Rue du Gen Lambert
Allée Thomy Thierry
Avenue J Bouvard
Allée Anatole France
Pierre Loti
Avenue Charles Risler
Rue Savorgnan de Brazza
Avenue F Le Play
Avenue du Dr Brouardel
Rue Jean Rey
Avenue Charles Floquet
École Militaire
Place de l'École Militaire
Ave Duquesne
Rue Desaix
Rue du Cap Scott
Rue de la Fédération
Rue Alexis Carrel
Rue Champfleury
Avenue du Gen. Detrie
Avenue de la Motte Picquet
Rue Saint Saens
Sq Desaix
Place Joffre
Rue de Presles
Pge du Guesclin
Rue Jean Carriès
Ave E Acollas
Boulevard de Grenelle
Rue Clodion
Rue Daniel Stern
Rue du Docteur Finlay
Rue Humblot
Place Dupleix
Place du Card Amette
Rue Dupleix
Village Suisse
Rue Alasseur
Avenue de Champaubert
École Militaire
Avenue de Lowendal
Place de Fontenoy
Avenue de Saxe
Rue Auguste Bartholdi
Dupleix
Dupleix
Rue de Pondichéry
Rue du Gen de Larminat
Rue d'Ouessant
Avenue de la Motte Picquet
Rue du Gen de Castelnau
Rue de la Cavalerie
Rue de l'Abbé Roger Derry
Rue de Laos
Avenue de Suffren
UNESCO
Rue Viala
Rue de Lourmel
Rue B Dussane
Rue Juge
Villa de Grenelle
Rue du Théâtre
Rue Fallempin
Rue Violet
Rue Tiphaine
Rue Letellier
Rue Fondary
Rue du Commerce
Lycée Technique Roger Verlomme
Rue de Soudan
La Motte Picquet Grenelle
Rue de l'Avre
Rue Fremicourt
Place Cambronne
Cambronne
Rue Alexandre Cabanel
Square Cambronne
Square Lowendal
Impasse Grisel
Rue Mario Nikis
Boulevard Garibaldi
Ave de Ségur
Ségur

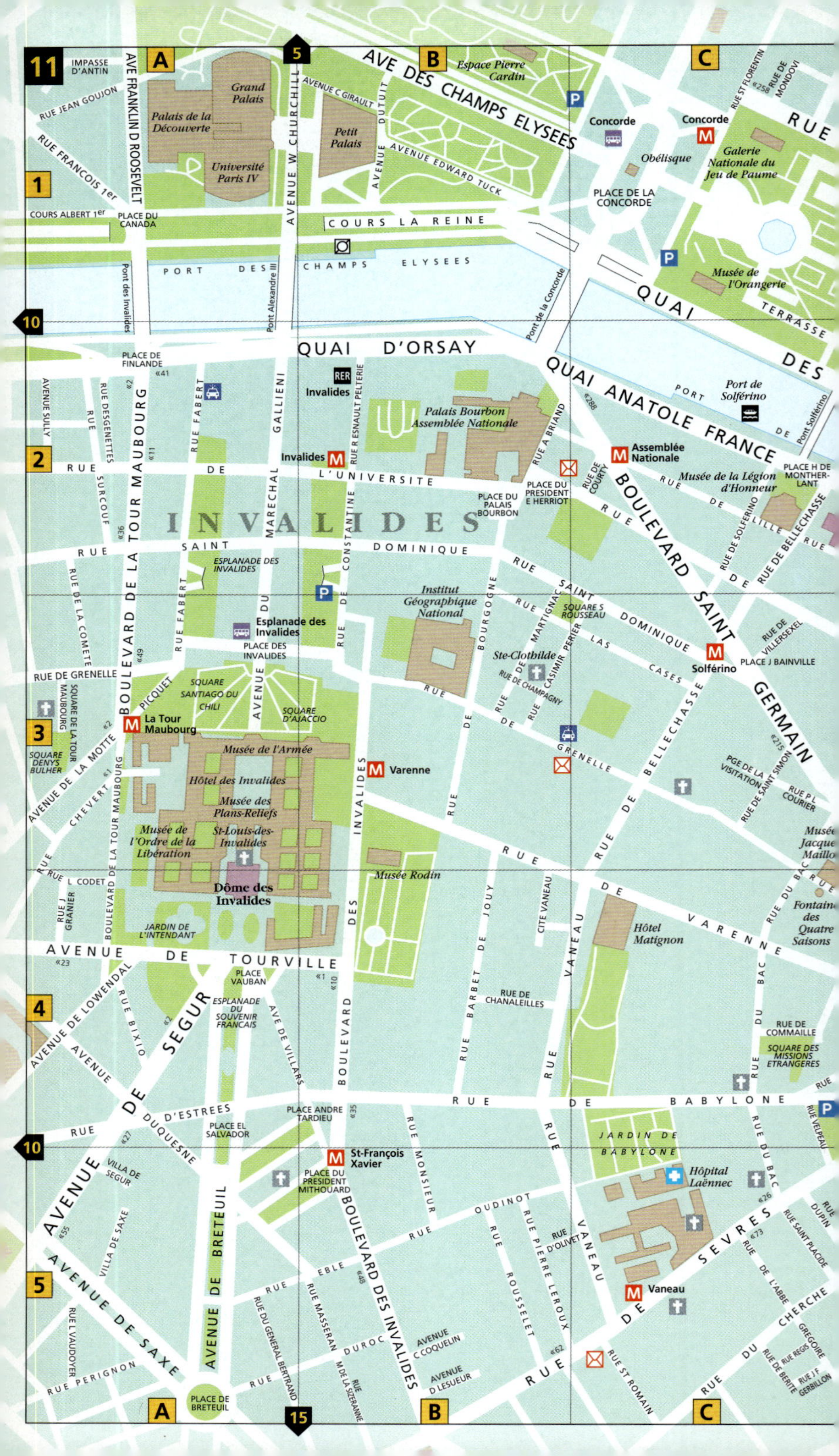
11
A
B
C
1
2
3
4
5
10
15
IMPASSE D'ANTIN
RUE JEAN GOUJON
RUE FRANCOIS 1er
COURS ALBERT 1er
PLACE DU CANADA
AVE FRANKLIN D ROOSEVELT
Palais de la Découverte
Grand Palais
Université Paris IV
AVENUE W CHURCHILL
AVENUE C GIRAULT
Petit Palais
AVENUE DUTUIT
AVE DES CHAMPS ELYSEES
AVENUE EDWARD TUCK
Espace Pierre Cardin
Concorde
Obélisque
Galerie Nationale du Jeu de Paume
PLACE DE LA CONCORDE
RUE ST FLORENTIN
RUE DE MONDOVI
RUE
COURS LA REINE
PORT DES CHAMPS ELYSEES
Pont des Invalides
Pont Alexandre III
Pont de la Concorde
Musée de l'Orangerie
QUAI
TERRASSE
DES
QUAI D'ORSAY
PLACE DE FINLANDE
RER
Invalides
RUE ESNAULT PELTERIE
Palais Bourbon Assemblée Nationale
QUAI ANATOLE FRANCE
PORT
Port de Solférino
Pont Solférino
DE
RUE A BRIAND
Assemblée Nationale
AVENUE SULLY
RUE DESGENETTES
RUE FABERT
GALLIENI
RUE DE L'UNIVERSITE
RUE SURCOUF
BOULEVARD DE LA TOUR MAUBOURG
MARECHAL
CONSTANTINE
PLACE DU PALAIS BOURBON
PLACE DU PRESIDENT E HERRIOT
RUE DE COURTY
BOULEVARD SAINT GERMAIN
Musée de la Légion d'Honneur
PLACE H DE MONTHERLANT
RUE DE LILLE
RUE DE SOLFERINO
RUE DE BELLECHASSE
INVALIDES
RUE SAINT DOMINIQUE
ESPLANADE DES INVALIDES
RUE DE LA COMETE
Institut Géographique National
BOURGOGNE
RUE MARTIGNAC
SQUARE S ROUSSEAU
RUE CASIMIR PERIER
RUE LAS CASES
Ste-Clothilde
RUE DE CHAMPAGNY
Solférino
RUE DE VILLERSEXEL
PLACE J BAINVILLE
Esplanade des Invalides
PLACE DES INVALIDES
RUE DE GRENELLE
SQUARE DE LA TOUR MAUBOURG
PICQUET
SQUARE SANTIAGO DU CHILI
SQUARE D'AJACCIO
La Tour Maubourg
SQUARE DENYS BULHER
AVENUE DE LA MOTTE
RUE CHEVERT
Musée de l'Armée
Hôtel des Invalides
Musée des Plans-Reliefs
Musée de l'Ordre de la Libération
St-Louis-des-Invalides
Dôme des Invalides
Varenne
RUE DE VARENNE
PGE DE LA VISITATION
RUE DE SAINT SIMON
RUE P L COURIER
Musée Jacque Maillo
Musée Rodin
RUE L CODET
RUE J GRANIER
JARDIN DE L'INTENDANT
RUE DE JOUY
CITE VANEAU
RUE VANEAU
Hôtel Matignon
RUE DU BAC
Fontaine des Quatre Saisons
AVENUE DE TOURVILLE
PLACE VAUBAN
ESPLANADE DU SOUVENIR FRANCAIS
AVE DE VILLARS
BOULEVARD DES INVALIDES
RUE BARBET DE JOUY
RUE DE CHANALEILLES
RUE DE COMMAILLE
SQUARE DES MISSIONS ETRANGERES
AVENUE DE LOWENDAL
RUE BIXIO
AVENUE DE SEGUR
AVENUE DUQUESNE
RUE D'ESTREES
PLACE EL SALVADOR
PLACE ANDRE TARDIEU
RUE DE BABYLONE
RUE VELPEAU
RUE MONSIEUR
JARDIN DE BABYLONE
St-François Xavier
PLACE DU PRESIDENT MITHOUARD
VILLA DE SEGUR
AVENUE DE BRETEUIL
Hôpital Laënnec
RUE OUDINOT
RUE ROUSSELET
RUE PIERRE LEROUX
RUE D'OLIVET
RUE DE SEVRES
RUE DUPIN
RUE SAINT PLACIDE
RUE DE L'ABBE GREGOIRE
VILLA DE SAXE
AVENUE DE SAXE
RUE EBLE
RUE DU GENERAL BERTRAND
RUE MASSERAN
RUE DUROC
AVENUE C COQUELIN
AVENUE D LESUEUR
M DE LA SIZERANNE
Vaneau
RUE DU CHERCHE
RUE REGIS
RUE DE BERITE
RUE J F GERBILLON
RUE ST ROMAIN
RUE VAUDOYER
RUE PERIGNON
PLACE DE BRETEUIL

12
D
E
F
6
13
16
1
2
3
4
5
PLACE VENDOME
Bibliothèque Nationale
RUE VIVIENNE
Pyramides
St-Roch
Tuileries
RUE DE RIVOLI
JARDIN DES TUILERIES
TERRASSE DES FEUILLANTS
QUAI DES TUILERIES
PLACE DES PYRAMIDES
RUE SAINT HONORE
AVENUE DE L'OPERA
Comédie Française
PLACE A MALRAUX
PLACE COLETTE
JARDIN DU PALAIS ROYAL
Palais Royal
Banque de France
PLACE DES VICTOIRES
RUE ETIENNE MARCEL
RUE DU LOUVRE
Bourse du Commerce
Palais Royal Musée du Louvre
PLACE DU PALAIS ROYAL
Musée des Arts Décoratifs
Musée de la Publicité
JARDIN DU CARROUSEL
Arc de Triomphe du Carrousel
Louvre des Antiquaires
Pyramide
COUR NAPOLEON
COUR CARREE
Musée du Louvre
JARDIN DE L'INFANTE
Louvre Rivoli
St-Germain-l'Auxerrois
Pont Neuf
Seine
Musée d'Orsay
Pont Royal
Pont du Carrousel
QUAI VOLTAIRE
QUAI DU LOUVRE
QUAI MALAQUAIS
Quai Malaquais
Passerelle des Arts
PLACE DE L'INSTITUT
Institut de France
QUAI DE CONTI
Hôtel des Monnaies
SQUARE DU VERT-GALANT
Square du Vert-Galant
PLACE DU PONT NEUF
PLACE DAUPHINE
QUAI DES GRANDS AUGUSTINS
QUAI DES ORFEVRES
École Nationale Supérieure des Beaux-Arts
École Nationale d'Administration
RUE DE L'UNIVERSITE
RUE DE VERNEUIL
RUE DE LILLE
RUE DU BAC
RUE JACOB
RUE VISCONTI
RUE DES SAINTS PERES
RUE BONAPARTE
RUE MAZARINE
RUE DAUPHINE
Direction RATP
Rue du Bac
BOULEVARD SAINT GERMAIN
Musée Delacroix
RUE DE L'ABBAYE
St-Germain-des-Prés
Palais Abbatial
St-Germain-des-Prés
RUE DE BUCI
RUE ST ANDRE DES ARTS
St-Michel
Mabillon
BLVD SAINT GERMAIN
CARREFOUR DE L'ODEON
Odéon
Cluny la Sorbonne
Musée National du Moyen Âge
SQUARE CHAISE RECAMIER
CARREFOUR DE LA CROIX ROUGE
RUE DE SEVRES
Sèvres-Babylone
SQUARE BOUCICAUT
PLACE LE CORBUSIER
St-Sulpice
PLACE ST-SULPICE
St-Sulpice
Mairie du 6e Arr
RUE DE VAUGIRARD
RUE DE TOURNON
PLACE DE L'ODEON
Odéon-Théatre de l'Europe
BOULEVARD RASPAIL
BLVD SAINT MICHEL
St-Joseph-des-Carmes
Petit Luxembourg
Palais du Luxembourg
Fontaine Médicis
JARDIN DU LUXEMBOURG
PLACE EDMOND ROSTAND
RUE SOUFFLOT
Rennes
St-Placide
RUE DE FLEURUS
RUE D'ASSAS
RUE DE RENNES

13
A
B
C
1
2
3
4
5
7
12
17
Sentier
Réaumur Sébastopol
Arts et Métiers
Musée des Arts et Métiers
SQUARE EMILE CHAUTEMPS
RUE PAPIN
RUE REAUMUR
RUE DE TURBIGO
RUE DU VERTBOIS
RUE NOTRE DAME DE NAZARETH
RUE VAUCANSON
RUE MONTGOLFIER
RUE CONTE
RUE BORDA
RUE VOLTA
RUE STE ELISABETH
PGE STE ELISABETH
RUE DES FONTAINES DU TEMPLE
SQUARE DU G. MORIN
RUE CUNIN GRIDAINE
RUE BAILLY
RUE AU MAIRE
PASSAGE BARROIS
PASSAGE ALOMBERT
RUE DES VERTUS
RUE DES GRAVILLIERS
SQUARE DU TEMPLE
RUE PORTEFOIN
RUE LEOPOLD BELLAN
PGE BEN AIAD
RUE BACHAUMONT
RUE MANDAR
RUE MONTORGUEIL
RUE ST SAUVEUR
RUE DUSSOUBS
IMPASSE ST DENIS
RUE GRENETA
RUE DE LA JUSSIENNE
RUE MONTMARTRE
RUE M STUART
Tour de Jean Sans Peur
PGE DU GRAND CERF
RUE TIQUETONNE
RUE ETIENNE MARCEL
RUE J J ROUSSEAU
RUE MAUCONSEIL
RUE FRANÇAISE
Étienne Marcel
RUE DU JOUR
St-Eustache
PASSAGE BASFOUR
RUE DE PALESTRO
PGE DU BOURG L'ABBE
BOULEVARD DE SEBASTOPOL
RUE ST DENIS
RUE ST MARTIN
PGE DE L'ANCRE
PGE DU BOURG L'ABBE
RUE CHAPON
RUE DE MONTMORENCY
RUE BEAUBOURG
RUE DU TEMPLE
RUE DES ARCHIVES
RUE PASTOURELLE
RUELLE SOURDIS
RUE DE BEAUCE
PLACE R CASSIN
Les Halles
RUE RAMBUTEAU
RUE MONDETOUR
RUE DE LA GRANDE TRUANDERIE
RUE DU CYGNE
RUE AUX OURS
RUE DU GRENIER ST LAZARE
PGE DU COMMERCE ST MARTIN
IMP BEAUBOURG
RUE MICHEL LE COMTE
RUE DES HAUDRIETTES
Forum des Halles
PLACE M QUENTIN
Châtelet Les Halles
RER
RUE DES PRECHEURS
RUE DE LA COSSONNERIE
RUE BERGER
RUE ST HONORE
PLACE M DE NAVARRE
PLACE DU BELLAY
Fontaine des Innocents
RUE DES INNOCENTS
SQUARE DES INNOCENTS
RUE DE LA FERRONNERIE
RUE DU PONT NEUF
RUE BOURDONNAIS
RUE DES HALLES
RUE DES DECHARGEURS
Châtelet
PLACE STE OPPORTUNE
RUE QUINCAMPOIX
PGE MOLIERE
RUE DE VENISE
PLACE GEORGES POMPIDOU
PGE DE L'HORLOGE A AUTOMATES
RUE B DE CLAIRVAUX
PASSAGE BRANTOME
PGE DU MAURE
Rambuteau
Centre Georges Pompidou
RUE AUBRY LE BOUCHER
PLACE E MICHELET
RUE DU CLOITRE ST MERRI
RUE BRISEMICHE
RUE DES LOMBARDS
RUE DU RENARD
RUE GEOFFROY L'ANGEVIN
RUE SIMON LE FRANC
JARDIN ST AIGNAN
Musée d'Art et d'Histoire du Judaïsme
RUE DE BRAQUE
Hôtel Guénégaud
Musée de la Chasse et de la Nature
Hôtel de Soubise
Archives Nationales
Hôtel de Rohan
RUE DES 4 FILS
RUE PECQUAY
RUE DES BLANCS MANTEAUX
RUE DES FRANCS BOURGEOIS
RUE BARBETTE
RUE VIEILLE DU TEMPLE
RUE DU PLATRE
RUE ST MERRI
St-Merry
RUE DE RIVOLI
RUE BERTIN POIREE
RUE DES ORFEVRES
RUE J LANTIER
RUE DE LA COLONNE
AVE VICTORIA
RUE PERNELLE
RUE N FLAMEL
RUE ST BON
Tour St-Jacques
SQUARE DE LA TOUR ST-JACQUES
RUE DE LA VERRERIE
RUE SAINTE CROIX DE LA BRETONNERIE
SQUARE STE CROIX DE LA BRETONNERIE
RUE AUBRIOT
RUE DES GUILLEMITES
RUE DE MOUSSY
RUE DU BOURG TIBOURG
RUE DES MAUVAIS GARÇONS
RUE DU TRESOR
RUE DES ECOUFFES
RUE DES ROSIERS
RUE F DUVAL
QUAI DE LA MEGISSERIE
Châtelet
PLACE DU CHATELET
RUE A ADAM
RUE DE LA TACHERIE
RUE ST DENIS
Hôtel de Ville
Assistance Publique
PLACE DE L'HOTEL DE VILLE
MAIRIE DE PARIS
RUE DE LOBAU
PLACE ST GERVAIS
RUE FRANÇOIS MIRON
RUE CLOCHE PERCE
RUE DU ROI DE SICILE
St-Paul
QUAI DE L'HORLOGE
Pont au Change
QUAI DE GESVRES
Pont Notre-Dame
QUAI GEORGES POMPIDOU
Conciergerie
Palais de Justice
Ste-Chapelle
BOULEVARD DU PALAIS
Cité
PLACE L LEPINE
RUE DE LUTECE
RUE DE LA CITE
QUAI DE LA CORSE
Pont d'Arcole
QUAI DE L'HOTEL DE VILLE
RUE DE BROSSE
RUE DES BARRES
St-Gervais-St-Protais
RUE DU PONT LOUIS PHILIPPE
RUE GEOFFROY L'ASNIER
Mémorial de la Shoah
RUE TIRON
RUE DE JOUY
RUE DE FOURCY
RUE DU PREVOT
RUE CHARLEMAGNE
ILE DE LA CITE
Pont-St-Michel
Hôtel Dieu
RUE D'ARCOLE
RUE DE LA COLOMBE
RUE DES URSINS
RUE CHANOINESSE
QUAI AUX FLEURS
Port de l'Hôtel de Ville
Pont Louis Philippe
VOIE GEORGES POMPIDOU
PLACE DU BATAILLON FRANÇAIS DE L'O.N.U. EN COREE
SQUARE A SCHWEITZER
Pont Marie
RUE DES NONNAINS D'HYERES
RUE DU FIGUIER
RUE DU FAUCONNIER
RUE DES JARDINS ST PAUL
Hôtel de Sens
QUAI DU MARCHE NEUF
Petit Pont
Crypte Archéologique
St-Michel
QUAI ST MICHEL
PLACE DU PARVIS NOTRE DAME
RUE DU CLOITRE NOTRE-DAME
Notre-Dame
QUAI DE BOURBON
RUE J DU BELLAY
RUE LE REGRATTIER
QUAI DES CELESTINS
RUE DE L'AVE MARIA
SQUARE DE L'AVE MARIA
PLACE DU PETIT PONT
RUE DE LA HUCHETTE
RUE DE LA HARPE
RUE X PRIVAS
RUE ST SEVERIN
RUE DES PRETRES ST SEVERIN
RUE DE LA PARCHEMINERIE
St-Séverin
RUE DU PETIT PONT
RUE ST JULIEN LE PAUVRE
SQUARE R VIVIANI
St-Julien-le-Pauvre
QUAI DE MONTEBELLO
RUE DE LA BUCHERIE
RUE DE L'HOTEL COLBERT
PORT DE MONTEBELLO
Pont au Double
Port de Montebello
SQUARE JEAN XXIII
QUAI DE L'ARCHEVECHE
SQUARE DE L'ILE DE FRANCE
Pont St-Louis
QUAI D'ORLEANS
RUE BOUTAREL
ILE ST-LOUIS
RUE BUDE
RUE ST LOUIS EN L'ILE
RUE DES DEUX PONTS
Musée Adam Mickiewicz
St-Louis-en-l'Île
RUE POULLETIER
QUAI D'ANJOU
Hôtel de Lauzun
QUAI DE BETHUNE
RUE DES GRANDS DEGRES
RUE DE BIEVRE
RUE MAITRE ALBERT
RUE F SAUTON
RUE LAGRANGE
RUE GALANDE
RUE DANTE
RUE DOMAT
BOULEVARD SAINT GERMAIN
QUAI DE LA TOURNELLE
Pont de l'Archevêché
Pont de la Tournelle
Pont de Sully
SQUARE BARYE
RUE DES BERNARDINS
RUE DE PONTOISE
RUE COCHIN
RUE DE POISSY
Musée Nat. du Moyen Âge
RUE DE CLUNY
SQUARE ET PLACE P PAINLEVE
RUE BOUTEBRIE
RUE SAINT JACQUES
RUE DU SOMMERARD
RUE THENARD
RUE DE LATRAN
Maubert Mutualité
PLACE MAUBERT
RUE DES CARMES
RUE DE LA MONTAGNE STE GENEVIEVE
RUE DES CHANTIERS
RUE DU CARDINAL LEMOINE
RUE DES FOSSES SAINT BERNARD
Institut du Monde Arabe
PORT SAINT BERNARD
QUAI SAINT BERNARD
La Sorbonne
SQUARE F A MARIETTE
RUE JEAN DE BEAUVAIS
PLACE M BERTHELOT
RUE DU CIMETIERE SAINT BENOIT
RUE DE LANNEAU
QUARTIER LATIN
RUE MONGE
RUE SAINT VICTOR
RUE DES ECOLES
RUE D'ARRAS
Chapelle de la Sorbonne
Lycée Louis le Grand
IMPASSE CHARTIERE
RUE VALETTE
RUE DE L'ECOLE POLYTECHNIQUE
SQUARE P LANGEVIN
JARDIN DE NAVARRE
RUE CUJAS
Musée de Minéralogie
Universités Paris VI et Paris VII

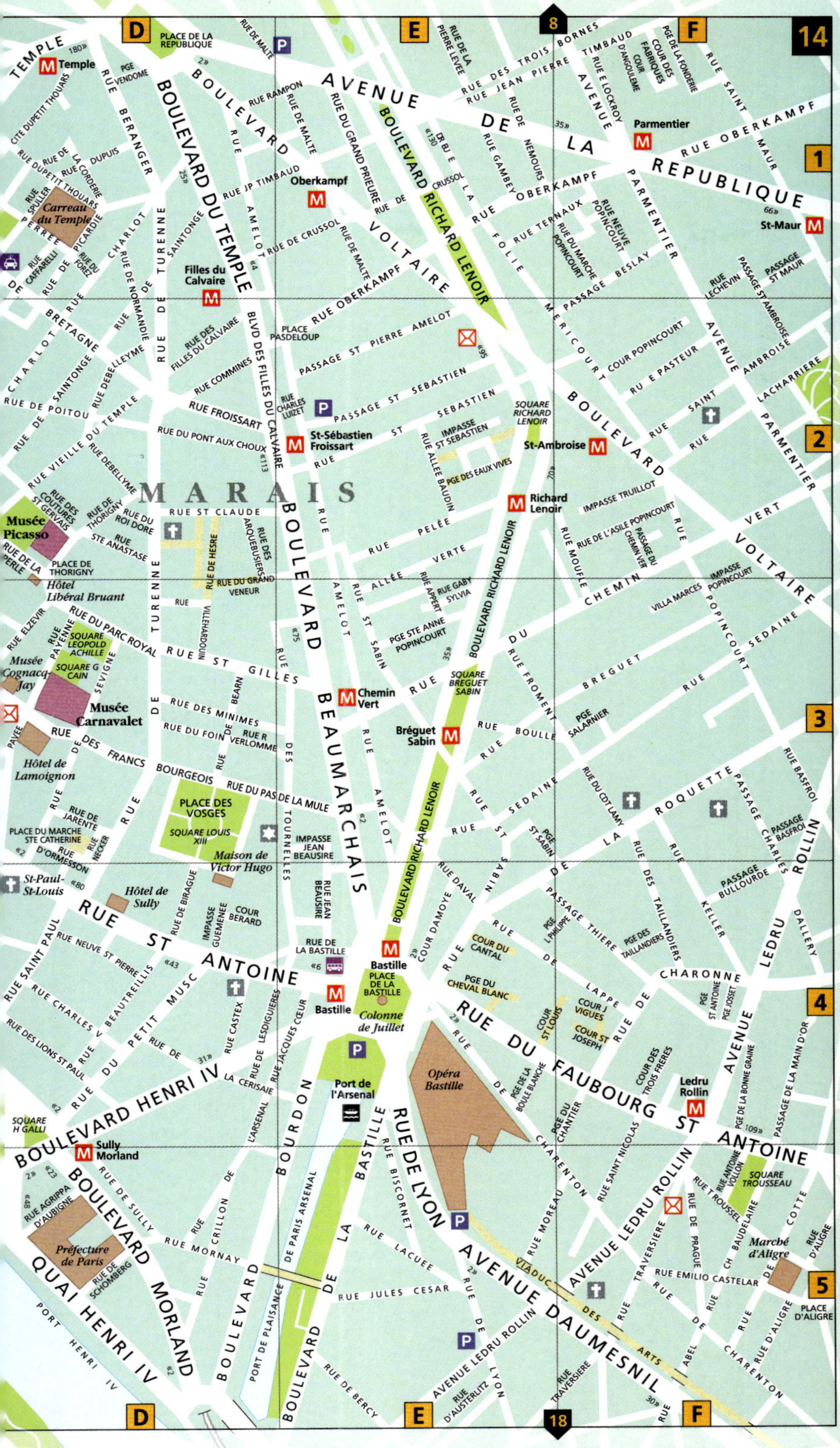
14
D
E
F
8
18
1
2
3
4
5
MARAIS
Temple
Place de la République
Boulevard du Temple
Avenue de la République
Boulevard Voltaire
Boulevard Richard Lenoir
Boulevard Beaumarchais
Rue Oberkampf
Oberkampf
Parmentier
St-Maur
Filles du Calvaire
Carreau du Temple
Rue de Bretagne
Rue Charlot
Rue de Saintonge
Rue de Turenne
Rue Amelot
Rue de Crussol
Rue de Malte
Rue Jean Pierre Timbaud
Rue des Trois Bornes
Rue Saint Maur
Avenue Parmentier
Rue de la Folie Méricourt
Passage Beslay
Rue Ternaux
Cour Popincourt
Rue St Pasteur
Rue St Ambroise
St-Sébastien Froissart
Rue Froissart
Rue du Pont aux Choux
Rue St Sébastien
Passage St Pierre Amelot
Place Pasdeloup
Rue des Filles du Calvaire
St-Ambroise
Square Richard Lenoir
Richard Lenoir
Impasse Truillot
Rue Pelée
Rue du Chemin Vert
Chemin Vert
Rue Vieille du Temple
Rue Debelleyme
Rue de Poitou
Rue de Thorigny
Place de Thorigny
Rue St Claude
Musée Picasso
Hôtel Libéral Bruant
Rue du Parc Royal
Rue St Gilles
Square Léopold Achille
Square G Cain
Musée Cognacq-Jay
Musée Carnavalet
Rue des Francs Bourgeois
Hôtel de Lamoignon
Rue des Minimes
Rue du Pas de la Mule
Place des Vosges
Square Louis XIII
Maison de Victor Hugo
Impasse Jean Beausire
Rue des Tournelles
Bréguet Sabin
Square Bréguet Sabin
Rue Sedaine
Rue Bréguet
Rue de la Roquette
Rue St Sabin
Rue Froment
Rue Basfroi
Passage Charles Dallery
Avenue Ledru Rollin
Rue Keller
Rue des Taillandiers
Rue de Charonne
Passage Thiéré
Rue de Lappe
St-Paul-St-Louis
Hôtel de Sully
Rue St Antoine
Rue de Birague
Rue du Petit Musc
Rue Beautreillis
Rue Saint Paul
Rue Charles V
Bastille
Place de la Bastille
Colonne de Juillet
Port de l'Arsenal
Opéra Bastille
Rue du Faubourg St Antoine
Cour du Cheval Blanc
Cour Damoye
Rue Daval
Ledru Rollin
Square Trousseau
Rue de Charenton
Marché d'Aligre
Place d'Aligre
Rue d'Aligre
Rue Emilio Castelar
Rue Traversière
Rue de Prague
Rue Crozatier
Rue Théophile Roussel
Boulevard Henri IV
Sully Morland
Boulevard Morland
Quai Henri IV
Préfecture de Paris
Rue Mornay
Boulevard Bourdon
Boulevard de la Bastille
Rue de Lyon
Rue Jules César
Rue Lacuée
Rue de Bercy
Avenue Daumesnil
Viaduc des Arts
Rue Moreau
Rue Abel
Port Henri IV
Port de Plaisance de Paris Arsenal

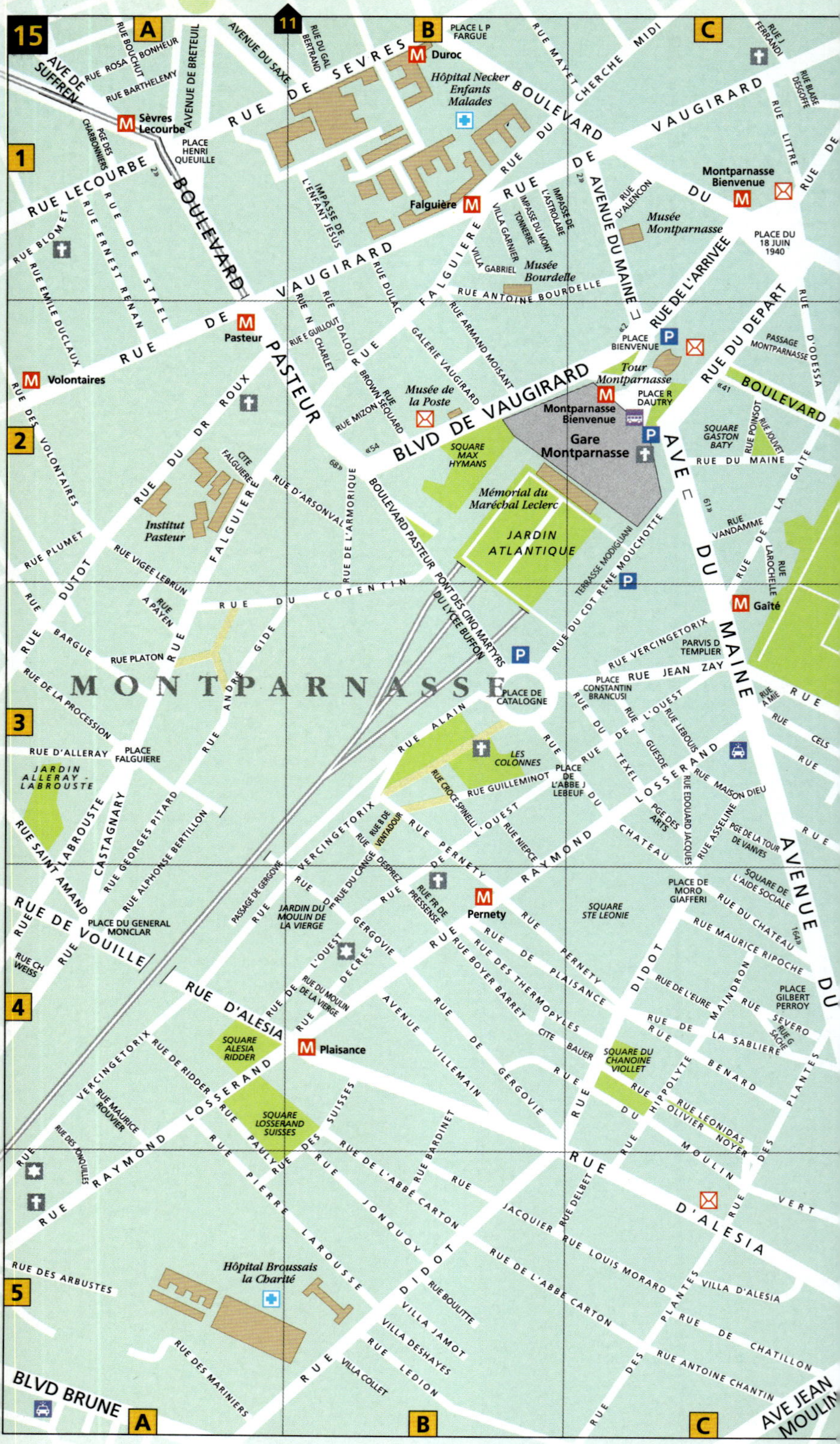
15
A
B
C
11
1
2
3
4
5
MONTPARNASSE
Duroc
Sèvres Lecourbe
Falguière
Pasteur
Volontaires
Montparnasse Bienvenue
Gaîté
Pernety
Plaisance
Hôpital Necker Enfants Malades
Hôpital Broussais la Charité
Musée Montparnasse
Musée Bourdelle
Musée de la Poste
Tour Montparnasse
Gare Montparnasse
Institut Pasteur
Mémorial du Maréchal Leclerc
JARDIN ATLANTIQUE
SQUARE MAX HYMANS
SQUARE GASTON BATY
JARDIN ALLERAY - LABROUSTE
LES COLONNES
JARDIN DU MOULIN DE LA VIERGE
SQUARE STE LEONIE
SQUARE ALESIA RIDDER
SQUARE LOSSERAND SUISSES
SQUARE DU CHANOINE VIOLLET
SQUARE DE L'AIDE SOCIALE
PLACE L P FARGUE
PLACE HENRI QUEUILLE
PLACE DU 18 JUIN 1940
PLACE BIENVENUE
PLACE R DAUTRY
PLACE DE CATALOGNE
PLACE CONSTANTIN BRANCUSI
PARVIS D TEMPLIER
PLACE FALGUIERE
PLACE DE L'ABBE J LEBEUF
PLACE DU GENERAL MONCLAR
PLACE DE MORO GIAFFERI
PLACE GILBERT PERROY
AVE DE SUFFREN
RUE DE SEVRES
BOULEVARD DE VAUGIRARD
RUE DE VAUGIRARD
BLVD DE VAUGIRARD
BOULEVARD PASTEUR
BOULEVARD DU MONTPARNASSE
AVENUE DU MAINE
AVENUE DE BRETEUIL
AVENUE DU SAXE
RUE DU CHERCHE MIDI
RUE LECOURBE
RUE DE L'ARRIVEE
RUE DU DEPART
RUE D'ODESSA
RUE DU MAINE
RUE DE LA GAITE
RUE FALGUIERE
RUE DU DR ROUX
RUE DES VOLONTAIRES
RUE DUTOT
RUE DU COTENTIN
RUE ANDRE GIDE
RUE PLATON
RUE DE LA PROCESSION
RUE D'ALLERAY
RUE CASTAGNARY
RUE DE VOUILLE
RUE D'ALESIA
RUE VERCINGETORIX
RUE RAYMOND LOSSERAND
RUE DE L'OUEST
RUE PERNETY
RUE DIDOT
RUE DES PLANTES
RUE DU CHATEAU
RUE JEAN ZAY
RUE DES ARBUSTES
RUE DES MARINIERS
RUE DE CHATILLON
RUE ANTOINE CHANTIN
RUE DE L'ABBE CARTON
RUE LOUIS MORARD
RUE JACQUIER
RUE JONQUOY
RUE PIERRE LAROUSSE
RUE DES SUISSES
RUE DE GERGOVIE
AVENUE VILLEMAIN
RUE DES THERMOPYLES
RUE BOYER BARRET
RUE DE PLAISANCE
RUE DU MOULIN VERT
RUE MAURICE RIPOCHE
RUE DE LA SABLIERE
RUE BENARD
RUE HIPPOLYTE MAINDRON
RUE LEONIDAS
RUE OLIVIER NOYER
RUE SEVERO
RUE CELS
RUE VANDAMME
RUE ANTOINE BOURDELLE
RUE ARMAND MOISANT
RUE DULAC
RUE BROWN SEQUARD
RUE MIZON
RUE D'ARSONVAL
RUE DE L'ARMORIQUE
RUE VIGEE LEBRUN
RUE PLUMET
RUE BARGUE
RUE SAINT AMAND
RUE LABROUSTE
RUE GEORGES PITARD
RUE ALPHONSE BERTILLON
RUE DE RIDDER
RUE MAURICE ROUVIER
RUE DES JONQUILLES
RUE PAULY
RUE BARDINET
RUE DELBET
RUE BOULITTE
VILLA JAMOT
VILLA DESHAYES
RUE LEDION
VILLA COLLET
VILLA D'ALESIA
BLVD BRUNE
AVE JEAN MOULIN
RUE GUILLEMINOT
RUE ALAIN
RUE CROCE SPINELLI
RUE DU TEXEL
RUE JULES GUESDE
RUE LEBOUIS
RUE MAISON DIEU
RUE ASSELINE
RUE EDOUARD JACQUES
PGE DES ARTS
PGE DE LA TOUR DE VANVES
RUE NIEPCE
RUE DU CDT RENE MOUCHOTTE
TERRASSE MODIGLIANI
PONT DES CINQ MARTYRS DU LYCEE BUFFON
GALERIE VAUGIRARD
RUE BLOMET
RUE EMILE DUCLAUX
RUE ERNEST RENAN
RUE DE STAEL
RUE ROSA BONHEUR
RUE BARTHELEMY
RUE BOUCHUT
RUE DU GAL BERTRAND
RUE MAYET
RUE LITTRE
RUE BLAISE DESGOFFE
IMPASSE DE L'ENFANT JESUS
VILLA GARNIER
VILLA GABRIEL
IMPASSE DE L'ASTROLABE
IMPASSE DU MONT TONNERRE
RUE D'ALENCON
PASSAGE MONTPARNASSE
RUE POINSOT
RUE JOLIVET
RUE DE LAROCHELLE
RUE VERCINGETORIX
RUE DE VANVES
CITE FALGUIERE
CITE BAUER
PASSAGE DE GERGOVIE
RUE FR DE PRESSENSE
RUE DES CANGE
RUE DESPREZ
RUE DECRES
RUE DU MOULIN DE LA VIERGE
RUE DE L'EURE
RUE CH WEISS
RUE A PAYEN
RUE E GUILLOUT
RUE N CHARLET
RUE DALOU

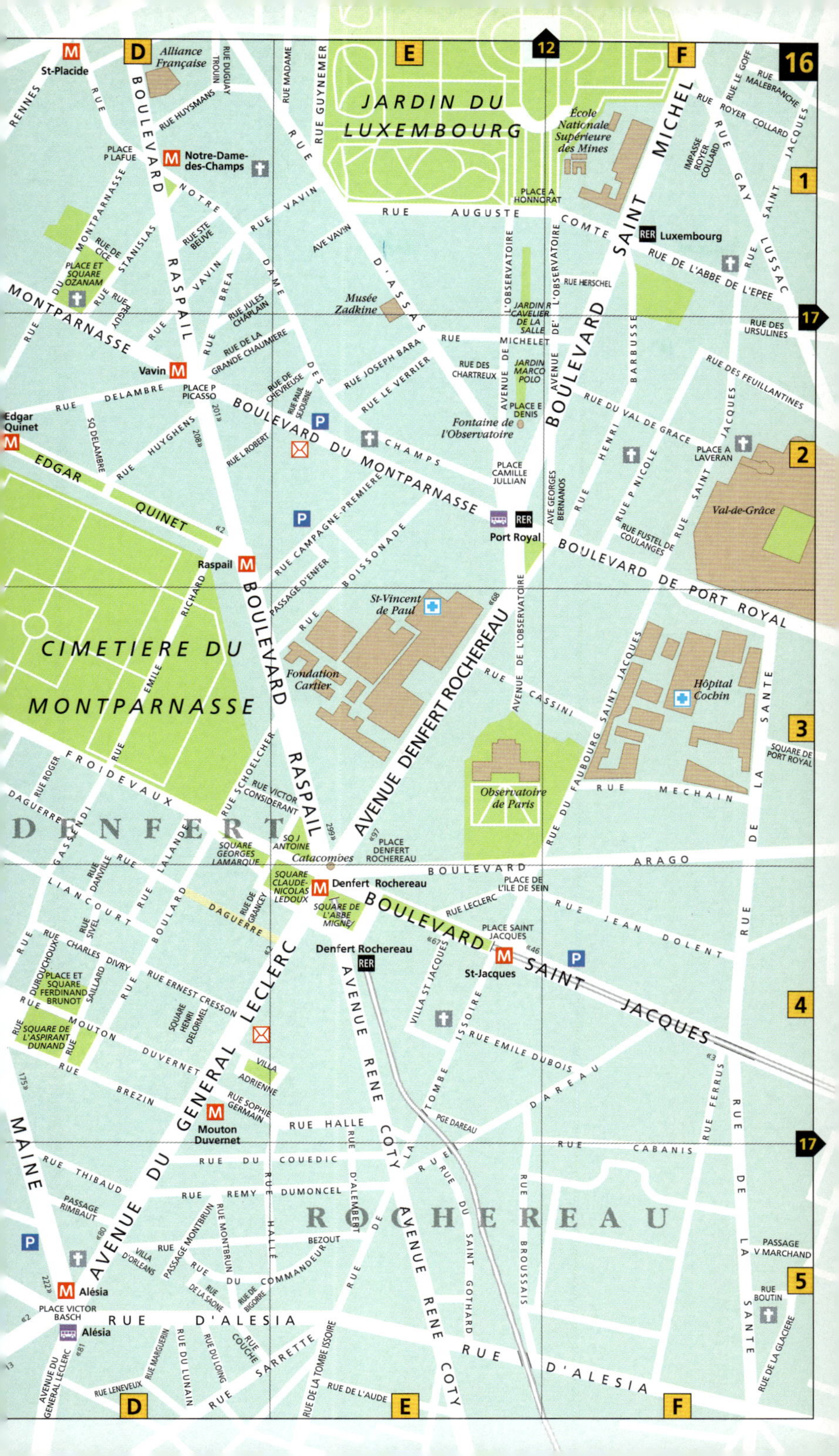
16
D
E
F
12
17
1
2
3
4
5
Jardin du Luxembourg
Cimetière du Montparnasse
Denfert
Rochereau
Alliance Française
St-Placide
Notre-Dame-des-Champs
École Nationale Supérieure des Mines
Place A Honnorat
Luxembourg
Musée Zadkine
Vavin
Place P Picasso
Edgar Quinet
Place et Square Ozanam
Place P Lafue
Jardin R Cavelier de la Salle
Jardin Marco Polo
Place E Denis
Fontaine de l'Observatoire
Place Camille Jullian
Port Royal
Place A Laveran
Val-de-Grâce
Raspail
St-Vincent de Paul
Fondation Cartier
Hôpital Cochin
Observatoire de Paris
Square de Port Royal
Square Georges Lamarque
Sq J Antoine
Catacombes
Place Denfert Rochereau
Square Claude-Nicolas Ledoux
Square de l'Abbé Migné
Denfert Rochereau
Place de l'Ile de Sein
Place Saint Jacques
St-Jacques
Place et Square Ferdinand Brunot
Square de l'Aspirant Dunand
Square Henri Delormel
Villa Adrienne
Mouton Duvernet
Passage Rimbaut
Alésia
Place Victor Basch
Passage V Marchand
Boulevard Raspail
Boulevard du Montparnasse
Boulevard Saint Michel
Boulevard de Port Royal
Boulevard Arago
Boulevard Saint Jacques
Boulevard Edgar Quinet
Avenue Denfert Rochereau
Avenue de l'Observatoire
Avenue du Général Leclerc
Avenue René Coty
Avenue du Maine
Ave Vavin
Ave Georges Bernanos
Rue de Rennes
Rue Auguste Comte
Rue Madame
Rue Guynemer
Rue Duguay Trouin
Rue Huysmans
Rue Notre Dame des Champs
Rue Vavin
Rue Stanislas
Rue Ste Beuve
Rue Bréa
Rue Jules Chaplain
Rue de la Grande Chaumière
Rue de Chevreuse
Rue Paul Séjourné
Rue Joseph Bara
Rue Le Verrier
Rue d'Assas
Rue Michelet
Rue des Chartreux
Rue de Cicé
Rue Péguy
Rue Delambre
Sq Delambre
Rue Huyghens
Rue L Robert
Rue Campagne-Première
Rue Boissonade
Passage d'Enfer
Rue Schoelcher
Rue Victor Considérant
Rue Froidevaux
Rue Émile Richard
Rue Roger
Rue Daguerre
Rue Gassendi
Rue Danville
Rue Lalande
Rue Boulard
Rue de Grancey
Rue Liancourt
Rue Sivel
Rue Charles Divry
Rue Saillard
Rue Ernest Cresson
Rue Mouton Duvernet
Rue Brézin
Rue Sophie Germain
Rue Hallé
Rue Thibaud
Rue du Couédic
Rue Rémy Dumoncel
Passage Montbrun
Rue Montbrun
Villa d'Orléans
Rue du Commandeur
Rue de la Saône
Rue de Bigorre
Rue Bézout
Rue d'Alembert
Rue d'Alésia
Rue Marguerin
Rue du Lunain
Rue du Loing
Rue Couche
Rue Sarrette
Rue de la Tombe Issoire
Rue de l'Aude
Rue Leneveux
Rue Cassini
Rue du Faubourg Saint Jacques
Rue Méchain
Rue de la Santé
Rue Leclerc
Rue Jean Dolent
Villa St Jacques
Rue Émile Dubois
Rue Dareau
Pge Dareau
Rue Cabanis
Rue Ferrus
Rue de la Tombe Issoire
Rue Saint Gothard
Rue Broussais
Rue Boutin
Rue de la Glacière
Rue Henri Barbusse
Rue du Val de Grâce
Rue P Nicole
Rue Fustel de Coulanges
Rue Saint Jacques
Rue des Feuillantines
Rue des Ursulines
Rue de l'Abbé de l'Épée
Rue Gay Lussac
Rue Royer Collard
Impasse Royer Collard
Rue Le Goff
Rue Malebranche
Rue Herschel

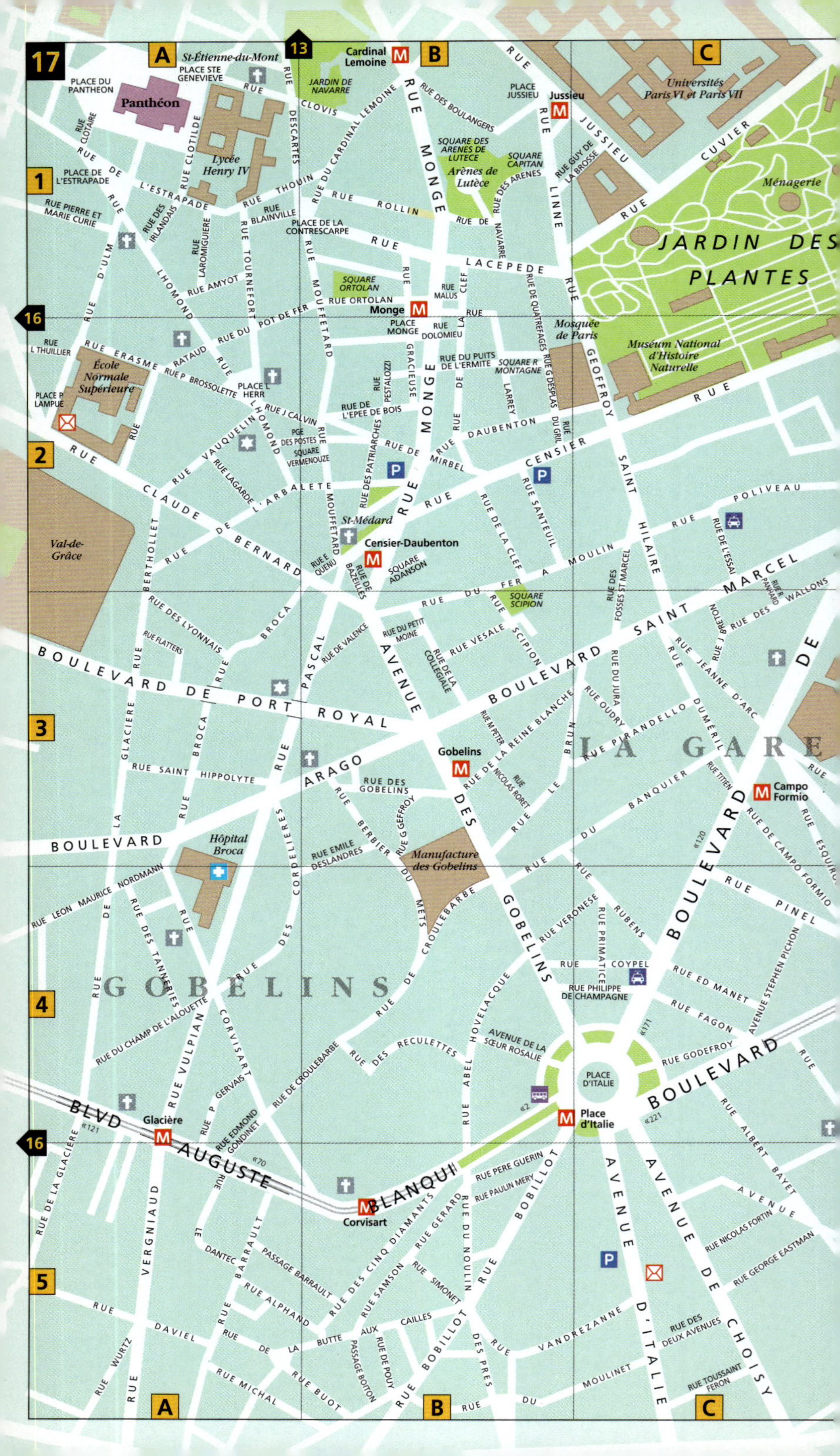
17
A
B
C
1
2
3
4
5
13
16
Panthéon
Place du Panthéon
St-Étienne-du-Mont
Place Ste Geneviève
Lycée Henry IV
Jardin de Navarre
Cardinal Lemoine
Place Jussieu
Jussieu
Universités Paris VI et Paris VII
Square des Arènes de Lutèce
Arènes de Lutèce
Square Capitan
Ménagerie
Jardin des Plantes
Place de l'Estrapade
Place de la Contrescarpe
Square Ortolan
Monge
Place Monge
Mosquée de Paris
Muséum National d'Histoire Naturelle
École Normale Supérieure
Place P. Lampué
Place L. Herr
Square R. Montagne
Val-de-Grâce
St-Médard
Censier-Daubenton
Square Adanson
Square Scipion
Gobelins
Campo Formio
La Gare
Hôpital Broca
Manufacture des Gobelins
Gobelins
Place d'Italie
Glacière
Corvisart
Boulevard de Port Royal
Boulevard Arago
Boulevard Saint Marcel
Boulevard Auguste Blanqui
Avenue des Gobelins
Avenue d'Italie
Avenue de Choisy
Rue Monge
Rue Mouffetard
Rue Claude Bernard
Rue Censier
Rue Geoffroy Saint Hilaire
Rue Cuvier
Rue Linné
Rue Lacépède
Rue Clovis
Rue du Cardinal Lemoine
Rue Descartes
Rue Clotilde
Rue Thouin
Rue Rollin
Rue de Navarre
Rue des Arènes
Rue Guy de la Brosse
Rue Jussieu
Rue des Boulangers
Rue Clotaire
Rue Pierre et Marie Curie
Rue des Irlandais
Rue Laromiguière
Rue Blainville
Rue Tournefort
Rue Amyot
Rue Lhomond
Rue d'Ulm
Rue du Pot de Fer
Rue Ortolan
Rue Malus
Rue de la Clef
Rue Dolomieu
Rue Gracieuse
Rue du Puits de l'Ermite
Rue de Quatrefages
Rue G. Desplas
Rue Larrey
Rue Daubenton
Rue du Gril
Rue l'Thuillier
Rue Erasme
Rue Rataud
Rue P. Brossolette
Rue J. Calvin
Rue de l'Épée de Bois
Rue Pestalozzi
Rue des Patriarches
Rue de Mirbel
Rue Vauquelin
Rue Lagarde
Rue de l'Arbalète
Pge des Postes
Square Vermenouze
Rue E. Quénu
Rue de Bazeilles
Rue Santeuil
Rue Poliveau
Rue de l'Essai
Rue du Fer à Moulin
Rue des Fossés St Marcel
Rue Berthollet
Rue des Lyonnais
Rue Broca
Rue Flatters
Rue Pascal
Rue de Valence
Rue du Petit Moine
Rue de la Collégiale
Rue Vésale
Rue Scipion
Rue du Jura
Rue Oudry
Rue Le Brun
Rue M. Peter
Rue de la Reine Blanche
Rue Nicolas Roret
Rue Pirandello
Rue Duméril
Rue Jeanne d'Arc
Rue J. Breton
Rue des Wallons
Rue Pahard
Rue Titien
Rue de Campo Formio
Rue Esquirol
Rue de la Glacière
Rue Saint Hippolyte
Rue des Gobelins
Rue Berbier du Mets
Rue G. Geoffroy
Rue Émile Deslandres
Rue des Cordelières
Rue Léon Maurice Nordmann
Rue des Tanneries
Rue de Croulebarbe
Rue du Banquier
Rue Véronèse
Rue Primatice
Rue Rubens
Rue Pinel
Rue Coypel
Rue Philippe de Champagne
Rue Ed. Manet
Rue Fagon
Avenue Stephen Pichon
Rue Godefroy
Rue du Champ de l'Alouette
Rue Vulpian
Rue Corvisart
Rue P. Gervais
Rue Edmond Gondinet
Rue des Reculettes
Avenue de la Sœur Rosalie
Rue Hovelacque
Rue Abel
Rue Albert Bayet
Rue Pere Guérin
Rue Paulin Méry
Rue Bobillot
Rue Gérard
Rue du Moulin des Prés
Rue des Cinq Diamants
Rue Samson
Rue Simonet
Rue Vandrezanne
Rue Nicolas Fortin
Rue George Eastman
Rue des Deux Avenues
Rue du Moulinet
Rue Toussaint Féron
Rue Le Dantec
Rue Barrault
Passage Barrault
Rue Alphand
Rue de la Butte aux Cailles
Passage Boiton
Rue de Pouy
Rue Daviel
Rue Wurtz
Rue Vergniaud
Rue Michal
Rue Buot
Rue Gérard
Gobelins

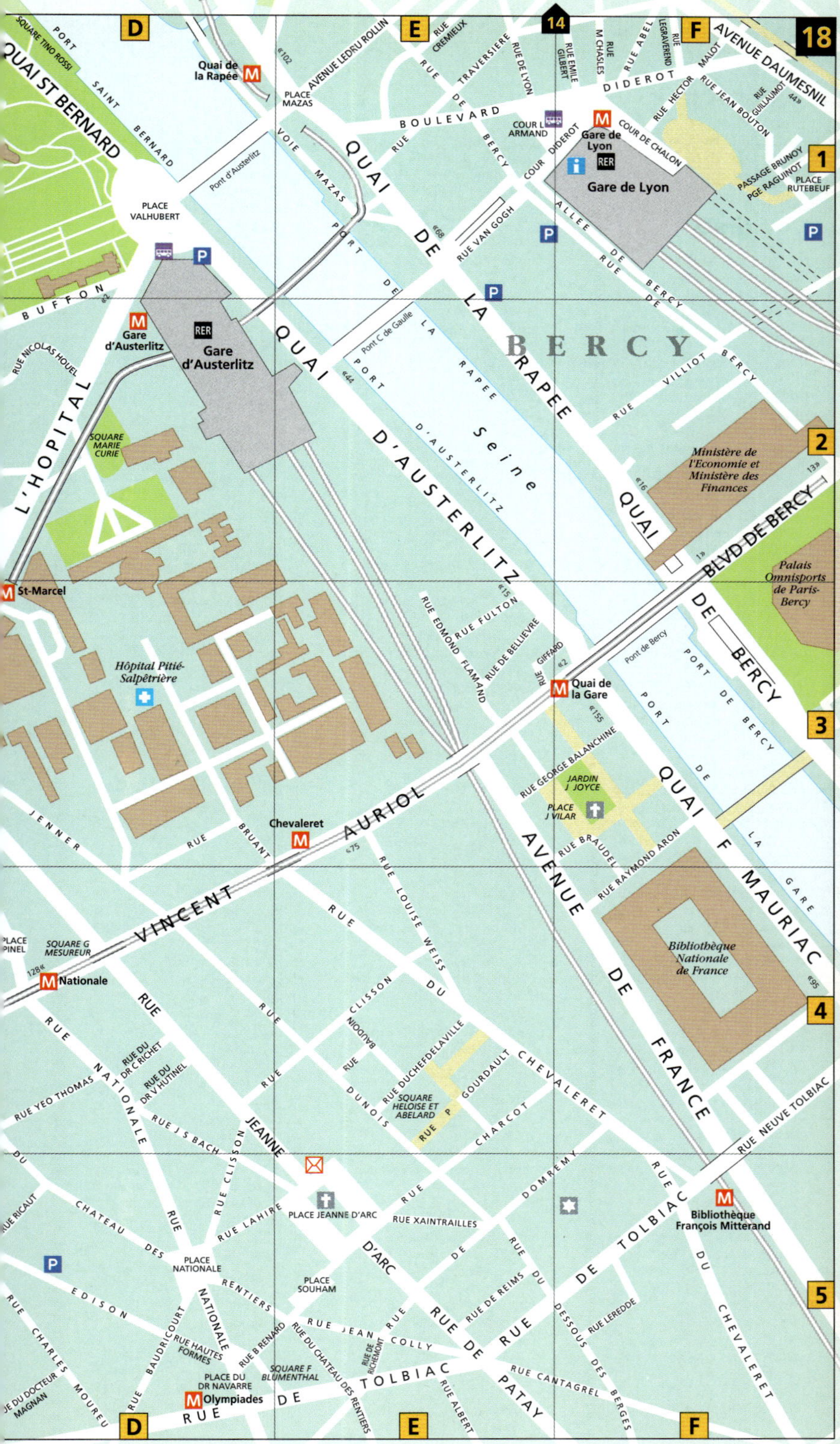
18
14
D
E
F
1
2
3
4
5
QUAI ST BERNARD
SQUARE TINO ROSSI
PORT SAINT BERNARD
Quai de la Rapée
AVENUE LEDRU ROLLIN
PLACE MAZAS
RUE CREMIEUX
RUE TRAVERSIERE
RUE DE LYON
RUE EMILE GILBERT
RUE M CHASLES
RUE ABEL
RUE LEGRAVEREND
AVENUE DAUMESNIL
BOULEVARD DIDEROT
RUE HECTOR MALOT
RUE JEAN BOUTON
RUE GUILLAUMOT
COUR L ARMAND
Gare de Lyon
RER
COUR DE CHALON
COUR DIDEROT
PASSAGE BRUNOY
PGE RAGUINOT
PLACE RUTEBEUF
Pont d'Austerlitz
VOIE MAZAS
PORT DE LA RAPEE
QUAI DE LA RAPEE
RUE VAN GOGH
ALLEE
RUE DE BERCY
PLACE VALHUBERT
BUFFON
Gare d'Austerlitz
RUE NICOLAS HOUEL
BERCY
Pont C de Gaulle
PORT D'AUSTERLITZ
Seine
QUAI D'AUSTERLITZ
RUE VILLIOT
L'HOPITAL
SQUARE MARIE CURIE
Ministère de l'Economie et Ministère des Finances
QUAI
BLVD DE BERCY
Palais Omnisports de Paris-Bercy
St-Marcel
RUE EDMOND FLAMAND
RUE FULTON
RUE DE BELLIEVRE
RUE GIFFARD
Quai de la Gare
Pont de Bercy
PORT DE BERCY
QUAI DE BERCY
Hôpital Pitié-Salpêtrière
RUE GEORGE BALANCHINE
JARDIN J JOYCE
PLACE J VILAR
QUAI F MAURIAC
RUE BRAUDEL
RUE RAYMOND ARON
PORT DE LA GARE
JENNER
RUE BRUANT
Chevaleret
AURIOL
VINCENT
RUE LOUISE WEISS
AVENUE DE FRANCE
Bibliothèque Nationale de France
PLACE PINEL
SQUARE G MESUREUR
Nationale
RUE NATIONALE
RUE CLISSON
RUE BAUDOIN
RUE DU DR C RICHET
RUE DU DR V HUTINEL
RUE YEO THOMAS
RUE DUCHEFDELAVILLE
SQUARE HELOISE ET ABELARD
RUE GOURDAULT
RUE DU CHEVALERET
RUE DUNOIS
RUE P
RUE CHARCOT
RUE NEUVE TOLBIAC
RUE J S BACH
RUE JEANNE D'ARC
RUE CLISSON
RUE DOMREMY
RUE DU CHATEAU DES RENTIERS
RUE RICAUT
RUE LAHIRE
PLACE JEANNE D'ARC
RUE XAINTRAILLES
Bibliothèque François Mitterand
RUE DE TOLBIAC
PLACE NATIONALE
EDISON
PLACE SOUHAM
RUE DE REIMS
RUE DU DESSOUS DES BERGES
RUE LEREDDE
RUE CHARLES MOUREU
RUE BAUDRICOURT
RUE HAUTES FORMES
RUE B RENARD
RUE JEAN COLLY
RUE DE RICHEMONT
RUE DE PATAY
SQUARE F BLUMENTHAL
PLACE DU DR NAVARRE
RUE DU DOCTEUR MAGNAN
Olympiades
RUE CANTAGREL
RUE ALBERT
RUE DE TOLBIAC
RUE DU CHEVALERET

Textregister

Fett gedruckte Seitenzahlen verweisen auf Haupteinträge.

A

B

H

I

J

K

M

S

T

Danksagung und Bildnachweis

Dorling Kindersley dankt allen, die bei der Herstellung dieses Buches mitgewirkt haben.

Hauptautor

Alan Tillier lebt seit 25 Jahren in verschiedenen Stadtteilen von Paris. In dieser Zeit war er Korrespondent für verschiedene Magazine und Zeitungen wie *Newsweek*, *The Times* und *International Herald Tribune*. Er ist Autor einiger *Herald-Tribune*-Reiseführer für Geschäftsreisende.

Weitere Autoren

Lenny Borger, Karen Burshtein, Thomas Quinn Curtiss, David Downie, Fiona Dunlop, Heidi Ellison, Alexandre Lazareff, Robert Noah, Martha Rose Shulman, David Stevens, Ian Williams, Jude Welton.

Dorling Kindersley dankt den Redakteuren und Dokumentatoren von Websters International Publishers: Sandy Carr, Siobhan Bremner, Valeria Fabbri, Gemma Hancock, Sara Harper, Annie Hubert, Celia Woolfrey.

Ergänzende Fotografien

Anna Brooke, Andy Crawford, Michael Crockett, Lucy Davies, Mike Dunning, Philip Gatward, Steve Gorton, Alison Harris, Andrew Holligan, Chas Howson, Britta Jaschinski, Dave King, Oliver Knight, Michael Lin, Roland MacKechnie, Eric Meacher, Neil Mersh, Ian O'Leary, Stephen Oliver, Poppy, Susannah Price, Tim Ridley, Philippe Sebert, Sheillee Shah, Steve Shott, Peter Wilson, Steven Wooster.

Ergänzende Illustrationen

John Fox, Nick Gibbard, David Harris, Kevin Jones Associates, John Woodcock.

Kartografie

Andrew Heritage, Suresh Kumar, James Mills-Hicks, Alok Pathak, John Plumer, Chez Picthall (DK Cartography). Advanced Illustration (Cheshire), Contour Publishing (Derby), Euromap Limited (Berkshire). Kartenteil: ERA Maptec Ltd (Dublin), Überarbeitung der Originalvorlagen mit Genehmigung von Shobunsha (Japan).

Kartografische Dokumentation

Roger Bullen, Tony Chambers, Paul Dempsey, Ruth Duxbury, Ailsa Heritage, Margeret Hynes, Jayne Parsons, Donna Rispoli, Andrew Thompson.

Redaktion und Gestaltung

PUBLISHER Douglas Amrine
MANAGING ART EDITOR Geoff Manders
SENIOR EDITOR Georgina Matthews
SERIES DESIGN CONSULTANT Peter Luff
EDITORIAL DIRECTOR David Lamb
ART DIRECTOR Anne-Marie Bulat
PRODUCTION CONTROLLER Hilary Stephens
PICTURE RESEARCH Naomi Peck
DTP DESIGN Andy Wilkinson
MITARBEIT DTP UND REDAKTION Janet Abbott, Emma Ainsworth, Vandana Bhagra, Sonal Bhatt, Hilary Bird, Anna Brooke, Vanessa Courtier, Maggie Crowley, Lisa Davidson, Guy Dimond, Nicola Erdpresser, Elizabeth Eyre, Simon Farbrother, Fay Franklin, Anna Freiberger, Rhiannon Furber, Eric Gibory, Paul Hines, Fiona Holman, Gail Jones, Laura Jones, Nancy Jones, Stephen Knowlden, Chris Lascelles, Delphine Lawrance, Sam Merrell, Rebecca Milner, Fiona Morgan, Lyn Parry, Shirin Patel, Pure Content, Pamposh Raina, Philippa Richmond, Philippe Rouin, Sands Publishing Solutions, Andrew Szudek, Alka Rhakur, Dora Whitaker.

Weitere Hilfe gewährten

Miranda Dewer von der Bridgeman Art Library, Editions Gallimard, Lindsay Hunt, Emma Hutton von Cooling Brown, Janet Todd von DACS, Oddbins Ltd.

Bildnachweis

Musée Carnavalet, Thomas d'Hoste.

Genehmigung für Fotografien

Dorling Kindersley bedankt sich bei den folgenden Institutionen für die freundlich gewährte Erlaubnis zu fotografieren:
Aéroports de Paris, Basilique du Sacré-Coeur de Montmartre, Beauvilliers, Benoit, Bibliothèque Historique de la Ville de Paris, Bibliothèque Polonaise, Bofinger, Brasserie Lipp, Café de Flore, Caisse Nationale des Monuments Historiques et des Sites, Les Catacombes, Centre National d'Art et de Culture Georges Pompidou, Chartier, Chiberta, La Cité des Sciences et de l'Industrie und L'EPPV, La Coupole, Les Deux Magots, Fondation Cousteau, Le Grand Colbert, Hôtel Atala, Hôtel Liberal Bruant, Hôtel Meurice, Hôtel Relais Christine, Kenzo, Lucas-Carton, La Madeleine, Mariage Frères, Memorial de la Shoah, Thierry Mugler, Musée Armenien de France, Musée de l'Art Juif, Musée Bourdelle, Musée du Cabinet des Medailles, Musée Carnavalet, Musée Cernuschi: Ville de Paris, Musée du Cinema Henri Langlois, Musée Cognacq-Jay, Musée de Cristal de Baccarat, Musée d'Ennery, Musée Grévin, Musée Jacquemart-André, Musée de la Musique Méchanique, Musée National des Châteaux de Malmaison et Bois-Préau, Collections du Musée National de la Légion d'Honneur, Musée National du Moyen Age-Thermes de Cluny, Musée de Notre-Dame de Paris, Musée de l'Opéra, Musée de l'Ordre de la Libération, Musée d'Orsay, Musée de la Préfecture de la Police, Musée de Radio France, Musée Rodin, Musée des Transports Urbains, Musée du Vin, Musée Zadkine, Notre-Dame du Travail, A l'Olivier, Palais de la Découverte, Palais de Luxembourg, Pharamond, Pied de Cochon, Lionel Poilaêne, St-Germain-des-Prés, St-Louis-en-l'Ile, St-Médard, St-Merry, St-Paul-St-Louis, St-Roch, St-Sulpice, La Société Nouvelle d'Exploitation de La Tour Eiffel, La Tour Montparnasse, Unesco, sowie allen Museen, Sammlungen, Kirchen, Hotels, Restaurants, Läden und Sehenswürdigkeiten, die uns in ihren Räumlichkeiten fotografieren ließen.

Bildnachweis

o = oben; om = oben Mitte, or = oben rechts; ol = oben links; oml = oben Mitte links; om = oben Mitte; omr = oben Mitte rechts; ml = Mitte links; m = Mitte; mr = Mitte rechts; uml = unten Mitte links; mu = Mitte unten; umr = unten Mitte rechts; ul = unten links; um = unten Mitte; ur = unten rechts; u = unten.

Wir haben uns bemüht, alle Urheber zu recherchieren und zu nennen. Sollte dies in einigen Fällen nicht gelungen sein, bitten wir, dies zu entschuldigen. In der nächsten Auflage werden wir es selbstverständlich nachholen.

Kunstwerke wurden mit freundlicher Genehmigung folgender Copyright-Inhaber reproduziert: © ADAGP/SPADEM, Paris und DACS, London 2006: 44ml; © ADAGP, Paris und DACS, London 2006: 61ur, 61or, 105om, 107mu, 109u, 111om, 111mu, 112ul, 112o, 112ur, 113ul, 113ur, 119m, 120u, 179ol, 180um, 181mr, 211om; © DACS 2006: 38ol, 45mr, 50br, 55mr, 57ol, 100o, 100ur, 100mlu, 100ml, 100mo, 101o, 101mo, 101mr, 101ul, 104, 107mro, 113m, 137ol, 178ml, 178mo, 208ur.

Christo–*The Pont Neuf wrapped*, Paris, 1975-85: 40mlo; © Christo 1985, mit freundlicher Genehmigung des Künstlers. Fotografiert mit freundlicher Hilfe von EPPV und CSI S. 234–239; mit freundlicher Genehmigung der Erben Otto Dix: 110ul; Fotos von Disneyland® Paris: 242or, 243ul, 243mr, 362o. Figuren, Bauten und Warenzeichen sind Eigentum der Walt Disney Company. Alle Rechte vorbehalten; Fondation Le Corbusier: 59o, 254u; mit freundlicher Genehmigung von Joan Mitchell: 113o; © Henry Moore Foundation 1993: 191u. Reproduziert mit freundlicher Genehmigung der Henry Moore Foundation; Beth Lipkin: 241o; mit freundlicher Genehmigung der Maison Victor Hugo, Ville de Paris: 95ml; mit freundlicher Genehmigung des Musée d'Art Naïf Max Fourny Paris: 223u, 225u; Musée Carnavalet: 214u; Musée de l'Histoire Contemporaine (BDIC), Paris: 210ur; Musée de l'Orangerie: 130or; Musée du Louvre: 125ur, 128m; Musée National des Châteaux de Malmaison et Bois-Préau: 255mr; Musée Marmottan: 58m, 58mu, 59m, 60ol, 131or; Musée de la Mode et du Costume Palais Galliera: 57ur; Musée de Montmartre, Paris: 223o; Musée des Monuments Français: 199om, 200mr; Musée National de la Légion d'Honneur: 32um, 143ul; Musée de la Ville de Paris: Musée du Petit Palais: 54ml, 207mu; © Sundancer: 362ul.

Dorling Kindersley dankt folgenden Personen, Institutionen und Bildarchiven für die freundliche Genehmigung zur Reproduktion ihrer Fotografien:

A Curious Group of Hotels/L'Hotel: 283or; Académie de la Grande Chaumiére: 177om; ADP: 377u; Agence Républic: 382, 382ur; Alamy: Christel Broque 201mro; Bertrand Collet 269ml; Directphoto.org 372ol; Glenn Harper 212ol; Image State 270ur; A la Poste 375m; Jack Sullivan 371mro; Justin Kase Zfivez 371or; Allsport UK: Sean Botterill 41ur; Allvey & Towers: 378ul; The Ancient Art and Architecture Collection: 22mlu; James Austin: 88o.

Banque de France: 133o; Nelly Bariand: 165m; Bateaux Parisiens: 72mru; Gérard Boullay: 84ol, 84or, 84ul, 84ur, 85o, 85mro, 85mru, 85ur, 85ul; Bridgeman Art Library, London: (Detail) 21ur, 22mr, 23ml, 30mr–31ml, (Detail) 35ur; British Library, London (Detail) 18ur, (Detail) 23ul, (Detail) 24ol, (Detail) 31ol; B N, Paris 19ul, (Detail) 23om, (Detail) 23mr; Château de Versailles, France 19or, 19um, (Detail) 19ur, (Detail) 30ur, (Detail) 155u; Christie's, London 8–9, (Detail) 24mu, 34mlo, 36ol, 44m; Delomosne, London 32mlu; Giraudon 16, (Detail) 26ul, (Detail) 26mlu, (Detail) 27ur, (Detail) 30ul, (Detail) 30mlo, (Detail) 31ul, 33mu, 58ur, (Detail) 60ul, 60mo, 60m; Lauros–Giraudon 23or; Louvre, Paris 56o, 60ur, 61ul, 61ol; Roy Miles Gallery 27or; Musée de l'Armée, Paris (Detail) 83ur; Musée Condé, Chantilly (Detail) 4or, 18ul, 19oml, (Detail) 19omr, (Detail) 19m, (Detail) 22ol, (Detail) 26um; Musée Crozatier, Le Puy en Velay, France (Detail) 25ul; Musée Gustave Moreau, Paris 56u, 233m; Musee National d'Art Moderne, Centre Pompidou, Paris 111m; National Gallery (Detail) 29ol, (Detail) 44u; Musée de la Ville de Paris, Musée Carnavalet (Detail) 30um, (Detail) 31or, 31mru, 97o. CineAqua: 200ul. Collection Painton Cowen 40mlo; Palais du Tokyo, Paris 59u; Temples Newsham House, Leeds 25mr; Uffizi Gallery, Florenz (Detail) 24ur; © British Museum: 31om.

Camping International Maisons-Laffitte: 281ur; Cité de la Musique: Eric Mahondieu 237ur; Cité des Sciences et de l'Industrie: Michel Lamoureux 238mu, 238u, 239ol, 239or, 238m, 239ur; Pascal Prieur 238or; Natacha Soury 238ol; Michel Viard 238mlu, 239ol; Cliché Photothèque des Musées de la Ville de Paris – © DACS 2006: 21mo, 21mru, 28mr–29ml, 96or; mit freundlicher Genehmigung von Poilâne: 321ul; Collections du Mobilier National-Cliché du Mobilier National: 167mr; Corbis: Burnstein Collection 229u; Jose Fuste Raga 376ul; Ray Juno 10ml; Richard List 11ml; Sylvain Saustier 268u; Tom Craig: 273o, 273ur.

R. Doisneau: Rapho 143o.

Espace Montmartre: 222ul; Eurolines: 379mru; European Commission 371; Mary Evans Picture Library: 38ul, 81ur, 89ol, 94u, 130u, 141ml, 191m, 194mr, 195mru, 211u, 226ul, 247ur, 251o, 253u, 388o.

Four Seasons Hotel George V: 277ul; France Miniature: Stefan Meyer 361or.

Getty Images: AFP/Pierre Verdy 106mlu; Fred Dufour 192mlu; Giraudon: (Detail) 22ul, (Detail) 23mru; Lauros-Giraudon (Detail) 33ul; Musée de la Ville de Paris Musée Carnavalet (Detail) 213o; Le Grand Véfour: 293o; Philippe Guignard: 193ur.

Roland Halbe: 192or; La Halle Saint Pierre 225um; Robert Harding Picture Library: 22ur, 26ol, 29mo, 29ur, 36mlo, 38ol, 41ol, 45mr, 65ur, 240mu, 381mr; B M 27mo; B N 191or, 210um; Biblioteco Reale, Turin 127o; Bulloz 210mu; P. Craven 380u; R. Francis 82mlu; I. Griffiths 376t; H. Josse 210ur; Musée National des Châteaux de Malmaison et Bois-Préau 33om; Musée de Versailles 26ml; R. Poinot 361u; P. Tetrel 251mru; Explorer 12ul; F. Chazot 341u; Girard 65m; P. Gleizes 62ul; F. Jalain 378u; J. Moatti 340ul, 340ml; Walter Rawlings 43um; A. Wolf 123ur, 123ol; Alison Harris: Musée de Montparnasse 179ml; Le Village Royale 132ol; Hemispheres Images: Bertrand Gardel 92ml; John Heseltine Photography: 174; Hôtel de L'Abbaye: 283um; Hôtel de Crillon: 282mru; Hôtel Duc de Saint Simon: 282ur; Hôtel du Jeu de Paume: 283mru; Hotels Paris Rive Gauche/Hôtel des Grands Hommes: 278ur; Hulton Getty: 45ml, 101ur, 181om, 233ul, 234m; Charles Hewitt 40mlu; Lancaster 181om.

© IGN Paris 1990 Authorisation N° 90–2067: 13u; Institut du Monde Arabe: Georges Fessey 165or; InterContinental Hotels Group: 215mru, 283ol.

The Kobal Collection: 44o, 140u; Columbia Pictures 181ur; Société Générale de Films 38om; Les Films du Carrosse 109ml; Kong: Patricia Bailer 10u.

The Lebrecht Collection: 229ur; François Lequeux 194ml; Leonardo Media Ltd.: 279ur, 279ml, 279ol, 282ml, 283mro.

Magnum: Bruno Barbey 64u; Philippe Halsmann 45u; Le Meurice: Peter Hebeisen 278ol; Les Abeilles: 272ur; Ministère de L'Economie et des Finances: 371m; Ministère de L'Intérieur SGAP de Paris: 370u; © Foto Musée de L'Armée, Paris: 189mr; Musée des Arts Décoratifs, Paris: L. Sully Jaulmes 54o, *Cabinet* (1922–1923) Jacques-Émile Ruhlmann 57or; Musée Bouilhet-Christofle: 132o; Musée Cantonal des Beaux-Arts, Lausanne: 115u; Musée Carnavalet: Dac Karin Maucotel 97u; Musée d'Art et d'Histoire du Judaïsme/Christophe Fouin 103ur; Musée National de l'Histoire Naturelle: D. Serrette 167ml; © Musée de L'Homme, Paris: D Ponsard 198mu, 201m; © Photo Musée de la Marine, Paris: 32ul, 196ml; Musée National d'Art Moderne – Centre Georges Pompidou, Paris: 61or, 110ur, 110ul, 111o, 111mu, 112o, 112ul, 112ur, 113o, 113m, 113ul, 113ur; Musée des Plans-Reliefs, Paris: 186mru; Musée de la Poste, Paris: 179ol; Musée du Quai Branly: Patrick Gries/Bruno Descoings 54mu, 192ur.

Odéon-Théâtre de L'Europe: 341o.

Palais de Tokyo: Michael Lin 203mr; Paris Convention & Visitors Bureau: Marc Bertrand 222ur, 383ul; Nicky Bouwmeester 160; Fabian Charaffi 375um; Amélie Dupont 162mlo, 203mr, 323ul, 382mo; David Lefranc 366ur, 368ul; Alain Potigon 369m, 375mru; © Paris Tourist Office: Catherine Balet 270ml; David Lefranc 268m, 269o, 269ur, 270or, 271o, 271ur, 272ml, 272ul; Paris Vision & Cityrama: 383mo; Photolibrary: F1 Online/Widmann Widmann 372m; Photononstop/ Jean-Marc Romain 371mr; Philippe Perdereau: 132u, 133u; Popperfoto: 229o; La Poste: 374ol; Le Pre Verre: 292mr.
Paul Raferty: 246u; RATP: 382ur, 385mo, 385mu, 387mr; RATP.SG/G.I.E. Totheme 54; 386; Redferns: W Gottlieb 38mlu; © Photo Réunion des Musées Nationaux: Grand Trianon 26mru; Musée Guimet 202or; Musée du Louvre 27mu, (Detail) 32mr–33ml, 55ol, 123ul, 124o, 124m, 124u, 125o, 125m, 126m, 126ul, 126ur, 127u, 128o, 128u, 129o, 129m; Musée Nationaux d'Art Moderne 111mru; Musée Picasso 55mr, 100o, 100m, 100ml, 100mlu, 100ur, 101ul, 101mr, 101mo, 101o; Roger-Viollet: (Detail) 24mlu, (Detail) 39ul, (Detail) 194um, (Detail) 211o; Ann Ronan Picture Library: 173mr; Philippe Ruault: Fondation Cartier 179ul; Plaza Athénée: 277or.

Photo Scala, Florence: Musée du Quai Branly/ Patrick Gries/Valérie Torre 193mr,/Patrick Gries/ Bruno Descoings 193m; Sealink PLC: 378ml; Senderens: Roberto Frankenberg 294ul; Sipapress: 224m; SNCF – Service Presse Voyages France Europe: 388ul; CAV/Christophe Recoura 378u; CAV/Jean-Marc Fabbro 378mo; /French Railways 376mro; Frank Spooner Pictures: F. Reglain 64mo; P. Renault 64m; SuperStock: Hemis.fr 109ol; Sygma: 35mru, 240ml; F. Poincet 40ol; Keystone 40um, 241mro; J. Langevin 41ur; Keler 41mru; J. Van Hasselt 41or; P. Habans 62m; A. Gyori 63mr; P. Vauthey 65ul; Y. Forestier 188o; Sunset Blvd 241ur; Water Carone 340o.

Tallandier: 25mu, 25ol, 28ml, 28mlu, 28ul, 29ul, 30ol, 31mr, 31mo, 32ol, 32mu, 32ur, 38mlo, 39mo, 39ur, 40mu, 52mlo; B N 28ur, 32mru, 38um; Brigaud 39mru; Brimeur 34ul; Charmet 36mu; Dubout 17u, 20ur, 24mo, 25ur, 26ur, 30m, 33mr, 33or, 34ur, 35ul, 36mlu, 36ul, 36ur, 37ul, 37ur, 37mlu, 37ol, 38mru; Josse 20mlo, 20om, 20m, 20mlu, 21ol, 36um; Josse-B. N. 20ul; Joubert 38m; Tildier 37mo; Vigne 34mlu; Tourisme & Handicaps: 368or; Le Train Bleu: 295o.

Vedettes de Paris: 72ml, 72mlu; Vidéothèque de Paris: Hoi Pham Dinh 106ul; Agence Vu: Didier Lefèvre 340mr

Vordere Umschlaginnenseiten: John Heseltine Photography ur. © DACS 2006: mro; Paris Convention & Visitors Bureau: Nicky Bouwmeester ur.
Hintere Umschlaginnenseiten: RATP CML Agence Cartographique.

Karte, Umschlag – Photolibrary: Superstock.

Umschlag:
Vorne – Photolibrary: SuperStock.
Hinten – AWL Images: Jon Arnold ol; Dan Bannister ul; Dorling Kindersley: Max Alexander mlu; Rough Guides/James McConnachie mlo.
Rücken – Photolibrary: SuperStock o.

Alle anderen Bilder © Dorling Kindersley.
Weitere Informationen unter
www.dkimages.com

Sprachführer Französisch

Notfälle

Hilfe!	**Au secours!**	[o sə'ku:r]
Stopp!	**Arrêtez!**	[arɛ'te]
Rufen Sie einen Arzt!	**Appelez un médecin!**	[a'ple œ̃ med'sɛ̃]
Rufen Sie einen Krankenwagen!	**Appelez une ambulance!**	[a'ple yn ɑ̃by'lɑ̃:s]
Rufen Sie die Polizei!	**Appelez la police!**	[a'ple la pɔ'lis]
Rufen Sie die Feuerwehr!	**Appelez les pompiers!**	[a'ple le pɔ̃'pje]
Wo ist das nächste Telefon?	**Où est le téléphone le plus proche?**	[u e lə tele'fɔn lə ply prɔʃ]
Wo ist das nächste Krankenhaus?	**Où est l'hôpital le plus proche?**	[u e lɔpi'tal lə ply prɔʃ]

Grundwortschatz

Ja	**Oui**	[wi]
Nein	**Non**	[nɔ̃]
Bitte	**S'il vous plaît**	[sil vu plɛ]
Danke	**Merci**	[mɛr'si]
Entschuldigung	**Excusez-moi**	[ɛksky'se mwa]
Guten Tag	**Bonjour**	[bɔ̃'ʒu:r]
Auf Wiedersehen	**Au revoir**	[o rə'vwa:r]
Guten Abend	**Bonsoir**	[bɔ̃'swa:r]
Vormittag	**le matin**	[lə ma'tɛ̃]
Nachmittag	**l'après-midi**	[laprɛmi'di]
Abend	**le soir**	[lə swa:r]
gestern	**hier**	[jɛ:r]
heute	**aujourd'hui**	[oʒur'dɥi]
morgen	**demain**	[də'mɛ̃]
hier	**ici**	[i'si]
dort	**là**	[la]
Was?	**Quoi?**	[kwa]
Wann?	**Quand?**	[kɑ̃]
Warum?	**Pourquoi?**	[pur'kwa]
Wo?	**Où?**	[u]

Nützliche Redewendungen

Wie geht es Ihnen?	**Comment allez-vous?**	[kɔ'mɑ̃-t ale vu]
Danke, sehr gut.	**Très bien, merci.**	[trɛ bjɛ̃ mɛr'si]
Ich freue mich, Sie kennenzulernen.	**Enchanté de faire votre connaissance.**	[ɑ̃ʃɑ̃'te də fɛr votrə kɔnɛ'sɑ̃:s]
Bis bald.	**À bientôt.**	[a bjɛ̃'to]
Das ist gut.	**C'est bien.**	[sɛ bjɛ̃]
Wo ist/sind …?	**Où est/sont …?**	[u ɛ/sɔ̃: ...]
Wie weit ist es nach …?	**Combien de mètres/kilomètres y-a-t-il d'ici à …?**	[kɔ̃'bjɛ̃ də 'mɛ:trə/kilo-'mɛ:trə ja'til di'si a ...]
Welches ist die Richtung/der Weg nach …?	**Quelle est la direction pour …?**	[kɛl ɛ la dirɛk'sjɔ̃: pu:r]
Sprechen Sie Deutsch?	**Parlez-vous allemand?**	[par'le vu al'mɑ̃]
Ich verstehe nicht.	**Je ne comprends pas.**	[ʒə nə kɔ̃'prɑ̃ pa]
Könnten Sie etwas langsamer sprechen, bitte?	**Pouvez-vous parler moins vite, s'il vous plaît?**	['puve vu par'le mwɛ̃ vit sil vu plɛ]
Tut mir leid.	**Excusez-moi.**	[ɛksky'ze mwa]

Nützliche Wörter

groß	**grand**	[grɑ̃]
klein	**petit**	[pə'ti]
heiß	**chaud**	[ʃo]
kalt	**froid**	[frwa]
gut (Adjektiv)	**bon, bonne**	[bɔ̃, bɔn]
gut (Adverb)	**bien**	[bjɛ̃]
schlecht	**mauvais**	[mo'vɛ]
genug	**assez**	[a'se]
geöffnet	**ouvert**	[u'vɛ:r]
geschlossen	**fermé**	[fɛr'me]
links	**gauche**	[go:ʃ]
rechts	**droite**	[drwat]
geradeaus	**tout droit**	[tu drwa]
nah	**près**	[prɛ]
weit	**loin**	[lwɛ̃]
früh	**de bonne heure**	[də bonœr]
spät	**en retard**	[ɑ̃ rə'ta:r]
Eingang	**l'entrée**	[lɑ̃'tre]
Ausgang	**la sortie**	[la sɔr'ti]
Toilette	**les toilettes, les WC**	[le twa'lɛt, le dublə've se]
mehr	**plus**	[ply]
weniger	**mois**	[mwɛ̃]
frei (nicht besetzt)	**libre**	['librə]
frei (gratis)	**gratuit**	[gra'tɥi]

Telefonieren

Ich möchte ein Ferngespräch führen.	**Je voudrais faire un interurbain.**	[ʒə wu'drɛ fɛ:r œ̃n ɛ̃tɛryr'bɛ̃]
Ich versuche es später noch einmal.	**Je rappelerai plus tard.**	[jə raple'rɛ ply ta:r]
Kann ich eine Nachricht hinterlassen?	**Est-ce que je peux laisser un message?**	['ɛskə jə pœ lɛ'se: œ̃ mə'sa:ʒ]
Bitte warten Sie.	**Ne quittez pas, s'il vous plaît.**	[nə ki'te pa sil vu plɛ]
Können Sie bitte etwas lauter sprechen?	**Pouvez-vous parler un peu plus fort?**	['puve vu par'le œ̃ pœ ply fɔ:r]
Ortsgespräch	**communication locale**	[kɔmynika'sjɔ̃ lɔ'kal]

Shopping

Wie viel kostet das?	**C'est combien, s'il vous plaît?**	[sɛ kɔ̃'bjɛ̃ sil vu plɛ]
Haben Sie …?	**Est-ce que vous avez …?**	['ɛskə vuz a've:]
Ich schaue mich nur um, danke.	**Je regarde seulement, merci.**	[ʒə rə'ga:rd sœl'mɑ̃ mɛr'si]
Akzeptieren Sie Kreditkarten?	**Est-ce que vous acceptez les cartes de crédit?**	['ɛskə vuz aksɛp'te le kart də kre'di]
Wann öffnen/schließen Sie?	**A quelle heure ouvre/ferme le magasin?**	[a kɛl œ:r uvrə/fɛrm lə maga'zɛ̃]
teuer	**cher**	[ʃɛ:r]
billig	**pas cher, bon marché**	[pa ʃɛ:r bɔ̃ mar'ʃe]
Größe (Kleidung)	**la taille**	[la tɑ:j]
Größe (Schuhe)	**la pointure**	[la pwɛ̃'ty:r]
weiß	**blanc**	[blɑ̃]
schwarz	**noir**	[nwa:r]
rot	**rouge**	[ru:ʒ]
gelb	**jaune**	[ʒo:n]
grün	**vert**	[vɛ:r]
blau	**bleu**	[blø]
braun	**brun**	[brœ̃]

Läden

Antiquitätenladen	**le magasin d'antiquités**	[lə maga'zɛ̃ dɑ̃tiki'te]
Apotheke	**la pharmacie**	[la farma'si]
Bäckerei	**la boulangerie**	[la bulɑ̃ʒə'ri]
Bank	**la banque**	[la bɑ̃:k]
Buchhandlung	**la librairie**	[la librɛ'ri]
Fischgeschäft	**la poissonerie**	[la pwasɔn'ri]
Friseur	**le coiffeur**	[lə kwa'fœ:r]
Gemüseladen	**le marchand de légumes**	[lə marʃɑ̃ də le'gym]
Konditorei	**la pâtisserie**	[la patise'ri]
Lebensmittelgeschäft	**l'alimentation, l'épicerie**	[lalimɑ̃tɑ'sjɔ̃ lepis'ri]
Markt	**le marché**	[lə mar'ʃe]
Metzgerei (Fleisch)	**la boucherie**	[la buʃə'ri]
Metzgerei (Wurst)	**la charcuterie**	[la ʃarky'tri]
Postamt	**la poste**	[la pɔst]
Reisebüro	**l'agence de voyages**	[la'ʒɑ̃:s də vwa'ja:ʒ]
Schuhgeschäft	**le magasin de chaussures**	[lə maga'zɛ̃ də ʃo'sy:r]
Supermarkt	**le supermarché**	[lə sypɛrmar'ʃe]
Tabakladen	**le tabac**	[lə ta'ba]
Zeitungskiosk	**le magasin de journaux**	[lə maga'zɛ̃ də ʒur'no]

Sightseeing

Bahnhof	**la gare SNCF**	[la ga:r ɛs ɛn se ɛf]
Bibliothek	**la bibliothèque**	[la bibliɔ'tɛk]
Busbahnhof	**la gare routière**	[la ga:r ru'tjɛ:r]
Fremdenverkehrsamt/ Tourismusbüro	**l'office du tourisme**	[lɔ'fis dy tu'rismə]
Garten	**le jardin**	[lə ʒar'dɛ̃]
Kathedrale	**la cathédrale**	[la kate'dral]
Kirche	**l'église**	[le'gli:z]
Kloster, Abtei	**l'abbaye**	[labe'i]
Kunstgalerie	**le galerie d'art**	[lə gale'ri da:r]
Museum	**le musée**	[lə my'se]
Rathaus	**l'hôtel de ville**	[lo'tɛl də vil]
Wegen Ferien geschlossen	**fermeture jour férié**	[fɛrmə'ty:r ʒu:r fe'rje]

Im Hotel

Haben Sie ein freies Zimmer?	**Est-ce que vous avez une chambre libre?**	['ɛskə vuz a've yn 'ʃɑ̃:brə 'librə]
Doppel-/Einzel-zimmer	**la chambre à deux/a une personne(s)**	[la 'ʃɑ̃:brə a dø/a yn pɛr'sɔn]
mit Doppelbett	**avec un grand lit**	[a'vɛk œ̃ grɑ̃ li]
mit zwei Betten	**à deux lits**	[a dø li]
Zimmer mit Bad	**la chambre avec salle de bain**	[la 'ʃɑ̃:brə a'vɛk sal də bɛ̃]
Dusche	**la douche**	[la duʃ]
Schlüssel	**la clef**	[la kle]
Ich habe reserviert.	**J'ai fait une réservation.**	[ʒɛ fɛ yn rezɛrvɑ'sjɔ̃]

Im Restaurant

Haben Sie einen Tisch für ...?	**Avez-vous un table pour ...?**	['ave vuz yn 'tablə pu:r ...]
Ich möchte einen Tisch reservieren.	**Je voudrais réserver une table.**	[ʒə vu'drɛ rezɛr've yn 'tablə]
Die Rechnung, bitte.	**L'addition, s'il vous plaît.**	[ladi'sjõ sil vu plɛ]
Ich bin Vegetarier/in.	**Je suis végétarien/ végétarienne.**	[ʒə sɥi veʒeta'rjɛ̃ veʒeta'rjɛn]
Kellnerin	**Madame, Mademoiselle**	[ma'dam, madmwa'zɛl]
Kellner	**Monsieur**	[mə'sjø]
Speisekarte	**la carte**	[la kart]
Tagesmenü	**le menu à prix fixe**	[lə mə'ny a pri fiks]
Weinkarte	**la carte des vins**	[la kart de vɛ̃]
Gedeck	**le couvert**	[lə ku'vɛr]
Glas	**le verre**	[lə vɛ:r]
Flasche	**la bouteille**	[la bu'tɛj]
Messer	**le couteau**	[lə ku'to]
Gabel	**la fourchette**	[la fur'ʃɛt]
Löffel	**la cuillère**	[la kɥi'jɛ:r]
Frühstück	**le petit déjeuner**	[lə pə'ti deʒœ'ne]
Mittagessen	**le déjeuner**	[lə deʒœ'ne]
Abendessen	**le dîner**	[lə di'ne]
Hauptgericht	**le plat principal**	[lə pla prɛ̃si'pal]
Vorspeise	**l'entrée, le hors d'œuvre**	[lɑ̃'tre, lə ɔr' dœ:vre]
Tagesgericht	**le plat du jour**	[lə pla dy ʒu:r]
blutig	**saignant**	[sɛ'ɲɑ̃]
medium	**à point**	[a pwɛ̃]
durchgebraten	**bien cuit**	[bjɛ̃ kɥi]

Speisekarte

(siehe auch S. 296f)

l'agneau	[a'ɲo]	Lamm
l'ail	[aj]	Knoblauch
la banane	[ba'nan]	Banane
le beurre	[bœ:r]	Butter
la bière (à la pression)	[bjɛ:r a la prɛ'sjɔ̃]	Bier vom Fass
le bifteck, le steak	[bif'tɛk, stɛk]	Steak
le bœuf	[bœf]	Rindfleisch
bouilli	[bu'ji]	gekocht
le café	[ka'fe]	Kaffee
le canard	[ka'na:r]	Ente
le chocolat	[ʃɔkɔ'la]	Schokolade
le citron	[si'trɔ̃]	Zitrone
le citron pressé	[si'trɔ̃ prɛ'se]	Zitronensaft
les crevettes	[krə'vɛt]	Garnelen
le dessert	[de'sɛr]	Nachspeise
l'eau minérale	[o mine'ral]	Mineralwasser
les escargots	[ɛskar'go]	Schnecken
les frites	[frit]	Pommes frites
le fromage	[frɔ'ma:ʒ]	Käse
les fruits frais	[frɥi frɛ]	frisches Obst
les fruits de mer	[frɥi də mɛ:r]	Meeresfrüchte
le gâteau	[gɑ'to]	Kuchen
la glace	[glas]	Eiscreme
grillé	[gri'je]	gegrillt
le homard	[ɔ'ma:r]	Hummer
l'huile	[ɥil]	Öl
le jambon	[ʒɑ̃'bɔ̃]	Schinken
le lait	[lɛ]	Milch
les légumes	[le'gym]	Gemüse
la moutarde	[mu'tard]	Senf
l'œuf	[œf]	Ei
les oignons	[ɔ'ɲɔ̃]	Zwiebeln
les olives	[ɔ'li:v]	Oliven
le pain	[pɛ̃]	Brot
le petit pain	[pə'ti pɛ̃]	Brötchen
le poisson	[pwa'sɔ̃]	Fisch
le poivre	['pwa:vrə]	Pfeffer
la pomme	[pɔm]	Apfel
les pommes de terre	[pɔm də tɛr]	Kartoffeln
le porc	[pɔ:r]	Schweinefleisch
le potage	[pɔ'ta:ʒ]	Suppe
le poulet	[pu'lɛ]	Hühnchen
le riz	[ri]	Reis
rôti	[ro'ti]	gebraten
la saucisse	[so'sis]	Würstchen
sec	[sɛk]	trocken
le sel	[sɛl]	Salz
le sucre	['sykrə]	Zucker
le thé	[te]	Tee
la viande	[vjɑ̃:d]	Fleisch
le vin blanc/rouge	[vɛ̃ blɑ/ru:ʒ]	Weiß-/Rotwein
le vinaigre	[vi'nɛgrə]	Essig

Zahlen

0	**zéro**	[ze'ro]
1	**un, une**	[œ̃, yn]
2	**deux**	[dø]
3	**trois**	[trwa]
4	**quatre**	['katrə]
5	**cinq**	[sɛ̃k]
6	**six**	[sis]
7	**sept**	[sɛt]
8	**huit**	[ɥit]
9	**neuf**	[nœf]
10	**dix**	[dis]
11	**onze**	[ɔ̃:z]
12	**douze**	[du:z]
13	**treize**	[trɛ:z]
14	**quatorze**	[ka'tɔrz]
15	**quinze**	[kɛ̃:z]
16	**seize**	[sɛ̃:z]
17	**dix-sept**	[di'sɛt]
18	**dix-huit**	[di'zɥit]
19	**dix-neuf**	[diz'nœf]
20	**vingt**	[vɛ̃]
30	**trente**	[trɑ̃:t]
40	**quarante**	[ka'rɑ̃:t]
50	**cinquante**	[sɛ̃'kɑ̃:t]
60	**soixante**	[swa'sɑ̃:t]
70	**soixante-dix**	[swasɑ̃t'dis]
80	**quatre-vingts**	[katrə'vɛ̃]
90	**quatre-vingts-dix**	[katrəvɛ̃'dis]
100	**cent**	[sɑ̃]
1000	**mille**	[mil]

Zeit

eine Minute	**une minute**	[yn mi'nyt]
eine Stunde	**une heure**	[yn œ:r]
halbe Stunde	**une demi-heure**	[yn dəmi'œ:r]
ein Tag	**un jour**	[œ̃ ʒu:r]
eine Woche	**une semaine**	[yn sə'mɛn]
ein Monat	**un mois**	[œ̃ mwa]
Montag	**lundi**	[lœ̃'di]
Dienstag	**mardi**	[mar'di]
Mittwoch	**mercredi**	[mɛrkrə'di]
Donnerstag	**jeudi**	[ʒø'di]
Freitag	**vendredi**	[vɑ̃drə'di]
Samstag	**samedi**	[sam'di]
Sonntag	**dimanche**	[di'mɑ̃:ʃ]

Pariser Métro und RER (Réseau Express Régional)